U0925127

广州大学资助出版

易堂九子研究

A STUDY ON THE GROUP OF NINE WRITERS IN YI-TANG

马将伟　著

SSAP
社会科学文献出版社
SOCIAL SCIENCES ACADEMIC PRESS (CHINA)

序

吴承学

马将伟博士求序多时，我几番提笔，又几番搁笔，久久未能成文。

遗民，是一个沉重又复杂的话题。读此类文字，易生感伤。

明代覆灭之后，汉族的臣民们面临着各种选择，或者慷慨赴死，或者苟且偷生，或者退隐林下，或者迁居域外，或者逃禅，或者入道。最近，看了一篇文章，介绍朝鲜英祖时期文士张汉喆（1744～?）所写的《漂海录》，书中记述了他从济州渡海赴京（今首尔）会试，途中遭遇风浪，漂流海上的生活。当他们漂流到琉球的虎山岛，幸得到迁居安南（今越南）的明人后代林遵等人的帮助。书中这一段令人印象深刻。当时，离明朝覆灭已一百多年了，林遵等人仍“须发不剪，头戴圆巾”，以此表达对明王朝的忠心。当知道对方是朝鲜人，即“喜形于色，而复问曰：你国地方有中土流落者乎？你知其人，可数以对否?”当他知道张氏对于明朝的感念，深受感动，“悲咽之意溢于辞色”。我读了此段文字，竟惆怅久之。

我想，明朝倾覆之后，一位侨居异国的明人后裔对于明王朝尚如此忠悃，表现得那么悲凉，那么，在明清易代之际，明遗民的感情就更可以理解了。

马将伟博士的《易堂九子研究》一书比较全面地研究了清初隐居于江西宁都的一个遗民文士群体即易堂九子。通过易堂文人的个案创作，考察其与明末清初文风的关系。

此书一开始就展示了在刀光剑影中的清初环境，然后指出，易堂诸子等清初遗民处于时代“夹缝”之中。他们心系皇明，然皇明已亡；身处大清，又视满人为寇仇。作者指出：

> 易堂文人群的形成及其行为方式由于特殊的历史背景而具有了丰富的文化意蕴，从他们的心灵世界可以折射出明清易代之时士人的真实处境及生存心态。他们以一种痛苦而又倔强的姿态审视着生命的意义，同时以坚韧的毅力追寻着自己的“理想”。

易堂诸子在隐居翠微峰之前，也曾有过反抗，但不久希望就破灭了，只好隐居于翠微峰。在清初这个特定的历史语境中，易堂九子是介乎文学性和政治性二者之间的文人团体。群体意识是儒家传统推崇的观念，孔子说：“诗可以群”，“群居相切磋”本来是文人间的雅事，也应是乐事，但是在清初那个具体背景里，易堂九子这个遗民文人群体的“群”，是在酷寒之中抱团取暖的“性命共保”，所以带有浓重的悲凉意味。1964 年，晚年病中的陈寅恪先生，处于天崩地陷之际，万念俱灰。他的学生蒋秉南前来看望，陈寅恪向他托付后事，并写下《赠蒋秉南序》，其中写道：“清光绪之季年，寅恪家居白下，一日偶检架上旧书，见有《易堂九子集》，取而读之，不甚喜其文，唯深羡其事。以为魏丘诸子值明清嬗蜕之际，犹能兄弟戚友保聚一地，相与从容讲文论学于乾撼坤岌之际，不谓为天下之至乐大幸，不可也。”陈寅恪先生视易堂九子之悲凉为“至乐大幸”而“深羡其事”，其心境更增一层悲凉，当时岂非泣血锥心之痛哉!

我总觉得，在学术研究上，所有的研究对象都应该成为独一无二的坐标点，把握研究对象作为个案的特殊性是学术研究的一个基本出发点。本书作者力图从基本文献入手，原原本本，把隐居于翠微峰的易堂九子独特的地域自然与人文环境、文化传统、师友、诗学与文化主张，以及他们与历代的遗民、与明代其他地区的遗民群体的异同……这一切尽可能地展示出来，以还原这一段独特的历史。

虽然历史是不可能还原的，我们也无法回到历史现场，但我们仍可以凭借文献与自己的体验去想象历史，尽可能地接近历史。本书最有价值之处，就是为我们提供了这种可能。它对于易堂九子这个学界尚未足够重视的一个文人群体的生活、心态、师友交际、学术与文风、诗学与诗风以及他们的地位与影响皆有比较全面深入的论述。我读了之后，印象最深的是该书通过对易堂九子“以生为寄，以死为归”生存状态以及心态之考察，比如魏际瑞之游幕与慕隐心态、曾灿的“遁世”与“用世”的纠葛、考论易堂诸子之游历，他们对于“生”的焦虑以及“游”之选择。作者通过解读现存文本，力求体验他们的感受，把握其内心世界。

读完这本书，我不禁掩卷长思，为什么这些数百年前的遗民仍在不断地感动我们?

遗民问题固然关乎特定时期士人的政治立场与道义气节，但从更深层的角度看，遗民所面临的际遇与心态不仅具有政治上改朝换代的意义，也体现了具有普适性的文化与心理。在社会、文化转型之际，在新旧交替、理想与现实矛盾之际，这种心态就容易引发共鸣。

在这个世界上，有一种执著：明知不可为而为之，眼看自己的理想成为梦想，梦想成为幻想，幻想最终破灭，还是不离不弃。这就是悲剧的坚守。

在这个世界上，有一种无奈：眼看着你所不屑甚至憎恶的事物，滋生蔓延，蔚为大观，自己只好从反抗到抵制，从逃避到隐忍，从不共戴天到顺应世俗。这就是悲摧的现实。

固执理想至死不渝者表现出士人至大至刚之气节，宜为世代君子所敬仰。故韩愈称赞伯夷是“特立独行、穷天地亘万世而不顾者也”。“昭乎日月不足为明，崒乎泰山不足为高，巍乎天地不足为容也”！然古往今来，有多少仁人志士，随着岁月之流逝，当理想渐行渐远，现实无法改变，于是悲壮转为哀伤，执著化作无奈。环视人世间，对现实的无奈更是常态。对于有良知之士，无论是执著还是无奈皆为痛苦。然无奈者，则往往不易为世间人所同情、所理解。

本书对于易堂九子之执著与无奈，皆致以了解之同情，此乃深契我心。

2005 年，马将伟考进中山大学从我攻读古代文学专业博士学位。博士毕业后，又进入暨南大学中文系博士后流动站，随蒋述卓先生学习。

将伟，安静内敛而心思缜密，恂恂如也，不似塞北慷慨之士。唯饮酒、放歌时，偶露豪放本性耳。他来自内蒙古偏远之地，记得他读博士期间，其时他家乡尚未通有线电话，也没有手机信号。每年寒假回家，离校时他就先给我拜年——他大概是每年最早给我拜年的。我的学生多出身贫寒，寒士读书，当然遭遇诸多困虑。贫寒之出身，此乃无奈之现实，然其中亦不乏坚守学术理想者。将伟硕士为文艺学专业，与古典文学颇有距离；而塞北之人，研究江南某地数百年前之历史，亦不免隔膜。他在生活、学习和工作方面的困难是可以想象的，但他淡定面对，从未对我流露出焦虑。将伟生活极清苦，读书则甚刻苦。在攻博期间，一年四季、白天晚上，差不多都是在图书馆度过的。他对于学术一直怀有敬畏惕憟之心，专注易堂九子专题已八年矣，此间反复增删修订，为之殚思竭虑。回首八年，瞬间之事耳，然于人生而言，实不可谓之短也。记得博士生入学面试时，将伟还是小青年模样。前些时候遇到他，当年浓密青丝，已露零星白发。

将伟以执著的坚守精神来研究遗民文化，现在，这部书稿即将付梓了，关于遗民这个沉重而复杂的话题终于有一个欣喜和完满的结局。而他从边陲僻壤之学子，成为大都市的大学教师，一位文史的研究者，这是他的理想职业。

世间有一种平凡的执著和坚守，最终也可能改变命运。我所感欣慰的正在于此。

癸巳初夏序于

康乐园郁文堂

目　　录

绪　论

明崇祯皇帝在煤山自缢的那一刻，意味着曾经辉煌的帝国大厦轰然崩塌，李自成所犯下的“滔天大罪”在汉族士大夫看来是不可饶恕的；然而紧接着的是占据东北一隅的满族铁骑强兵乘机占领紫禁城，意味着汉族政权的垮台，这是对汉族士大夫已经非常脆弱的心灵最为致命的打击。此时，生与死成为他们思考的深刻话题。于是，有无数的人毅然赴死，谱写出一曲曲“人生自古谁无死，留取丹心照汗青”的关于死亡的悲壮赞歌。死者而已矣，存者则在痛苦地受煎熬：该怎样面对新朝、怎样度过余生？苟且偷生、苟延残喘，抑或积极反抗、绝不合作？不同的人做出了不同的选择，有一部分士大夫在各种压力或诱惑之下“屈服”了，而另一部分则始终守护着灵魂深处最后那片精神家园——气节。他们或起兵反抗，毅然赴死；或隐遁山林，不入城市；或躬耕自养，自食其力；或逃禅入道，云游天下……这些人组成了一个庞大的社会群体——遗民，形成了中国历史中一道独特且壮观的人文景观。

由于特殊的历史境遇，清初明遗民谱写出了中国漫漫历史长河中的变奏曲。在某种意义上说，他们的人生是一种“变态”的、“无奈”的人生。张舜徽先生在论清初明遗民生存状况时说：“自明社既屋，清兵入关，汉族士大夫抱亡国之痛，或竞起义师，或逃窜荒僻，或终隐闾阎，或避地异域，著书立说，以寄其故国之思。”①

① 张舜徽：《爱晚庐随笔》，华中师范大学出版社，2005，第 185 页。

痛苦夹杂着血泪长期地郁积在他们心中，故发而为著述。从文学的角度来讲，毫不夸张地说，清初明遗民的文学创作是蔚为大观的，具体表现在如下几端：一是遗民作家数量极其庞大，文学作品的数量也很庞大；二是文学创作的体式多样，几乎囊括了前代出现的所有的文体形态；三是从艺术成就上来讲，虽然良莠不齐，但也产生了一些影响一代而且在中国古代文学史及思想史中都占有重要地位的大作家和学者，如黄宗羲、顾炎武、王夫之、归庄、侯方域、魏禧、屈大均等，他们的文学创作达到了较高的造诣，于当世及后世影响颇大；四是由于清初明遗民特殊的历史遭遇，他们有着不同于常人的心路历程，对于人生世故有着独特而复杂的内心感受，体现在文学作品中，便形成了独特的审美风貌和文学理念；五是从文学发展史的角度来考察，清初遗民文学上承明代文学，下启清代文学，是清代文学繁荣的先声，《清史稿·文苑传》在论述明清之际文学丕变时云："明末文衰甚矣，清运迭兴，文气亦随之而一振。谦益归命，以诗文雄于时，足负起衰之责；而魏、侯、申、吴，山林遗逸，隐与推移，亦开风气之先。"① 近代刘咸炘云："世咸知清初古文之盛，实皆明末之遗也。"② 朱东润在论及清初文学时亦云："清初作家，一时称盛，侯方域、魏禧、毛奇龄、陈其年、朱彝尊、王士禛等，先后继起，牧斋、梅村有声前代者，尤无论矣。然溯诸人师承所在，多半出自明人，盖承天启、崇祯文盛之后，始克臻此，非无故也。"③ 如此种种，俱言明了鼎革之际文学的渊源衍变，而其中鼎革之初先朝遗老文学无疑具有重要的地位。故此而言，清初遗民文学是明清文学乃至整个中国古典文学发展链条中不可或缺的重要一环，而对这一特殊时代的特殊人群的文学进行深入细致的研究，具有重要的意义。

---

① 赵尔巽等：《清史稿》，中华书局，1977，第13314~13315页。

② 刘咸炘著，黄曙辉编校《刘咸炘学术论集·文学讲义编》，广西师范大学出版社，2007，第53页。

③ 朱东润：《中国文学批评史大纲》，上海古籍出版社，1983，第255~256页。

对清初“遗民”的学术研究肇始于20世纪初期。起初，由于时代际遇的原因，处于内忧外患的世纪之交的文人学者们在情感上契合了清初明遗民的某种“情绪”，从而促使他们去阐发表彰清初遗民的志节、学术及文学。这时对于清初明遗民的论述大多出现在各种历史、思想史（哲学史）以及文学史等学术著作中。

20世纪90年代之后，“遗民”逐渐成为独立的研究对象而走进学者们的视野，或从历史与思想史角度，或从文学角度，清初“遗民”成为独立的考察对象。从历史或思想史角度，台湾学者何冠彪的《生与死：明季士大夫的抉择》（联经出版事业股份有限公司，1997）在生死抉择的背景下，探讨了“明季士大夫”复杂的生存状况与思想境遇，其中很多内容涉及对清初明遗民的研究。赵园的《明清之际士大夫研究》（北京大学出版社，1999）虽然也没有特别标明以“遗民”为研究对象，但在著作中论述的重要内容即是遗民话语与遗民思想。孔定芳的《清初遗民社会：满汉异质文化整合视野下的历史考察》（湖北人民出版社，2009）则专以“遗民社会”为题，从清初满汉文化的整合与明遗民对清廷态度的变化为切入口，系统地论述清初遗民意识、心理与行为及其相对独立的“社会”的形成，立论角度新颖。汪学群的《明代遗民思想》（中国社会科学出版社，2012）专门以明代遗民思想为研究专题，以清初明遗民孙奇逢、陈确、黄宗羲、张履祥、朱之瑜、陆世仪、吕留良、王夫之、傅山等思想家为考察对象，对明末清初之际这一特殊群体的思想进行了较为系统的研究。

在文学研究领域，对此际遗民的个案研究也陆续地多了起来，如对王夫之、黄宗羲、归庄、屈大均、魏禧、方以智、钱澄之、董说的研究等。此外，对此际“遗民文学”的整体研究也有了进展，张兵《清初遗民诗人群研究》（苏州大学1998年博士学位论文）是较早的对清初遗民诗人群的整体研究，勾勒出了清初遗民诗人的流布及遗民诗歌的特点。潘承玉的《南明文学研究》（中华书局，2012）则考量了“南明文学”的整体状貌及进程，倡导建构一个完整的“南明文学观”，这也是具有开创性的见解。而所谓的“南明文学”，遗民文学是其重要的组成部分。近几年，又出版了周焕卿《清初遗民词人群体研究》（上海古籍出版社，2008）、李瑄《明遗民群体心态与文学思想研究》（巴蜀书社，2009）等，这些著作都从不同角度考量了清初遗民文学的状貌，表明对此际遗民文学的研究正逐步趋于深入。

易堂九子是清初著名的一个文人群体，是指甲申之变后，集结隐居于江右赣南宁都翠微峰上的一个遗民文人群体①，以文名远播的魏禧为首，还包括其兄魏祥（后更名为际瑞）、弟魏礼、姊丈邱维屏及同邑李腾蛟、彭任、曾灿、南昌彭士望、林时益等人。易堂九子在当时声名甚重，方以智曾一至易堂，惊叹“易堂真气，天下罕二”（魏礼：《先叔兄纪略》②）。易堂文人群的形成及其行为方式由于特殊的历史背景而具有了丰富的文化意蕴，从他们的心灵世界可以折射出明清易代之时士人的真实处境及生存心态。他们以一种痛苦而又倔犟的姿态审视着生命的意义，同时以坚韧的毅力追寻着自己的“理想”。易堂诸子虽然出身不尽相同，其中既有一乡之望族，又有明皇室之后裔。他们或云游天下，或隐逸山林；或躬耕自养，或游幕谋食，虽然人生轨迹有异，然而交友天下、聚徒讲学及著书立说却是他们共同的事业，因为这些行为本身寄托着他们对生之意义的求证。在某种意义上说，易堂九子也是一个著名的教育团体，曾闻名一时的“易堂三馆”就是他们当时的讲学之所，邻近几省数十个县的学人士子闻声而往求学于易堂，影响颇大。著名的易堂后学有王昆绳、梁质人及“小三魏”（魏世杰、魏世傚及魏世俨）等。

---

① 易堂九子中，除了魏际瑞于甲、乙之变后“贬服以出”，出试清廷，并长期辗转清幕之外，其余皆为抱节守志之遗民。然考际瑞心志，其“出”也实属无奈，从其内心来讲，一直都具有强烈的遗民意识与遗民情怀。故从整体上看，易堂九子是一个遗民性质的文人团体，在清初遗民社团中具有代表性。

② 魏礼：《魏季子文集》（道光二十五年宁都谢庭绶绂园书塾重刻本）卷 15。本书所有魏礼的引文凡出自此本者，只随引文后标出所自篇目，不另出注；若出于别本者，则另注出。

易堂诸子著作颇丰，虽然在文网森严的清代受到清廷之禁毁，损佚很多，但庆幸的是九子俱有诗文集或学术著作传于今世。诗文集有魏际瑞、魏禧、魏礼《宁都三魏全集》八十四卷；彭士望《耻躬堂文钞》十卷、《诗钞》六卷；邱维屏《邱邦士文集》十七卷；曾灿《六松堂集》十四卷（曾氏还有诗选集《过日集》二十卷存于世）；李腾蛟《半庐文稿》二卷、《诗稿》一卷；彭任《草厅文集》《诗集》等。除诗文之外，邱维屏亦创作杂剧《黄池三段梦》，可惜现无存。此外，九子之学术著作存有魏禧《左传经世钞》二十三卷；魏际瑞、魏禧、魏礼撰，邱维屏辑《易义参选》二卷等。九子之诗文创作，古文、诗、赋、词各体具备，然水平高低不一，其中以文名著于世的有魏禧、邱维屏、彭士望等，以诗名著于世的有曾灿、魏礼等。其他文体之创作亦有可观者。

易堂九子在明末清初的学术史以及文学史中，都占有一席之地。于学术，《清史列传》评价道："论者谓西江自欧阳、邹、魏宗阳明，讲性学；陈、艾依复社，工帖括；其声力气焰，皆足动一时。易堂独以古人实学为归。"[①] 刘师培、梁启超等人也都曾给予过大力的表彰。如刘师培在论及清初学术源流时说道："至若刘、姜标帜于齐东，范、李授徒于汾晋，易堂九子标名于南赣，证人学会继迹于越东，虽北人尚躬耕，南人腾口说，尊朱崇陆，各异指归，然恂恂善导，义归训俗，信乎特立之士矣。"[②] 台湾学者陆宝千在《清代学术史》中，以"明季诸子"之思想为开篇，其在顾炎武、黄宗羲之后，乃列易堂九子，并评魏禧云："禧则遍游江淮吴越，多交奇士逸民，行事颇类亭林，唯一南一北，踪迹迥异耳。"[③] 于文学，近人徐世昌尝言易堂诸人"提倡古文实学，一时从风。挽明末陈、艾帖括

① 王钟翰点校《清史列传·文苑传一》，中华书局，1987，第5673页。

② 刘师培：《清儒得失论》，刘梦溪主编《中国现代学术经典·黄侃　刘师培卷》，河北教育出版社，1996，第765页。

③ 陆宝千：《清代学术史》，华东师范大学出版社，2009，第3页。

旧习，进之于古，为西江一代文苑开山”。[①] 梁启超则把易堂诸子作为江右文统在清初的接续者，他说：“江西在北宋，为欧阳永叔、曾子固、王介甫产地，在南宋为陆子静产地，其士之秀者，咸以‘蓄道德能文章’相厉，故学风亦循此方向发展。清初则宁都魏善伯（祥）、冰叔（禧）、和公（礼）号宁都三魏，与同县邱邦士（维屏）、南昌彭躬庵（士望）等九人，同隐于翠微山之易堂，号易堂九子，而冰叔为之魁。”[②] 刘师培更直接以“派”视之，认为：“顺、康之交，易堂诸子竞治古文，而藻丽之作，易为纵横。若商邱侯氏、大兴王氏（昆绳）刘氏（继庄）所为之文，悉属此派。”[③] 由此，我们可以看到易堂九子在清初学界与文坛不可忽视的地位。然而，这样重要的一个文人群体，在学界似乎并未引起足够的重视，不能不说是个遗憾。

概括清代文学研究的总体状况，从 20 世纪 80 年代初期始，以钱仲联等前辈为代表，学界对清代诗文的研究有渐热的趋向，而且某些领域已经成为研究的热点；与此相应，也取得了一系列可观的成果。这其中既包括对清代诗文集的整理、点校，也包括一些研究成果的出版，改变了长期以来清代诗文研究相对滞后的局面。但总体上来讲，相对于清代诗文创作的实绩来看，研究的深度还嫌不够，如一些研究成果只是从宏观上对清代诗文作了总体性的概述，而对于具体的作家别集、文学群体、文学流派等的研究还不是很细致，具体文本的阅读与研究还不够深入，这恰恰也是繁荣清代诗文研究所应做的基础性工作。

就易堂人文群体来讲，目前学界对于它的研究还没有受到足够的关注。从个案上讲，九子中最受关注的当是魏禧，如从基础文献的整理上来看，目前只有魏禧的《魏叔子文集》（全三册）由胡

① 徐世昌编，闻石点校《晚晴簃诗汇·诗话》，中华书局，1990，第 269 页。

② 梁启超：《近代学风之地理的分布》，见《饮冰室合集》第五册，文集之四十一，中华书局，1989，第 74～75 页。

③ 刘师培：《论近世文学之变迁》，见《中国近三百年学术史论·刘师培论中国近三百年学术史》，上海古籍出版社，2006，第 170 页。

守仁等人校点，并纳入中华书局“中国古典文学基本丛书”于2003年出版。但其他诸子的诗文集及学术著作，仍未有完善整理。仅有由戴存仁、邱国坤选注的《易堂九子散文选注》由花城出版社于2001年出版。对易堂诸子的个案研究，也主要集中在魏禧，早在1936商务印书馆就出版了温聚民的《魏叔子年谱》。此外，20世纪初，宋佩韦、张宗祥、朱东润等就对魏禧的文学地位作出较高评价。近年来，对魏禧的研究主要是从两个角度展开，一是学术思想角度，如刘文杰《魏禧人才思想简论》（江西师大2008年硕士学位论文）、支金平《魏禧论兵探析》（江西师大2005年硕士学位论文）、黄明娣《魏禧社会启蒙思想初探》（《赣南师范学院学报》2001年第2期）、《魏禧伦理思想初探》（《赣南师范学院学报》2003年第2期）、戴存仁、邱国坤《魏禧教育思想初探》（《江西师范大学学报》1984年第4期），等等。二是文学角度，作为清初散文三大家之一，学者对魏禧文学的关注也自在情理之中。近年来，对魏禧文学的研究逐渐深入，突出表征就是相继有博士硕士学位论文以其为选题，如李联的博士学位论文《魏禧文学思想考论》（辽宁大学2007年）、硕士学位论文则有章宗文《魏禧散文研究》（兰州大学2007年）、刘楠《魏禧文学思想研究》（华中师范大学2011年）、陈丽娟《魏禧文学研究》（赣南师范学院2011年），等等。此外，也有相关魏禧文学研究的论文相继发表。魏禧外，也有对“宁都三魏”做专题研究的，如肖烽《宁都三魏古文研究》（广西大学2007年硕士学位论文）等。但易堂其他诸子的专题研究尚不多见。

对易堂诸子作整体研究的，有谢帆云的《易堂九子的生平与诗文》（作家出版社，2001），从总体上考索了易堂诸子的生平事迹，并对其诗文作了评述；此外，邱国坤的《易堂九子年谱》（江西高校出版社，1990）也是易堂九子研究的基础性工作。赵园《易堂寻踪——关于明清之际一个士人群体的叙述》（江西教育出版社，2001；中国文联出版社2009年再版，更名为《聚合与流散——关于明清之际一个士人群体的叙述》）虽不是一部严格意义上的学术著作，但赵先生实地考察并感受到的那种“易堂”氛围，对研究易堂诸子具有诸多的启发。

本书力求在已有研究的基础上，在整体观照中对易堂九子之生存状态、交游以及诗文创作、文学理论建构等进行比较全面细致的考察。从文化传统及时代背景中探求易堂文人群体形成的历史文化因素及社会动因；在对其行事的考索中，揭示他们的生存境遇及繁复的思想意蕴；从细读文本出发，力图做到知人论世，以确定其在明清文学史乃至整个古代文学史中的地位。具体的研究过程中，特别注意宏观与微观的结合，整体思路上，试图把易堂九子作为一个“群体”进行研究，展现他们作为“整体”的趋同性；同时又注意考察他们“个体”的特征，也就是他们之间的相异性。但从文学角度来讲，一方面求证易堂文人群体的整体创作及文学主张及其与明末清初之文风的关系，以及对于清代文学发展所造成的影响；另一方面也力图突出他们内部各自的风格特点。

甲申之变后，易堂诸子以砥砺名节、讲学授徒、著书立说为己任，他们的诗文作品往往表现出对故国的思恋，言语中经常有诋毁清廷之意，甚至有反清之举，因此他们的著作多为清廷所禁毁，今天流传下来的只是其中的一部分，这不能不说是一个很大的缺憾。没有流传下来的著作内容，我们不得而知，现在只能依靠流传至今的不完备的诗文集及学术著作去探索他们的生命历程，力求深入到他们内心深处去体验他们的感受，因此，能不能够做到准确地把握他们的心灵世界，并在此基础上达到对其文本的深入解读，就成为一个难题。再者，由于特定的历史原因，诸子流传至今的诗文作品，有一些重刻本经过后世编辑者不同程度的删改；或者作者本人往往通过一种隐晦的语言策略企图躲过清廷森严的文网而不至于招祸，这也给对诸子的学术解读与文学解读带来相当的困难。诚如余英时先生在《方以智晚节考·增订版自序》中论述明清之际著作之难解时所说：“以隐语传心曲，其风莫盛于明末清初。盖易代之际极多可歌可泣之事，胜国遗民既不忍隐没其实，又不敢直道其事，方中履所谓‘讳忌而不敢语，语焉而不敢详’者，是也。”[1] 的确，这对于我们后世的阅读者和研究者来说，想要准确地破解这些“语言密码”，以期准确地触及他们的心灵世界，无疑也是一个无法回避的难题。

① 余英时：《方以智晚节考》（增订版），生活·读书·新知三联书店，2004，第4页。

第一章 易堂文人群体之形成

有明一代是中国古代文人团体发展的高峰时期，其中主要以文人结社为主，此风一直延至清初。易堂文人群体即形成于顺治初年，时以“易堂九子”之名蜚声宇内，活跃于顺治一朝至康熙朝的前半期。若以时间计，从“易堂”初立（顺治三年，1646）迨至九子之中最后一位辞世者（彭任卒于康熙四十七年，1708），长达60余年。从性质上来讲，它既不是一个纯粹的文学团体，也不是一个纯粹的政治性团体，二者兼而有之。与其他遗民一样，易堂诸子极为关心天下形势，指点江山；又潜心于教授著书，激昂文字，成为明末清初之际遗民文人结社的典范。

第一节 易堂文人群体形成的时代境况

崇祯十七年（1644）三月十二日，李自成率大军从居庸关进入昌平。十七日，帝朱由检召群臣问对策，群臣莫之以对。顷刻之间，李自成军攻九门，门外三营全部投降，守城将士寥寥无几。十八日傍晚，外城陷落，大势已去，崇祯帝仰天悲叹道：“苦我民耳!”遂自缢于煤山，以至尊之身而殉社稷，屹立将近三百年的帝国大厦在顷刻间轰然崩塌；虽为亡国之君，但慷慨以死，为其后忠于大明的遗民的生活定下了悲壮且沉重的时代基调。螳螂捕蝉，黄雀在后，久已窥视中原沃土的满族统治者乘机发兵，势如破竹，入主中原，遂掌国柄。崇祯亡国之后，尚有福王、唐王、桂王等所谓南明政权苟延残喘，试图恢复，然大业终不能成。

先朝之亡，国柄落入异族之手，明遗民生活环境的恶劣便可想而知。统治初期，满人须以残酷的武力来巩固其政权的稳定，而忠于皇明的汉族士大夫则谋图恢复，南明政权虽然气若游丝，然依然是他们心中的灯塔，是他们义无反顾地以各种方式投身于反清斗争之中的精神支柱。于是，一方面是残酷之镇压，一方面是不懈之反抗，二者遂成为在短时期内不可调和的两极。毋庸置疑，在这样的时代格局中，易堂诸子等清初明遗民无疑是处在时代“夹缝”之中的“另类”：其心系皇明，然皇明已亡；身虽处大清，然视满人为寇仇。在这“两极”斗争之中，大清政权无疑占有绝对的优势，因此，在恶劣的生存环境之中，遗民的生活变得异常艰难，然而，他们也以桀骜的姿态，缔造着一种别样的人生。

一　战事之惨烈

甲申（1644）五月，摄政王多尔衮以讨“贼”为名入京师；十月，福临入京，祭告天地社稷，大清之都遂由沈阳迁至北京。起初，清统治者借讨“贼”先后平定畿辅、山西、山东、河南等地，继而集中兵力夹攻李自成的“老巢”陕西，李氏败亡。清兵又移师入蜀，剿灭“流贼”张献忠，满人的政权从此也逐步地稳定下来。

清朝统治者志在谋图天下之统一，在平定“流贼”之时，南方朱明势力犹且残存。当时马士英等立福王朱由崧于南京，史可法为东阁大学士兼兵部尚书，督师扬州。多尔衮遣书劝可法降，然史可法慷慨言辞，不为所屈。顺治二年（1645）二月，清政府命豫亲王挥师南下，揭开了征讨南明政权的序幕。清军所到之处，以屠杀掳掠为快事，其惨烈程度史所罕有。是年五月，史可法殉国以死，清兵于扬州城“留十日，屠之而南”①，至为残酷。据史料载，四月二十五日，“清军入扬州，大肆杀戮，奸淫掳掠妇女，且寸丝粒米搜刮殆尽，至五月初二日始宣布‘封刀’。劫后据焚尸簿载全城死亡人数

---

① 魏源：《圣武记·开国龙兴记四》（清道光刻本），《续修四库全书》史部第402册，上海古籍出版社，2002，第164页。

共八十余万，而落井投河、闭门焚缢者尚不在其内。”[①] 又顺治二年（1645）八月，“清军在降将金声桓、李成栋、吴胜兆等率引下，攻克峡江、吉安、袁州等州县，血洗江南、江西等地抗清城镇。李成栋军尤甚。破松江时，烧杀抢掠，屠劫一空。于娄东沙溪、潢泾两地掠妇女千计，童男女千计，牛千计，杀人以万计，积尸如陵，所掠财物载舟数千艘，衔尾而去。”[②] 又顺治四年（1647）七月，闽中“东关外三十六墩，为清官兵焚掠抢杀殆尽”[③]，又顺治五年（1648）五月，清军大破复降南明的金声桓部，连克九江、饶州等府，“清军屠九江，老弱幼妇等杀掠殆尽”[④]。清军这样的恣意屠杀抢掠，在当时征伐南明政权时是司空见惯的事情。

易堂九子所在的江右赣地，自然也不能免遭其祸。赣州本为清军进入东南的门户，地理位置十分重要，战事自然十分频繁且惨烈。顺治三年（1646）五月，清军进逼赣州，对易堂彭士望及曾灿父子有知遇之恩的杨廷麟等人固守城池；十月，赣州城破，杨廷麟、万元吉皆慨然殉国以死，清军屠赣城。当时，彭士望、曾灿及其父曾应遴俱受杨廷麟之招而参加了赣州之役，因此，此役之惨烈成为他们心头最为难忘的记忆，也给他们留下了永远都无法愈合的伤痛。之后，彭士望每到赣州，都不免触感伤怀，不忘悼念死难者：“七年三度虎头城，胜败何常奕数更。却笑兔孤奔大将（戊己间金、王、李俱于此败北），空怜雀鼠殉中丞（丙戌，万茹茶先生城守殉节）。报韩始难家先破，相蜀多艰命亦倾（乙酉，杨机部先生首先起义；丙戌，城陷，死之），他日史杨宜合传，大江南北两先生（史道邻先生死扬州，杨与同志）。”（彭士望：《虔州感旧》[⑤]。按：诗中括号内文字为自注）而当年战事之惨烈，直至若干年后，那万马奔腾之声

① 史松、林铁均编《清史编年·顺治朝》，中国人民大学出版社，1985，第 71 页。

② 史松、林铁均编《清史编年·顺治朝》，第 94 页。

③ 史松、林铁均编《清史编年·顺治朝》，第 166 页。

④ 史松、林铁均编《清史编年·顺治朝》，第 194 页。

⑤ 本书所引彭士望的引文凡出自《耻躬堂诗文合钞》（咸丰二年重刻本）者，只于引文后标明所自篇目，不另出注；如出于别本者，则另注出。

仍然清晰地响彻于曾灿耳际，在战斗中视死如归的将士们也每每让他无法释怀："记得当年万马嘶，虎头城外战声悲。关山作客同狐貉，风雨招魂半友师。匣里祇应存德祐，塚边长欲结要离。萧萧黄发今何在，痛哭西台有所思。"（曾灿：《秋旅遣怀兼柬易堂诸子》其三[①]）当忆起这场惨烈的战斗时，曾灿不禁失声痛哭。而对赣州被屠之惨状，曾氏纪云："岭南丹砂犀、瑇瑁、蜜蜡珠之属，辇载而肩擀，商之出入岭者，率多会于赣，故赣户口数百万，杂士贾而六四之。丙戌，赣被围，户子弟环城守且更战者六阅月。十月城陷，无士贾皆屠之，其骨肉交道路，几与城齐，犬猎猎然走啮人骨。"（曾灿：《赠邑人杨君序》）其惨烈程度若此，令人不忍卒读。同堂友兄邱维屏亦纪云："今江西三卫曰南昌、九江、赣州，城皆已屠，而吾赣州最烈，卫之子孙多无存者。"（邱维屏：《序诗送任氏二子省墓九江》[②]）彭士望曾作《感旧诗》，亦述及其事。顺治七年（1650）二月，"易堂"所在之赣州南端的宁都被攻破，惨遭屠城，"是月，江西彭顺庆部农民军占据宁都城已二年，初八日，清军数路围攻，双方激战，十一日城破。清军杀害被俘农民军首领彭顺庆，并将大小首领一百五十七人、士兵一千一百五十五人全部斩首，宁都城屠掠几尽。"[③] 而是时，魏际瑞独身冒死于白刃之中，翠微峰易堂始避于难。

清初战事异常频繁，剿除"流贼"、征伐南明，其后又有平定"三藩"之乱等，而各地民众不同形式的反清斗争也风起云涌，不绝于时。清初之战火不熄，遍烧南北。然清军之所至，奸淫抢杀，无所不为；再加上各地"盗贼"纷起，社会动荡不堪。易堂之最长者

---

① 曾灿《六松堂集》传世的有两种版本，一种为清钞本；另一种为《豫章丛书》本（收于近人胡思敬所辑之《豫章丛书·明季六遗老集》中）。两种版本之卷数、篇目均无大异，但内文偶见出入。本书所引曾灿文字凡出于《六松堂集》清钞本者，只于引文后标出所自篇目，不另出注；如出于别本者，则另注出。

② 邱维屏：《邱邦士文集》卷17，清道光十七年刻本。本书邱维屏之引文凡出自此本者，只于引文后标明所自篇目，不另出注；如出于别本者，则另注出。

③ 史松、林铁均编《清史编年·顺治朝》，第248～249页。

李腾蛟目睹世事之乱，不禁感言："今日之乱，甚于安史"（李腾蛟：《读杜小言》[①]），绝非过分之辞。

二 政令之酷急

顺治之初，清廷尽力以笼络汉人，号召满族习汉文，以示尊儒右文，并诏修明史、开科取士，且起用明朝官吏，力图以安定民心，巩固统治。然其以异族身份入主中原，受传统"夷夏之防"观念所深刻影响的汉族士大夫绝不甘心诚服于"异族"，对于他们来讲，这是奇耻大辱；再则，其时南明政权尚存，复明尚有一线希望，于是，各地反清势力风起云涌，直接威胁着满人的统治，因此，清朝统治者所面临的局势依然严峻。故而，一方面是尽量地笼络汉人，另一方面又不得不以强制性的政令来迫使汉族人接受满族之文化，并同时以武力镇压此起彼伏的反清势力。清初政令之严急，其状况诚如邓之诚先生所言："当时以薙发、圈地、逃人，为不可抗拒之政令，抗者及言其不便者必死。南方因护发而起义师，北方圈地，夺人民田土无算，督捕之害尤烈。"[②]

早在甲申（1644）五月，摄政王多尔衮以"讨贼"之名入京师，就曾令京城官民薙发易服，"十五日壬寅，摄政王登武英殿，受朝贺。王出示京城，令官民除服薙头，衣冠悉遵大清之制。自是京城内外尽皆薙发。"[③] 此次薙发之令尚仅限于京城。待南都陷落之后，清政府视天下趋于大定，便试图强制性地推行满族文化，首当其冲的就是让汉人薙发及服满人服饰。顺治二年（1645）六月十五

---

① 李腾蛟：《半庐文稿（二卷）诗稿（一卷）》传世有两种版本，一种为"豫章丛书本"（收于近人胡思敬《豫章丛书·明季六遗老集》中）；另一种为哈佛燕京图书馆所藏之钞本《李咸斋诗文集》（文两卷、诗一卷）。本书所引李氏之诗文凡出于《豫章丛书》本者，只于引文后标出所自篇目，不另出注；如出于别本者，则另注出。

② 邓之诚：《中华两千年史》卷5中册，中华书局，1958，第14页。

③ 计六奇撰，魏得良、任道斌点校《明季北略·吴三桂请兵始末》，中华书局，1984，第498页。

日，薙发之令下，“谕礼部曰：向来薙发之制，不即令画一，姑听自便者，欲俟天下大定，始行此制耳。今中外一家，君犹父也，民犹子也，父子一体，岂可违异，若不画一，终属二心，不几为异国之人乎……自今布告之后，京城内外，限旬日；直隶各省地方，自部文到日，亦限旬日，尽令薙发。遵依者为我国之民，迟疑者为同逆命之寇，必置重罪；若规避惜发，巧辞争辨，决不轻贷。……欲将朕已定地方人民，仍存明制，不随本朝制度者，杀无赦；其衣帽装束，许从容更易，悉从本朝制度，不得违异!”[①] 顺治二年（1645）七月，易服令下，“谕礼部：官民既已薙发，衣冠皆宜遵本朝之制。从前原欲即令改易，恐物价腾贵，一时措置维艰，故缓至今日。近见京城内外军民，衣冠遵满式者甚少，仍著旧时巾帽者甚多，甚非一道同风之义。尔部即行文顺天府、五城御史，晓示禁止，官吏纵容者，访出併坐，仍通行各该抚按，转行所属，一体遵行。”[②] 薙发易服之令甚为严酷，时有所谓“留头不留发，留发不留头”之语。

清统治者薙发易服的意图也非常明了，就是要从思想文化上征服汉人，以巩固其统治。然薙发之令至江南，遽然激起轩然大波，汉族士人民众起义暴动纷起，甚者以死而护发。此时，头发成为一种民族尊严的象征，许多“贤人杰士，严夷夏之分”[③]，而上演了一幕幕“头可断，发不可薙”[④] 的悲壮之举。胡蕴玉云：“薙发令下，吾民族之不忍受辱而死者不知凡几。幸而不死，则埋居土室，或遁迹深山，甚且削发披缁，其百折不回之气，腕可折，头可断，肉可脔，身可碎，白刃可蹈，鼎镬可赴，而此星星之发，必不可薙，其

① 《清实录・世祖章皇帝实录》卷 17，中华书局，1985，第 151 页。

② 《清实录・世祖章皇帝实录》卷 19，第 168 页。

③ 胡蕴玉：《发史序》，四川大学图书馆编《中国野史集成》（先秦—清末）第 40 册，巴蜀书社，第 18 页。

④ 史松、林铁均编《清史编年・顺治朝》：（顺治二年闰六月初一日）“江阴围城战开始。初，剃发令下，江阴诸生倡言‘头可断，发不可剃’，设明太祖朱元璋像，率众哭拜，远近应者数万人。”

意岂在一发哉！盖不忍视上国之衣冠，沦于夷狄耳。”[①] 另一方面，对于先朝之遗民来讲，一丝头发正系其故国之思，“目击夫犬羊满地，腥秽熏天，风景依然，举目有江河之异，惟此头上苍苍，犹足以系故国之思，表宗邦之望。推其不肯薙发之心，直欲以一发存汉族之河山也。”[②] 由是而观，头发虽微小之物，然对此时的遗民来讲，关系不可不谓大矣。归庄之《断发》诗是当时整个明朝遗民心态的真实写照，其云：“亲朋姑息爱，逼我从胡俗。一旦持剪刀，剪我头半秃。发乃父母生，毁伤贻大辱。弃华而从夷，我罪今莫赎……华人变为夷，苟活不如死。所恨身多累，欲死更中止。”[③]

在北方，清政府则强圈畿辅人民之沃土为八旗之田。顺治四年（1647）正月，“户部奏请：去年八旗圈地，止圈一面，内薄地甚多，以至秋成歉收；今年东来满洲，又无地耕种。若以远处府、州、县、屯、卫、故明勋戚等地拨给，又恐收获时，孤贫佃户无力运送，应于近京府、州、县内，不论有主无主地土，拨换去年所圈薄地。”[④] 按户部这次奏请的所圈之地，总共有九十九万三千七百〇七晌，如按一晌为六亩算[⑤]，则折合为五百九十六万二千二百四十二亩，数目之大令人咋舌，畿辅之良田，大部分归于八旗所有。虽然清廷有明文规定，凡是“被圈之民，于满洲未圈之州、县内，查屯卫等地拨补，仍照迁移远近，豁免钱粮”[⑥]，然使得无数人民被迫离开家园，流离失所，受其害者不计其数。

缉捕逃人，也是体现清初政令之严的重要一端。所谓“逃人”，

---

① 胡蕴玉：《发史序》，四川大学图书馆编《中国野史集成》（先秦—清末）第40册，第18页。

② 胡蕴玉：《发史序》，四川大学图书馆编《中国野史集成》（先秦—清末）第40册，第18页。

③ 归庄：《断发》，《归庄集》卷1，上海古籍出版社，1984，第44页。

④ 《清实录·世祖章皇帝实录》卷30，第245页。

⑤ 《清史稿·食货志一》：“设粮庄，庄给地三百晌，一晌约地六亩。”俞正燮《癸巳类稿·记田名数》：“本朝旗田，初以六亩为一晌”。

⑥ 《清实录·世祖章皇帝实录》卷30，第245页。

就是指满洲贵族通过掠夺战俘、买卖人口、投充等手段占有的大量奴仆，在入关之后因封建农奴制及民族高压政策而造成这些奴仆大批逃亡，称之为"逃人"。逃人成为当时严重的社会问题。早在顺治元年（1644），清朝统治者就制定了关于惩治逃人的律令，"凡遇盗贼、逃人、奸宄窃发事件，邻佑即报知甲长，甲长报知总甲，总甲报知府州县卫核实，申解兵部。若一家隐匿，其邻佑九家、甲长、总甲不行首告，俱治以罪。"① 但是仍难以杜绝。在顺治三年（1646）的五月前的几个月时间里，逃人多以数万计，清政府不得不颁布严惩藏匿逃人的律令，"隐匿满洲逃人不行举首，或被旁人讦告，或察获，或地方官察出，即将隐匿之人即邻佑九家、甲长、乡约人等，提送刑部勘问的确。将逃人鞭一百，归还原主。隐匿犯人从重治罪。"② 总体上看，窝藏逃人之罪重于逃人，清政府以此来维护其私利，不免有无数的无端牵连之祸，而使人人自危；清朝官吏也纷纷乘缉捕之机，大肆奸淫掳掠，无恶不作，其为民害自不必言。

在薙发、易服、圈地、逃人等几个"敏感"问题上的"犯事"者，清政府是严惩不贷的，顺治三年（1646）十月，谕曰："有为薙发、衣冠、圈地、投充、逃人牵连，五事俱疏者，一概治罪，本不许封进。"③ 清初政令之严酷于此略见端倪，而由此也可以看出清初明遗民生存的社会环境的恶劣。

三　易堂"结社"与"性命共保"

身逢乱世之秋，朝不保夕，结社以隐就成为明遗民的一种非常重要的生存方式。易堂九子之结庐于宁都金精翠微之峰，首先就是出于避乱自保的目的。易堂诸子"结社"的确切时间应是顺治三年丙戌（1646）冬天，"丙戌冬，闽及赣郡既陷，诸子毕

① 《皇朝文献通考·职役考一》卷21。

② 史松、林铁均编《清史编年·顺治朝》，第123页。

③ 《清实录·世祖章皇帝实录》卷28，第237页。

聚，始决隐计”①。先此，彭士望与曾灿出入乱世之中，期有所作为。彭氏曾于顺治二年（1645）春参加福王兵部尚书史可法之军幕，与其挚友欧阳宪万并出奇策，然终不为可法所用，几月后遂离去。是年九月，阁部杨廷麟手书督迫，彭士望赴赣入其幕；而此时的曾灿也与其父曾应遴受知于杨廷麟，与其共抚吉、赣之地。顺治三年（1646）十月，彭、曾都参加了惨烈的赣州之役，最终赣州城破，杨廷麟投水殉国，彭、曾之志亦随之破灭。时局凶险，事不可为，于是在这一年的冬天，易堂诸子决定隐居翠微峰。

观“易堂”所在之翠微峰，地势异常险峻，易守难攻，有“一夫当关，万夫莫开”之势，彭士望这样概括翠微峰在战略上的特点：“最利守，自上击下，石卵大，转激腾跃，势莫可当”，“闭重关垒塞，一弱女子可抗千劲卒”。（彭士望：《翠微峰易堂记》）魏禧亦纪云：“此峰迤逦竟里，旁无援辅，自下仰之，如孤剑削空，从天而仆。上则岐而三之：中高，右缩，左展。结屋者必山翼。山中灌木郁勃阴森，见者疑有虎豹。然自猿狖飞鸟而外，则皆不能至焉。庚辛间有西北善兵者至门而窥去，谓人曰：‘就使于瓮口御其闸，使三尺童子折荆而守之，虽万夫谁敢进者？’”（魏禧：《翠微峰记》②）翠微峰地势如此险要。而易堂诸子之所以选择结社于翠微峰，实为凶险的时局所逼迫，乃为全身之策。实际上，国变之初的易堂诸子也高度警戒，随时处于“临战”状态之中，“檑木石，具斧凿，山尽为砲。掷雉尾炬，塞径口，立焦灼。孔出，伏暗桥侧，挺斧交下；仰攻，桥石厚，径转侧不得动。鸣金众聚，静逸以待。”（彭士望：

① 彭士望：《翠微峰易堂记》，清黄永伦、杨锡龄纂修《宁都直隶州志·艺文志》（道光四年刊本），《中国方志丛书》华中地方·第八八二号，台湾成文出版社有限公司，第2377页。按：彭氏《翠微峰易堂记》一文，《耻躬堂诗文合钞》咸丰二年重刻本中只有存目，而正文阙佚。但此文见收于士望裔孙彭玉雯编辑，刊于道光十七年的《易堂九子文钞·彭躬庵文钞》（卷5）中，另《宁都直隶州志·艺文志》道光四年刊本中也有收录。本书所有彭氏《翠微峰易堂记》的引文均出自《宁都直隶州志·艺文志》道光四年刊本。

② 本书中魏禧的引文凡出于胡守仁等校点的《魏叔子文集》者（中华书局，2003），只于引文后标出所自篇目，不另出注；如有出自其他版本者，则另注出。

《翠微峰易堂记》）而且他们制定了严格的规章制度，如“凡闻乱，纂严，增守械，益丁，守者宿乌谷，轮督，毋委避，毋玩，毋宵归”。（彭士望：《翠微峰易堂记》）等等。于是，易堂之结集于翠微峰巅，就具有了鲜明的“战时”特色，其结社共保之意亦已明矣，诚如彭士望所言，“患难一心力集思，性命可共”（彭士望：《翠微峰易堂记》），这也是易堂诸子等明遗民应对当时时局之乱的方式之一。

对于这一点，赵园先生在论及江南易堂结社及北方孙奇逢的双峰之盟的特殊性时论说道：“这一种士人的聚集，与有明一代大盛于南北的会社，有性质、功能、组织形式之别。……无论双峰还是易堂，都有临时性，有战时色彩，突出的是其生存的而非学术的意义。就中易堂的特殊之处在于，作为建立在相互认同基础上的共同体，其成员在避乱、防卫中所建立的精神联系，即使在聚居形式解体后，仍作为精神象征发挥着作用。”[①] 时局之迫使得双峰、易堂等的结社具有了独特性，这是毋庸置疑的。但无论如何，在其结社的意义探求中，我们依然可以体察到其中那些似乎隐约但又确在其结社以及“群体”的活动过程、“群体”意识的体认中所起到重要的文化的、学术的因素。无论日后诸子之聚散无常，其共同的“群体”体认正是基于此。如易堂彭士望在论及易堂及易堂之友时，列出清初著名的几个文人群体，“弟所居山名易堂，南昌林确斋与弟携俪偕作，其曰李、曰邱、曰魏、曰彭、曰曾，皆邑人。魏母兄弟三人，及林子与弟为九人，并皆齿兄弟，家居不让，几几似古，人人外交，而海内亦遂传其姓氏，颇重其人与其文章……此外，如闽宁化之泉上、粤东之北田、新建之天峰、星子之髻山、南丰之程山、江东之板桥、浙之河渚、虞山之宛溪，与易堂相为酬酢。”（彭士望：《与贺子翼书》）这段文字是易堂中人群体意识的集中表现，从中我们能够体察出彭士望此处列举“与易堂相为酬酢”几个文人群体的个中意味。

① 赵园：《制度·言论·心态——〈明清之际士大夫研究〉续编》，北京大学出版社，2006，第386页。

显然，在他们看来，易堂之所以为易堂，并不是因其有避乱或战时的色彩，而是与泉上、北天、天峰、髻山、程山、板桥、河渚、宛溪等文人群体具有一样的性质。因此，易堂诸子在“聚居形式”结束后，能够维系他们这种共同的群体意识的也未必仅仅是在起初避乱、防卫过程中所建立的某种“精神联系”，这种群体意识的建立实际上与古代源远流长的文人集结的文化传统密切相关。

第二节　易堂文人群体形成的文化因素

易堂文人群体的形成是时代使然，明室颠覆、时局混乱是诸子聚集结社直接的时代动因，换言之，诸子之聚集于易堂，起初为生存之计，因此如赵园先生所言，与明代盛行于大江南北的会社有性质、功能、组织形式等诸方面的不同。但究其深处，考量易堂诸子之所以能成为一个名声远播的文人群体，也自有其与一般文人社团共通的文化因子。故而就其形成来讲，也可以查明其中文化及学术的因素所起到的重要作用。如明代讲学风气及蔚然成风的文人结社风气对于易堂文人集团的形成具有重要影响；同时，明代文人的“诗酒风流”为尚的重文艺氛围以及前代遗民的生活方式等文化因素的影响，也成为易堂文人群体形成的文化内因。

一　明代文人结社与讲学风气的影响

文人结集而形成形形色色的文人团体是中国古代文化史、文学史中的一个重要现象，也是一个非常古老的传统。可以说，文人群体伴随着整个中国古代文化史的发展，并且在这个发展过程中扮演着非常重要的角色。从文学史的角度来看，文人群体的文学活动和文学创作也是文学史上一个非常重要的现象，他们的文学创作和文学主张往往形成一个时代或一个时期的文学主流；而不同文人群体之间的争鸣或唱和又使得某一特定时期的文坛呈现出立体性、多层次性的繁荣局面，推动了文学自身的发展。

明代是中国古代文人团体发展的高潮时期，其中以文人结社为主。文人结社有着深远的文化渊源，春秋战国时期的“养士”风气、古老的“私学”传统、汉之太学与唐宋以后的科举制度以及古代文人贬弃、致仕、归隐思想等，都对文人结社的出现有影响作用。[①] 大抵来讲，文人结社在元代时已经较为流行。元初，东南地区的文人结社之风为最盛，《四库全书总目》云：“元初东南诗社，作者如林。”[②] 至元季，此风犹存，成为文人们崇尚的一种重要的生活方式。这一时期，以结社名者有“北郭十友”[③]“南园五先生”[④] 等等。

逮及明代，文人结社遽然成风，在中国文学史上形成一道壮丽的景观。郭绍虞曾经这样评价：“一部明代文学史殆全是文人分门立户标榜攻击的历史”[⑤]，“为此关系，所以出奴入主，门户各立，主张互异，又形成了明代文坛空前的热闹。”[⑥] 郭绍虞分别以“以地域称者”“以社所称之”“以时代称者”“以官职称者”“以师门关系称者”“以家庭关系称者”“或泛加品题”“或齐名并称”等类别著录文人集团共 176 家；何宗美《明末清初文人结社研究》中统计更为详尽，以地域记为南直 107 家、浙江 97 家、广东 33 家、福建 18 家、江西 17 家、湖广 16 家、北直 15 家、山东与河南各 4 家、云南与四川各 1 家，共计凡 313 家[⑦]，其数量之大，令人叹为观止。

清初文人（包括清初明遗民）结集成社，从某种角度来讲，可以说是明代文人结社之风的余绪。清初文人结社风气依然很盛，陈康祺述“国初江浙士大夫以立社自豪”云：

---

① 对于文人结社的文化渊源，可参见何宗美《文人结社的文化渊源》。该文见于何宗美《明末清初文人结社研究续编》，中华书局，2006，第 1 ~ 40 页。

② 永瑢等：《四库全书总目》卷 165《百正集三卷（永乐大典本）》提要，第 1417 页。

③ “北郭十友”指高启、张羽、徐贲、王行、高逊志、宋克、唐肃、余尧臣、吕敏、陈则十人。

④ “南园五先生”指孙蕡、王佐、黄哲、李德、赵介五人。

⑤ 郭绍虞：《中国文学批评史》下卷，百花文艺出版社，1999，第 8 页。

⑥ 郭绍虞：《明代的文人集团》，见《照隅室古典文学论集》上编，上海古籍出版社，2009 年第 2 版，第 528 页。

⑦ 参见何宗美《明末清初文人结社研究》，南开大学出版社，2003，第 23 ~ 25 页。

> 国朝初定，士大夫犹沿明季遗习，方州大县，立社自豪。闻一知名之士，则彼此争斗入社，甚至挟兵刃弓矢以劫之。文酒翰墨之场，至效恶少椎埋，道途交哄，何其傎也。相传海宁有二社不相下，一社遍致三吴诸名流，推吴梅村为祭酒，舟楫络绎数千里。①

其盛况可想而知。据何宗美的初步统计，清初顺治至康熙初年，各类文人社团至少有70余家，其中遗民结社有50余家②，遍布大江南北的十数省。由于清初结社与反清复明斗争有着极为密切的关系，因此，如此盛行的结社风气一度引起统治者的极度不安，于是为了惩治明季结社风气之弊，礼科右给事中杨雍建上《严禁社盟疏》，旨在“严禁社盟陋习，破朋党之根”③。顺治十七年（1660）二月二十三日，下诏严禁社盟之事：“士习不端，结社订盟，把持衙门，关说公事，相煽成风，深为可恶，着严行禁止。以后再有这等的各该学臣即行革黜参奏，如学臣隐徇事发，一体治罪，该部知道。”④ 这从另一个侧面反映出明季社盟对于清初文人结社的重要影响。

其次，明代讲学之风的影响。讲学之风在中国古代文化史中渊源也极为深远，可追溯到春秋战国之时“私学”的发达，最著者毫无疑问就是孔子了。他创立儒家学派，并且广收门徒，“有教无类”⑤，弟子一度多达3000余人，有所成者70余人，可谓盛矣。儒家之外，墨子亦有“服役者百八十人，皆可使赴火蹈

---

① 陈康祺：《郎潜纪闻初笔　二笔　三笔》之《郎潜纪闻二笔》卷5，中华书局，1984，第405页。

② 何宗美：《明末清初文人结社研究》，第308页。

③ 杨雍建：《严禁社盟疏》，《杨黄门奏疏》（康熙刻本，不分卷），《四库全书存目丛书》史部第67册，齐鲁书社，1996，第227页。

④ 杨雍建：《严禁社盟疏》，《杨黄门奏疏》（康熙刻本，不分卷），《四库全书存目丛书》史部第67册，第228页。

⑤ 杨伯峻：《论语译注》，中华书局，1980，第170页。

刃，死不还踵”①。到战国时期，思想自由，出现了百家争鸣的学术繁盛局面。是时，各家学派为了宣扬自己的政治主张或学术理想，往往需要借助教授弟子的方式来扩大自己学说的影响力，同时也可以通过授徒使得自己的学说得以代代传承。从此而后，建立在师徒关系之上而形成人文团体成为一种极其重要的文人结集方式，如宋代“苏门四学士”②、明代的“杨门六学士”③ 等等。

明代讲学之风兴起于宣德年间，而盛于嘉、隆之际，其时“讲学者盛行于海内，而至其弊也，借讲学而为豪侠之具，复借豪侠而恣贪横之私。其术本不足动人，而失志不逞之徒，相与鼓吹羽翼，聚散闪倏，几令人有黄巾五斗之忧。盖自东越之变为泰州，犹未至大坏。而泰州之变为颜山农，则鱼馁肉烂，不可复支”。④ 讲学之风如此盛行，书院便应声而起，如雨后春笋般地兴盛起来；另一方面，书院的兴起又反过来推动了讲学之风的盛行，由此而导致官办之学遭受到了极为严重的冲击。嘉靖十七年（1538）五月，吏部尚书许赞上言，极言民间大量修建书院之弊，并请禁毁：“近来抚按两司及知府等官，多将朝廷学校废坏不修，别起书院，动费万金，征取各属师儒，赴院会讲。初发则一邑治装，及舍则群邑供亿，科扰尤甚。日者南畿各处，已经御使游居敬奏行撤毁，人心称快，而诸路未及，宜尽查革。如仍有建立者，许抚按官据实参劾。帝以其悉心民隐，即命内外严加禁约，毁其书院。”⑤ 可见当时讲学氛围之浓重。万历初年，张居正秉政，对民间大肆修建书院与盛行的讲学之风深恶痛

---

① 高诱注《淮南子·泰族训》（世界书局原版重印），《诸子集成》第7册，中华书局，1954年初版，第357页。

② 《宋史》称黄庭坚、张耒、晁补之、秦观为“苏门四学士”。又有“苏门六君子”之目，除黄、张、晁、秦之外，再加陈师道、李廌二人，有《苏门六君子文粹》。

③ “杨门六学士”指明代杨慎的六位门人：张含、杨士云、王庭表、胡廷禄、李元阳、唐锜。另外，又有“杨门七子”之目，上述六学士外加吴懋。

④ 王世贞：《弇州史料后集》卷35《嘉隆江湖大侠》，《四库禁毁书丛刊》史部第49册，第702～703页。

⑤ 雷礼、范守己、潭希思：《皇明大政纪》卷23，《续修四库全书》史部第354册，第524页。

绝，对于其危害更是痛心疾首：

> 夫昔之为同志者，仆亦尝周旋其间，听其议论矣。然窥其微处，则皆以聚党贾誉，行径捷举，所称道德之说，虚而无当……而其徒侣众盛，异趋为事，大者摇撼朝廷，爽乱名实，小者匿蔽丑秽，趋利逃名。嘉、隆之间，深被其祸，今犹未殄，此主持世教者所深忧也……今世谈学者，皆言遵孔氏，乃不务孔氏之所以治世立教者，而甘蹈于反古之罪，是尚谓能学孔矣乎？……仆愿今之学者，以足踏实地为功，以崇尚本质为行，以遵守成宪为准，以诚心顺上为忠，兔鱼未获，无舍筌蹄；家当未完，毋撤藩卫，毋以前辈为不足学，而轻事诋毁，毋相与造为虚谈，逞其胸臆，以扰上之法也。①

万历七年（1579）正月，下诏禁毁天下书院。此前，原任常州知府施观民，因为私创书院，聚敛民财，招致坐罪褫职。张居正令尽改各省书院为公廨，先后毁改应天等府书院多达六十四处，可见其惩弊决心之大。对于此，他自己也曾经做出解释："今人妄谓孤不喜讲学者，实为大诬。孤今所以上佐明主者，何有一语一事背于尧舜周孔之道。但孤所为，皆欲身体力行，以是虚谈者无容耳。"② 道尽当时讲学虚谈之弊。

当时之讲学者，大皆根底不实，人无定见，于是分门立户，影响至文坛，则表现为拉帮结派，或攻谪诋訾，或标榜虚名；甚至于同一社团之内亦互不相容，如以李攀龙等为首的"后七子"便是如此："诸人多少年，才高气锐，互相标榜，视当世无人。'七才子'

---

① 张居正：《答南司成屠平石论为学》，《新刻张太岳先生文集》（万历四十年唐国达刻本）卷29，《续修四库全书》集部1346册，第206～207页。

② 张居正：《答宪长周友山明讲学》，《新刻张太岳先生文集》卷30，《续修四库全书》集部第1346册，第217页。

之名播天下，摈先芳、维岳不与，已而榛亦被摈，攀龙遂为之魁。”[①] 于是，才子文人们纷纷树旗立帜，招揽同志弟子，在文坛上出现“你方唱罢我登场”的热闹局面。如以明代诗坛为例，《四库全书总目》有这样的评述：

> 洪武开国之初，人心浑朴，一洗元季之绮靡，作者各抒所长，无门户异同之见。永乐以迄弘治，沿三杨“台阁”之体，务以舂容和雅，歌咏太平。其弊也，冗沓肤廓，万喙一音，形模徒具，兴象不存。是以正德、嘉靖、隆庆之间，李梦阳、何景明等崛起于前；李攀龙、王世贞等奋发于后，以复古之说递相唱和，导天下无读唐以后书，天下响应，文体一新，“七子”之名，遂竟夺长沙之坛坫。渐久而摹拟剽窃，百弊俱生，厌故趋新，别开蹊径。万历以后，公安倡纤诡之音；竟陵标幽冷之趣，幺弦侧调，嘈囋争鸣，佻巧荡乎人心，哀思关乎国运，而明社亦于是乎屋矣。大抵二百七十年中，主盟者递相盛衰，偏袒者互相左右，诸家选本亦遂皆坚持畛域，各尊所闻。[②]

明代讲学之风盛，文人分门立户、相互攻谪标榜之风遂盛，一直延及清初，“其时去明未远，犹存标榜之风。”[③]《四库全书总目》评清初文人吴坰的《吴季野遗集》云：“今观其文，大抵摹拟周秦，得其形似，士祯所云犹明人标榜之余习也。”[④] 又评清初王晫《今世说》云：“其中刻画摹拟，颇嫌太似，所称许亦多溢量，盖标榜声气之书，犹明代诗社余习也。”[⑤] 类似评价还有很多。由此可见，在清初文人中，标榜风气之习依然较为流行。这种风气使得清初文人产生一种相互依附性，对于清初文人的思维方式与生活方式都有惯性

① 张廷玉等：《明史》卷287《李攀龙传》，中华书局，1974，第7378页。
② 永瑢等：《四库全书总目》卷190《明诗综》提要，第1730页。
③ 永瑢等：《四库全书总目》卷63《续表忠记》提要，第566页。
④ 永瑢等：《四库全书总目》卷182《吴季野遗集》提要，第1651页。
⑤ 永瑢等：《四库全书总目》卷143《今世说》提要，第1226页。

的影响，也是导致清初文人结社盛行的重要文化因素。

易堂文人群体的形成亦与明末清初之讲学风气的盛行有密切的关系，讲学论道是他们联系在一起的一条重要纽带。曾灿子尚倪纪云："（中叔）与三魏暨李、彭、林、曾诸君子讲《易》定交，往来翠微、冠石间，所谓易堂九先生也。"[①] 不难看出，"讲《易》"成为彭任与其他诸子之订交、直至结社的重要因素，换句话说，通过"讲《易》"，才使得他们相互引为"同志"，最终形成一个文人团体。当然，易堂诸人讲论的范围也不仅仅局限在《易》上。与此同时，易堂诸人开馆授徒，也成为当时著名的一个教育团体。当时之江右，除了易堂外，以讲学为要务的还有以宋未有为首的髻山文人群体和以谢文洊为首的程山文人群体等，他们都开馆聚徒、谈学论道、开讲辨难，成为江右一时之盛。因此，这三个文人群体在当时也以"讲学"而名垂天下："时江西讲学者，易堂外，在星子者曰髻山，南丰曰程山。"[②] 由此而观，明代讲学之"余习"对于易堂九子为代表的清初文人集团的形成具有重要影响。

二　明代文人雅集、诗酒风流等重文艺之风的浸润

文人雅集，吟诗作文，互相唱和，追求一种"诗意"的生活，是中国古代文人一个古老的传统。考察这些"诗意化"的文人，一般有以下几种情况：第一种是身居高位，仕途得意之士；第二种就是官场失意、仕途坎坷之士；第三种就是那些本来就无意于仕途，任意"流落"于江湖市井之中的文人；还有一种就是那些功成名就之后，甘愿退隐山林的"遗老"们，他们结成"怡老社"，以诗酒为纯粹的娱乐方式。无论属于哪一种文人，他们往往会三五成群地徜徉于自然山水之间，沉浸于诗与酒的快乐之中。对于身居高位者来说，其地位本身就有特殊的吸引力，自然会在身边围绕一批文人

---

① 曾尚倪：《〈六松堂集〉序》，《六松堂集》（清钞本）卷首。

② 陆麟书：《胥瓶山馆文存》，转引自钱仲联主编《清诗纪事·明遗民卷》，江苏古籍出版社，1987，第267页。

墨客，诗酒唱和，长此以往，就会形成一些特定的文人群体，如明代以“三杨”为主的“台阁体”文人群体。而与此相对应，那些遭受贬谪或仕途不如意的文人也并不颓废，往往会守着“达则兼济天下，穷则独善其身”的信念，呼朋引伴，徜徉于山水之间，纵情诗文，如晋代之“竹林七贤”等文人群体。

总体上讲，明代文人似乎更加愿意去追求这种“诗意”的生活。明代中后期心学盛行，所谓的“思想解放”成为时代的主题，尤其是王学后期发展到泰州学派之时。文人思想的“趋新”促使他们突破了传统道学的钳制，表现为放浪形骸，风流自赏，于是纷纷结社，谈文论艺，品诗论画，陶醉于酒色声伎之中，并乐此不疲。明代之文人雅集，诗酒风流的风气很盛，也使明代学风整体上呈现出重文艺的风貌。郭绍虞在论及明清两代学风的不同时总结道：“明代的文人，大都风流自赏，重在文艺切磋而不重在学术研究。易言之，即大都是‘清客相’而不是‘学者相’，这是明清两代学风绝不相同的一点。因此，借了以文会友的题目，而集团生活却只是文酒之宴，声伎之好；品书评画，此唱彼酬，成为一时风气。”[①] 又说：“明代学风也是偏于文艺的，可是又不像元代这般颓废和放纵。这好似由西晋名士的狂放行为，转变为东晋名士的风流态度。”[②] 自明代初期起，延续了元末文人集团诗酒风流的风尚，如吴中之北郭社等由老年文人结成的“诗社”，其社事活动主要是：“或辨理诘义以资其学，或赓歌酬诗以通其志；或鼓琴瑟以宣湮滞之怀，或陈几筵以合宴乐之好，虽丧乱之方殷，处隐约之既久，而优游怡愉，莫不自所得也。”[③] 那些退隐里中的名公巨卿，常常集结成社，以诗酒而游优自娱，兹以杭州为例：“硕德重望，乡邦典型，酒社诗坛，太平盛世，杭士大夫之里居者十数为群，选胜为乐，咏景赋诗，优游自如。

---

① 郭绍虞：《明代的文人集团》，参见《照隅室古典文学论集》上编，第526页。

② 郭绍虞：《中国文学批评史》下册，第8页。

③ 高启：《送唐处敬序》，《凫藻集》卷2，《景印文渊阁四库全书》第1230册，第270页。

在正统时有耆德会，有会文社；天顺时有恩荣会，有朋寿会；弘治有归田乐会。人物皆一时之选，乡里至今为美谈。”[①] 比较纯粹的“诗社”在明代很流行，这些文人往往不太热衷于时局政事，也较为淡泊名利，因此其社事活动比较单纯，或潜心作诗，或雅集唱和，或游山览水，或留恋声伎。这些较为纯粹的文人社团在切磋文艺之时，不免要提出各自不同的观点，或标榜唱和，或相互争鸣，一呼而百应，于是形成不同的文学派别，在文坛先后粉墨登场，旗帜更易频繁，各领风骚若干年，从“台阁体”到茶陵派，再到前后七子派，又有唐宋派、公安派、竟陵派等等，概言之，莫不以文艺之事为重。这样的文艺风气翕然成风，必然会影响到鼎革之际士人的生活方式。

易堂彭士望在迁家宁都之前，也曾频繁参加一些文人“社集”活动。如在甲申（1644）二月，有所谓“牡丹社集”，由“机部先生主社”。机部先生即为复社成员的杨廷麟，其事为“朱云涛宗侯家牡丹甚盛，诸公宴集累日”。（彭士望：《甲申二月自江州归遂迟牡丹社约呈杨机部先生舒鲁直徐巨源诸同社分得麻字》诗中自注，《耻躬堂诗文合钞·诗钞》卷一）由彭氏诗可知，这次参加社集的还有杨廷麟、舒鲁直、徐巨源等人[②]，俱是江右名流。又曾参加在刘西佩家的“东湖社集”，作有《东湖社集刘西佩宅用元韵》一诗纪其事。这些参加文会或社集的经历对他们以后参加易堂结社有重要的影响。再加上特殊的遗民身份，使得他们在残酷的生活面前，以诗酒唱和、潜心著述作为一种重要的生活方式——既可以寄托情感，以求诗文传于后代，起到警世作用；又可以以这种具有“诗意”的方式来缓冲和消解潜藏在内心深处的亡天下之痛，试图得以怡然于草野之中。因此，他们的文艺切磋也就成为一项重要的“事业”。

另外，明代的文社也很流行，这与明代科举考试制度有着极为

---

① 《杭州府志》（光绪刻本）卷173。

② 彭士望此诗后附有杨廷麟诗《牡丹社集怀彭子江洲期逝不至》，参见彭士望《耻躬堂诗文合钞·诗钞》（咸丰二年刻本）卷1。

重要的关系。文社的活动主要是切磋时文技艺。这种风气至天启、崇祯年间最为兴盛。文社兴盛的原因，无非因为士子想通过科举考试而获取功名。陆世仪的这段话可作为最好的注解：

> 令甲以科目取人，而制义始重。士既重于其事，咸思厚自濯磨，以求副功令。因共尊师取友，互相砥砺，多者数十人，少者数人，谓之文社，即此"以文会友、以友辅仁"之遗则也。好修之士，以是为学问之地；驰骛之徒，亦以是为功名之门，所从来旧矣。①

总体而观，这些文社是由于"八股"取士而催生的。八股取士明确规定试题范围，皆出于"四书五经"，同时还必须以朱熹之注解为唯一标准；而且八股文的程式化极强，有相对固定的格式，这样就使得士子想起一种"投机取巧"的捷径，就是在考试之前反复揣摩经义，并训练八股文法，可以取得事半功倍的效果。于是，必然会出现专研讲习制义的"研习社"，并以文界名流主持，选文讲授，对当时的文人士子有极大的吸引力和诱惑力，于是导致文社纷起的局面。其中一些甚至"享誉"全国，如江右就有时文名家陈际泰、罗万藻、艾南英等参加的新城大社等。就连大力倡导"独尊性灵"的公安派中坚袁宏道在结社之初似乎亦以攻研制义为其要务。据同治《公安县志》记载："（袁宏道）总角工为时艺……年方十五六，即结文社于城南，目为社长，社友年三十以下皆师之，奉其约束不敢犯，时于举业外为声歌古文辞。"② 由是观之，当时袁氏以结文社、功举业为其主要活动，写作古文辞似乎只是"业余"之事，可见当时文社空前之盛况。

易堂九子所在的江右又是当时文社极为发达的地区，仅仅见于

---

① 陆世仪：《眉史氏复社纪略》卷1，北京古籍出版社，2002，第199页。

② 周承弼、王慰纂《公安县志》，《中国地方志集成·湖北府县志辑48》，江苏古籍出版社，2001，第183页。

记录的就有豫章大社、君子亭合社、豫章九子社、新城大社、禹门社、合社、偶社、方社、平远堂社、瀛社等。而早在易堂文人群形成之前，易堂诸子中就有人曾经有过结社或参加文人社集的经历。如李腾蛟与邱维屏就曾参加过“文会”：“李腾蛟，字力负，号咸斋。与临川陈际泰、罗万藻、宁化李世熊、同邑邱维屏，为课文会。”[①] 陈际泰、罗万藻都是当时非常了得的人物，两人与章世纯、艾南英被并称为“江右四大家”，万历末年，一度为文坛之魁首，享誉全国，他们的八股文选评本曾风行海内。

不管是诗酒风流，还是精研时艺，“结社这件事，本来是明代士大夫以文会友很清雅的事。他们一方面学习时艺，一方面来择选很知己的朋友。”[②] 这样的一种“以文会友”的浓重的文艺氛围无疑也给清初文人，尤其是遗民，起到了范式作用。

在易堂中，如某人有诗文成，首先请其他诸子指正。易堂的这种文艺气息是非常浓重的，对此，李腾蛟有生动的记述：“叔子以新诗一册遍寄吾党，吾党皆惊。而评阅吾党作不少宽假，吾党又无不屈服，相值论诗文，彼此惊呼，有至鸡鸣漏尽，惊动客寝犹未已者。钟敬伯柬蔡敬夫曰：‘存此严冷意，事事相与成。’吾党之于诗文已如此。”（李腾蛟：《书魏裕斋诗后》）有时对某一问题产生不同的意见，便会发生争执，甚至于面红耳赤，互相指画，如魏禧与姊丈邱维屏就是如此。据魏禧回忆：“（邦士）尝与予争辩时文体制，尽善及继统者必为之子，至座中人皆罢酒，声震山谷，鼾睡者悉惊寤不为止。”（魏禧：《邱邦士传》）其争论之激烈竟若此者。今观易堂九子之行世文集，大多有同志评论之辞，页眉页尾，字里行间，随处可见；少则几字几点，多则长篇大论，“圈点”之使用亦很频繁，虽非常明显地受到明季标榜之风的影响而不无过分褒扬之词，但往往也有吉光片羽，能够点中要害。此外，这些评点有时也很明显地受

① 《宁都直隶州志·人物志》（道光四年刊本），《中国方志丛书》华中地方·第八八二号，台湾成文出版社有限公司，第 1689 页。

② 谢国桢：《明清之际党社运动考》，中华书局，1982，第 119 页。

到了精研时艺的影响，评语之中时时留有八股文法的痕迹。然而正是这一时期，评点这种独特的批评方式焕发了生命力，成为中国评点文学发展史中的一个重要阶段。

三　前代遗民生活方式的榜样作用

在朝代更迭之际，由于儒家“正统”观念的影响，往往会出现一些宁死而不仕新朝的人，这就是所谓“遗民”。遗民作为历史长河中一个极为特殊的群体，他们生活在时代的夹缝之中，显得无奈而又无助，但是他们不卑不亢，不屈不挠，抱节守志，以一种倔犟而又孤傲的姿态树立起一座座人格意义上的不朽丰碑，成为后世之人顶礼膜拜的精神楷模。同时，他们似乎游离于社会之外，却又以独特而敏锐的目光时时刻刻关注着本“不属于”他们的“现实”生活的方方面面，他们或游历山川大河，或潜心于著书，以自己的方式谱写着这个时代的“弦外之音”，形成了独特的遗民文化。中国最早的遗民可追溯到商、周之际，“商之沦丧，遗黎赤子皆有不忘其君之心，故商王多士在周为顽民，其实不肯革心以事周也”①，伯夷、叔齐兄弟二人为代表。周武王灭商之后，二人耻食周粟，采薇而食，终饿死于首阳山。伯夷、叔齐的志节为历代士子文人所钦佩和赞扬，孔子叹曰：“不降其志，不辱其身，伯夷、叔齐与!”② 赞其为“古之贤人”③。孟子对二人亦有赞美之词：“伯夷，非其君，不事；非其友，不友。不立于恶人之朝，不与恶人言。”④ 司马迁专门为二人立传，且排在“列传”第一，以弘扬其德行。由此可见二人在中国古代文人学士心目中的崇高地位。

伯夷、叔齐作为最早的遗民，其抱志守节、宁死而不食周粟的生活姿态为后世遗民树立起了一座高标。首先，退隐山壑，誓不与

① 史浩：《尚书讲义》卷 12，《景印文渊阁四库全书》第 56 册，第 289 页。
② 杨伯峻：《论语译注》，中华书局，1980，第 197 页。
③ 杨伯峻：《论语译注》，第 70 页。
④ 杨伯峻：《孟子译注》，中华书局，1960，第 83 页。

新朝合作，成为后世遗民所普遍认同的一种生活方式，由此，遗民成为历史中朝代更迭之际“隐士”中的重要组成部分，而又明显区别于一般意义上的“隐士”。其次，伯夷、叔齐之“不食周粟”亦是后世遗民所尊尚的表现其气节之贞烈的一个重要方面，于是自食其力、躬耕自养成为他们普遍的一种生存方式。历代遗民在先朝灭亡后，除了殉国殉君之外，纷纷退隐山野，伏卧草间，足不入城市，亲自把犁而耕，扶锄而作，以伯夷、叔齐之“不降其志，不辱其身”自励。逮及宋末元初，前朝遗民之风烈昭然，诚如邵廷寀所云：“古之遗民，莫盛于宋。宋季得人之盛，多出文文山之门。”① 关于遗民之气节，邵氏论云：“夫人才处丰泰，则发而为政事，为文章；际屯蒙，则激为清风，为幽节。”② 既而感叹道：“於乎！明之季年，犹宋之季年也；明之遗民，非犹宋之遗民乎？曰节固一致，时有不同。”③ 无疑，宋末元初遗民是明末清初遗民的“典范”，他们时时倾慕追思和自己有着同样不幸的先辈们。故明末清初之际，其风尚犹然如此，甚至比前代更烈。

明遗民冷士嵋在谈及易堂魏禧等人时就以夷、齐为比：“余则谓君之因时通变，以退为进，以舍为用，以贫贱为荣禄，实有类于古达道者之所为，自其节已特立，清风高操。翠微之峰，虽匹之以夷、齐之首阳而不愧，至抗节砥义，遵养却聘，则易堂之上。”④ 清初明遗民之价值标准从此语可见出一端。而后人往往也将清初明遗民与其前辈相比而言，如孙静庵在评价清初遗民汪沨时，就将其与宋末之著名遗民相较而论：“尝思宋之遗民，以谢皋羽、吴思斋、方凤、龚开、郑思肖为最著，方、吴皆有家室；皋亦晚妻刘氏；开至贫画马，有子同居；惟思肖孑然一身，乞食僧厨。沨妻死，不更娶，有

① 邵廷寀：《宋将作监薄修竹先生传》，《思复堂文集》卷3，浙江古籍出版社，2010，第193页。

② 邵廷寀：《宋将作监薄修竹先生传》，《思复堂文集》卷3，第193页。

③ 邵廷寀：《明遗民所知传》，《思复堂文集》卷3，第205页。

④ 冷士嵋：《祭魏叔子文》，《江泠阁文集》（康熙刻本）卷四。《四库全书存目丛书》集部第236册，齐鲁书社，1997，第520～521页。

子托于弟，行事往往与思肖相类，亦遗民中为其所甚难者。"[①] 这也从另一个角度说明前辈遗民对于明遗民价值观念的影响之大。

明清之易代是外族入侵，这在汉族士大夫的心灵中是永远都不能解脱的痛苦，于是伯夷、叔齐及前代遗民的抱志守节的情操再次成为明遗民所高扬的道德旗帜。这一点也可以从明遗民本身强烈的"遗民"意识见其端倪。如归庄在为其友朱九初所著《历代遗民录》的序中，详尽辨析了"遗民""逸民"与"高士"三个极易混淆的词语，其云：

> 孔子表逸民，首伯夷、叔齐；《遗民录》亦始于两人，而其用意则异。凡怀道抱德不用于世者，皆谓之逸民；而遗民则惟在废兴之际，以为此前朝之所遗也。其叙四皓，但载《紫芝》之歌，而削其羽翼太子之事。此虽本之涑水，其意亦以为秦之遗民，不当复为汉出也。可谓严矣！遗民之类有三：如生于汉朝，遭新莽之乱，遂终身不仕，若逢萌、向长者，遗民也；仕于汉朝，而洁身于居摄之后，若梅福、郭钦、蒋诩者，遗臣也，而既不复仕，则亦遗民也；孔奋、郅恽、郭宪、桓荣诸人，皆显于东京矣，而亦录之者，以其不仕莽朝，则亦汉之遗民也。徐穉、姜肱之伦，高士之最著者，以不在废兴之际，故皆不录；魏晋以下，依此类推。故遗民之称，视其一时之去就，而不系乎终身之显晦，所以与孔子之表逸民，皇甫谧之传高士，微有不同者也。[②]

归庄于此明确区分"逸民""遗民"与"高士"内涵的不同，其意是要突出强调"遗民"的两个要素：一是处于"废兴之际"；二是不仕于新朝，即强调"遗民"之"志节"。而明遗民也确实表现出了他们"不降其志，不辱其身"的道德操守，甚至像伯夷、叔齐以

---

① 孙静庵：《明遗民录》，浙江古籍出版社，1985，第160页。

② 归庄：《历代遗民序》，《归庄集》卷3，第170页。

穷饿而死者，亦不乏其人，如魏禧之友乍浦李天植、吴中徐昭法等，就因不受他人之食，最终穷饿以死。就易堂诸子来说，除了魏际瑞在国变后贬身以出之外，亦皆高隐不出，行节之高为当时及后世之人所称扬。

遗民隐居结社也是一个老传统，历代均不乏其例，势必对后世遗民的生存方式造成重要影响。对于清初明遗民来讲，对其影响最大的无疑是宋元易代之际遗民的价值取向和生活方式。宋元易代与明清易代对于汉族士大夫来讲在性质上是一样的，都属于屈辱的“外族”入侵，对于他们来讲，是所谓的“亡天下”。因此，明遗民很容易与宋末遗民产生心灵共鸣。南宋灭亡后，不与新朝合作、归隐结社是宋末元初遗民的一种重要的生活方式，其著于世者如由浦江吴渭发起组织的“月泉吟社”，对于该社团之风节，全祖望评价道：“月泉吟社诸公，以东篱北窗之风，抗节季宋，一时相与抚荣木而观流泉者，大率皆义熙人相尔汝，可谓壮矣。”[①] 再如谢翱组织的“汐社”，取潮汐“晚而信”之义，以象征该社社员定期聚合而且永不变节，其风旨之高可见一斑。宋末遗民隐退而聚集结社的例子还有很多。常常追慕宋遗民节烈之风的明末遗民，毋庸置疑地受到了先辈们这一生活方式的影响，于是亦纷纷隐居山野沟壑，集同志而共居，形成清初明遗民结社的高潮。诚如杨凤苞所言：“明季既屋，士之憔悴失职，高蹈而能文者，相率结为诗社，以抒写其旧国旧君之感。”[②] 当然，当时的“高蹈而能文者”结成的不仅仅是“诗社”，其主要活动也不仅仅是“抒写旧国旧君之感”，而大多有着鲜明的政治倾向，并与反清复明的斗争紧紧地联系在了一起。

---

① 全祖望：《月泉吟社后》，朱铸禹汇校集注《全祖望集汇校集注》，上海古籍出版社，2000，第1439页。

② 杨凤苞：《书南山草堂遗集后》，《秋室集》（光绪十一年陆心源刻本），《续修四库全书》第1476册，第10页。

第三节　易堂文人群体的性质

由于中国古代的文人群体和当时的政治、经济、文化有着十分紧密的关系，本身就具有多样性和复杂性等特点，因此对于其类型的划分很难有绝对的或唯一的标准。从不同角度可分为不同的类型，如从组织形态上来看，可分为家族血缘型、地域型、师徒型、业缘型、友道型等类型；从其文化功能上大致可分为侍从文人集团、学术派别、政治朋党、文人结社和文学流派等。[①] 从文人群体的命名方式与特点上分，有“以地域称者”“以时代称者”“以官职称者”“以师门关系称者”“以家庭关系称者”“范加品题者”“齐名并称者”等类型。[②] 从性质上划分，又可分为文学性和非文学性等类型。实际上，这也只能说是一个粗略的划分，因为中国古代“士”阶层[③]本身具有复杂性，往往某一类型的文人团体同时兼有其他类型文人团体的特点。

在中国古代，“士”之生存的基本信念是“以天下为己任”，因此中国古代的文人一般来讲都和政治有着千丝万缕的联系。很多文人本身就是政要；即使是在野为庶民，但“天下兴亡，匹夫有责”的观念也使得他们对政治有较为浓厚的兴趣，也要去积极议论时政；而且在他们看来，清议虽然不能像掌权者一样直接去干预政治，却也具有极其重要的作用，如清初顾炎武云：“天下风俗最坏之地清议

---

① 参见郭英德《中国古代文人集团与文学风貌·引言》，北京师范大学出版社，1998，第5页。

② 参见郭绍虞《明代的文人集团》，见《照隅室古典文学论集》上编，第518～525页。

③ “士”特指中国古代的知识阶层，对于这一概念，多将其释为“知识分子”。然而它和西方“知识分子”（intellectual）的内涵有所不同。余英时先生将中国古代之“士”释为“知识人”，并将“士”与“知识分子”一对概念进行了辨析。参见余英时《士与中国文化·引言——士在中国文化史上的地位》，上海人民出版社，2003。

尚存，犹足以维持一二，至于清议亡，而干戈至矣。”① 再加上某一文人集团的形成又与这一时代或这一时期的政治、经济、文化有着错综复杂的关系，因此就决定了中国古代文人团体的多样性和复杂性。比如“建安七子”“竹林七贤”等文学性很强的文人集团，但当时他们处在激烈的政治漩涡之中，“建安七子”中的几位重要成员孔融、陈琳等是曹魏政治集团的重要成员，他们政治生涯的起伏往往又极大地影响了他们文学创作的整体风貌和成就。由此，很难单一地、绝对化地确定他们是属于哪一种类型。同样，像典型的政治朋党型文人团体如明代之“东林党”、后期之“复社”等，其中的成员亦有很多文学造诣很高的文学家。

一　易堂文人群体的组织形态

易堂文人群的组织方式比较复杂。总体上来讲，它是一个地域性的文人团体：其一，“易堂九子”的所谓“易堂”，是实有其“堂”：“山势高，屋宜隐伏，顾夹两石壁，横不得方。独中干束缩，后托圆顶，张肘平衍，可接百武。辟堂其中，曰‘易堂’。堂广两丈，深二之一有半。北向凭右干外，大杨、赤竹、南光诸远峰张旗鼓，中列屏几相望峙。”（彭士望：《翠微峰易堂记》）“易堂”构建在金精山翠微峰上，金精山位于宁都西郊，距城有四十余里，为道家三十六福地之一，翠微峰即其主峰之一。“易堂”是易堂文人群的“总部”。其二，所谓“易堂九子”，其人都属江西籍。其中李腾蛟、邱维屏、“三魏”、彭任、曾灿七人均为宁都人；彭士望、林时益两人为南昌人。其三，从易堂诸子的主要活动来讲，虽然他们大都漫游天下，足迹遍海内，而其讲学授徒主要在江右，与宋未有为首之髻山诸子和谢文洊为首的程山诸子交为最挚，并被当时学者称为江右三山学派；他们的弟子虽然遍布各省，但主要来自江右地区。

易堂文人群体还表现出明显的家族血缘型的组织方式。家族血

① 顾炎武撰，黄汝成集释，栾保群等校点《日知录集释》（全校本）卷13，上海古籍出版社，2006，第766页。

缘型的文人团体主要是由同一家族内部的成员组合而成的。家族血缘关系在中国古代文人团体的形成中有着极为重要的作用，这与中国古人浓厚的家族宗法观念有密切的关系。概而言之，中国古代社会是以家族血缘为本位的，小则为“家庭”，大则为“家国”，“齐家”与“治国”在本质上相通。这种观念渗透到中国古代文化的方方面面。比如各种复杂的人伦关系，俱可以还原到家族关系中来，如“君”与“父”，“迩之事父，远之事君”（《论语·阳货》）、“忠孝非两心，事君如事父”①；“师”与“父”，“事师之，犹事父也”（《吕氏春秋·劝学》），等等。古代较早的文人团体是春秋战国时期的诸子学派，其组织方式主要是师徒关系，而这种关系实际上就有家族宗法观念的因子。其后，遂有比较纯粹的以家庭血缘关系为纽带的文人团体出现，历代不乏其例。代表性的如汉魏时期以曹操、曹丕、曹植父子形成的曹氏文人群体，梁代萧统、萧纲、萧绎等组成的萧氏文人群体，宋代苏洵、苏轼、苏辙父子组成的苏氏文人群体等。可以说，家族文人团体是中国古代一个重要的文化现象，也是一个重要的文学现象。

易堂文人群的核心成员是“宁都三魏”，也是“易堂”的最初创建者。“宁都三魏”本身就是一个纯粹的家族文人团体，在当时即以“宁都三魏”之名而远播：“魏氏三子者，宁都魏天民征君之子，长曰际瑞，字善伯，是为伯子。次曰禧，字冰叔，曰礼，字和公，是为叔子、季子。三子平日以父为师，而兄弟相为朋友……天下遂谓之宁都三魏，而或比之眉山三苏氏，则非三子之意也。”（林时益：《魏氏三子文集序》②）由是知，时人也有将“三魏”比拟于“三苏”者。史料之中，也常以“三魏”之称记载，“……‘三魏’之

① 邹浩：《世美归侍政府以送君南浦伤如之何作诗送之》（第四首），《道乡集》卷3，《景印文渊阁四库全书》第1121册，第183页。

② 林时益：《朱中尉诗集》附录，参见胡思敬辑《豫章丛书·明季六遗老集》，《丛书集成续编》（上海书店版）第177册。本书林时益的引文凡出于此本者，只随后注明其所自篇目，不另出注；如出别本者，则另注出。该文亦见于《宁都三魏全集》卷首。

名遂遍海内。”[①] 又：“魏礼，字和公，一字季子，江西宁都人。布衣，与二兄祥、禧隐翠微峰，一门师友。古文词为眉山宗子，名满天下，人称‘易堂三魏’云。”[②] 又：“宁都三魏，长祥，字善伯，后改名际瑞；次禧，字冰叔；次礼，字和公，兄弟三人，并有才名于时，故天下称宁都三魏。”[③] 又：“魏叔子兄弟，治古文山中，邹程村一见叹曰：‘今乃有如是文乎？’逢人则称道不绝口，海内知有三魏，实自程村始也。”[④] 易堂后学中又有所谓“小三魏”之目，为魏际瑞之子士杰、魏礼之子士儆、士俨。由此可见，易堂文人群的家族型特征是比较明显的。另外，易堂九子成员之一的邱维屏邦士乃为三魏之姊丈，也与三魏有特殊的血缘关系。南昌的彭士望与林时益亦有亲缘关系，据彭士望述：“家继母，太朴先生之再从侄女”，而且两家都居于会城，“至戚情礼甚周，欢相得也。”（彭士望：《与魏昭士手简》）太朴先生即林时益之父。时益少与彭士望友善，“共相推许”。后来因两家大人构恶，两人遂绝交。甲申之变后，两人在乐平王刚的调和下重交笃，“甲申世变，用霖以王乾维一言亟过予，止宿一日，更欢得如兄弟。自是，居行寄托，有无通共。”（彭士望：《与魏昭士手简》）另外，易堂诸子的晚辈相互结成联姻，关系极为复杂。如林时益之子娶彭士望之女，彭士望之子娶魏礼之女，林时益之女适邱维屏之子，彭任之女适李腾蛟之子，彭任之子娶魏际瑞之女，魏礼之子娶曾灿之女，等等[⑤]。而且易堂门人之间也相互联姻，织成一张极其特殊而又复杂的血缘关系网。易堂诸人之交谊诚如魏禧所言：“易堂之交如亲兄弟。”（魏禧：《师友行辈议》）由此来看，血缘关系是易堂诸子能够聚合在一起的非常重要的纽带。

---

① 王钟翰点校《清史列传·文苑传一》，中华书局，1987，第5673页。

② 卓尔堪选辑《明遗民诗》，中华书局，1961，第293页。

③ 吴德旋：《初月楼闻见录》，参见周骏富辑《清代传记丛刊·学林类㉔》，台湾明文书局，1985，第94页。

④ 易宗夔：《新世说》，转引自钱仲联主编《清诗纪事·明遗民卷》，第762页。

⑤ 参见赵园《聚合与流散——关于明清之际一个士人群体的叙述》，中国文联出版社，2009，第10页。

易堂文人群体的组织方式又有师友型的因子。从“宁都三魏”来讲，他们从血缘关系上来讲是兄弟，但他们又互为严师，互为畏友。魏禧如此记述他和弟弟魏礼的关系：“季少余五岁，入小学时，父母以为迟钝，尝命督课之，故视予犹严师。……予乃释向者束急之教，而更以季为畏友。”（魏禧：《季子文集序》）事实上，魏禧也确是魏礼之师，礼从其学文至成，尽得其文法。对于其他诸子来说，也是如此，如魏禧曾向邱维屏学为古文，受其影响很大。易堂诸子皆笃信师友之道，并以儒家友道观念为归，“世道交衰，师友之义久不明于天下。《孟子》曰：‘友也者，友其德’。又曰：‘道若大路，归而求之，有余师。’则是道德者，师友之质的，舍是，皆反是也。”①（彭士望：《祭魏叔子文》）在日常生活之中，以相互攻恶为尚，“其得力则在于燕居闻过，能互攻恶。”（彭士望：《祭魏叔子文》）“三魏”外，诸子虽为异姓，但皆以兄弟称，情挚之至，无论姓氏。魏禧云：“余十一岁颇知求友，里中如刘公定、李咸斋、曾青藜、谢君求，或以笃德令行，或污身辱名而志不滓，皆次第相与为石交。”（魏禧：《彭躬庵七十序》）又在叙及与曾灿之谊时云：“余幼与曾止山比户而居，长又同学，自年十三四，辄以古朋友相望责。”（魏禧：《曾止山诗序》）彭士望在与永新贺贻孙的信中亦云易堂诸子“并皆齿兄弟，家居不让，几几似古”（彭士望：《与贺子翼书》），这正是诸子相处的真实写照，因此也常以“敦古道”而被称扬：“敦古友谊如骨肉子弟，无恒父师。”②

在文艺上，易堂诸子亦相互切磋，谈论技艺，取长补短，相互为师。这种以朋友为兄弟的观念实际由来已久，和中国儒家古老的友道观念密切相关。儒家重友，所以讲求广交友朋。像孔子就认为

---

① 彭士望引《孟子》二句分别出自《孟子·万章章句下》和《孟子·告子章句下》，第二句与原文稍有出入，原文为“道若大路然，岂难知哉？人病不求耳。子归而求之，有余师”。

② 孙静庵：《明遗民录》，第279页。

有朋友见访，便是人生的一大乐事："有朋自远方来，不亦乐乎？"[①]孟子亦言："一乡之善士斯友一乡之善士，一国之善士斯友一国之善士，天下之善士斯友天下之善士。以天下之善士为不足，尚论古之人。"[②] 儒家的这种友道观，成为后人在日常交际中的重要原则。而易堂诸子生活的时代正是传统儒家友道观沦丧的时代，朋党林立，恶意攻击，奸谀取巧，遂至人心涣散，不可收拾。于是此际士人倡导恢复古之友道观，访友求士便成为他们重要的一项"事业"，诚如彭士望言："天不与弟以时，而与以友，然弟意中尚以友天下为未足。"（彭士望：《与贺子翼书》）依此来看，以友为师、以友为兄弟的传统重友的儒家友道观念亦成为易堂九子能够组织在一起而形成文人群体的重要原因。

二　魏禧的领袖作用

易堂诸子之中，如以文学领域的影响大论之，则魏禧为最。魏禧（1624～1681[③]），字冰叔，又字凝叔，号裕斋，又号勺庭先生。宁都名士魏兆凤之次子，故人称魏叔子。《清史列传》在论易堂时叙云：

---

① 杨伯峻：《论语译注》，第1页。

② 杨伯峻：《孟子译注》，第251页。

③ 关于魏禧之卒年，有作1680年者。钱仲联主编《中国文学家大辞典·清代卷》载其生卒年为"1624～1680"，并解释说魏氏"康熙十九年卒于仪真，年五十七"。（中华书局，1996，第880页）邱国坤《易堂九子年谱》中，也标魏氏卒于1680年。（《易堂九子年谱》，江西高校出版社，1990，第120页）胡守仁则作其"生于明天启四年（1624），卒于康熙二十一年（1681）"。（胡守仁点校《魏叔子文集·前言》，中华书局，2003，第1页）据魏礼《先叔兄纪略》："庚申十一月十七日，从无锡赴维杨故人约，舟至仪真，忽发心气病，一夕卒。"又云其"生于明天启甲子正月十三日，享年五十有七。"（《魏季子文集》卷15）据此，魏禧的生卒年实际很明确，应为明天启四年——康熙十九年。但需要注意的是，中国古代的年号之"年"与西历纪年并非是准确对应的，如康熙十九年对应的西历时段为"1680年1月31日至1681年2月17日"，故此，康熙十九年十一月十七日，应为西历的1681年1月6日。至于魏礼所记其兄至仪真病发而"一夕卒"，其中"一夕"可有二解，可指"一夜"，也可指"极短的时间"，故魏禧或卒于十七日，或卒于十八日。而其生年天启四年正月十三日即为西历的1624年3月2日。据此，魏禧的生卒年应为1624～1681。

“易堂独以古人实学为归，而风气之振，由禧为之领袖。”[①] 钱仲联先生也认为“禧总揽易堂诸事”[②]。魏禧的领袖作用主要表现在两个方面。

其一，在易堂文人群体的形成过程中起到实际的组织作用。最初，魏氏一家移居翠微峰的决定与魏禧有关。时为甲申之际，时局虽然纷乱，但当时尚未波及这个赣南小城。魏禧审时度势，凿山开道，构屋于险要的翠微峰上，以防不测，彭士望记载当初之情况颇为详尽：“乙酉冬，魏凝叔知天下未易见太平，与其友将为四方之役，谋所以托家者。时邑人彭宦得兹山创辟，凝叔合知戚，累千金，向宦买山，奉父母及兄善伯、弟和公居焉，旁及其知戚。”故“于兹山最力者，始事凝叔”。（彭士望：《翠微峰易堂记》）《清史列传》亦载：“方流贼之炽也，承平久，人不知兵，且谓寇远猝难及，禧独忧之，移家山中。山距城四十里，四面削起百余丈，中径坼，自山根至顶，若斧劈然。缘坼凿磴道，梯而登，因置闸为守望。”[③] 国变之初，魏氏一家移居翠微峰主要是魏禧的主意，这也成为其后易堂文人群形成的先决条件。

易堂文人群体的形成过程中还有一个极为重要的环节，就是彭士望与林时益（朱议霶）的加入。彭士望（1610～1683），字达生，号躬庵，又号晦农、树庐等，南昌人。顺治二年（1645）六月，金声桓入南昌，彭士望挈妻子走建昌，后至宁都，魏禧亲延士望至家，两人遂一见定交，彭氏才有加入易堂之意。彭士望回忆当时的情景说：“忆予乙酉六月，自南昌携俪停许湾，身三驾宁都，平日口语寄托人，俱不足信。方傍徨间，俄造予。一少年颀然清癯，角巾蓝縠衣，趋揖曰：‘身魏凝叔也，慕君久，幸过一言。’携推入小东园，语不可断。予浴，叔子立盘次语比夜漏下三十刻。予曰：‘定矣，吾决携家就子矣。’叔子曰：‘此自吾事。’”（彭士望：《魏叔子五十一序》）以前素不相识，而只此一面，改变了彭士望以后的人生轨迹。

---

① 王钟翰点校《清史列传·文苑传一》，第 5674 页。

② 钱仲联主编《中国文学家大辞典·清代卷》，第 88 页。“魏禧”条释文后署为钱仲联作。

③ 王钟翰点校《清史列传·文苑传一》，第 5673 页。

如无魏禧的亲自造访，彭士望未必有此机缘依于易堂。林时益为彭士望之石友，士望于是携时益弃家同来易堂。由此可见，魏禧在南昌名士彭、林加入易堂这件事中，起到了关键作用。如果说移家翠微峰是魏禧深谋远虑，那么，招引彭士望与林时益加入易堂则是魏禧个人“魅力”所起到的作用。对魏禧在易堂中的地位，同堂中年龄最大的李腾蛟曾经做过一个非常形象的比喻：“叔子于易堂，如桶之有箍。”（李腾蛟：《书魏裕斋诗后》）此外，一些史料记载本身也可以看出史家对于魏禧在“易堂”文人群体中领袖地位的认可，如《四库全书总目》：“同邑魏禧尝集同志九人讲学于易堂，任其一也。”[①]《清史列传》：“魏禧集同志彭士望等九人讲学‘易堂’。”[②]近人邓之诚先生也认为在“易堂”之中，“禧则事无不总”[③]，等等。

其二，魏禧在易堂文人群体中威望最高，声名最远，同堂中其他诸子俱服膺其人。彭士望这样描述魏禧在易堂诸子中的地位：“易堂前后辈两世人皆以叔子为放仰。”（彭士望：《祭魏叔子文》）魏禧名望之高，主要表现为道义与文章两端。彭士望曾论魏禧生平云：“求文章卓然有用，能自成就，以布衣久隐，畏约抗行天下，惟叔子一人而已。”（彭士望：《魏叔子五十一序》）张潮论魏氏云：“宁都魏叔子先生文章道义久已推重人伦，而交游之广，阅历之多，亦复超轶流辈。”[④] 对于道义气节，十九世纪日本著名汉学家斋藤谦（1797～1865）总其生平，推之为“全节之士”：“冰叔遭甲申之变，愤惋叱咤，如不欲生。谋起义兵勤王，而李贼旋殄灭，遂不果。明亡不仕，被征，以疾辞。抚军某疑其诈，以板扉舁之，至门，冰叔絮被蒙头，卧称疾笃，竟得放归。可谓全节之士矣。”[⑤] 就文章来

---

① 永瑢等：《四库全书总目》卷 182《草亭文集》提要，第 1652 页。

② 王钟翰点校《清史列传·儒林传上一》，第 5272 页。

③ 邓之诚：《清诗纪事初编》，上海古籍出版社，2012 年第 2 版，第 199 页。

④ 张潮：《昭代丛书·日录杂说小引》，《丛书集成续编》第 25 册，台湾新文丰出版公司，1988，第 517 页。

⑤ 〔日〕斋藤谦：《拙庵续文话》卷 5，参见王水照主编《历代文话》第十册，复旦大学出版社，2007，第 10027 页。

讲，易堂诸子中，文名最大者亦数魏禧，随着他交游日广，声名渐远，天下人争相引见，彭士望述云："魏叔子庚戌间再游吴越，人传诵其文章，谓为南宋来所未见，求之者无虚日，削版待之，朝成夕登，即日流布，海内所推。一二耆旧大耋之老争识面，引为忘年交。士无识不识，皆知有宁都魏叔子。"（彭士望：《魏叔子五十一序》）后宋荦曾选刊魏氏及侯方域、汪琬文为《国朝三家文钞》，魏、侯、汪并为清初三家，魏氏之名日盛，清人卢浙评曰："易堂文名之盛，莫过魏叔子先生。"[①] 康熙十七年（1678），诏举博学鸿儒，叔子以疾辞不就，也反映出他在当时的影响之大。

对于易堂的领袖人物，也有人持不同的看法，如近人邓之诚先生认为易堂之主实为林时益："（易堂九子）其初为避兵，继则谋恢复，奉时益为主。"[②] 又云：

> 议霶实为易堂宗主，故魏禧谓：议霶来宁都时年二十有八，予与季礼方壮，并愿为之死。没前语士望、禧、礼曰：吾衰病无所用于世，君辈好为之。遂于戊午（康熙十七年）八月以呕血死，年六十一。事具禧《朱中尉传》。议霶死而易堂之业衰矣。[③]

林时益原名朱议霶，本为明王室后裔，国变后更易姓名为林时益，字确斋，随彭士望于顺治二年（1645）挈家宁都，加入"易堂"。甲申之变后，易堂诸子中确实有人图谋恢复，而林时益身份又非常特殊，邓先生单纯地从政治角度去解读"易堂"，遂有此解，也有一定的道理。

清初张尚瑗则认为，易堂之领袖应为邱维屏，其云："然而居乡有先后，闻道有原委，就诸子风同趣合，固必有英绝领袖于其中，

---

① 卢浙：《重刻邱邦士先生文集序》，参见彭士望《耻躬堂诗文合钞》（咸丰二年重镌本）卷首。

② 邓之诚：《清诗纪事初编》，第 199 页。

③ 邓之诚：《清诗纪事初编》，第 212 页。按：魏禧《朱中尉传》云："中尉来宁都时，年二十有八，予与季礼方壮，并愿为中尉死也。"

而相下不厌者。今取以论阳都诸子，邱邦士先生所谓领袖之者也。”[①] 张氏是从易堂诸人的文学渊源及文学造诣来考量邱维屏在易堂九子中的地位：“盖易堂诸子之文，既以叔子为领袖；而叔子之所自来，又承于邦士，则邦士之领袖易堂，亦自其诸子之说云尔矣。”[②] 其说亦有所自。但全面考察易堂文人群体的形成及其活动，则魏禧实为领袖焉。

三 易堂诸子的结社意识

顺治二年（1645）冬，魏禧集资向同郡彭宦购买翠微山，奉父母以居。顺治三年（1646），闽赣相继陷落，诸子始决隐计[③]。顺治

---

① 张尚瑗：《邱邦士文集序》，参见黄永伦、杨锡龄纂修《宁都直隶州志·艺文志二》（道光四年刊本），《中国方志丛书》华中地方·第八八二号，台湾成文出版社有限公司，第2537页。张尚瑗，字宏蘧，江南吴江人，康熙二十一年（1682）进士。与邱维屏之子成銶往来唱和。按：此文不收于《邱邦士文集》（道光十七年刻本）卷首。

② 张尚瑗：《邱邦士文集序》，参见黄永伦、杨锡龄纂修《宁都直隶州志·艺文志二》（道光四年刊本），《中国方志丛书》华中地方·第八八二号，台湾成文出版社有限公司，第2538页。

③ 按：“易堂九子”实于顺治三、四年间已俱齐。孙静庵《明遗民录》：“岁乙酉，杨廷麟起兵赣州，应遴以闽峤山泽间有众十万，俾往抚之。既行，而应遴病卒，赣亦破，乃解散去。寻祝发为僧，遨游闽浙、两广间。大母陈、母温，念灿成疾，乃归宁都，以大母命受室，筑六松草堂，躬耕不出，后乃入易堂。”又徐世昌《晚晴簃诗汇·诗话》：“国变为僧，后归，躬耕不出，乃入易堂。”（第282页）又邓之诚《清诗纪事初编》：“赣州破，廷麟死之，唐王死于汀州，应遴亦死。自是灿改僧服行游，后归山中自耕以养祖母及母，与易堂诸子结性命之交。”（第215页）三者纪曾灿之入易堂在祝发而又还俗之后，实误。早在顺治二年（1645）冬天魏禧决定买山之时，曾灿就积极参与此事，而且出资与魏氏兄弟为最多，事具彭士望《翠微峰易堂记》：“始，远人林确斋、予以义让，不甚较赀，余视赀多寡，最凝叔兄弟及曾止山；次谢、杨诸姓；又次邱邦士、李力负，俱邑人。丙戌冬，闽及赣郡继陷，诸子毕聚，始决隐计。”又《耻躬堂诗集自序》纪云：“（顺治三年）十月，屠赣城（督万名元吉，同杨公文武百十人并殉）。田尚书（名仰）强欲属以兵事，同赴赣，不从，返翠微山中，就诸子易堂（易堂李名腾蛟、邱名维屏、林名时益即议霶、魏名际瑞、魏名禧、彭名任、曾名传灿、魏名礼）。”按：括号中内容为作者自注。同堂林时益《己亥二月十五日同彭躬菴陪黄介五陟岘峰访彭立斋季咸斋种樵彭中叔兼送曾止山别宿咸斋半庐作夏五月咸斋五十一遂以为寿》亦云：“后会会同村，诸魏彭曾邱……是维乙酉秋，丙戌深相知。敬爱拟兄弟，七年侣翠微。向来之数子，易堂其始基。”此俱为明证。

四年（1647），诸子“合坐读史，为笔记论列，间面课古文辞，抽古人疑事相问难。为诗，诗一遵《正韵》。朔望，凝叔父魏圣期翁暨诸子衣冠，述《乡约》《六谕》，徐及古今善行事，内外肃听。是冬，诸子言《易》，卜得离之乾，遂名‘易堂’。”（彭士望：《翠微峰易堂记》）“易堂”之名盖始于此。从彭士望的记录来看，“易堂”这一名称是诸子自命；所谓“易堂九子”之称，其意亦直接来源于诸子。如彭士望在写给友人的信中云：“弟所居山名‘易堂’，南昌林确斋与弟携俪偕作，其曰李、曰邱、曰魏、曰彭、曰曾，皆邑人。魏母兄弟三人及林子与弟为九人，并皆齿兄弟，家居不让，几几似古，人人外交而海内亦遂传其姓氏，颇重其人与其文章。”（彭士望：《与贺子翼书》）又曰：“吾易堂兄弟之交九人”（彭士望：《祭魏叔子文》）。魏礼曾述云：“是时易堂九人：李咸斋腾蛟、彭躬庵士望、邱邦士维屏、林确斋时益、魏善伯祥、魏冰叔禧、彭中叔任、曾青藜灿、魏和公礼。”（魏礼：《先叔兄纪略》）魏世傚亦云：“先大人兄弟三人如一身……且南昌彭、林二先生与同里李、邱、彭、曾四先生，同三父隐于翠微峰上，曰易堂九子。至今子孙以行辈称叔侄兄弟，如古之九姓。”[①] 可见，易堂诸子有着非常明确、自觉的结社意识。从此而后，天下以“易堂九子”播扬其名，史料中也常以“易堂九子”著录其事。《国朝学案小识·彭任》载：“先生讳任，与同邑魏先生禧尝集同志讲学于易堂，世所称易堂九子，先生其一也。”[②] 又《明遗民录》：“易堂九子，自三魏及躬庵、确斋外，曰李腾蛟咸斋、丘维屏邦士、彭任中叔、曾灿青藜，敦古友谊如骨肉子弟，无恒父师”[③]，等等。

易堂诸子的结社意识还表现在他们在自称的时候频繁地使用“吾易堂”“易堂之人”“吾堂”等明确地带有“社团”意味的字眼。

---

① 魏世傚：《享堂记》，《宁都三魏全集》（道光二十五年宁都谢庭绶绂园书塾重刻本）附录《魏昭士文集》卷 6。

② 唐鉴：《国朝学案小识》，周骏富辑《清代传记丛刊·学林类③》，第 564 页。

③ 孙静庵：《明遗民录》，第 279 页。

如彭士望云："丁亥间，吾易堂亡友李力负尝自镌图记曰'方寸桃园'。"（彭士望:《复孔正叔书》）又："予侨居赣南三十年，固未尝一至粤，而吾易堂魏季子数游之，有《海南杂诗》。"（彭士望:《赠董舜民游江粤叙》）又："吾易堂谬以文章为天下所推"（彭士望:《祭魏叔子文》），等等。"吾易堂""吾堂"等词语均表现出他们这种自觉的集体意识。在诸子眼中，"易堂"是一个大家都认同了的实体，每个人都是这个实体的一部分。易堂诸子在自称或署名的时候，经常使用"易堂×××"的格式，如彭士望在《耻躬堂文钞自序》自称为"易堂彭士望"；魏禧在序曾灿的《六松堂集》时，署名为"易堂兄友魏禧序"；邱维屏作《魏叔子文集序》时，署名为"易堂友兄邱维屏撰"[①]，等等。这种几乎成为一种程式化的言说方式，也非常鲜明地表现出易堂诸子明确、自觉的社团意识。

易堂诸子之结社，既有其名，又有其实，是清初遗民结社的一个典型实例。在当时人眼中，"易堂"也是作为一个文人社团为人所知，如周沐润将易堂与复社相提并论："易堂九子之名噪海内，与东南复社埒"[②]，张尚瑗则直呼其为"社"，其云："自诸子为易堂之社，其人大曰敦古义，重名节，与时俗异趣；亦有结宾客，事侠游，挟捭阖之术。"[③]

四 易堂文人群体的性质

从文学的角度考察古代文人团体的性质，不外乎文学性的或政治性的。文学性的文人社团是指那些主要以文学活动为其主要活动内容的群体，如一些比较纯粹的"诗社"或"文社"。政治性的文

---

① 邱维屏:《魏凝叔集序》收于《邱邦士文集》卷六，题为《魏凝叔集序》，文末署为"明邱维屏撰"；又刊于《魏叔子文集》卷首，署为"易堂友兄邱维屏撰"。

② 周沐润:《耻躬堂诗钞序》，见彭士望《耻躬堂诗文合钞·诗钞》（咸丰二年重刻本）卷首。

③ 张尚瑗:《邱邦士文集序》，见清黄永伦、杨锡龄纂修《宁都直隶州志·艺文志二》（道光四年刊本），《中国方志丛书》华中地方·第八八二号，台湾成文出版社有限公司，第2537～2538页。

人团体则是指那些主要以政治活动为主要活动的群体，如唐代的牛党、李党等。而由于古代士人根深蒂固的经世观念，使得他们很少有人能够真正地置身世外，也很难做到完全对政治的脱离。故而很多都是介乎文学性和政治性二者之间。就易堂来说，显然不是一个纯粹的文学团体，但也不能说其是一个纯粹的政治团体，而是二者的“混合体”。当然，这样的性质也与当时特定的历史境遇有密切关系。

首先，时局的影响。崇祯亡国，对于汉族士大夫来讲，无异于天崩地坼。当思宗殉国、北都陷落的消息传到江右这个偏僻闭塞的宁都小城时，“三魏”之父兆凤“率诸子号哭，竟日不食”[①]。阵痛过后，便起而谋恢复，都给事曾应遴倡勤王议，魏兆凤变卖家产，“首输三百金于册”[②]，然事终不果。此时，易堂中其他诸子如彭士望、曾灿等人亦奔走于乱世之中，试图有所作为，但最终还是事与愿违。由此看来，易堂诸子与当时很多遗民如顾炎武、屈大均、阎尔梅等人一样，在甲申之变后，最初以谋图恢复为第一要务。就在诸子结社而避居翠微峰之后，仍然不死此心，由此，其政治性就显而易见了。纵观清初之遗民社团，大多具有鲜明的反清复明的政治倾向，很多遗民团体如易堂中的部分成员都曾积极地投身于反清复明的斗争中。此时，遗民团集结社，而且往往互通声气，暗流涌动，其势力不容小视，一度引起清朝统治者的惶恐不安。顺治十七年(1660)正月，礼科给事中杨雍建上《严禁社盟疏》，痛陈文人结社之弊：

> 臣闻朋党之害，每始于草野，而渐中于朝宁，盖在野既多类聚之私，而服官必有党援之弊。如明季仕途，分门立户，意

---

① 杨文彩：《魏征君传》，见林时益辑《宁都三魏全集》（道光二十五年宁都谢庭绶绂园书塾重刻本）卷首。

② 杨文彩：《魏征君传》，见林时益辑《宁都三魏全集》（道光二十五年宁都谢庭绶绂园书塾重刻本）卷首。

见横生。……臣窃以为拔本塞源之道，在于严禁社盟；苟社盟之陋习未除，则党与未可得而化也。……盖其念始于好名，而其实因之植党。于是家称社长，人好盟翁，质鬼神以定交，假诗文而要誉；刻姓氏则盈千累百，订宴会则浃日连旬。大抵涉笔成文，便争夸乎坛坫，其或片言未合，思构衅于矛戈。彼此之见既分，朋比之念愈切，相习成风，渐不可长。又有不肖之徒，饰其虚声，结交有司，把持衙门，关说公事，此士风所以日坏，而人心由之不正也。……凡此恶习，皆始于儒生，而流及市井小人，尤而效之者也。①

二月二十三日，奉旨禁止士民结社。统治者此举之表面意图是禁止结社，以破朋党之根本，因为明季朋党之祸是其前车之鉴，严禁结社可以防微杜渐，避免重蹈覆辙，这自然合乎情理。但稍加分析就可明白其中还有“深意”。清初文人社团，尤其是遗民社团成为反清势力中的重要力量，而且有一些社团更近于军事组织，如果不及时地予以禁止，很可能对清廷造成更严重的威胁。于是不得不强令禁止，一方面可分散反清力量，另一方面通过时间的推移，逐渐淡化遗民们的反清情绪。严禁结社之令确实也起到实质性的效果，“时刘正宗执政，列之不赦之条，自是家家闭户，人人屏迹，无有片言只字敢涉会盟之事矣。”② 从此也可以看出清初文人结社尤其是遗民社团的政治倾向性。而对于易堂诸子来讲，其中的成员之一林时益（原名朱议霶）本就是明朝皇室后裔，他的加入使得易堂更加蒙上了一层“神秘”的政治色彩。邓之诚先生依此认为林氏为易堂之“宗主”，而至林氏之殁，“易堂之业衰矣”③。显然，邓先生眼中的易堂

---

① 杨雍建：《严禁社盟疏》，《杨黄门奏疏（不分卷）》（康熙刻本），《四库全书存目丛书》史部第67册，齐鲁书社，1996，第227~228页。

② 杜登春：《社事始末》，见《丛书集成新编》第26册，台湾新文丰出版公司，1985，第464页。

③ 邓之诚：《清诗纪事初编》，第212页。

无疑就是一个图谋恢复的遗民团体，这也从一个侧面反映出易堂的政治性特征。

其次，明末文人社团政治化倾向的影响。明代的文人结社，主要还是以“以文会友”为主流，虽然有标榜风气之习，但主要是文艺上的论争。直至张溥、张采组织“复社”之先，加入复社的那些社团也大多是以课艺为主，如江北匡社、中洲端社、江南应社等。张溥、张采二人亦在当时享有文名。后来，张溥合诸社而为一，倡为“复社”，其最初的目的是“期与四方多士共兴复古学，将使异日者，务为有用，因名曰‘复社’。”[①] 复社起先是以课艺为主的社团。因为时艺关系到士子的仕途，于是，其影响力愈来愈大，由江南而蔓延至江西、福建、湖广、贵州、山东、山西等省，见于著录的复社成员竟多达 2025 人[②]，其盛况空前如此。

随着势力的扩大，复社的性质也渐渐地发生着变化。复社中重要人物像张溥、吴伟业、杨廷枢、陈子龙等人先后中了进士，朝廷政要也开始拉拢复社中人，以便培植自己的势力，逐渐发展到可以左右科场，把握了黜陟之权，所谓“交游日广，声气通朝右，所品提甲乙，颇能为荣辱”。[③] 于是，天下之士子更是趋之若鹜，想方设法要进入复社，“所以为弟子者，争欲入社，为父兄者亦莫不乐之子弟入社。迨至附丽者久，应求者广，才隽有文、倜傥非常之士，虽入网罗，而嗜名躁进、逐臭慕膻之徒，亦多窜于其中矣。”[④] 于此，复社由纯粹的研艺课文而介入了政治斗争，甚至“上摇国柄，下乱

---

① 陆世仪：《眉史氏复社纪略》卷 1，第 210 页。关于“复社”的形成，朱彝尊《静志居诗话》也有记载，稍有异同：“崇祯之初，嘉鱼熊开元宰吴江，进诸生而讲艺，于时孟朴里居，结吴翻扶九、吴允夏去盈、沈应瑞圣符等肇举复社。于时云间有‘几社’，浙西有‘闻社’、江北有‘南社’，江西有‘则社’，又有历亭‘席社’、昆阳‘云簪社’，而吴门别有‘羽朋社’‘匡社’，武林有‘读书社’，山左有‘大社’，佥会于吴，统合于‘复社’。”人民文学出版社，1990，第 649 页。

② 参见谢国桢《明清之际党社运动考》，第 135 页。

③ 张廷玉等：《明史》卷 288《张溥传》，第 7404 页。

④ 陆世仪：《眉史氏复社纪略》卷 2，第 232 页。

群情”。再往后，就变为纯粹的政治社团了，如先后倒掉当权的温体仁、薛国观，重新组织东林党人的势力，排斥魏珰余孽阮大铖等人，因此，复社被视为所谓“小东林”。直至南明政权，马士英、阮大铖等“逆案”中人再次掌权，遂大肆迫害复社成员。复社之荣衰一直贯穿了崇祯一朝的始终，并成为崇祯末年政治角力场上的主角，其影响一直波及清初。

甲申之变后，复社成员的反清热情最为高涨，并成为反清阵营中的重要力量。虽然易堂中没有人参加过复社，但复社对其影响还是非常大的。在易堂诸子所交游的天下师友之中，有很多都是复社的成员，如李世熊、方文、方以智、杨文彩、欧阳斌元、杨廷麟、徐世溥、陈宏绪、傅占衡、万时华、阎尔梅、钱邦芑、徐枋、徐孚远、钱谦益、吴伟业等。彭士望还曾师事于同邑姜曰广、漳浦黄道周等人，二人均为东林党重要人物，故彭氏尝以“东林苗裔”自居，颇感自豪，其云：“望少尝师李懋明、姜燕及、黄石斋三先生，而与清江杨公机部友最善。其于梁溪先生之学尤服膺，谓为罗文恭之后一人。望固俨然东林苗裔也。”（彭士望：《祝工科奏疏序》文后《自识》）因此，他们的思想和行为在很大程度上受到了复社政治风气的影响，更有人明确地将“易堂九子”与复社相提并论，如周沐润云：“时马、阮枋国，（士望）数荐数龁龁，辟居史公可法幕，上兵饷各疏多，下部臣议尼不行。于是，始尽室依魏凝叔于宁都，冀削迹翠微峰以老，而易堂九子之名噪海内，与东南复社埒。”① 现代学者中也有人认为：“这个团体其实也是一个政治学术团体，因其宗旨在于反清”②。

当然，客观上讲，易堂也不是一个纯粹的政治性质的社团。初期，诸子中的主要成员魏氏一家曾于国变后出金倡义军；曾灿及彭士望等于顺治初年曾义无反顾地投身于反清斗争之中。然而在其后，

---

① 周沐润：《（耻躬堂诗钞）序》，见彭士望《耻躬堂诗文合钞·诗钞》（咸丰二年重刻本）卷首。

② 邬国平、王镇远：《清代文学批评史》，上海古籍出版社，1995，第350页。

随着整个反清势力的逐渐被遏制，诸子见恢复无望，便潜心于论学著述、开馆布学。易堂诸子著述颇丰，虽然遭到清初森严文网的严密“过滤”，致使很多都遗佚了。然而庆幸的是他们依然均有著作行于今世；而且其中的魏禧是著名的清初散文三大家之一，为一代文章之巨手，同堂邱维屏、彭士望、曾灿、魏礼等人也俱以诗文名于世，在清初文坛中占有一席之地。

第二章 “以生为寄，以死为归”：易堂九子生存状态之考察

易堂诸子俱生于明末，其中年龄最长的李腾蛟生于万历三十七年（1609），年龄最小的魏礼生于崇祯二年（1629），他们都亲身经历了大明江山社稷由衰落到最后崩坍的全过程。甲申、乙酉之变后，诸子中除了魏际瑞由于情势所逼而应试清廷且入清幕之外，其他八人俱坚决不与清廷苟合，其志向之高，由此可见。易堂九子的生存心态可以用彭士望的一句话来概括：“以生为寄，以死为归，以沟壑为家，以忠信才敏之友为命。”（彭士望：《与宋未有书》）这可以说是他们共同的生存信念，也是他们在生存意义的拷问之下所追求的最为“坦然”的一种生活方式。

易堂文人群体虽为一个自觉组织的文人团体，有着共同的志趣，但是，由于时局的变幻以及个人性格、经历等的差异，他们在甲申之变后的行为方式及生活轨迹均有不同。魏际瑞情况最为特殊，参加清朝考试，又辗转周旋于清幕之间，然而他有着强烈的遗民意识，阅读他的文集，在字里行间能够触摸到他内心深处的痛苦与焦虑。出生于望族的曾灿与当时名士彭士望曾亲身投入到如火如荼的反清斗争之中。斗争失败后，曾灿曾逃于禅，后又还俗，躬耕数年，既而以谋食计而游于四方。魏禧、彭士望、魏礼等客游于各地，广交当时之名士高隐；李腾蛟、彭任、林时益、邱维屏等人则几乎足不出户，不问世事，澹泊人生，皆为一时之高蹈。本章拟考察诸子之生平行事，以见此期士人之心志。

第一节　“出”“处”之间：魏际瑞之游幕及其悖论性生存

明清鼎革之初，汉族士大夫身历其中而终不能力挽狂澜，于是陷入了前所未有的思想与生存困境。殉死者以一种桀骜的姿态为世人所赞颂，然而对于生者来说，则异常艰难地徘徊于“出处”的抉择之间，由此，在某种意义上说，“生”本身也就成为他们的不能承受之重。杨念群曾释“出处”之义，特别强调“清初普通人士同样面临‘出处’问题，却因历史语境的差异而命义有所不同”，并在与宋遗民的比较中，指出其中的复杂意蕴“不完全是持守名节的耐力和修养所能一语概之，因此会造成其选择‘出处’时的行为差异”。[①] 明清鼎革之初，士人在“出处”之间所做出的人生抉择及其生存方式种种，赵园分别以“逃禅”、“衣冠”、“交接”、“生计”、“葬制”等“对明遗民做‘面面观’”。[②] 其中，游幕是鼎革之初士人重要的生存方式之一种，赵先生又考察了此际“游幕”的复杂历史情境[③]；更以“策士姿态”论及易堂中人游幕行为与传统策士之风的关联[④]。两位学者的成果对于深入解读此际士人心态、士风、学风乃至文风之变迁具有开拓性意义。

概言之，在鼎革之初，有人抱志守节，赍志山野；亦有人不得已而出，游于清幕，譬如魏际瑞。甲、乙之变后，其弟魏禧、魏礼及易堂李腾蛟、邱维屏、彭任等相继弃去诸生服，唯自己不改其服，成为易堂诸子之中唯一一位出试清廷者，后又频繁往来于清幕之间，在此际士人游幕中具有典范意义。考魏际瑞国变后之“贬身以出”，

---

① 参见杨念群《何处是江南？清朝正统观的确立与士林精神世界的变异》第一章《“残山剩水”之喻与清初士人的“出处”选择》中“‘出处’涵义新解与士人群体分化”一节，生活·读书·新知三联书店，2010，第 49～58 页。

② 参见赵园《明清之际士大夫研究》，北京大学出版社，1999，第 289～372 页。

③ 赵园：《制度·言论·心态——〈明清之际士大夫研究〉续编》，第 177 页。

④ 赵园：《制度·言论·心态——〈明清之际士大夫研究〉续编》，第 400 页。

又胸藏多少难言之隐，在“出”“处”之间，他以一种独特的方式“释放”着自己的遗民情怀；又以此种独特的方式践履着自己的生存理想。

一 魏际瑞游幕考略

魏际瑞（1620～1677），原名祥，后更名为际瑞，字善伯，号东房，为宁都名士魏兆凤长子，故人称魏伯子。其生资敏捷，善强记，有过人之才，“幼能属对，长而强记，于声音字学，不假师授辄能造其妙。年二十，所著诗辞古文已三尺许。十七补弟子员，为郡守所厄，改名际瑞。二十二，崇祯辛巳，督学侯公峒曾爱其文，拔置一等饩。又合赣州、南安士试异才，公奇赏之，以冠二郡。伯试屡高等。”（魏禧：《先伯兄墓志铭》）其弟魏礼亦纪云：“当是时，吾兄弟三人谓科名当探囊得，期与古名臣自致，节烈风采彪炳史策。”（魏礼：《先叔兄纪略》）国变后，际瑞为当路所推重，大致在顺治七年（1650）。是年二月甲申，江西彭庆顺之部的农民军据守宁都城二年，初八，清兵困围宁都城。十一日城破，清军大肆屠杀，生民涂炭，宁都城屠掠几尽。① 情形危急之刻，魏际瑞冒白刃周旋其间，屡涉生死，由此避于翠微峰上的易堂诸子躲过一劫。对于此事，魏禧记述甚详：

> 宁都乱民横据城市，称义兵，禧等奉父母居翠微山。庚寅春，赣檄兵十万围攻之，城破，屠掠几尽。结砦而居者科重饷，祸且不测。伯独身冒险阻任其事，屡濒于危，翠微峰得全。而伯以才名，为当路所推重，督抚大帅皆礼下之。自是，诸隐君子暨族戚倚伯为安危者三十余年。（魏禧：《先伯兄墓志铭》）

杨文彩《魏征君传》中亦纪云：“天民命长子祥（即际瑞。原注）

① 据史载，此役中彭顺庆被杀，其部大小首领一百五十七人、士兵一千一百五十五人全部被屠。参见史松、林铁钧编《清史编年·顺治朝》，第 249 页。

诣兵营赎人，祥因得交渠帅。”[①] 魏际瑞之声名鹊起于督抚大帅之间，就在此时。因此，这次宁都之难也成为他参入清幕的重要契机。此后，他便开始了漫长的幕宾生涯，其在《寄内》诗中曰：“庚寅二月重城破，从此年年独出门”，盖指此事而言。

魏际瑞的游幕生涯主要经历了四个幕主：刘伯禄、范承谟、尚可喜、哲尔肯。顺治九年（1652）八月，刘伯禄以南赣副将都督佥事充潮州总兵官[②]，因慕际瑞之名而招其入幕。而魏氏之应伯禄之召而至潮州，应在顺治十年（1653）之春[③]，魏禧有诗句纪云：“在昔癸巳春，兄作潮阳客”（魏禧：《赣江呈伯兄》）；又云：“昔送章贡水，时维癸巳春”（魏禧：《丙申四月送伯兄再之潮阳》），均为明证。

魏际瑞在科名上也有进展，为顺治十年（1653）岁贡。康熙元年（1662），他曾经赴京以贡士身份参加“北雍”之试，以望博取更大的功名。此间，他得以结交了很多当时的权贵，在京师名震一时，“初，伯以贡士试北雍，满汉诸贵人多暱就，伯名动长安。”（魏禧：《先伯兄墓志铭》）而且当时际瑞之名亦为外国人所推重。魏禧追述了当年的一件轶事：

> 中间以事出关，抵永平，闻鼓吹声，人言朝鲜使者来矣。伯趋客馆望之，立丛人中，使者冠网巾幞头，缝掖束带如故官，忽下马，于丛人中把伯衣入馆曰：“我兵曹佐郎郑嵩也，君非此

---

① 杨文彩：《魏征君传》，参见《宁都三魏全集》（道光二十五年宁都谢庭绶绂园书塾重刻本）卷首。

② 《清实录·世祖章皇帝实录》，中华书局，1985，第522页。对于刘伯禄升至潮州总兵的时间亦有不同的记载，《广东通志》卷30《职官志》载：“刘伯禄，辽东人，（顺治）十年任。”

③ 周硕勋纂修《潮州府志·侨寓》（乾隆刊本）载：“康熙甲寅，逆镇刘进忠踞潮城以叛，朝命刘伯禄为潮州总兵官，聘际瑞置幕府。”《中国地方志集成·广东府县志辑24》，上海书店，2003，第818页。康熙甲寅即康熙十三年（1674）。考史料，总兵刘进忠应耿精忠叛在康熙十三年，然刘伯禄充潮州总兵时在顺治九年，魏际瑞亦于顺治十年（1653）入伯禄之幕。因此，此说为误。

> 间人，殆中国奇士。”因蹲踞，以炭画地相问答。使者至流涕，引入内室见其父，更以墨笔书纸，酬对至天明。使者取伯文集一册去，曰：“我当版行敝国，使知中国有才子也。”赠产物扇墨之属，相洒泪而别。（魏禧：《先伯兄墓志铭》）

魏际瑞在当时声名之高，从此可见一斑。

魏际瑞流寓京师四年，然而会试不果，于是就开始了他的第二次游幕生活。康熙七年（1669）十二月，范承谟巡抚浙江[①]，魏际瑞以友人故遂入其幕。在浙之时，范承谟为政“清廉寡欲，人不敢干以私”[②]，又心系民生，颇受百姓爱戴。范承谟在浙之惠政，魏际瑞在其中起到了非常重要的作用，“及公（指范承谟。引者注）抚两浙，蠲荒赈饥诸大事，所全活数百万，伯左右宣力为多焉。”（魏禧：《先伯兄墓志铭》）在客范幕期间，魏际瑞与范承谟“相得甚”（魏禧：《先伯兄墓志铭》），在魏氏心目中，范公“内博奥，外直方，是以羌羌然也，而人莫窥其所藏。”（魏际瑞：《书厨铭为范学士作》）又赞叹其“中丞豪杰士，敢上子陵台”（魏际瑞：《过桐江同范公登钓台》），故而他对承谟非常敬重；而承谟亦颇怜其才，因此际瑞得以常伴范公左右。其间，魏氏时有退意，然“每告归，公以病要之，辄为止”（魏禧：《先伯兄墓志铭》）。可见范承谟对际瑞的器重，实以知己相待。因而客浙生活成为魏际瑞游幕生涯中最为

---

① 范承谟（1624～1676），汉军镶黄旗人，大学士范文程次子。顺治九年（1652）进士，选庶吉士，授宏文院编修，顺治十二年（1655）迁秘书院侍读学士，十八年（1661）圣祖康熙御极，擢国史院学士。康熙三年（1664）以疾乞假，寻补秘书院学士教习庶吉士，充纂修《世祖章皇帝实录》副总裁官。康熙七年（1668），承谟巡抚浙江。康熙十一年（1672）迁任福建总督，康熙十三年（1674）三月，耿精忠叛，承谟被幽禁，后两年以不屈死。关于范承谟巡抚浙江的时间有两种说法：《清史稿》卷201《表（第四十一）》载：“（康熙七年戊申）十二月庚辰，范承谟浙江巡抚。”《钦定盛京通志·忠节五》（卷86）载范承谟于“康熙七年巡抚浙江。”《钦定八旗通志》卷190《人物志七十》亦载承谟于“（康熙）七年，授浙江巡抚”。而《浙江通志》卷149《总辖》载，康熙八年（1669），范承谟“由翰林历迁都察院副都御史，巡抚浙江。”

② 《浙江通志》卷149《名宦四·总辖》，中华书局，2001，第4232页。

留恋的时光。他在离开范幕时，范承谟欲写信给地方大吏荐际瑞，然魏氏慨然以拒，“而公贫，曰：‘吾当作书数十函，致方面大吏以资君。’伯笑曰：‘吾未贯也。’不持一行字。”（魏禧：《先伯兄墓志铭》）从此可以看出范承谟于魏氏之重，同时也看出魏氏行止之志。临别，魏氏曾以白鹤恋园自况，表达了非常伤感的留恋之情，其诗云：“学士园亭双白鹤，主人清旷特相宜。自从千里堪持赠，何事三年不肯飞。秋净玉堂鸣和远，月明琪树羽毛希。山林馆阁非同调，似尔浑忘是大奇。”（魏际瑞：《范学士园亭双鹤》其一）又有“当年双宿双飞处，梦断江浔隔翠微”之句（魏际瑞：《范学士园亭双鹤》其二），皆道尽魏氏之留恋范公之情。魏氏对范公的知遇之恩深怀感激，离别之日，他作诗以抒其怀：“禁城柳色又婆娑，幕府莲花岁月过。三载君虞知己重，千秋杜牧感恩多。人先春去南随斗，雁自湖阴北渡河。欲寄望京楼上信，长安日远恨如何。”（魏际瑞：《立夏前一日奉别学士范公》）在魏氏看来，范公与他缔知己之交，如此恩情在他心中厚重无比，因此在相别之时，才有如此情愫，不能释怀。

关于魏际瑞客于范幕的时间，一般认为是康熙七年（1668）至康熙十一年（1672）[①]，然此说有值得商榷之处。从魏氏兄弟文集中的资料来看，魏际瑞在范幕所待的时间是三年，魏禧纪云：“其客学士范公承谟所，相得甚。每告归，公以病要之，辄为止。既三年去。”（魏禧：《先伯兄墓志铭》）又上文所举际瑞《范学士亭双鹤》及《立夏前一日奉别学士范公》两诗，也明确说明其在范幕供事为“三年”、“三载”；又有句云：“三年客子思归去”（魏际瑞：《幕中酬许九日》），亦言为“三年”。故此“三年”，应非概指。然如果是康熙七年至康熙十一年，显然不止三年。再考史料，范承谟巡抚浙江起始时间为康熙七年十二月庚辰[②]，与之相对应的公历纪年应为

① 尚小明认为，魏际瑞客范幕的时间是从康熙七年（1668）到康熙十一年（1672）。见尚小明《清代士人游幕表》，中华书局，2005，第46页。

② 赵尔巽等：《清史稿》卷201《表第四十一》，第7521页。

1669 年 1 月 17 日。又考易堂彭任文集《祭魏和公文》云："戊申冬，咸斋素有咳血疾，疾一发委顿。其时，邱子漫无赴山东翟斯理之招，魏子伯子入浙抚范公之幕。"（彭任：《祭魏和公文》）戊申为康熙七年，然与西历之 1668 年并非完全对应，时间范围实际包括 1668 年 2 月 12 日至 1669 年 1 月 31 日，而是年之"十二月"，正为西历 1669 年 1 月 2 日至 1669 年 1 月 31 日。因此，魏际瑞客范幕的时间应在 1669 年，而非 1668 年。故上述观点以为魏际瑞入范幕时间为康熙七年没错，但后面标注的对应西历实误。

康熙十年（1671），范承谟曾经因病而辞归，"（康熙）十年，以疾请解任，命乘驿回京调理"①，然因其深得民心，民众及地方大吏皆乞其留任。时浙江总督刘兆麒、提督塞白理各疏言："浙省年来当荒敝时，而民生不致重困者，皆抚臣承谟之力。今以病请告，百姓投词攀留，积一百五十余纸"②，给事中姜希辙等亦言："承谟受事三载，爱民如子，馈遗请谒不通，劾奏贪墨，廉治巨猾，剔除加耗、陋规、私派积弊，单骑勘荒，悉心赈恤，浙人爱戴，深于饥渴。今虽积劳致疾，恳特敕勉留。"③ 清廷于是决定承谟留任。具体时间史料也有记载："（康熙十年）七月癸亥病免。丙子，袁懋功浙江巡抚。丁未，范承谟留任。"④ 魏际瑞离开范幕的时间应是范承谟于康熙十年（1671）七月以病免浙江巡抚时。之后，范承谟在玉泉祓病，魏氏曾写诗《范觐公学士祓病玉泉寄怀一首》，有句云："能贫能病初辞禄，忧国忧民总切肤"，盖指承谟以病辞官之事，此时他已经离开范府。因此，魏际瑞客范幕的时间应是 1669 年至 1671 年。

魏际瑞的第三个幕主是广东藩王尚可喜。康熙十三年（1674），

---

① 《钦定八旗通志》卷 190《人物志七十》，《景印文渊阁四库全书》第 667 册，第 454 页。

② 《钦定八旗通志》卷 190《人物志七十》，《景印文渊阁四库全书》第 667 册，第 454 页。

③ 《钦定八旗通志》卷 190《人物志七十》，《景印文渊阁四库全书》第 667 册，第 454 页。

④ 赵尔巽等：《清史稿》卷 201《表第四十一》，第 7527 页。

尚可喜强聘魏氏入其幕，“甲寅，广东藩王遣使来聘，强之行，礼以上宾。”“广东藩王”者，即尚可喜。虽然魏氏也受到藩王之礼遇，但这次游幕经历并不愉快。此时的平南王尚可喜作为广东地方军阀，权势凌人，独霸一方，其飞扬跋扈之状非其所喜，于是“卒不合，窃出岭”，至信丰而为满洲巡逻者所获，“上于摄印官”（魏禧：《先伯兄墓志铭》），这恰恰也成为他入赣州大帅哲尔肯幕的契机。

康熙十六年（1677）二月，魏际瑞被带到赣州，“赣大帅见伯名，大喜，跃履出，握手相与入，遂留为客。”（魏禧：《先伯兄墓志铭》）赣大帅，即当时的南赣总兵哲尔肯[①]。四月，滇将韩大任吉安溃败，两窜于宁都之上乡，蹂躏当地甚惨，邑馈饷亦不支，于是当事议定招抚韩大任，但久而不果。当时韩大任曾放言：“非魏伯子，吾不信也。”哲尔肯遂派魏氏往韩大任营说降。际瑞虽知此行凶险异常，但为解民难，于是没有听从家人的极力劝阻，慨然而行。八月，际瑞还未至韩营，江西兵遽从东路急攻韩大任，韩大任于是起了疑心，以为是魏际瑞出卖了自己。十月十四日，韩大任拔营降闽，魏际瑞惨遭杀害。

二　游幕之由

对于先朝，魏氏一家的忠诚自是毋庸置疑。“三魏”之父魏兆凤，字圣期，后取“葛天氏之民”之意，自号为天民。天民为一方名士，为人“忠孝岳岳，多大节”，少壮时即“以白衣声动邑中”。天启、崇祯年间，为当局所重，俱“独先后式天民庐，请决事”[②]。崇祯初年奉诏举孝廉，既而又奉旨聘为理学师儒，然“天民以时方重资格，朝廷多党人，虽出，志不得行，俱不就”[③]。甲申之年

---

① 哲尔肯，汉军镶黄旗人。康熙十三年（1674），因吴三桂叛，哲尔肯随大军出征江西，康熙十四年（1675）任南赣总兵。

② 杨文彩：《魏征君传》，《宁都三魏全集》（道光二十五年宁都谢庭绶绂园书塾重刻本）卷首。

③ 杨文彩：《魏征君传》，《宁都三魏全集》（道光二十五年宁都谢庭绶绂园书塾重刻本）卷首。

(1644)，国变的噩耗传至宁都，“天子崩于乱，天民率诸子号哭，竟日不食，都给事曾公倡勤王议，天民首输三百金于册”。[①] 邱维屏所谓天民“卖田求义兵，为佐饷”（邱维屏：《天民传》），盖指此事云。然事终不果，天民也由此临难，“事竟寝，而宦唧天民，言构大难，天民不为屈。”国变后两年，魏天民走匿山中，剪发为头陀以明其志。天民之志如此，而“天民三子祥、禧、礼皆贤，为人各仿天民意”[②]，“三魏”之志向亦可知。

然而，其后魏际瑞却选择了一种最为当时人所鄙夷的生活方式，即出试清廷，并频繁出入辗转于清幕之间。这样一种人生显然违背了魏氏父子之初志。对于魏际瑞来讲，这就是他的人生悖论，国变之后，他便一直在这一悖论中以另一种姿态实现他的志向。考际瑞之“出”，定非己愿，而完全是迫于无奈，即为全家人衣食之谋[③]。据魏禧所纪，“甲申国变，丙丁间，禧、礼并谢诸生，兄踌躇久之，拊心叹曰：‘吾为长子，祖宗祠墓，父母尸饔，将谁责乎?’乃慨然贬服以出。”（魏禧：《先伯兄墓志铭》）“慨然”一词道尽魏际瑞生平性格，为保全两弟之名节，毅然决然地将自己推向生命的另一极。其侄魏世傚亦言：“长子有祖宗坟墓之责，伯父遂独出应试。”[④] 对于际瑞之“出”，其姊丈邱维屏可谓了解其心者，他这样解释际瑞之所为：

---

① 杨文彩：《魏征君传》，《宁都三魏全集》（道光二十五年宁都谢庭绶绂园书塾重刻本）卷首。

② 杨文彩：《魏征君传》，《宁都三魏全集》（道光二十五年宁都谢庭绶绂园书塾重刻本）卷首。

③ 尚小明在论及魏际瑞出应潮州总兵刘伯禄之聘的目的时认为，“就是为了阻止清军将帅滥杀无辜，使潮郡免遭涂炭。”实质上，魏际瑞之出为幕客，首为生计所逼迫；救潮州百姓于水火，只是他“救灾恤患”“济物利人”的经世思想的具体表现之一。参见尚小明《学人游幕与清代学术》第一章《清代学人游幕的发展演变·游幕之风的兴起》，社会科学文献出版社，1999，第15页。又尚小明在《清代士人游幕表》中，把魏际瑞之游幕原因归结为“生活穷困”。中华书局，2005，第46页。

④ 魏世傚：《享堂记》，《宁都三魏全集》（道光二十五年宁都谢庭绶绂园书塾重刻本）附录《魏昭士文集》卷6。

子则以父子兄弟并相栖遁，搶蔽穷石，而坟墓祠祀无以为顾，遂以家相之任而出膺世务。然吾人有稍露影狗迹于城市者，子则为之踧踖怃怅，叹息而不已，而子自为之志则又决矣。得韩退之之所谓“一则畏天命，一则悲人穷”也。（邱维屏：《众祭魏善伯父子文》）

邱氏此段文字，已将魏氏“贬服以出”的深意解读殆尽，据此也可以明晓魏氏在“出”“隐”之间所作出的这种“悖论”性的抉择。

本来魏氏一家乃宁都望族，资产甚富，“天民父游南太学，率遗赀产直万金”（邱维屏：《天民传》），至魏天民时，“家故饶于财”[①]。然“天民得父遗赀，喜为人佐婚葬祭具，岁中出赀无算……而天民赀亦由此少减，不之顾”（邱维屏：《天民传》）。再至甲申之变后，贼盗纷起，宅毁至尽，又买山翠微、倡义兵等，资产遂花销殆尽。于是衣食之谋便成为其生存的首要问题。魏际瑞下面一段话足以表明他入幕之目的：

曰：“然则子之处于大人者，如之何?”曰：“委吏乘田，所以谋食也；梓匠轮舆，所以食功也。大人之贤者，吾安吾分而进之以理义；其非贤者，吾安吾分而称之以事功，不敢为徒食也。”曰：“然则君子亦谋食乎?”曰：“君子之谋食也，食焉而已，无他谋焉，免死而已矣，周之亦可受也。”（魏际瑞：《杂说》）

他也曾发“贫贱违初志，尊严隔至亲”（魏际瑞：《知凝叔在扬州》）之叹，世事沧桑之感溢于言表，足以见当时无奈之情状。而“其劳苦客外，所得脯修，恒分二弟，济其困”（魏禧：《先伯兄墓志

---

① 杨文彩：《魏征君传》，《宁都三魏全集》（道光二十五年宁都谢庭绶绂园书塾重刻本）卷首。

铭》)，魏禧对于乃兄之“苦心”心存感激，有“时方多难独倾身，两弟身惭大披恩”（魏禧：《庚子尝稻日奉寿伯兄四十初度》）云云。魏礼也称其兄“一身任烦劳，二弟保其康”（魏礼：《送伯兄再之潮阳》)，又有“谋食劳吾伯”之叹（魏礼：《道上》)。由此可见，魏际瑞宁舍己身而出，以保全二弟之志节不辱，其用心良苦已是十分明显了。彭士望曾说：“魏善伯以明经贡入太学，客宰相之家，不乐士宦，旅贫至不能治归担。”（彭士望：《与陈少游书》）这也足以表明际瑞之志。

朝代移易之后，衣食之忧困扰着这些生活在时代“夹缝”之中的人们。崇尚志节虽然是时代的基调，但在无奈的生活面前，汉族士大夫一直在作着痛苦的抉择。对于生计与清初士人的人生抉择，杨念群概括为“课读书馆、入幕为僚、悬壶行医和批阅时文等数项”[①]，其中入幕即是重要的谋生手段之一，赵园亦以顾炎武生平屡次为“游客”但从不“游幕”，而说明“其时游幕之为谋生手段，士人坚守之难。”[②] 但游幕行为本身所承担的风险也是极大的，“由遗民的角度看过去，作幕不能不是临界处的冒险，那风险不止在‘丧吾’，更在丧失其为‘遗民’。”[③] 徐世溥道尽鼎革之初士人出处之间的思想困境：

> 古之隐者有三焉。有盛世之隐，有末世之隐，有初造之隐，而初造之隐为难。……若乃草昧初定，前代遗人兴朝自废于此时也，良难自处哉！夫非澹泊枯槁之难也，饥寒困乏，天实为之，可若何以命安之矣，知其不可奈何，亦安之若命矣。又非寂寞无侣之难也，介性自至，独清独醒，固可耐之。然世俗之见、丘里之情，惟知势利，是故贫贱则邻里羞称，富贵则亲戚畏惧，此万世一辙也。鼎革方新，君臣未明，出则贻名教之讥，

---

① 杨念群：《何处是江南？清朝正统观的确立与士林精神世界的变异》，第125页。

② 赵园：《制度·言论·心态——〈明清之际士大夫研究〉续编》，第180页。

③ 赵园：《制度·言论·心态——〈明清之际士大夫研究〉续编》，第416页。

隐则来首鼠之疑，即在位者不求多，而群小之愠固势所不能免者。吾每读史，见夫遗逸晚节不终，盖往往为之呜咽萦思，悲且惜之，疑其不能忍辱以老，而知其必有以致此也。[①]

生存就意味着必须做出抉择，有一些士人选择一种比较折中的生活策略以解决这样的尴尬"难题"，那就是游幕，诚如邓之诚先生所言，"然其时士者有文行者多入幕，谓胜于仕异姓。"[②]"游"可以说是明清易代之际士人生活的一大主题，主要有"游客"和"游幕"两种。"游客"指游于友人（不在官场）之客；而"游幕"则指游于清廷官员之幕。[③]易堂九子中，魏禧为"游客"之代表，而魏礼、曾灿有时为"游客"，同时也有游幕之经历。魏际瑞则在无奈之下，选择了"游幕"，实际上介于"仕"、"隐"之间。历史材料中也这样记载魏氏之形迹："祥亦时佐大帅戎幕，迹介乎隐、显之间，堂中人以竹林山、王待之。"[④]

在清初士人眼中，虽然游幕也会遭到忠节之士的非议，然游幕者却也在无奈之中找到了一些理由为自己的行为辩护，如李因笃认为："丈夫具有血气，游客万不可为；入幕虽卑，犹自食其力。"[⑤]而且，清初士人大多以经济为要务，入幕是那个时代实现自己经世理想的行之有效的途径。魏禧在论及清初士人"出"、"隐"的时候有一段意味深长的议论：

天下有事，士之负志气者不出而图功名，则遁迹穷岩，使当世闻其名不得识其面；而必有非仕非隐，浮湛闲散，徜徉于其间者，以抵天下之隙，而佐功名之士所不及。故上者若鲁仲

① 徐世溥：《陶靖节论》，《榆墩集》（康熙舫斋刻本）卷6。

② 邓之诚：《清诗纪事初编》，中华书局，1965，第204页。

③ 参见尚小明《学人游幕与清代学术》，第14页。

④ 《赣州府志·人物志·隐逸》（道光二十八年刊本），《中国方志丛书》华中地方·第九六二号，台湾成文出版社有限公司，第3460～3461页。

⑤ 李因笃：《复顾先生》，《受祺堂文集》卷3。

连排患释难，解纷乱，而轻世肆志；次若陆生病免家居，以车马钱财游汉廷公卿间。且夫仲连在战国，陆生于吕后时，浮湛徜徉，固天下之闲人耳。然当其有所用之，则魏、赵欲帝秦，燕将守聊城不下，而仲连以片言济事；诸吕危刘氏，陈丞相计无所出，则陆生一见，将相和而社稷安。盖身处事外，利害不相及，吾可优游以投其间，而人无所猜忌，势固然也。然使绝人遗世，则无以得人情，而缓急之际，龃龉不相入。是故陆生不直入陈丞相坐，则交驩太尉之谋无由进；不游汉廷公卿间，则无以得刘、吕之机事；不名声藉甚，则无以倾动公卿而信其言。司马迁曰："诛诸吕，立孝文帝，陆生颇有力焉。"彼平阳侯会闻贾寿之谋，而太尉能使人劫郦商以用寄，又能使襄平侯持节矫纳太尉北军，使北军皆左袒，腹心间人，布置早定，以应时而发，谓非陆生游公卿间力哉？（魏禧：《赠程穆倩六十叙》）

魏氏议古论今，其中意旨极明，在"天下有事"之时，自有肥遁之士高蹈遗世，然亦有一种"非隐非仕"之"闲人"，此一类人当"其有所用"之际，能够应时而发，排难解乱。基于此，他认为反倒是那些高蹈肥遁之士"绝人遗世，则无以得人情，而缓急之际，龃龉不相入"。魏氏此番议论虽不是专门针对游幕而言，但也包括游幕这种"生存方式"在内。魏禧本人并未有游幕经历，且以名节称天下，然他对于游于公卿间的士人予以理解，并对于他们对社会的作用给予很高的评价。赵辰六评论此文云："在说士外，又看出一种人，说出一种作用，于古今事变大有发明。"[①] 而实际上这也是很多明遗民所采取的一种生存策略或生存方式。魏际瑞正是这种介乎隐、显之间的"非隐非仕"之"闲人"。杨念群以陈确为例，言明鼎革之初士人在出处之间的生存与道德窘境："陈确选择的是'不出'，

① 赵辰六于魏禧《赠程穆倩六十序》一文后的评语，参见《魏叔子文集》中册，第559页。

自然面对的是困辱穷饿的境遇，但‘不出’的人群正在急剧地大批流失已成难掩的事实时，对‘出者’行为动机的宽容，又刻画出明清易代的过程在遗民身上流逝转变的痕迹，‘出处’选择的艰难似乎只是在易代这群人中才变得如此严峻，而阻止‘出’的无力又使得清初的这代士人必须从新的道德基础上对‘出’的合理性加以无奈的论证。”①

然而无论如何，在当时的历史情境之中，入于清幕的魏际瑞还是不可避免地要承受来自各方面的压力，即使是因生计之迫。杨念群在论及清初遗民生计问题时说：“遗民生计不单纯是个谋生的经济问题，当与鼎革易代的经历和际遇纠缠在一起，包括在‘节义’的持守与生存的技术之间往来穿梭，往往使遗民在精神与物质的反复权衡中陷于疲惫。”② 魏际瑞虽非遗民，而其境况亦实与杨先生所论之遗民境况相同。因此，其父魏天民曾一度拒绝享用其子际瑞从“当事”处得来的馈金，“公（指魏天民。引者注）自国变后，财物非田租所入者不用。时方贫匮，长子偶得当事，所馈金进以奉，公坚不纳。”（邱维屏：《魏征君杂录》）

易堂诸友虽然能够理解际瑞之无奈，但亦有微词。之潮阳幕时，友兄李腾蛟作诗送别，有殷殷规诫之意：“谁说荔枝海上肥，冰心五月尚题梅。相期我辈留寒节，即□□□□（原本阙此四字。引者注）热吹。聊借蜃观知世幻，好驱骊徙令文垂。连宵剪烛西窗雨，车乘翘翘未可催。”（李腾蛟：《送魏长公赴潮阳幕兼题扇上梅》）林时益则表现出对魏氏之入潮幕的遗憾之情：“最深今昔感，一上翠微峰。只此十年事，废兴殊不同。伐条开道狭，凿井得泉通。我到思高卧，君胡即复戎。”（林时益：《易堂送魏东房入潮幕》其一）也有言辞更为激烈者，如彭士望在给魏兴士的手简中对魏际瑞之趋名给予批评：“名者，造物之所忌。今尊家肆取之，遂极一时之盛，然已似朱红灿烂，更无可加，惟待毁耳。”（彭士

① 杨念群：《何处是江南？清朝正统观的确立与士林精神世界的变异》，第58页。

② 杨念群：《何处是江南？清朝正统观的确立与士林精神世界的变异》，第124页。

望：《与魏兴士手简》）兴士为际瑞之子，“尊家”当指际瑞无疑。言辞之中，其批讥之意尽显无遗。对于此，魏禧曾对天下士之不解其兄之苦心而痛心不已：“呜呼痛哉！伯之死，天下士有不尽知其心者，或以为冀官赏，或以为欲立功名。哀哉！”（魏禧：《先伯兄墓志铭》）彭士望得知际瑞遇害、兴士殉父的消息时，有人对际瑞所为颇有微词，起而为之辩护，“时山居，客满座，余失声号，恸不能止。客语或侵东房，余推其心辩之甚力。比归，悉闻事曲折，且多凑误，益心哀之。”[①]“东房”即指际瑞。易堂畏友闽中李世熊“闻东房之变，摧心裂肝”[②]，然不禁感叹：“今私论之，天下人不可轻视，天下事不可易，尝以东房之才惠通敏，得毋轻视天下人，易视天下事，遂错跌至此耶！”[③] 其行虽不为时人所解，然其志之远、其行之高，又岂为后世人忘哉！

三　游幕之为

魏际瑞之入幕，为保全家衣食之忧是直接因素；而另一方面，作为一个有着强烈“经世”理想的士人，入幕自然为其实现自己的经世理想提供了极其重要的平台。考察其幕客生涯，在不同的幕府中所做的工作不同，大抵是佐理政事或参赞戎幕。而他抓住一切机会实现其“济物利人”[④] 的理想。其初，宁都城破，屠掠几尽，际瑞独身冒险阻任其事，屡濒于危，翠微得全，“自是，诸隐君子暨族戚倚伯为安危者三十余年。”（魏禧：《先伯兄墓志铭》）在入刘伯禄之幕时，父亲魏天民曾谓际瑞云：“吾老矣，不欲汝行，然救灾恤患，此其时也；汝或不方便人，不救杀戮，即非吾子矣。”（邱维屏：《魏征君杂传》）“救灾恤患”也是易堂诸友对他的共同期望。而魏

① 魏禧：《兄子世杰墓志铭》一文后附《彭躬庵先生书后》，见《魏叔子文集》，第967页。

② 李世熊：《与彭躬庵·又（庚申）》，《寒支二集》（清初檀河精舍刻本）卷5。

③ 李世熊：《与彭躬庵·又（庚申）》，《寒支二集》（清初檀河精舍刻本）卷5。

④ 魏礼：在《祭伯兄文》中云：“伯兄以济物利人之急罹此惨毒，吾不得不怨天尤人矣。”

际瑞也以此为其人生之指归。在刘伯禄幕中，魏氏最为人称道的事迹是他曾力劝刘伯禄说服当时广东方面大吏不要屠城，保全了潮州城中百姓数十万人。魏禧纪其事甚详：“客潮州总兵刘公伯禄，时主者忿潮民不下，克必尽屠杀之。伯力言于刘，刘叩头白主者三，乃免。”又“有士宦羁潮者，法将就戮，伯力生全之。”（魏禧：《先伯兄墓志铭》）而魏际瑞“力全”的这位仕宦后来成为江西方面大吏，但他绝不轻谒其人，“伯值乡试，不往见。”（魏禧：《先伯兄墓志铭》）康熙初年，魏氏客燕，“有按察使要之入幕，坚不肯往，谓所知曰：‘刑名之事，吾未素学，此人命所系，岂可以骤习倖中而苟富其利乎！’”（魏禧：《日录·里言》）由是而观，魏际瑞之“出”，岂为功名富贵之所趋！

赵园在评述清初遗民的生存态度时认为相较于“自锢极坚的少数遗民，‘遗’而‘不忘世’，是更加普遍的生存态度”。[①] 于是，在此际所谓的经世舆论中再反观那些高蹈肥遯或逃禅入道者，似乎才是真正“不合时宜”的。陆世仪云：

> 历观古今以来，大抵经时变革，一时贤者不死于忠节，则归于隐遁，其或去而入于空释者，更多有之。盖君臣之义已定，改节易操，故无其事；而夙有抱负者，又不甘与齐民同老，其逃于禅说，而更为主张门庭，亦士君子不得志于时之所为也。然而圣道自此日晦，世界自此日坏矣。[②]

陆氏以一位经世者的情怀委婉地批评了这些隐匿之“贤者”，代表了当时很多人的观点。因此他设计了一个“两全其美”之策，“愚谓有天下者，若易代之后，而不用明末之遗黎故老，则贤才可惜；若用遗黎故老，而遗黎故老竟乐为新主所用，则又乖不事二君之义。

---

① 赵园：《明清之际士大夫研究》，北京大学出版社，1999，第386页。

② 陆世仪：《治平类·学校》，《陆桴亭思辨录辑要》卷20，《丛书集成新编》第23册，台湾新文丰出版公司，1985，第407页。

于此有两全之道，学校之职臣也，而实师也。”[①] 陆世仪之所言，并不是倡导遗民应归侍新朝，而意在尽遗黎故老之用，以有裨于世。魏际瑞也具有强烈的经世思想，因此，其游于幕，亦可借此实现其经世致用的理想。

在魏际瑞将入潮州刘伯禄之幕的这一重大事情上，其父魏天民的态度也颇值得玩味，邱维屏纪云：“公长子祥为潮帅所聘，公曰：‘吾老矣，不欲汝行，然救灾恤患，此其时也，汝或不方便人，不救杀僇，即非吾子矣。”（邱维屏：《魏征君杂传》）本不欲际瑞行，但相以形势，为救灾恤患，救黎民于水火，又不得不让其行。不得为而又不得不为，这就是特殊历史境遇中士人的悖论性生存。对于魏际瑞之游于清幕，近人邓之诚先生显然抱着理解之同情的态度，他这样评价：“际瑞之游，恒在浙、闽、粤中，且恒游军中。扰攘之际，可以权宜救人，又冀缓急时，得为己用。”[②] 此可谓知际瑞之苦心者。

在客范承谟幕时，范氏在浙之惠政也与魏际瑞不无关系，据魏禧所言：“及公（范承谟。引者注）抚两浙，蠲荒赈饥诸大事，所全活数百万，伯左右宣力为多焉。”（魏禧：《先伯兄墓志铭》）邱维屏云：“其后浙抚之幕，抚军之知子者固久，几浙之政用，以安抚其十一府、一州、七十五县之民者，子得之十之六七。”（邱维屏：《众祭魏善伯父子文》）《宁都直隶州志》亦纪曰：“蠲荒赈饥诸疏议，多瑞所属章。”[③] 后来，晚辈魏世俨在其外舅曾灿意欲客浙幕时，亦以其伯父当年之行迹规诫之：“昔者范中丞涖斯土，吾东房伯父为之客，范公之设施必于吾伯父焉图之，诸如赈饥蠲水荒，全活且数百万。其摘贪官酷吏，访求民间风俗利弊，抑土豪、锄奸胥，

---

① 陆世仪：《治平类·学校》，《陆桴亭思辨录辑要》卷 20，《丛书集成新编》第 23 册，第 407 页。

② 邓之诚：《清诗纪事初编》，第 204 页。

③ 《宁都直隶州志·人物志》（道光四年刊本），《中国方志丛书》华中地方·第八八二号，台湾成文出版社有限公司，第 1724 页。

皆政事之大者，一一略举行之，浙之民至今颂其德，思其政事不衰。”① 魏氏如此之为，俱可明其游幕之用心所在。

康熙十六年（1677），魏际瑞赴韩大任营劝降，既已知其凶险至极，至亲诸友皆劝他勿往，“有引唐俭之说而进者，子不之念；又有迂及聊城往义以讥子者，子欲言而止；及子之姊方按子谐坐，止子以无行”，然际瑞慨然应之曰：“吾此几以救我县民之生也。两兵接战，死者无算而相守不下，吾县民集供樵爨之役，渐寒露宿，疾疫已至家口绝养，忧思并迫，亦数千人命之所系也。吾往而解兵，天必不使吾死，且死固命矣。”（邱维屏：《众祭魏善伯父子文》）于是，卒有杀身之祸。际瑞之行迹如此，其“济物利人”之志固可知矣。魏禧总结其兄生平之志云：

> 东房天性疾恶，其论为治也，曰不去小人，必不能用君子；不除民之害，必不能兴民之利。……故其生平所建白规置，往往怯于兴利，勇于除害，以为利民之事，尝或至于害民；而民害苟除，则虽不兴利而固已利之。（魏禧：《四此堂摘钞序》）

魏际瑞之入幕，使其人生理想的实现成为可能，而观其入幕之所为，也正是他这种经世思想的践履。

对于魏际瑞来讲，游幕不仅可以养其家，也可以依托幕主而实现自己的抱负，同时还可以增长见识。在一封家书中，魏氏明言：

> 书中念我事烦，恐致劳疾。然吾所以处此者，有法也。盖事务虽烦，惟厌者觉其烦；行役虽劳，惟苦者觉其劳；不厌不苦，则有道焉。吾既有贤主人而日供我以粱肉，衣我以缯帛，我乃自究夫兴革损益经世之务，知刑名钱谷之政，寄平日好善恶恶、利物济民之心，闻朝廷四方之故。及其巡历，则又资舟车，具干糇，而我乃悉览名山大川、城郭都市、土俗民情，不

① 魏世俨：《送外舅客浙江李中丞序》，《魏敬士文集》卷3。

费一物，所得已多，则岂惟不厌且甚喜，岂惟不苦且甚乐！喜而乐，故吾心尽，而与主人相得而益彰，是人我交成，身世并涉，平日之学术亦有所征也。古人当穷苦拂乱，便藉以增益不能，逆境便宜，道无过此者，况我所处乃甚顺乎？（魏际瑞：《家书》）

这封信写于客范幕时，范公与其甚为相合，际瑞曾赞“中丞开阁甚怜才”（魏际瑞：《幕中酬许九日》），故其心情“喜且乐”，自不必说。此信也道尽魏氏游幕之“法”、之“道”。以此信观，游幕期间，魏氏把精力主要放在“经世之务”上，如究察历代兴革损益之道、了解国家之政事、观览天下之山川大势，而且把平日之学术思想付诸实践，等等。于是其平日“好善恶恶、利物济民之心”借此尽为实现。在某种意义上说，游幕无疑给魏际瑞提供了一个展现自己才能的理想平台。对于此，南丰友人、理学家谢文洊评说道：

近年每接见季子暨道爰、子弦往来浙中者，得闻范中丞善政及其他百姓感激情状，窃叹足下以一书生，假大人之手，发舒经术，俾一省沾被汪濊，亦人生一大乐事也。男儿不得如孟子所云：“中天下而立，定四海之民”，即当如足下，遇知己，言听计从，凡吾之素所欲施而不得者，皆得借其力而毕达之。[①]

谢氏这段话，道尽魏氏以游幕而实践其经世志向的巨大意义。就此而言，游幕生活不仅不是“耻辱”，而恰恰是“机遇”，故际瑞不烦反乐，实在情理之中。他也不厌其烦地讲述游幕之“法”、之

---

① 谢文洊：《壬子复易堂魏伯子书》，《谢程山集》（道光三十年谢程山先生全书本）卷11。

“道”，“为宾幕者，尤不可不知”[①]，这代表了当时一部分游幕者的真实动机与心态。

四 遗民情结与慕隐心态

魏际瑞虽然于国变后“贬服以出”，但他依然有着强烈的遗民意识，故国旧君之思时时萦绕在其脑际。如作诗哭烈皇帝之殉国：

> 圣主骑龙去不回，煤山亭上望崔嵬。我生之后逢涂炭，开辟以来此劫灰。风入松楸天气暝，日斜宫阙璧门垂。可怜细草年年绿，望帝无心化子规。（魏际瑞：《煤山》）

其哀痛之情见于言表。又作古诗《群蜂行》，以“群蜂”之惨毒述国乱时民生之苦，“……嘬彼百花英，掠我麋芑芗。众卉不敢保，遗烈参螟蝗。托此孔甘言，其毒无以当。南渡不可挽，终身惭李纲。”“南渡不可挽，终身惭李纲”句，言明自己不能为先朝出力的愧疚之意。而伯夷、叔齐一直是他心灵深处的一座高标，在过西山夷齐庙时，他表达了自己对二位“大圣人”的崇敬之意，并对其遗民气节赞扬有加：

> 淮阴感一饭，千金偿知己。夷齐大圣人，区区宁在是。就养于人父，而不阿其子。终怀报养心，西山以饿死。之推隐绵山，本为禄不及。负气而自焚，宦情亦云急。哀哉后世人，寒食犹汲汲。充此二士风，古今应绝粒。石碣有记载，元人赠上公。生既不爱国，死岂从尔封。世人重爵禄，谬谓群情同。妄以加圣贤，骄矜自尊崇。譬如以不洁，而使西子蒙。洗耳复投渊，何以荡胸中。（魏际瑞：《西山夷齐庙》）

康熙初年，魏际瑞以岁贡往试北雍，然其内心非常矛盾、痛苦，其

---

① 魏禧于魏际瑞《家书》后之评语，见《魏伯子文集》卷2。

有诗云："桃李深山花正开，春风千里渡长淮。愚生已赴新功令，圣祖徒怜老秀才。墓阙愁看唐珏树[①]，塞垣应上李陵台。欲知此后登楼赋，白草黄尘真可哀。"（魏际瑞：《北行留别山中诸子》）意欲言明自己虽然已经身赴功令，然内心仍是像宋末遗民唐珏一样忠于前朝，而自己之出试清廷正如当年李陵之降敌一样实是身不由己。即使在清幕中，当他见闻到南国战争仍频，而自己却无从投入战斗之中以报故国，因此感到无比惭愧：

> 海国干戈正未休，书生仗策几时投。伪朝李密惭忠孝，江左夷吾老寇仇。花落高轩秋入省，月明寒暑夜登楼。东南形势全瓯脱，满目风涛不可收。（魏际瑞：《暑中月夜登楼怅然之作》）

此诗应为魏际瑞于潮州刘伯禄军幕中所作，当时南明势力犹存，此时此地，魏氏在月夜登楼，看到东南如此局势，而自己不但不能参与战斗，而且恰恰又在清幕之中，内心充满羞愧，故有"伪朝李密惭忠孝"之句。之后，在游历中过定军山时，他写诗凭吊孔明："定军山下栢蒙茸，旷古精诚在此中。三尺孤坟犹汉土，一生心事毕秋风。孙曹未灭成何世，天地无知丧此公。千载伤情惟杜宇，年年啼血树头红。"（魏际瑞：《诸葛公墓》）此诗表达了他对诸葛公忠心汉室的崇敬之情，实质上也借杜鹃啼血之典抒发自己深切的故国之思。

魏际瑞虽然一生频繁地游于清幕，并致力于"经世之务"，但他一直有着一种难以割舍的慕隐情怀，在繁忙的游幕生活中，隐居于山水之间成为他对生活的最高企盼，因此，"归"与"隐"也自然成为他言说的主要话题。

---

① 《新元史》卷241《唐珏传》："珏字玉潜，少孤，力学，以明经教授乡里。西僧杨琏真珈发宋诸陵，珏痛愤，乃毁家，募乡里少年，告以欲收思陵以下遗骸葬之。众如珏言，瘗于兰亭山后，种冬青树为识焉。翱感其事，作《冬青引》以纪之。"珏与宋末名士谢翱友善。

国变之前，魏际瑞虽然才高同辈，但对于功名并不感兴趣，据魏禧回忆，其兄当年虽“试屡高等”，“然心厌时文，不肯学，私谓禧曰：‘汝自取功名酬二亲，我为闲人可也。’”（魏禧：《先伯兄墓志铭》）时魏际瑞已年过二十，因此此话绝非儿戏之语。由此可见，魏际瑞比其两弟更有“闲人”之志。但是国变使得魏际瑞甘做“闲人”的“美梦”破灭，勇于任事的他毅然决然地承担起了保家养家的重任，被迫疲命于幕府之间。这种生活与他当年的愿望的巨大反差使得他更加思慕隐居生活。

虽然在上文提到魏际瑞曾经向家人讲述游幕之“法”与“道”，而且一再声明自己“喜且乐”的良好心态，但这是与他当时的境遇有关。客范承谟幕是他人生中最难以忘怀的岁月，因为范公本为清初名臣，注重人才，魏氏与其“相合甚”，他也一再在诗文中称承谟为“贤主人”。然而那仅仅是他游幕生涯中短暂的一站，所以这样的以游幕为乐的心态显得可遇而不可求，相较于长期的压抑、疲惫与寄人篱下的屈辱感，这种快乐显得如此脆弱。

其一，归乡之思。长期游于外地，内心的孤独、疲惫感是他怎么也无法排解的，对至亲诸友的思念，时时萦绕在他心际，《得画雁诗寄内子》诗云：“海屿多萑苇，湖田足稻粱。暂因饮啄地，远在水云乡。争食羞鸡鹜，齐眉愧孟梁。鱼虾虽有味，终不及糟糠。”而翠微峰也作为一个情感意象频繁出现在魏氏诗作之中，如《感怀》诗有句云：“……我无父母将，亦有贫病弟。亦有好友朋，亦有妻与子。苍苍翠微峰，白白峰中水。胡为作远游，三年五千里。”而每逢节日，这种思念之情更加强烈，其《中秋》诗云：“自从作客年年别，见月徒生万里愁”（《中秋》其一），甚至使得他双鬓斑白，“为忆江乡鬓欲斑，翠微寒薄郁烟鬟。”（《中秋》其二）其中，更有对于翠微峰那种自由悠然的生活方式的留恋：“勺庭新竹池边柳，石井流泉蕉下塘。风月何如旧晨夕，水云应复更青苍。遥知两弟行吟处，携得诸生笑语长。我独风尘牛马走，三年万里一凄凉。”（魏际瑞：《寄凝叔和公》）此诗中对于兄弟至亲的想念，毋宁说更是对于翠微峰自然景致和诸友隐居生活的艳羡。由此，思归之情自然而生。《登永平城远晚眺有怀两弟》又有“到处依人归未得，城南南望涕交颐”之句。即使是在春花满楼这样的美好时节，他也挥不去对翠微生活的怀念：“春风花满楼，日日望天涯。遥忆勺庭柳，浓绿垂长丝。顾我壁上句，想尔高吟时。自此日向远，行当音信稀。”（魏际瑞：《读易堂诸子诗寄怀两弟》）

独在异乡，家乡的亲人故友乃至于一草一木无时无刻不出现在游子心头，思乡之忧便成为古今羁旅者最为无奈而又怎么也无法排遣的情怀，际瑞也不例外。然思归而不得归，魏氏登金山而望韩江，感觉人生恍恍然如若梦境，不禁默默反问自己何以至于此地。于此，他心中的思绪再也无法控制，索性将其放飞，在想象之中饱尝了一次“归乡”的喜悦与激动：

> 予去夏来潮，登金山而望韩江，辄切切自念曰：吾安得于此？发濾溪，溯留隍，过高陂，历三河，洄大浦，届石上，逾丰头，浮于上杭，达于汀州，僦笱舆，次瑞金。西距宁都未至三十里，望一峰迥然屹立，则金精之翠微也。忽然警喜，力欲赴之，乃路更纡长，殊不可到。则姑闭目而思曰：少顷便当入郭，初入郭门，人皆属目，其有识我者且曰：“某人作客今归矣。”亲故见之，则喜而遥呼曰：“子幸归来，子先何时发也。”尔时匆匆，都不暇应。忽值知厚一二人，踊跃携手，从而归舍。舍之僮仆望见，疾趋大呼而反报于室，兄弟稚子如闻异事，仓皇毕出趋迎，相与拥挈而入，竞来拂拭劳苦，审视匆匆，笑容可掬。坐未定，亲厚便有知而至者，都未及堂，叫于门外。予跃起来应之，不觉声扬步阔。默念至此，忽闻市人嘈杂，皆我乡音，开目视之，忽然已到。此时口不能言，惟有顾盼而已。（魏际瑞：《潮州送屠梦破序》）

这篇文章作于客潮州刘伯禄幕后。其友人之归乡，引起他自己无法控制的思乡之绪。思绪随着自己离乡的足迹飘回故土，然还未到，远望一险峰屹立，如在咫尺。此峰即易堂九子隐居的翠微峰。看到自己一直魂牵梦绕的地方就在眼前，于是“力欲赴之”，然而偏偏“路更纡长，殊不可到”，有如海市蜃楼，此十二字写尽古今游子归乡时的急切心理。虽还未至家，然兴奋之情油然而生，便情不自禁地想象自己归家时的情景，从入郭至家，“识我者”、“亲故”、“知厚”、“僮仆”、“兄弟稚子”等情态各异，刻画淋漓，如若真景。其归乡心思之切也由此可见。

其二，归隐之念。一路依人的屈辱感一直盘踞在魏际瑞的心头。其《寄内》诗有句云：“一路依人看冷暖，深山怜雨自寒温”，《读易堂诸子诗寄怀两弟》亦有“相附右将军，馆穀如囚羁”云云。在写给方以智的信中，魏氏将自己内心的压抑一吐为快，其云：

> 四年京国，碌碌依人，疲惫欲死，俯仰身世，为足自卑。敬问和尚道体坚强，伏腊无恙。去冬十二月，曾附监船过吉州，而主者以北风甚劲，不肯收帆，身若无柁之舟，随风南北；又如蚁行磨上，欲西反东。他人名利，我无一与，而人步亦步，人趋亦趋，不觉喷饭满案耳。（魏际瑞：《答方大师》）

又《杂说》：

> 魏子曰：“归与归与。”或曰：“何以哉?”魏子曰：“吾闻夫居大人之门者，虽贵而亦贱也；不自为立而待泽于人者，虽富而亦贫也；受指使、观颜色，人以为贤而安之者，虽荣而亦辱。受人之恩而不报，是以其身为禽兽；受人之恩而必报，是以其身为牺牲，故君子莫重乎其受人之恩也。”（魏际瑞：《杂说》）

寄人篱下使得他不仅如牛马一般疲惫，更感到自卑、屈辱，但又无法弃而归去，这样的生存窘迫之境又恰恰使得他归去的欲望更加强烈，尤其是对于他这种本无意于追求功名的人来讲。

对于归隐，魏际瑞有着自己独特的理解。他以为，隐与富贵贫贱无关，而独在乎“其人”。在送友人归序中，他表达了这种归隐观念：

> 予独以为隐者，达人自然之致，而豪杰之士有所大不得已者也。富贵者尚尊遂，贫贱之士不堪穷苦，方且攘臂而思出，此不知有所谓隐，独是其人，无富贵贫贱之累于中。知隐之乐，而思归之至急如无言，日日言归，更十载而竟未之得归，盖以知隐之至难矣。夫人无智愚贤不肖，莫不冀得所欲而顺适其意，惟势力有所不逮，则往往郁然于心，如有疾病而务欲去之。予之将适燕也，以为舍隐居之乐，而就车马风尘之苦。方其下翠微，驻山麓，回首仰视岩石，戚然而叹曰：“吾将何时复竹冠草履，级级而登此乎？”至于念兄弟，怀朋友，忆妻子，一食之顷，愸然如不欲生，而淹留于所谓燕邸者且四年，所无名利之故热于中，无时势之不逮阻于外，而不知其何以四年也。（魏际瑞：《赠孙无言归黄山序》）

魏氏由孙默（无言）之归隐黄山而想到自己的处境。他自己就像孙默一样，皆为“知隐之乐”而又“思归至急”之人，然孙默十载未得归，而自己竟然淹留燕地四年之久，隐之何其难矣！然在辗转清幕之间，魏际瑞往往以一种以游为隐的心态在调和自己内心之困惑，忘却山林与馆阁之异。在客范承谟幕时，他似乎真的达到了这种境界，其以范府园亭中之双鹤自况，云“山林馆阁非同调，似尔浑忘是大奇”（魏际瑞：《范学士园亭双鹤》），山林、馆阁为截然不同的生活环境，但是魏氏竟然浑然不觉它们之间的反差，因此其于官阁之中的生活犹与隐于山林之中一样，这或许也是在鼎革之初这一特殊的历史情境中无奈出游清幕的士人的一种带有自慰性的心理调适吧。

然而这种美妙的感觉毕竟是短暂的，理论上的“寓幕于隐”，实践起来却又是如此困难。魏际瑞更多感受到的还是不能“归隐”的痛苦煎熬，“此心为不静，乃畏俗情多。一自入城郭，竟如投网罗。”

（魏际瑞：《杂兴》）“虽有翠微峰如徐福、蓬莱，至辄船风引去，一身一世如何了此耶！”（魏际瑞：《答方大师》）思归而不能归，思隐而不得隐，际瑞也只能因画而题词，借助这种方式聊且抚慰一下自己的内心：“家在万峰顶，青云不可攀。何当官署剧，对此画图闲。茅屋数竿竹，花溪三面山。竟无人可著，题罢一长叹。”（魏际瑞：《不得归故山因画题此》）

魏际瑞是易堂诸子中的“别调”，国变后虽然游幕四方，但始终有着一位隐者的情怀。然世事沧桑，他也终究未能实现这个看来并不难以实现的“梦想”；而借以游幕，他也得以践履自己的“经世”之志，这就是魏氏等清初士人的悖论性生存状态，直至于康熙十六年（1677）十月十四日惨遭不测。这实是魏氏之悲，亦是时代之悲。

第二节 遁世与用世的纠葛：曾灿逃禅考论

——兼论林时益晚年之好禅

曾灿（1625～1688）①，本名传灿，字青藜，号止山，因所居堂

① 对于曾灿之生卒年，有不同的说法。谭正璧《中国文学家大词典》云其“生卒年均不详，约清世祖顺治十一年（1654）前后在世。”一般的观点是生于1626年，卒于1689年。邓之诚《清诗纪事初编》称其于“康熙二十八年卒于京师。”（第215页）柯愈春《清人诗文集总目提要》云：“灿生于天启六年（1626），卒于康熙二十八年（1689）”，钱仲联主编《中国文学家大辞典·清代卷》也认为其生卒年是“1626～1689”（中华书局，1996，第821页）。谢正光《清初人选清初诗汇考》中，标为曾氏生卒年：“生于天启元年（1626），卒于康熙二十八年（1689）”（南京大学出版社，1998，第184页）。天启元年，实应为1621年，疑谢先生为笔误，以“天启六年”而误作为“天启元年”。以上诸说均不确。顾祖禹《六松堂集序》云：“（甲子）先生（指曾灿。引者注）抚膺叹曰：‘予始生乙丑，至今六十年。’”（《六松堂集》卷首）又彭任《祭魏和公文》纪云：“戊辰，曾止山以疾卒于京师，柩归，予同君（指魏礼。引者注）哭之江干。”（彭任：《草亭文集》清刻本，《四库全书存目丛书》集部第236册，第255页。）又据彭任所撰《墓碑文》云：“公讳灿……生于明天启乙丑年六月初一日辰时，殁康熙戊辰年十月十九日子时。正配李氏生明天启丙寅年九月十九日寅时，合葬南郊第一桥。”（引自邱国坤著《易堂九子年谱》，江西高校出版社，1990，（转下页注）

前有六棵松树，故自称“六松老人”，宁都人[①]。著有《六松堂集》，并有《过日集》之选，为时人所重。曾灿于国变后曾有一段逃禅经历，法号滴投。这段经历在其一生中意义重大，然各种史料记载皆语焉不详，故于此作一考述，期以见清初遗民艰难的生存境遇及复杂的生存心态。

一　曾灿逃禅考略

对于曾灿逃禅的具体时间，相关文献资料均没有明确的记载，大多笼统计为赣州城破，其父卒世之后。如《江西通志·人物志》载：“岁乙酉，杨廷麟竭力保吉赣，应遴计闽地山泽间有众十万，俾往抚之。灿既行，而应遴病卒，赣亦破，乃解散去。灿后薙发为僧，遨游闽、浙、广之东西。龚太常鼎孳，应遴旧同榜，爱其兄弟特甚，劝灿就功名，弗应。”[②]《清史列传》载：“岁乙酉，杨廷麟竭力保岭南，应遴以闽峤山泽间有众十万，命灿往抚之。既行，而应遴病卒，赣亦破，乃解散。寻祝发为僧，游闽、浙、两广间。”[③] 孙静庵《明遗民录》关于曾灿生平的叙述尽依此说。关于落发入佛之事，曾灿自述云：“昔予以多难，遁迹吴越间，游天界，参浪和尚，遂落发为弟子。”（曾灿：《送西林游序》）又有诗言及此事，其云：“十年湖

（接上页注①）第137页）故曾灿应生于天启五年（1625），卒于康熙二十七年（1688），年64岁。

另，明末清初遗民中，还有一位姓名为“曾灿”者，字惟闇，侯官人，南都御史熙丙孙。隆武丙戌，行选举法，与弟祖训同列上荐。闽亡不仕。闽中大吏征之，乃裹粮游吴越，暮或径宿林谷下，自署曰“江湖散民”。著有《即庵诗稿》四卷、《游草》二卷。

① 卓尔堪：《明遗民诗》：“曾灿，字青藜，陕西籍，江西宁都人。”（中华书局，1961，第214页）实误。寄籍陕西者，应为曾灿之兄曾传灯（畹），曾中顺治十一年（1654）陕西乡试。又《江西通志》卷94《人物志》称曾畹“著籍宁夏”，《甘肃通志》卷33《选举》亦著其籍为“宁夏人”。邓之诚《清诗纪事初编》：“畹，举人，移家灵夏。”第216页。

② 《江西通志》卷94《人物二十九·赣州府》，《景印文渊阁四库全书》第516册，第186页。

③ 王钟翰点校《清史列传·文苑传一》，中华书局，1987，第5676页。

海一孤身，天界曾参柏子因。往事不堪回首处，此生犹自未归人。出门荷插非关醉，卓地无锥可是贫。与汝同游兼惜别，梨花寒食暮江春。”（曾灿：《赠别石濂上人》）但诗中也未言及其逃禅的具体时间。

要考证曾灿逃禅的具体时间，必须弄清楚其父应遴病殁于何时，这样才可以确定他“逃亡”于吴越的时间。曾灿与其父应遴受知于阁部杨廷麟，于顺治三年（1646）赴赣。据《明史》载：“（顺治）三年正月，廷麟赴赣，招峒蛮张安等四营降之，号龙武新军。”[①] 徐鼒《小腆纪年附考》载：“汀、赣之间有峒贼萧陞、阎总者，自分四营，其前左营最强。张安者，左营之一也，骁勇善战，有归正意，永宁王自宁都出招之。”[②] 此次招抚之事，实为曾灿父子所为，易堂友兄邱维屏记述此事甚详：

> 隆武元年，起公（指曾应遴。引者注）为太常寺少卿。是时，永宁王参军陈丹与罗缨、陈勋过谒公。丹、缨皆故阎总寇，顾招锡山并阎总兵尽为公用。公即日至万安，与阁部杨廷麟议，公曰：“阎总寇甚众，自崇祯初入江闽，今傥与合则为祸益烈，不如招之。”杨公喜，亦以为然，遂言之上。明年春，转公太仆寺卿，公入阎总营抚谕之，而公子传灿亦同陈丹招锡山兵，上使属廷麟。（邱维屏：《兵部右侍郎曾公家传》）

根据上述材料，曾灿奉命招抚山泽之众应是在顺治三年（1646）之春，而非上面所引《江西通志》《清史列传》等史籍所载的“岁乙酉”。至于曾灿“既行，而应遴病卒”，亦不准确。曾灿《戊戌三巘峰拜先大夫忌日兼示五弟辉》诗中有句云：“夙兴瞻先灵，悲涕不能止。闵予愆戾身，兄弟多转徙。丁亥降鞠凶，同居将一纪。”据此可知，应遴之卒应在丁亥年，即顺治四年（1647）无疑。又考魏禧于

① 张廷玉等：《明史》卷278《杨廷麟传》，中华书局，1974，第7115页。

② 徐鼒：《小腆纪年附考》，中华书局，1957，第421页。

丁亥年写给曾灿的尺牍云："老伯父即世，通家子弟不得与哭拜，迫裂何可言!"［魏禧：《与曾止山·又（丁亥)》］此亦为明证。又曾灿集中有《先茔即事》一诗，其云："春风洒泪上高坟，两岸桃花刺眼新。时序应多千古恨，死生孰与百年身。天涯吊影瞻风木，澧浦睠怀泣水云。四顾茫然西日照，南方何处更招魂。"此诗盖为吊父而作，大致可证其父卒于丁亥之春。

曾应遴方病时，曾灿在家侍父而未出，有诗为证："南窗落叶起孤秋，日夕烽烟已白头。憔悴高堂凭药草，飘摇故国托萍流。山中旧俗存天地，世上从人问马牛。历历雨声惊不断，翠微峰有几人愁。"（曾灿：《城居侍家大人病因柬易堂诸子》）又《夜坐》诗有句云："亲老三秋今病里，忧来五夜即生涯。如今药饵寻常事，坐守鸡鸣只自嗟"（曾灿：《夜坐》），此亦就侍父病而言。因此，曾灿之避难吴越，应在父死之后，即顺治四年丁亥（1647）春后。赣州之役的失败以及父亲的病卒，为曾灿落发埋下了伏笔。

曾灿落发的地方是天界寺，为"浪和尚"之弟子。考相关史料："天界寺在聚宝门外，善世桥南。旧在城中大市桥北，元名龙翔集庆寺，明初改天界寺，洪武戊辰灾，徙建今所。寺中万松庵、半峰亭最胜。"① "浪和尚"即觉浪，别号为"浪丈人"，是当时非常有名的禅师，《江西通志·仙释》载有其传：

> 觉浪，名道盛，别号浪丈人，柘浦张氏子。幼习举业，因大父坐亡，疑此个灵明往何处去，偶于街次闻猫坠声有省，后因瑞岩识公过浦，遂密求薙，栖梦华山，后参博山，继参寿昌。书林见东苑镜，一病濒死，苑调药疗之。有间，苑究其生平，大惊曰："吾寿昌这枝慧灯属子矣。"因付源流。顺治乙未，请住博山，后至天界毘卢阁休夏，忽命移锡禅堂，停午书偈，掷

① 《江南通志》卷43《舆地志·寺观》，《景印文渊阁四库全书》第508册，第379页。

笔而逝。有语录著作五十二种。[①]

又《浙江通志·仙释》：“《虎跑寺志》：道盛，字觉浪，别号杖人，浦城张氏子，东苑镜禅师法嗣，坐道场五十三处。”[②] 道盛于其时名望甚高：“道盛，字觉浪，闽人，住金陵天界寺。《诗话》：浪公早登猊座，声动楚、越之交。”[③] 而且他“禅律精严，儒、释淹贯”[④]，清初著名遗民方以智也为他的弟子，得法于他，施闰章纪云：“无可大师……后归事天界浪公，闭关高座数年，刳心濯骨，涣然冰释于性命之旨。”[⑤] 又：“今药地弘智（即方以智。引者注），又同公（指笑公。引者注）受学天界者也，总贯会通，爰集其成”[⑥]。曾灿之所以得识浪丈人而落发于天界寺，也正是由于无可大师（方以智）的引荐，他曾自叙云：“往予与无可大师游，得参天界浪杖人”（曾灿：《石濂上人诗序》），盖指此事。又考潘江《木厓集》卷十八《送曾止山之匡庐》一诗自注云：“止山，赣州人，已为僧，号滴投。”[⑦] 同卷又有《同陈子垣方尔止陈二如马孔璋张濬之集城东楼送滴投上人之匡庐左子直之归德》一诗，由是可知，曾灿之法号为“滴投”。

明末遗民之逃于禅者，有很多后来又还俗，著名的如屈大均、钱澄之、周容等，曾灿也不例外。然关于曾灿还俗的时间，史料中仅有模糊的记述。《清史列传·曾灿》载：“……大母陈及母温念灿成疾，乃归宁都，以大母命受室，筑六松草堂，躬耕不出者数

---

① 《江西通志》卷104《仙释》，《景印文渊阁四库全书》第516册，第466页。
② 《浙江通志》卷198《仙释一》，第5592页。
③ 朱彝尊：《明诗综》卷92，中华书局，2007，第4389页。
④ 《浙江通志》卷198《仙释一》，第5592页。
⑤ 施闰章：《无可大师六十序》，《施愚山集·文集》卷9，黄山书社，1992，第166页。
⑥ 施闰章：《青原毗卢阁记》，《施愚山集·文集》卷13，第266页。
⑦ 潘江：《送曾止山之匡庐》，《木厓集》卷18，《四库禁毁书丛刊》集部第132册，第130页。

年。”[①] 孙静庵《明遗民录》大抵依循此说。邓之诚《清诗纪事初编》的叙述也很简要：“赣州破，廷麟死之，唐王死于汀州，应遴亦死。自是灿改僧服行游，后归山中自耕以养祖母及母。”[②] 曾灿之还俗，确实与其归山养母有直接关系，曾灿自纪道：

> 昔予以多难遯迹吴越间，游天界参浪和尚，遂落发为弟子。后以省觐太夫人返里。太夫人年八十五，日涕泣，令予返初服，终人世事。逮太夫人即世，而吾母夫人又老，至今饮酒食肉长子孙，与世俗人无异。（曾灿：《送西林游序》）

此段文字述其还俗之缘由，但对于其省觐太夫人的具体时间，也没有谈及。然根据曾灿挚友、同样有披缁经历的钱秉镫之记叙，可推断其大概：

> 癸巳秋，止山访予江村，予方看花双溪未归，止山留十日。迟予相见时，盖俨然两头陀也。别六年矣，中间一得止山书云，方筑六松居，课耕为业。而予躬耕大折阅，因尽卖牛具来白下，为诸小师讲《易》，以糊其口。会僧禁正严诸长老劝予易缁为素，小师辈多笑之。今年有人遇止山于长干市，仓促不相识，止山追而语之曰：“我曾止山也。”其人熟视良久乃悟，盖止山亦既易缁为素，又貌亦魁梧。[③]

又：

---

① 王钟翰点校《清史列传·文苑传一》，第 5676 页。

② 邓之诚：《清诗纪事初编》上册，第 215 页。

③ 钱澄之：《（六松堂集）序》，见曾灿《六松堂集》（清钞本）卷首。按：曾灿之子尚倪、尚侃编的《六松堂集》清钞本卷首收有钱澄之所作序文两篇，而胡思敬辑《豫章丛书·明季六遗老集》中的《六松堂集》卷首则未收这两篇序文。又考钱澄之《田间文集》，也只收录了其中的一篇，名为《曾青藜壬癸诗序》。本段文字所引即钱氏的第一篇序文，原文题目只为“序”，为引述方便，本文即以《（六松堂集）序》为名，以与另一篇序文即《曾青藜壬癸诗序》相区别。

越八年，予戢影江村，有缁而直造吾庐者，不通姓字，予遽曰：“此宁都曾青藜也！”惟时予亦缁，相持大恸，因置酒脯，饮啖纵谈，旁观者大骇。留数日而去。又八年，相遇长干，尔乃惊涛初定，人有戒心，共予守岁驯象门外矮檐破壁中，酒尽炉寒，凄凉可念也。改岁三日，沈仲连邀同流寓诸子，团揖于顾与治家，分韵言别。既别，各东西散去。然自是，两人者皆以谋食远游，不复缁矣。又十八年，过吴门，访君于邓尉寓居，信宿而返。[①]

这两段文字叙及曾灿与钱秉镫的交往过程，可以为我们提供曾灿逃禅与还俗的一些线索。

钱秉镫（1612～1693），字幼光，入清之后改名为澄之，字饮光，晚号为田间老人，安徽桐城人。永历三年（1649），授翰林院庶吉士。桂林陷落，以僧服居，号西顽。根据上引材料，曾灿于江村第一次拜访钱秉镫，当在顺治十年（1653）秋天，时两人“俨然两头陀”。至顺治十六年（1659）之间，曾灿曾写信给钱秉镫，言其筑堂躬耕，此即灿所谓“后以省觐太夫人返里，太夫人年八十五，日涕泣，令予返初服，终人世事”（曾灿：《送西林游序》），又据“以大母命受室，筑六松草堂，躬耕不出者数年”[②]可知，曾氏之还俗当在此时，然其于何时归乡省亲，又无明确记载。但是根据曾氏以上引文所述，说他返里省亲之时，“太夫人年八十五”，即可推断出其返乡的具体时间。

友兄李腾蛟纪云：“崇祯己卯，曾公在朝，其母夫人为七十一，一时名公巨卿赠以诗歌，非不琅琅可听也。”（李腾蛟：《书易堂寿卷后》）曾公即指曾灿之父应遴，其母夫人即灿之太夫人。由这条材料可知，曾灿之太夫人在崇祯己卯即崇祯十二年（1639）为七十一

① 钱澄之：《曾青藜壬癸诗序》，彭君华点校《田间文集》卷15，黄山书社，1998，第277页。

② 王钟翰点校《清史列传·文苑传一》，第5676页。

岁，其生年则在明隆庆三年（1569），而据前引文所述曾灿之归里省亲时，太夫人年为八十五岁，由此推断，其归里盖在顺治十年（1653）。是年九月，曾灿还以僧服访方文，并与其订交，九月十六日方文曾载酒城东送曾灿归，并作《九月十六日载酒城东送曾止山还匡庐左子直游归德同送者陈子垣张滘之陈二如马孔璋左子厚也》一诗纪其事，中有“邹阳正及梁园雪，惠远终归庐岳云”[①] 之句，以惠远拟称曾灿。之后，曾灿又访钱秉镫于江村不值，于江村留候秉镫，其《初冬访钱幼光不值令嗣孝则留宿迟之》中有“待汝更何日，秋来又入冬”云云。钱秉镫亦有诗《曾青藜过草堂余以足疾卧双溪俟看花始回先寄一首》，有句云：“有客冲寒过草堂，无端卧病滞湖乡。……暂留僕被迟余返，且脱僧衣共把觞（原注：余与青藜皆僧服）。”[②] 冬，钱氏始归，其又有《送别曾青藜入楚》云：“百粤三关万里经，游踪不为大亲停（原注：曾有大母逾九旬）。难兄西迈穿秦栈（原注：令兄庭闻方入秦），令弟南越趋洞庭。岁晚江深孤棹远，天寒氛净九嶷青……”[③] 由此可知，曾灿之归里当在顺治十年（1653）年底无疑。

此外，又据彭士望云：“止山居山中六年，今复出，自章贡以适吴越。”[④]（彭士望：《六松堂集序》）又张自烈云：“曾子止山偕彭子躬菴，力田山中阅六年，乃者出游吴越。”[⑤] 钱谦益云：“青藜与其徒退耕于野，衣襫襏，量晴雨者，六年于此。襆被下估航，出游吴中。褐衣席帽，挟策行吟，贸贸然老书生也。”[⑥] 据篇末所

---

① 方文：《九月十六日载酒城东送曾止山还匡庐左子直归德同送者陈子垣张滘之陈二如马孔璋左子厚也》，《嵞山集》卷8，上海古籍出版社，1979，第415页。

② 钱澄之：《曾青藜过草堂余以足疾卧双溪俟看花始回先寄一首》，《田间诗集》卷2，《四库禁毁书丛刊》集部第145册，第211页。

③ 钱澄之：《曾青藜过草堂余以足疾卧双溪俟看花始回先寄一首》，《田间诗集》卷2，《四库禁毁书丛刊》集部第145册，第211页。

④ 彭士望：《（六松堂集）序》，见曾灿《六松堂集》（清钞本）卷首。

⑤ 张自烈：《（六松堂集）序》，见曾灿《六松堂集》（清钞本）卷首。

⑥ 钱谦益：《曾青藜诗序》，《明季六遗老集·六松堂集》胡思敬辑《豫章丛书》本卷首，《丛书集成续编》第152册，台湾新文丰出版公司，1988，第115页。

署时间，是序作于顺治十六年（1659）六月[①]。而这一年，曾灿往云武省其兄曾畹，并于此时出游吴越，同堂之友林时益作《己亥冠石送曾止山之旧京将往云武访令兄庭闻》一诗送之，有句云：“为农方得耦，何以遂南行”。钱谦益之序即为曾氏于是年至吴地时所作。又魏禧有《己亥八月怀曾止山在吴》诗，己亥即顺治十六年，俱为佐证。此“六年”之前正是顺治十年（1653），与上述推断完全吻合。

至此，大致可推断曾灿之返于初服，应在顺治十年（1653）至顺治十一年（1654）之交。曾灿《戊戌三巘峰拜先大夫忌日兼示五弟辉》一诗中有句云“去年大母殂，从此离析始”，可知曾灿之祖母逝世于顺治十四年（1657），而他还俗定在其祖母去世之前，出游又在其祖母去世之后，与上述推定的时间也不相违背。至于钱秉镫所述在顺治十八年（1661）年末，曾灿与其相遇于长干，二人共守岁，“自是两人者，皆以谋食远游，不复缁矣”，此并非确指两人还俗的时间，因为曾灿早在此之前已经确切“易缁为素”了。

综上所述，曾灿从顺治四年丁亥（1647）到顺治十年（1653）逃于禅大约有六年多的时间。虽然相对于曾灿一生来讲，这段时间绝不算太长，然这段逃禅经历无疑是其人生旅程中别样的“色调”，对其此后的人生观念及生存心态有重要的影响。

二　“封侯之志”的幻灭与逃禅之由

曾灿出生于仕宦家庭，曾氏本为宁都著姓，“其先多为显贵”[②]，是易堂九子中出身较为显赫者。其父应遴，字无择，号二濂，崇祯七年（1634）进士。初授刑部浙江司主事，转兵部职方员外郎，改兵科给事中，转工科，出督江西、广东兵饷。值李自成、张献忠之

---

① 此序在《六松堂集》清钞本中没有收录，但收在钱谦益《有学集》卷19中，然文后未署所作时间。

② 卓尔堪：《遗民诗》上册，第214页。

兵蹂躏荆襄湖陕间，凡所论奏皆洞中机宜。这样的出身，对于曾灿志向的形成影响是极大的。

曾灿“少负才华，以风流相尚”，虽为贵公子，然“裘马自喜，好慨慷，缓急人，未尝一以声势加乡里，又能以死生任大事，故年二十时，清江杨文正公有古大臣之目。”（魏禧：《曾止山诗序》）且“承厥家学，服古励行，里闬所并推”①。起初，曾灿有大志在胸，“方明季多故，灿兄弟思以功业自见，折节下士，一洗贵介才华之习，士论翕然归附。”② 然不幸的是生不逢时，正值明季多故之秋。曾灿弱冠之岁，正是甲申国变之年。是年春，其父应遴官职被议去，二十余日之后，京师陷落。闻此噩耗，应遴遽募兵讨贼，其后不久，南都旨禁义兵，应遴不得已散其兵马。曾灿曾以诗抒志：“闻道神京变，兴亡事若何。丹心哀血诏，白眼望流波。虎豹中原满，豺狼道路多。谁无渊明志，呼酒且高歌。”（曾灿：《感乱》）顺治二年（1645）五月，南都覆灭，唐王聿键立于福州，应遴以太常寺少卿起，与杨廷麟等共抚吉、赣。曾灿由此得以随父军中，实现自己的抱负。在易堂中，于国变后亲身投身于反清复明军事斗争的唯有曾灿与彭士望，彭士望曾云：“士望与青藜少壮时，尝辱名贤之知，受命于危难之际”（彭士望：《与门人梁份书》），又云：“乙、丙之际，易堂出而图者，惟予同曾止山。”③ 同堂友邱维屏亦慨然云：“甲申、乙酉，地倾天仆，于烈杨公问兵邱亩，望也、灿也。”（邱维屏：《易堂祭彭天若文》）

当时汀、赣山泽间有众数十万人，曾应遴请于朝，遂使曾灿入山招抚之，皆听其命，玺书褒奖，赐名为“龙武营”。钱澄之所谓“青藜甫弱冠，尝单骑入贼垒，抚定数万之众，成盟而还。”④ 盖指

① 张自烈：《（六松堂集）序》中引杨一水论曾灿语，见曾灿《六松堂集》（清钞本）卷首。

② 《江西通志》卷94《人物志》，《景印文渊阁四库全书》第516册，第186页。

③ 彭士望：《（六松堂集）序》，见曾灿《六松堂集》（清钞本）卷首。

④ 钱澄之：《曾青藜壬癸诗序》，彭君华点校《田间文集》卷15，第277页。

此事。钱谦益亦感叹说：“章贡之役，青藜年才二十，独身撑拄溃军，眇然一书生，如灌将军之在梁、楚间。”[①] 时应遴承命督师出湖东，迁为兵部右侍郎兼都察院右佥都御史，曾灿为兵部职方主事。顺治三年（1646）三月，清兵破吉安，五月，围赣州，曾灿督锡山兵救援，一战而溃败。十月，赣州被清军攻破，杨廷麟赴水殉节，唐王死于汀州，应遴亦病卒，最终事败。[②]

曾灿封侯之志，有诗为证，其《营中夜望》云：“寒意迎霜发，萤光近露浮。云高千嶂落，水静一江愁。铃柝惊长夜，干戈接素秋。天涯犹在眼，努力事封侯。”又《骑马渡江》：“江水青青去，秋风渡马来。霜蹄连浪剪，骏骨划山开。可与生死共，宁堪道路哀。十年朝夕泪，于汝独徘徊。”又《率四营兵援赣》：“此日愁无已，其如虎豹何。三军谁转战，百里不闻歌。落日关山冷，凄风草木多。所怀乡井异，宁敢怨干戈。”又《即事步杜子美诸将五韵》其二：“千骑争锐赣江城，又向宁阳仆汉旌。壮士恨无三尺剑，将军空有一枝兵。新亭举目山河异，濠水何年日月清。我辈衣冠今尽此，丈夫宁不愧平生。”如此等等，曾氏作于这一时期的诗歌均渗透着他满腔报国之热血，悲壮之情溢于言表，而其叱咤疆场之慷慨风概亦已见矣。

然可悲的是事终不果，大志幻灭，这对于他来讲，不能不说是重大的打击。赣州之役失败后，在家侍父的曾灿感伤不已：

> 群凶夜走湖东道，胡骑长驱梅水城。十里萧然烟火绝，千山落尽暮云横。伤心社稷谁为战，束手乾坤未有生。引望弥弥

---

① 钱谦益：《六松堂诗文集序》，胡思敬辑《豫章丛书·明季六遗老集·六松堂诗文集》卷首，《丛书集成续编》第 152 册，台湾新文丰出版公司，1988，第 115 页。

② 赣州城破，或战死或自经，殉国者义气冲天。徐鼒云：“观赣州死事之烈，可以见杨、万诸公忠诚之结，抚循之劳矣，此与史阁部之守扬州，瞿留守之守桂林，后先辉映，日月争光，事虽无成，无可恨矣。”徐鼒《小腆纪年附考》，中华书局，1957，第 505 页。

腥四海，空余血泪照青萍。（曾灿：《感乱》）

目睹蛮夷骄横，恣肆践踏故土，虽有满腔热血，却无从报效故国，曾灿不禁伤心欲绝，血泪盈眶。

曾灿的这段虽然短暂的戎马生涯，却成为日后萦绕在他心头而无法抹掉的最为珍贵的记忆。直至若干年后，曾灿依然记得当年赣州之战的惨烈："记得当年万马嘶，虎头城外战声悲"（曾灿：《秋旅遣怀兼柬易堂诸子》其三），而每当他经过自己曾经浴血战斗过的地方，都不免要凭吊一番，如其《次雩都县经同杨相国屯兵处》诗云："四十年前事，都成一梦中。乱烟迷故垒，细雨饮残虹。鼠窜高楼瓦，马嘶古庙风。至今余战血，犹染夕波红。"每当此时，对昔日与自己并肩战斗而身死疆场的战友的怀念总是让他不能释怀："赣南城阙出芙蓉，径仄山回历万重。旧日旌旗今未改，故人车马已无踪。云连壁垒愁飞鸟，日射春江起蛰龙。白骨沙场犹在否，知君含笑向高峰。"（曾灿：《暮春纡道赣州观两镇围城遂吊旧死事者》[①]）此后曾灿也始终保持着对"国事"的关注，当他在羁旅途中听到闽、广间共立三帝之事，不禁感慨，"徒嗟离乱日，书剑自飘零。鼎足三分势，天涯一小亭。干戈淹旧国，榛棘托浮生。不惜迢遥意，诛茅颂屈平。"（曾灿：《路传闽广间共立三帝感而赋此》[②]）"旧国"之事如此纷乱，曾氏也只能以读屈原之作来抒发其内心的郁郁之情了。

曾灿本来志向极高，一心想建功立业，禅道之事非他所喜，甚至非常厌恶，他曾谈到年轻时对于佛禅的态度：

尝记甲、乙之交，某侍先君子于郁孤，令先师扶杖责止，

---

① 清钞本诗题中"吊"作"死"，此据《豫章丛书》本改。

② "闽广间共立三帝"：顺治二年（1645）闰六月，唐王朱聿键即位于福州，改元隆武；顺治三年（1646）十一月，唐王朱聿𨮁即位于广州，改元绍武；顺治三年（1646）十一月，桂王朱由榔即位于肇庆，第二年改元永历。

> 茶再进，蔬果错陈，间微发宗旨，与先君子谈浃夕。某时年少意气，不乐浮图，一闻佛语，则掩耳而去。然以令先师盛名之下，不敢略有抵牾，而亦未尝有所发明。（曾灿：《与诺上人书》）

可见他对于浮屠之反感。然而赣破父亡，理想幻灭，曾灿不得不像当时很多反清志士一样选择逃亡避祸，这也成为他逃禅的直接因素。曾氏曾自述道：“不十年，国家多故，先大夫见背，予以避祸，侨吴阊，过西泠。”（曾灿：《题陆梯霞耕渔图·小序》）其残喘奔波之状如此。他又在答友人书中叙及当时之祸云：

> 若弟少时，两战棘闱，遂遭鼎革之变，不度时势，滥竽一官。赣州之役，受知于清江杨相国，自分食人之禄，死人之事。丙戌、丁亥之间，几不免有杀生之祸，出亡在外，累及数年。（曾灿：《答王山长》）

杨相国即杨廷麟，曾灿父子皆受其知遇之恩，赣州城破之时，廷麟投水殉节而死。曾灿曾作诗哭之，其情甚悲。死者而已矣，作为生者的曾灿却要面对“杀生之祸”，在当时形势的逼迫之下，也只能“万里惊亡命”（曾灿：《初冬访钱幼光不值令嗣孝则留宿迟之》），远之吴越。其时，曾灿也常常以“逋臣”自居：“他乡惟此夜，最易白人头。寒雨不成梦，明灯生还愁。逋臣犹共汝，故国竟如舟。万事从今过，又来开岁忧。”（曾灿：《同钱幼光守岁》）因此，逃禅一事乃曾灿不得已而为之。正如赵园在论明清之际逃禅之风时所言：“方外，当此乱世，每被人视为人间政治伦理之外，帝力之外。逃禅，其最简单的动机，即逃生，此亦其时人好说的‘不得已’。”①

---

① 赵园：《明清之际士大夫研究》，第 291 页。

从另一角度讲，时事的变幻无常使得曾灿心境非常绝望。然在绝望之中深思的曾灿也体悟出了许多事理常情。他自述此时无奈而又似乎豁然开朗的心理状态：“孰知十年之间，天地遂复多故，救时之策正自纷挐，而令先师示寂吉州，先君子亦捐馆。呜呼！生死存亡之数乃复如是耶?”（曾灿：《与诸上人书》）此时的曾灿似乎看透了“生死存亡之数”：“吾闻之，泰之有否，革之必鼎，盛衰之故，自然之理也。吕望以钓，南锡以耕，梯霞纵欲长隐，其能以耕渔老乎？则斯图也，亦足以卜梯霞之用舍矣。”（曾灿：《题陆梯霞耕渔图·小序》）经历了如此苦难的曾灿此时也已洞穿兴衰成败之故，以其为“自然之理”，因此其于此种心态而淡出尘世托寄空门，亦在情理之中。其《初冬访钱幼光不值令嗣孝则留宿迟之》一诗，或许能体现出他逃禅期间的心理感受：“万里惊亡命，孤踪返故园。醉闻风弄竹，卧见月当门。欲记昔年路，还停何处村。避人凭一杖，吾意在桃源。”桃源之思，其实也就是此时曾灿的愿望与追求，而逃于禅一则可以躲避杀身之祸，二则可以满足其桃源之思，以求得到内心的一方宁静。从这个意义上讲，如赵园所指出：“当此挫折劫难之余，所逃者已非止死地，更有虚无与绝望——佛学之为用，不可谓不大。”[①] 邱维屏在记载顺治年间宁都浮屠之盛时曾论及时人心态云：“自吾县城之破，其内外居民死丧奴辱，无一户而免者，其哀苦之余，若真以为世之外有极乐国者。极乐国，其可至乎？闻其名与近见其身，所尝于此乎求之，无不适适然，心向往之。”（邱维屏：《净土庵募修理赀引》）此即当时经历国变世人心态的真实写照，亦是清初逃禅风气之盛的一个重要原因。

在明末清初之际，“逃禅”成为众多遗民选择的极为重要的一种生活方式，此时逃禅风气之盛为历代罕有，形成一道非常特别的文化景观。邵廷采云：“至明之季年，故臣庄士往往避于浮屠，以贞厥志；非是，则有出而仕矣。僧之中多遗民，自明季始也。”[②] 黄宗羲

① 赵园：《明清之际士大夫研究》，第295页。

② 邵廷寀：《明遗民所知录》，《思复堂文集》卷3，第206页。

云：“近年以来，士之志节者，多逃于释氏”[①]，屈大均有诗句云：“近日东林社，遗民半入禅”[②]，方文亦云：“普天披发奈渠何，我党逃名佛国多”[③]，《晚晴簃诗汇·凡例》：“明末遗民率遁方外。朱嘱之歌，流衍寖广”[④]，易堂彭任也颇为感慨地说：“今天下人之为僧者半天下。”（彭任：《张闻千募化山庵引》）据谢正光先生《明遗民传记索引》统计，其中于国变后遯入佛国的有一百六十余人之多。颇有意味的是，面对如此之盛的逃禅之风，有些遗民也不免提出自己的疑虑，如魏禧问挚友汪沨是否愿意为佛家弟子时，汪沨云：“吾甚敬愚庵，然世之志士率释氏牵诱去，削发为弟子，吾儒之室几虚无人，此吾所以不肯也。”[⑤] 遗民冷士嵋更作《浮屠论》一文，以专攻当时浮屠之弊，言辞甚为激烈，汪、冷二氏之“忧虑”，也从另一个侧面说明此时遗民逃禅之风的盛行。

其时逃禅之遗民大凡有如下几端：其一，反清志士为避免祸患而披缁为僧者。如清初著名遗民归庄就因杀死降清县丞披缁以避祸，曾灿之逃禅亦以避“杀生之祸”为直接动机。其二，以僧服为庇荫，秘密开展反清活动者。如“易堂”之友阎尔梅、恽日初等，在危急的反清形势之下，不得已而以遁入空门为幌子，秘密中联络反清力量，谋图恢复。其三，为保全志节而不得已入佛国者。此类为最多。相较于历代遗民，志节之高扬在明季遗民中为最盛，其行为也最烈，逃入佛国是保全他们“不降其志，不辱其身”的遗民志节的重要方式之一。由于中国历史上深远的“华夷之防”观念的影响，随着清政府于顺治二年（1645）“薙发令”之下达，“头发”遂成为遗民志节的一种象征，也成为当时汉族士大夫身份认同的重要标识，对于

---

① 引自黄嗣艾编著《南雷学案·遗言》卷1，正中书局，1936年初版，第21～22页。

② 屈大均：《过吴不官草堂赋赠》，陈永正主编《屈大均诗词编年笺校》，中山大学出版社，2000，第102页。

③ 方文：《麻城访槁木大师》，《嵞山集·前集》卷7，第345页。

④ 徐世昌：《晚晴簃诗汇·凡例》，第2页。

⑤ 引自魏禧《高士汪沨传》，《魏叔子文集》卷17，第850页。

他们来讲，薙发即意味着投降，无疑是奇耻大辱。于是，正直的汉族士大夫有“头可断，发不可薙”的慷慨之举[①]，而清政府则有“留头不留发，留发不留头”的残毒之令[②]。在这样的生存环境之下，落发为僧就成为遗民们不约而同所选择的一种生存途径。虽然清廷在某种意义上将落发为僧也认为是降服的表现，然而与遗民落发为僧的本意大相径庭，对于他们来讲，很显然是取释慧远所谓“沙门不礼王者”之意，以保全其气节。如魏禧在论及毗陵高士恽日初之逃于禅时就予以理解，其云：“先生世变逃乎禅，或者非之，余以为合义，盖僧服而蔬食，不交当世者垂三十年。”（魏禧：《恽逊庵先生文集序》）此之所谓“合义”，也正是国变之后汉族士大夫纷纷逃禅的一个重要原因，如易堂之友方以智、李天植等人俱是如此。魏际瑞论方以智之逃禅云：“东南西北一时倾，天地无情佛有情。竟自东南天地内，留将此老作残僧。”（魏际瑞：《木大师》其一）在“易堂”前辈中，“三魏”之父魏天民，也于顺治三年（1646）“走匿山中，剪发为头陀”[③]，也取此义。其四，为国变之后真心皈依佛门者。甲、乙之变后，一些汉族士大夫一方面心灰意冷，另一方面又洞察事理，因此虔诚于佛教，如李模（灌溪）“晚好禅观，刊落一切，虽忠孝节义之名，以为无所用，饮酒围棋，笑宴自顺如婴儿。”（魏禧：《碧幢铭》小序）又如易堂林时益晚年之耽于禅事，俱为此义。

综合以上分析，曾灿之逃禅一方面是为避祸所逼，不得已而为

---

① 计六奇撰，任道斌、魏得良点校《明季南略·江阴纪略》：“江阴以乙酉六月方知县至，下薙发令。闰六月朔，诸生许用大言于明伦堂曰：‘头可断，发不可薙！’”中华书局，1984，第241页。

② 计六奇撰，任道斌、魏得良点校《明季南略·江阴续纪（难民口述）》：“闰六月朔，方（指知县方亨）行香，诸生耆老等从至文庙。众问曰：‘今江阴已顺，想无事矣。’方曰：‘止有薙发耳，前所差四兵为押薙故也。’众曰：‘发何可薙耶?’方曰：‘此清律，不可违。’遂回衙。适府中诏下，开读有‘留头不留发，留发不留头’二语。”第244页。

③ 杨文彩：《魏征君传》，见林时益辑《宁都三魏全集》（道光二十五年宁都谢庭绶绂园书塾重刻本）卷首。

之；而从另一个方面看，其时之心态亦是他逃禅的内在因素。在某种意义上讲，此时曾灿之逃禅已成为必然。

三 “藏其用者”：逃禅意义之生成

然而，我们终究不能说曾灿是一个真正的入佛者。虽然在落发出家之后，他曾经自得“独身”之乐：

> 其后遭时不造，弃家远游，间辱古德长者开示，诚知木马铁牛，何与生死，而一尘未息，万虑纷来。以是知壮不如老，贵不如贱，有室家不如独身之乐也。（曾灿：《与诺上人书》）

然佛国遁世之乐最终还是不能吸引曾灿，儒家的“立德、立功、立言”的信条一直是他精神的主宰。于是，有意思的是，在逃禅之后，曾灿“始究心于性理、《左》《史》之书，篝灯夜读，亦欲思作天地间奇男子”。（曾灿：《答王山长》）可见，虽然入于佛，但其心事并不在佛理之上；《左传》与《史记》等书蕴含的是古今盛衰成败得失之理，曾灿究心于其中，仍然想着有所作为，成为“天地间奇男子”，其“用世”之志遂于此一语可知。

再者，曾灿之师浪丈人虽然“主持像教者四十余年”，是当时著名的禅师，但他也并非一个纯粹的禅者，而具有很强的儒者之风，“听其绪论，无一不归之忠孝，故其门下士，半皆文章节义、魁奇磊落之人，或至有托而逃焉者。”（曾灿：《石濂上人诗序》）由是而观，浪丈人之志亦岂仅在佛禅？再观其门下，有“托而逃焉者”又决不仅曾灿一人，甚至在入门之后，曾灿由此而得以交结到很多天下奇伟之士，“予从杖人久，因获交其天木、石潮、蒲庵、观涛数君子”[①]（曾灿：

① 曾灿此序亦见于大汕和尚《离六堂集》卷首，题为《离六堂诗序》，然文字与《六松堂集》中的《石濂上人诗序》有出入，此则引文，《离六堂诗序》为：“予从杖人久，因获交竺庵、啸峰、梅逢、石潮、观涛数君子。”见万毅等点校《大汕和尚集》卷首，中山大学出版社，2007，第3页。

《石濂上人诗序》)，其欣喜之意溢于言表。是时，僧舍成为那些不忘世事的逃禅者结交志士仁人的重要场所，李邺嗣慨然道出当时自己之见闻："值丧乱之后，凡避世者多销名变服，窜于释门。余亦年壮失职，乐从老人游，每造方丈良久，出坐记室，四顾诸禅侣，辄疑此中有异人，隐而不余告也。"① 这不能不说是特殊历史情境下极富意味的文化现象。

当此时，很多逃禅者是被迫为之，归庄一语道尽玄机："二十余年来，天下奇伟磊落之才、节义感慨之士，往往托于空门；亦有居家而髡缁者，岂真乐从异教哉，不得已也！"② 因此，这些逃禅者实质上是"外释内儒"，虽作头陀而不解于禅。归庄这段自述道出其时逃禅者的真实情境：

> 仆二十余年来，虽貌为头陀，犹难忘世，今则已矣，才既不展，身又不死，如在穽之虎；既耻同流俗，又不能长往，如触藩之羊。视大禅师之禅蜕域外，凤翥云中，叹仰之余，不胜其自愧也！③

对于清初士人尤其是遗民来讲，"弃世"并非他们所不想，然其志终不在此，故"忘世"终不可能。于是，"弃世"与"用世"成为纠结在他们心中不可调解的两极，使他们疲惫而又痛苦：一方面自负有经世之才却不能用于世；另一方面却又不能像真正的禅者一样全身心地遁入其中，因此，大禅师的"禅蜕域外"，又是他们无比艳羡的。曾灿何尝不是如此！他既有"丈夫生七尺躯，立身行己只三十年耳，悠悠人世，为日几何"（曾灿：《与诸上人》）之感叹，不忘在逃禅之后依然"思作天地间奇男子"；但亦有强烈的"吾意在桃

---

① 李邺嗣：《送庭南禅师至淮上序》，《杲堂文续钞》卷 3，《丛书集成续编》第 154 册，台湾新文丰出版公司，1988 年初版，第 74 页。

② 归庄：《送筇在禅师之余姚序》，《归庄集》卷 3，第 240 页。

③ 归庄：《与红云》，《归庄集》卷 5，第 341 ~ 342 页。

源”（曾灿：《初冬访钱幼光不值令嗣孝则留宿迟之》）之思。“弃世”与“用世”的纠葛使他们不停地怀疑、拷问自己所作出的选择，曾灿如此言说他内心的矛盾：

> 予甚悔前此轻作和尚也。然由此得以一瓢一笠，游历名山川，见诸古德，闻微妙音。今往往在尘俗醉饱中，念之洒洒有得。西林为僧与予异，今慨然远游，所得又当百十予矣。（曾灿：《送西林序》）

“弃世”不能，既而还俗，又往往沉湎于“尘俗醉饱中”，“用世”遂又不能，其生之尴尬与痛苦由此可知。于是，他反过来又羡慕西林僧这样能真正地沉于佛国者，就像归庄叹羡“大禅师之禅蜕域外，凤翥云中”一样。而对于当时那些“伪僧”的所作所为，曾灿给予了严厉的批评：“世之僧，既已捐父母妻子，然日求美好衣食，精庐净几，足不肯出里门，而持筹操子母筭，或甚于世俗人者，予甚悲之。”（曾灿：《送西林游序》）

然而无论如何，僧舍终非曾灿之最后归宿，六年之后，他终究还是还了俗。虽然据他自己讲，还俗乃为年迈的祖母所逼，“太夫人年八十五，日涕泣，令予返初服，终入世事”（曾灿：《送西林游序》），但即使没有其祖母受室之命，曾灿之还俗也似为必然之事，以其志不在于佛禅故也。或许正因为志之所同，曾灿指出了石濂和尚“托”而“逃”的深意所在：

> 天之生才，必有所遇，宁戚以《饭牛歌》而相齐，伍员以《河上歌》而报楚，之二子者，其经纶事业，岂必托之语言文字？然而不免为此者，盖有所用之也。今石师之为诗，其老于浮屠乎？亦有托而逃焉者耶？观其剧饮大呼、狂歌裂眦之日，淋漓下笔，旁若无人，此其志岂小哉！然吾闻灵彻以诗游京师，缁流造飞语，激动中贵人，由是得罪；而无可大师，近亦以文字几罹不测。《易》曰：“不易乎世，不求乎名。”遁世无闷，

不见是而无闷，石师之善藏其用者，当必有在矣。（曾灿：《石濂上人诗序》[①]）

这段话可以说是对于清初遗民逃禅之意的深刻解读。“用世”始终是他们的“大志”所在，如大汕和尚，即是如此：“常与之谈当世之务，娓娓不倦，盖其自天文地理、兵阵战斗、象数书画、诸子百家之技，无不贯通其原委，故能挹之而不竭，取之而不穷也。”（曾灿：《石濂上人诗序》）其实，当时像大汕这样的禅者又岂在少数，魏礼亦称大方上人“所论著大约依于忠孝，事有利济于人者，不惮殚心力匍匐以营之”。（魏礼：《大方上人杂著序》）然而其“用”不得见于当世，便以诗歌作文等特殊的方式去表达。然即便如此，祸患依然常伴左右，逃禅者的生存境遇依然艰难。或许，“藏用”便成为处在“忘世”与“用世”纠葛之中的逃禅者的最佳生存策略。

对此，易堂魏礼有更为明确的论说：

儒者尊儒而黜释，今日之释，未可以轻黜也。聪明豪俊之士、笃挚之人，无所发舒其胸中，或蒙难亡命，率多弃妻子，祝发披缁衣，托迹空苦，以休炼其身心，他日见于事业，补天地所不足者，将于此乎有人。然此绝非释氏之本旨，而吾尤有所取焉。（魏礼：《大方上人杂著序》）

魏礼坚决反对儒者黜释之说，绝不是因为服膺释氏，而是因为释氏在当时恰好是志士“藏用”的最佳手段。故其在自述心迹时云：“我自鼎革后，常与释氏游。非为悦其道，悦其轻王侯。就中忠孝

---

① 《大汕和尚集》卷首所载之《离六堂诗序》中，此段文字有异：“天之生才，必有所用，宁戚以《饭牛歌》而相齐，伍员以《河上歌》而报楚，之二子者，其经纶事业岂必托之语言文字？然而不免为此者，盖有所用之也。今和上之为人，岂与枯寂浮屠同日而语乎？抑有托而逃焉者耶？当其狂歌裂眦、淋漓下笔之时，怀抱渊源，空今旷古，此其志岂小哉？然和上之善藏妙用者，又未知涯矣！”中山大学出版社，2007，第3页。

事，恒见在比邱。魂魄有余毅，秉心一无求。顾我衣书儒，抚膺实可羞……”（魏礼：《赠大方上人》）魏礼此论，直言自己之所以热衷于与释者交游，并非因其服膺其教理，而是因为此中实多怀忠孝之义者，即所谓“藏用”者。其子魏世俨之论儒、释之关系，与父辈之旨趣一致，道尽此际“释者”之怀：

> 儒、释互相重而亦可以互相为辟也。或曰：子之言背于道矣，而释乌得辟儒乎？盖夫世之盛也，君名臣良儒修道于家，淑其身，出而致治道，于民莫不轨于圣贤之正，则儒为重，而释为悖道邪僻而坏学术；世之乱，政事纷稗，儒亦不修其身，自悖于道，穷者达者率冒昧苟且，以规便利其私，而释或能守其道，以全儒之大伦，为仁人志士所归。往今夫释氏之所以可辟者，以其灭君父之伦，持其偏说以煽惑人心，涂人耳目，而蔽于大道也。今不然矣，则其势互相为轻重，而岂有专辟乎哉？是故为古儒者可以辟释，而今释者，可以辟儒也。[①]

魏世俨认为，古今儒、释之关系亦随时适变，盛世之时，则儒为正，以释为邪说，故“韩退之，古之辟释者也”；而世乱之时，儒道衰微，释反能“全儒之大伦”，故为天下仁人志士之所归，故“丽师，今之从释者也”。由此，在魏氏看来，“使丽师当退之之时，居退之之位，未必不如退之之辟释；而使退之生今丽师之时，又未必不如丽师之从释也。呜呼！如丽师者，其真可以辟儒乎？其真可以从释乎？”[②] 世俨此论，正是鼎革之初士人对于儒、释关系的理解，故逃于佛国者，往往正是以释而“全儒之大伦者”，似释而实儒，此更为仁人志士蓄势待发之表征。

事实上，对于那些真正的沉溺于佛禅者，易堂诸子是有微词的。如魏礼云：“夫使上人居深山，口诵佛经，昼夜参修，以求所谓悟彻

① 魏世俨：《赠适庵大师序》，《魏敬士文集》卷3。

② 魏世俨：《赠适庵大师序》，《魏敬士文集》卷3。

者，则世何有乎上人，吾虽不相见可也。”（魏礼：《大方上人杂著序》）彭士望十分赞成魏礼的观点，故在此文之后评曰：“说得佛法有用，是吾辈方外交本旨。”[①] “说得佛法有用”一语，大抵道明易堂彭、魏等人的佛禅观。基于此，彭士望对佛禅思想予以了尖锐的批评：

> 禅者谓：不思善，不思恶，恁么时是本来面目。此不明于善恶之分者也。夫不思即恶也，不思善尤恶之显然者矣。人性之有善恶，犹水之有清浊澄止，而不谓之清，彼浑浑含垢欲不谓之浊，可乎？今有为自恕、恕人之言者曰：不为善，不为恶，但尔悠忽度日。夫此悠忽度日，即为恶之大者矣。其闲居幽独之不堪自对者，又何足道！嗟乎！饱食终日，夫子其难；人生大蠹，伊川所痛。桓桓八州，惜阴运甓，志行如此，我辈伊何乃敢自逸！（彭士望：《葑刍别同学诸子》）

彭士望对于佛禅的批判，一言以蔽之，即无用于世，这也代表了明末清初之际大部分士人对于佛禅的态度。反对佛禅思想，而又不得不逃禅，这就是当时时代之悖论。

然而对于曾灿来说，虽然他并未深溺佛禅之国，但这段逃禅经历使得他对于佛禅思想有所浸染，并对其生活观念有着一定的影响，如其诗云：“老来只爱一身闲，不问时危与命艰。但得经营留祖泽，愿将心事托灵山。河鱼可信枯能泣，林鸟安知倦欲还。四果三归真妙药，何人能逗此重关。”（曾灿：《长至前三日侨西城桥婴奇疾头大如瓠不辨晨昏者久二十九日扶入小舟还邓尉坐卧一小楼镫火荧荧申旦不寐悄然四壁万虑俱来口占得七律二十首虽多呓语用遣忧怀》其二十）这正体现了曾灿等鼎革之初士人内心深处的复杂纠葛。

---

① 彭士望于魏礼《大方上人杂著序》一文后的评语，见《魏季子文集》卷7。

四 “用禅悦以为达”：林时益晚年之好禅

易堂诸子中，除曾灿有逃禅经历之外，还有一人与禅事相关，那就是林时益。林时益（1618～1678），本姓朱，名议霶，字用霖，南昌人。甲、乙之变后，变姓名为林时益，字确斋。其父统鐼为瑞昌郡王府辅国中尉，以进士选知江夏县，政名颇高，被称为“江夏公”。时益继父职为中尉，旋即弃去，故人称“朱中尉”。其于顺治二年（1645）随彭士望挈家来宁都依魏氏兄弟，遂入易堂。

林时益虽然并未像曾灿等清初遗民一样落发披缁，然在其晚年亦好禅悦。同堂友人魏禧纪云：“近十余年，（时益）益隐畏，务摧刚为柔，俭朴退让，使终身无所求取于人，无怨恶于世。虽子弟行以横，非相干者，勿与较也。晚又好禅，常素食持经咒，尤严杀生戒，见者以为老农老僧，不复识为谁何之人。”（魏禧：《朱中尉传》）《国朝书画家笔录》载：“林时益、余正元、陶汝鼐、徐白皆明季之高尚而敦气节者。入国朝，或隐于深山，或遁于禅学。时益，字确斋，本姓朱，名议霶，明宗室。甲申后，变姓易名，结庐于冠石，佣田而耕，非其力不食，终年惟带经负鉏。工书，喜为诗，晚好禅学。”①《清史列传》亦载：“（时益）晚好禅悦。”②

然林时益晚年之好禅，与曾灿等遗民之逃于禅的状况不尽相同。如上所述，曾灿之逃禅本为时势所逼迫，不得已而为之，其目的在于避祸而藏用；而林氏之好禅初为养生，而后则更深沉于禅道。

林时益与禅结缘，是受到桐城方以智的影响。在顺治十六年（1659）五月，方以智曾以僧服造访易堂，与易堂诸子相见甚欢。当时林时益正因痼疾而潦倒，其病之由是在明崇祯十三年（1640），为亡父追忆过去钱谷之出入而劳累过度，患咯血之疾，病久而不去。方以智颇懂医术，曾为林氏诊病，并为他讲佛法，这对林时益之入

① 窦镇辑《国朝书画家笔录》，参见周骏富辑《清代传记丛刊·艺林类㉒》，第56页。

② 王钟翰点校《清史列传·文苑传一》，第5676页。

禅有极大影响。林时益《己亥季夏郭家山呈别木大师》纪其事云：

> ……师学靡厌时，勤勤教多术。尤喜人学医，稍宽群生厄。悯予长潦倒，所病在胸膈。妄药未可试，火攻斯上策。奈何即乖分，休夏就禅室。别后绎师语，灼肉不蹙额。自顾死后之，何庸奄一息。师云宗门衰，振之惟念佛。大众日围绕，火宅莲华国。至今大慈父，巍巍在西域。其次辟支果，于此世间绝。莫似诸野狐，借口扫教律。地狱为是人，永餐镕铁汁。以此坚自誓，病愈待瓢笠。

由是而观，林时益之入禅目的与曾灿等遗民截然不同。窥视当时林氏之心态，已经厌倦了尘世之痛苦：作为明皇室之后裔，历经国变而沦落如此，其失望之情可想而知；又常年困于顽疾，更增强了他的厌世感。正值此时，方以智讲以佛法，导其脱离“火宅”而遁入“莲花之国”，这无疑对林时益有巨大的吸引力，因此“以此坚自誓，病愈待瓢笠”，自在情理之中。又邱维屏祭林氏文云：“人又谓，子先此几二十年，已尝素食，日诵梵呗，取彼支那之撰述而阅之，其达也，宜也。”（邱维屏：《易堂祭林用霖文》）于此可知，林时益早在病卒前近二十年已入于禅，并专研佛经，以此推算，林氏卒前二十余年，正是方以智访易堂之后。

其时，林时益之入禅与当时许多民众的心态一样，邱维屏在记载顺治年间宁都浮屠之盛及人心之变时云：“盖前此，吾县崇佛者特重福报，而其后自缙绅先生道以念佛求生，彼国之法则遂倾动县大夫僚属，与乡之先达贵官、长老士女、农夫市侩相率为会集于浮屠氏宫者，净土庵为尝盛也。自吾县城之破，其内外居民死丧奴辱，无一户而免者，其哀苦之余，若真以为世之外有极乐国者。极乐国，其可至乎？闻其名与近见其身，所尝于此乎求之处，无不适适然心向往之。”（邱维屏：《净土庵募修理赀引》）由“特重福报”而至于“念佛求生”，再至于释心中之“苦哀”而求“极乐国”者，浮屠之于乱世生民的意义也就凸现出来了。遭遇国变之后的林时益又何尝不是如此，更何况他本皇室后裔之身，其内心之痛苦更甚。梁份《哭确斋先生文》云：“先生遭世不可为，隐居讲学，种茶以代耕，老而托谈苦空以自遣。”①

虽未改服缁衣，然林时益是易堂诸子中唯一一位真正入于禅道者。因此，在易堂中，时益显得最为“无为”，也最为达观。本来由于其特殊的身份，给易堂文人群体的性质蒙上了一层神秘的色彩。魏禧记述道：“中尉来宁都时，年二十有八，予与季礼方壮，并愿为中尉死也。”（魏禧：《朱中尉传》）其中“愿为中尉死”一语，不免意味繁复。近人邓之诚曾以为“议霶实为易堂宗主”，“议霶死而易堂之业衰矣”②。依当时之政治情势来讲，此说有一定道理。然考时益来易堂后之所为，似乎也并不专注于谋图恢复。邱维屏这样概括其行止：

> 子（指林时益。引者注）年未及三十，又遭天之绝世而生丧乱，徙其家以来居此，岁作茶，走东西千里内外而卖之以为食，今遂已三十余年，安寝而死，用禅悦以为达焉，宜夫人皆以为达也。（邱维屏：《易堂祭林用霖文》）

又云：“子谓生今之世，既已独挈妻孥，得一卷之石而居之，以私长其孙曾，于是安其寝而获其死，人亦何必为之哭耶？是达生之旨耶。而子其果达也。”（邱维屏：《易堂祭林用霖文》）林氏之“达生之旨”，也是他与易堂诸人之风采最为相异之处。反观同堂友人之行止，魏际瑞为形势所逼，应试于清廷，辗转于清幕之间；曾灿、魏礼也为衣食谋，奔走播迁于天下，并均有入幕之经历，且言语之中多有乞食求怜之语；魏禧、彭士望等云游于天下，徒有高志，然终未实现；只有林时益与一二门人弟子长期躬耕于冠石，恬然自适，

---

① 梁份：《哭确斋先生文》，《怀葛堂集》卷8，胡思敬辑《豫章丛书·明季六遗老集》，《丛书集成续编》（上海书店版）集部第177册，第433页。

② 邓之诚：《清诗纪事初编》，第212页。

安贫守志，别无他求。邱氏此处以“用禅悦以为达”一语道尽林时益之“达生之旨”，可谓知心之论。林氏诗《癸卯冬魏和公自岭南归新交屈子再过北田云何母明年七十左王不偕欲得吾堂中诗文以为寿遂以所闻和公者成诗》中有句云：“丈夫实有志，珍重贱与贫”，实是他自己心志的真实写照。近人胡思敬云：“易堂诸子以确斋为最艰贞。”① 盖指此云。

安于贫贱的林时益很少有怨天尤人之语，不能不谓他是易堂九子中最为旷达的人，而这明显是受到禅悦之影响。其晚年“尝素食持经咒，尤严杀生戒，见者以为老农老僧，不复识为何之人”（魏禧：《朱中尉传》），可见他入禅已深。林氏与很多僧人均有往来，有时也与他们辩论佛道，反映出他的佛道观念。可惜时益之文传世极少，其情况不得而知，只能根据同堂人所记，略窥其一二。据魏礼言，时益与大方上人曾往复讨论关于“三教合一”的问题，“上人喜言三教合一，予友林确斋以为必不可合，其说最切于理。然上人终是其说，而忧确斋病特甚。确斋又寓书上人，谓其言情累于入道。”（魏礼：《大方上人杂著序》）由此可知，林时益坚决反对当时比较流行的“三教合一”之说，认为“言情累于入道”，佛者应该“口诵佛经，昼夜参修”，然这种观点显然与求实用为宗旨的易堂友人不合。魏礼并不认同他的观点，甚至言语之中露出讥刺之意，其云：

> 予尝谓上人，世僧不善言佛，归于空苦，佛思度尽。世间一切人物，一草一木，足关其怀，然则佛固多情之尤者，上人之最深于佛正在此，当毋以确斋之言为然。呜呼！以予所闻见，纲常至性往往出于太平时，槁木死灰之老僧，予视之腼然愧入地也。（魏礼：《大方上人杂著序》）

---

① 胡思敬：《朱中尉诗集跋》，《丛书集成续编》（上海书店版）集部第177册，第45页。

魏禧对于时益之深入于禅，亦颇有失望之意，彭士望纪云：“叔、季壮时，常许确斋死。确斋老病，专艺植逃禅，不留意世事，叔子曰：‘吾向许君死，今不为君死矣。’确斋安之。”（彭士望：《祭魏叔子文》）显然在这一点上，同堂友人与林时益甚不相合。也正因为如此，林氏的生活在易堂诸子中便显得非常别致，而且具有了独特的韵味。

林时益在冠石的生活具有十足的古意，居冠石期间，他与门人弟子“负担亲鉏畚，手爬粪土以力作”，“有自外过冠石者，见圃间三四少年，头著一幅布，赤脚挥鉏，朗朗然然，出金石声，皆窃叹，以为古图画不是过也。”（魏禧：《朱中尉传》）冠石易于种茶，林氏又精于制茶，其“以意制之，香味拟阳羡，所谓林岕者也”[①]，魏禧也称其“所制茶高妙，远近名曰‘林茶’”（魏禧：《朱中尉传》）。又“工二王草法”（魏禧：《朱中尉传》），其名入载于窦镇所辑《国朝书画家笔录》。观其所作诗，多为纪事农活、咏叹自然之作，虽然当时时日艰难，然在时益心中，那份生活的沉重在禅意中消解殆尽。他这样描述在冠石的生活：“城西之石峰嶙峋，冠石之冠古制存。初以力耕久为客，时因避乱还成村。窗间无数桂花叶，屋里一株桃树根。山口竹柝响清昼，远林归尽锄茶人。”（林时益：《冠石》）非真正具有禅心之人绝不可能写出此诗。在他的诗作中，具有禅之意味的“梅花”与“菊”等成为中心意象而反复歌咏，如《东岩对梅作》：“岂欲先芳草，长年依石门。冰霜无日夕，花萼自清真。果熟须三夏，枝蕃在仲春。孤行谁得似，相对尽黄昏。”林氏与僧人常有往来，亦有诗纪之，如《宿剖大师禅室》：“入秋犹苦热，步担扣精庐。月出光为水，山空乐似鱼。早摹碑字古，才识夜泉虚。白发吾看汝，何人问读书。”就连面对死亡之时，他也能淡然处之，在彭任写给髻山谢文洊的书信中，曾言及林时益长逝之时的情状：“确斋兄旧疾一发，遂不可支，竟而长逝。其卧疾二十日，于家事一无所及，

① 王钟翰点校《清史列传·文苑传一》，第5676页。

洒落谈谑，视死如归，真若脱然无所累者。”（彭任：《与谢约斋·又》）这种旷达的生命观，不能不说是受到佛教生死观念的影响。

在某种意义上说，易堂诸人中，林时益的生活是最具诗意、最为艺术化的，这不能不说与其深于禅道有直接的关系。我们可以从字里行间体会到林时益那在禅意中得以稍歇的本已疲惫的心灵，入禅或许就是能够医治他内心之痛楚的最好良药了。

第三节　躬耕自养与桃源世界的追寻

躬耕自养是清初明遗民自主选择的一种生存常态，在那个特殊的历史情境之中，这或许也是他们所能选择的最佳生存姿态了，既可以保全其性命，更为重要的是可以保全其志节。在那个特殊的时代，士人之隐居躬耕不是普通意义上的耕田种地，而是赋予了更加繁复的历史文化内涵。易堂诸子的行迹与行为意志固然不尽一致，然而身逢乱世，在他们的理想幻灭之后，除魏际瑞为情势所迫而“贬服以出”外，其余都不约而同地做出同样的生存抉择，即避世隐居。因此，无论是在时人还是后人的眼中，他们无疑都是以高蹈肥遁的“隐君子”[①] 形象而出现的。

一　“躬耕”之作为一种生存方式

考察易堂文人群体中的几个重要成员，本无好隐之性，固非好隐之人，相反均具有任侠豪迈之气。魏禧“少负异禀”[②]，“不乐嬉戏，嗜古论史，斩斩见识议”[③]；彭士望“性慷慨，尚气节，少有隽才”，并“立义声公卿间”[④]；魏礼虽然“少鲁钝”，好寡言，然其

① 王钟翰点校《清史列传·文苑传一》，第 5674 页。

② 孙静庵：《明遗民录》，第 278 页。

③ 王钟翰点校《清史列传·文苑传一》，第 5673 页。

④ 孙静庵：《明遗民录》，第 209 页。

“急然诺，喜任难事”①；曾灿亦“喜然诺”，当明季多故之时，“思以功业自见，折节下士，士翕然归之”②；而林时益为大明皇室后裔，本应“入则安处高明之居，出则车马呼唱于外”③，其他诸子如邱维屏、李腾蛟、彭任等无不少具异质而声名动于乡里。当甲、乙之间，天崩地坼，除魏际瑞之外，其他诸子纷纷弃去举子业，以表明他们的政治立场，即绝不与清政府合作。当时他们正当青壮年，志气昂扬，思有所图。魏氏父子在得到崇祯帝以身殉社稷的消息后，“天民率诸子号哭，竟日不食”④，魏禧更是日哭临县庭。痛定思痛，既而都给事曾应遴倡勤王议，魏氏父子“卖田求义兵，为佐饷”（邱维屏：《天民传》），首输三百金。然事终不果。稍后，曾灿与彭士望任事于危难之际，出入于戎马兵戈之间，以图谋成大事。

顺治元年（1644）九月，彭士望被荐，然受马士英等人排斥而归；顺治二年（1645）春，史可法督师扬州，士望参其幕，出奇策，然终不为可法所用，几个月后而辞归，九月清江故人杨廷麟手书敦迫，遂入赣，共事于廷麟。是年，曾灿亦随父军中，同杨廷麟共抚吉、赣，奉命抚众数十万人。第二年十月，赣城卒破，杨廷麟慷慨殉节，曾灿与彭士望的大志遂于此时彻底破灭。冬天，诸子终决隐计。显然，对于他们来讲，最终隐于翠微之峰并非初志。然退隐山林，或许也是他们当时所能接受的唯一的生存选择了，故既隐焉，躬耕守节遂成为他们的共求之志。诚如魏禧云：“异国不可适，采山庐翠微。”（魏禧：《门人赖韦吴正名曾师庠杨复晟曾彝各赋匀庭诗览毕作此兼示诸子世杰》）曾灿送友人课耕诗中，表明了当时士人之心志：“一时景况正堪悲，旅食寒山尚蕨薇。饥渴驱人令异地，安危俟命有余师。学从尔室求无愧，道在此中力与持。吾党寥寥谁自信，疾风劲草更相思。”（曾灿：《送别自堂先生课耕东龙》）

---

① 王钟翰点校《清史列传·文苑传一》，第 5675 页。

② 孙静庵：《明遗民录》，第 208 页。

③ 魏世俨：《哭林确斋先生文》，《魏敬士文集》卷 6。

④ 杨文彩：《魏征君传》，参见《宁都三魏全集》（道光二十五年宁都谢庭绶绂园书塾重刻本）卷首。

在中国古代思想文化史中，“躬耕”有着非常丰富的内涵。古代中国，以农为天下之本，“躬耕”在周制中作为天子祭祀后稷以劝农桑的一种仪式。《礼记·月令》载：“（孟春之月）天子乃以元日祈谷于上帝，乃择元辰，天子亲载耒耜，措之于参保，介之御闲，帅三公、九卿、诸侯、大夫，躬耕帝籍。天子三推，三公五推，卿、诸侯九推。”唐徐坚《初学记·礼部下·籍田第一》：“《说文》曰：籍田者，天子躬耕，使民如借，故谓之籍。《礼记》曰：天子亲耕于南郊，诸侯耕于东郊，以供粢盛。”[①] 之后，历代沿有此祭，《文献通考·郊社考二十·籍田祭先农》：“汉文帝制曰：农，天下之本，其开籍田，朕躬耕以给宗庙粢盛。”[②] 帝之躬耕于籍田，以示对农桑之重视，起到上以向神灵祈祷、下之劝民农桑的作用，明湛若水《格物通·劝课》云：“夫躬耕帝藉者，何也？民之所生者，命也；命之所依者，食也；食之所依者，土谷也。故天子耕藉，上以祭神明，下以重民命也。是故天下无不耕之人，所以示劝课之典也。”[③] 因此，在儒家传统思想中，躬耕力田也就成为“庶人之孝”[④] 的重要体现，《孝经》云：“用天之道，因地之利，谨身节用，以养父母，此庶人之孝也。”元人董鼎注曰：“庶人未受命为士，既不得以事君，所事者惟父母而已，故以养父母为孝。然养父母在于足衣食，足衣食在于务农桑。”[⑤] 又《御定孝经衍义》疏云：“庶人孝行曰畜，以畜养为义，言能躬耕力农，以养其亲也。”[⑥] 又：“天子以爱敬为孝，及庶人以躬耕为孝”[⑦]。《旧唐书·礼仪志》亦云：“孝者，畜也”[⑧]，

---

① 徐坚等：《初学记》卷14《礼部下》，中华书局，2004年第2版，第339页。

② 马端临：《文献通考》卷87《郊社考二十》，中华书局，1986，第787页。

③ 湛若水：《格物通》卷85《劝课》，《景印文渊阁四库全书》第716册，第771页。

④ 古之孝道有“天子之孝”“诸侯之孝”“卿大夫之孝”“士之孝”“庶人之孝”之分，参见《孝经》。

⑤ 董鼎：《孝经大义》，《景印文渊阁四库全书》第182册，第116页。

⑥ 叶方蔼等编《御定孝经衍义》卷30，《景印文渊阁四库全书》第718册，第347页。

⑦ 叶方蔼等编《御定孝经衍义》卷76，《景印文渊阁四库全书》第718册，第822页。

⑧ 刘昫等：《旧唐书》卷27《礼仪七》，中华书局，1975，第1205页。

“庶人含情受朴，躬耕力作，以畜其德，则其亲获安”[①]。基于这种传统思想的影响，不能“事君”以尽忠的“庶民”便以躬耕力田以“尽孝”，“躬耕”也就成为历代“庶民”“隐者”抱志守节的一种重要象征，逐渐成为一种文化意象。所谓“庶人”者，即“泛指众人，学为士而未受命，与农、工、商、贾之属皆是也”[②]。基于本文论题所限，主要是就“学为士”而因各种原因未受命或本不愿受命的“庶民”如易堂诸子而言。

考察中国古代历史，历朝历代绝不乏以“躬耕”而声名远播、流传千古者。他们或者是出于至孝，躬耕以奉父母，或者是心怀高远而以隐蓄志，或者是因官场失意而退隐山林，或者是本无意于仕进而匿身于草野，等等。然而，无论是哪一类型的隐居躬耕，其行为往往成为当世或后世所颂扬的典范。《三国志·魏志》：“司马芝……以鹿车推载母，居南方十余年，躬耕守节。”[③]《晋书》：“郄鉴……少孤贫，博览经籍，躬耕陇亩，吟咏不倦，以儒雅著名，不应州命”[④]，《明史》：“陈祚……与布政使周文褒、王文振合疏言建都北京非便，并谪均州太和山，佃户躬耕力作，处之晏然。”[⑤] 此类例子在古代史书中不胜枚举。

在朝代移异之际，隐居躬耕成为士人们主要的生存方式之一。在遗民那里，“躬耕”则被赋予了更多的义涵，他们往往以隐居山野、躬耕力食来保全其志节，表明其与新朝势不两立的决绝态度，是对新朝的另一种形式的反抗，是谓对前朝之“忠”；躬耕养亲，穷居无怨，是谓之“孝”。吴伟业感叹道：“嗟乎！世衰道微，士大夫走通都，骛声利；其遗民逸叟以道德风义相高者，不可复作矣。自确庵以孝廉守身事亲，躬耕弗屈，而后人知教忠；自公以孝廉之父

① 刘昫等：《旧唐书》卷27《礼仪七》，第1029页。

② 董鼎：《孝经大义》，《景印文渊阁四库全书》第182册，第116页。

③ 陈寿撰，陈乃乾点校《三国志·魏志》卷12《司马芝传》，中华书局，1982，第386页。

④ 房玄龄等：《晋书》卷67《郄鉴传》，中华书局，1974，第1796页。

⑤ 张廷玉等：《明史》卷162《陈祚传》，中华书局，1974，第4401页。

乐道安贫，穷居无悔，而后人知教孝。”[①] 在历史的“夹缝”之间，这也是遗民们实现尽忠尽孝的唯一可行方式了。

从另一方面来讲，躬耕于草野沟壑之中，于世事无闻，也可以使他们痛苦的灵魂得到暂时的抚慰。这也是清初很多遗民选择隐居躬耕的重要原因，而其人其事在清代史籍记载中俯拾皆是。如孙奇逢于国变后“率子弟躬耕，四方来学者亦授田使耕，所居成聚。居夏峰二十有五年，屡征不起。”[②] 张舜徽以南方之张履祥与之并举，云：“清初诸儒践履笃实，以躬耕自励者，北有孙奇逢，南有张履祥，俱一时之表仪，百世之师模也。”[③] 邵漆夫“自国变以来，弃妻子，捐僮仆，卜居家山之上，编茅为屋，荷锄戴笠，种松莳花，怡然足自乐也。”（曾灿：《邵漆夫山堂草序》）梁以樟（公狄）在南都陷落之后，“与以枬遁迹宝应之葭湖，买田数十亩，躬耕自给。”[④] 余增远（若水）“志节士，乱后躬耕山中，自匿迹，不与人接。”[⑤] 常延龄于国亡后，“即弃世爵，奉母遁居上元之熟湖山中，躬耕自食，未尝入市。当事者累招不出，以麻衣葛巾终老。”[⑥] 丘上仪则于“国变后，躬耕紫云山麓”[⑦]，等等。易堂诸人也是明遗民中躬耕自养的典范。

二　桃源世界的追寻及其悖论

张尚瑗这样评价易堂诸子：“其足以自守者，则伏处环堵，颓然

① 吴伟业：《陈确庵尊人七十寿序》，李学颖集评标校《吴梅村集全》卷 37，上海古籍出版社，1990，第 790 页。

② 赵尔巽等：《清史稿》卷 480《孙奇逢传》，第 13101 页。

③ 张舜徽：《爱晚庐随笔》，华中师范大学出版社，2005，第 187 页。

④ 赵尔巽等：《清史稿》卷 500《梁以樟传》，第 13819 ~ 13820 页。

⑤ 姜宸英：《山阴仲渊何公合葬墓志铭》，《湛园集》卷 5，《景印文渊阁四库全书》第 1323 册，第 775 页。

⑥ 《皇明遗民传 · 常延龄》，参见谢正光、范金民编《明遗民录汇辑》，南京大学出版社，1995，第 607 页。

⑦ 孙静庵：《明遗民录》，第 227 页。

枯槁，不使面目见知于人，采山耕陇，食力以自给”[①]；遗民冷士嵋赞魏氏兄弟云：“最喜乱来同辟世，一门兄弟耦耕田。”[②]《清史稿》载：“（易堂九子）皆躬耕自食，切劘读书。”[③] 再看近人邓之诚眼中的易堂诸子：“易堂诸人皆贫，不巧取人财，率自耕为食，或卖茶卖药卖卜以食。”[④]“采山耕陇，食力以自给”成为他们保全其遗民志节的底限，其中也暗含了“不食周粟”之要义。实质上，对于易堂诸子等明遗民来讲，前代著名的以“躬耕”扬名者，无疑给他们提供了某种生存的范式，其中对他们影响很大的就是诸葛亮与陶渊明，而又以陶渊明所创造的“桃花源”世界之影响为至大。

易堂诸子身遭乱世，事非所愿，理想幻灭，处于这样尴尬的历史情境之中，他们不免要主动去寻求一种精神的解脱，而陶靖节的生活方式以及他所创造出来的“桃源世界”无疑对他们充满了无限的吸引力。涉世不得意，因思种南山，于是，易堂诸人都在努力寻找并营造着自己心目中的桃花源。

除了具有“最利守”[⑤] 的地理环境而更适合避乱全身之外，金精山翠微峰本身就是一个充满神秘自然魅力的所在，宋代著名的江湖派诗人曾原一这样描写金精之景：“金精山，在宁都西郊十五里。未至县，一舍外望，镇石绝云，丹崖翠壁，烟霭明灭，知为神仙区宅。”[⑥] 翠微峰为金精十二峰之一，形势至为独特，“四面削起百十

---

① 张尚瑗：《邱邦士文集序》，参见《宁都直隶州志 · 艺文志二》（道光四年刊本）《中国方志丛书》华中地方 · 第八八二号，台湾成文出版社有限公司，第 2538 页。

② 冷士嵋：《东南六高士吟 · 魏冰叔》，《江泠阁诗集》（康熙刻本）卷 8，《四库全书存目丛书》集部第 236 册，第 406 页。

③ 赵尔巽等：《清史稿》卷 484《魏禧传》，第 13315 页。

④ 邓之诚：《清诗纪事初编》，第 199 页。

⑤ 彭士望：《翠微峰易堂记》：“（翠微峰）最利守，自上击下，石卵大，转激腾跃，势莫可当。檑木石，具斧凿，山尽为炮，掷雉尾炬，塞径口，立焦灼。孔出伏暗桥侧，挺斧交下。仰攻，桥石厚，径转侧不得动。鸣金众聚，静逸以待。闭重关垒塞，一弱女子可抗千劲卒。”

⑥ 曾原一：《宁都金精山记》，见《江西通志》卷 126《艺文志》，《景印文渊阁四库全书》第 517 册，第 411 页。曾原一，字子实，兴宗孙。绍定辛卯领乡荐，与从弟原郕同师庐陵杨伯子。博学工诗，避乱钟陵，与戴石屏等诸贤结社“江湖吟社”。

余丈，西面金精者，苍翠袤延如列屏，东面城大赤如赭，中径坼，自山根至绝顶若斧劈然。”（魏禧：《翠微峰记》）彭士望也纪曰：“阳都郊西，奇石四十里，率拔地作峰，形互异，低昂错立，岩壑幽怪。北距邑所称‘金精’半里更西，峭壁赤纛，辟翕陡绝，望葱郁，曰翠微峰。”（彭士望：《翠微峰易堂记》）此外，金精山又称为道家第三十五福地[1]，相传张真人（丽英）拒绝吴芮之求，由此而升天。[2]

金精之独至的景致及丰富的人文内涵吸引历代文人墨客往来游览观胜。在太平之世，翠微峰就是文人们心目中的“人间仙境”，如明代王汝舟曾作诗赞之：

> 尘嚣十里清，秀岭半空插。萦纡疑无路，两石开一峡。豁然见天宇，四顾皆峭拔。入门上石级，伛偻如登塔。悬岩置楼殿，飞栋相匼匝。徐行云影动，低语谷声答。仰观绝壁间，势恐千仞压。侧身过幽谷，洞口若呀呷。仙英去何许，遗像寄山胁。浴池弄清泚，不敢著脚踏。顾余倦游者，一宿借云榻。天风吹夜籁，客兴亦萧飒。幽寻约重来，吾屐当再蜡。[3]

---

① 《宁都直隶州志·杂志》（道光四年刊本）：“金精山称为三十五福地，盖本自《名山记》所引道书而言也。《名山记》云：龙虎山为道书三十二福地，金精山为道书三十五福地，语极明切。唐道士杜光庭列洞天福地七十二，后人遂以光庭之书为道书循其次序，谓金精山为第三十二福地，不知《名山记》所引道书是指《龟山白玉经》言。光庭所列，初无第一、第二等名目，且自谓本之《龟山白玉经》，然则谓光庭之书本于道书，则可谓光庭之书即为道书，不可也。记此以辨时论之误。”

② 《宁都直隶州志·仙释志》（道光四年刊本）：“张丽英，字金华，石鼓山下居人张芒女。生有异质，面发奇光，恒对白纨扇以为镜。入山，遇老翁遗二桃，以一奉母，自食其一，顿忘饥渴。长沙王吴芮闻其异，强委禽焉。女绐曰：‘山有石室，中通洞天。能穿石，当尔见。’芮大发兵攻凿。既通，女乃仰卧披发，覆石鼓下，人谓其死。忽紫云郁起，女冲举，自言曰：‘吾金星之精，下治此山，岂尘凡能近耶？’”《中国方志丛书》华中地方·第八八二号，台湾成文出版社有限公司，第2091~2092页。

③ 王汝舟：《翠微峰》，见《江西通志》卷148《艺文志》，《景印文渊阁四库全书》第518册，第384页。

在清平之日尚且如此具有魅力，更何况在明清之际这一天崩地拆的时代，翠微峰这样独特的地理形势与自然景观对于易堂诸子等遗民具有巨大的吸引力，它不仅为诸子“避乱”提供了天造的关塞，而且成为他们“避世”的绝佳去处。在时人眼中，对于这样的一方天地充满了艳羡，魏禧之友冷士嵋曾描写翠峰之境：“自从上古路未通，总与人世两相隔。君能凿石凌苍烟，乃从洞中上青天。分明别又一世界，草木尚是洪荒年。绝顶崔嵬半空里，登临下见长江水。烟霞泉壑异人间，石壁丹炉错相倚。斩木伐石以为宫，移家远住最高峰。白云横处起楼阁，先生著书在其中。山头鸡犬云中吠，岭上桃花天半红。招贤集隐坐谈易，白日栖迟岩下石。看云道上长青松，放鹤崖边种丹橘。……”[①] 这纯粹就是一个天外世界，人间岂能得之。

初聚易堂，诸子所刻意营造的也正是“世外桃源”式的生活：

> 方初聚时，俱少年朗锐，轻视世务。宴集或鼓歌，窃冠冕章服为优伶，自托简兮。或抗论古今，规过失，往复达曙，少亦至夜分。不服，辄动色庭诟，声震厉，童仆睡惊起。顷即欢然笑语，胸中无毫发芥蒂。每佳辰月夕，初雪雨晴，辄载酒哦诗，间歌古今人诗，辞旨清壮慷慨，泣浪浪下。或列坐泉栈，眺远山，新汲，吹籥煮茗，谷风回薄，井水微漪。遇飞英堕叶，缤纷浮水际，时一叫绝，几不知世外今是何世。（彭士望：《翠微峰易堂记》）

此时，他们在翠微峰上的这一片石间所努力营构的“不知有汉，无论魏晋”的桃源世界几乎成为现实，他们于此载酒哦诗，留恋山水，“几不知世外今是何世”。魏禧则以金精传说中的仙人张真人（丽英）为咏，自比其地为桃源，中有句云：“武陵有桃源，金精有桃

① 冷士嵋：《翠微峰歌寄魏叔子》，《江泠阁诗集》卷3，《四库全书存目丛书》集部第236册，第346页。

源。借问桃源客，仙人谁者贤？”（魏禧：《金精曲》）又有诗描绘山中生活云：“手种桃李树，不言下成蹊。林深好鸟来，敛翮鸣喈喈。虽然自幽僻，日月光在兹。莫汲桃井水，朝烹山阁薇。未能事力作，即此为生涯。”（魏禧：《门人赖韦吴正名曾师庠杨复晟曾彝各赋勺庭诗览毕作此兼示诸子世杰》）魏际瑞作诗纪当时诸子胜比神仙般的生活情景：“拔地孤峰逼太虚，青松黄竹内吾庐。为贪鱼鸟常闲坐，仍有亲朋不索居。三径露葵千日酒，万重云岫四围书。时人每比神仙乐，疑是神仙乐不如。”（魏际瑞：《翠微峰勺庭》）从此中我们能够体会得到诸子于国变后因痛苦而憔悴的心灵于此时此刻得到暂时休憩的那种喜悦心境。

然此时的曾灿是个例外。生于豪门、胸有大志的曾氏初为时事所逼，在赣破父亡之后不得已避于吴地而改服缁衣，流落外乡。然而在逃禅期间，曾灿又何尝不像同堂之友有强烈的“桃源”之思呢？他的诗歌记录下他此时的心态：“万里惊亡命，孤踪返故园。醉闻风弄竹，卧见月当门。欲记昔年路，还停何处村。避人凭一杖，吾意在桃源。”（曾灿：《初冬访钱幼光不值令嗣孝则留宿迟之》）在漂泊异乡数年后，曾氏得以归里，奉祖母之命而还俗受室，筑“六松草堂”而居，躬耕养母，越六年而不出。在这几年中，曾灿终于有机会为自己创造早已梦想的桃源生活了。钱谦益所谓“青藜与其徒退耕于野，衣襏襫，量晴雨者，六年于此”[①] 云云，盖指此事。曾灿之筑室躬耕，自有深意存焉，他自述心志道：

> “六松草堂”何？取其仅六松焉，而草堂适荫，是以名。夫天地之大，川岳之广，鸟兽、虫鱼、草木之繁，而以六松名其间，是藩篱天地也。予见夫奇草嘉卉，倏而菜矣；雕楹刻栋文题之属，倏而为墟矣；昔之，乔木环山，青葱而郁勃者，亦倏而童矣。六松独挺然，与人之富贵贫贱、死生患难相推移而不

① 钱谦益：《六松堂诗文集序》，参见胡思敬辑《豫章丛书》本《六松堂集》卷首，《丛书集成续编》第152册，台湾新文丰出版公司，1988，第115页。

衰，岂其中亦有故焉？存乎否耶？予幸六松之独存，而私之又惧六松之不为予所私，而亟亟以名之也，遂系以诗。（曾灿：《六松堂集自序》）

这段话表面上是解释“六松草堂”之由来，而实质上是明志之言，取六松之挺然之态，言明自己“富贵贫贱、死生患难相推移而不衰”之志，其“富贵不能淫，贫贱不能移，威武不能屈”的挺然傲拔之气溢于言表，故邓汉仪称：“青藜躬耕读书，襟期高邈。”[1] 在这篇小序的末尾，曾灿自署为“六松老人”，其命意不能不说是受到陶渊明“五柳先生”之影响。同邑之友魏书（石床）显然为曾灿的“知音”，读懂了曾氏的“心事”，曾题诗云：

谡谡青松，青其如玉。东屯遗尚，不四而六。六松参差，稚才过墙。终至干云，进德之方。茅堂不孤，是岁寒友。君子之贞，君子之守。冒露于田，带月来归。行咏其间，清影无违。与之酌酒，终无是非。隐虽不深，依山带谷。奇峰后拥，悬泉秘腹。横塘宽水，凫鸭乱沐。忘彼世情，而况寒燠。山路到门，平原百里。桑麻错布，此独孤止。过客难寻，望松遥指。[2]

“冒露于田，带月来归”，俨然一个辛勤劳作而“忘彼世情”的农夫；这一形象又与陶渊明之“晨兴理荒秽，带月荷锄归”的耕者何其相似！

曾灿也曾作诗描写自己的躬耕生活：

惰气足致厉，黾勉勤东菑。我未学老农，常常乖土宜。耕作在先春，积雨没川坻。不历农家事，安知忧天时。少年爱意

---

① 邓汉仪：《诗观》，转引自钱仲联主编《清诗纪事・明遗民卷》，第783页。

② 魏书：《六松草堂》，参见《宁都直隶州志・艺文志四・诗补遗》，《中国方志丛书》华中地方・第八八二号，台湾成文出版社有限公司，第2979页。

> 气，耻为衣食资。所用失真道，自取寒与饥。贫贱无善地，十年劚两荒。我忧未有涯，耕凿安可忘。仆子早出门，牵牛逾层冈。春深气已茁，茅兜三尺强。庶草借地力，因柔而致刚。所患去不早，资我岁月忙。二月靠新圃，四月未繁殖。虽以天旱乾，人亦旷厥职。专弦不可听，水济不可食。原上葑菲生，可以助稼穑。方塘注陇水，高下因沟洫。地势得自然，不资桔槔力。（曾灿：《田家杂诗》）

虽然常年忙于农务，但恬然自适，乐在其中，毫无怨烦之意。邱维屏也作诗颂云：“爱汝草堂倚六松，徙耕耐可得如农。山塘蓄水知疏缺，蹊径从入问下中。风撼瓦当饭失箸，雨悬囱后坐闻钟。岚西我辈栖迟尽，落日还云看杀侬。”（邱维屏：《过六松草堂观曾青藜课耕即事赋赠》）在这数年的时间里，他俨然就是一个陶渊明式的躬耕者。然他终究还是未能于此终生，之后，便游食于四方，甚至“不免逐货”，因此而“禧严责之”[①]。对此，他自己也不免感到遗憾与无奈，有诗句云：“我本隐者流，斯志曾不逮。”（曾灿：《寄方有怀》）至于其晚节，则有颓废之色，胡思敬曾论曾灿之生平变幻时云：“甲申之变，青藜尝从杨文正起兵保赣，文正既殉，乃稿笔四方，碌碌依人者几二十载。观其与周计百、丁泰严、吴留村、丁雁水、王山长、刘映藜诸笺，晚节颓唐，亦可悲矣。”[②] 然这自当别论。

无论怎样倾心经营并努力呵护，然而当时之时势变幻莫测，易堂诸子所精心构建的翠微“桃源”终究还是经不起时代洪流的冲击，犹如片刻之幻影随即而灭。一则为情势所逼，虽然翠微峰具天险之势，易守难攻，但仍几次遭难，诸子亦无奈地四散而去，他们所期待的桃源生活亦随之消逝。二则是桃源式生活的“无为”与他们的“经世”理想严重冲突，故从主观上往往又异常排斥那种忘世的生

① 邓之诚：《清诗纪事初编》，第 199 页。

② 胡思敬：《（六松堂集）跋》，参见《六松堂集》附录，《丛书集成续编》第 152 册，台湾新文丰出版公司，1988，第 364 页。

活。彭士望曾记述诸子思想方面的变化，“方初聚时，俱少年朗锐，轻视世务。宴集或鼓歌，窃冠冕章服为优伶，自托简兮。……几不知世外今是何世。”而“盖自有易堂，凡所为嬉笑怒骂，诵读讲贯，谋断凶吉，歌泣困厄，濒死丧，言行文章，上及爻象、兵农、礼乐、学道、经世之务，罔不遍及”。（彭士望：《翠微峰易堂记》）如此，桃源本身又成为他们思想深处的一个悖论式的存在。

但无论如何，在他们每个人的心中，依然在苦苦“固守”着那个“桃源”的梦想，哪怕明知是自欺欺人，因为那是他们最后的一片关乎节操的精神家园。如诸子中以肥遁著名的邱维屏：“邱慢庑先生遁迹河东，蓬头野服，人以为深谷田叟。其先世佥宪公所遗旧庐，卑隘仅容膝。先生日歌吟松下。松皆数百年物，磊砢盘郁，若层云覆其上，过者指此中当必有人。”[①] 但邱氏后来也有三年为韩城翟世祺幕宾的经历。易堂中真正终生隐居未出而建立起自己的“桃源世界”者，有李腾蛟、彭任与林时益三人。与同堂弟兄相较，他们三人之隐最深且最贞。李腾蛟（1609～1668），字力负，号咸斋，私谥“贞惠先生”，宁都人。李氏曾于“少年时锐意攻举子业，每好以奇自见”（李腾蛟：《与宁化李元仲书》），国变之后，即高隐山中，不闻世事，除同堂兄弟外，几乎断绝一切交游，“弟自甲乙以来，即无意于人间事，匿影穷岩，惟寒山一片石可语耳；至于四方交游，一概谢绝。”（李腾蛟：《答临川陈少游》）其隐意之决绝，在易堂中为最甚。然而李腾蛟审时度势，意识到在乱世之中寻找桃花源终是自欺。面对残酷的现实，他曾于顺治四年丁亥（1647）间自镌图记曰“方寸桃源”，以写其志，同时作《桃源说》，描绘了他理想中的“方寸桃源”：

> 世所称桃源之说，或以为隐，或以为仙，予尝慨然欲往而寻之，而世安得有桃源！然吾闻世治，人心淳朴，良田美地、

① 杨龙泉：《邱邦士文集序》，参见邱维屏《邱邦士文集》（道光十七年刻本）卷首。

> 鸡犬桑麻之属，无地无之，而黄发垂髫，亦未有不熙熙然自乐者，天下皆是也；世乱则天地皆跼蹐矣，又安有所谓桃源者。凡世之治乱，生于人心，乱之不能不及于我也，未始不由于我心；苟我心无乱，焉往而不得桃源哉？则虽处暴秦之世，亦未始不可为怀葛之民也。善夫！邵子之言曰：仲尼以万世为土。夫秦之土，汉有之，汉之土，魏晋有之，魏晋而下之土代有之，仲尼何有乎？土而其土，至今犹未有改者，天下所谓桃源，孰大于是？予尝勒石以为章也，曰“方寸桃源”，因为之说以记之。（李腾蛟：《桃源说》）

“方寸”即为人心。乱世之中无有桃花源，便可在心头求之。世乱本由我心，我心不乱则世亦不乱，普天之下便尽为桃源。如此，则可做到“虽处暴秦之世，亦未始不可为怀葛之民也”。此虽为一种“幻境”，而这片“方寸桃源”无疑是乱世之中遗民们精神能够得以休憩的唯一“家园”了。故而，这片“方寸桃源”，也成为他们的精神家园。因此，李腾蛟主静而抑动，崇尚无欲，其曰：“一动一静，互为其根。动虽静配，静实动君。神开形发，得圣而定。中正仁义，主之以静。主静之功，在于无欲。内无憧憧，外勿逐逐。以立人极，以见天心。不见不闻，万象罗森。形如槁木，心如死灰。山上无泽，地中无雷。彼所谓静，玄之又玄。”（李腾蛟：《主静箴》）由是而观，李氏的“方寸桃源”之说具有十足的道佛意味，心遁于世外，则桃源自存于心中。这不能不说是在如此乱世求得安身更是安心的权宜之策。

对此，同堂邱维屏表示赞同，“世莫得见桃源，李子使世之人皆见之，吾于是乎甚乐矣。”并点明李腾蛟“方寸桃源”的象征意味：“吾安得桃源而见之，故吾谓得李子桃源之说而存之，可以谨几，可以遂志。”（邱维屏：《桃源说小引》）“谨几”“遂志”便是李氏“方寸桃源”的存在意义。魏禧的解读更加明了透彻，其云：“予友李咸斋旧作‘方寸桃源’石印，以为人生当乱世，祸来无方，虽积铁为室，有不可倖免。唯居心宽厚光明，无罪于天与人，则随其所之，城市山泽，无往非桃源者。”（魏禧：《桃花源图跋》）魏氏的这段论述可以说准确真实地揭示了鼎革之际士人在乱世之中聊且寻求精神慰藉的这种特殊方式，这也正是李氏“方寸桃源”之说巨大的现实意义。

李腾蛟之外，林时益与彭任也找到了自己的“方寸桃源”，作为皇明王室后裔的林时益，本“幼奇慧”，“性豪迈，敢大言。见天下将乱，专意结客，招致方外异人，冀他日为国家用。”（魏禧：《朱中尉传》）甲申、乙酉之变，迁家宁都之后，便躬耕种茶于冠石。易堂后辈魏世俨慨然叹曰：“先生何人也，胡为以甲申乙酉隐居山岩，而遂以耕稼终其身也，岂不哀哉！”[①] 据魏禧所纪：“既日贫，中尉曰：‘不力耕，不得食也。’率妻子徙冠石种茶。长子楫孙、通家子弟任安世、任瑞、吴正名，皆负担亲鉏畚，手爬粪土以力作。夜则课之，读《通鉴》，学诗，间射猎，除田豕。有自外过冠石者，见圃间三四少年，头著一幅布，赤脚挥鉏，朗朗然歌，出金石声，皆窃叹，以为古图画不是过也。”（魏禧：《朱中尉传》）在别人看来，由明室贵族而至于此，实在是悲哀；然此时的林时益沉醉于自己的“桃源”世界之中，怡然自乐，并未见其悲。其《戊戌冬东岩送任道爰同诸子幼刚归江洲省墓》诗述云：“一时同予四五人，宾至不辨谁是主。出门开荒入读书，嘐嘐要与古人似。……春秋风日挽短衣，在野在田歌声起。此间若有行游人，问古画图谁尔尔。”其言语之中竟有自得之意。康熙七年（1668），诏明故宗室子孙众多窜伏山林者，还田庐，复姓氏，而林时益久客宁都，卜居于此。在别人眼中，林氏也完全是一个安贫乐道的耕者，魏书《过朱用霖冠石留宿四首》其一云：“隔年始一过，相见抑何艰。负病余携杖，安贫子住山。学从晚岁得，耕到杪秋闲。留客横门坐，看云去复还”；也是一位真隐者，其三云：“买山山已得，所志亦何求！日月感长逝，江湖悲壮

① 魏世俨：《哭林确斋先生文》，参见《宁都三魏全集》（道光二十五年宁都谢庭绶绂园书塾重刻本）附录《魏敬士文集》卷6。

游。绕枝空屡匝，止足果良谋。惟子成真隐，鸿冥没远秋。”[1] 林氏晚年又耽于禅事，更加不闻世事，这在上文已作论述，兹不赘言。

彭任（1624～1708），字中叔，一字逊士，号草亭先生。其少时也曾胸有大志，“记得少时初立志，读书不肖作文人”（彭任：《遗经》[2]），然最终事非人愿，于鼎革之后结庐三巘峰，构“一草亭”而居，几乎谢绝人事，为一时之高隐。彭任“为人恬淡，鲜嗜好；其貌修然以庄，其气冲然以静，望之俨威可畏，而即之温温。盖其忠义孝友之诚出于天性，而其持身谨严，德量宽宏，常容人所不能容，忍人所不能忍，不矜己长，不暴人短，而律己极严。性尤好勤苦，不肯暇逸。”[3] 其祖孙所撰《行略》纪其事云：“自曾大父弃世后，丧葬礼毕，先祖自念无复仰事之责，遂谢绝应酬，足迹不入城市者四十余年。先君昆弟先意承志，供养余年。县大夫欲式庐请谒，先祖必托故坚辞。时抚军安公闻先祖名，欲迎至白鹿洞讲明圣学，令学使高公转檄县令诣山敦请，先祖藉病固却，命先君辈代谢，不自署名。”[4] 除于康熙四年（1665）曾与魏禧赴友人谢文洊等之约而一至南丰参加著名的“程山会讲”外，其后竟未尝适他域，更不入城市者长达四十余年之久。其澹泊世事者竟若此，故“邑中士大夫常相谓曰：如草亭先生，真不愧学道隐君子也。”[5] 观彭任在山之生活，怡然忘世，自得其乐，名其居曰“一草亭”，曾作诗抒写其志：“廿年闭户应忘情，十里西峰一草亭。是处身安皆自得，由来时止岂虚行。多能不足为心累，无欲始知外物轻。夜半云开千仞上，中天

① 魏书：《过朱用霖冠石留宿四首》，见《宁都直隶州志·艺文志四·诗补遗》（道光四年刊本），《中国方志丛书》华中地方·第八八二号，台湾成文出版社有限公司，第2984～2985页。

② 本书所有彭任的引文凡出自《草亭文集（不分卷）诗集（不分卷）》（清刻本），只在引文后标明所出篇目，不另出注。

③ 彭兆泰等：《（彭中叔）行略》，彭任《草亭文集（不分卷）诗集（不分卷）》（清刻本）卷首。

④ 彭兆泰等：《（彭中叔）行略》，彭任《草亭文集（不分卷）诗集（不分卷）》（清刻本）卷首。

⑤ 彭兆泰等：《（彭中叔）行略》，彭任《草亭文集（不分卷）诗集（不分卷）》（清刻本）卷首。

月色正分明。”（彭任：《一草亭》）又《倚杖》诗描述出他山居生活的一个剪影：“倚杖对斜晖，东皋苗正稀。回云障远路，新月入幽扉。独立春山静，群飞夕鸟迟。徘徊无所事，应与醉乡归。”其淡出世外、恬然自适之情状具有陶靖节之精神风范。

有意思的是，彭任在山居中，居然真的发现了一处桃花源：“金精洞口从西浅岩行七八十步，有县令鲍公所构亭址，在上下有清泉涓涓，其流渟止一区如浅井者，桃源也。”（彭任：《桃源记》）并云自己“隐居岘山，常从兹游，乃无心而得之”。可见，彭任的“方寸”之间，事实上也已经寻求到了那方桃源天地。

然而，易堂诸子中除了李腾蛟、林时益、彭任等之外，其他人都具有强烈的经世意识，这就注定了他们终究不可能成为超乎尘世的真隐。即便就是以高蹈著称的邱维屏也对易堂诸子曾经桃源式的生活有所反思，其云：

> 初始丁天之降此丧乱，则咸挈家避死亡于是，其翠微之峰、三巘之峰偶居肩立，于峰顶相望而呼答。然吾人录录者，不过藏疾纳拙，老死其间，而妄意不知有汉与魏晋而已。纵其狂思闲佚，徒援古人石鼓之句，以望下土。（邱维屏：《众祭魏善伯父子文》）

这段言论是在他为悼念魏际瑞父子时所发，而魏际瑞又是国变后出试清廷而又频繁游于清幕的非遗民身份，故而魏氏之死，在当时舆论情境之中，未必能获得“同情”。然邱维屏则认为，魏际瑞之“出”，以经世济民为志，与之相比，反是隐居诸子碌碌无为，“不过藏疾纳拙，老死其间，而妄意不知有汉与魏晋而已”，其言之意味深矣。也正是由此，用世之志使得他们主动地远离了所谓的桃源式的生活方式，诚如周沐润在论彭士望时所云：“国家当鼎革之际，必有隐君子孤栖一岩，务为敛骨折步，以不苟闻乎时；而又往往载酒高歌以吐其侘傺不平之气。然而，非躬庵彭先生用世之苦心也。"[①] 又云："先生处则庞德公、司马德操、徐元直、崔州平之清节，出则慨然有马援、温峤、富弼文武兼资之志，故肥遁又非其素愿。"[②] 周氏此论，对理解清初有用世之志的士人在"出""处"之间的悖论式人生有重要作用。

钱穆在论及清初明遗民的思想及学术时云："盖当其时，正值国家颠覆，中原陆沉，斯民涂炭，沦于夷狄，创巨痛深，莫可控诉。一时魁儒畸士，遗民逸老，抱故国之感，坚长遁之志，心思气力，无所放洩，乃一注于学问，以寄其守先待后之想。"[③] 钱先生之论言简意赅，言明鼎革之初遗老学术思想之大概。然论此际遗民逸老皆"抱故国之感，坚长遁之志"，至少在鼎革之初未必十分准确。在此际士人中，坚"长遁"之志者固不少见，如易堂之友徐枋、汪沨、李天植等，俱以长遁著称，然亦有诸多遗民逸老奔走于天下，期以"用世""经世"，此志亦坚，有至于如易堂魏禧等甚至最终卒于客途中。故此，我们也能够理解魏禧、魏礼、彭士望、曾灿等前朝遗老，一方面特别强调特重"出处"，另一方面却明确反对遁迹遗世，经世用世恰恰成为他们人生的主题。故张舜徽论有清学术"数变"时，辟为三期，第一期即为"开国之初"，他总结此际学术特点为："诸儒多明季遗民，操危虑深，艰贞自矢，大抵博学笃行，有志匡济。故其为学，原本经史，不忘经世，非特有殊于宋、明理学诸儒之空谈，复不同于后来乾嘉经师之琐碎，体用兼该，气象博大。"[④]

于是，在这个特殊的历史情境之中，诸葛亮躬耕南阳而伺机而动就成为他们的榜样。如彭士望对于孔明的崇拜，主要是因为他虽然多年躬耕于南阳，却心不忘世，出则卒成大业。《三国志・蜀志》："（诸葛）亮躬畊陇亩，好为《梁父吟》。身长八尺，每自比于管仲、

---

① 周沐润：《（彭躬庵诗钞）序》，参见《耻躬堂诗文合钞・诗钞》卷首。
② 周沐润：《（彭躬庵诗钞）序》，参见《耻躬堂诗文合钞・诗钞》卷首。
③ 钱穆：《国学概论》，商务印书馆，1997，第247页。
④ 张舜徽：《清人文集别录・自序》，华中师范大学出版社，2004，第3页。

乐毅，时人莫之许也。惟博陵崔州平、颍川徐庶元直与亮友善，谓为信然。”[①] 相较于诸葛亮诸人之大业有成，彭士望对于自己的生活状态并不满意，自述在赣州城破之后的生活时，他常用的言说方式就是“偷活”，如：“士望与青藜少壮时，尝辱名贤之知，受命于危难之际，事已不效，偷活草间。”（彭士望：《与门人梁份书》）又：“吾辈痛定思痛，即偷活草间，不徒以独善自画。”（彭士望：《与贺子翼书》）又：“岂若吾辈苟且偷活，心口渐缩。”（彭士望：《复甘健斋书》）又：“但四十年偷活草间”（彭士望：《复高学史书》），如此等等，其中怅惘之意溢于言表。因此彭士望之躬耕生活显得如此沉重，也必在情理之中。

对于那些胸怀大志而不屑于真隐山林、消极忘世的遗民来讲，尽管时局艰难，但他们仍然不会坐以待毙，“真隐”反倒成为他们所抨击的对象，如魏禧在与岭南挚友陈恭尹探讨“出”“隐”问题时就认为士人生当乱世，不应“遗世”：“士君子生际今日，欲全身致用，必不能遗世独立。”（魏禧：《与陈元孝》）他曾列举了几类“不合时宜”的人，其中就包括“遗世”者，其云：

> 司马德操曰：“儒生俗吏，不识时务。”吾尝以为豪杰犯难特起，与人臣当国家之变，转败而为功，其人才不足用者盖数辈：文章名誉之人，浮言无实；肉食之家、科名之士，多鄙夫；遗老旧臣，守常理，拘常格，而不知变；高节笃行者，坚僻迂疏，遗忽世务，不切于用。（魏禧：《陈胜论》）

魏氏又在《十国春秋序》中重申此意，言士不幸而生于“分崩之际”，“当思所以自奋，毋徒碌碌，以苟全性命为自得。”又说：“隐当为太公，不当为伯夷。择地钓渭水，乃为西伯师。德公处襄阳，诸葛侨隆中。既当都会地，亦多豪杰从。”（魏禧：《咏史诗和李咸斋》）该诗明确地表达了自己的生存理想，即以姜太公与诸葛亮等人

① 陈寿撰，陈乃乾点校《三国志・蜀书五》卷35《诸葛亮传》，第911页。

作为楷模，以隐为用，伺机而动，最终成就大业。

在清初，像彭士望、魏禧等这样期以诸葛孔明躬耕南阳的方式以蓄志而待发者，又岂在少数。然而，面对清初变幻莫测的局势，士人们对此也不免感到迷惘，诚如施闰章所云："今日城野两难，将从何处生活？每忆南阳在孔道，而诸葛君躬耕，高卧草庐，此法今日尚可行耶？"[①] 这也正是明遗民的生存困境。

然而，正是基于这样用世思想，明遗民们积极地向时而动，以他们独特的方式去实现心中的理想，比如说游历，就是他们所采取的策略之一。

第四节 游历：以遗民的方式

"游历"是明遗民于"躬耕"之外的另一种生活常态。如果说躬耕是他们在艰难情势中不得已而保全志节的方式，其中蕴含了某种无奈的退让的消极意义；而游历则是他们在艰难情境中的主动应对，因此具有了积极的意义。相较于躬耕，游历是遗民们对于生存意义的自觉强化，故而包涵了他们更多的对于"生"的寄寓。此时，游历对于他们来讲就是一项事业。然而，虽然以"游"的方式出现，本质上依然是隐者的情怀，表现为"以游为隐"的另一种高蹈姿态。易堂诸子中，李腾蛟、林时益、彭任、邱维屏等人以深隐为务，然魏禧、魏礼、彭士望、曾灿等人却以"游"为自己后半生的一项最重要的事业而苦心经营；甚至魏禧与曾灿最终卒于游途之中。可见，游历对于上述诸子来讲，承载着生命的意义，也承载着他们的理想与希望。

一 生死之议："生"之焦虑与"游"之选择

明清之际遗民之"游"虽然与中国古代传统中源远流长的

① 施闰章：《与汤孔伯》，《施闰章集·文集》卷27，黄山书社，1992，第543页。

“游”文化有着千丝万缕的联系，但与一般意义上的游览、游幕、游学、游宦等有本质上的区别；也与一般意义上的“游士”不同。在这个特殊的时代，遗民们在恶劣的生存环境中之所以以“游”为“己任”，与其特定的生存价值观念有着直接的关系。

鼎革之际，“生”与“死”成为遗民话语中凸显出来的一个重要主题。甲申之变，地倾天仆，经营将近三百年的帝国大厦遽然崩塌。烈皇于煤山自缢，以至尊之身殉社稷，从一开始就给这段历史定下了某种庄严、悲壮而又惨烈的基调，诚如魏禧所言，甲申之变，天下士争先赴死，“则烈皇之死，有以激发之也”（魏禧：《训导汝公家传》）。之后尚无多日，国柄又落于异族之手，对于汉族士大夫来讲，是怎么也不愿意接受但又不得不接受的残酷现实，这也成为盘踞在他们心头无法解脱的痛苦。正直的汉族士大夫决不愿意去服侍“外族”统治者，与新朝展开了不顾生死的斗争。于是，在这个特殊的历史时期，“死”不再是一个非常可怕的字眼，反而成为士大夫们最为坦然的一种人生抉择。明清之际，时局动荡，生死无常，王光承论道：“熹宗之末，日以多事，二十年间，持节守义之士接踵而死。丙寅、丁卯，张让当国，则死之；甲申之春，黄巢入京师，则死之；乙酉之夏，伯颜下江南，则死之。……丙寅、丁卯之君子死于狱；甲申之君子死于都城；乙酉之君子，或死于封疆，或死于家食。”[①] 丙寅、丁卯死于阉党之祸，而甲申、乙酉之间，则死于国变。对于甲乙之间之捐躯者，清人陈三岛云：“甲申之变，其在京师而从死者，则皆春秋所为仇牧之忠者也；乙酉之变，其在留都而死焉者，则皆春秋所为孔父之义者也。”[②] 无论如何，明季死节之重，历代罕见，据乾隆中期官方所公布的明季殉国者的统计数字为三千八百余人[③]，此虽非

① 王光承：《两朝遗诗序》，参见陈济生辑《天启崇祯两朝遗诗》卷首，中华书局，1958，第24～25页。

② 陈三岛：《两朝遗诗选序》，第11页。

③ 参见何冠彪《生于死：明季士大夫的抉择》的第二章《明季士大夫的殉国人数》，台湾联经出版事业公司，1997，第15页。

明季殉国士人之确数，但“明季殉国人数为历朝之冠”。[①]

易堂邱维屏曾感叹于山西巡抚蔡忠襄与将士四十余人同时殉节之壮举：“盖国家治安之日久矣，自唐虞以来未有盛于此者也。”（邱维屏：《蔡公防河奏疏后序》）魏禧也说：“然窃观二十年来，刀锯鼎镬森烈罗布，蹈义于前，趣死于后，而天下士激发而起，其无所知名者，甘死如饴，百折而气不挫，往往崛出于通都大邑、穷乡僻壤之间。”（魏禧：《答杨友石书》）又：“自甲申、乙酉以来，忠臣义士其知名与不知名者，不可胜数。至于浮屠、老子之徒，傲然执夷、齐之节。”（魏禧：《训导汝公家传》）即使是妇人女子，亦皆秉持风节，大义凛然，比之男儿而毫不逊色，“自甲申之变，烈皇帝身殉社稷，皇后从天子死。一时若马公世奇、汪公伟、陈公良谟，皆妻妾同时死节，而海内通都大邑，下至穷僻乡，妇人女子守身不辱，视强死如归，以禧所见所传闻不胜记。”（魏禧：《泰宁三烈妇传》）然殉死者之中，其“知名者”，其名固已被天下人所知，而其中那些“不知名者”，实同“知名者”一样气贯长虹，魏禧述甲申之变时死节之盛云：

> 当夫逆闯破京师，主上殉社稷，公卿崩角稽颡恐后期。及夫毁章甫，裂缝掖，昔之鸣玉垂绅者，莫不攘臂争先，效仿之惟恐其万一之不肖。于此有贫贱士，不食朝廷升斗之禄，无一级之爵，顾依然舍其躯命，以争名义于毫末，震天地而泣鬼神，虽夷、齐何以加焉？（魏禧：《许秀才传》）

“知名者”既已传之，而“不知名者”则天下未闻，这也是魏氏苦心为一些“不知名者”作传的一个重要原因，即使如此，他依然感到遗憾，“惜夫穷乡下里匹夫老生之以死殉义者，多有其人，禧不及闻，闻之或不详，而不能为之传也。”（魏禧：《许秀才传》）从此可看出鼎革之际弥漫着的这种关于“死”的“紧张”的思想氛围。

---

① 何冠彪：《生于死：明季士大夫的抉择》，第 17 页。

对于有着根深蒂固的“华夷”观念的汉族士大夫来讲，令他们痛心疾首的是神器落于狄夷之手，而这就意味着华夏之灭亡。民族意识在这时得到前所未有的彰显，故乙酉之变后，明遗民从容就死者亦多矣，徐孚远云：“胡马南侵，普天同仇，死忠之臣，项背相接，于今十有八年，而褰旗鸠众以俟时熙者，犹不数指而知，若栖迟山海，汉腊周官，不为羶族所羁绁，亦所在而有，岂前代所可及哉？”[①] 近人孙静庵在比较宋、明遗民时云：“又思宋明以来，宗国沦亡，孑遗余民，寄其枕戈泣血之志，隐忍苟活，终身穷饿以死，殉为国殇者，以明为尤烈。”[②] 明遗民以刚烈、清正之气节成为中国遗民史上最为浓重的一笔。钱基博先生深入理解到明遗民的痛苦所在：

> 当明末造，宸极不纲，再辱荒逆，天下嚣然，无所归怀。虽宗姬之离犬戎，有宋之遘胡元，蔑以过之。在食土含气者，莫不叩心巷哭，精爽飞越，或仗子房报韩之椎，或焚世杰存赵之香。然而天命靡常，既厌明德，主臣骈死，伏尸西市，盖无有能抗明威以摄不类，杖大顺而肃宇内者也。二三冠带之伦，睹邦国之殄瘁，或乘桴浮海，存弓箭于扶桑；或伏匿老死山林间，阅世久远，往往湮没勿彰者，何可胜道？殆张骏所谓“故老凋谢，后生不识慕恋之心”，不其然欤！是国亡，民彝之性亦亡也。民彝之性亡，而国非其国，民非其民也。[③]

在故国与新朝之间，遗民们处在极其狭促的时代缝隙之间，显得倔犟高傲而又孤独无助。甲申、乙酉年之后，一部分遗民依然义无反顾地投身于反清复明的斗争之中，然而随着清朝政权的逐步稳定及反清势力的逐步削弱，更多遗民则选择游走于江湖草野之间，

---

① 徐孚远：《张苍水集序》，转引自谢国桢《晚明史籍考》，第 855 页。

② 孙静庵：《明遗民录·民史氏与诸同志书》，第 374 页。

③ 钱基博：《明遗民录·原序二》，参见孙静庵《明遗民录》卷首，第 370 ~ 371 页。

以一种超乎常人的方式誓不与新朝合作，“其行洁，其志哀，其迹奇，其幽隐郁结，无可告诉之衷，可以感鬼神而泣风雨。”[①] 此时，“生”与“死”的意义成为忠于皇明的遗民们反复思考的中心问题。于是，在大义面前，便出现了“死胜不死者”的说法，魏际瑞云：“甚矣！死之难也！天下之死胜不死者，莫若忠孝。”（魏际瑞：《义死传序》）殉死者以一种傲骨凌云的气势谱写出一曲曲壮美的生命之歌而流传青史；然而对于生者来讲，“如何生”却成为困扰在他们心头的难题。

在这个特殊的时代，“死”不再是可怕的事情，反而在某种意义上成为被弘扬的主题，殉国（或殉君）成为“大义”之举。魏禧云：“人臣事君，不幸而遇变，死其义也。”（魏禧：《杂问九》）又云：“禧读国史，自建文逊国，至逆阉之祸，又身所历甲申以还凡数大故，天下忠臣义士杀身成仁者，不可胜计，莫不烈烈然上为日星，下为河岳。”（魏禧：《李忠毅公年谱序》）孙奇逢云：“人臣死君难，天地之大义矣”[②]，陈良谟也认为当此之际人臣应当以殉节而全忠孝，其云：“国运遭阳九，君王遘难时。人臣当殉节，忠孝两无亏。”[③] 而对于那些“未能”以死殉节而生存下来的遗民来说，“死”也就成为他们余生所谈论的重要主题之一。于时，诸如“死社稷”“死封疆”“君亡与亡”“城亡与亡”等诸多关于“死”的话题被反复言说[④]，甚至对于人之死进行了严格的分类与界定。如顾炎武云：“天下之事，有杀身以成仁者；有可以死，可以无死，而死之不足以成我仁者。……时止则止，时行而行，而不胶于一。”[⑤] 陈确更作

① 孙静庵：《明遗民录·民史氏与诸同志书》，第 374 页。

② 孙奇逢：《光禄寺少卿二酉孙公暨元配赵宜人合葬墓志铭》，《夏峰先生集》卷 9，中华书局，2004，第 229 页。

③ 转引自清计六奇《明季北略》卷 21《殉难文臣》，第 538 页。

④ 参见赵园《明清之际士大夫研究》第一章《易代之际士人经验反省》之第二节《死节论·“死社稷”“死封疆”“主辱臣死”“城亡与亡”》，北京大学出版社，1999。

⑤ 顾炎武：《与李中孚书》，《顾亭林文集》卷 4，中华书局，1983 年第 2 版，第 82 页。

《死节论》以专论“死节”，以澄清甲申以来死之“义”，“甲申以来，死者尤众，岂曰不义？然非义之义，大人勿为；且人之贤不肖，生平俱在。故孔子谓‘未知生，焉知死’。今士动称末后一著，遂使奸盗优娼同登节义，浊乱无纪未有若死节一案者，真可痛也！”[①] 他痛批易代之际不肖之人混淆视听而“使奸盗优娼同登节义”之事实，其意旨亦在凸显“死”的庄严意义。

魏禧曾将古今死难忠臣分为三等：“古今死难忠臣当作三等观：从容就义、视死如归者，上也；意气愤激、一往蹈之者，次也；平居无鞠躬尽瘁之心，及临时顾名思义，若不得已而以一死塞责者，则未免有所希冀，有所安排矣，又其次也。”（魏禧：《日录·史论》）其中以从容殉节者为最上。魏际瑞对大变之际之“死节”进行了论述：“若夫冒然以行，昧然以死，彼亦不自知其心之谓何，而其事或涉于君国者，君子则谓之何。至于全无为君之心，徒多殃民之事，其名甚正，其言甚顺，适遭其幸，则次且以偷生；偶值其变，则矫亢以就死，是将谓之贼，则人情有所不安；而假之以忠，则天理有所不顺也。”[②] 其中意旨甚明，盖为“死节”正名焉。当然，还有一种人物，虽无死节之义，但亦有风概之存，如魏禧所言：“甲申之变，死难者显名天下，其忧愤侘傺于田野以死，而死正寝，或无闻焉。”（魏禧：《明知郯城县秦公家传》）这实际上是对于死节之议的某种程度上的忧虑。

基于这样一种历史背景，在明清易代之际，先朝士人甚至是普通百姓之种种行为便不为难解了，“大节”成为天下人立身之本，“人之贤不肖，当观其大节，大节既立，其余不足复较。……是以论人者必先大节，而其不徒以节见者为尤贤。”（魏禧：《李忠毅公年谱序》）这就是此际士人生死之议的舆论背景。对于鼎革之际士人生死之选择，清初卓尔堪有言云：

---

① 陈确：《死节论》，《陈确集》卷5，中华书局，1979，第154页。

② 魏际瑞于魏禧《日录·史论》中的评语，参见《魏叔子文集》，中华书局，2003，第1134页。

当天步移易之际，天之生才反独厚，而人之禀受者亦不一。其刚烈清正之气，大则发为死事之忠臣，次则蕴为肥遁之志士。死事者名垂青史，固无论已。独是肥遁者敛迹岩穴，一往不返，或为袁闳，而土室自封；或为范粲，而柴车终老；或为唐珏、谢翱，而夜哭西台，涕泪冬青；或为戟影方外，如雪庵和尚之流。①

明遗民的忠烈、高蹈之态大致为卓氏道尽。死者已矣，而未能以死节殉身者何以为“生”，于是高蹈肥遁者出矣。魏禧认为，这些在国变后有夷、齐之志者，亦为立大节者；至于有人批评后来抵抗清政府“薙发令”的人“丧其元为”，魏氏辩驳道：“或谓以诸生死国难，及争毛发丧其元为已甚。禧曰：此不可以责望天下士。士苟奋然出此，虽圣人不以为过。今夫伯夷、叔齐让国而隐于首阳，亦商家两匹夫耳。以武王之圣，伐纣之暴，然卒且饿死，而孔子以为贤，子舆以为圣。万世而下，未有非之者也。”（魏禧：《许秀才传》）事实上，那些没有殉死而得苟全之身的遗民又岂全是“土室自封”或“柴老终车”者；又岂全是“夜哭西台”或“戟影方外”者。如顾炎武、傅山、阎尔梅等等，及易堂魏禧、魏礼、彭士望诸人，即非上述卓氏列举各类“肥遁”者所能尽其志向之所在。对于他们来讲，“生”的意义绝非仅仅以“土室自封”或者是“柴老终车”等“消极”方式与清廷对抗。于是可知，上引魏禧之“论人者必先大节，而其不徒以节见者为尤贤”云云，其中意味深矣。

然而，无论如何，相较于殉死者的“大义”之举，生者的愧疚之感成为一直萦绕在他们心头而挥之不去的阴霾。如岭南屈大均为不能追随陈邦彦殉国以死，愧疚自责一直盘踞在心，在他为陈邦彦撰写传记时，竟羞愧难当：“予十六从公受《周易》《毛诗》，公数赏予文，谓为可教。今不肖隐忍偷生于此，不但无以见公，且无以

① 卓尔堪《明遗民诗·序》，第1页。

见马、杨、霍四子，又四子之罪人也已。”[1] 更何况易堂所在的江右地区又自古有崇尚节义之风，清王潢云：“江右故多文章节义之士，自古称之”[2]，而明季此风尤为盛，张尚瑗曾说：“自闯陷燕京，明祚沦覆，至皇朝受命之际，江西人士素负节义死者甚众。”[3] 魏礼也曾有“怪得世人推节义，至今还自说江西”（魏礼：《拜谢叠山先生祠》）之感叹。江右这种“亢义激烈”的“矜节义”（曾灿：《赠邑人杨君序》）之风无疑更给易堂诸子增加了“生”的压力。

魏禧在谈及甲申殉死者时，感到惭愧万分，用“偷活”一词以传达他“生”的心境，“甲申国变，吴门诸生许玉重饿死于学宫。二许不知同宗族与否？何许氏之多奇男子也。禧亦故诸生，方偷活浮沉于时，视二许能不愧死入地哉！”（魏禧：《许秀才传》）在赣州城破、对自己有知遇之恩的杨廷麟赴水殉节之后，“偷活”也成为另一位易堂成员彭士望在描述自己的生活时最为常用的话语，如：“士望与青藜少壮时，尝辱名贤之知，受命于危难之际，事已不效，偷活草间。”（彭士望：《与门人梁份书》）又：“吾辈痛定思痛，即偷活草间。”（彭士望：《与贺子翼书》）对于自己的生存经历及境况，彭氏作这样的描述：

> 望自违故国，旅食虔南二十有一年矣。浮家云上，去天一握，家人百六十指，无尺寸田庐之人，寄易堂之庑下，瓶粟屡空，携俪数迁，从门人两弟为隶农以自养。卒不逢年，已更肩青囊，治相地之术，乞食江左。遇人之艰，昧昧然反北，乃授徒闽汀，耘耔砚墨。人或怜之而食之，同于轮舆梓匠之功，俛首槽枥，幸不馁死。（彭士望：《与李少梅少司马书》）

---

① 屈大均：《顺德给事岩野陈公传》，欧初、王贵忱主编《屈大均全集》第三册，人民文学出版社，1996，第447页。

② 王潢：《内省斋文集序》，参见汤来贺《内省斋文集》（康熙书林五车楼刻本）卷首，《四库全书存目丛书》集部第199册，第220页。

③ 张尚瑗：《宋惕传》，《星子县志·艺文志上》（同治十年刊本），《中国方志丛书》华中地方·第八三四号，台湾成文出版社有限公司，第1428～1429页。

言语之中，其风尘潦倒之意尽现无遗，而愧疚之意也已尽显。于是，在殉节者面前，彭氏对自己“生”的意义进行了拷问，“甲申后，江南督师之起，望未尝不在其侧，所与游，王侯将相以至布衣、徒卒、方外之士。其死者尝数百人，而望卒未死，犬马齿今五十有一。”（彭士望：《与李元仲书》）然而“上之不能为圣贤，次之不能为豪杰，又次不能及杂伯犹足以成务而救时，穷年兀兀，竟死何裨，可大衰也。”（彭士望：《复甘健斋书》）由此，他“每以视息图存为耻，因以‘耻躬’名其堂”[①]，彭氏命室名为“耻躬堂”的良苦用心盖已明矣，其中寓意以苟且偷生为耻的深意，并以此时刻警戒自己。彭氏所感到的“生”之紧张也从此可见端倪。曾灿又何尝不是如此，“赣州之役，受知于清江杨相国，自分食人之禄，死人之事”（曾灿：《答王山长》），其怀效死之心，然终不能死，看到天下已为异域，感到无比愧疚，其有诗云：“山居不为惧名标，胡羯腥羶气未销。一望旌旗心漠漠，万方刁斗夜寥寥。天高木落悲黄鹄，风薄霜寒怨黑貂。海上田横今已死，自知俛仰愧先朝。”（曾灿：《即事步杜子美诸将五首韵》其四）

面对那些殉死者，这些“求死不能”者感到一种无形之中的“生”的紧张与压力，如清初陈确所言：“君子且不可苟死，况可苟生！不苟贫贱死，况苟富贵生！君子之于生，无所苟而已。”[②]“不苟生”成为对“生者”的要求，或者说是他们的追求。魏禧曾细论“苟全”之义云：

> 昔孔子称卫子荆善居室，盖曰：“苟合矣！苟美、苟完矣！”而诸葛武侯亦云：“苟全性命于乱世。”时平知足而已，故其情乐而辞安；世乱则惧死祸之时至，故忧深而辞危。武侯不嫌黄

① 黄熙：《彭躬庵先生七十序》，《宁都直隶州志·艺文志一》（道光四年刊本），《中国方志丛书》华中地方·第八八二号，台湾成文出版社有限公司，第2479页。

② 陈确：《死节论》，《陈确集》卷5，第155页。

头之妻，胡伦许妾并跛眇，良有由也。刘向曰：“犬吠不惊，命曰金城。”自非俯仰无惭，外鲜怨恶，荼苦力作，不及于饱煖，未易言也。古高人如苏云卿辈，一夕徙家，不知所往，其无藏弃凌杂，轻于去就，盖亦明矣。夫奉己者约，则资于世者寡；资于世者寡，则全于身者多。余二十年草间窃自隐约，然外有官税，内不能率家人力作，又好艺植花竹，垒石为台，架曲直之木已为槛，失古人之意。（魏禧：《苟全居铭为彭立斋作·序》）

魏氏以为，自己“苟全”于乱世，然二十年如此之“隐约”，已失古人之意矣。由此，“如何生”与“如何死”一样成为一个极其严肃而又无法逃避的话题。于是，他们在“生”的拷问与焦虑之中寻求着“生”的理由及意义。

由是而观，“生”才是那个时代遗民们所面临的真正难题，一方面要保持遗民志节，讲求“出处”；另一方面又要追求“生”之意义，期以经世，这就是时代的悖论。归庄曾有“昔人亦有言，板荡识忠臣。臣节固其宜，所难在逸民”① 之叹，而魏禧也颇感变革之际“布衣”舍生取义之难：

变革之际，舍生取义者，布衣难于缙绅；隐居不出者，缙绅难于布衣。盖人止一死，无分贵贱，贪生则同。布衣无恩荣，无官守，此舍生所以难也。布衣毁节趋时，未必富贵，闭户自守，亦无祸患。缙绅则出处一殊，贵贱贫富立判，安危顿易，事在反掌，此隐居所以难也。（魏禧：《日录·杂说》）

对于自己闭户多年之后终于出游东南，魏氏心中颇感矛盾，其内心的复杂情态在与友人书信中一览无余：

---

① 归庄：《读心史七十韵》，《归庄集》卷1，第2~3页。

弟闭户十八年始出游，交东南贤者。归，又八年而出，出处取与间，常兢兢恐失山中面目。而交游势不得不杂，文字应酬不得不多，乖违本志，遂亦不少。杜子美云："在山泉水清，出山泉水浊。"每念斯语，辗转生愧，始信浮沉之际，大是难为，此后益当因明训加毖也。（魏禧：《与徐孝先》）

如此，"始信浮沉之际，大是难为"一语，道尽此际遗民之窘境与无奈。然最终他还是找到了"调和"的办法："余壬寅、癸卯出游吴越，或病其涉世小拘。曰：居山须炼得出门人情，出游须留得还山面目。"（魏禧：《日录·里言》）在与友人陈恭尹的信中又重申此意：

然浮沉二字最是难为，浮者便浮，沈者便沈，独浮沉之间，稍方则忤人，稍圆则失己。古人所谓绝迹易，无行地难也。仆向有二语，居山须练得出门人情，出门须留得还山面目。（魏禧：《答陈元孝》）

"居山须练得出门人情，出门须留得还山面目"的行为方式，或许正是当时许多遗民所采取的一种"生存策略"。然而无论如何，隐居山野、不闻世事的"肥遁"方式显然在他们反复的拷问之下显得过分"消极"了一些，不足以成为"生"的理由。他们主张求实致用，因此，在某种意义上说他们成为肥遁高蹈的隐居方式的强烈反对者，魏禧在与陈恭尹探讨"出"、"隐"问题时云："士君子生际今日，欲全身致用，必不能遗世独立。"（魏禧：《答陈元孝》）而他在自述自己的生存状态时也说："尔乃托业衣书，栖身充隐。似乎遗世，类羞菜之潜青；非敢绝人，若沙箸之遽缩。"（魏禧：《勺庭闲居叙》）魏礼则对真正的"遁世者"如佛者表现出了自己的不屑："夫使上人居深山，口诵佛经，昼夜参修，以求所谓悟彻者，则世何有乎上人，吾虽不相见可也"。（魏礼：《大方上人杂著序》）彭士望也对"不思善，不思恶"之禅者等"悠忽度日"者进行了强烈的批判：“今有为自恕恕人之言曰：‘不为善，不为恶，但尔悠忽度日。’夫此悠忽度日，即为恶之大者矣。其闲居幽独之不堪自对者，又何足道？饱食终日，夫子其难；人生大蠹，伊川所痛。桓桓八州，惜阴运甓，志行如此，我辈伊何乃敢自逸！”（彭士望：《薪刍别同学诸子》）言辞之激烈至若此者。

在这一问题上，彭任显然谨慎了许多，在与南丰挚友甘健斋的信中，他阐发了自己对“出处”的看法，其云：

> 学问固求于实用，然不必专于设施，或独善，或兼善，唯其时耳，均之为有用之学也。今日吾党所处之时、之境，穷乎？达乎？处乎？出乎？穷处在下，便当行穷处之事；若穷处在下，而欲行达而出之之事，恐未见其可也。即曰：穷处亦可变俗，然在身以先之渍渐感化，道德齐礼庶几可望。丕变未断有，家喻户晓，严刑峻法，而可云变俗也。且“出处”二字亦须表里清楚，不得拖泥带水。诸兄自度才可为志欲救世者，亦不妨出而任天下之事，正邵尧夫所谓：贤者所当尽力之时，能宽一分，则民受一分之赐也。苟度身世而不可出，则不出有不出之事，日用伦常有多少当尽分处，但当随所遇以为事，则道无不在矣。如此，则出自成出，处自成处，各成其是而已。（彭任：《与甘健斋书》）

他一方面强调“学问固求于实用”，但并没有把“实用”与“穷处”对立起来，关键是要审时度势，只要合于时宜，即使是穷处在下，“行穷处之事”，亦为有用之学；而若“穷处在下而欲行达而出之事，恐未见其可也”。因此他强调“‘出处’二字亦须表里清楚，不得拖泥带水”。然而，他也并不反对“出”，只要自度可救世者，则“不妨出而任天下之事”。其实这与魏禧所言“居山须练得出门人情，出门须留得还山面目”有共通之处。

基于这样的思想背景，魏禧近四十岁仍毅然出游；彭士望、魏礼等易堂诸子亦以游历为重要的事业。很显然，游历是他们求证

“生”之意义非常重要的一端，承载着他们对于“生”的诸多寄寓；于是，他们纷纷走出岩穴土室，遍游天下，实现他们的经世理想，而“游历”也自然而然地成为他们的一种生活常态。

二　生命之征：“游”的思想意义

明清之际士人之“游”，自是一个意蕴丰繁的文化现象。赵园先生曾以“游民与游士”“特殊时世的山水、边塞之游”“宦游、游幕、游学、传道之游”等专题予以论述。[①] 基于本文之论题，我们所关注的是侧重于所谓的“遗民之游”，即固守遗民之操，但又在经世的舆论背景中，积极主动地走出茅室的“流寓”意识与行为，是遗民的以游为隐之“游”，而非游幕、游宦之“游”[②]。在“经世”的舆论中，讲学、著述寄寓着他们对生存意义之追寻，除此之外，游历也成为他们积极主动地所从事的一项重要“事业”，于是游历也便成为明遗民的一种生存常态，有着异常复杂的意蕴。诚如赵园所言：“至少在易代后的一个时期，‘游’作为遗民刻意选择的姿态，其象征意义有时大于其他意义。”[③] 赵园所论，指出两个要点，一是“游”这一行为是遗民之刻意所为，二是这种行为的“象征意义”，正是如此，遗民往往显得有些“刻意”的游历行为本身展现的就是他们的特殊而又复杂的思想世界。然而窥其内核，大旨不出魏世俨所论“求阅历以致乎用”：“天下事理万变而不穷，史书所载，又或

---

① 参见赵园《制度·言论·心态——〈明清之际士大夫研究〉续编》第三章《游走与播迁》。

② 赵园对于易代之际的游幕与游宦的复杂意味有较为详尽的论述：“易代之际，无论是宦游还是游幕不免意味复杂。其时颇有人士批评士人的热衷、奔竞。世乱时危，似乎也鼓励了求售的急切。明乎此，对张履祥、陈确等人的极力劝阻朋辈远游就不难理解：‘游’当此际，竟也关乎‘节操’！严肃的儒者，在‘游’之一事上，也不为苟且，必推究于义理合否。至于张履祥，关心的更是‘游’这一行为在易代之际的道德含义——亦遗民式的关切。”参见赵园《游走与播迁——关于明清之际一种文化现象的分析》，《东南学术》2003 年第 2 期。

③ 赵园：《制度·言论·心态——〈明清之际士大夫研究〉续编》，第 168 页。

地与时迁，人与地变，有若南北之背驰者。故有志之士求阅历以致乎用。”[①] 魏世俨此论，大抵道尽此际士人尚游之原委。

彭士望云：“诸子中多好游，动经年岁。”（彭士望：《翠微峰易堂记》）然考之实际，易堂诸子之“好游”，情境亦有所不同。如魏际瑞国变后长时间漂泊异地，足迹几遍于天下，然其以游幕为依托，另当别论；对于曾灿晚年之潦倒依人而游于清幕，常常现出哀号乞怜之色，不免有失节之嫌，亦当别论；邱维屏的游历活动不多，唯一的一次远游是乘应翟世祺之邀讲《易》之机，于康熙六年（1667）八月随翟氏由饶州推官改韩城县令而作北向之游[②]，当也是以幕客身份而为之；李腾蛟、林时益、彭任诸子国变之后则深隐不出，这在上文已作论述，兹不赘言。

易堂诸子中之好游者，首推魏礼。魏礼（1629～1695）[③]，字和

① 魏世俨：《送孔英尚北游序》，《魏敬士文集》卷3。

② 邱维屏应翟世祺之邀而为其讲《易》的情况及其北游的具体时间，南炳文在《明遗民邱维屏生平考三则》一文中作了较为详尽的考证，见《南开学报》（哲学社会科学版）2006年第6期。

③ 关于魏礼的生卒年，学界观点不尽一致，主要有四种说法：一、梁廷灿《历代名人生卒年表》（上海商务印书馆，1930初版）认为魏礼生于明崇祯元年（1628），而卒年未考。二、谭正璧《中国文学家大辞典》（上海书店，1981）纪“魏礼（公元1628～1693年）”，即崇祯元年至康熙三十二年；三、朱彭寿《清代人物大事纪年》（北京图书馆出版社，2004）、赵伯陶《中国文学编年史·明末清初卷》（湖南人民出版社，2006）、江庆柏《清代人物生卒年表》（人民文学出版社，2005）均认为其生卒年为崇祯二年（1629）至康熙三十三年（1694）；四、邓之诚《清诗纪事初编》（中华书局，1965）、钱仲联《中国文学家大辞典·清代卷》（中华书局，1996）、柯愈春《清人诗文集总目提要》（北京古籍出版社，2001）等均认为魏礼生于崇祯三年（1630），卒于康熙三十四年（1695）。考察几种观点，基本认为魏礼享年66岁，而这个信息显然是从相关史料中得来的。如《江西通志·人物志》《国朝先正事略》《清史稿》《清史列传》等俱载其“卒年六十六”，《小腆纪传补遗》、孙静庵《明遗民录》等亦载其“年六十六卒”。

今考其兄魏禧《季弟五十述》云：“先征君年二十四，生兄祥；二十八，生禧；又五年己巳，生礼，长字曰和公。”（《魏叔子文集外编》卷11）“己巳”，即崇祯二年（1629）；又该文前小序云：“岁己未之仲冬十八日，予季礼五十有一”，又魏礼次子魏世俨《彭躬庵先生七十序》中亦云：“己未仲冬，吾父五十一之辰。”（《宁都三魏全集·附魏敬士文集》卷三）“己未”即康熙十八年（1679），依此而推算，其生年当在崇祯二年（1629）无疑。对于其 （转下页注）

公，号吾庐，魏兆凤三子，故人称魏季子。魏礼曾自称“性好游”（魏礼：《与邹幼圃书》），而在各种史料之中，他也常以好游者的形象出现，陈田《明诗纪事》：“生平喜游，于闽交李元仲，于粤交陈元孝，二人倾倒甚至。”①胡思敬《九朝新语》“魏季子和公好游”②等。魏礼一生之游历，为人津津乐道的有两次，即渡海达琼州之游与向北西秦之游，“后父母卒，乃益事远游，历闽粤，渡海达琼崖，北抵燕京，返辙夷门，过洛阳，南浮汉沔，入秦关，涉伊水，经凤、滁道中，足迹几遍天下。”③ 易堂友人冷士嵋也感叹其“思见天下伟人奇士，复南越岭海，西等华岳，经龙门，北抵燕，东入吴会，足迹几遍宇内”④。后乃倦游而返，于翠微峰上更筑“吾庐”而居，独守易堂十七年而未出。

魏礼之出游在“父母卒”后，考魏父天民与母曾氏先后去世于顺治十一年（1654）与顺治十二年（1655），魏礼之出游盖在此后不久。魏氏《赠任道爰三十》诗纪其生平云：“我之三十年，未能远足迹……三十有一年，同子下彭泽。三十有二年，领海皆行役。三十有三年，予独居水国。”可知他出游当在三十一岁之时，时为顺治十六年（1659）。魏礼为壮游天下几乎达到倾家荡产的地步，甚至

（接上页注③）卒年，文献中也有明确的记载。魏礼长子魏世傚《享堂记》：“大人年六十有四，以登陟为劳，辑城中屋居之，榜曰‘瓶斋’，非乐夫市廛也。城居四年，忽抱微恙。少闲，养疴闽地凡四越月，得重病而归，归四十三日而疾革，享年仅六十有七。”（《宁都三魏全集》附录《魏昭士文集》卷6）又：“乙亥，先君子见背。”（魏世傚《书梁孝稺赠诗册后》，《魏昭士文集》卷4）次子魏世俨《纪澳儿事》云：“乙亥，丁先君子大故，天崩地坼，家门之变极矣。”（《宁都三魏全集》附录《魏敬士文集》卷8）又魏礼同堂之友彭任《祭魏和公文》亦云：“乙亥秋，君疾，子孙奉侍朝夕，唯谨予与而康坐此三旬，视君含殓，君目不瞑，予抚而慰之，以宁君之神。”（《草亭文集》清钞本）以是而知，魏礼卒年应在康熙三十四年（1695）无疑。综上所述，魏礼应生于崇祯二年（1629），卒于康熙三十四年（1695），享年67岁。

① 陈田：《明诗纪事》，上海古籍出版社，1993，第3196页。

② 胡思敬：《九朝新语》，转引自钱仲联主编《清诗纪事·明遗民卷》，第836页。

③ 孙静庵：《明遗民录》，第279页。

④ 冷士嵋：《魏季子六十序》，《江泠阁文集》（康熙刻本）卷2，《四库全书存目丛书》集部第236册，第481页。

常常举债为之，“季子以一贫儒生，恒举债游涉万里，蝉蜕死生，视海岳如庭户，敝车羸马，笑哭赋诗。”（彭士望：《魏和公南海西秦诗叙》），其子魏世傚亦纪云：“大人破产不为家，于是南极琼海，北抵燕西，登太华绝顶，历览山川形胜，交奇伟非常士，名日起，家日落。或一岁二岁、或三四岁一返家山。”[①] 魏禧初以隐居授徒以养，出游也晚，在康熙元年（1662），年三十九岁这一年，他才始觉闭户自封不可以广己造大，遂毁形急装，南涉江淮，东逾吴浙。之后，魏禧几乎将全部的时间与精力都放在了游历之上，直至最后竟于康熙十九年（1680）岁末病卒于客游途中，实为可叹。彭士望则出游无常，“四十年间时时出游”[②]，他在自许生平时说：“予自甲申来三十有七年，游行东南几万里。”（彭士望：《顾耕石先生诗集序》）由此可知，彭氏之游历活动主要在东南一带。曾灿之游，除以僧服游于吴越之间数年之外，于顺治十六年（1659）始再次出游，客居吴地二十年之久，往往是“朝吴暮越”，“视家如传舍”[③]；然其晚年以笔舌糊口四方，满纸乞怜之色，不免颓唐扫地，令人扼腕叹息。

魏世俨在论及天下游士时说：“虽然天下之为游者不可胜数也，游其迹不游其心者，未尝多见。夫游也，志之所在，则心从之。是故迹有穷通夷险，而心则无有也，迹与心俱游者，游得而心失；游不得，心亦与之俱失。故或千仞之隄，败于蚁穴；或弹雀以隋珠，心由迹蔽，为贤人君子所鄙讪，故必使人观其迹而有以察其心。然则著于迹者，盖亦不可不慎也。”[④] 这段对“游”的解读不可谓不深刻。“游”者，“志之所在，则心从之”，也就是“游”本身即是心志之体现，这与玩物丧志之游亦即悠游玩乐之游“内涵”迥异。而

---

① 魏世傚：《享堂记》，《魏昭士文集》卷6。

② 邓之诚：《清诗纪事初编》，第209页。

③ 曾尚倪：《（六松堂集）序》，曾灿《六松堂集》（清钞本）卷首。

④ 魏世俨：《外舅曾止山先生六十一岁序》，《宁都三魏全集》（道光二十五年宁都谢庭绶绂园书塾重刻本）附录《魏敬士文集》卷3。

"观其迹而有以察其心"一语中的，对于魏禧、魏礼、彭士望等清初倡导经世致用思想的遗民来讲，游历本身就是他们对于"生"之意义的一个求证过程，因此包涵着他们对人生的寄寓与追求。故而说清初士人尤其是遗民的忘情之游是"象征意义"大于其他意义并不确然，因为此际士人之游恰恰是实现他们理想的重要一端，而非仅仅止于象征意义。我们借以观诸子之游迹，以察清初明遗民之心迹。

首先，游历作为"求友""造士"之途。易堂诸子之出游，以求友造士为其主要目的之一。彭士望谓"易堂诸子各以饥驱游艺四方"（彭士望：《与陈少游书》），此恐非实辞。易堂诸人在国变之后困窘穷约是实，然其游历动机绝非因"饥驱"，广交天下之士才是他们出游最重要的目的之一。魏禧自述道："壬、癸之际，私念闭户自封，不可以广己造大，于是毁形急装，南涉江、淮，东逾吴、浙，庶几交天下之奇士。"（魏禧：《上郭天门老师书》）此言道尽易堂诸人出游之意旨所在。门人杨晟评介其师云："吾师议论当世事，大指不越爱民、求士二语。"[①] 易堂诸人基本的思想出发点为经世济世，在他们看来，世乱无纪的重要原因之一就是人才之匮乏，因此，出游寻求天下之有真才者，便成当务之急。

彭士望为当时名士，自少游于公卿之间，故对当时风气之颓废痛心不已，与友人书信中他批评道："望虽一老生，身游其间，以熟闻于当世名贤，其所为讦谟密画、声震寰区者，适足博哑然之一笑，点染大平，不无气色，试之盘错，百钝并见，其不学无术，缓急无一真实可用之人才。官日益尊，识日益卑，胆日益薄，才日益愚，身日益孤，计算支吾，竟成异物。"（彭士望：《与方素北书》）而其救世之志亦明："吾徒既不惮燎毛发，涂手足，入焚溺以救之。"（彭士望：《赠北田四子序》）当世果无有才之士乎？固非如此，"今天下不乏才慧男子，苦为流俗驱煽轻弃廉隅，不明学术，积浸为一顽钝猾靡之世界，涂毒生民，乱靡有定，此其本也。"（彭士望：

① 杨晟于魏禧《再与胡给事书（代）》一文后评语，参见《魏叔子文集》，第233页。

《与顾景范手简》）面对这样的情况，唯一有效的办法就是游而交之，并且他认为这是“御世”大略：

> 今日人才如龟毛兔角，遍究当世，得逾不易，吾辈见到处，切莫放过。最上表章之，次交连之，又次造就之；要当成其所长，去其所短，知其长中之短，用其短中之长，而后天下无弃才，各器其使其成其务，此古今圣哲御世之大略也。（彭士望：《与顾景范手简》）

“吾辈见到处，切莫放过”，从此言能够体会得到彭氏对于人才的极度渴求。魏禧又何尝不是如此，他曾记录下这样的细节：

> 顷客南州，故人孙豹人介杜公履相见，公履沈实不妄，与之深谈，询西方奇士何人，公履逡巡为举足下姓字。足下负文武大略，甫离成童，慷慨建义声，虚心好士，出言而人信之，故天下士归之如流水。仆闻之，目睛注公履，定不得瞬，背汗交下，太史公所谓为之执鞭所欣慕焉者，则仆今日于足下之谓也。（魏禧：《与富平李天生书》）

其求友之心切足以令人慨叹。既而魏氏又一语归结自己的用心所在：“然仆窃谓考古以用今，练事以验理，求友以自大其身，造士以使吾身之可死，此数言者，度足下亦不以为河汉，而求友、造士二者为尤大而急。”（魏禧：《与富平李天生书》）即使是后来数游吴、越，然还是在与友人的信中以自己交游不广为恨事，其云：“弟亦长年出游，只营营笔墨，如科目人咿唔呫嗶，终日不休，此与老死牖下何异？廿年来好交天下士，然不能交行伍屠沽，此间失却无数真才。”（魏禧：《答友人·又》）

基于这样的出发点，广交天下之友遂成为他们矢志不渝的人生追求，甚至最终上升到以“朋友为性命”的高度，魏礼自称“生平以朋友为性命，嘉果为五谷，诗文章为布帛”（魏礼：《饶磊庵荔支诗序》)，彭士望也说自己“自童幼性成，即以朋友为命”（彭士望：《复张一衡书》)，“以忠信才敏之友为命”（彭士望：《与宋未有书》)，这不能不说是在明清之际“人才消歇，朋友道废”的历史情境之下出现的一个饶有意味的人生命题。于是，嗜游之魏礼“所至必访求豪贤，而天下士亦往往愿一交季子”[1]。魏禧自叙其“自十岁用心朋友之道，得交君子若而人”（魏禧：《复邱邦士书》)，又云：“仆生十一二岁，即思求友”，并“生平以朋友为性命饥渴”（魏禧：《答南丰李作谋书》)，而年至四十，乃“出游江南北，遂入浙中，所至以文会友，由周祇谟遍交当世文人”[2]，当时“远近士归之如流水，望之如泰山乔岳，三百年布衣之盛，未尝有也”。（彭士望：《魏叔子五十一序》）彭士望则“夕闻一士，迫不待旦，至于老不衰”[3]，曾灿也往来吴越、闽粤等地，遍交天下之友。作为一个文人群体，与易堂相通声气者众多，“如闽宁化之泉上、粤东之北田、新建之天峰、星子之髻山、南丰之程山、江东之板桥、浙之河渚、虞山之宛溪，与易堂相为酬酢。”（彭士望：《与贺子翼书》）易堂良友之盛盖如此者。

由于特殊的遗民身份，易堂诸人之求友，主要以所谓“奇士”为主，即隐居山野沟壑之中的有志之士与有学之士，其中又以遗民为主。彭士望在七十三岁时总结他一生交友的情况时，道出其中内情：

> 望自童幼性成，即以朋友为命。今行年七十有三，所交王侯将相、富贵人穷士、方外游侠以至浆博屠沽、下走厮养，卒不可胜记，而其真者则多出于穷士。（彭士望：《复张一衡书》）

① 冷士嵋：《魏季子六十序》，《江泠阁文集》（康熙刻本）卷2，《四库全书存目丛书》集部第236册，第481页。

② 邓之诚：《清诗纪事初编》，第199页。

③ 陆麟书：《彭躬庵先生传》，参见彭士望《耻躬堂文钞》（咸丰二年刻本）卷首。

在自述其游于东南时，亦称“独好与其地之隐者交”（彭士望：《与顾耕石诗序》）。毋庸置疑，彭士望所谓的这些穷士、隐者主要以遗民为主。其他诸人亦如此。魏礼“游闽、广，渡琼海，适两浙、吴、楚，北抵燕、豫，西入秦，历山川之险，涉至危极变之境，无几微馁于其心……至访求海内贤豪、隐逸，遇虬须僧于舟，晤金陵老人于市，接黄鹤楼奇男子于旅舍，奔走为南康义士，屈己见司理。当世公卿、知名士，无不折节倾倒，盖不可胜纪”①，“所至必交贤豪，物色穷岩遗佚之士”②。同堂彭士望将其与徐霞客作比较，“钱虞山尝盛推徐霞客善游，遍五岳，穷历幽险，西蜀登峨眉，纡回异域，探昆仑河源，著书盈抱，尝急虞山难，省漳浦黄先生于闽，黄先生亦向予亟称其人，然竟死，终不得草莽一二奇士，徒周旋名公卿间，何足道。”（彭士望：《南海西秦诗序》）在士望眼中，与魏礼之游相比，专以“游”而著称的徐霞客竟然不值一提！何者？就是因为其徒周旋于公卿间而未得“一二奇士”，而对于季子的赞叹之意溢于言表。魏禧之出游的目的很明确，就是“交天下之奇士”（魏禧：《上郭天门老师书》），他在与友人书中表明自己的心迹：

> 年二十一，丁国变，则慨然愿交奇伟非常之士。嗣是友道日广，有若易堂之经术文章、程山之理学、髻峰、天峰之节义，以至四方文人奇士，仆皆得与游，以自陶淑所不及。（魏禧：《答南丰李作谋书》）

观其所交之士，又何尝不是如此，于吴门交徐枋、金俊明，西陵交汪沨，乍浦交李天植，常熟交顾祖禹，毗陵交恽日初、杨瑀，方外交药地、槁木，等等，俱为遗民，彭士望谓魏禧“比家落，恒破产

---

① 黄熙：《魏和公五十有一序》，参见《宁都直隶州志·艺文志一》（道光四年刊本），《中国方志丛书》华中地方·第八八二号，台湾成文出版社有限公司，第2482页。

② 王钟翰点校《清史列传》，第5675页。

出游，不交州府，惟身造幽隐荒僻，或老病穷饿几死士，远必至之与定交，共忧恤。故每出得士，多独行奇才。”（彭士望：《魏叔子五十一序》）此绝非虚语。

考量诸子交友之目的，一是以期发现人才，就正所学，改变明季以来的颓风，以实现其经世致用的主张，魏禧自述出游缘由：“禧闭户穷山垂二十年，恒惧封己自小，故欲一游吴越，就诸君子以正所学。”（魏禧：《与杭州汪魏美书》）而易堂诸人求友的另一个目的则较为隐晦，即暗中联络反清势力，期图有所作为。此虽无明确记载，然绝非空穴来风。明遗民以“游”而暗中联系反清势力者又岂在少数，而且在游历交结的过程之中，他们可以考察山川地理、形势要塞，以备时用。如易堂之友阎尔梅，“及可法殉节，尔梅走淮安，就刘泽清、田仰，画战守策，复不听。师入淮，尔梅率河北壮士伏城外，众惧阻，羽士陶万明特庇之。巡抚赵福星以书招，尔梅痛哭谢之。乃散其众，遁海上，祝发，称蹈东和尚。复走山东，联络四方魁杰，谋再举。”[①] 既而事败，尔梅遂托死夜遁，变名翁深，历游楚、蜀、秦、晋等省。过关中，与王宏撰等往还。北至榆林，从宁夏入兰州。之后，“北谒思陵，又东出榆关。还京，会顾亭林，复游塞外。至太原，访傅山，结岁寒之盟。尔梅久奔走，历艰险，不少阻。”[②] 等等。

虽然易堂诸子之游历并没有明确地显示出他们在这方面有所动作，然不能完全排除其“阴接豪杰”的可能性。魏禧曾有一段意味深长的言论：

> 当天下之变，任天下难事，必有倜傥非常之人，好义而轻其身者，毅然自奋于毁誉利害之外，然后其事可济。而人平居草野，无君国之责，非常之事则不可以见，其端每发于朋友。夫朋友之绝于世也久矣。吾尝欲因是求其人以为非常之寄，而

---

① 赵尔巽等：《清史稿》卷500《阎尔梅传》，第13821页。

② 赵尔巽等：《清史稿》卷500《阎尔梅传》，第13821页。

> 不可一二得。今夫外其身而身存，后其身而身先，此弭耳敛翼之说，古之至人尝用是济天下之变难，然不得其说之所以然，则相率为观望持两端者所口实。大变起于目前，而吾方弭耳敛翼以求其济，则君父之危亡亦已久矣。（魏禧：《赠王孝成叙》）

这段话言意甚深。观魏禧之所交尽是“奇士”，其弟魏礼所交多为“贤豪”，彭士望所交亦为“隐者”之流，曾灿等人之交往无一不如此者。诸子之志由此可窥出一二。

近人邓之诚先生就认为，易堂诸子之游，与图谋举事复国有极大关联。魏礼“常出游，己亥（顺治十六年。原注）始至吴中，意其探海上消息。再至粤，句留独久，与北田五子深相结纳，有事于琼崖。又北至燕，西入秦，通声问于孙奇逢及关中二李。”[①] 彭士望则“四十年间时时出游，当世伟人豪杰，无不倾心结纳。尤善李世熊，及粤中北田五子。其游也，恃相地以觅食，亦借以观山川形势攻守之宜”。[②] 魏禧四十岁始出游，之后数往吴越，“盖志在经营山左。山东绾毂南北，东达海，西通中原，南抵淮泗之间，天下有事，可以断运道，为形势必争之地。此意阎尔梅知之，故屡至登莱间有所期会。”[③] 对于魏禧于康熙十六年（1677）的扬州之行，邓之诚认为其中也有“隐情”：“徐孚远受吴祖锡指，久居闽粤海滨。祖锡为徐枋之姊婿，能部署兖豫淮徐青登诸豪杰，奉周府振国将军丽中据胶州大珠山。禧与枋相结，必预其事。丁巳（康熙十六年）三月，祖锡发愤病死，禧犹有扬州之行，时诸豪杰尚存，须有指挥，卒之志竭身竭，没于庚申。”[④] 钱仲联先生也曾评价易堂诸人之志云：“其初本为避兵，继乃从事复明”，而魏禧则“三十七岁后，感到足不出户的局限，乃出游江、浙，考察士气民情，以文会友，接纳豪

① 邓之诚：《清诗纪事初编》，第 206 页。
② 邓之诚：《清诗纪事初编》，第 210 页。
③ 邓之诚：《清诗纪事初编》，第 200 页。
④ 邓之诚：《清诗纪事初编》，第 200 页。

杰。顺治是七年后，屡往扬州。"[①] 钱先生之论，大抵与邓先生同。

对于魏禧之行游天下，彭士望谓其"晚节风尘，卖文为活，都非本志"（彭士望：《与门人梁份书》），盖为知言；又易堂高足梁份云魏禧"居庐陵万山中，份揭衣水行日夜百十里就，区画大事，其后成败不失锱黍，此惟份知之"[②]，其所"区画大事"为何事，梁份虽未言明，然似有深意。而此中含义似乎从魏禧晚年的一段话中可见端倪，在其门人鲍夔生将游京师时，他作序送之，云：

> 方今之士，志弱者以天下事为难为，而吾非其人；志强者易视天下之事，不自知其不足，此海内人才所以委靡卤莽，溃散而无成也。予十一有声党序，自谓名进士弱冠可致，将崭然见风节于朝廷。廿一丁国变，好交奇士，自谓能知人，常忆而中天下之故，则又窃视公侯之赏为吾分所有。今年四十有八，益读书，久历世变，方潦倒偷活草间，数受人欺绐，始信天下事本难为，知人不易，富贵功名不可倖，而向之厚自期待者盖妄也。（魏禧：《送歙县鲍生北游序》）

由是而知，确实在国变之初，魏禧认为天下事尚可为，并热衷其事，而此"天下事"，无非即指举世复国，甚至"窃视公侯之赏为吾分所有"。由此观之，邓之诚等的说法也并非空穴来风。

此外，易堂高足梁份之壮游西北，并著有《西陲今略》一书传于世，亦与易堂之师的影响不无关系；而其行则以考察地理形势为务。梁份之游迹，清人朱书纪云："（份）念秦为周汉唐都，王者宅中，必当复营丰镐，因西首秦关，周览久之。三历塞垣，由西安而东北至于榆林，北至于宁夏，西北至于西宁、河州；又西北至于凉、

---

① 钱仲联主编《中国文学家大辞典·清代卷》，中华书局，1996，第 880 页。本卷"魏禧"条后释文注明为钱仲联先生作。

② 梁份：《哭勺庭夫子文》，《怀葛堂集》（雍正刻本）卷 8，《丛书集成续编》（上海书店版）集部第 177 册，第 433 页。

甘肃，登嘉峪，望合黎之山；西绝嘉陵，南浮汉，又南至于兴安；东升太华三峰，又东出潼关、函谷以归，回旋万里，穷西秦之疆域。”[①] 梁份游历之深意不言而喻。时人姜宸英云：“梁子以孱书生随数骑结束出关，遍历河湟四郡，以极之朔方上郡，览其山川城郭之险隘，退而历讯之老将戍卒，得其可以资守御，习战攻。凡用兵地，所至各绘图，图有说，西塞三边环七千里之地，形势瞭然在目。”[②] 朱书亦云：“（份）所至记其道里山川，阸塞城堡兵卫之形、藩部彝族之众、法制战守馈饷屯牧风俗之宜……梁君之为秦谋以及天下者，可谓至矣。”[③] 同出于易堂的王源亦对梁份之游无比感叹：“予窃以质人阅历深矣，燕、赵、秦、晋、吴、楚、齐、魏之墟，西尽武威、张掖，南极滇、黔，迹之所及者广矣；山川形势、近代兴亡成败、荒遐轶事，得诸见闻者多矣。”[④] 显然，梁份之游绝不是一般文人之游对于山川河岳之美的欣赏了，也就是说审美的愉悦不成其为目的，而是以考地理形势、山川要塞为主，其着眼点在于军事方面，这不能说与试图谋求举事不无关系。这在明遗民游历中具有典范意义。

其次，以“游”为“广己”之途。除了求友、造士、试图伺机而动的目的之外，易堂诸子出游的另一个目的是“广己”，即以游作为扩展自己视野、增长见识的重要手段。魏禧在四十岁方感受到“闭户自封不可以广己造人”，于是出游吴越，他自述云：“禧闭户穷山垂二十年，恒惧封己自小，故欲一游吴越，就诸君子以正所学。”（魏禧：《与杭州王魏美书》）他在解释自己为“汉漫之游”的

① 朱书：《西陲三书序》，《杜谿文稿》（乾隆元年梨云阁刻本）卷 1，《四库禁毁书丛刊》集部第 130 册，第 678 页。

② 姜宸英：《怀葛堂集序》，参见梁份《怀葛堂集》（雍正刻本）卷首，《丛书集成续编》（上海书店版）集部第 177 册，第 298 页。

③ 朱书：《西陲三书序》，《杜谿文稿》（乾隆元年梨云阁刻本）卷 1，《四库禁毁书丛刊》集部第 130 册，第 678 页。

④ 王源：《怀葛堂集序》，参见梁份《怀葛堂集》（雍正刻本）卷首，《丛书集成续编》（上海书店版）集部第 177 册，第 297 页。

缘由时说：

> 禧发未燥时，辄思求友，比年阅历世故，自居室杵臼之细，以至天下之大。苟无同志胜己，相与讲论，匡其不逮，则不可成一事，故每欲得十己百己者而请益。穷山闭户垂二十年，今乃贬服毁形，为汉漫之游，正谓此也。（魏禧：《与熊养吉》）

魏禧之所以有如此强烈的求友正学的愿望，也与自己身处的地理环境以及地域民情有直接的关系。

从地理位置上讲，宁都地处赣州之南，相较于吴越等人才俊杰荟萃之地，实为不折不扣的“僻壤”，对此，易堂诸子亦心知肚明，在言论之中也不免时时透露出他们的“自卑”心理，如邱维屏云：“会省西最上游曰南赣，宁都又赣上游，为山始导，盘僻若不与他府县闻。”（邱维屏：《赣州府经历署宁都县事李君善政记》），曾灿云“吾赣处江南最僻”（曾灿：《送王素履归北平诗序》），魏礼云“宁都居赣上游，地遐僻，四方士罕至者”（魏礼：《先叔兄纪略》），李腾蛟也直言“梅川（即宁都。引者注）一僻壤耳”，又细言之，“豫章居江湖之僻，虔僻于豫章，梅川又僻于虔。”（李腾蛟：《李云田游豫章诗序》）。就连易堂中声名最大的魏禧也认为“金精僻处穷邑”（魏禧：《与计甫草书》），又“宁都固僻县”（魏禧：《重修金精山碑记》），又“禧江右鄙夫，县最僻”（魏禧：《与李瀚林书》）云云，虽有自谦之意，亦不免道其实情。

因为特殊的地理位置，赣地之民也就养成“不好游”的群体性格特征。对于这一点，曾灿如此论说：“天下乐久客而轻出者，莫过于西北之士，而吾赣处江南最僻，山蟠水曲，其人尤不喜远游。”（曾灿：《送王素履归北平诗序》）又云：“赣居天下郡之一，山隘水射石出，性素狷急少虑，矜节义，不乐外游。”（曾灿：《赠邑人杨君序》）如此之民风势必造成“封己自小”“闭户自封”的缺憾，故要想“广己”，见识天下大势，非出游而不能。

魏际瑞之游幕虽然不在本节讨论范围之内，但其借游幕而游历山川大河之后的那种感受实与其他诸子不同，其云：

> 予少居里门，所结交同志，与共晨夕者易堂数子。山水之盛，金精岩壑四十里，莲花峰西南而已；游览啸歌，自谓不必复交天下人，游天下佳山水。及之金陵，观长江之势，涉大河，过泰山，走燕都，并出东北塞，不择地而游，不择人而交，喜悦惊怪、可歌可泣之事无一不接于耳目，始叹向之自以为是者，真醯鸡也。（魏际瑞：《古论合刻序》）

外部的世界竟然如此精彩！我们能够从魏际瑞的文字中感受到他在游历山川大河之后所受到的巨大心灵震撼：相较于长江泰山等天下大胜，里门之金精岩壑又何足挂齿！当魏礼闻其兄际瑞将由燕京而出关，曾作诗曰：“阴雨沉沉闭众峰，书传冀北出关东。长城不敢居形势，辽海何曾有飓风。马望塞云知广漠，台闲烽火忆群雄。萧萧瘦杖凭高处，叹我支离拳石中。”（魏礼：《伯兄将由燕京出关因寄》）其中充满了对燕冀之地的无限向往，而感叹自己蜗居于拳石之中。曾灿也将赣州与燕赵之地进行了对比，表达了其对于燕冀之地的无比向往：

> 天下乐久客而轻出者，莫过于西北之士，而吾赣处江南最僻，山蟠水曲，其人尤不喜远游。……夫燕冀风气雄高，山川人物，杰然秀出者，称古今而又为帝王之都会。先君子官侍从时，予每恨未尝从游。近年来以走衣食，一至其地，虽风景与昔不同，其山川之气，舆衍磅礴，尤足想见古人遗烈。（曾灿：《送王素履归北平诗序》）

易堂后辈魏世俨在其兄魏世傚将要出游幽燕之时，曾写序送之，文中也道尽对幽燕之地风土人物的艳羡，“夫幽燕者，今仍为京师者也。古圣贤豪杰之遗迹累累焉，其遗风流俗所产之人民，其必不同于他乡也；而磊落奇伟、慷慨知义之士，自燕赵来代有其人，今而犹有斯人也乎?”[1] 基于这样一种心理，作为有志于天下的易堂诸子来讲，其远游之志盖在必然之中，而其强烈的“广己”之意亦已明矣。

对于“游”的“广己”作用，魏礼的论述更加具体详尽：

> 是故吾江西地瘠而民朴，鲜淫巧之技、荡心之货，质胜乎文，礼义廉耻，有短垣不敢自逾。然而广己造大，必资于大国名区、人文辐辏之处。情伪万有，览风土时物之正变，拓一己固隘之拘虚。然而浮足以荡吾朴者有之，文足以漓吾质者有之。跅弛之士，或先末而后本；气矜之夫，或尚成而遗义；风波之民，见事风生，凿空而架构，皆不可不察也。是故善游者，集众思，广众益，收效于无穷；不善游者，破其故美，荡析无遗，集众弊于一身。噫！行则为世之敝人，文则为世之敝文而已，恶足尚哉？（魏礼：《孔英尚文集序》）

魏礼认为，要想广己造大，“拓一己固隘之拘虚”，非游于“大国名区、人文辐辏”之处不可，当然，对于“跅弛之士”“气矜之夫”“风波之民”等弊病，也要详加鉴别考察。只有如此，才可以集思广益，收效无穷，尽扫“行”“文”之弊。而不善游者，则“破其故美，荡析无遗，集众弊于一身”，“善游”与“不善游”，其区别之大俱已言明。诸子之游历，也确实是处处留意，承人之长，攻己之短，以真正实现“广己”之目的。无怪乎当有人问及魏禧为何不制止魏礼之“举债游，往往无故冲危难、冒险阻”，魏禧云：“吾之视季子之举债冒险危而游，与举债而饰其庐，一也。且夫人各以得行其志为适，终身守闺门之内，选耎趦趄，盖井而观，腰舟而渡，遇三尺之沟则色变，不敢跳越，若是者，吾不强之适江湖。好极山川之奇，求朋友，揽风土之变，视客死如家，死乱如死病，江湖之死

[1] 魏世俨：《送兄之燕京序》，《魏敬士文集》卷3。

如裖席，若是者，吾不强之使守其家。”（魏禧：《吾庐记》）显然，魏禧对于其弟之壮游持赞赏态度。其于壮游对于文章的作用，魏禧曾云：“文章视人好尚，与风土所渐被，古之能文者，多游历山川名都大邑，以补风土之不足，而变化其天资。”（魏禧：《曾庭闻文集序》）魏礼也说：“夫文之有资于游者，非一也。……是故泉之在山洼，不盈数尺；达而出之，弥达而弥大。”（魏礼：《孔英尚文集序》）此亦以壮游而为广己造大之一端。

再次，游历作为遗民意气发抒的重要方式。

作为在国变后不能坦然以死而“苟存于世”的遗民，其内心世界是异常复杂的，天下之亡的悲痛、不能效死的愧疚、对故国的留恋、现世生存的无奈与尴尬种种，形成一种盘踞在他们心头难以排遣的复杂情怀，游历则成为这种情怀得以抒发的重要方式，主要表现为两端：其一，借游历以行凭吊之礼，释放其故国之思；其二，借登览以慷慨啸歌，抒发其郁郁之怀。

所谓凭吊，或凭吊故陵旧地，或凭吊前人英烈、故旧相知，以寄故国之思及故人之念。以游历为凭吊的重要方式，在清初明遗民中是司空见惯的事情，顾炎武即为典型。国变后，顾氏以游为“己任”，在游历的过程中，他曾经五次亲往谒孝陵，其有诗句云：“问君何事三千里，春谒长陵秋孝陵”①。在其北游时，几十年不得拜祭父母之墓，其妻亡，只临风一哭而已，却时时不忘谒孝陵。实际上，这已经成为清初遗民们的“习惯”。屈大均甚至一路沿循着故陵之迹拜祭过去，“俨然一次凭吊故国之旅”②。当然，不仅仅是故国遗陵，就是途中所历前代孤臣忠烈之地，他们也不忘凭吊一番，如潘问奇

---

① 顾炎武：《重谒孝陵》，《顾亭林诗文集・亭林诗集》卷3，中华书局，1983年第2版，第348页。

② 赵园：“《翁山文外》卷一系列性的长篇游记，自述其游踪甚详。诸篇有连续性：谒孝陵（《孝陵恭谒记》），由南京渡江，经安徽、河南至陕西（《宗周游记》），由代州赴京师（《自代东入京记》《自代北入京记》等），俨然一次凭吊故国之旅。”参见赵园《制度・言论・心态——〈明清之际士大夫研究〉续编》，第168页。

于甲申之变后北之大梁吊拜信陵墓，南泛洞庭吊屈原，溯流入蜀达成都，吊诸葛亮，等等。作为遗民的魏、彭、曾等易堂诸子又何尝不是如此。对于遗民的这种心态，魏世傚将亲身拜谒孝陵的体验述之甚详：

> 庚申春，傚将南游，语弟俨曰："往者卧病而过金陵，此行不谒孝陵，不返也。"俨曰："兄必详纪孝陵事，归以示俨。"予曰："诺。"孟夏抵金陵数日，结至思恭谒。令乡人导以至，于是免冠九顿首于殿下，悲从中来，鲠涕不下，伏地不能起。呜呼！此吾三百年开创，圣主所藏衣冠之地乎？傚何人乎而得至于此？①

魏禧出游吴地，至故都金陵之地，不禁满怀怅然，凄凄涕下，"生平四十老柴荆，此日麻鞋拜故京。谁使山河全破碎，可堪翦伐到园陵。牛羊践履多新草，冠带雍容半旧卿。歌泣不成天已莫，悲风日夜起江声。"（魏禧：《登雨花台恭望》）邱维屏在唯一一次北游之时，途经金陵紫金山，遥望孝陵，亦不忘拜祭一番，"遥瞻雪始晴，脱帽拜山陵。天上神灵宅，人间龙虎京。千秋还正朔，万国终皇明。臣屏老当壮，中流忆祖生。"（邱维屏：《雪后舟过蒋山望拜孝陵》）他犹称自己为皇明之臣。魏礼、曾灿等人亦于故都歌哭哀号。由此而观，拜谒孤陵旧地已经包涵了他们身份认同的重要意义。

在诸子游历途中，拜谒历朝忠烈也是他们的一项重要事务，而其中以宋末之忠烈为最多。如魏礼祭拜谢叠山之祠，大力褒扬其"节义"精神，"先生忠烈一门齐（公夫人李氏以救民自就俘，缢死。女闻父母变，投桥下死；弟君烈、君泽、三侄皆死于狱；兄君禹在九江不屈，斩于市），饿到千秋永不饥。阶畔许留孤柏在，檐前只有杜鹃啼。微躯再拜瞻颜色，短发多惭下涕泪。怪得世人推节义，

① 魏世傚：《孝陵求谒记》，《魏昭士文集》卷6。

至今还自说江西。”（魏礼：《拜谢叠山先生祠》，按：诗中括号内内容为魏礼自注）崇敬之意溢于言表，并以江西人的尚节义之风而感到颇为自豪。曾灿也曾拜谒文天祥、岳飞、陆秀夫、谢绪等忠烈之士，如其《阻雪桃山驿遂拜岳武穆庙》其二云：“百尺穹碑气象高，遗宫但见杂蓬蒿。精光忠发千秋镜（庙中有石碑，光可鉴人，先朝叶向高题曰‘精忠镜’），战血留空万里涛。不忍君臣同狗脚（或有咎武穆不当受金牌召者，予谓：大将握兵于外，一不受命，必至于叛而后已），肯将天地等鸿毛。可怜南宋偏安地，尚有军书北伐劳。”（按：诗中括号内内容为曾灿自注）又《又拜陆秀夫先生祠》云：“崎岖崖石下流淙，遗庙嵯峨对大江。亡国尚留山色在，断桥但见海潮撞。寸心社稷伤多故，双手乾坤誓不降。酹酒天涯空洒泪，无端鼓角急归艭。”诗歌表达了对岳飞之“精忠”，陆秀夫之“誓不降”之志的无比崇敬之情。此外，又有对在甲申、乙酉之际的英勇殉难者的祭拜，如史可法、杨廷麟等人。魏禧于顺治八年（1651）年客赣，哭杨廷麟墓，并谋改葬，次年又与林时益拜谒史可法之墓。曾灿与彭士望同受杨廷麟的知遇之恩，在廷麟投水殉国后，曾、彭屡次哭悼之，其情至悲，如彭士望《哭杨机部相国（丙戌十月初四日赣陷相国死之相国予举主）》其三云：“受命艰危际，文山公后身。如何逢未造，偏再值江人。蜀汉终难振，匡门何太频。人伦天道事，茫昧向谁论。”将其视为文天祥的“后身”。曾灿《哭清江杨相国死节》其一：“降旗出江戍，千里暮云昏。独有杨夫子，提戈章水源。孤城婴六月，四望绝诸援。痛哭丹心在，岂因成败论。”以其“丹心”而痛哭。

除了借凭吊以寄故国之思与故人之念外，他们每每以游历来使自己心中的郁郁之气得以释放或稀释。山水本来就与文人有不解之缘，而“游”也是历代文人所热衷的，“山水诗盛，游即被作为文人从事创作的必要条件，以至文人的生存方式。”[1] 易堂诸子等清初

① 赵园：《制度·言论·心态——〈明清之际士大夫研究〉续编》，第166页。

遗民虽然身份特殊，生存境遇也很特殊，然毕竟还是文人，因此，他们的游历从某种意义上说也是文人好游习性的延续。但是，游历之于遗民，其意义绝大于此。清初遗民之好游成风，甚至很多不惜举债而为之，如魏禧所言“游道广而声诗盛，近古以来未有过于今日”（《江湖一客诗序》）。毋庸置疑，清初遗民之游历山水，绝不会有一般意义上文人徜徉于山水间的那份真正的超然与洒脱，因为他们比一般意义上的文人游观多了几分沉重与桀骜，吸引他们的或许并不是佳山好水，而是游历本身。

易堂魏季子之游因，彭士望纪曰：“魏季子和公居翠微百丈之峰，有兄弟友朋文章之乐，恒郁郁不得志，气愤发无所施，则身之海南。”（彭士望：《魏和公南海西秦诗叙》）其程山好友黄熙亦云：“季子胸中若有一物焉，固结而不可解，一日不能释诸怀，辄轻财力，重然诺，慷慨任大事，而因以沉沉于时，以故游闽、广，渡琼海，适两浙、吴、楚，北抵燕、豫，西入秦，历山川之险，涉至危极变之境”[①]。其胸中之“团结而不可解”者究竟为何物？似乎很难具体化，其实也就是士望所言的“奋发之气”，亦即所谓郁积于心中的“遗民之悲”。“气奋发无所舒，则身之海南”，于此，游历无疑成为使其胸中之“气”得以释放的一种重要方式。

观魏礼游历之所为，其奋发之气之发抒主要表现为游历途中的“怪异”行为，而这样的“怪异”行为也成为清初遗民释放其胸中之情的特殊表现形式，并借诸游历得以实现。魏礼的游历为人津津乐道的有两件事，一件是“更渡琼舟中，海风大作，迷失道。同舟人忧恐涕泣，和公则乘月观海，作渡海诗。既至值兵变，杀人狼藉，祸汹汹且不测，则阖户更为《海南诗》三十首。”（彭士望：《魏和公南海西秦诗叙》）另一件是往西秦途中，曾经“直登华山，一日上四十里，穷其巅，每峰回路断，微径相属，翕闢眢洸，叫叹奇绝。荆州彭荆山居华山绝险处，和公手铁索造焉。”（彭士望：《魏和公

① 黄熙：《魏和公五十有一序》，参见《宁都直隶州志·艺文志一》（道光四年刊本），《中国方志丛书》华中地方·第八八二号，第2481~2482页。

南海西秦诗叙》）而此处高于韩昌黎痛哭处十里。其时，魏礼慨然“语从者曰：‘人何必终牖下死，便埋我。’”① 与一般意义上的文人之游相比，魏礼之游少了那份恬淡与旷达，而多了一份沉重与悲壮，其中包涵着某种“出自悲怆的激情，快感与痛感同在，寻求愉悦与自虐、自戕兼有：由此也令人可感‘遗民生存’的繁复意味。”② 也正因为如此，诸如魏礼等清初遗民之游已经超越了一般意义上的文人之游而具有特殊的意义。

实质上，在明末清初之际，诸如魏礼这种借游历以消心中之块垒者绝不在少数，而在遗民中形成了一种风气。如谢泰臻（时禋）在故社既屋之后，“从此踪迹不定，或雪夜赤脚走数十里，偃卧冰上；或囊其所著书挂于项，登深崖绝巘，发而读之，声琅琅应山谷，采鸟喙生啖之。”③ 倪寄生则登山“必穷其幽，不避豺虎”，以此“几死者亦数”。④ 章晋云于“鼎革以后，不好进取……以故北走燕台，南游吴楚间，第遨游不辍，而不为浮名所逐。”⑤ 如此等等。显然，上述诸人的游历在某种意义上是与魏礼在精神上相契合的，游历本身已经不是目的，而成为他们发抒心中郁积之气的一种手段，故而在游历的过程中表现出某种具有“怪诞”意味的行为。

综上而言，游历无疑成为诸如易堂诸子等清初遗民的一种生存常态，或者说游历本身已经成为他们生命中不可或缺的一部分。然而，他们的游历绝不是一般意义上的文人之游，猎取山水之美已不再成为他们游历的主要目的所在，而是他们探求“生”之意义的重要方式。一方面，游历是他们求友造士的重要途径，其中也暗含了阴结豪杰、谋图举事的意图；另一方面，游历也成为“广己”的重

① 施闰章：《魏和公五十序》，《施闰章集·文集》卷9，第176页。

② 赵园：《制度·言论·心态——〈明清之际士大夫研究〉续编》，第175页。

③ 黄宗羲：《时禋谢君墓志铭》，《黄宗羲全集》（增订本）第10册，浙江古籍出版社，2005，第439页。

④ 张履祥：《倪寄生传》，《杨园先生全集》卷21，中华书局，2002，第616页。

⑤ 毛奇龄：《会稽章晋云寿言录序》，《西河集》卷57，《景印文渊阁四库全书》第1320册，第501页。

要方式，通过游历以期通览天下之大，以充一己之狭隘；再者，他们也借游历以发抒郁结于心中而不可解的遗民之悲情，或登临歌哭啸哀，以寄故国之思，或行为奇谲诡异，以抒胸中之气，但无论如何，这是遗民特有的方式。赵园曾在论述清初士人的“游走与播迁”时说：“‘游’一向被士人在不同意义上作为‘自由’的象征，作为对‘自由’的向往的表达。易代之际士人借诸上述诸种名目的游（格于回避制度的宦游以及为了生计的‘游幕’除外），其动力也多少应当在对‘自由’的追求，由此才便于解释那些不归之游、弃家之旅。”[①] 笔者倒是认为，清初遗民的游历本身似乎也未必是对“自由”的追求，他们的游历行为中恰恰渗透着意味纷繁的关于“生”的诉求，故而，清初遗民之游就“背负”了他们对于人生价值的思考以及对于生命意义的寄寓，显得有些沉重。

① 赵园：《制度·言论·心态——〈明清之际士大夫研究〉续编》，第182页。

第三章　“以朋友为性命”：易堂师友录

对于明末清初之际的士风，彭士望曾慨叹：“今天下人才消歇，朋友道废，而人之类或几乎熄。”（彭士望：《赠北田四子序》）一方面，士子空疏不学，往往“封一己而自大”，古之师道废弃，皆入“豪举征逐、游光扬声之徒”，于是“古今坐是失士者十且八九”（彭士望：《复友人书》）。另一方面，鼎革，迫使一些怀抱真才实学者逃于草野，隐遁山林，才能不得施展。于是，复古之师友之道，出游以结交天下怀抱真才之友，就成为易堂诸子等清初士人所热衷的一项事业，这也成为他们所谓“造士”以救世的重要方式之一。易堂诸子的交友之道还是以其经世理念为准绳，彭士望一语道尽其中意旨：“自是知天下乱，益结友，言兵事及经济可实用者。”（彭士望：《与方素北书》）继而详述其交友造士之原则：

> 孔子曰：所求乎朋友，先施之未能。夫岂徒殷勤结纳、往来投赠，为是沾沾翕翕云尔哉！则亦先其人品心术，而施之以开发，其中心思服，诚然之至意，吾死而彼必不能以徒生；吾贱而彼必不能以徒贵；吾饥且寒，而彼必不能以徒衣且食。由是，与之蹈水火、透金石、冒白刃而不慑不避，其他日可为国家受大任，为生民匡大厄，必是人也。斯隆古之石交，诚旷代而一遇，世固未有重其生而足以济天下之事者也，此既不可骤得矣。吾亦随吾分量之所及而致之，其大者为依归，其次为切劘，又次为薰陶造就，以同归于实用。天下人才，偏小瑕疵，

> 无不可用，惟伪不可用，稍参和即人已痛绝之，以从事于问学、于经济，亦必不徒托空言，而致详于时宜物曲变化损益之所在，起可见之行事治乱，卷舒裕如也。（彭士望：《与方素北书》）

依此而知，易堂之复古师友之道，期图能以此改变士风，造就不虚不伪、"起可见之行事治乱"的才能之士，而最终能够有裨于天下之事。至于交友之法，"其大者为依归，其次为切劘，又次为薰陶造就"，分而待之。此外，彭氏又在他处论及"造士"之法与"验士"之法云："夫造士得人，必以真为质的，以言行可信任为先基，其他小大偏全、瑕疵染习，不须备责，惟在贤师友磨砻而浸润熏陶之，日引月长，渐自削去。特其人华而不实，言行背驰，自以为是，此虽有喙三尺，口给澜翻，才情注射，一试之以事、以赀、以名、以艰回形势之途，鲜不自摧败，立见本色。仆行年六十有四，交半海内，持此勘验，不一失也。"（彭士望：《复友人书》）易堂交友造士之志，从此可见一斑。

易堂诸子倡复古师友之道，一方面"转益多师"，笃志好学，如林时益叙及"宁都三魏"时，就称道他们"平日以父为师，而兄弟相为朋友，其四方及乡里之贤者，三子莫不折节请受其益"（林时益：《魏氏三子文集序》）。彭士望自称其"少尝师李懋明、姜燕及、黄石斋三先生"（彭士望：《祝工科奏疏序》文后《自识》），林时益则折节师事新建欧阳宪万，等等；另一方面又遍交天下之友，"以朋友为性命"（魏礼：《饶磊庵荔支诗序》），相互切劘砥砺，亦师亦友。这在前文已有论述，兹不赘言。就易堂诸子内部而言，其相处"家居不让，几几似古"（彭士望：《与贺子翼书》），并互为师友，如魏际瑞言："我生四十年，兄弟相师友。"（魏际瑞：《读凝叔和公诗文有作》），魏礼则从小事其兄魏禧为师，魏禧纪云："季少余五岁，入小学时，父母以为迟钝，尝命督课之故，视予犹严师"，而等到魏礼学有所成后，魏禧"乃释向者束急之教，而更以季为畏友"（魏禧：《季子文集序》）。魏禧也曾从姊丈邱维屏学古文。至国变后造"易堂"以隐，易堂诸子声名渐远，所交益广，不拘一格，"易堂所至，大猾、武健、技术、任侠、博雅知名士、方外、石隐、词章、独行、理学，穷约显达之人，亦罔不遍，或一过，或信宿旬月。”（彭士望：《翠微峰易堂记》）而至于其后，易堂诸人“主动”出游，访天下名士而交之，易堂诸子之友道观由此可见。

作为一个遗民文人群体，易堂诸子之交游自有其特殊性，以“可属大事”者为主，如彭士望自述生平交友之志云：“夫人才之不易得，自古然矣。聚之难，同志为尤难。岁月掷人，河清难俟，未几而壮强代谢，其衰迟彫逝者渐次就湮没，抑何可胜道。以予所善，易堂、程山而外，则新建欧阳宪万、乌程韩茂贻、河南孟御之、和州戴敬夫、黄梅严笃卿、九江毛二如、江宁胡星卿、宁化李元仲、星子宋未有、新建杨友石、临川傅平叔、桐城周农夫、乐平王乾维，皆海内俊杰，可属大事。”（彭士望：《赠北田四子序》）又观魏禧所交，“尤在结纳贤豪，备有事之用，若徐枋、金俊明、汪沨、李天植、顾祖禹、恽日初、杨瑀，皆遗民不忘当世事者。”[①] 其他诸子魏礼、曾灿等人所交无一不如此者，其志自可知之。当然，易堂所交之友中，亦有为时人所不齿的贰臣，也有清初大吏，其目的固期以借力实现他们的经世理想，而非逐名利之为，如彭士望在复高学史的书信中申明：“望之欲识荆州也，不同于等辈名人为游声扬光之征逐。”（彭士望：《复高学史书》）当事者每以世事征询，他们也往往予以指画，其经世之志偶能得以实践。故其交或贰臣或清朝官吏，均不以此辱其行节。本章即述易堂诸子师友之大概，以期从其交游见其生平之志。

第一节 江右地区遗民师友

杨文彩

杨文彩，字治文，晚号一水，学者称之为一水先生，宁都人。其父杨世用，字达兼，万历丁酉（1597）岁贡，性恬淡，不喜仕进，生平以礼自持，讲学谈道，绝迹公卿间，曾加授太常寺典簿。文彩

---

① 邓之诚：《清诗纪事初编》，第 199 ~200 页。

为世用长子，于崇祯元年戊辰（1628）选贡入北雍，以文章名天下，同乡陈大士、罗文止、杨维节、揭祝万皆下之。杨文彩性和易，虚怀乐善，事父母至孝。八十岁时，仍精明如少壮，手不释卷。《宁都直隶州志》（道光四年刊本）、孙静庵《明遗民录》等均有传。《宁都直隶州志·人物志·儒林》载其撰有"《文耻斋文集》，已刻行世；《尚书绎》存有藏稿"①。《尚书绎》即为《四库全书总目》所著录的《书绎》，为六卷，"是编冠以《指略》十六条，《先儒论》二十一条、《四十二篇亡书目》、次《汲冢周书篇名》，其余卷次一如蔡《传》。"② 杨文彩《自序》中说此书"单勤十二载而成书"③。关于《文耻斋文集》，韩聪甫于光绪二年（1876）所作《重刊杨子书绎序》曾提及，"余于同治己巳来摄州篆，搜求易堂诸子文集，因得抄本杨氏《文耻斋遗集》三卷。"④ 然今似已遗失。

杨文彩为魏禧之师，魏禧曾说："吾年十四，游吾师一水先生之门。先生有盛德，禧事先生犹父。"（魏禧：《门人杨晟三十序》）邱维屏亦纪云："先生教门人，最后乃得魏禧。是时，禧年十四，先生与客语，去，禧进曰：先生失对，对宜云云。先生欣然听禧，禧自是益无所阿，先生乃曰：'予老无闻，晚乃得凝叔，此为明镜利剑在吾侧，吾固其门人也。'"（邱维屏：《杨先生墓志铭》）魏氏也是杨文彩最为得意的门人，"前后教授弟子数百人，魏禧最晚近，文彩深奇之"⑤。杨氏《书绎》之成，魏禧亦有其功，邱维屏云："先生著《尚书绎》一编，尝与魏禧论定。"（邱维屏：《杨先生墓志铭》）杨文彩也自叙道："《书绎》既成……然惧一人见有所蔽也，必有人为

① 《宁都直隶州志·人物志·儒林》（道光四年刊本），《中国方志丛书》华中地方·第八八二号，台湾成文出版社有限公司，第1686页。

② 永瑢等：《四库全书总目》卷14《书绎》提要，第113页。

③ 杨文彩：《杨子书绎自序》，《杨子书绎》（光绪二年文起堂重刻本）卷首，《四库全书存目丛书》经部第55册，第295页。

④ 韩聪甫：《重刊杨子书绎序》，杨文彩《杨子书绎》（光绪二年文起堂重刻本）卷首，《四库全书存目丛书》经部第55册，第289页。

⑤ 《宁都直隶州志·人物志·儒林》（道光四年刊本），《中国方志丛书》华中地方·第八八二号，台湾成文出版社有限公司，第1686页。

补正讹，庶几告无罪先圣，爰以其事属门人魏禧叔子，盖非有同量之人则不能如于其中，非有异量之人不能出乎其外，由是共处一室，相与扬榷，首正谬，次薙繁，义有未尽，复著为论，以补所不逮。是书之成，其功为多。”① 后杨文彩又嘱其子杨晟拜于魏禧门下，可见他对于魏氏的赏识。

杨文彩为宁都名士，弟子众多，魏禧之外，其他易堂诸子如魏际瑞、曾灿等皆行弟子礼。邱维屏纪云：“其所指示弟子不出县，而秀杰者半之。最著者兵部侍郎曾应遴、职方司主事曾传灿、举人弟文彬、曾应秋、曾益其、曾畹，贡士何玄洁、魏际瑞与其弟县学生魏禧。”（邱维屏：《杨先生墓志铭》）曾灿有诗云：“吾家通籍士，后先半及门。而我先君子，早得游其藩。皇皇天启间，制义又一翻。怪诞劓诸子，如水失真源。斯时惟我师，卓卓立名言。临川陈大士，欢然让为昆。我时诚樸樕，亦依桃李园。”（曾灿：《寿杨一水先生》）此外，李腾蛟、彭士望、邱维屏、魏礼等均有诗文与文彩相唱和。

谢文洊 附程山诸子

谢文洊（1615～1639），字秋水，号约斋，人称程山先生②，南丰人。明诸生，后弃举子业。二十余岁时，入广昌香山阅览佛书，后读王守仁等人书，遂讲阳明之学；又后取罗整庵《困知记》读之，一意以程朱为归，悉心体认践履三十多年。其弟子甘京纪其生平云：“吾师程山先生早习举子业，为诸生；二十学禅，有所得；三十后始宗儒；越四十始一以程朱为宗。”③ 南丰城西有程山，谢氏辟学舍于

---

① 杨文彩：《杨子书绎·指略》，《杨子书绎》（光绪二年文起堂重刻本）卷首，《四库全书存目丛书》经部第55册，第299页。《四库全书总目》卷14《书绎》提要云：“文彩《自序》亦谓：与门人魏叔子共处一室，相与扬确，正谬薙繁，义有未尽，复著为论，以补所未逮，是书之成，其功为多。”（《四库全书总目》，第113页）实此段文字非在杨文彩《自序》中，而在正文《指略》中。

② 《南丰县志》（乾隆三十年刊本）：“谢文洊字秋水，号约斋……远近称程山先生”；《江西通志·人物志》：“谢文洊，字秋水”；《钦定续文献通考·经籍考》卷152：“文洊字约斋，号程山，南丰人”。

③ 甘京：《谢程山文集序》，谢文洊：《谢程山文集》（道光三十年刻谢程山先生全书本）卷首，《四库全书存目丛书》集部第209册，第8页。

其间，名为“尊雒堂”。《南丰县志》称：“其学切近，其行忠恕，其言辞质厚中肯綮。”[①] 卒年六十七，门人私谥曰“明学”。著有《大学中庸切己录》二卷，发明张子“主敬”之旨；《程山十则》，以躬行实践为主旨；另外又著有《易学绪言》二卷、《风雅伦音》二卷、《左传纪变录》二卷、《大臣法则》八卷、《程门主敬录》一卷、《初学先言》二卷、《义正编》一卷、《兵法类案》十二卷、《程山文集》十八卷等。《四库全书总目》云：“文洊生平以讲学为主，文章则其余事耳。”[②]《江西通志》、《南丰县志》（乾隆三十年刊本）、《清史稿》、《清史列传》、孙静庵《明遗民录》等有其传。

谢文洊与易堂诸子过从甚密，书信往来极为频繁，论学谈道，切劘不辍。他曾几度亲至翠微峰易堂拜访易堂诸子，“戊己庚辛壬癸甲乙，先生来吾堂焉。”（邱维屏：《寿谢秋水五十诗》）而易堂诸子若至南丰，辄必访程山。如邱维屏所叙：“维屏幸也，获从诸子交于南丰谢先生，凡诸小子过南丰，入其县，造其门，见于先生，先生诸弟诸子，若孙、若执友、若门人，毕求相见。”（邱维屏：《寿南丰谢母七十序》）彭任曾至程山，与程山诸子缔兄弟之交：“（彭中叔）闻南丰谢秋水先生讲学程山，徒步造访，淹留数月，与谢先生往复辩驳。谢先生亦心折，与为兄弟交。一时南丰汤先生惕庵、广昌黄先生介五、程山之门封先生禹成、黄先生维缉、甘先生楗斋、曾先生美公群推服，为友善。”[③] 易堂彭任为一时高隐，于国变后构“一草亭”而居，“自念无复仰事之责，遂谢绝应酬，足跡不入城市者四十余年。”[④] 其间只“一访其友谢文洊、甘京于南丰之程山，未

① 《南丰县志·人物志》（乾隆三十年刊本），《中国方志丛书》华中地方·第八二六号，台湾成文出版社有限公司，第706页。

② 永瑢等：《四库全书总目》卷181《谢程山集》提要，第1637页。

③ 彭兆泰等：《（彭中叔）行略》，彭任《草亭文集（不分卷）诗集（不分卷）》（清刻本）卷首。

④ 彭兆泰等：《（彭中叔）行略》，彭任《草亭文集（不分卷）诗集（不分卷）》（清刻本）卷首。

尝再适他域”[①]，即使是当时抚军欲迎其至白鹿洞讲明圣学，彭氏仍坚辞弗应，从此也可看出易堂诸子与程山诸子的交谊之厚。彭士望曾经几度至程山，而其婿黄建也正是程山弟子，“岁乙酉春二月，予携长儿厚德、婿黄建读书独孤之琴台，建亦程山幼徒也。”（彭士望：《程山堂碑记》）乙酉即顺治二年（1645）。程山学舍正是在独孤及弹琴处的旁边。彭任与谢文洊谈及此事，无比艳羡，“先生今岁设帐程山，躬老馆于琴台，两贤同处，知各有相观而善者，其或有不同处，要使持其不同而不害其为同，斯有相成之地。弟恨不得朝夕与此耳。”（彭任：《与谢约斋书》）其间，最为人称道的是康熙四年（1665）四月，髻山宋之盛过访程山，邀易堂魏禧、彭任等过程山聚论旬余，相为辩驳，此即为著名的“程山会讲”。

此外，易堂诸子与程山诸子每有文成，即相互评介、学习，彭士望叙云：“吾易堂诸子每过，必出所撰著述、近日行事，讲贯连日夜，互为规益”。（彭士望：《程山堂碑记》）又据甘京记载，谢文洊在卒世之前，曾自作墓志铭，称其一向刻意学习易堂之文：“易堂诸友节行文章为海内所重，某不自量，亦欲学其诗文，才短终不能就而已，学亦遂旁洩。”[②] 现观易堂及程山诸子的传世诗文集，均附有诸友文后评语，虽不免有明季标榜风气之余习，然其言辞恳切，往往能够道出作者为文之用心，颇有可取之处。

与谢文洊讲学程山者，还有同邑甘京、封濬、曾曰都、危龙光、汤其仁、黄熙等人，皆粹然有儒者气象，是所谓“程山六君子”，皆于文洊折节称弟子。然“六君子”中，黄熙（维辑）为顺治十五年进士，封濬（禹成）、汤其仁（长人）皆为顺治岁贡，危龙光（二为）为顺治丙子诸生，实非遗民，故兹不录。甘京，字楗斋（又作“健斋”），原名鹏举，字上卿[③]，明诸生，后弃举子业。甘京小谢文

---

① 《江西通志》卷94《人物志二十九·赣州府》，《景印文渊阁四库全书》第516册，第186页。

② 甘京：《谢程山文集序》，见谢文洊《谢程山文集》（道光三十年刻谢程山先生全书本）卷首，《四库全书存目丛书》集部第209册，第8页。

③ 曾燠《江西诗征》载：“京字健斋，南丰人，原名鹏举，字上卿。”

溶七岁，初为谢氏之友，后服膺其人其学，遂师之。甘京负气慷慨，讲求有用之学。闽中令闻其高名，欲以重金聘其入幕，不应。甘氏原本通晓经术，著述颇丰，有《通鉴类事钞》一百二十卷、《家礼酌宜》、《无名高士传》及《轴园稿》十卷、《轴园不焚集》等。甘京与易堂诸子为石友，易堂魏禧以兄事之，彭士望亦亟称之。《清史稿》、《清史列传》、《江西通志》、《南丰县志》（乾隆三十年刊本）、孙静庵《明遗民录》等均有传。

曾曰都，字美公，自号曰"体斋"，取"务实体诸己"之意。明诸生，《南丰县志》言其"既饩于庠，忽弃去，揭学田百亩还诸族，躬豆腐酿酒以自给"[1]，受业于谢程山。著有《百用录》百余卷，为其手书经史语录、古之人文行谊等有关风化者，期以救世治人。彭任称其"赋有才能，壮年志学，勇弃诸生，读有用书，手录是程，日亲师友，卓然明诚，学优好修"（彭任：《祭曾美公文》）。《南丰县志》（乾隆三十年刊本）、《清史稿》有传。

此外，讲学程山者犹有邵睿明、李萼林、傅與诸人，亦皆称谢程山弟子。邵睿明，字先士，自号宏斋。明诸生。少颖异，用心于小学、性理诸书。及长，刻意励行。后山居，折节为谢文洊弟子，讲学程山，先后受业者百许人。李萼林，字仲闇，原字成卿，号深斋[2]。与其弟芸林俱为明诸生。尝师大名鼎鼎的"江右四大家"之一的临川陈际泰[3]，晚年折节为谢文洊弟子，讲学程山。李萼林规言

---

① 《南丰县志·人物志》（乾隆三十年刊本），《中国方志丛书》华中地方·第八二六号，台湾成文出版社有限公司，第718页。

② 彭士望：《李深斋遗稿序》称"深斋名萼林，原字成卿，晚更字深斋"；《南丰县志·人物志》（乾隆三十年刊本）载："李萼林，字仲闇，号深斋"。

③ "江右四大家"指临川陈际泰、章世纯、罗万藻及东乡艾南英，皆为当时时文名家。计六奇《明季北略·江右四大家》："世称章、罗、陈、艾为江右四大家，为大士得一第，而三公者皆以孝廉终其身。""陈际泰，字大士，号方城，临川人。读经史，一目数行下。尝点二十一史，不三月而成。……海内得其文，怪不敢视，金坛周钟叹扬，始翕然宗之。……娄东张采深慕之，特请于铨司，往令临川，朝夕与之游，联复社名流与临川诸君子，此唱彼和，文风丕盛。"第164～165页。

矩行，彭士望言其人云：“性博爱，爱任事，为人画策解纷，不避风雨。常黑夜冲虎穴，行百十里方旦，风寒砭肌骨，盛暑铄金，亲友尼之终不肯止。晚以广交，不事生殖，家既落尽，贸食田以赡。”（彭士望：《李深斋遗稿序》）其为人慷慨，因济人困掷千金之产而不顾；并以访人才、收遗书为急务，曾徒步百余里而为之，不以为苦。著有《李深斋遗稿》，易堂彭士望为之序，称“南丰交最先深斋”，至李氏入程山之后，彭士望则“每过止宿，相与论业”，可见其交情之挚。《南丰县志》有传。傅舆，字同人，明诸生。同谢文洊讲学程山，文洊亟称其“见地超卓，胆力俱到，同侪罕及”。著有《禅根论》等。《南丰县志》（乾隆三十年刊本）等有传。

程山讲学诸子皆与易堂诸子过从甚密，切劘学术，并常有诗文往来唱和，堪称易堂畏友。

宋之盛　附髻山诸子

宋之盛（1613～1668），字未有，国变后改名佚，又名惕，字未知[①]，自号白石野人[②]，星子人。崇祯十二年（1639）举人。宋氏少孤，事两兄如父；生有异质，引舌覆准，读书目数十行下。十四岁入南康郡庠，受知于侯广成、蔡云怡。顺治二年（1645）弃去举子业，教授于黄龙山青霞观，后结庐髻山之麓，足不入城市，专志于讲学授徒。顺治十一年（1654），江西巡抚蔡士英礼聘其为白鹿洞主席，坚辞不应，杜门山中者二十余年。冷士嵋云其“辟地入匡庐山中，罕与世接，而东南士之言气节者莫不皆以之为归”[③]。髻山之学以明道为宗。康熙七年（1668）五月病卒，私谥曰“文贞”。著有《求仁篇》《乙巳岁余录》《丙午山间语录》《程山问辨》《匡南所见录》《丧礼订误》

① 《清史列传·儒林传上一》：“宋之盛，字未有”；《星子县志》卷10《人物志》（同治十年刊本）：“宋之盛，字未有……国变后改名佚，又名惕，字未知”；张尚瑗《宋惕传》：“宋惕，字未知，星子人，其乡荐名曰之盛，字未有。”

② 张尚瑗《宋惕传》云：宋之盛“祖居白石里，山多白石，皎如玉山，自号白石野人。”见《星子县志·艺文志上》（同治十年刊本）。

③ 冷士嵋：《东南六高士吟》，《江泠阁诗集》（康熙刻本）卷8，《四库全书存目丛书》集部第236册，第405页。

《髻山语录》《太极归心图说》《大学咏讲书》及《髻山文钞》等。《江西通志》、《星子县志》（同治十年刊本）、《南康府志》（康熙十五年补刊本）、《清史列传》、《清史稿》、孙静庵《遗民录》等有传。

宋之盛与程山诸子及易堂诸子交往最笃，其之得交谢程山，是经过易堂彭士望的引荐，宋之盛叙云："癸巳夏日，晤彭躬庵，知盱江有秋水先生者，昌明正学，手援陷溺，私心窃景慕之。"[①] 癸巳即顺治十年（1653）。之后，便时常往来唱和，切劘论学，"当是时，南丰谢文洊讲学程山，星子宋之盛讲学髻山，弟子著录者皆数十百人，与易堂相应和"[②]，是为江右三山学派，影响颇大。三山之学各有异同，也时常相互辩难，不为苟同，最著者为康熙四年（1665）的"程山会讲"，髻山宋之盛与易堂魏禧、彭任等至程山，辩驳旬日。又宋之盛曾与甘京论祭立尸丧复之礼不可废，魏禧亟称之；宋之盛亦为魏禧所编教材《童鉴》作序，赞赏有加："魏凝叔之作《童鉴》也，可谓以学虑救良知，能之穷者也。"[③] 然魏禧曾告诫甘京学道必工文章，使其言可法可传，宋之盛不苟同魏禧的观点："若是，则教儒者以作文矣！"史家论列三山之学道："时宁都'易堂九子'，节行文章为海内所重；'髻山七子'，亦以节概名；而文洊独反己暗修，务求自得。"[④] 又检《清史稿》等史籍，将谢文洊、宋之盛等入"儒林"，而魏禧等易堂诸子入于"文苑"，也可窥视出三山为学之倚重。宋之盛卒后，易堂诸人皆祭之，如魏禧作《戊申八月十日哭匡山宋未有先生》，纪云："林子湖东归，贻我书一纸。为言宋白石，五月中风死。我夜十数惊，天明推枕起。盥水白衣冠，双烛炤素几。剪纸为明旌，上书宋贞士。立哭拜不兴，哀声动林水。堂下立门人，跪拜偕诸子。"由此足见易堂人与宋氏之情谊之笃。

---

① 宋之盛：《与谢秋水先生书》，胡思敬辑《豫章丛书·明季六遗老集·髻山文钞》，《丛书集成续编》（上海书店版）集部第177册，第462页。

② 赵尔巽等：《清史稿》484卷《魏禧传》，第13316页。

③ 宋之盛：《童鉴序》，胡思敬辑《豫章丛书·明季六遗老集·髻山文钞》，《丛书集成续编》（上海书店版），第466页。

④ 赵尔巽等：《清史稿》卷480《谢文洊传》，第13112页。

髻山讲学者有所谓“髻山七隐”[①] 之目，宋之盛外，还有同邑吴一圣、余暤、查世球、查辙、夏伟及门人周祥发。吴一圣，字敬跻。崇祯十二年（1639）乡荐。国变后，隐居髻山四十余年。知府廖文英聘主洞事，辞而弗应。彭士望称“吴君牛衣卧最酣，寒暑一衣爨无米。人欲言愁我未愁，但说王师即狂喜。”（彭士望：《髻山八隐诗》）《星子县志》有传。查世球，字天球，生性倜傥好学，慷慨负气。弱冠为诸生，得到提督侯峒曾的赏识。查氏曾破产招募勇士，谋求恢复，然事终不果。顺治五年（1648）事发，慷慨不屈，就戮而死。彭士望《髻山八隐诗》有句云：“大查怒骥气空郡，长爪欲透拳血啮。”“大查”即指查世球。《星子县志》有传。余暤，字卓人，隐居髻山，以教授为己任。时有族人争讼之事，不报官而找余处士，俱能平息，故以德义感动一乡。卒年五十二岁。查辙，字小苏，自小聪颖淹贯，详熟天文、律历、勾股诸法，尤其精于岐黄之术。国变后，隐居髻山，讲学教授而不出，年九十而卒。彭士望《髻山八隐诗》有句云：“小查权巽比南宫，屐履之间尽才技。”“小查”即指查辙。《星子县志》有传。夏伟与周祥发二人生平不可考。

以上髻山诸子与易堂诸子往来密切，切磋学问、行吟唱和、诗酒流连，如彭士望在顺治十七年（1660）曾诣髻山，居留长达四月之久，作《髻山秋日书怀》诗十二首。此外魏禧作《赤冈二查歌》，其云：“大查岌岌如匡山，小查滉滉如湖水。二查不知何者贤？但闻其人十九年。……前日扁舟下豫章，小查访我古南塘。其身不满五尺长，朴率有如田舍郎。今朝大查出揖客，匡云初开日正白。我见二查皆下拜，大阮小阮直奴辈。”（魏禧：《赤冈二查歌》）查天球曾陷大难，魏礼特地远赴闽中，以求李世熊帮忙援解。《寒支岁纪》载：“癸卯六十二岁。南康义士查生（天球）陷大刑，事属广信黎司理，易堂魏和公先生（礼）特过泉上索书援

---

① 《星子县志·人物志》（同治十年刊本）卷10：“（宋之盛）与同里吴一圣、余暤、查世球、查辙、夏伟、门人周祥发讲学髻山，世称髻山七隐。”

解，先君立发书附去。”[①] 此外，林时益作《同吴稽田宋未有查小苏魏叔子过陶彦存不遇随至吴敬跻宅》诗，彭士望有《赤岗书社与查小苏论史》，魏礼有《与查小苏》尺牍等，都提供了他们交往的线索。

欧阳斌元

欧阳斌元（1606～1649），字宪万，晚更名秉元，号丽峰居士，新建人。明诸生。欧阳幼年奇慧，读书过目不忘，曾受知于蔡懋德、侯峒曾，姜曰广、杨廷麟尤推重。易堂彭士望称其“生平师多于友，每学一艺，即下拜师事称弟子，必尽得其传”（彭士望：《书欧阳子十交赞后》）。福王时，斌元跟从吕大器至南京，为吕大器草疏劾马士英二十四大罪，因此而罹祸。顺治二年（1645）入史可法幕，尝为画守白洋河策，史可法大为叹服。后隐居西山，躬耕养母。顺治六年（1649），幽忧而卒，年仅四十四岁，无子嗣。欧阳斌元又以能文而著称，“同时江西以文名者，南昌王猷定、新建陈宏绪、徐士溥、欧阳斌元。”[②]《清史列传》亦称“斌元为文，能独开风气，与陈宏绪、徐世溥皆不惑于公安、竟陵之说。”[③] 著有《文集》十二卷。《江西通志》、《新建县志》（同治十年刊本）、《清史列传》、《清史稿》、孙静庵《明遗民录》等有传。

欧阳斌元与易堂彭士望为昆弟交，讲求经济，勉砺德业，规切过失。彭士望叙二人交往之由云：“（斌元）丁丑始与乐平王纲、南昌彭士望交齿兄弟，妻子皆出见，馈食二人，出则一人，居守有无通共。知天下将乱，尤加急人才，务实学，耻事章句。”（彭士望：《书欧阳子十交赞后》）丁丑即为崇祯十年（1637）。又曾自叙“弱年兄事欧阳宪万”（彭士望：《耻躬堂文钞自序》），又云：“近三十始交欧阳宪万（名斌元，晚名秉元），知天下将乱，留心人才，为经济之学。”（彭士望：《耻躬堂诗集自序》）由此可见，欧阳氏对彭士

① 李世熊编、李权续编《寒支岁纪》，《寒支二集》（清初檀河精舍刻本）卷首，《四库禁毁书丛刊》集部第 89 册，第 403～404 页。

② 赵尔巽等：《清史稿》卷 484《侯方域传》，第 13320 页。

③ 王钟翰点校《清史列传·文苑传一》，第 5691 页。

望的影响之大。顺治二年（1645），欧阳、彭二氏曾共入史可法之幕。是年四月，阁臣史可法督师扬州，招彭士望。当时欧阳斌元已在史公幕中。“士望至则进奇策，请用高左兵夹攻，清君侧之恶，斌元助之。可法骇曰：‘君年少气锐，果尔得为纯乎？’由是惮两人，两人辞归。”[①] 易堂林时益尝师事于斌元，彭士望记述道：“后更交贵池方嘉渭、句容朱议霶，二人皆师事斌元为门人。”（彭士望：《书欧阳子十交赞后》）朱议霶即为林时益。魏禧亦云：“中尉更师事新建欧阳先生斌元。”（魏禧：《朱中尉传》）

欧阳斌元卒后，彭士望作《哭亡友欧阳宪万》诗十首以悼之，其情甚悲。如其七云：“似尔人难再，云亡我最伤。音容呼欲出，寝处思如狂。哭野频年是，疑天后死将。生平何可尽，宇宙总荒凉。”欧阳亡十年之后，彭氏省其家，仍不禁痛哭，作《省欧阳宪万家重哭其殡》诗，诗中有句云：“似汝人难遘，如予俗共捐。古交期宿草，一哭岂徒然”，可见其交情之厚。林时益亦作《庚寅过喜归来堂哭欧阳宪万夫子》（三首）悼之，彭士望称“林子哭师志，声文两尽之”（彭士望：《哭亡友欧阳宪万》第十首）。

汤来贺

汤来贺（1607～1688），字佐平，改字念平，号惕庵，南丰人。崇祯十三年（1640）进士。初授扬州推官，以廉洁著称。时遇岁荒，汤来贺设策以赈济，全活民众数以万计。后官至广东按察司佥事，颇有政名，《广东通志》载其“植性严厉，雅有风裁，以鲠直著声，每月亲行州里，讲读六箴，劝励风俗，严禁奢丽。时有势豪子弟犯法，贺按法不少徇情，刚正之气凛不可犯，岭海肃清焉。”[②] 朱由榔据西粤，以本兵兼都御史召来贺，不就，终归里中为遗民，时年四十。后当事聘其主白鹿洞讲席[③]，学者云集，年八十二而卒，门人私

① 陆麟书：《彭躬庵先生传》，见彭士望《耻躬堂文钞》（咸丰二年重刊本）卷首。

② 《广东通志》卷40《名宦志》，第747页。

③ 《江西通志》卷22《书院二·白鹿书院》：“（康熙）二十二年，巡抚安世鼎委巡道查培继重修，聘南丰进士汤来贺主洞事”。《景印文渊阁四库全书》第513册，第724页。

谥曰“文恪”。汤氏又善文，著有《内省斋文集》三十二卷，《四库全书总目》称“其文多以砥砺薄俗，警劝愚蒙，故词多质朴，务求尽意而后止，江右之俗，无不尊其乡先生。”[①] 此外，还有《鹿洞迩言》《居恒语录》等著作。《江西通志》、《广东通志》、《南丰县志》（乾隆三十年刊本）等有传。

易堂彭士望、彭任、曾灿等皆与汤来贺有交，诸子皆执以长者礼。汤氏著《内省斋文集》，彭士望为之序，其中叙及两人交往由来：“丙戌，望以职事谒先生于会昌，先生一见，谬期以国士，语连三日夜，于国家大故、身所尝试及家人细碎事，无弗启告。庚戌，再遇先生章门，先生手是书授望，且命之曰：‘子为我序’。”（彭士望：《内省斋文集序》）从此也可看到汤氏对彭士望的赏识，彭氏也于是序中表达了对来贺的钦佩之意，其云：“先生长才干济，而其心自少至老，必不肯一日饱食优游，无所益于世事。其文章亦绝少蹈袭，率胸怀尽所欲言而止，情事爽豁，俱有实际。”（彭士望：《内省斋文集序》）

彭任与汤来贺为忘年之交，往来频繁，彭氏自述道：“任识先生于岁甲午，先生以忘年交任，于今三十有五年矣。其间离合之际，或以书相问答，月数往来，或终岁不相闻问。然任每一至程山，先生则必惠然顾予，讲论疑义，必期有益于人，相晰数晨夕而后去。”（彭任：《祭汤惕庵文》）在同吊谢文洊时，两人“朝夕者三日夜，风雨连床，情意缱绻”（彭任：《祭汤惕庵文》），其交之深可见一斑。甲午即顺治十一年（1654）。康熙四年（1665），彭任赴程山参加会讲，“一时南丰汤先生惕菴、广昌黄先生介五、程山之门封先生禹成、黄先生维缉、甘先生楗斋、曾先生美公群推服，为友善。”[②] 彭任也自言：“任游学程山，所友同堂而外，忘年之交唯汤君来贺。”（彭任：《奉新县学训导汤公墓志铭》）汤氏主白鹿洞，曾荐引彭任，彭氏以疾辞，并写信给汤氏告知其中原委：“昨敝邑令公遣役持学使贴到山中，始闻

① 永瑢等：《四库全书总目》卷181《内省斋文集》提要，第1633页。

② 彭兆泰：《（彭中叔）行略》，彭任：《草亭文集（不分卷）诗集（不分卷）》（清刻本）卷首。

而骇，启视之，知老先生主教白鹿洞，荐引及任。……任自当周旋执事其间，以承大君子之交，又何感自外，而以辞让为事乎？但旧冬遭小女婿之变，悲恸病沮，咳血夙疾大发，委顿颓放，不堪劳役，足不出庭户者，殆将百十余日，若复冒暑芟履，颠踬千里，气血壅蔽，旧病再发，立见损弊，不可救药。仁人宥物于泛爱，想所矜恤，况辱知交之久如任者乎？伏惟恕其慢违，哀其残羸，置之草土，以乐余生。”（彭任：《与汤惕庵书》）从此可见彭氏之心志，也可见出二人交情之厚。汤来贺去世后，彭任作《祭汤惕庵文》，以寄其悲思。

汤来贺与魏禧亦常书信往来，相互规谏，如他在复魏禧的信中谏云：“虚心在酌，宁守先儒之规矩准绳，勿放言高论，以启敝窦。凡一己所见而众人以为未确者，勿可言也；即一时众皆称许，而以圣贤之道揆之，或恐流弊于后世者，亦勿可言也。”[①] 其相互规切过失若此者。又曾作《魏冰叔五十序》贻禧，称其“高风劲节”[②]，“昆弟同心，良朋共志，以倡道于易堂”[③]，赞叹其为学为人。同堂曾灿也常与来贺有诗文往来，如有《潮阳寄寿汤惕庵年伯八十》（三首）等。

杨益介

杨益介，初名一介，字友石，新建人。明诸生。博学而能文，日有撰述，裒然成集，魏禧论其文曰“正大雄刚，专以理气自胜”（魏禧：《与杨友石》）。当时督学蔡懋德、侯峒曾都以国士目之。杨氏与同邑徐世溥等十人成立“特社”[④]。闻甲申三月之变，杨益介捶

---

① 汤来贺：《复魏冰叔》，《内省斋文集》（康熙书林五车楼刻本）卷23，《四库全书存目丛书》集部第199册，第572页。

② 汤来贺：《魏冰叔五十序》，《内省斋文集》（康熙书林五车楼刻本）卷23，《四库全书存目丛书》集部第199册，第496页。

③ 汤来贺：《魏冰叔五十序》，《内省斋文集》（康熙书林五车楼刻本）卷23，《四库全书存目丛书》集部第199册，第496页。

④《南昌府志·人物志·隐逸》（同治十二年刊本）：“徐鏶，字伯壎，南昌人。明末隐士。尝于樵舍之报恩寺，联才人为‘特社’，鏶为之序。社凡十子，何衍之、杨友石、徐巨源、徐三雨、岳望之、杜左治、李腾凤、杜秀玉、徐修仲，并鏶而十也。托于诗酒以鸣其不平。”《中国方志丛书》华中地方·第八一二号，台湾成文出版社有限公司，第5827页。

胸顿足，痛不欲生，作《采薇》之歌，有辞曰：“黍离降为国风兮莫唱采薇矣，丧我幅员兮逢国非矣，吁嗟田横义士五百兮视死如归矣”；又作《绝命辞》，有句云：“天崩地裂兮何处采薇矣，党邪不正兮天道非矣，无意人间兮不如归矣”，皆可见其志。后闻李自成死讯，狂喜。偕其妻隐居上天峰麓，构屋曰“冰雪堂”，列圣贤图像，集同志讲学其中。山居无粮，采薇而食，捡拾松子以供爨。年逾六十，仍抱甕灌园，躬耕以生。魏禧叙其坚守之志云：“蔡生来，敬问起居，知先生贫益甚，无一尺之土以自食。所为冰雪草堂，苟完墙户，蔽风雨而已。或采摘野菜益粥食，或竟日不举火又每不免。”（魏禧：《答杨友石书》）《新建县志》（同治十年刊本）、《南昌府志》（同治十二年刊本）等有传。

杨益介所结交的大多为遗民逸老，不忘旧朝之士，《南昌府志》载：“所与友，宋之盛、魏禧、彭士望、徐世溥、何一泗、程元极，皆能守其志不易。”[①] 而易堂诸子也非常敬重他，如曾灿云：“予三十年间，所见山林节义高蹈之士，得四人焉，曰：南昌杨友石、宣城沈耕岩、嘉兴巢端明、苏州徐昭法，皆死守绝迹，一无所求于世，非古所称朱桃椎、颜阖、何点之流亚欤？”（曾灿：《邵漆夫山堂草序》）其服膺益介竟如此者。魏禧亦云：“新建有杨友石者，非义不食，疾恶人如仇，弟每辟为今之伯夷。”（魏禧：《与徐昭法书》）易堂中与杨氏过从最勤者为彭士望，顺治七年（1650），宁都城破，他曾过天峰杨益介隐所，后又屡次客寓杨氏之“冰雪堂”，并以诗纪之，如《饭杨友石冰雪草堂五日徐三友往来授餐日占言谢》《杨友石冰雪草堂在西山象虎坑拈首句予即席续成赠之》等。彭士望也对杨氏之所为非常钦佩，其云：“吾江右南丰谢秋水、甘健斋、星子宋未有、新建杨友石，俱当世楷模，授徒州里，与易堂三子互相倡发。”（彭士望：《三馆教式序》）魏禧与益介未曾识面之前，早有书信往来，康熙七年（1668）六月，魏禧有《答杨友石书》，由书中

---

① 《南昌府志·人物志·隐逸》（同治十二年刊本），《中国方志丛书》华中地方·第八一二号，台湾成文出版社有限公司，第5819页。

所论事知，益介欲搜集天下之遗文以成一代之文献，曾遣其高弟蔡景定携书信往易堂索文，魏禧寓书表达对他的钦慕之意。

张自烈

张自烈（1597～1673），字尔公，号芑山，宜春人。明季南京国子监生，复社成员。张氏博学洽闻，厉行积学，善为古文辞。《袁州府志》（同治十三年刊本）称其“以守待为己任，皋比讲席，固所不辞；校雠艺林，尤极谨严”[①]。他与艾南英为同乡，然各立门户，以评选时文相互轧诟，为明季标榜风气之习。甲申之后，屡征不起，并谢宾客，闭户著书，至老不殆。晚年卜居匡庐五老峰，主讲白鹿书院。张自烈著作颇丰，有《四书大全辨》三十八卷兼附录六卷，《四库全书总目》称其“所辨又往往强生分别，不过负气求胜，借以立名”[②]，评价不高。又有《古今文辨》《正字通》《性理精义》《芑山文集》三十一卷等。《大清一统志》《江西通志》《江南通志》《袁州府志》（同治十三年刊本）等有传。

张自烈与易堂魏际瑞、彭士望、曾灿等均有交。其与彭士望订交应在甲申之年（1644），彭士望云：“甲申，辱不鄙以草蔬定交，更裁书数百言，拳拳以著述相订勉。鸠兹濒行，必欲弟少留一执手，足下之好我无斁，虽久不报，心中藏之。兹敬纳近所为古文辞十四首、戊戌诗一卷，略见大意。”（彭士望：《与张芑山书》）又张自烈叙及其与曾灿及魏际瑞交往之由云：“今年春，止山发章贡，道金陵访予。躬庵、天若二子贻予书，述止山畴曩颇详。因念予先是获交止山同邑杨一水先生，一水为予言：止山少负材，承厥家学，服古励行，里闬所并推。止山盖执经北面一水先生者，以故知止山独深。壬辰，止山、伯子、庭闻复与予缔缟带交，予繇庭闻愈益知止山。”[③] 壬辰即为顺治九年（1652）。曾灿所著《六松堂集》，自烈为

① 《袁州府志·人物志》（同治十三年刊本），《中国方志丛书》华中地方·第八四五号，台湾成文出版社有限公司，第1743～1744页。

② 永瑢等：《四库全书总目》卷37《四书大全辨》提要，第314页。

③ 张自烈：《〈六松堂集〉序》，见曾灿《六松堂集》（清钞本）卷首。

之序。

傅占衡

傅占衡（1608~1660），字平叔，临川人。其父傅櫆，天启年间给事中，以劾王文言、左光斗、魏大中等，名在阉党。傅占衡少有异秉，博览群书，过目不忘；又好遨游，师事同乡文章泰斗陈际泰。明亡，弃去诸生，淡泊名利，一意著述。傅氏有经世之才，并工于诗文，著有《湘帆堂集》二十六卷。其于时文名甚高，清人刘玉瓒云："平叔负才跌荡，淹熟经史，随杂离奔丧之际，靡不卷帙自随，以故发为文章，皆蕴藉有法度，求其旨或悲婉抑郁，亦无叫呶愤激之习；不乐形似大家，然神诣所至，时与之合。"[①] 清初诗坛魁首王士禛极为推崇傅氏之文，谓"明季之文，吾喜嘉定娄坚、临川傅占衡、余姚黄宗羲"[②]，而全祖望则谓其文过于同乡王猷定与魏禧，亦见推崇之意。陈田亟称其诗，谓"平叔古诗蕴藉安雅，有柳、储深致，时或效王半山。七律音节爽亮，出语清新。"[③]《江西通志》《临川县志》等有传。

傅占衡与易堂彭士望为昆弟交。彭氏云："修撰韩公敬、都给事傅公櫆，其子韩绎祖、傅占衡俱与望为昆弟交。"（彭士望：《祝工科奏疏叙》）又与友人书中称："足下乡多君子，文名盛甚，而望私心独好傅平叔，与为至交。"（彭士望：《复王元升书》）彭士望极为推崇占衡之文，认为其文"浑浩泛滥，兼善诸家"（彭士望：《复邹訏士书》），甚至以为"其文亦高出玉茗、天傭之上"（彭士望：《复王元升书》）。他又与同堂魏际瑞谈论江右文坛时云："吾乡遗藁，必首推傅平叔，非临川四子所可及。而王于一亦有文名于江左，特其言好摹仿，亦复驳杂无实，愚意不甚重之。"（彭士望：《与魏善伯书》）王于一，即王猷定，亦为清初文坛巨手，彭氏认为其文相较

① 刘玉瓒：《湘帆堂集序》，见傅占衡《湘帆堂集》（康熙六十一年活字本）卷首，《四库禁毁书丛刊》集部第165册，第526页。

② 王士禛：《古夫于亭杂》卷5《论历代文章》，中华书局，1988，第104页。

③ 陈田：《明诗纪事》，第3127页。

于傅氏之文则远不及。平日，彭氏与傅氏亦过从甚密，彭氏自述顺治七年庚寅（1650），曾“以事留盱汝间（主许名世英，邑人，周名分封、傅名占衡）”，又“癸、甲、乙、丙，游止不时，仅一适癡山（陈名孝逸）、西溪生（即傅占衡）”（彭士望：《耻躬堂诗集自序》。按：括号中文字为彭氏自注）。另，易堂中魏际瑞等也与傅占衡有书信往来，论文谈学。检伯子集中，有与平叔书札一通，谈苏轼之文云：“子瞻才大而最有本心，故其言平恕而达，吾虽受嬉笑怒骂，殊不恨也。八大家文更无有如子瞻本心之盛者，其好言权术，则正是其所少如赵佗称帝，聊以自误耳。”（魏际瑞：《答平叔》）

徐世溥

徐世溥（1608～1652），字巨源，号愿公[①]，新建人。父良彦，举进士，历官宣府巡抚，因忤魏阉而削籍。崇祯初，起大理卿，迁工部侍郎。徐世溥幼年即随父任，学殖日富，年十六补诸生。他才雄气盛，博学能文，兼工书法，文章大家艾南英闻其名而约为兄弟，江南陈子龙、钱谦益、同邑万时华等名士皆交之。熊人霖以“文坛之葵丘首止”[②]评价徐氏在天启、崇祯间的文坛地位。徐鼒也说：“自明公安、竟陵之说盛行，文体日琐碎，世溥与同里陈宏绪、欧阳斌元辈均能独开风气。”[③]陈田论其诗文云：“巨源文学昌黎，有酷肖者；诗风神戌削，有疏竹幽花之致。身遭乱难，憔悴哀吟，中有不堪卒读者。”[④]曾与万茂先、陈士业、贺贻孙、曾尧臣等结社豫章。崇祯末，应征北上，慷慨论时事，以忤相国温体仁，遂归故里。甲申之变后，绝意进取。盗贼夜闯其室索要金钱，世溥言无，盗贼不肯信，于是以火炙之至死。熊人霖云其“志首阳之志，而终困阨，

---

① 彭士望：《宿翠岩柬徐巨源》一诗题注曰：“巨源时号愿公。”

② 熊人霖：《徐巨源征君传》，参见徐巨源《榆墩集》（清康熙舫斋刻本）卷首，《四库全书存目丛书》集部第211册，第105页。

③ 徐鼒撰，徐承礼补遗《小腆纪传》，见周骏富辑《清代传记丛刊·遗逸类④》，第812页。

④ 陈田：《明诗纪事》，第3377页。

竟死于盗跖之手也。”[①] 著有《夏小正解》一卷、《韵蕞》一卷、《榆墩集》（选其文九卷、诗二卷），前有妻弟熊人霖序，称此集只是徐氏诗文之十一，前此三种《四库全书总目》均有著录；另外还著有《洪范正义》《禹贡图说》《榆溪集》《榆溪诗抄》《江变纪略》等。《大清一统志》、《江西通志》、《新建县志》（同治十年刊本）、徐鼒《小腆纪传》、《清史列传》等有传。

彭士望曾与徐巨源等人定结牡丹之社，作诗《甲申二月自江州归遂迟牡丹社约呈杨机部先生舒鲁直徐巨源诸同社分得麻字》纪其事，时为杨廷麟主社。国变之后，二人皆无意进取，偶有诗文往来，彭士望《宿翠岩柬徐巨源》述其遗民情怀，并遣思念之意：“不见愿公六七载，可堪世事百千悲。山中著书了残日，江上行吟获古思。石鹤孤飞丹障北，铁花兼笑翠岩西。结庐何处峰顶好，共把其文晰所疑。”林时益亦与徐氏有交，其述二人交往云：“忆昔订交时，君年三十九，予亦二十八，以弟随兄后”，并时有相聚，“连年俱见君”，如顺治丁亥（1647），二人曾有一聚，“相见有悲号，仪容异昔好。”（林时益：《寄徐巨源五十》）

然后来徐世溥与易堂诸子交恶，源于徐氏所作《彭剑伯传》一文，引起易堂诸子的不满。彭剑伯即宁都彭锟，《宁都直隶州志》（道光四年刊本）有传。易堂诸子认为徐氏此传所纪有不实之处，如魏礼说：“敝邑彭剑伯，从容就死，有古风烈，徐巨源曾为作传，中间小人所误，情实乖失，怕恐以羔袖之末，失其狐裘。”（魏礼：《同易堂与未有书》）该传中词连魏礼，魏礼也曾写信给徐世溥辩白此事[②]，言辞甚为激烈。彭士望对于徐氏所撰失实之传，也进行了强烈的批评，其云：“巨源更颠倒是非，罗织口语，快其私怨，友人已痛言之，属其毁去，巨源不听，卒死横折。”（彭士望：《与魏冰叔书》）然此不免有中伤谩骂之嫌。

---

① 熊人霖：《徐巨源征君传》，参见徐巨源《榆墩集》（康熙舫斋刻本）卷首，《四库全书存目丛书》集部第211册，第105页。

② 见魏礼《同易堂与徐巨源书》，《魏季子文集》卷8。

涂斯皇

涂斯皇（1616~1693），字宜振，号澹庵，邑庠生，新城人。鼎革之后，弃举子业，结庐孔坊以隐。其所筑亭状如方舟，故名“花舫”，涂氏每引家中诸子日坐舫中，凭几四望，新城远近山川景致尽收眼底，其志于此可见。涂宜振好读书，于古人得失操笔而为议论，故以史论为最有名。著有《花舫杂咏》《涂宜振文集》等。《新城县志》（乾隆十六年刊本）有传。

涂斯皇与易堂及程山诸子交最善，常往来其间。其与易堂相交之厚，魏礼叙云：“予兄友与君（指涂斯皇，引者注）为兄弟，比之易堂人。”（魏礼：《赠涂宜振》）魏禧尝于新城授徒多时，故其交谊最挚。魏禧叙道：“频年授徒新城，则同涂宜振晨夕相讲论。……或推枕起，投袂奋步于室中，疾声大言，闻者惊为诟厉。”（魏禧：《涂宜振史论叙》）涂宜振长魏禧七岁，魏氏则以兄事之。两人曾合著《古论合刻》板行，魏际瑞为作序云：“新城涂子宜振隐居读史，好议古人得失，著为论者凡数十篇，将同吾叔弟凝叔之论并刻以行。予往从季弟和公知宜振为人当贵介，少年时泊然于势利，长而四方贤人至其地者，必内交之。”（魏际瑞：《古论合刻序》）又著《花舫杂咏》，邱维屏为之序，称其人“资性孝友，日怡怡愉愉，出入尚书父子后，略不以贵侈凌人”，其诗“多近选体，其淑宕而清绮中，每出自然之致”（邱维屏：《花舫杂咏序》）。涂氏与易堂诸子书信往来频繁，谈学论道，切劘砥砺，诗酒流连。卒后，魏禧作文哭之，情至悲切。

涂　酉

涂酉，字子山，新城人。鼎革后无意进取，以游为事，交友甚广，游踪遍及南北，其中客广陵最久，所至必登览名胜。涂酉为人悫挚守道，笃尚气谊。与南昌名士王猷定交善，王卒，涂氏为之经纪丧事。晚年，郡判黄元治曾延其入署斋，与他切磋文事，不久病笃，黄氏恸哭之，为他经纪后事。黄元治平素即驰名于京师，诗及书法妙绝一时，然其如此惓惓于涂酉，在仕宦中颇为少见。涂酉卒后，黄氏作文祭之，称其“处心也古，负气也奇，姜桂以为情性，经史以为鼓吹，山水以为朋侣，风月以为襟期。故于书靡所不读，于理靡所不窥；又能咀其英华而弃其醴醨，以心胸之所蕴蓄、意致之所悦怡、耳目之所睹记、时事之所欷歔，不发之于文，即见之于诗。”[①] 并称其“文则渊源于欧曾而奥折简劲，又左国史汉之遗；诗则根柢汉魏而淡远幽俊。”[②] 著有《空青集》，《新城县志》（乾隆十六年刊本）等有传。

徐西与易堂交善，尤以魏氏兄弟为莫逆。其著《空青集》，魏禧、魏礼兄弟都为之作序。魏禧纪其与徐西交游之始：“辛丑，余游新城，尝见子山诗，因欲以识其人。又闻子山守贫，不务苟得，所与游少当意者，以是得狂名，余益愿见之。明年，余游广陵，与子山同客刘氏涉园，得尽读其《空青集》，为之点次所违覆，而中者十而九。余乃叹人言子山狂人，自不狂耳。”（魏禧：《涂子山空青集序》）由此可知，二人之识当在康熙元年壬寅（1662），当时两人皆客广陵，后又在癸卯（1663）年再次相遇于广陵，涂西向魏禧索序，“癸卯，予再游广陵，子山出余所点次，曰：子其可无一言?”（魏禧：《涂子山青空集叙》）魏禧遂为之序。魏礼也是先得读涂氏之文而知其人，而后出游燕京之时，曾淹留于广陵，得交徐氏，“予出游燕齐，滞广陵，与子山同宇分东西户，悉见子山如所闻，更悃愊少貌言。子山悉出其文，使予阅之，任意甲乙。”（魏礼：《涂子山文序》）魏礼于是写了这篇序言，亟称其为人为文。此外，徐西与林时益等人亦有酬唱，如林时益《广陵别涂子山》诗有“广陵寒雨俱为客，郿水长风欲去船。白首镫前看独笑，如君绝不梦田园”之句。

---

① 黄元治：《祭西文》，方懋禄等修，夏之翰等纂《新城县志》（乾隆十六年刊本），《中国方志丛书》华中地方·第八九六号，台湾成文出版社有限公司，第1066～1067页。

② 黄元治：《祭西文》，方懋禄等修，夏之翰等纂《新城县志》（乾隆十六年刊本），《中国方志丛书》华中地方·第八九六号，台湾成文出版社有限公司，第1066～1067页。

第二节　岭南、皖中、闽中地区遗民师友

一　岭南

陈恭尹　附北田诸子

陈恭尹（1631～1700），字元孝，号半峰，晚号独漉山人，又自号罗浮山人，私谥“贞谧先生”，广东顺德人。父邦彦，以阁部殉国。陈恭尹生性聪慧端重，又幼承庭训，故习闻忠孝大节之义。12岁丧母，15岁补诸生。及长，以忠臣遗裔隐而不出，自称罗浮布衣。继而弃家远游，客闽、浙达七年之久。后归故里葬父于增城，又渡洋访故人于海外。后归里与同邑陶窳、梁梿及何衡、何绛兄弟隐迹于北田，谈道论学，砥砺气节，有“北田五子”[①]之目，为世人所称道。其后又遍游天下，继而归居岭南以诗文自娱。陈氏工古诗文，兼精于书法。王士禛、朱彝尊、赵执信等至岭南，尤为推重。清人冯奉初评价说：“其全集则真气盘郁，激昂顿挫，足以发其幽优哀怨之思，而隐寓忠孝缠绵之致，故非一时诗人所及。”[②]《清史稿·陈恭尹传》称“其为诗激昂顿挫，足以发其哀怨之思。自言平生文辞多取诸胸臆，仆仆道涂，稽古未遑也。”陈田论云：“元孝诗温雅有则，身际沧桑，多感愤之言，而音调仍归和平，则泽古者深也。”[③]雍正八年（1730）十月十九日，广东巡抚傅泰奏：“岭南向有三大家名号……翁山、元孝诗文中多有悖逆之词，隐藏抑郁不平之气”[④]，

---

① 《广州府志》卷132《何绛传》（光绪五年刊本）：“（何绛）与陶窳、陈恭尹、梁梿暨其兄衡隐，称北田五子，声著甚。”其有注云：“《诗粹》作西樵北田；《独漉集》云村北。”《中国方志丛书》华南地方·第一号，台湾成文出版社有限公司，第343页。

② 冯奉初：《明世袭锦衣佥事怀远将军陈元孝先生传》，参见陈恭尹《独漉堂集》（道光五年陈量平刻本），《续修四库全书》第1413册，第321页。

③ 陈田：《明诗纪事》，第3057页。

④ 《世宗宪皇帝朱批谕旨》卷27下，《景印文渊阁四库全书》第417册，第618页。

从此也可见出陈恭尹等人志向之所在。王隼曾选辑屈大均、梁佩兰与陈恭尹之诗合刻之，从此有“岭南三家”之目。著有《独漉堂集》行于世。《广州府志》（光绪五年刊本）、《清史稿》、孙静庵《明遗民录》等有传。

另北田五子中，何绛字不谐，号孟门，生性英爽，然生值明季多变故，甲申之变后，放废于罗浮山中；后又出游吴越之地，足迹遍天下。工于诗，著有《不去庐集》。何衡，何绛长兄，字左王，晚号罗峰，甲申之后，隐居教授。何衡好学不殆，能诗文，魏禧称“北田五子，衡为最”，陈恭尹称其“文人行方而和，非道义不言，敦尚伦纪而务穷理致用，无拘儒迂腐之习。”[①] 挚友陶窳携母而居，后游于外，其母卒，何衡为之主丧，其友谊笃者若此。二人于《广州府志》（光绪五年刊本）等有传。陶窳（苦子）与梁梿（器圃）生平不详。

易堂诸子与陈元孝等北田五子为至交，其交情之挚厚不下于与程山、髻山诸子之谊。其交始于顺治末年易堂魏礼之游岭南，以得识恭尹等北田诸人，定为兄弟交。魏世傚纪云：“岭南北田五子曰：二何先生左王、弟不偕、梁先生器圃、陈先生元孝、陶先生苦子，与家君子为昆弟交，以年齿少长相序称。”[②] 又：“先君子初游岭南，时年方壮，与北田五先生为昆弟交。”[③] 林时益也叙及此事：“魏季好奇士，岭表多隐沦。北田访五子，一见结殷懃。”（林时益：《癸卯冬魏和公自岭南归新交屈子再过北田云何母明年七十左王不偕欲得吾堂中诗文以为寿遂以所闻和公者成诗》）陈恭尹《朱厓歌送魏和公》小序纪云：“魏和公自宁都过余，再信宿，为深知，余不自知然也。”[④] 康熙元年（1662），魏礼从岭南归，向易堂兄弟亟称北田

① 陈恭尹：《何左王墓志铭》，《独漉堂文集》（道光五年陈量平刻本）卷10，《续修四库全书》第1413册，第273页。

② 魏世傚：《赠北田诸先生序》，《魏昭士文集》卷3。

③ 魏世傚：《书梁孝稈赠诗册后》，《魏昭士文集》卷4。

④ 陈恭尹：《珠厓歌送魏和公》，《独漉堂诗集·增江后集》（道光五年陈量平刻本）卷2，《续修四库全书》第1413册，第28页。

诸子，彭士望纪云：“壬寅，魏季子自粤归，述北田五子之为人，此中人莫不彼此移就相观摩，以尽识其人之状貌，知其性之所近与其才之所得为。”（彭士望：《赠北田四子序》）又：“予侨居赣南三十年，固未尝一至粤，而吾易堂魏季子数游之，有《海南杂诗》，尤亟称顺德陈元孝、北田五子之贤。”（彭士望：《赠董舜民游江粤叙》）

由魏礼引荐，易堂诸子遂对北田诸子生钦慕之情，彭士望在写给陈恭尹的信中叙述到其与易堂诸子的交往之由：“元孝既与魏季子齿兄弟，常与望称述元孝之人才德具备，为南粤第一流，望已载之《南海西秦诗序》中，今且流布天下；又常读元孝诗，绝非时辈可及。前承寄近所作古文辞，叔子曾为点定，且相与论列，未审得邮达否？元孝既已兄事和公，而和公为予弟，望遂不忍不以弟视元孝也。”（彭士望：《与陈元孝书》）彭氏之钦羡之意尽现。康熙十四年（1675），彭氏终于一赴岭南，得会恭尹，其欣喜之情溢于言表：“吾易堂魏和公从南海归，亟称陈元孝之人与其友，推重其诗，予同堂咸信之。虽未一识元孝，间寓书辄齿兄弟。乙卯，扶衰冒艰险数千里入粤，始得见元孝，与之语，落落穆穆，不能口给，久而意味出焉。”（彭士望：《独漉堂诗序》）这一次南粤之行，彭氏也见到了元孝挚友陶、何等北田诸子：“乙卯，予入粤见陈元孝、陶苦子，与语无间晨夕，而梁器圃则先二年没矣。何左王、不偕时执母丧，不敢入省郡，予以书吊而邀之，不偕始一出相见，于苦子佛山寓谈信宿。”（彭士望：《赠北田四子序》）其交之挚从此言论中亦可见出一斑。曾灿也数游于岭南，与北田五子往来密切，即邱维屏所谓“曾二传灿、魏四礼、九江任安世，皆尝过为客”（邱维屏：《广州何母寿序》）云云。任安世为易堂高足。何母七十之寿，易堂诸人皆为文祝寿。

易堂诸子与北田诸子往来唱和极为频繁，谈学论文，相互切劘。魏际瑞曾寄魏氏兄弟文集给陈恭尹，恭尹作《宁都魏善伯寄示其兄弟文集率题二诗报之》诗以纪之，中有：“一面今犹阻，千秋志未孤”[①]

① 陈恭尹：《宁都魏善伯寄示其兄弟文集率题二诗报之》，《独漉堂诗集·增江后集》（道光五年陈量平刻本），《续修四库全书》第1413册，第48页。

之句，述其遗民之志。陈氏也曾将自己的诗文集贻易堂诸子点定，此从彭士望与陈氏的信中可知："前承寄近所作古文辞，叔子曾点定，且相与论列，未审邮达否？"（彭士望：《与陈元孝书》）陈恭尹《独漉堂集》，彭士望序云："元孝有大气鼓橐其中，郁不得逞，远览放游，束缚归里，非其所好，磨礲圭角，低头就之，随物肖形，以其类应，浑浑莫窥其际间，有刑天舞戚、衔木填海之思，跃冶迸出，随即遮扫，灭去爪迹。始以我法用古人，久之，并不见法，惟有真意盘旋楮上。予故谓元孝，今之杜甫也。"（彭士望：《独漉堂诗序》）他对陈恭尹其人、其诗的推崇从此可以看出。魏禧虽然未曾一至岭南，然其与北田诸人可谓神交，有诗句云："我生四十不粤游，此中五子神交久"（魏禧：《寄寿岭南何母七十》）；又云："吾乡与岭南接壤，予常以谓不足游，故吾伯、季皆客之，予独未往。然闻其地多物产奇异，近与顺德陈元孝诸子为神交，则欲往而未暇。"（魏禧：《岭南适笔叙》）

屈大均

屈大均（1630～1696），原名绍隆，字翁山，又字介子，号华夫，一号泠君，番禺人。屈大均天资聪颖，读书过目成诵，十四五能为诗文，十六岁补南海县生员，并从陈恭尹之父陈邦彦读书越秀山，有经世大志。后遭鼎革之变，邦彦殉节以死，屈大均弃诸生服。己丑父殁，遂削发披缁，师事函是于雷峰海云寺，法号今种，字一灵，又字骚余，名其居室曰"死庵"，与同邑诸子成立"西园诗社"。之后漫游于吴越间，谒孝陵，名士皆争交之。又至于京师，东出榆关，并至塞上，复淹留吴越，期有所为。康熙元年（1662），蓄发还俗。数年后再度出游，由南京而至秦晋，会顾炎武、李因笃、朱彝尊等遗老名流。康熙十三四年间，往来于楚粤军中，后知有僭窃之心，随即谢事以还，归而事母。总其生平，如《番禺县续志》所载："自国亡后，诸遗老多扞文网，大均忽释忽儒，又喜任侠，往来荆楚吴越燕齐秦晋之乡，遗墟废磊，靡不揽涕过之，皭然自拔于尘壒之表。"[①] 屈大均诗名颇高，

① 《番禺县续志》卷18《人物志·屈大均传》（民国二十年刊本），《中国方志丛书》华南地方·第四十九号，台湾成文出版社有限公司，第235页。

为清初岭南三大家之一，毛奇龄称其诗“超然独行，当世罕有”[①]。陈田分体论云：“翁山五言咏古诗，突兀奇崛，多不经人道语；七律雄宕豪迈；五律隽妙圆转，一气相生，有明珠走盘之妙。”[②] 著有《九歌草堂集》《道援堂集》，后汇编为《文外》十七卷、《诗外》十七卷；此外还有《易外》《四书补注》《广东新语》《广东文选》《广东文集》《岭南诗选》《十八代诗选》《李杜诗选》《今文笺》《今诗笺》《永历遗臣录》，等等。然其书中语多违碍之词，故屡遭禁毁。《番禺县续志》（民国二十年刊本）、孙静庵《明遗民录》等有传。

屈大均与易堂诸子的往来十分密切。魏礼与曾灿频繁客游于岭南，因得以交。从林时益《癸卯冬魏和公自岭南归新交屈子再过北田云何母明年七十左正不偕欲得吾堂中诗文以为寿遂以所闻和公者成诗》一诗可知，魏礼之交识屈大均盖在康熙二年（1663）前后，诗中有句云：“魏季再游粤，云得招灵均。十六服僧服，往寻韩相孙。关隶谓无繻，恐长为边民。牵衣劝令归，遂谒十四陵……”诗题中指“屈子”，即为屈大均。又魏礼之子世傚在《屈翁山先生五十序》中说：“盖先生与家君交于粤东。”[③] 曾灿之交屈大均，也当在客游岭南之时，之后又几度有往来，康熙二十三年（1684），两人同客游西宁，分别之时屈大均作诗三首送别曾灿[④]，中有“龙去悲明日，天回望此人”之句，时为三月十八日，以悼思宗之殉国。又有《送曾止山还光福歌》等诗。

对于易堂诸子，屈氏也是心存敬佩，在友人丁子同赴赣任之时，他曾向丁氏推荐宁都魏氏兄弟，其诗有“月明三卜秦淮夜，梅发双行大庾春。孝友即同张仲饮（屈氏自注：谓宁都魏氏），芬芳先与楚

---

① 毛奇龄：《道援堂集序》，参见陈永正主编《屈大均诗词编年笺校》，中山大学出版社，2000，第31页。

② 陈田：《明诗纪事》，第3049页。

③ 魏世傚：《屈翁山先生五十序》，《魏昭士文集》卷3。

④ 陈永正主编《屈大均诗词编年笺校·送曾止山（三首）》笺云：“灿于康熙二十三年春尝游西宁，有咏文昌阁诗，翁山游西宁亦其时也，诗当为是年三月十八日送别曾灿之作。”第623页。

人亲”之句。康熙十八年（1679）秋，屈大均自南京返粤，途经江西之时，曾有意一往翠微峰拜访易堂诸子，然终未成行[1]，时作《赠魏处士冰叔》一诗，咏翠微自然人文景观，借传说中汉代的张丽华“佳人重意气，仙举非得已”[2]，以赞易堂诸人志节之高洁。又有《宁都魏叔子季子隐金精山诗以寄之》一诗，大概亦作于此时，诗云：“螺川南上更登舻，滩尽高台见郁孤。秋气惊来江上早，雪花吹到岭头无。天留一剑知何意，人在三门尚有徒。不嫁长沙仙女好，金精高卧亦良图。”[3] 诗中同样表达了对易堂诸子的钦羡之情，并有互勉之意。

屈大均与易堂后辈魏世傚也有交往，康熙十九年（1680）孟夏，魏世傚在金陵遇到屈大均时，“以先辈礼见先生”[4]；尝作《屈翁山先生五十序》一文，记屈氏之生平事迹，慨然赞之；又为屈氏《屈翁山文外》作序，称其文“浩瀚磅礴，能自行其气”，“学博而辞沛，一旦为文，有发而不可御之势”，又能“俯而就于格法，以合于古人之妙”。[5] 易堂高足王源也与屈大均有交，其《屈翁山诗集序》纪云：“予少见翁山于广陵，未深交”，称屈诗“原本忠孝，根据汉魏乐府，包罗六朝、三唐之盛，而自写其性情际遇，大醇无小疵，直驾宋明诸作者上。”[6] 推崇之意由此尽显。

---

① 《番禺县续志·屈大均传》（民国二十年刊本）载：“己未，复奉母避地江南，又欲留居于赣，入翠微山中，与易堂诸子相讲习，未几遂归。”陈永正主编《屈大均诗词编年笺校·赠魏处士冰叔》一诗之后笺云：“康熙十八年秋，大均自南京返粤，途径江西，欲往宁都与易堂诸子相讲习而未果，此诗当作于此时。”第527页。关于此事，魏礼子魏世傚在《屈翁山文外序》亦有所谓“又闻其欲寄孥于赣，来吾翠微山中相讲习”云云，由是而观，屈氏虽欲往翠微易堂，然终未成行。

② 屈大均：《赠魏处士冰叔》，陈永正主编《屈大均诗词编年笺校》卷8，第527页。

③ 屈大均：《宁都魏叔子季子隐金精山诗以寄之》，见陈永正主编《屈大均诗词编年笺校》卷8，第527页。

④ 魏世傚：《屈翁山先生五十序》，《魏昭士文集》卷3。

⑤ 魏世傚：《屈翁山文外序》，《魏昭士文集》卷3。

⑥ 王源：《屈翁山诗集序》，《居业堂文集》（道光十一年读雪山房刻本）卷14，《续修四库全书》第1418册，第214页。

张 穆

张穆（1607～1683），字穆之，一字尔启，自号铁桥子[①]，东莞茶山人。张穆生性倜傥任侠，工诗，并善击剑；好畜马，常独与马相对久之，尽得马之性情神理，故善画马，其友王邦畿有诗赞咏云：“忼慨肝肠面血红，硬须如铁向西风。莫愁五十无知己，壮气犹存骏马中。”[②] 闻甲申之变，北都陷落，痛哭于茶山雁塔寺。唐王聿鍵立，张氏为曹学佺疏荐，诏与张家玉募兵于惠、潮。汀州变起，唐王遇害于福州，张家玉以兵饷不继，不得已而偕张穆归里。当时有人拥立唐王监国于广州，张穆长叹道：“诸当事不虞敌而急修内难，亡不旋踵矣。”遂隐于东溪，言其庐曰“东溪草堂”，继而出游天下。张氏所作诗奇杰可诵，与当时名士朱彝尊、韩纯玉、刘献庭等人都有唱和。晚年好道术。朱彝尊《赠张山人穆》云：“铁桥山人逸兴长，草堂卜筑东溪傍。弹棋击剑有奇术，饮酒赋诗多乐方。逢人岂惮霸陵尉，画马不数江都王。莫道雄心今老去，犹能结客少年场。”[③] 又吴绮概其生平云：“盖张君探道之微，养神于旷，青衿学剑，得妙术于猿公；彩笔摛文，写奇情于龙友；负管葛之志，寄意图书，具陶谢之情，放怀山水。”[④] 由此俱可见张穆生平意志之所在。著有《铁桥山人稿》《东溪堂集》等[⑤]。《赣南府志》（道光二十八年刊本）、《东莞县志》（民国十年铅印本）等有传。

张穆与易堂曾灿、魏礼等人过从甚密。曾灿述其与张穆交往经

① 《东莞县志》卷64《人物略十一》（民国十年刊本）：“张穆，字尔启，号穆之，茶山人”；《赣州府志·寓贤》（道光二十八年刊本）（卷59）：“东莞张穆，字穆之，布衣，号铁桥子”。

② 王邦畿：《赠张穆之》，《耳鸣集·焚余旧草》（清初古厚堂刻本），《四库禁毁书丛刊》集部第87册，第106页。

③ 朱彝尊：《赠张山人穆》，《曝书亭集》卷3，世界书局，1937年初版，第37～38页。

④ 吴绮：《张铁桥顾云臣合画像册题词》，《林蕙堂全集》卷10，《景印文渊阁四库全书》第1314册，第399页。

⑤ 张江裁《明遗民张穆之先生事迹及遗稿》：“先生生平著述，如《铁桥山人稿》、《东溪堂集》，及自著《铁桥道人年谱》，俱见著录，今并不传。”

历云："予于辛卯岁，谋食岭南，方困于依人，不得过从，今乃见之。十年后而张君则固已老矣。"（曾灿：《张穆之诗序》）辛卯岁为顺治八年（1651），十年之后即为顺治十七年（1660）。又纪云："庚子岁，予客东莞，交铁桥先生，尝饮其东溪草堂"（曾灿：《题张铁桥像后》），庚子岁即为顺治十年。从此可知曾灿与张穆识面当在此年无疑，二人相见甚欢，"酒酣耳热，道当日少壮时事，辄欲击剑起舞。"（曾灿：《题张铁桥像后》）曾灿为张穆诗集作序，叙其生平事迹，亟称其诗画："时观其眉宇，听其言论文章，所留意者，强半忠孝节义之士，慷慨悲歌，渊渊出金石声。故其文为知几之文，书为法极之书，画为思肖之画。而其诗之感时言事者，近于少陵；抒情适意，则常侍嘉州也。"（曾灿：《张穆之诗序》）后二人又曾相遇于吴门，曾灿述道："今忽忽三庚，复相遇于吴门。先生年逾七十，尚能日行数十里，登黄山绝顶；又于暑雨中，遍历天台雁岩。其气概岂在马伏波据鞍顾盼下。秋杪言归，予过别，出四像属题语。"（曾灿：《题张铁桥像后》）。二人交情之厚可见。

魏礼曾频繁往来于岭南，也曾慕名拜访张穆于"东溪草堂"，并作《过张穆之东溪草堂却赠》二首纪之，其一云："欲下东官去，春潮上晚船。闻君多静理，辙尔过名园。石丈移山色，茶人得水源（诗中自注：穆之性好石，又好茶，而不饮酒）。竟从城市到，见此已无喧。"第二首中有"更出东溪草，评论到夕阳"之句，可知二人性情甚投合，交谈甚欢。此诗当作于顺治十七年（1660），时魏礼同堂友曾灿亦在东莞，而魏礼当时将之海南，往东莞别曾灿，暨拜访张穆，魏氏有《将之海南过东莞留别曾止山》、《上元夜张穆之见过同王克之温静甫曾青藜仁道爰分韵得人字时余有海南之役》等诗为证。此外，魏礼还有一首《别张穆之》，大概就是作于此次分别之时，中有"寒溪一棹不相见，落木千山空尔思"云云，写其依依惜别之情状。张穆也曾拜访易堂彭士望，不果，据《赣州府志》（道光二十八年刊本）载："康熙戊午，（张穆）以粤中不靖，携子侄将隐匡山。舟过虔城，访彭躬庵不值，留远公丈斋。邱仲杰乞画牛、马、鹰、雀，顷刻立就一册，用意精妙，绝不类草草而成者。”① 康熙十七年（1678），虔城即赣州，彭士望此时正游历于湖南，阻兵不可回。此外，易堂魏际瑞也曾为张穆之画鹰图题诗，其云：“为见宣和笔，因怀子美诗。英雄今属汝，神骏想当时。枯树风霜饱，平原稚兔肥。画中犹矫顾，不肯立垂枝。”（魏际瑞：《题张穆画鹰》）此盖以写鹰以见穆之之志。

王邦畿

王邦畿，字说作，一字诚籥，番禺人，生卒年不详。崇祯间副榜贡生，举己酉（1645）乡荐。绍武时，官御史。后隐居西樵山不出，以诗闻名。曾为僧，师事函是，名今吼。并与陈可则、梁佩兰、陈恭尹、方殿元及其子王隼等人并称“岭南七子”。同里友人陈恭尹赞其“秉智含淑，通不偶时，贞不绝俗，直而不肆，柔而不曲。”②《广州府志》（光绪五年刻本）称“其学殖富，意匠深，云浮朏流，别出于岭南诸君子间。”③ 著有《耳鸣集》十四卷，卷首有《自序》，述其集之所由来：“十年以前失去不复存，十年以后删去不敢存。其或托微辞以自见，亦自听之，人不得而听也，又何必存？人曰：耳之鸣也，不可听也，举天下之人告以耳鸣，莫不默喻其所以然者，不以耳听，以心听也。予然之，仅存一二或以待天下有心人。”④《番禺县志》（同治十年刻本）、《广州府志》（光绪五年刻本）、孙静庵《明遗民录》等有传。

王邦畿与易堂魏礼交谊最厚。顺治十七年（1660）仲夏，魏礼游岭海，结识岭南诸子，结为挚友，邦畿即为其一。魏礼子世傚云：

---

① 《赣州府志·人物志》（道光二十八年刊本），《中国方志丛书》华中地方·第九六二号，台湾成文出版社有限公司，第3503页。

② 陈恭尹：《祭王说作文》，《独漉堂文集》（道光五年陈量平刻本）卷10，《续修四库全书》第1413册，第288页。

③ 《广州府志·列传九》（光绪五年刻本），《中国方志丛书》华南地方·第一号，台湾成文出版社有限公司，第143页。

④ 王邦畿：《耳鸣集自序》，《耳鸣集》（清初古厚堂刻本）卷首，《四库禁毁书丛刊》集部第87册，第46页。

"先君子初游岭南，时年方壮，与北田五先生为昆弟交。……与说作王先生并称友善。"① 康熙元年（1662），魏礼由海南归粤，后别岭南诸子时，王邦畿作诗二首送之，道惜别之情，语甚真挚。其一有"昨见便辞琼海去，今还又别翠微归"之句，感叹相见之时太短；其二则道离别之忧痛，其云："行李当途欲出关，离亭有酒不欢颜。要知乡国无多路，只是梅花隔一山。知己痛心如死别，劳人渡海似生还。粤城西畔台南畔，不得留君驻此间。"② 由是而观，王邦畿心中俨然以畏友视魏礼。王氏对魏礼情谊之深，从魏氏所作《别王说作》一诗也可看出，其云："与尔同携手，谓予频不留，适逢归大□（版阙一字。引者注），离别又孤舟。寒草经年色，空江近日浮。若非梅岭路，径接越溪流。"之后，两人亦有书信往来，以述相念之意。王邦畿卒后，魏礼作诗悼之，赞其气节之高，诗云："生年六十老柴荆，州府从来绝送迎。留得孤魂归侍帝，近闻一子竟为僧。诗名只博坟前草，笔札还余纸上情。他日重寻鬼驿寓（说作寓处。原诗注），夜潮空打尉佗城。"（魏礼：《悼王说作》）此外，魏际瑞也与王邦畿有交，王氏曾赠际瑞以石砚，际瑞深为感动，作铭记之："静而厚。噫！此吾之石友。"（魏际瑞：《铭王说作所赠砚》）实际上是以此铭言而赞邦畿其人，并明二人金石之谊。

二　皖中

方以智　附"桐城三方"

方以智（1611～1671），字密之，又字曼公，号鹿起，桐城人。父孔昭为明湖广巡抚，为杨嗣昌弹劾下狱，方以智怀血书讼冤，其父方得释。方以智为崇祯十三年（1640）进士，授翰林院检讨，与陈子龙、杨廷枢、夏允彝等主盟复社，并与如皋冒襄、宜兴陈贞慧、商丘侯方域被称为"明末四公子"。桂王立于肇庆，以翰林院学士起之，继而入阁，然以智知事不可为，改披缁衣，法名弘智，字无可，

---

① 魏世傚：《书梁孝穉赠诗册后》，《魏昭士文集》卷4，第353页。

② 王邦畿：《送魏和公》，《耳鸣集·七言律二》（清初古厚堂刻本），第82页。

别号药地，又号浮山愚者等。方以智生具异质，九岁善属文，十五岁即通经史，学问淹博，自天文，舆地、礼乐、律数、声音、文字、书画、医药、技勇之属，皆能考其源流，析其旨趣，因此名重于时。著有《通雅》五十二卷，《四库全书总目》称：“惟以智崛起崇祯中，考据精核，迥出其上，风气既开，国初顾炎武、阎若璩、朱彝尊等沿波而起，始一扫悬揣之空谈。”[①] 认为清代考据之风起于方氏，其于清代学风影响之大据此可知。又有《物理小识》十二卷、《药地炮庄》九卷、《东西均》一卷；诗文集有《浮山文集前编》十卷、《后编》两卷、《浮山此堂轩别集》二卷、《方子流寓草》九卷等，云间陈子龙称“其情怨而不怒，其词整浑而达，其气激壮而沈实”[②]。《大清一统志》、《江南通志》、《桐城县志》（康熙二十二年刻本）、徐鼒《小腆纪传》、《清史列传》、《清史稿》、孙静庵《明遗民录》等有传。

方以智为易堂畏友，与易堂诸子皆友善。诸子中最先得交方氏的应是曾灿。曾灿曾于顺治三年（1646）十月赣州城破之后不久，即为避祸而远走吴地，于著名的天界寺落发为僧，师事觉浪大师。据曾灿所云，其之所以得以拜见觉浪，正是通过方以智的引荐，“往予与无可大师游，得参天界浪杖人”（曾灿：《石濂上人诗序》），又：“予少慕无可大师为人，以为世方乱，不知其生且死，今乃得识于麻鞋奔走间。”（曾灿：《无大师无生寱序》）由是而知，曾灿早在丙、丁之际，就已结识方以智，当时方氏也为觉浪禅师弟子。之后，二人往来频繁，诗文唱和时常有之。曾灿曾谓方氏“独有孤臣心未死，三年钟磬不曾回”（曾灿：《初入梧州无可大师将南归赋呈并别》），可知其为深得以智之心者。

顺治十六年（1659）五月，在曾灿的联络下，方以智得以造访易堂，对于此次造访，方氏作文纪之：“程山秋水斋晤止山，言赤面、三巘、冠石之盛。先是走信回梅川，令愚者过万安砦，顿黄介

① 永瑢等：《四库全书总目》卷119《通雅》提要，第1028页。

② 引自钱仲联主编《清诗纪事·明遗民卷》，第354页。

五竹篷，遇子宣，语逡日，而彭逊士来相辂矣。”[①] 是时，方以智造访程山谢文洊，与曾灿相晤，曾灿向以智亟称翠微易堂之盛，邀其一访，于是遂有此行。方以智的到访，是整个易堂活动史中的一件大事，特意安排彭任（逊士）相接。而之前，彭任与方以智已有交谊。彭任《送别木立和尚》有句云：“平西一获见，邂逅歌零露。知有梅川行，予往道先路”，叙及与以智交往之事。方以智至翠微山中，令易堂诸子兴奋不已，以智也依次过访诸子：“过穿田，主人彭躬庵出迎；少顷，林确斋至，留宿树庐，语至夜分。”[②] 然后又至林时益之冠石，建议其以禅养疾；后“三魏相过，邀上易堂”，又至三巘彭任、李腾蛟处，所到之处，无不忘情谈道论学。又曾与邱维屏布算，退而语人云：“此神人也。”

对于此事，十二年之后的邱维屏依然印象深刻，津津乐道，“先是十二年，予舅魏冰叔馆水庄。一日招予曰：‘有僧至，殆非常人，盍来见之。’予走见，语数日而去。后李咸斋又自三巘呼予曰：‘师置黑白子，分合图书、易数不能解，尔能解不？’予则又见之。见论阳明子《三间喻》，师遂出《三间说》及各安生理说。见者皆读，读或三四，读或六七，读或八九，读乃能通解。久之，廪山使迎师，师归。”此后，邱维屏也多次拜访过方以智，“予后乃过师廪山景云寺，及吉安之青原。”（邱维屏：《木立师六十寿卷跋》）二人谈佛论道，切劘学问。如邱氏以为“佛未入中国时，吾中国庄周、列御寇之言，固已有佛之说。凡佛之言，名号世界寿命空劫，一皆若庄周之寓言，非实事，而世遂执而信之。”方以智则论云：“佛之生平远出荒裔之外，略不得详考。吾窃意其深处王者之宫，身都世嫡之重，而忽而逃匿于空荒之区，坏衣蔬食，槁形瘠面而无几微之迟悔，此其中必有大不得于心而不可以自达者。故凡佛所言者，其旨愈隐而

---

① 方以智：《游梅川赤面易堂记》，《浮山文集续编》（康熙藏轩刻本）卷2，《续修四库全书》第1398册，第383页。

② 方以智：《游梅川赤面易堂记》，《浮山文集续编》（康熙藏轩刻本）卷2，《续修四库全书》第1398册，第383页。

不测，则必其心之愈危；其言愈汪洋而若有所自恣，则必其虑之愈深。顾其称名取类，则与诡恢者、琐异者同类而炫耀之。”（邱维屏：《木立师六十寿卷跋》）

易堂诸子外，周围名士诸如彭天若、李少贱、魏书等俱来与方氏相会，成一时之盛。毕竟易堂虽然名高，然地处僻远，像方以智这样的名望之士来访者并不多。林时益、魏禧等曾欲以“严师”事之，以智不许，遂为诤友，“禧之事丈人拟于严师，然意所不可，则谔谔然自比诤友之列。”（魏禧：《同林确斋与桐城三方书》）

当然，翠微胜景，诸子行止，也给方以智留下了深刻的印象，他不无感慨地说：“诸公或土著，自城依岩；或流寓，种植自给。二十年来，各携其家，踞峰顶，读书怀古，敷衽啸歌，扶义古处，有茹肝藻雪之风，山川以人发光，良不虚哉！”① 且有“易堂真气，天下罕二”之叹（魏礼：《先叔兄纪略》），魏禧纪云：“丈人见易堂诸子，颇以直谅相许，而教诲缱绻，则于益、禧尤笃，是固同堂同室人也。”（魏禧：《同林确斋与桐城三方书》）易堂诸子对方以智更是崇敬有加，上文所述可见。魏禧云：“吾向交程山先生，和平春容，能使躁气者当之而平，胜心者当之而伏；及交药地大师，能使才人见之自失，愚者见之自喜。”（魏禧：《日录·里言》）其时，方以智居匡庐之青原，在造访易堂之后，易堂诸子与其往来频繁，兼以诗文唱和，诸子文集中皆多有纪之者。如魏禧诗集中即有《读史杂咏呈药地大师》，其中咏及周公、文信国公、申屠子龙、张留侯、李邺侯、邵康节等历史名人，由此也可知魏、方氏皆不忘世事者。

“桐城三方”者，即方以智之三子中德、中通、中履，都与易堂诸人交善。中德（1632～1708），以智长子，字田伯，号依岩，敦行孝友。福王时，方以智构马、阮之难，时中德年仅十三岁，便为父

---

① 方以智：《游梅川赤面易堂记》，《浮山文集续编》（康熙藏轩刻本）卷2，《续修四库全书》第1398册，第384页。

亲奔走讼冤，既而隐居不仕，随父奔走。著有《古事比》五十三卷[①]，《四库全书总目》称“其书以古事之相类者排比成编，然征引虽博，挂漏实多。”[②] 又有《遂上居集》。卒于康熙三十七年(1698)，年八十多岁。中通（1634～1698)，方以智次子，字位白，一字位伯，号陪翁。起初，中通随父宦京邸，克承家学，于天文、律数、音韵、六书等尤为精研。著有《数度衍》二十四卷等；诗文集有《陪集》《续陪集》等，近人邓之诚称其文章“不重修饰，而才气洋溢，声情并茂”[③]。中履（1638～1686)，字素伯，一字素北，号合山，一号小愚，方以智少子。性孝友，幼随父于方外，备尝险阻。中履才思敏捷，又博览群书，好学不辍，晚年构“稻花斋”于湖上，殚力著述，著有《古今释疑》《理学正训》等；亦以诗文名于时，有《汉青阁诗集》等。卒于康熙二十五年（1686)[④]。方以智逃于方外，“三方”皆徒步而追随，俱不仕进。

易堂诸子与“三方”之交在方以智顺治十六年（1659）造访金精山翠微峰之后。魏禧叙及与三方交往之由：“昔岁己亥，丈人栖迹寒山，列兄德业便已委悉。庚子读三兄《省亲诗》。辛丑夏卖茶黎川，大兄、二兄所作赠遗，人见者甚众。”（魏禧：《同林确斋与桐城三方书》）易堂诸子从方以智口中得知“三方”为人，之后又得读其诗，心便慕之。顺治十八年（1661)，林时益卖茶黎川，中德、中通曾赠与诗文，然由于种种原因，不得一睹“三方”风采，心中甚憾，“益、禧深恨同生此时，与丈人负剑交，乃不及相见也。当丈人之寿，意列兄至，四方贤者咸集，益、禧负笈廪山，得尽见其人，与列兄为昆弟语，会以寇阻未果。”（魏禧：《同林确斋与桐城三方

---

① 《四库全书总目》著录《古事比》53卷，而王士禛《渔洋山人感旧集》卷8引张仲畯语，云其“著《古事比》一百卷”，吴德旋《初月楼闻见录》卷10也记其“著《古事比》一百卷”。

② 永瑢等：《四库全书总目》卷139《古事比》提要，第1179页。

③ 邓之诚：《清诗纪事初编》，第130页。

④ 余英时：《方以智晚节考》（增订版），生活·读书·新知三联书店，2004，第119～122页。

书》）于是寓书以报其敬慕之意，“侧闻大兄之资，老成浑厚，练于物务；二兄才能肆应；三兄高朗，有不可一世之意。此皆难得才也。”（魏禧：《同林确斋与桐城三方书》）康熙九年（1670），魏禧将再游吴地，曾过青原山访方以智，作诗《同药地大师坐晚对轩有作》，中有“师闻躧履迎，一笑写幽独”之句；并留柬方中履，中有“使我不相值，入门心踟蹰”之句（魏禧：《将下广陵过青原山留柬方素北》）。由是可知，此时魏禧犹未得见中履，然神交既久，也不失为畏友。

彭士望于顺治十八年（1661）年客游皖中，得交方中德，其《耻躬堂诗集自序》云：“辛丑，适皖（主方名中发、杨名森、方名中德）。”（按：括号内文字为彭氏自注）彭士望与方中履亦为至交，观其《与方素北书》洋洋数千言，而从“比年贵乡暨我江右老成接踵凋逝，兼及壮强，尊公之丧尤创巨痛深”，可知此信写于康熙十年（1671）方以智去世后不久。又据“去腊同道兄若老方舟五云，语连日夜，颇竭愚诚，蒙道兄不我鄙夷，惶恐滩头黯然握别”云云，知其写信之前一年，两人曾一见畅谈。士望此信内容大抵回顾自己生平所为，揭示明季世乱之由，申其人才致用之思想，情意恳挚，非挚友不能言之。易堂曾灿与方氏兄弟往来十分密切，经常宴集，诗酒流连，考其集中，则有《怀方素伯诸子》《留方位白沈孝瑟小饮寓楼》《吴六益赵若木方位白温闻衣舍弟丽天集萧寺次六益原韵》《赠方素伯》等诗，皆纪其交往之事者。

方　文

方文（1612～1669），原名孔文，字尔识，改字尔止，后更名一耒，字明农，号嵞山，别号淮西山人、忍冬等，安徽桐城人。明季诸生。方氏少孤，性豪宕不羁，聪颖过人，专结四方豪杰之士，极负时誉，声名与其从子方以智相颉颃。国变后，弃去举子业，放废江湖间，以卖卜为生；同时锐意著述，并以气节著名。其自题像诗云：“山人一耒字明农，别号淮西又忍冬。年少才如不羁马，老来心似后凋松。藏身自合医兼卜，溷世谁知鱼与龙。课板药囊君莫笑，赋诗行酒尚从容。”此诗堪称方文自传。康熙八年（1669），客死于无锡。著有《嵞山集》五十卷。其诗陶冶性情，流连景物，不专事雕绘之工；又多故国之思，以诗存史。《桐城续修县志》（道光十四年刻本）云其“所为诗上自汉魏、下至宋元，无所不有……更丧乱，抑塞磊落一发于诗，故其沉顿苍凉之作似老杜者为多。”① 阎尔梅称其“尚论古今作诗史”②，张其淦亦云“嵞山亦诗史”③。王士禛则评其诗云：“桐城方嵞山文，少有才华，后学白乐天，遂流为俚鄙浅俗，如所谓打油、钉铰者。”④《桐城续修县志》（道光十四年刻本）、孙静庵《明遗民录》等载有其传。

方文与易堂曾灿过从甚密。顺治十年（1653）九月，曾灿以缁服造访方文于桐城，方文偕龙眠诸名士与曾氏唱和累日，遂订交。先此，方文曾识得曾灿之兄曾畹。方氏有《喜曾止山见访》一诗纪之，诗题之下自注云：“止山，庭闻之弟也，自粤归，已为僧矣。”其诗云：“赤铸山前送尔兄，看云忆弟不胜情。南浮粤海应归佛，西去秦关且用兵。烽火一年无远信，蒲团九月到荒城。”⑤ 曾灿也作诗赠方文，中有“一闻送别秦中句，未见已知意气真”之句（曾灿：《赠方尔止》）。九月十六日，曾氏将还匡庐，方文又集同志送之，其《九月十六日载酒城东送曾止山还匡庐左子直游归德同送者陈子垣张濬之陈二如马孔璋左子厚也》一诗纪之甚详，中有句云：“邹阳正及梁园雪，惠远终归庐岳云”⑥。之后，两人常有过从，如顺治十八年（1661），方文游江西，会晤曾灿及其兄曾畹，十二月二十四日，将返，曾灿作诗送之，其中有“一自龙眠后，十年三见君。人

---

① 《桐城续修县志》卷15《儒林》（道光十四年刻本），《中国地方志集成·安徽府县志辑12》，江苏古籍出版社，1998，第530页。

② 阎尔梅：《桃花城秋夜赠方尔止》，《白耷山人诗集》卷4，《四库禁毁书丛刊》集部第119册，第401页。

③ 张其淦撰，祁正注：《明千遗民诗咏》，周骏富辑《清代传记丛刊·遗逸类①》，第118页。

④ 王士禛：《古夫于亭杂录》，中华书局，1988，第97页。

⑤ 方文：《喜曾止山见访》，《嵞山集》卷8，第413页。

⑥ 方文：《九月十六日载酒城东送曾止山还匡庐左子直游归德同送者陈子垣张濬之陈二如马孔璋左子厚也》，《嵞山集》卷8，第415页。

生知渐老，世事不堪闻”云云（曾灿：《虔州远别方尔止》其二），又有“一别成生死，故交应问谁”之句（曾灿：《虔州远别方尔止》其一），可见其交之厚。又有《赠方尔止》诗，中有“此去匡庐看断壁，知君曾不厌游贫”之句。康熙六年（1667），又相伴游白雀寺。曾灿将往吴门，方文等作诗相送。是年年底，方文又招同曾灿、顾苓等守岁嵞山草堂，论学赋诗。

此外，方文与易堂彭士望亦有交。康熙二年（1663），彭士望客吴地，三月，方文曾偕彭士望、顾茂伦等诸子集于万岁楼和诗送春，作有《万岁楼送春诗》以纪之，题下自注云：“同集者南昌彭躬庵、仁和周兼三、吴江顾茂伦，长洲程杓石、施又王……”[①]。对此次集会，彭士望也有记述：“癸卯，留京口半岁（主潘名陆），谈子远客不得见（允谦）；即游吴门（主陈名璧），晤顾名有孝、陈名济生、程名杓、施名諲先。”（彭士望：《耻躬堂诗抄自序》）与方文所述相合。

钱澄之

钱澄之（1612～1693），原名秉镫，字幼光，后改名为澄之，字饮光，号田间老人，安徽桐城人。明季诸生。弱冠之时，曾面斥某阉党巡按御史而闻名四方，与陈子龙、夏允彝交善，成立云龙社，以期接武东林。弘光时，由党祸而避难闽中，黄道周荐为吉安府推官，又改延平府推官。桂王时，授翰林院庶吉士，凡大诏令皆为钱氏所拟。顺治七年（1650）乞归，隐居田间。后改缁服，号西顽，出游燕、齐、吴、越，所至必交当地名贤。钱澄之家世学《易》，又曾问《易》于黄道周，著有《田间易学》十二卷；又有《田间诗学》十二卷、《庄屈合诂》等。张舜徽先生论清初学术时，对钱氏甚为推崇：“近世称述清初学术者，恒称顾炎武、黄宗羲、王夫之为三大儒，而不知当时桐城钱澄之实亦不废大家，足与三人媲美。”[②]又工于诗文，有《藏山阁诗文集》。朱彝尊称其诗“屡变而不穷，

① 方文：《万岁楼送春诗》，《嵞山续集》卷1，第857页。

② 张舜徽：《爱晚庐随笔》，第307页。

要其流派，深得香山、剑南之神髓，而融会之”[①]。《桐城续修县志》（道光十四年刻本）、《清史稿》等有传。

钱澄之与易堂曾灿、彭士望等均有交。曾灿曾于顺治十年（1653）秋造访澄之于江村，时钱氏正在双溪，因病滞留，有诗《曾青藜过草堂余以足疾卧双溪俟看花始回先寄一首》云：“有客冲寒过草堂，无端卧病滞湖乡。”[②] 曾灿留候十余日，钱氏始归。对于此事，钱澄之纪云：“癸巳秋，止山访予江村，予方看花双溪未归，止山留十日。迟予相见时，盖俨然两头陀也。”[③] 可知，当时两人俱改僧服。二人相见甚欢，“相持大恸，因置酒脯，饮啖纵谈，旁观者大骇。留数日而去。”[④] 之后二人又数有相会，并常有诗文唱和。顺治十七年（1660），曾邂逅于长干，时为岁末，于是一起守岁，钱氏纪其事云：“又八年，相遇长干，尔乃惊涛初定，人有戒心，共予守岁驯象门外矮檐破壁中，酒尽炉寒，凄凉可念也。”[⑤] 曾灿也有诗纪此次相会：“他乡惟此夜，最易白人头。寒雨不成梦，明灯生还愁。逋臣犹共汝，故国竟如舟。万事从今过，又来开岁忧。”（曾灿：《同钱幼光守岁》）康熙十六年（1677），钱澄之过吴门，访曾灿于邓尉寓所，信宿而返，曾灿有《吴门喜遇钱幼光》一诗，中有“一别自成多少恨，争看须发各相猜”之句，述沧桑之感；康熙二十三年（1684），钱氏过城南访曾氏，曾灿出其壬、癸所作诗属钱氏序之，澄之遂“独叙与君交游之始末、聚散之情事”[⑥]，语甚悲凉。

彭士望曾于顺治十八年（1661）往皖中拜访钱澄之：“辛丑适皖（主方名中发、杨名森、方名中德），造土室荆台客（即周刚），访西顽道人（钱名秉镫），出当涂（主曹名台岳），留采石，岁尽复

① 朱彝尊：《静志居诗话》，人民文学出版社，1990，第671页。

② 钱澄之：《曾青藜过草堂余以足疾卧双溪俟看花始回先寄一首》，《田间诗集》卷2。

③ 钱澄之：《（六松堂诗集）序》，曾灿：《六松堂集》（清钞本）卷首。

④ 钱澄之：《曾青藜壬癸诗序》，彭君华点校《田间文集》卷15，第277页。

⑤ 钱澄之：《曾青藜壬癸诗序》，彭君华点校《田间文集》卷15，第277页。

⑥ 钱澄之：《曾青藜壬癸诗序》，彭君华点校《田间文集》卷15，第278页。

归。”（彭士望：《耻躬堂诗集自序》。按：括号内文字为彭士望自注）

孙　默

孙默（1613～1678），字无言，号桴莽，一号黄岳山人，休宁人。甘于清贫，不喜奢华，常缸无储粟，以布衣终其生。孙默久客扬州，四方知名士之过广陵者多愿交之，遗民故老如归庄、杜濬等均与之友善，当时名士如王士禛、朱彝尊、宋琬、施闰章等人也常与之过从。晚年志欲归隐黄山，遍索赠语，诸友皆作诗文以送之，所得赠文不下千余篇[①]，可称一时之盛事。康熙十七年（1678）卒，年六十六。王士禛作《祭孙无言文》，称其“大抵忘机而任真，尚名义而鄙荣利，弃妻子如脱屣，而于文章朋友之嗜，不啻饥渴之于饮食。”[②] 此盖为孙默一生之写照。孙默工于诗文，著有《笛松阁集》，并辑刻《十五家词》三十七卷，洋洋大观，《四库全书总目》称此选“虽标榜声气尚沿明末积习，而一时倚声佳制，实略备于此，存之可以见国初诸人文采风流之盛。”[③] 汪懋麟为其撰墓志铭，孙静庵《明遗民录》等有传。

孙默与易堂魏禧、魏礼、曾灿等友善。康熙元年（1662），魏禧因恐封己自小而出游吴越之地，在同乡友人涂酉的引荐之下结识孙默，魏禧纪道：“壬寅，予客广陵，吾乡涂子山数为余言其人，余因得交之。”（魏禧：《送孙无言归黄山叙》）康熙二年（1663），魏氏再之广陵，孙氏已易新居，并言将归黄山，魏禧遂作序送之。文中叙孙默生平行事，称他“以其交游之力，从屠沽贾衔中物色天下非常之人”（魏禧：《送孙无言归黄山叙》）。魏禧文集中还有《与休宁孙无言书》一篇，大概写于此后不久，大抵论文章与交游之道，伸

① 汪懋麟《孙处士墓志铭》：“处士常尝索送归黄山诗，四方之作，几盈数千首。”（《百尺梧桐阁文集》卷5）施闰章《孙无言六十序》：“孙子聚相欢离相思，处南北士大夫辐辏之地，诗筒鱼素数千里音驿不绝，然则送归黄山之诗文即盈万”云云。（《学余堂文集》卷9）

② 王士禛：《祭孙无言文》，转引自钱仲联主编《清诗纪事·明遗民卷》，第497页。

③ 永瑢等：《四库全书总目》卷199《十五家词》提要，第1826页。

张他的经世思想。

除魏禧外，魏礼于康熙三年（1664）省兄燕京而取道广陵，作《送孙无言归黄山》一诗。魏际瑞虽然未尝与孙默识面，然而通过读两弟送孙氏之作，心慕其为人，也作序送之，中云："予以壬寅夏入燕，其明年，予弟凝叔寄其所为诗文，就质于予，则有《送孙无言归黄山》者，谓无言住广陵十载，无一日不言归，朋友之为诗文以送者，盈一簏。无言方新其居，而言归如故也。又明年，予弟和公取道广陵省予燕邸，出其赠答诸作，又有所谓《送孙无言归黄山》者。……和公云：'江南乙亥之乱，无言弃其居室，独身逃去，惟保所赠归之诗文于怀，叫呼而示人曰：吾此幸无恙也。'於戏！无言之于朋友与文章者如此，予虽未交无言，即无言之人可知矣。"（魏际瑞：《赠孙无言归黄山序》）此时客游燕地的曾灿闻此也作诗送之，中有"羡君携杖去，日暮下泉声。……惭予燕市客，六月正长征"（曾灿：《送无言山人归黄山》）之句，言语之中充满艳羡之意。

三　闽中

李世熊

李世熊（1602～1686），字元仲，号但月，一号媿菴，又号寒支子，宁化人。明诸生。曾受业于黄道周，于书无所不窥，凡经史以及释典、道书、医卜、星纬之学，靡不淹贯，而独好屈原、韩非、韩愈之书。年十六，补弟子员，中天启元年（1620）副榜。甲申变后，知天下事不可为，隐居泉上，颜其居曰"但月"，隐意为"明一人"。唐王时，黄道周、何楷、曹学佺等荐授翰林博士而不受，旋即闽陷，李氏遁入山中，祝发披缁，名"寒知"。李世熊慷慨愤激，以文章气节而闻名天下，盗贼掳掠乡里，独不坏其寒支园。康熙十四年（1675），耿精忠逆反，遣使礼聘，世熊严拒。康熙二十五年（1686）卒于家，享年八十五岁。著有《寒支集》（《寒支初集》《二集》）十六卷。其文奇崛峭刻而自具骨气，善于说理，又多记明季义士及轶事旧闻，有补于史缺；诗则险拔自矜，不择声调，自成一家。

朱彝尊称其诗“镂错见长，澄滤不足”[①]。徐鼒《小腆纪年》载：“福州陈金城孝廉出所藏《寒支集》示鼒，皆怆怀故国，悼念师友之作，思肖麦秀之悲，沈书眢井；子期酒垆之感，闻笛山阳，所谓亡国之音哀以思欤？”[②] 陈田则评云：“元仲诗凄婉如谢皋羽，藻丽似杜牧之，沈挚又似黄双井、陈后山。去其熏染时习者，元仲之真面出矣。”[③] 盖为的评。诗文之外，又有《钱神志》《史感》《物感》《本行录》等，并修《宁化县志》，“新裁独抒，为通儒所称”[④]。《福建通志》、《清史列传》、《清史稿》、孙静庵《明遗民录》等有传。

李世熊与易堂诸子为性命交，堪称易堂畏友。考易堂诸子之最先交世熊者，当为彭士望，两人同出黄道周之门。顺治十六年(1659)，彭士望寓书李世熊，自道生平志向之所在，并报相慕之意，李世熊纪云：“至己亥，有持书自宁都来投者，始知旅寓易堂之彭躬庵，即前所闻之达生也。”[⑤] 李氏作书答之，此为与易堂通声气之始。顺治十七年（1660），彭士望过宁化造访李世熊，“庚子，先生(指彭士望。引者注）不远数百里税止草庐，剧谈十昼夜”[⑥]，二人遂定金石之交。旋即，魏礼为朋友谋命而求李世熊援解，对于这件

---

① 朱彝尊：《静志居诗话》，第 660 页。

② 徐鼒：《小腆纪年附考》，第 439 页。

③ 陈田：《明诗纪事》，第 3197 页。

④ 李清馥：《闽中理学渊源考》卷 88《李元仲先生世熊》。

⑤ 李世熊：《祭彭躬庵文》，《寒支二集》（清初檀河精舍刻本）卷 6，《四库禁毁书丛刊》集部第 89 册，第 547 页。

⑥ 李世熊：《祭彭躬庵文》，《寒支二集》（清初檀河精舍刻本）卷 6，《四库禁毁书丛刊》集部第 89 册，第 547 页。然考《寒支岁纪》载：“康熙元年壬寅六十一岁：初夏，彭躬庵先生始过访君，与易堂诸先生通声气。”［《寒支二集》（清初檀河精舍刻本）卷首，《四库禁毁书丛刊》集部第 89 册，第 403 页。］邓之诚《清诗纪事初编》亦载：“士望入闽访世熊，在康熙元年。”（第 283 页）二说与李世熊《祭彭躬庵文》中所记有出入。《寒支岁纪》记李世熊行年事迹，顺治三年之前（包括三年）事由李世熊自编，而自其于顺治三年入山祝发后事，遂不再自记，由其子权续编。邓之诚先生恐依《寒支岁纪》之说。笔者以李世熊《祭彭躬庵文》所纪为准，认为躬庵之入闽在庚子，即顺治十七年（1660）。

事，彭士望纪道：“予最后交先生仅十年，先生谬引为一人知己，而吾易堂魏和公尝过客先生，丐先生为活其友死命，先生颇推重其气谊。于是易堂、程山诸子皆闻先生之风而慕之。”（彭士望：《李元仲七十序》）魏禧也说：“宁化李元仲先生书无所不读，三十年危言危行，与吾友彭躬庵、季弟和公交甚笃。”（魏禧：《李元仲六十寿序》）今考《寒支岁纪》，载：“癸卯六十二岁。南康义士查生（天球）陷大刑，事属广信黎司理，易堂魏和公先生（礼）特过泉上索书援解，先君立发书附去。”[①] 此即指和公拜访世熊“为活其友死命”一事，时在康熙二年（1663），魏礼所救之人查天球正是易堂畏友“髻山七隐”之一。从此，李世熊与易堂、程山诸人缔金石之谊，书信往来频繁，切磋学问，砥砺行节。

易堂中人对李世熊非常推重，魏禧云：“弟为童子时，便知先生名字，既于咸斋、躬庵及舍弟和公处，时闻绪论，性情容貌，日如坐对。”（魏禧：《与李元仲》）魏禧心慕李世熊已久，曾欲往闽中一访李氏，然终不果，“数欲肩舆走贵里，一尽隆中之指，而兵寇、疾病沓至扰人，遂不能越境一步。”（魏禧：《与李元仲·又》）对于李氏，曾灿也非常钦佩：“今日海内读书种子自漳浦后，不得不以此坐首推先生。弟尝窃读诸大作及《抗谈集》，叙视数十年事如烛照，数计贵卿，名义林立，惟先生与董司空真实有用，经术肤寸可触，膏雨天下。”（曾灿：《复李元仲书》）此外，邱维屏、彭任、李腾蛟等人都与李氏往来赠答，切劘砥砺。李世熊七十寿时，易堂诸人皆作寿序贻之。其《寒支集》将以板行，特属彭士望为之序，时世熊已七十四岁。彭士望卒后，李氏作文哭之，其情甚悲，“接讣书，五内俱裂，哭不成声，旋设位中堂，呼号痛绝。”[②] 可见其交情之挚厚。

---

① 李世熊编、李权续编《寒支岁纪》，《寒支二集》（清初檀河精舍刻本）卷首，《四库禁毁书丛刊》集部第 89 册，第 403～404 页。

② 李世熊：《祭彭躬庵文》，《寒支二集》（清初檀河精舍刻本）卷 6，《四库禁毁书丛刊》集部第 89 册，第 546 页。

至于近人邓之诚先生所谓“疑世熊与精金诸人，实有所图”[1] 云云，乃为推断之语，还有待于证实。

余思复

余思复（1614～1693），原名有成，字不远，号中郇老人，将乐人。国变后弃诸生服，更为此名，寓复明之意，既而伏匿山水间长达二十多年之久，著有《山居集》；后又游吴越十七年，归著《吴游草》。余思复少负异才，好学不怠；喜济人急，一日尽数金，而无难色。笃友谊，遗民如皖中钱澄之、同乡李世熊及易堂魏禧等皆与之友善。余思复工于诗文，喜好书法，然其所作文辞大都散失不存，他自述道：“某家居，拙稿呈左右评点者三百六十；出关来所作半之，则桐城钱饮光所评，或劝刻之，计费廿金，未能也。”[2] 后同里萧正模等辑其逸稿为《中郇逸稿》二卷。其文不因袭八家面目，然古人之矩矱不失，萧正模称其“文虽不多，而神法气势一以古人为师；其诗闲旷简远，王、孟之遗响也。”[3] 萧正模撰有《余中郇先生传》，孙静庵《明遗民录》等有传。

余思复与易堂魏禧友善。二人交往始于康熙十年（1671）、十一年（1672）间，当时二人同客吴地，据余思复所纪：“往岁亥子，复幸周旋，于扬于苏，每见惓惓，亟称我文，忘我所短。”[4] 今观《中郇逸稿》，标有“李元仲、魏叔子先生鉴定”，亦可见出余、魏之间的情谊之厚。康熙十九年（1680），魏禧再次游吴，又会余氏，此余氏所谓“九载重来，见遗好音，问胡不归，为我伤心，朋友责善，固宜在子”[5] 云云。其中又有“赠我肝鬲，副以龙膋，再拜而授，永矢弗凋”之句，意义隐晦，邓之诚先生认为：“观其结交李世熊、

---

① 邓之诚：《清诗纪事初编》，第 283～284 页。

② 余思复：《寄李元仲先生书》，《中郇逸稿》（康熙余士朴刻本）卷下，《四库未收书辑刊》第七辑第 21 册，第 194 页。

③ 萧正模：《中郇逸稿序》，《中郇逸稿》（康熙余士朴刻本）卷首，《四库未收书辑刊》第七辑第 21 册，第 167 页。

④ 余思复：《祭魏冰叔文》，《中郇逸稿》（康熙余士朴刻本）卷下，第 197 页。

⑤ 余思复：《祭魏冰叔文》，《中郇逸稿》（康熙余士朴刻本）卷下，第 197 页。

钱秉镫、魏禧，是皆不忘故明，隐欲树立者也。所谓丁戊书檄，必与海上有连。太仓通海，居之三年，必非无故。与王炜同祭魏禧文云：'赠我肝鬲，副以龙膂，再拜而授，永矢弗凋。'其言所图，即此数语，可以尽知。"[①] 考清人梁同书《日贯斋涂说》："魏叔子文集有《龙膂记》二篇，文义不可解，问之余戚友许宗彦，宗彦解之似有理。盖一种海外纸，似鱼鳔类者，作字不灭，而垢污可洗。国初遗民多有通问海上事败被戮者，叔子之意，谓以龙膂作书，则不致败事，所谓水有灭波湎酒饮药之能。……盖作字后，或涂以泥，或熏以烟，或涂以丹，或裱以纸，用水洗之仍可去而字见焉。"[②] 以是观之，邓先生的说法不无道理。魏禧卒于仪真，余思复与歙县友人王炜于虎丘寓所为魏氏摆设灵位，"祭以鸡豚鱼肉而哭之以文"[③]，追述往昔，其情挚若此，非同志者不能为之。

第三节　吴、越地区遗民师友

一　吴中

顾祖禹

顾祖禹（1631～1692），字景范，一字复初，号廊下，世居宛溪，故人称宛溪先生，无锡人。父柔谦[④]迁常熟县，精于史学，著有《山居赘论》十余卷。顾祖禹幼年沉敏聪慧，受父教习读诗史，并好地理之学。其父生前曾语祖禹云："士君子遭时不幸，无可表见于

---

① 邓之诚：《清诗纪事初编》，第 286 页。

② 梁同书：《频罗庵遗集·日贯斋涂说》（嘉庆二十二年陆贞一刻本）卷 15，《续修四库全书》第 1445 册，第 599～600 页。

③ 余思复：《祭魏冰叔文》，《中郇逸稿》（康熙余士朴刻本）卷下，《四库未收书辑刊》第七辑第 21 册，第 197 页。

④ 顾柔谦，字刚中，生于万历三十三年（1605），卒于康熙四年（1665），国变后率子隐居，更名隐，字耕石，署其室曰"伐檀"，著有《耕石草》等。事具魏禧撰《常熟顾耕石先生墓志铭》。

世，亦惟有缀拾遗言，网罗旧典，发抒志意，昭示来兹耳。常怪我明《一统志》……于古今战守攻取之要皆不详，于山川条列又复割裂失伦，流源不备……何怪乎今之学者语以封疆形势，惘惘莫知，一旦出而从政，举关河天险，委而去之，曾不若藩篱之限、门庭之阻哉！”[①] 祖禹秉承父志，廉介而不求于名，遍游天下，所至之处，借书而钞之，学殖日富；归而闭门著书，成《读史方舆纪要》皇皇一百三十卷，考正古书之误，详记山川险易及古今战守成败之迹，景物名胜则在所略。魏禧见之，叹为“数千百年所绝无而仅有之书也”（魏禧：《方舆纪要序》）。彭士望则云：“禹之为是书也，以史为主，以志证之；形势为主，以理通之。”（彭士望：《方舆纪要序》）《清儒学案小传 · 宛溪学案》评价云：“宛溪学术萃于《方舆纪要》一编，尤重山川形势，古今战守攻取之宜，得失瞭如指掌，为兵家不可不读之书。”[②] 此书与梅文鼎《历算全书》、李清《南北史合钞》被称为“三大奇书”。徐乾学奉旨修一统志，欲荐起顾祖禹，顾氏力辞，后卒于家。黄蓉《明遗民录》《皇明遗民传》《清史稿》《清史列传》《无锡金匮县志》（光绪七年刻本）等有传。

顾祖禹是易堂畏友，尤其与魏禧堪称金石之谊，与彭士望、魏礼、彭任等均为至交。其著《读史方舆纪要》，魏禧与彭士望均为之作序，称赞有加。魏禧与顾祖禹之交当始于康熙元年（1662）魏氏出游吴越之时。魏禧曾纪云：“祖禹博学，善著书。宁都魏禧客吴门，见《方舆纪要》，奇之曰：‘此古今绝无而仅有之书也。’既交其人，深沉廉介，可属大事，相与为齿序，弟畜之。”（魏禧：《常熟顾耕石先生墓志铭》）二人遂为生死不易之友。当时顾氏并嘱魏氏为其父作墓志铭，魏禧为作《常熟顾耕石先生墓志铭》。对于二人的交情，彭士望云：“中吴顾景范至，为之执盖，追随大道中如昆弟，

---

① 钱林辑、王藻编《文献征存录》卷3《顾祖禹》，周骏富辑《清代传记丛刊 · 学林类⑧》，第410～411页。

② 徐世昌：《清儒学案小传 · 宛溪学案》，周骏富辑《清代传记丛刊 · 学林类⑤》，第471页。

语离，或流涕，引决生死。”（彭士望：《魏叔子五十一序》）又云：“（祖禹）少魏叔子数岁，以兄事叔子，为之执伞，捧溺器，居然与昆弟相似。”（彭士望：《与陈元孝书》）康熙十九年十一月，魏禧意外卒于仪真，“远近友人咸走哭于殡所，而常熟顾景范祖禹独先至。祖禹少先生七岁，先生与为兄弟，交比易堂。”（魏礼：《先叔兄纪略》）其交之挚厚至若此者，也可见出顾氏之为人。易堂彭任感叹道：“叔子有经世之才，遂竟赍志而殁，痛不忍言。道兄为之疾呼，经理其归榇，此亦何异裴行立之于子厚也!”（彭任：《与顾景范书》）

易堂其他诸子得交顾祖禹，是经过魏禧的荐引。魏氏在游吴越归后，向易堂同志亟称顾氏，诸子皆心慕之。彭士望当时虽未与顾祖禹识面，但心中已把他作为挚友，彭氏在写给岭南陈恭尹的信中难掩自己对顾氏的钦服，并以“豪杰”目之：“今有从未相见，因吾友之言遂信为数十年旧识，南越则吾元孝，东吴则虞山顾景范祖禹二人而已。景范从未一为诸生，潜心纂述，著十五国《方舆纪要》为之论，读之令人鼓舞兴发，虽顽懦，可为豪杰。”（彭士望：《与陈元孝书》）之后，彭士望于康熙十九年（1680）八月客吴门，顾祖禹迎居其家。是年之秋，彭氏再至昆山，得晤顾氏。彭士望云其“晚最笃服虞山顾景范祖禹之人，自忘其穷且耄，行数千里，领儿子厚本师事之”（彭士望：《顾耕石诗集序》），盖在此时无疑。

魏礼于顾祖禹则以兄礼事之。祖禹六十岁时，魏礼作寿序赠之云：“宛溪与先叔氏成兄弟交，视其嗣子为犹子，代之谋靡弗至。故予见宛溪，若见先叔氏也，而宛溪辱不外予，相关为身命。”（魏礼：《顾景范六十序》）由此可知二人之交如同姓兄弟，毫无芥蒂。魏礼子世俨也云及“先生（指顾祖禹——引者注）为家君子石交”①。魏礼对祖禹推崇备至，“尝推先生当今用世第一人”②。彭任则似与祖禹未曾谋面，然这并不碍于二人书信往来，得为神交。彭任寓书于

① 魏世俨：《寄顾景范先生书》，《魏敬士文集》卷1。
② 魏世俨：《寄顾景范先生书》，《魏敬士文集》卷1。

祖禹，倾其仰慕之情，“十年之前，敝友兄魏叔子南旋，指数人物，首称景范，弟神往而心仪之者久矣。及读《方舆纪要》诸序，私心窃喜，以为于今世而有如此实用之人，此天之所以笃于斯民而不弃之于涂炭也。每开卷循览一二，不惟如闻謦咳，而志意指顾，画然如见。”（彭任：《与顾景范书》）后当事者聘彭任讲学白鹿洞，彭任坚辞，顾祖禹曾写信表达自己对彭任志节之洁的钦佩，“一时同乡髻山宋未有、浙中秦开地、李中孚、吴中顾景范、粤中北田陶苦子、闽中李元仲、黎媿曾诸先生，寓书致景仰之思。”[①] 顾氏也曾为曾灿诗集作序，称其诗“意指雄沈，音律朗润”[②]。

归　庄

归庄（1613～1673），字玄恭，一字尔礼，号恒轩，昆山人，归有光曾孙。明诸生。入清后更名祚明，或称归藏、归妹、归乎来；字或称元功、园公、悬弓等，亦号普明头陀、鏖鏊鉅山人，等等。晚岁居僧舍，又号园照。归庄负才使气，性嗜酒，善骂人，少年即入复社。与同里顾炎武相友善，有“归奇顾怪”之目。顺治二年（1645）五月，南都陷落，归庄参加了昆山地区的反薙发斗争，曾作有《断发》诗二首，以明其志，中有“亲朋姑息爱，逼我从胡俗。一旦持剪刀，剪我头半秃。发乃父母生，毁伤贻大辱。弃华而从夷，我罪今莫赎”[③] 云云，又有“华人变为夷，苟活不如死”[④] 之句，其言辞激烈至若此者；并鼓动当地群众杀死降清县臣阎茂才，事败而亡命。之后，奉母隐居，佯狂玩世，穷困而终。归庄于书无所不窥，落笔数千言不止，得归有光古文家法，并工于诗，近人邓之诚先生称“其文胎息深厚，不务纡徐有致，可谓善于学有光者。诗述家难，意酸辞苦；至于登临游览，神气飞腾，奇乃在骨。”[⑤] 堪为的评。又

---

① 彭兆泰等：《（彭中叔）行略》，彭任《草亭文集（不分卷）诗集（不分卷）》（清刻本）卷首。

② 顾祖禹：《（六松堂集）序》，曾灿《六松堂集》（清钞本）卷首。

③ 归庄：《断发》，《归庄集》卷 1，第 44 页。

④ 归庄：《断发》，《归庄集》卷 1，第 44 页。

⑤ 邓之诚：《清诗纪事初编》，第 9 页。

善书法与绘画。著有《悬弓集》三十卷、《恒轩诗集》十卷、《恒轩文集》十二卷、《自订时文》一百六十篇、《归文考异》，等等，然皆未传。后人辑其遗文，刻有《归元恭文钞》《归元恭文续钞》《归高士集》《归玄恭遗书》等。《昆新两县志》（道光六年刻本）、《清史列传》、孙静庵《明遗民录》等有传。

归庄与易堂魏禧友善。早在识面之先，魏禧就闻得归庄"狂"名，"吾年未三十时，闻归震川先生有曾孙庄，抱高节，负才使气，善骂人"，及至后来，"既有传长歌至山中者，凡三千余言，上溯鸿濛，下及季世，驱使神仙鬼怪之物，呵帝王，笞卿相，践籍古之文人，恣睢佯狂，若屈平、李白沈冤醉愤无聊之语。客曰：'此归元恭庄所作。'予惊怖其人，疑不可近。"（魏禧：《归元公六十序》）此歌即为著名的《万古愁》。据全祖望《题归恒轩万古愁曲子》载："世传《万古愁》曲子，瑰环恣肆，于古之圣贤君相，无不诋诃，而独痛哭流涕于桑海之际，盖《离骚》《天问》一种手笔，但不能定其为何人所作。近人或以为谑翁，或以为道隐，或以为石霞，皆鲜证据。惟魏勺庭征君及其事于《恒轩寿序》，予始取而跋之。"①由此可知，当时《万古愁》曲子流传甚广，然鲜有知其作者者，而根据魏禧此序可断该曲实为归庄所作。《恒轩寿言》当指魏禧的《归元公六十序》。陈祺康《郎潜二笔》也云："《万古愁》曲子，沈郁诡环，于自古圣贤君相，信笔诋诃，而独痛哭流涕于桑海之际，盖明遗民归庄玄恭所作，魏叔子《玄恭寿序》及之。"② 今约计此曲字数，与魏禧言合。魏禧在卜居山中时闻得此曲，始慕其人。此后，魏氏又常游于吴越间，更闻归氏狂名，然未得一见，心甚憾之，"及数游吴、越，人颇名其狂，予愿交之，而动辄相失。"（魏禧：《归元公六十序》）

魏禧与归庄之识面是在康熙十一年（1672）仲夏，时魏禧至吴门，归庄慕名而访。对于此次相见，魏禧纪之甚详："壬子夏，侨吴

① 全祖望：《题归恒轩万古愁曲子》，参见《归庄集·附录四》，第589页。
② 陈祺康：《郎潜纪闻初笔　二笔　三笔》之《郎潜纪闻二笔》，第567页。

门，元公闻之，趣过予。予方畏暑未之报，元公则四五至不为谦。每至，挟其文，余亦出新旧文。二人者相攻谪其不足。予叹若元公者乃可以狂，然元公方摧刚为柔，虽龙性不可得驯，而阅世既久，学日就敛实。”（魏禧：《归元公六十叙》）魏禧吴门之行并没有告知归庄，但归庄闻讯冒暑前来拜访，可知他也早已得闻魏禧高名，因此慕名来访，凡四五次。据魏氏所记，归氏曾自刻“乾坤一布衣”石印，“印草稿上，墨注其下曰：‘吾往年刻此，今见江西魏叔子，当转手赠矣。’”（魏禧：《哭莱阳姜公昆山归君文》）可见归庄对魏禧的思慕敬重。二人均以善文名于当世，故而相见时必互出其所为文而切磋，互指不足而不溢美，二人性情之契合从此也可以看出。归庄于此时作《赠魏叔子》诗，可惜已散佚，不见收于其传世集中。据邓之诚先生推断，魏禧能击鼓而歌《万古愁》，“或庄亲授”[①]。如果此事属实，那么归庄亲授魏氏击鼓而歌万古愁应当就在此时。魏禧将归，归氏“持羊羹、脯鱼、酒一尊过禧南楼”，二人相泣，归庄“棹小舟，独送禧于浒墅关上，握手再拜，痛哭久之。”（魏禧：《哭莱阳姜公昆山归君文》）从此可见二人交谊之深厚。

康熙十一年十二月，魏禧得归庄长逝的消息。康熙十三年（1674）三月，魏禧居于水庄，其“擁瀑轩”落成，时莱阳姜学在稍先于归庄卒世，魏氏为二人设灵位号哭，并作《哭莱阳姜公昆山归君文》以悼，述昔日交往之由，其情甚悲。

徐　枋　附徐柯

徐枋（1622～1694），字昭法，号俟斋，一号涧上，又号秦余山人[②]、雪林庵主人，长洲人。弱冠时即通晓十三经，崇祯十五年（1642）举人。顺治二年（1645），南都破，苏州、常州相继陷落，

① 邓之诚：《清诗纪事初编》，第9页。

② 邓之诚：《清诗纪事初编》云其“久之乃卖画，不署款，强之但署秦望山人”（第25页），《清史稿·徐枋传》则云“自署秦余山人”。考《居易堂集》（康熙刻本）卷首《自序》及《凡例十一则》后分别自署为“秦余山人俟斋徐枋自题”“秦余山人俟斋氏又识”，可知邓之诚先生之“秦望山人”为误。

徐枋父亲徐汧慨然投虎邱新塘桥下殉死。当时徐枋欲从父而死，父亲对他说："吾不可以不死，若长为农夫以没世可也。"徐枋自是隐居以终，足不入城市，往来于灵岩、支硎间，构屋于天平山麓，颜曰"涧上草堂"。家贫至于尽日不食，甚至衣不蔽体，然不改其节操，不轻受别人一丝一粟。工书画，书法孙过庭，画宗巨然，间法倪、黄。后以卖书画为生。时汤斌抚吴，尤为钦羡徐氏高节，曾两诣山中过访，终不得见，叹息而返。冷士嵋称其"操行介洁清风，冷然疾世"[①]。徐枋与宣城沈寿民、嘉兴巢鸣盛并称为"海内三遗民"，又与杨无咎、朱用纯有"吴中三高士"[②] 之目。终以贫困卒，年七十三岁，友人戴易葬之。著有《居易堂集》二十卷。卷首自序云："而此四十年中，前二十年不入城市，后二十年不出户庭。故凡交游之往复，故旧之怀思，风景之流连，今昔之感伤，陵谷之凭吊，以至一话一言之所及，一思一虑之所之，非笔之于书则无以达之。故危苦悲哀之辞，悒郁侘傺之思，质言而长言者，不觉层见而叠出。呜呼！余之不文，文固不足以传，而吾之心则可以俯仰千百世而无愧！"[③] 这段话自道其诗文之所由来，并明其志向之所在。又有《二十一史文汇》《通鉴记事类聚》《读史稗语》《读史杂钞》《建元同文录管见》等。《大清一统志》、《江南通志》、《长洲县志》（乾隆十八年刻本）、《清史列传》、《清史稿》、孙静庵《明遗民录》等均有其传。

徐枋束身谨慎，友不滥交，观其往来者，宣城沈寿民、莱阳姜实节、昆山朱用纯、同里杨无咎、山阴戴易、吴江门人潘耒、南岳

---

① 冷士嵋：《东南六高士吟·徐昭法》，《江泠阁诗集》（康熙刻本）卷8。《四库全书存目丛书》集部第236册，第405页。

② 《江南通志》卷163《人物志》："杨无咎，字震伯，廷枢子。痛父罹难，杜门隐居历八十年，与徐枋、朱用纯称吴中三高士。"明初也有所谓"吴中三高士"之目，《钦定续文献通考》卷181《经籍考》："（韩）奕与王宾、王履齐名，称吴中三高士"。

③ 徐枋：《居易堂集自序》，《居易堂集》卷首，华东师范大学出版社，2009，第2页。

僧洪储、宁都魏禧等，皆为高洁坚贞之士。早在识面之前，魏禧便从友人处闻得枋之高风亮节，心甚慕之，“五年前获交两日公，知足下高风峻节，为古人所难能。弟尝语人云：‘武林汪魏美飞鸿千仞，吴门徐昭法寒冰百尺，人不可得近，况得而狎玩之乎？’”（魏禧：《与徐昭法书》）此时虽未见面，然魏禧早对徐枋抱敬仰之情。这封信虽未有明确的写作时间，但也可大致推断出来。信中云其“顷游武林，与魏美为昆弟交；来吴门独不见昭法，诚大恨也”。考魏禧《与杭州汪魏美书》后有《自记》一则，叙及他与汪沨（字魏美）之交，其云：“癸卯，予游湖上，魏美既得书，辄走逆旅中相见。自是常出就余，卧谈至鸡鸣，或更起坐不肯休，遂与余为兄弟交。”据此可知，此信当写于康熙二年（1663）魏禧再游吴越之时无疑。此次游吴门，魏禧曾游灵岩，作有《灵岩杂咏》十首纪之；并遇徐枋之子，魏禧口占绝句一首赠之，表达对徐枋坚贞之节的钦佩，其云：“冻死不穿赵氏衣，尊公严冷久相知。过庭他日如相问，只道斯人住翠微。”并诗后自注云：“昭法非义不食，非其人不食，常绝粮，有馈米数石至门者，峻却之。”（魏禧：《灵岩值徐昭法孝廉令子解衣赠之口占一绝》）康熙十一年（1672），魏禧再访徐枋于山中。二人平时亦有书信往来，谈学论道，砥砺气节。魏禧后半生之屡游吴地，与徐枋相接，邓之诚先生认为其“志在经营山左，山东绾轂南北，东达海，西通中原，南抵淮泗之间，天下有事，可以断运道，为形势必争之地”[①]，而“禧与枋相结，必预其事”[②]；同时“知枋杜门绝人，匪以鸣高，阳若无与世事，而实有大谋，用心良苦”[③]。此虽不无可能，但仍为推断之语，尚待证实。

除魏禧之外，易堂与徐枋交游者还有曾灿。曾灿曾指出徐枋诗作之瑕疵，徐氏寓书于曾灿，云：“弟于诗学本未深造，偶然感触，援笔写怀，真所谓候虫时鸟自鸣自止而已，乃重辱奖诩过当，不胜

---

① 邓之诚：《清诗纪事初编》，第 200 页。

② 邓之诚：《清诗纪事初编》，第 200 页。

③ 邓之诚：《清诗纪事初编》，第 26 页。

愧汗。至承指谪一二处，谓有字句之疵，尤荷直谅，益我弘多。第亦有鄙见，须细论者。”① 观全文所涉，大抵是对曾灿所指出的“字句之疵”进行辩驳解释，其中涉及很多诗学问题，并认为朋友间的相互切劘，“此既古人之所有取，且亦友朋质疑问难之一乐也。”②

徐柯（1626～1700），字贯时，号东海，徐枋之弟。徐柯生性风流爽朗，有翩翩之概，与其兄异质。年十五补诸生，工书画，善属诗文。顺治二年（1645），父亲殉节以死，徐柯弃去诸生服，浮沉于城市。常年贫困，箪瓢屡空，以瓦盆煎糜煨芋，并日而食，名所居曰“二株园”。益都孙文定、静海高文端本出徐汧之门，屡招徐柯而不往，逍遥于山水与酒旗歌扇之间。临死之时，以藏墨一函寄尤侗，嘱其作传，尤侗比其昆季为首阳之清、柳下惠之和。著有《一老庵诗文集》。《长洲县志》（乾隆十八年刻本）、《皇明遗民传》等有传。

徐柯与易堂曾灿友善。曾灿长年客游吴地，时与徐柯诗酒流连，诗集中有数首纪其事，如《同身壹坐贯时蕴真馆欲雪限韵得弹乾残看四字》云：“瑟瑟庭初静，寒窗纸夜弹。云随苔影合，风过竹声乾。未冷衣先薄，言归岁已残。重将今夜酒，且作故园看。”述游子伤怀。徐柯曾为曾灿《三度岭南诗》作序，对曾灿之诗甚为推崇，其云：“诗至今日为极盛，几于家李白而户杜甫矣，而予独得三人焉。三人者何？曰：益都孙仲愚宝侗也、同郡杨潜夫炤也、暨吾宁都止山曾子也。”③

冷士嵋

冷士嵋（1626～1711），字又湄，号秋江，丹徒人。明诸生，甲申之变后，弃去举子业，绝意进取，终身不入城府，以诗书自娱，教授自给。因居傍大江，故名其读书之处为“江泠阁”。大学士张玉书归里省亲，曾过访冷士嵋，还朝之后欲招之，冷氏坚拒。士嵋

---

① 徐枋：《与曾青藜书》，《居易堂集》卷3，第68页。

② 徐枋：《与曾青藜书》，《居易堂集》卷3，第68页。

③ 徐柯：《曾止山三度岭南诗序》，《一老庵诗文集·一老庵文钞》，华东师范大学出版社，2010，第71页。

“落落穆穆，不杂伍尘俗”①，生平笃信友谊，与之交者，易堂魏禧、魏礼兄弟，及宗元豫、文点等人。宗元豫叙其生平云：“泠子先世业文学，不治生产，至泠子贫益甚，日课生徒自给，不乐市廛……或策杖山水，辄累日夕不倦。”② 好古诗文，著有《江泠阁诗集》十二卷、《江泠阁文集》四卷、《续集》二卷，《四库全书总目》均有著录；又有《绪风吟》等。其《江泠阁集》自序云：“余未弱冠，遭历丧乱，即谢去举子业，专意为古文诗歌，顾颇泛滥诸氏百家，思有以挽复典雅，陶铸成一家言。”③ 其诗文之志于此道尽。《四库全书总目》称“其诗刻意学杜，多为激壮之音”④，而评其文则云：“词意条达，颇为博辨，而亦失之好尽，朱子所谓‘少先辈淳实气象’者也。”⑤《丹徒县志》（光绪五年刻本）、《清史列传》、孙静庵《明遗民录》等有传。

泠士嵋与易堂魏禧为至交。二人相识于康熙二年（1663），时魏禧客游吴越，二人识于江上，泠氏叙及此事甚详：“余自癸卯岁，识其（指魏礼，引者注）兄冰叔江上，一见哂然，自后凡出山，莫不余顾。”⑥ 之后，二人往来频繁。康熙十六年（1677）秋，魏禧再客吴，泠士嵋渡江而访，魏禧纪云：“丁巳秋，又湄同宗子发渡江访予扬州，予适病卧不能谈，留两日去。既而读赠予诗，病已，读《江泠集》。逾月，则又湄以书来，洒洒千余言，道向往之意”，并称其诗文“高清绝俗，朴而不雕”。（魏禧：《泠又湄江泠阁集叙》）今观《江泠阁诗集》及《文集》中，寄怀魏禧诗文达二十余首（篇），这

① 泠士嵋：《江泠阁诗集》（康熙刻本）卷首，《四库全书存目丛书》集部第236册，第321页。

② 泠士嵋：《江泠阁诗集》（康熙刻本）卷首，《四库全书存目丛书》集部第236册，第320页。

③ 泠士嵋：《自叙》，《江泠阁诗集》（康熙刻本）卷首，《四库全书存目丛书》集部第236册，第323页。

④ 永瑢等：《四库全书总目》卷182《江泠阁诗集》提要，第1653页。

⑤ 永瑢等：《四库全书总目》卷182《江泠阁文集》提要，第1653页。

⑥ 泠士嵋：《魏季子六十序》，《江泠阁文集》（康熙刻本）卷2，《四库全书存目丛书》集部第236册，第481页。

在魏氏诸多师友中尚不多见，由此也可以看出两人交情之挚厚。康熙十九年十一月十七日，魏禧不幸客死于真州。十日，冷士嵋得讣告，悲痛欲绝，具果羞亲往真州，恸哭于叔子灵前，并作文以祭之。于《书魏冰叔祭文后》悲其死境凄凉："叔子以哀暮年，一身去家四千里外，死于客，而又无功期强壮之亲在其侧，殡履寺中，茕茕惟一傔守其亲，萧然风雨，颓屋寂寥。"① 心痛之情溢于言表。

通过魏禧，冷氏闻得其弟魏礼之名，又得读魏礼诗文集，心生向往钦慕之意。其《魏季子六十序》云：魏禧每"顾余则必言其弟季子有志之士，而读书穷谷中……时一见其诗文，读其诗若文，可知吾季子之为人。"② 魏礼五十岁时，冷氏"曾作长歌寄季子山中，尔时尚未谋面也"③。考冷士嵋《江泠阁诗集》，有长诗《赋得归鹿门歌赠魏和公五十》一首，当为此作，内容大抵咏季子其人其性，报钦慕之意。直到康熙二十七年（1688）夏，二人才得以识面，"戊辰夏，（季子）忽出山访余江上。"④ 对于魏礼的来访，冷士嵋难掩其欣喜之情，曾作《喜魏和公出山见访》二首，其二云："闻君未见十年时，此日相逢惬所思。无限胸怀说不尽，悠悠谁许别人知。"⑤ 魏礼别时，他又作诗《送和公归翠微峰吾庐》四首以相送，中有"眼见送君头白尽，不知重会在何年"之句，以道其别离惆怅之意。时魏礼年六十岁。在其归翠微之后，士嵋又作寿序，托人转递魏礼。冷士嵋之笃于友谊至此，可见其为人。

此外，冷士嵋与易堂后学、魏礼之子魏世傚亦为忘年之交。世

① 冷士嵋：《书魏冰叔祭文后》，《江泠阁文集续卷下》（康熙刻本）卷2，《四库全书存目丛书》集部第236册，第555页。

② 冷士嵋：《魏季子六十序》，《江泠阁文集》（康熙刻本）卷2，《四库全书存目丛书》集部第236册，第481页。

③ 冷士嵋：《魏季子六十序》，《江泠阁文集》（康熙刻本）卷2，《四库全书存目丛书》集部第236册，第481页。

④ 冷士嵋：《魏季子六十序》，《江泠阁文集》（康熙刻本）卷2，《四库全书存目丛书》集部第236册，第481页。

⑤ 冷士嵋：《魏季子六十序》，《江泠阁文集》（康熙刻本）卷2，《四库全书存目丛书》集部第236册，第481页。

傚时从魏禧客游广陵，得与冷氏相识，冷氏曾作《赠魏昭士》一诗，题下自注云：“冰叔犹子也，时从冰叔广陵。”诗中以“妙论悬秋水，高怀出远峰”以赞世傚。离别时，他又作诗二首相送，中有“江上十年才一见，不知何事又言归”之句，道其依依惜别之情。二人也常有书信往来，康熙四十五年（1706）前后，冷士嵋写信给魏世傚，自伤往昔。其时，冷氏“近有高贤手泽之谋”，向世傚乞易堂诸子及诸友的往来手笔，“窃计足下高贤家世，多有往来手笔之存，如丘邦士、林确斋、宋未有、谢秋水、陈元孝，暨尊大人先生，诸凡逸民高士者，片纸只字，足以为重……倘蒙颁惠一二，因之汇类成轴，用畀后人作传世之珍。”[①] 考士嵋《江泠阁文集》，有《跋高贤手泽卷》一文，交代此事甚详，其云：“余不禄，既莫谐于时，每欲效谢皋羽、陶九成、吴立夫辈，访求丧乱以来遗民剩夫作一书，所谓《西台痛哭记》、《草莽私乘》、《桑海遗录》者，以补殿于后。”[②] 从此也可以看出冷氏生平之志。

阎尔梅

阎尔梅（1603～1679），字用卿，一字调鼎，号古古，又号白耷山人，沛县人。崇祯三年（1630）举人。曾入复社，享有重名，与二张（张溥、张采）相埒。当世丧乱之时，慨然有澄清天下之志。北都陷落，阎尔梅上书请北伐，并散家财万金，遍结天下英雄豪杰，期有所图。甲、乙间，入阁部史可法之幕，献以奇计而不用[③]。史可法殉节以亡，阎氏赴淮安就刘泽清，也不为所用，于是遁迹海上，改披缁服，号为“蹈东和尚”。后又往来于山东、河南，数次起兵，然都未成功。顺治九年（1652），事发而被逮捕，因人帮助得以逃

① 冷士嵋：《寄答翠微魏昭士书》，《江泠阁文集》（康熙刻本）卷2，《四库全书存目丛书》集部第236册，第474页。

② 冷士嵋：《跋高贤手泽卷》，《江泠阁文集》（康熙刻本）卷4，《四库全书存目丛书》集部第236册，第515页。

③ 阎尔梅长诗《惜扬州》引子曰：“予劝阁部西征，徇河南，不听；劝之渡河北征，徇山东，又不听，一以退保扬州为上策，盖公左右用事诸人，家悉在南中故也。”见《白耷山人诗集》卷2。

脱，变名翁深，字藏若。十余年间，历游齐、楚、蜀、秦、晋、燕塞，北至榆林，从宁夏入兰州。狱解乃归里，又为仇人所告，又被刑部尚书龚鼎孳所救。又复东出榆关，于京师会顾炎武，至太原会傅山，都是遗民中之有志恢复者。年七十始居里不出，但还是以未一至闽粤滇黔等地区为人生憾事。康熙十七年（1678）八月，黄宗羲游匡庐下万松坪，见阎尔梅端坐石上，惊如隔世，复邀其至五老峰顶，各述衷曲，限韵赋诗，直至午夜。[①] 著有《白耷山人诗集》十卷、《文集》二卷。吕留良、计东等名流皆推重之。沈德潜《明诗别裁集》称其“诗有奇气，每近粗豪”[②]，《江南通志》称其“诗歌善使事，益豪宕有奇气”[③]。《江南通志》、《清史稿》、孙静庵《明遗民录》等有传。

易堂曾灿与阎尔梅有交。曾氏客游之时，曾与友人过访阎尔梅于杨将军庙，并作诗《乙巳九日淝水同左子直张公上沈馨闻杜苍略携尊登杨将军庙访阎古古而袁簭菴亦移酒肴至限重阳登高四韵》（共四首）以纪之，其二云：“日暮高台起大荒，四围秋色望苍凉。地连江楚开淮甸，天护风云接帝乡。名士床应分上下，将军庙久识兴亡。此番尽是东南客，烂醉同来看夕阳。”龚鼎孳与曾灿父亲曾应遴为旧时同榜进士，故曾氏以长辈礼奉龚鼎孳，龚氏亦“爱其兄弟特甚，劝灿就功名，弗应”[④]。龚鼎孳又与阎尔梅友善，故时常在一起集宴，诗酒流连，相互唱和。如曾灿《龚宗伯初度阎古古用少陵秋兴八首韵为寿同人共和诗十一月十七日》等诗乃纪其事。阎尔梅北上之时，龚鼎孳招同纪映钟、曾灿等人为之饯行，曾灿作诗二首送之，其二云：“苍然白发出人间，那有丹砂可驻颜。自历沧桑成大梦，不辞杖履试诸艰。一身老去空填海，五岳归来未买山。壮心难消今古

---

① 事具黄宗羲《思旧录·阎尔梅》，沈善洪主编《黄宗羲全集》（增订本）第一册，浙江古籍出版社，2005，第392页。

② 沈德潜：《明诗别裁集》，参见《历代诗别裁集》，浙江古籍出版社，1998年影印版，第352页。

③ 《江南通志》卷166。

④ 《江西通志》卷94《人物志》。

泪，春风直过雁门关。”（曾灿：《龚宗伯移尊真空寺为阎古古作饯时同纪伯紫何昭侯顾遥集即席限韵》其二）盖写阎氏之生平，亦抒发自己心中的悒郁之情，同志相别，竟是满眼沧桑之泪。

二　越中

汪　沨

汪沨（1618～1665），字魏美，新安人，徙于钱塘。崇祯十二年（1639）举人。孤贫力学，不好声华，好为诗文，汪洋恣肆，一发数千言而不止，时人号之为“汪冷”。甲申之变后，同邑挚友陆培自经而死，汪沨弃去举业。当时其兄汪澄、弟汪澐也皆弃去诸生服，奉母居于城外。汪沨往来山间，行迹不定，甚至连家人也不知其行踪。其时，钱塘有“三高士”之目，俱为明季孝廉而隐居不出者，汪氏即其中之一。国变后，汪沨足迹不入城市，孤独其行，游踪不定，尝游天台，居石梁左右，返河渚，徙孤山，之匡庐、黄山、白岳，所至之处遍与异人高士游。晚年好道术。汪氏之心耿耿于故明，并非真正忘世者。黄宗羲曾一遇汪沨于孤山，听其讲龙溪调息法，坐月至三更，夜寒，两人只有一布被，二人脊背相摩取暖。康熙四年（1665）七月，卒于宝石山僧舍，年仅四十余岁。临卒，举书卷焚之，所作诗文无存。黄宗羲为撰《墓志铭》，将其与宋遗民郑思肖相拟：“魏美妻死不更娶，有子托于弟，行事往往与思肖相类，遗民之中，又为其所甚难者。”[①] 毛奇龄曾作《五贤崇祀乡贤祠记》一文，将汪沨、陈廷会、柴绍炳、沈昀、孙治五人并列，称为“五贤”，建祠而祭之。《清史列传》、《清史稿》、《浙江通志》、孙静庵《明遗民录》等有传。

汪沨交友谨慎，与易堂魏禧最为挚厚。康熙二年（1663），魏氏出游江浙，闻汪沨高名，前往造访，“余癸卯游浙江，闻三孝廉名，国变并谢公车”，“予客西湖，身造澐，使道意，久之，沨不出。”

---

① 黄宗羲：《汪魏美先生墓志铭》，《黄宗羲全集》（增订本）第十册，第393页。

（魏禧：《高士汪沨传》）澐即汪沨之弟。据此可知，此次造访，魏氏未得见汪沨。后魏禧闻得汪沨在湖上，便寓书汪澐转告汪沨。考魏禧文集中，有《与杭州汪魏美书》，观其内容所涉，尽道其钦慕之意，其云："禧闭户穷山垂二十年，恒惧封己自小，故欲一游吴越，就诸君子以正所学，而足下其首愿见也。"（魏禧：《与杭州汪魏美书》）此书无疑即为当时魏禧请汪澐转交之信，情意恳挚，足以动人，"沨得书，辄走舍馆相见。自是常出就余，出则必之愚庵所，抵足卧，往往谈至鸡数鸣，或更起坐行不肯休。"（魏禧：《高士汪沨传》）于是，二人缔金石之交。在《与杭州汪魏美书》后，又有魏禧《自记》一则，亦叙及此事，其云："癸卯，予游湖上，魏美既得书，辄走逆旅中相见，自是常出就余，卧谈至鸡鸣，或更起坐不肯休，遂与余为兄弟交。"观汪沨生平所交无几，然与魏禧独厚，其交友之志盖已明矣。魏禧则为汪沨作传，叙其高行，言语之中，无不赞叹其人其行。据魏礼所言，其叔兄曾向他称赞汪沨之高节，"叔兄尝谓予曰：'汪先生藉令不遭变革，自是风尘外人，于世之志士高人又进一格。'"[①] 也可以看出魏禧对汪沨其人的崇敬。

李天植

李天植（1591～1672），字因仲，明亡后更名为确，字潜夫，一字潜初，自号为龙湫山人、蜃园居士等，浙江平湖人。李氏为崇祯六年（1633）举人，为诸生时，即工诗歌古文辞。性情潇散旷达，曾自筑家园，因从此处可望见海市蜃楼之奇景，故名"蜃园"，常与海内名士啸咏其间，学者称之为"蜃园先生"。国变之后，弃去诸生服，遁迹于龙湫山，自称龙湫山人，"秃顶披缁衣，二十七年不见人"。（魏禧：《与周青士书》）后返故居蜃园，以卖文为生计，贫不饱食，有旁人接济以衣食，然他绝不轻受。有当事者慕其高节，欲过访，李氏逾墙而避，不与相见。久之，因赤贫，不得已而售卖其园，寄身于僧舍，境况凄惨。有戚友怜之，出资为他赎园，时年已

① 魏礼于魏禧《高士汪沨传》后之评语，见《魏叔子文集》，第 850 页。

七十多岁。最终以穷饿卒，享年八十有二。李天植著作甚富，有《蜃园文集》四卷、《蜃园诗前集》、《蜃园诗后集》各五卷、《蜃园诗续集》二卷、《梅花百咏》一卷、《忘机社月令诗》一卷、《送秋诗》一卷、《褒忠录》三卷、《灌园日录》十二卷、《山房日录》四十卷、《清修八则》十六卷、《乍浦九山补志》十二卷，等等。嘉庆十九年（1814），同里后学钱椒曾谋刻《李介节先生全集》，然只完成其诗集共十二卷，其他著作均只有存目而标“嗣出”字样。其诗多感怆之言，自言“于诗未尝敢云穷《三百》之奥也，不过效唐人近体，稍为拈弄，以自适吾性情而已”①。平湖沈季友则云其“作诗不规规于摹拟，情思宛转，多出蹊径之外，又和梅花百咏，多以自况，尤为清真隽逸，得元白之致”②。《浙江通志》、《清史列传》、《清史稿》、孙静庵《明遗民录》等有传。

李天植与易堂魏禧交善。康熙十年（1671），魏禧再游吴越之地，同乍浦沈进之往海中观看日出，因周云球而得交李天植，魏禧叙云：“仆前同沈进之往乍浦观海中日出，遂因周云球交李潜夫先生。”（魏禧：《与周青士书》）当时李天植正值窘迫，两耳聋聩，且苦于腹疾，终日仰卧不能起身。如有客来，只能以粉版书相问答。魏禧见而怜之，曾与友人商量帮助李氏。对于这件事情，魏禧纪之甚详：“方仆往见，自盘跚执杯茗，不能具饭饭客。云球移酒一壶，四簋、一盂饭来就，得竟两三时坐。潜夫耳聋，于粉版作教，使客以墨笔书所言相酬答。”（魏禧：《与周青士书》）李天植向魏禧询问出游交得何人，魏氏“乃疏先后诸君子姓字版上，及自道出处，潜夫辄视予而泣；又出所著，令仆观览。”（魏禧：《与周青士书》）魏禧怜其处境悲凉，甚至笔墨俱不足用，遂“检箧中，得二枝笔、已

① 李天植：《就正草前后集自叙》，《李介节先生全集》（清嘉庆十九年钱椒刻本）卷首，《四库未收书辑刊》七辑第19册，第448页。按：《就正草前后集》即《蜃园诗集》，钱椒于集后《跋》中云：“介节先生诗初名《就正草前后集》，手定于初登贤书时。”

② 沈季友编《槜李诗系》卷21，《景印文渊阁四库全书》第1475册，第482页。

磨墨一片贻之"，又"奉银五钱，暂具十日食。潜夫五返，仆曰：'是非盗蹠树也！'然后受。"（魏禧：《与周青士书》）从此，也可看出李天植之为人。

两人虽交甚晚，但其同志之心于此一面即已相契。对于魏禧的此次来访，李天植也感慨良多，曾作《江右魏冰叔枉访赋俚言十六韵赠谢》一诗，表达对魏氏"高士"之风的钦慕，中有句云："云有高士驾，枉道访吾社。肃客疏礼文，入座钦风雅。怜予久失聪，烦君为抒写。遁迹栖名山，寻友到荒野。"据诗中自注，其时，魏禧出已稿就正于天植，天植感叹其"高怀空古人，奇文妙天下"，他也拿出自己所著《九山志》请教于魏禧，魏氏"为删数重句重字"[①]。此一相见，二人可谓一见如故，李天植难掩欣喜之情，"何幸衰朽翁，乃得亲贤者"，但又对自己"贫居鲜供给，愧不具杯斝"聊感歉疚。而二人之别则更令人心痛，"临别，相拜洒涕，潜夫尤哀，曰：'子还山，吾终古不复见子也矣！'仆出门惆怅，频频回首望之，门阖然后去。"（魏禧：《与周青士书》）观李天植赠叔子诗中，亦有"新知乐莫乐，分手念风马。不敢请后期，固所愿非假。因歌黄雀行，不觉泪盈把"[②]之句，两位沧桑之人，竟作如此之别。后魏禧甚念李天植，曾寓书高士周篔，以为李氏生计作谋算。杨念群在论及鼎革之初遗民交友之道与生计选择时说："遗民的交友并非仅限于精神层面的契合无间，于生计上互相扶持、共度难关也是一个重要的方面。"[③]从魏、李二人之交来看，也确有此义。但李天植终未接受帮助，不久，便穷饿以死。魏禧闻之而感叹道："予且痛且愧，真

① 李天植：《江右魏冰叔枉访赋俚言十六韵赠谢》诗中自注，《李介节先生全集·蜃园诗续集》（嘉庆十九年钱椒刻本），《四库未收书辑刊》第七辑第19册，第532页。

② 李天植：《江右魏冰叔枉访赋俚言十六韵赠谢》诗中自注，《李介节先生全集·蜃园诗续集》（嘉庆十九年钱椒刻本），《四库未收书辑刊》第七辑第19册，第532页。

③ 杨念群：《何处是江南？清朝正统观的确立与士林精神世界的变异》，三联书店，2010，第58页。

浅之为丈夫也！”（魏禧：《与周青士书》文后自记）

周　筼

周筼（1623～1687），初名筠，字公贞，后更字青士，号筜谷，浙江嘉兴人。周筼19岁丧父，守丧若干年，以孝名。国变之后，决然弃去举子业，就市廛卖米为生。有人用船载书售于市廛，周筼购得一船，积于楼下，且卖且读。周氏生性恬淡，胸无柴棘，笃信友谊。与同里范路、朱彝尊、朱一是、李麟友等人相友善，往来唱和，诗酒流连，而四方名士有过访者，则必留饮，或醵金会餐。由此而生计日渐困窘，不得已往来于嘉兴、桐乡间，以诗格授人自养。继而又浪迹江湖，踪迹不定。周筼交游甚广，据朱彝尊所纪：“予友周筼青士，以布衣称诗，乐于取友，故老遗民，交相酬和，下至裙屐子弟、沙弥道童，皆愿从之游。每入市，语笑诙嘲，衣袖牵拂，人或讪其道广。”[①] 晚年尤好与浮屠、道士游。周筼曾醉书五言一首，堪为其自己生平的真实写照，诗云：“似士不游庠，似农曾读书。似工不操作，似商谢奔趋。立言颇突兀，应事还粗疏。饥冻不少顾，吟诗作欢娱。”[②] 客游北京时，尚书徐乾学有意招之而不赴。康熙二十六年（1687）南归时，卒于宿迁，年六十五岁。著有《采山堂集》二十四卷[③]、《词纬》三十卷、《今词综》十卷、《析津日记》三卷、《投壶谱》一卷等。朱彝尊评价其诗“句敦字琢，不轻袭前人片语”，“晚年诗趋率易”[④]。徐世昌称其诗“清超拔俗”[⑤]，邓之诚则以为其诗“字字沉着，凄人心脾，求之同时，异曲同工者，唯一吴嘉纪”，认为其“诗格老成，实过朱彝尊，彝尊但华好耳”。[⑥]

---

① 朱彝尊：《屠东蒙诗集序》，《曝书亭集》卷36，第453页。

② 见徐世昌辑《晚晴簃诗汇》卷17，第490页。

③ 近人邓之诚《清诗纪事初编》著录“《采山堂诗》八卷”（第276页），朱彝尊《布衣周君墓表》中载“《采山堂集》二十四卷”，《浙江通志》卷179《人物六》也载为“二十四卷”。

④ 朱彝尊：《静志居诗话》，第710页。

⑤ 徐世昌：《晚晴簃诗汇·诗话》，第490页。

⑥ 邓之诚：《清诗纪事初编》，第277页。

《浙江通志》、《清史列传》、孙静庵《明遗民录》等有传。

周篔与易堂魏禧及曾灿等均有交游。康熙十年（1671），魏禧告别平湖高士李天植后，心中念其生计，欲谋助之，所谓“谋其死不若先谋其生”（魏禧：《与周青士书》）云云。然当时魏禧已离开乍浦，相隔遥远而无能济救，于是与曹溶、周篔等相商，曹、周便“欲联数同志为挨月供，使高士夫妇不转沟壑”（魏禧：《与周青士书》）。“高士夫妇”即指李天植夫妇。于是，魏禧以周篔为“贫士中负古谊、不惮劳苦、求请有益于人者”，将此事托于他，“仆重足下，非特以能诗古文已。愿足下力肩曹先生首倡，率必多应者。”（魏禧：《与周青士书》）周篔也钦慕宁都魏氏兄弟，他的《寄彭仲谋兼柬令弟羡门》一诗遍数清初名士，魏氏兄弟即在其中，所谓“陆（嘉淑）姜（宸英）李（因笃）顾（炎武）及三魏（际瑞、禧、礼），直上皆欲干青云”[①]（按：括号中的文字为诗中自注）云云，其推崇之意由此可知。

周篔同易堂曾灿过往甚密。曾灿曾闻周篔高名而过访之，其有诗云：“醇醪爱公谨，潭水羡汪伦。交以闻名重，人从见面新。山川归作客，天地托垂纶。莫尽今宵话，应惭异代身。”（曾灿：《重阳前一日命舟桐水过访周青士汪周士晋贤因留小饮分韵得新字》）二人相见甚欢，并述乱世遗民之志，即“山川归作客，天地托垂纶”云云，其《和凉字赠青士隐者》中又有句云：“地僻烽烟少，天高日月长；相逢当乱后，遮莫话秦凉。”之后，二人过往频繁，诗酒流连，如康熙二十年（1681）七月，曾灿与叶燮、周篔等人同集，曾氏赋诗四首以纪之，其三云：“籁幕霏微冷玉虫，紫罗襦觉夜寒空。东南箭美推三凤（青士三昆仲俱有文名），大小山成赋八公。千载行藏虽有异（叶、张成进士；予与周、俞皆布衣），一时心事得无同。座中名辈谁雄长，万卷还须让老翁。”（曾灿：《七月同叶星期周青士张绳其俞犀月集汪周士晋贤雅涵堂得翁字》其三。按：括号中文

① 周篔：《寄彭仲谋兼柬令弟羡门》，引自邓之诚《清诗纪事初编》，第278页。

字为作者自注）可见曾灿对周氏的崇敬之意。

毛先舒

毛先舒（1620～1688），字驰黄，更名骙，字稚黄[①]，仁和人。生而颖慧，六岁能辨四声，八岁而能诗，十岁而能文，十八岁即著《白榆堂诗》，付诸剞劂，得到诗坛魁硕陈子龙的赏识，因而得以师事陈氏。刘宗周讲学于蕺山之麓，又执贽向刘宗周问性命之学。国变之后弃去诸生服，不求仕进。与同里陆圻、丁澎、吴百朋、柴绍炳、孙治、陈廷会、张纲孙、沈谦、虞黄昊诸人唱和，遂有“西泠十子”之目；又与毛奇龄、毛际可齐名，时人谓之“浙中三毛，东南文豪”[②]，名动京师。毛际可称其“论学以宋儒为归”[③]，而生平尤重声韵之学，著有《声韵丛说》一卷、《韵问》一卷、《韵学通指》一卷、《韵白》一卷；又有《南唐拾遗记》一卷、《潠书》八卷、《思古堂集》四卷、《东苑文钞》二卷、《诗钞》一卷、《小匡文钞》四卷、《蕊云集》一卷、《晚唱》一卷、《诗辨坻》四卷、《填词名解》四卷、《南曲入声客问》一卷等，以上诸书《四库全书总目》均有著录。《总目》评其诗“大抵音调浏亮，犹有七子之余风焉”[④]。友人柴绍炳则云其“素工韵语，复精裁鉴，沈婉名秀，罕出其右”[⑤]。《大清一统志》、《浙江通志》、《清史稿》、孙静庵《明遗民录》、《皇明遗民传》等有其传。

易堂魏禧与毛先舒常有书信往来，谈学论文，其《答毛驰黄》

---

① 《浙江通志》卷178《人物志》：“《钱塘县志》：（毛先舒）字稚黄，钱塘人，既而更名骙，字驰黄”；然考毛先舒《毛子改字说》［《潠书》（康熙刻本）卷4］则云：“毛子名先舒，始字驰黄……人盖称驰黄者久之，今余复改字曰稚黄”。

② 毛奇龄：《毛稚黄墓志铭》，《西河集》卷99，《景印文渊阁四库全书》第1321册，第114页。

③ 毛奇龄：《毛稚黄墓志铭》，《西河集》卷99，《景印文渊阁四库全书》第1321册，第114页。

④ 永瑢等：《四库全书总目》卷181《东苑文钞（二卷）诗钞（一卷）》提要，第1639页。

⑤ 柴绍炳：《西泠十子诗选序》，《柴省轩先生文钞》（康熙刻本）卷6，《四库全书存目丛书》集部第210册，第274页。

一书，以论为文之道，“今天下家殊人异，争名文章，然辨之不过二说，曰本领，曰家数而已。”魏禧认为二者中“又以本领为最贵”；并称亟毛氏“留意经学，治儒先之言，可谓有本；而措之文辞，虽杂出《文选》、六代，然朴气未漓，深朗隽整，殊为近古，非小家所及。”（魏禧：《答毛驰黄》）另外，两人曾就于谦在景帝易储一事上的是非功过展开论争，毛先舒作《于太傅论》上下篇，反驳“或谓于太傅谦为景皇帝所倚信，易储时不能力争，为失大臣之道”的观点，认为此说“未尝设身处境，而权事理之重轻者也”①。魏禧则作书主张不同意见：“夜挑灯读大集，叹西陵才薮，文章一道，不得不首属足下。而足下诸论，识议卓荦，尤不暇指数，独于《于太傅》上下篇，援经据史，辨论澜翻，陆冰修、沈甸华皆深然其说，禧则最以为未可。盖此论关系兄弟君臣大义，言不合道，则贻祸天下万世不小，不独文章工拙之故，请极言之。”魏禧认为，于谦在景帝易储之时未尽大臣之职，有“不谏之失”，“太傅手定社稷，不可以此一事没其大功，不谏之失，正不必为太傅讳。”（魏禧：《与毛驰黄论于太傅书》）故他以为毛氏为于谦开脱，有“曲护君子”之嫌。后毛先舒又寓书驳魏禧之论。而观二人所论，俱以理据争，言之凿凿而不涉个人攻讦，非畏友者不能为此论争。

此外，与易堂诸子有交结的各地遗民还有同邑魏书（石床）、新建陈宏绪（士业）、万时华（茂先）、南城邓炅（日生）、石城黄日曦（旸谷）、建昌陈允衡（伯玑）、临川陈孝逸（少游）、游恢（廓冶）、泰和欧阳思钊（介庵）、吴门徐晟（桢起）、武进恽日初（仲升）、杨瑀（组玉）、吴县金俊民（孝章）、上元纪映钟（伯紫）、兴化李清（心水）、黄冈杜濬（于皇）、贵池吴参（竟鲁）、莱阳姜埰（如农）、清苑梁以樟（公狄）等人。

---

① 毛先舒：《于太傅论上》，《潠书》（康熙刻本）卷3，《四库全书存目丛书》集部第210册，第658页。

第四节 非遗民师友

一 贰臣

钱谦益

钱谦益（1582～1664），字受之，号牧斋，晚号蒙叟，又号绛云老人、敬他老人、东涧遗老等，江苏常熟人。明万历三十八年（1610）进士，授翰林院编修。后因党争之故乡居十一年。天启元年（1621），典试浙江，因人弹劾而罢归；继而起补詹事，又以忤阉党而削籍。崇祯时，曾被召为礼部侍郎，又因前事而遭削籍。福王时，官礼部尚书，曾因怕得罪马士英而上书歌颂其功劳，又曾力荐阉党阮大铖等人。顺治二年（1645）五月，豫亲王多铎领兵平定江南，钱氏迎降。第二年正月，授秘书院学士兼礼部侍郎，并充《明史》副总裁，成为为人所不齿的“贰臣”。六月辞归。康熙三年（1664）卒，年八十有三。

钱谦益早为东林眉目，又以文名独冠东南，其天资过人，学识渊博，熟于经史百家，并旁及佛乘。著有《初学集》一百一十卷、《有学集》五十卷、《投笔集》二卷、《苦海集》一卷等。钱氏崛起于明季文风颓废之际，力斥“七子”之风，天下靡不宗之，遂开有清一代文学风气。瞿式耜言其诗“以杜、韩为宗，而出入于香山、樊川、松陵，以迨东坡、放翁、遗山诸家，才气横放，无所不有，忠君忧国，感时叹世”。[①] 近人徐世昌则誉其“驱使百家，雕锼众象，非一丘一壑者比”，而其诗则为“明、清两代诗派一大关键”[②]。钱氏与太仓吴伟业、合肥龚鼎孳并称为“江左三大家”。其为文博大恣肆，理足气盛，程嘉燧语“其文章光焰，愈昌大宏肆，奇怪险绝，

① 瞿式耜：《牧斋先生初学集目录后序》，参见《钱牧斋全集·初学集》，上海古籍出版社，2003，第 53 页。

② 徐世昌：《晚晴簃诗汇·诗话》，第 544 页。

变幻愈不可测；又且怨而不怼，忧而不慑，得风人讽喻之致，而不失温柔敦厚之意”。[①] 近人黄人亦云“其文乃雄奇变化，随其一生之历史而自为风气，领袖两朝，要无愧色”。[②] 此皆非过誉之辞。当然，因其身仕二朝，其行不仅为先朝遗老所不齿，亦为同朝人所耻，乾隆三十四年（1769）谕曰：“钱谦益本一有才无行之人，在前明时身跻膴仕。及本朝定鼎之初，率先投顺，洊陟列卿。大节有亏，实不足齿于人类。”[③] 其行节之污，也自然影响到对其诗文的评价，如乾隆帝即有诗讽刺云：“生平谈节义，两姓事君王。进退都无据，文章那有光？”[④]《清史列传》《清史稿》等有传。

钱谦益与易堂彭士望及曾灿俱有往来。彭士望之识于钱谦益，盖在甲、乙之际，其时，阁部史可法开府扬州，彭士望抱志将参其幕，在南都得晤钱谦益。对于此次会面，牧斋本人记述颇详：“弘光南渡，东南旂弓舆马之士，举集南都。彭子达生、韩子茂贻将应维扬幕辟，客余宗伯署中，莫不竖眉目，锸齿牙，骨腾肉飞，指画天下事，数着可了。旋观诸子，顾眄凌厉，如饥鹰之睨平芜，如怒马之临峻坂。余固有经营四方之志，恃诸子以益强，何其壮也！”[⑤]“达生”即为士望之字，“茂贻”即韩绎祖，乌程人，为彭氏石友，也是当时之怀抱大志者。钱谦益此时则居高位，官礼部侍郎。由上引钱氏之述可知士望当时为人之风貌及其大志之所在。七年之后，即顺治八年（1651），二人再次相遇于广陵僧舍，然而时过境迁，“越七年辛卯，遇达生于广陵僧舍，风尘憔悴，扱衣杂坐，久之乃辨识颜面。起而再拜，涕泗沾衣袂，喉吻喀喀然，有言而各不能吐。当此之时，余如东郊之老马，骨骼硉兀，皮干毛暗，而乌啄其疮也；达生如失群之鸟，逡巡过其故乡，翔回鸣号而继以蹢躅也。如燕雀

① 程嘉燧：《牧斋先生初学集序》，参见《初学集·附录》，第2225页。

② 黄人：《牧斋文钞序》，《黄人集》，上海文化出版社，2001，第293页。

③ 王钟翰点校《清史列传》，第6577页。

④ 王钟翰点校《清史列传》，第6577～6578页。

⑤ 钱谦益：《彭达生晦农草序》，《钱牧斋全集·有学集》卷19，上海古籍出版社，2003，第810页。

啁啾之顷，而后乃能去也。呜呼！何其惫也！”[①] 短短几年，彭士望由“何其壮”而至于“何其惫”，反差竟如此强烈！而二人此时的境遇及心态，皆由此段文字尽显无遗。

其后，二人音讯阻绝，直至又七八年后，彭士望寓书钱谦益，为其所作诗文索序，牧斋纪述道：“更七八年，余老而加病，头童耳聩，颓然退院老僧。少年茂贻辈多物故，达生声尘阻绝，如在异国，侧身天地，每自伤孤另而已。今年长夏卧病，忽得达生书，则大喜；又得其所作诗文，则又喜。”[②] 他于是作《彭达生晦农草序》一文贻之，称其“遭时坎陷，自比于晞发、水云之流，其文昌明闳肆，涵蓄驰骤，去元和未远也”。[③] 而考士望生平，其号“晦农”，乃在躬耕自养之时，据周沐润《〈耻躬堂诗钞〉序》云：“自壬辰同姓宦作乱，至戊戌凡七年，携两季徙精金、巘、冠石、草湖间，椊中杷土，躬耕以给，而署曰‘晦农’。”[④] 又彭氏自纪：“戊戌，迁草湖，依桂树为庐居之（同居长壻胡名映日、幼壻黄名建来就学）。从二弟（士时、士贞）、门人（任名安世）佣魏伯子田（即际瑞），为隶农自给。”（彭士望：《耻躬堂诗集自序》。按：括号内内容为自注）由此可断定彭氏索序及钱氏贻序应在顺治十五年（1658）、十六年（1659）之间，距二人相遇于广陵正好七或八年时间。又据彭士望《翠微峰易堂记》文后《庚子自记》云：“予生平诗文罕数易草，独《感逝诗草》经十易，《寄钱牧斋文》三易，兹草更五易，即不足存。”然彭氏传于今世的《耻躬堂文钞》（咸丰二年刻本）中并未见有《寄钱牧斋文》，故不得明其内容，足以为憾。[⑤]

顺治十六年（1659），曾灿在躬耕六年之后再次出游，过访钱谦益，出所作诗文就正于牧斋，牧斋为之作序，其中述及曾灿与曾畹

---

① 钱谦益：《彭达生晦农草序》，《钱牧斋全集·有学集》卷 19，第 810 页。
② 钱谦益：《彭达生晦农草序》，《钱牧斋全集·有学集》卷 19，第 810 页。
③ 钱谦益：《彭达生晦农草序》，《钱牧斋全集·有学集》卷 19，第 811 页。
④ 周沐润：《〈耻躬堂诗钞〉序》，见彭士望《耻躬堂诗文合钞·诗钞》卷首。
⑤ 袁行云《清人诗集叙录》云彭士望“所交多士夫中有高行者，钱谦益、吴伟业降清，即断往来”。恐非实情。文化艺术出版社，1994，第 73 页。

兄弟之为人及为诗，称“青藜则以其诗为诗，晤言什之，咏叹五之，其思则《黍离》《麦秀》也，其志则《天问》《卜居》也”。[①] 此序见于钱氏《有学集》中，然未署日期。而考胡思敬所辑“豫章丛书”中的《明季六遗老集·六松堂诗文集》卷首收有此序[②]，文末署“岁在己亥夏六月十八日虞山蒙叟钱谦益序”，则知此序作于此时无疑。先此，钱氏从彭士望诗中所叙得知曾灿生平，即其所谓“夷考彭氏诗史，章、贡之役，青藜年才二十，独身揞拄溃军，眇然一书生，如灌将军之在楚、梁间”[③] 云云。“彭氏诗史”，应指彭士望的《山居感逝诗》[④]，作于彭氏山居躬耕之时，洋洋洒洒一千七百余言，述师友知戚二百余人，终于牖下者三十七人，余皆惨死于时，其友梁公狄（以樟）慨称此诗为甲乙以后第一篇诗史，邓之诚先生更叹《感逝诗》“惊心动魄，自昔所无矣”[⑤]。

钱谦益又有《与曾青藜书》一通，当作于此次见面后不久，其云：“足下记存衰朽，不啻千里枉驾。狗马属疾，扶携一见，不能具宾主礼。别后简达生《山居诗》，循览章、贡故章，生平慕悦奇士，如近代所称赵次张、李伯渊之流，辄抚几顿足，恨不得与之奋臂。”[⑥] 书中又言及“枉赠三章，激昂魁垒，‘诗书可卜方兴事，天地还留不死人’，壮哉其言之也。”[⑦] 考曾灿《六松堂集》中，有《奉赠钱牧斋宗伯》二首，而非“三章”，其第二首云：“北道应知少主人，滹沱麦饭益沾巾。诗书可卜中兴事，天地还留不死身。暂托柴门耽地僻，敢将槐板望车尘。江山廿载连烽火，帐下能容贱子陈。”由此可知，曾氏集中之《奉赠钱牧斋宗伯》二首正是此次见

① 钱谦益：《曾青藜诗序》，钱曾笺注、钱仲联标校《钱牧斋全集·有学集》卷19，第809页。

② 曾灿《六松堂集》清钞本中未录牧斋此序。

③ 钱谦益：《曾青藜诗序》，《钱牧斋全集·有学集》卷19，第809页。

④ 彭士望《山居感逝诗》不见于其诗集《耻躬堂诗钞》（咸丰二年刻本），近人邓之诚先生收录在《骨董琐记·骨董三记》中。

⑤ 邓之诚：《清诗纪事初编》，第210页。

⑥ 钱谦益：《曾青藜诗序》，《钱牧斋全集·有学集》卷38，第1334页。

⑦ 钱谦益：《曾青藜诗序》，《钱牧斋全集·有学集》卷38，第1335页。

面时曾灿所赠之诗。其中第一首则述牧斋先前之事，表达赞慕之意，并遗憾其生不逢时，才能不得而尽，诗云：“忆昔神宗射侧初，苍生属望在安车。《响言》空著五千字（钱著《响言》，规切时事。诗中自注），家食已伤三十余。宝历朝廷日多故，景灵党锢未全疏。可怜黄阁勋名重，半入京镗告讦书。”之后不久，曾灿再次寓书钱氏，以谢其所赠诗序：“伏承赐以诗叙，时于人定长跪展诵，涕洟交面，惭感所并，不知纪极。”并追述生平，表达他“志向”无以实现的无比自愧：“某少长纨绔，不识天下事为何事。窃观书传，及日承师友之训，亦知有古所谓忠义人者，而因事乘会，滥当一司，平居深惟谋人之军，败而不能死；谋人之邦，危而不能亡。食息居处，与恒人无异。方自恨力微能索，无以报称君亲。而茅店之役，清江公乃舍其羔裘，论其狐袖，彭子躬庵，复有葑菲之采。明公过听，以为此世间真男子。愧矣！愧矣！虽然，知己之感，何敢不勉诸其卒也。”（曾灿：《再上钱牧斋宗伯书》）又论及天下时事，“窃以为居今之世，足当天下事者，其人有二，而言心者不与焉。古今变革之际，忠臣义士抱不二之心，其人不可胜数，然无成者十之九，而成者仅十一。何也？则以短于才而望不足之故也。”（曾灿：《再上钱牧斋宗伯书》）至于此时，曾灿仍叨叨于“古今变革之际”何以“当天下之事”，可见他的心志未灭；而能与其言此者，也可看出曾灿对钱牧斋的敬重，其内心亦实以知交目之。

周亮工

周亮工（1612～1672），本名亮，字元亮，一字减斋，号栎园，河南祥符籍，其先世由金陵徙居抚州之栎下，其祖父又徙居江宁。然其世于栎下居最久，故称栎下先生。周氏少好学而能文，弱冠之时即与海内名士游，中明崇祯十三年（1640）进士，授知潍县，继而擢升为御史。旋即李自成陷京师，逃匿不出。入清招为御史，后官至户部右侍郎，因事革职，终于江南督粮道。周亮工学识渊博，才气高逸，且爱好广泛，癖嗜印章及书画，并能鉴别，著有《印人传》三卷，又辑名画家为《读画录》四卷，纪明代以来画家七十六人，各论品第，卓见纷出。又著有《闽小纪》四卷，是他为福建布政使时所作，大抵记述闽地风俗民情、遗闻逸事，兼以评价议论。又有《因树屋书影》十卷，作于其由户部侍郎革职期间，追忆生平见闻，《四库全书总目》附录《四库抽毁书提要》称其“大抵记述典赡，议论平允，遗闻旧事，颇足为文献之征”。[①] 周亮工亦工于诗文，撰有《赖古堂集》二十四卷，多悲时感世之作，苍凉沉郁，与晚明习气不同。又曾广泛搜罗当代名家尺牍，裒辑为《赖古堂名贤尺牍新钞》二十卷、续编《藏弆集》十六卷及三编《结邻集》十六卷，可谓洋洋大观。《大清一统志》《江南通志》《清史列传》等有传。

周亮工与易堂曾灿有交，与魏禧、彭士望等虽未识面，但可称为神交。曾灿诗集中有《奉赠周栎园侍郎分司》四首，其二有“至今耆老少，相对倍欷歔”之句，又其四中有句云：“廿载长为客，今秋喜见君”，知此诗为曾氏拜见亮工时所作。又文集中有与亮工书信一通。察曾灿此信的目的，大抵是为其所作诗选《过日集》就教于周氏，“某归里省觐，人事杂来，拱揖饮食之暇，前绪缪成，《凡例》、评论数条，今已登板，敬奉一帙进览。窃惟君子爱人成其美，而教其所不足。及今书未流布，荡涤瑕垢，为力稍易。先生风雅道立，于古今诗源流得失，若主伯之数家器，良苦毕知，其亦有以教我乎?”（曾灿：《与周栎园书》）实际上也是希望通过周氏为此选作宣传，“伏惟先生海内士之主宗，历观所撰述编次，皆以表章前修、阐扢幽潜为己任。……望先生多方引手，或损其清橐，或嘘之闻人。……是选获竣，歌咏玉汝者，不独在某一身矣。”（曾灿：《与周栎园书》）

曾灿《过日集》之选，“人始乙酉，诗终癸丑。”[②] 乙酉为顺治二年（1645），癸丑即康熙十二年（1673），又考集前有龚鼎孳、施闰章、陈玉璂等序，由序末所署时间可知皆作于癸丑年，沈荃之序作于康熙十一年壬子十二月（1673），可知《过日集》大抵于壬、

① 永瑢等：《四库全书总目》附录《四库抽毁书·书影》提要，第1843页。

② 曾灿：《过日集·凡例》，《过日集》（康熙六松草堂刻本）卷首。

癸间完成。又周亮工于康熙十一年（1972）“五月偶示微恙，六月捐馆舍”[1]，大致可推知曾灿此信写于康熙十二年《过日集》告竣前不久。又书中云：“昨岁在金陵，伏承容接，喜逾万户之封，重之教训，侑以大惠，荣施扉履，惭感何如。”（曾灿：《与周栎园书》）由此可知，在写此信之前一年曾灿曾拜访周亮工。《六松堂集》中又有《长安喜晤周雪客并寄祝甫翁栎园先生》二首，周雪客即周亮工之子周在浚。诗中有“时从屠钓随公子，每到登临忆侍郎”之句，表达其对周亮工的惓惓之情。

周亮工曾于武进陈玉璂处得读魏氏兄弟文，心生钦慕之意，思得一见。陈玉璂述云：“忆先生过予寓时，予正携宁都三魏子文百篇，有奇评，选入《文统》，先生一见大称赏，急命善书十数人钞录，不遗一字。时予已戒舟檝，先生以钞未竟，迟予行二日。濒行示书曰：‘仆思见三子，如思椒峰。’”[2] 对于这件事，魏禧也追述道：“武进陈进士椒峰尝携禧家集过公金陵，雪霁，束装行，公谓陈君曰：‘且为三魏迟一日发也，吾方抄录未竟。’椒峰卒留一日行。”（魏禧：《赖古堂集序》）周亮工对魏氏兄弟文之服膺竟若此者。魏禧也早闻周氏高名，然终无得一见。康熙十一年（1672），魏氏与周氏同客吴门，欲访而不得，“他日，禧与公同客吴门，心钦钦然，不敢以布衣见。”（魏禧：《赖古堂集序》）旋即周氏辞世。魏禧岁尽归山之时，欲去祭奠亮工之灵，终未得愿，甚以为憾，魏氏纪云：“既而闻公卒，窃悲悼。将归山中，舟过上新河，持曾子止山之书，以办香入哭公，而同舟人岁且尽不肯泊，遂怅望而去，至今犹不能释诸怀也。”（魏禧：《赖古堂集序》）又据陈玉璂文：“今年三魏子先后主予家，意待还江右时，过金陵作札为介，以慰先生，而先生死矣。”[3] 由是而知，魏氏

① 周在浚：《周亮工年谱》，参见周亮工《赖古堂集·附录·年谱》，上海古籍出版社，1979，第919页。

② 陈玉璂：《祭周栎园先生文》，《学文堂集（不分卷）》（康熙刻本），《四库全书存目丛书补编》第47册，第551页。

③ 陈玉璂：《祭周栎园先生文》，《学文堂集（不分卷）》（康熙刻本），《四库全书存目丛书补编》第47册，第551页。

三兄弟当时皆聚吴门，他们本欲在当年归乡之时通过陈玉璂之引荐而拜访周亮工，然亮工竟先逝，这也成为魏氏兄弟终身之憾。

周亮工生前曾亲自删定所作诗文为《赖古堂集》，然于康熙九年(1670) 二月，取其生平所作及板行者尽焚毁之。卒后几年，其子周在浚为父收集遗轶之诗文，刻为《赖古堂集》二十四卷，并通过魏禧挚友汪楫索序于魏氏，“栎园周公既卒之六年，长君在浚寓书币于友人汪楫，以授宁都魏禧。汪君再拜属禧为公神道之文。禧受书反币，再拜而谓汪君曰：‘嗟夫周公，禧何敢辞。’”（魏禧：《赖古堂集序》）魏禧遂为之序，称周亮工“博极群书，而未尝好征引故实以自侈其富。笔之所至，浩浩瀚瀚，若江河之放，一曲千里而不可止，其气也如是。每命一文，必深思力索，戛戛乎务去其陈言习见，而皆衷于理义，无诡僻矫激之辞以惊世骇俗，其正也如是”。(魏禧：《赖古堂集序》)

周亮工尝裒辑《尺牍新钞》、续集《藏弆集》、三集《结邻集》等。当时，他从陈玉璂所辑选的《文统》中得读易堂彭士望文，颇为称叹，并希望通过陈氏索得彭氏之文。彭士望纪云：“向倪闇公传周栎园先生于今《文统》见望所为《祝工科奏疏序》，谬称过当，又采望《后生畏语》入《尺牍》中；更属闇公欲尽得诸尺牍入选，已更寓书陈伯玑敦索，至再意甚盛，何敢当！望何以得此于周公也。”（彭士望：《与黄复仲书》）倪闇公即倪灿。又据曾灿讲，“躬庵每叹世间不可少管闲事人，周栎园公是也。公寓书陈伯玑，亟称躬庵。伯玑惭妒不以出示，躬庵亦并不索览，因复仲便寄此书。”[①]由此可知此事个中原委，也可见出周氏对于彭氏之文的推崇，而彭氏对周亮工之奖誉也不胜感激。今考周氏《结邻集》之选，收录魏兆凤（“三魏”之父）、魏际瑞、魏禧、魏礼、彭士望、曾灿、魏世傚等易堂诸人及其后辈尺牍若干篇。对于周氏此举，魏禧曾大加赞誉：“延见布衣之士，相与谘询议论；闻人有一艺之长，一言之善，则必纪录而奖誉之，不问其老稚贵贱、大都僻邑，未谋面、未通名

---

① 曾灿于彭士望《与黄复仲书》文后评语，见彭士望《耻躬堂文钞》（咸丰二年刻本）卷3。

氏之人如禧之父子兄弟，其一也”，又：“公之生也，禧兄弟无葭莩交，公尺牍选，自先征君以下，表章奖进者，三世五人焉。”（魏禧：《赖古堂集序》）盖指此次选事而言。

曹　溶

曹溶（1613～1685），字鉴躬，一字洁躬，号秋岳，晚年自号钮菜翁，又称金陀老圃，秀水人。明崇祯十年（1637）进士，授御史。曹溶生性耿直，甲申之变，为“流贼”所执，委身马厩中乃得不死。入清后，仍官原职，于顺治三年（1646）革职回籍。顺治十一年（1654）授太常寺少卿，继而迁左通政，第二年，擢升为户部右侍郎。又任广东布政使，后降山西阳和道。康熙三年（1664），裁缺归里。康熙十八年（1679），荐举博学鸿儒，荐修《明史》，皆不起。康熙二十四年（1685）卒，享年七十有二。曹氏生平嗜好交友，与龚鼎孳、朱彝尊、施闰章等人往来甚密，与诸遗老如顾炎武、屈大均、杜濬、周篔等俱为挚交。曹溶逢沧桑之世，未能施展其经世之才，于是肆力于著述，且家多藏书，至老诵读不怠。著有《崇祯五十宰相传》一卷、《金石表》一卷、《倦圃莳植记》三卷。又辑有《学海类篇》八百余卷，然《四库全书总目》评价不高：“为书四百二十二种，而真本仅十之一，伪本乃十之九。或改头换面，别立书名，或移甲为乙，伪题作者，颠倒谬妄，不可殚述。”故猜测其为书贾托名曹溶所作，“以徐乾学《教习堂条约》、项维贞《燕台笔录》二书考之，一成于溶卒之年，一成于溶卒之后，溶安得采入斯集？或无赖书贾以溶家富图籍，遂讬名于溶欤？”[①] 曹溶又工于诗文，著有《静惕堂诗集》四十四卷[②]，沈季友称“其诗源本少陵，苍老之

① 永瑢等：《四库全书总目》卷134《学海类篇》提要，第1139页。

② 永瑢等：《四库全书总目》卷181《静惕堂诗集》提要称：“其集初无定本，篇帙多寡不一，有作三十卷者，有作正集八卷、续集三卷者，皆不知何人所编。此本为雍正乙巳刊行，凡古今体诗几四千首，乃其外孙朱丕戭所裒辑，溶生平吟咏盖具在于是矣。”第1633页。又钱仲联主编《中国文学家大辞典・清代卷》载“《静惕堂诗集》一四卷”，不知何所本，参见《中国文学家大辞典・清代卷》，中华书局，1996，第735页。

气，一洗妩调"[1]，与明季风气迥然不同。曹氏于当时诗名颇高，与合肥龚鼎孳齐名，有"龚曹"之目。晚年筑室范蠡湖，颜其所居曰"倦圃"，莳花种竹，与四方名士置酒唱和。《大清一统志》《清史列传》《清史稿》等有传。

曹溶与易堂魏禧为至交，与曾灿亦往来频繁。魏禧结交曹溶的确切时间不可考，大致应在其出游吴越之时。魏禧曾为曹氏所作《金石表》作序，署云"辛亥仲秋日"，即康熙十年（1671）八月，其《序》述云："槜李曹侍郎好古法书，聚之数十年，尝破析衣食资求而得之，自大禹《岣嵝碑》以下，凡八百七十余卷，惧其散失，欲以示后之人，于是自为《表》，属予叙之。"（魏禧：《曹氏金石表序》）其时，魏禧正客游吴地，得交朱彝尊、恽日初、李天植等吴地名士，疑与曹氏之相识亦在此时。

魏禧曾造访李天植，悯其窘境，在离开后不久即寓书于周篔，嘱其为李氏生计谋，提及曹溶，"既念潜夫老病，死旦暮事耳，决不得殡葬。仆隔四千里，今又无能赠，乃以属倦圃曹先生。先生曰'诺'，而属近之于云球处候平安"，"愿足下力肩曹先生首倡，率必多应者。"（魏禧：《与周青士书》）该书信末署曰"辛亥九月日太湖舟中"，与魏禧为曹氏《金石表》作序时间大致相当。当时魏氏刚刚拜别李天植。由此信可知，为李天植生计之谋的发起者正是魏禧与曹溶。考曹氏《静惕堂诗集》有《赠魏冰叔即送之还勺庭》二首，其一有句云："郁孤台下草成丘，师友情长痛莫收（原注：谓清江夫子）……读《易》山中松径密，冥鸿安得网罗求。"[2] 写魏禧等易堂诸子之高隐之致；其二中有"暂此分飞吴楚隔，莫将清泪湿河桥"[3] 之句，道分别之情谊。曹氏此诗当作于此次分别之时，而二人交情之挚厚也可见一斑。此外，二人也常常谈学论道，相互砥砺，

① 沈季友编《槜李诗系》卷23，《景印文渊阁四库全书》第1475册，第521页。

② 曹溶：《赠魏冰叔即送之还勺庭二首》（其一），《静惕堂诗集》（雍正三年李维钧刻本）卷35，《四库全书存目丛书》集部第198册，第307页。

③ 曹溶：《赠魏冰叔即送之还勺庭二首》（其二），《静惕堂诗集》（雍正三年李维钧刻本）卷35，《四库全书存目丛书》集部第198册，第307页。

魏禧又为曹溶晚年所居之“倦圃”作《倦圃说》，云倦圃之园“多古树，又多水焉，高高下下，水出其间，倦翁手植梅今在墙际”，又以“倦圃”解曹氏晚年心志云：“庄生曰：‘去以六月息。’息，生也，犹鸟之倦而还焉，而将复飞。故曰：‘水之积也不厚，则负大舟也无力；风之积也不厚，则其负大翼也无力。’是故倦，所以培风也。今夫水，流而不息，然而必有盈涸焉。孟子曰：‘盈科而后进。’科者，水之所以息其倦也，而不可以止。是故四时以冬为心，至日闭关，商旅不行。……是故鸟倦而后知者也，倦而知，则其明不息。”（魏禧：《倦圃说》）不为知己者，不能如此准确地言明曹氏此时之心态。魏禧《日录》刻成，曹溶赠以绝句二首，中有“金匮竟虚良史笔，郁孤台下泪如丝”[①] 之句，可谓知音感慨之言。

曹溶与易堂曾灿也有往来。曾灿早年即闻曹溶“风采”，“先生风采在朝廷，既得闻于先君子，又得悉于杨机部；年伯政事在晋在粤，晋粤诸知交每每道之。”（曾灿：《与曹秋岳先生书》）但终不得一见。曾灿《过日集》之选竣工于康熙十二年（1673），先此，曾灿曾寓书于曹溶，为其集索序，“某不自揣量，谬有今诗《过日集》之选，从事六七年，粗告成事。……先生负人伦之望，文章妙天下，所以教我者不一而足，故因魏叔子乞先生一言，弁诸册首。”（曾灿：《与曹秋岳先生书》）由是而知，此时曾灿与曹溶还未识面，是以魏禧的引荐而向曹氏乞序。然考之现传六松草堂刻本《过日集》之卷首，未见有曹氏之序，原因不得而知，也可能是曹氏未应曾氏之求。及后，曾灿常游吴越，与曹溶于扬州会集，诗酒流连，作《江郢上招同曹秋岳侍郎及诸子集貊其堂》《诸子移尊曹秋岳先生寓斋共用留字是夜剧饮顿诸子作诗嘲予故未及之》等诗纪之；曹氏亦作有《同园次青藜诸子饮江氏宅限遥群字二首》《园次青藜前民扶晨过寓中》《初抵维阳园次穆倩扶晨山尊诸君携酒来集限留字》等诗以纪其事；又有《赠曾青藜二首》，其一云：“河山历尽马蹄寒，独剩珊瑚系钓

① 曹溶：《唐邢若刻魏冰叔〈日录〉成二首》（其一），《静惕堂诗集》（雍正三年李维钧刻本）卷43，《四库全书存目丛书》集部第198册，第376页。

竿。劝客且留三日住，杏花风雪话长安。”[①] 从此也可看出曹溶的好士之风。

龚鼎孳

龚鼎孳（1615～1673），字孝生，号芝麓，合肥人。明崇祯七年（1634）进士[②]，授湖北蕲北知县，颇有政名，《湖广通志》称其“好士爱民，治行为全楚第一”[③]。后擢升为官兵科给事中，以敢言著称。甲申之变，龚鼎孳授职巡视北城。顺治元年（1644）五月，多尔衮定京师，龚氏迎降。入清，起吏科右给事中，又迁太常寺少卿等。因与冯铨等人争门户，降官八级。康熙初年，再起左都御史，官至礼部侍郎。康熙十二年（1673）卒，谥号“端毅”。龚鼎孳有好士之风，与朱彝尊、陈维崧等人友善；胜朝遗民傅山、阎尔梅、陶汝鼎等陷狱，龚氏鼎力营救。龚氏才气极高，博学洽文，好属诗文，千言立就，其诗名甚高，与钱谦益、吴伟业并称为“江左三大家”。著有《定山堂集》四十三卷、《诗馀》四卷等，《清史稿》称“自谦益卒后，在朝有文藻、负士林之望者，推鼎孳云”。[④]《江南通志》《大清一统志》《清史列传》《清史稿》等有传。

龚鼎孳与易堂曾灿过从甚密。龚氏与曾灿之父应遴为崇祯七年（1634）同榜进士，故为旧交。据《江西通志》载，龚鼎孳“爱其兄弟（指曾灿及其兄曾畹。——引者注）特甚，劝灿就功名，弗应”。[⑤] 这应是顺治三年（1646）十月赣州城破以后的事，因为之前，曾灿曾随父军中，有封侯之志，旋即赣州城破，其父应遴不久病卒，曾灿遂放废江湖间，不仕清廷。之后，曾氏与龚氏往来频繁。由于龚氏好士，常招同当时名流宴集，曾灿也由此而得交不少名士，

---

① 曹溶：《赠曾青藜二首》（其一），《静惕堂诗集》（雍正三年李维钧刻本）卷44，《四库全书存目丛书》集部第198册，第383页。

② 邓之诚：《清诗纪事初编》纪其为“崇祯元年进士”，实误。第552页。《清史稿·龚鼎孳传》《江南通志·人物志》《湖广通志·人物志》均载其为崇祯七年（1634）进士。

③ 《湖广通志》卷43《名宦志》。

④ 赵尔巽等：《清史稿》卷484《龚鼎孳传》，第13325页。

⑤ 《江西通志》卷94《人物志》，《景印文渊阁四库全书》第516册，第186页。

诸如纪映钟、阎尔梅等人。龚氏尝为曾灿解外侮，曾氏《奉呈大司寇龚芝麓年伯赐假归里》（四首）其三有句云：“爱鼎岂堪还堕甑，感公应不羡封侯”，此句后自注云：“余从遭外侮，得公始解。”然具体指何事而云，不得而知。

此外，与易堂诸子有交的贰臣还有太仓吴伟业（骏公）、南昌熊文举（公远）、吉水李元鼎（吉甫）等。

二　清初仕宦文人

王士禛

王士禛（1634～1711），字贻上，号阮亭，又自号渔洋山人，山东新城人。王士禛生而聪慧，年十八举于乡，顺治十五年（1658）进士。初授扬州推官，居官期间，颇有政声，后屡迁至刑部尚书。王士禛诗名极高，颇受圣皇赏识。明季诗风，“习袁宗道兄弟，则失之俚俗，宗钟惺、谭友夏，则失之纤仄。学陈子龙、李雯，轨辙正矣，则又失之肤廓”[①]，而王氏为诗一扫明季颓习，独标“神韵”之说，以司空图之“味在酸咸之外”、严羽之“羚羊挂角，无迹可寻”为指归，主清初诗坛数十年。宋荦称其诗文“自汉魏以下，兼综而集其成，而大指以神韵为宗，文亦出入《史》《汉》、八家，间及六朝”[②]。四库馆臣这样评价他在中国古代文学史上的地位：“士禛等以清新俊逸之才，范水模山，批风抹月，倡天下以‘不著一字，尽得风流’之说，天下遂翕然应之。……故国朝之有士祯，亦如宋有苏轼，元有虞集，明有高启。”[③] 足见其影响之大。卒于康熙五十年（1711），后追谥“文简”。王士禛天资甚高，学问淹博，著作颇丰，付之剞劂者多达三十余种，有《南来志》一卷、《北归志》一卷、《秦蜀驿程后记》二卷、《广州游览小志》一卷、《居易录》三十四

---

① 赵尔巽等：《清史稿》卷266《王士禛传》，第9954页。

② 宋荦：《资政大夫刑部尚书阮亭王公暨配张宜人墓志铭》，《西陂类稿》卷31，《景印文渊阁四库全书》第1323册，第365页。

③ 永瑢等：《四库全书总目》卷173《精华录》提要，第1522页。

卷、《池北偶谈》二十六卷、《香祖笔记》十二卷、《分甘余话》四卷、《古夫于亭杂录》六卷、《带经堂诗集》九十二卷、《渔洋山人诗集》二十二卷、《续集》十六卷、《精华录》十卷等。《山东通志》《清史列传》《清史稿》等有传。

王士禛与易堂魏礼、曾灿等人有交往。其与魏礼之识，盖在岭南，王氏《居易录》中，录有当年魏礼之子魏世傚写给他的书信一通，中云："往在岭南，阁下方持使节祀南海之神，与家君子解后僧舍。阁下欲以年齿为坐次，家君子执道里南北之说作主宾。阁下谓家君子六年以长，以古道属，家君子遂不获辞。"[①] 考史料，王士禛于康熙二十三年（1684）"迁少詹事，命祭告南海"[②]。又据易堂畏友闽中李世熊于康熙二十四年（1685）写给魏礼的书信中云："仲春闻行李向东粤，遥想千里知交，久离重晤，人生乐事无逾此者。"[③]由此可知，魏礼于康熙二十四年（1685）春曾客游粤地，而其与王士禛之识面应在该年。二人于广州僧舍邂逅并定交，因魏礼长于王士禛，故王氏以兄事之。同年，魏礼之子魏世傚又于端州（今肇庆）晤王氏，分别之时，王氏作诗相送，有云："人生如萍蓬，飘转少根蒂。况复出处殊，合并安可计。我梦翠微峰，岧峣在天际。幽人侣猿鹤，石门掩松桂。"[④] 表达对于魏礼等易堂诸子的钦慕之意。

王士禛与易堂后辈魏世傚为忘年之交，对于二人之结识，魏世傚曾纪云："忆七十四甲子孟夏，世傚浪迹燕都，阁下一见于广坐中，鼓掌雄谈数月后，即许为忘年之交。"[⑤] 又考世傚之集，《与徐果亭少宰书》中叙其"甲子客燕都"[⑥]，又《书梁孝穉赠诗册后》

① 王士禛：《居易录》卷2，《景印文渊阁四库全书》第869册，第324页。

② 赵尔巽等：《清史稿》卷266《王士禛传》，第9953页。

③ 李世熊：《寒支二集》（清初檀河精舍刻本）卷4，《四库禁毁书丛刊》集部第89册，第484页。

④ 王士禛：《端州别魏昭士因寄和公于广州》，《渔洋精华录集释》卷11，上海古籍出版社，1999，第1709页。

⑤ 魏世傚：《与王阮亭司寇书》，《魏昭士文集》卷2。

⑥ 魏世傚：《与徐果亭少宰书》，《魏昭士文集》卷2。

云：“甲子岁，予客幽燕，泛洞庭；次年孟夏，侍先君子入粤。”[①]行前，其弟世俨作序送之，“甲子仲春，吾兄将有幽燕之游。”[②]甲子即康熙二十三年（1684）。据此可知，王士禛与魏世傚实在此年已在京师订交。故《清史列传》所纪“适王士祯使粤，见所作，愿折节与交”[③]，《清史稿》亦同此说，均为误纪。魏世傚之得识于王士禛，乃在燕京，实在王氏使粤之前。士禛使粤，于广州结识魏礼，曾与魏礼谈及此事，即魏世傚所谓“及相见于羊城，即为先君子述曩者与世傚以文章见知之由”云云[④]，亦为明证。康熙二十四年（1685），王士禛与魏世傚再次得晤于端州（肇庆），王氏出其所作《南行志》命魏世傚为之序，魏氏纪云：“又见于端州，即以《南行志》弁言相属，舣舟待发，世傚乃挑灯呈稿。阁下喜动颜色，即于广坐中遍示同人，又为之延誉于中臣宋公。”分别之时，士禛“执世傚手，相与缱绻”[⑤]。又其《居易录》中所录魏世傚写给他的书信中云：“后复与傚遇端州。傚乘如芥之舟，潮信至播荡倾仄，翁山诸子望之而反走。阁下扶掖必登舟，拳屈欵曲而别，且出《南来志》命以序。既成，遍示座客，重其声价。”[⑥]可知这次端州之晤，亦有屈大均等岭南知名士。《南来志》即《南行志》，以王士禛的地位而命于魏世傚作序，此皆足以见他对魏氏的推重。今考《魏昭士文集》中有《王阮亭詹事南行志序》一文，盖为此序，其中纪事甚详：“乙丑孟夏……一日客端州，与友人携酒登七星岩绝顶，因论士有遇不遇，犹山水之显伏，或传或无传，不能皆同……翌日，阮亭先生以祀南海事竣，次端州，游七星岩。”[⑦]二人于此相遇，“归之日，出《南行志》示傚，曰：‘子其何言。’傚曰：‘山水文章，先生所

---

① 魏世傚：《书梁孝穉赠诗册后》，《魏昭士文集》卷4。
② 魏世俨：《送兄之燕京序》，《魏敬士文集》卷3。
③ 王钟翰点校《清史列传》，第5675页。
④ 魏世傚：《与王阮亭司寇书》，《魏昭士文集》卷2。
⑤ 魏世傚：《与王阮亭司寇书》，《魏昭士文集》卷2。
⑥ 王士禛：《居易录》卷2，《景印文渊阁四库全书》第869册，第324页。
⑦ 魏世傚：《王阮亭詹事南行志序》，《魏昭士文集》卷3。

自有者也。'"[1] 文中魏世傚论王士禛为人云:"先生之使粤也,舟车所至,与山林草莽之士敦握手欢,一若相忘于富贵贫贱,而山水岩穴之足登眺者,必探取而尽其意。然则富贵贫贱、隐逸之山水,先生殆欲兼得之,其所谓不传之山水与不遇之士,先生又将传之而遇之邪?"[2] 王士禛当时已以诗文为海内宗主,而着意引重世傚,所谓"再岁而三聚首,阁下所以期望之者甚大且远"[3] 云云。魏世傚对此非常感激,便修书于王士禛,言其谢意:"阁下掇巍科之年,效始生于世,阁下都盛名诗古文,为海内宗主,乃荷不遗葑菲,奖借裁成,几欲抟扶摇而振尘埃于青云之上,非惟顿忘其贵势,且自忘其名与年矣。效虽不肖,弗克堪任,能无感恩知己之思报称耶?"[4] 这封书信正是被王士禛收入《居易录》中的那一通。

易堂曾灿与王士禛也有往来。曾氏《六松堂集》中有《长歌行赠别王阮亭宫詹兼寄黄湄给谏》一诗,长达四百余言,中有"闻君奉使出南海,圭璧元纁来告虔"之句;又于"一朝兄弟相后先"一句后自注云"王黄湄给谏典试粤东"。王黄湄即王又旦,今考《广东通志》:"二十三年,户科给事中王又旦典试粤东"。[5] 据此可知,此诗当作于王士禛即将使粤祀南海(康熙二十三年,1684)前后。然二人之交则远在此前,诗中有句云:"邂逅先生十四年,沧海几变为桑田。"考曾灿生平,曾于康熙九年(1670)游于长安,此距王士禛使粤正好十四年,二人之定交当在该年。在这首赠别诗中,曾灿表达了对王士禛才名之高的钦羡,"先生博洽贯天人,典坟邱索恣探讨。川岳雄文发异光,日星彩笔摛奇藻。圜桥观者如堵墙,列坐春风殊浩浩。"既而又反观自己的遭际,"嗟予落拓江湖边,依人谋食学苟全。何时乞得买山钱,著书空老翠微巅。"伤感落寞之情溢于言表。此次会面,王士禛曾赠曾灿所作新诗,曾氏非常喜爱,有所谓

---

① 魏世傚:《王阮亭詹事南行志序》,《魏昭士文集》卷3。
② 魏世傚:《王阮亭詹事南行志序》,《魏昭士文集》卷3。
③ 魏世傚:《与王阮亭司寇书》,《魏昭士文集》卷2。
④ 王士禛:《居易录》卷2,《景印文渊阁四库全书》第869册,第324页。
⑤ 《广东通志》卷7《编年志二》。

“新诗惠我千百篇，高歌山涧声潺湲”云云。曾灿又有一首《暑中夜坐读王阮亭宫詹蜀道集感而有作》，亦作于此时，其中有句云：“独夜挑灯理青简，好山好水来相亲。新城美人骑彩风，朱竿翠电金丝鞚。道路已传天地心，文章时入蛟龙梦……爱君高致读君诗，少陵旧里三苏祠。”足以见曾灿对王士禛诗文之折服。

施闰章

施闰章（1618～1683），字尚白，号愚山，安徽宣城人。少孤，生性至孝，事叔父如生父。从小博览群书，学殖日富，顺治六年（1649）中进士，官刑曹。继而视学山东，崇雅黜浮，山左一时“士风归醇返朴者，闰章陶淑激劝之力也”[①]；又以公明名著，有“冰鉴”之誉。顺治十八年（1661），升迁为江西布政司参议，分守湖西道。官江右时，他爱民礼士，尤崇奖风教，于袁州重建昌黎书院，于吉州葺白鹭书院。湖西本贫瘠多盗，而其治理有方，当地人赞称其为“施佛子”[②]。康熙初年，以裁缺归里，百姓留之不得，集资创龙冈书院以祀之。康熙十八年（1679），召试博学鸿儒，授翰林院侍讲，纂修《明史》。施闰章工于诗古文辞，为清初诗坛名宿，名望甚高，与莱阳宋琬有“南施北宋”之目，清初诗坛盟主王士禛称“康熙以来，诗人无出南施北宋之右”[③]，沈德潜称其诗“以温柔敦厚胜”[④]，《四库全书总目》则称其诗“深婉蕴藉，世推作手”[⑤]。又与同邑高咏交善，同主东南诗坛数十年，时人称之为“宣城体”，影响颇大。其文则意朴而气静，不失古人矩矱，也不失为名家。著有《矩斋杂记》《学余堂集》《蠖斋诗话》等，合为八十余卷，《四库全书总目》均有著录。《大清一统志》《山东通志》《江西通志》《江南通志》《清史列传》《清史稿》等有传。

---

① 《山东通志》卷27《宦绩志》，《景印文渊阁四库全书》第540册，第676页。

② 《江南通志·人物志·宦绩十》，《景印文渊阁四库全书》第511册，第312页。

③ 王士禛：《池北偶谈》卷11，中华书局，1982，第253页。

④ 沈德潜编选《清诗别裁集》，商务印书馆，1933年初版，第20页。

⑤ 永瑢等：《四库全书总目》卷197《蠖斋诗话》提要，第1805页。

施闰章与易堂魏氏兄弟虽未谋面，然属神交。施氏认为他与魏氏兄弟的这种神交更甚于“执手定交”者：“虽执手定交称平生欢者，无以逾此。”[①] 又云：“人之相知，千里神交，未必不亲厚于衔杯接膝也。”[②] 顺治十八年（1661），施闰章擢升为江西布政使参议。在任期间，政声卓著，其讲学于白鹭书院，“往备官湖西，讲学白鹭书院，穷岩浚谷之士，迹绝阛阓，衣冠如黄绮者皆惠然来集。”[③] 又据《江西通志》载：“国朝康熙甲辰，守道施闰章会讲山中（指青原山。引者注）”[④]，俱可见当时之盛。易堂诸子皆闻得其名，心即慕之，魏禧曾寓书道钦慕之意：“往执事监司临吉，廉仁之声，畅于邻郡，又间躬自讲学，会者千人，礼乐雍容，为近世所未尝有。易堂诸子心窃向往，而短垣不可逾越，叹息企踵，望风慨然。”（魏禧：《答施愚山侍读书》）然终不得一睹闰章风采，颇以为憾。施闰章也甚为遗憾：“易堂诸君子，以隔郡抗迹金精山不得致。”[⑤] 魏禧曾从友人方以智等人处稍得了解施氏，又曾托友人汪楫捎书，期与论文：“嗣桐城方密之先生邮致手札，敝邑罗山人传口语，禧虽未获一望颜色，聆察至论，私心感激，何日忘之。因报汪舟次书，略道传人传文之故，属其转致鄙私，未知遂达否？”（魏禧：《答施愚山侍读书》）

施闰章之于魏氏兄弟，是通过读其书而识其人，“士有不相见而相感者，读其书，闻其行谊，其人斯见矣。宁都魏氏三处士，长曰善伯，仲曰凝叔，季曰和公，并以文词节概闻。”[⑥] 魏禧为清初古文名手，施闰章也早有耳闻，“仆闻之君子尚友古人，读其书不见其人，可也，然读其书尝恨不见其人。古人往矣，且恨不得见，况当吾世，近在二千里之外者乎！仆读先生之文有年矣……顷年先生屡

① 施闰章：《寄魏和公》，《施愚山集》第一册，黄山书社，1992，第569页。
② 施闰章：《寄魏凝叔》，《施愚山集》第一册，第569页。
③ 施闰章：《寄魏凝叔》，《施愚山集》第一册，第567页。
④ 《江西通志》卷9《山川三》，《景印文渊阁四库全书》第513册，第312页。
⑤ 施闰章：《寄魏凝叔》，《施愚山集》第一册，第567页。
⑥ 施闰章：《魏和公五十序》，《施闰章集》第一册，第175页。

客吴越维扬间，卖文为活，仆又卧病山中，无因缘相见。向从程穆倩递中得所惠文集，知有意向仆。窃闻当世之论文者，多举汪户部钝庵、魏叔子凝叔为二家，于户部既习游，而上下其议论矣，念不可独失魏叔子。”[①] 又施门弟子姜实在曾问学于魏禧，故从姜氏处也得闻魏禧之行谊甚详。

文章之外，而更令施氏钦服的是魏禧风节之高，康熙十七年举博学鸿儒，魏禧坚拒不起，施闰章颇为感叹：“今天下文学之流，皆被征召集阙下。先生褎然启事，迫再命，卧不肯起，则是相见终未可期也，私心怏怏以为恨。”[②] 是年，“会同年王君令宁都，余亟属曰：‘毋失凝叔兄弟！’且寓书焉。”[③] 考施闰章集中，有《王春如同年令宁都》一诗，中有“金精石室多栖遁，倘肯论文式草庐”之句，并于此句后自注云：“易堂魏冰叔诸子读书金精”[④]，此俱可见施氏对于魏禧诸人的敬重。施闰章所言“寓书”即指他写信索诗文集序于魏禧。第二年，魏禧为作《愚山堂诗文合叙》，称其文“意朴气静，初读之若未尝有所惊动于人，细寻绎之，则义味深长，详复而不厌，文章魁伟之士，退然不敢践其藩篱间。”（魏禧：《愚山堂诗文合叙》）康熙十九年十一月，魏氏不幸客卒于仪真，闰章闻之，“力疾作诔，偕诸同人南望呜咽。”[⑤] 今观其《寄祭魏叔子文》，情意恳挚，有句云：“我怀君子，庶几得见。闻君永归，有泪如霰。匪直以文，亶维其人。因文见志，交亦有神。”[⑥] 丁炜评云：“其哭魏叔子，则直为斯文兴恸，非矫持名节者可比，书中阐发处，足令千古交情生色。”[⑦] 此绝非虚语，非有真情，决不能有此文字。

魏礼之得交施闰章，是通过其兄魏禧。康熙十八年（1679），魏

---

① 施闰章：《寄魏凝叔》，《施闰章集》第一册，第 567 页。
② 施闰章：《寄魏凝叔》，《施闰章集》第一册，第 567 页。
③ 施闰章：《魏和公五十序》，《施愚山集》第一册，第 175 页。
④ 施闰章：《王春如同年令宁都》，《施愚山集》第二册，第 352 页。
⑤ 施闰章：《寄魏和公》，《施愚山集》第一册，第 570 页。
⑥ 施闰章：《寄祭魏叔子文》，《施愚山集》第一册，第 471 页。
⑦ 见丁炜于魏礼《答施愚山侍讲书》文后评语，参见《魏季子文集》卷 8。

禧为施氏文集作序，并赠送魏氏兄弟集，其中即有《魏季子文集》十六卷。施氏读后大为感叹，即作《魏和公五十序》，其中论魏氏兄弟云："凝叔介而和，和公侠而儒者也"，"凝叔耻言仕进，不入公府，而数交士大夫之贤者，乐道其嘉言轶事，故人士慕与之游；和公忼爽，好奇行，重然诺，间与世浮沉，为文武大吏重客，及义所不可，则屹然不移尺寸。"[①] 此亦为知音之言。魏礼子世傚与施闰章也有书信往来。

此外，曾灿作诗赞颂施氏在江右的政绩："圣域叹榛芜，雅颂辍已久。卓哉施夫子，振起大江右。诚令既不烦，狱讼复何有。折屐坐青原，童冠来恐后。清风匝寰区，时雨遍林薮"，又赞其诗风清雅："每读使君诗，霜钟清夜扣。"（曾灿：《寄祝施尚白宪副》）康熙十二年（1673）腊月，施闰章为曾灿编选的《过日集》作序，亟称曾氏之选，其云："青藜曾氏，西江之能言者也。其学与宁都易堂诸君子相砥砺，与人不苟同。挟其艺游京师，四方所交弥众。而论诗特择以真气为正始，不袭浮格；卒之原本古学，波澜闳阔，包纳细流。间录海内词人所作，用以自误，谓之《过日集》，盖向所称诸家之病，庶几免焉。"[②] 此外，易堂彭士望也在与友人书信中表达了对施闰章的钦服之情："愚山公，仆神交古君子也，从未通讯，并致向往。"（彭士望：《复张一衡书》）

宋　荦

宋荦（1634～1713），字牧仲，号漫堂，又号锦津山人，晚号西陂老人，河南商丘人。宋荦生而颖慧，十四岁入宫，为帝所喜。后随父归里。父卒，服丧期满后授黄州府通判。康熙十七年（1678），宋荦以刑部员外郎榷关赣州，"除门征，蠲舟算，平权度，商旅乐之。"[③] 康

---

① 施闰章：《魏和公五十序》，《施闰章集》第一册，第175页。

② 施闰章：《过日集序》，见谢正光、佘汝丰编著《清初人选清初诗汇考》，南京大学出版社，1998，第188页。

③ 《赣州府志》卷41《师官志·统辖名宦》（道光二十八年刊本），《中国方志丛书》华中地方·第九六二号，台湾成文出版社有限公司，第2572页。

熙二十六年（1687），迁山东按察使，旋即又迁江苏布政使，皆有政声。康熙二十七年（1688），擢升为江西巡抚。在任上，政绩卓著，尤重文教，为人所称颂，据《江西通志》载，其“为政先表章风节，创立理学名贤、忠节名贤二祠，葺徐孺子祠，各为文以记之。又续白鹿洞书院学规颁发，多士奉为楷模”。[①] 五年后，又调任江苏巡抚，“江南承平久，士民爱尚文雅，荦遂弛威严，以清静无为为治，在职十有四年，岁丰人和，狱盗衰息。”[②]《江南通志》也称他“凡民间利病，谘访甚勤，每逢歉岁，奏请蠲赈，宾礼文彦，奖激后进，尤多造就，抚吴十四载，不为赫赫之誉，而去后人皆思之。”[③] 康熙四十四年（1705），擢为礼部尚书，三年后乞归；康熙五十三年（1714），入京师为圣寿，加太子少师。后归里，卒年八十。

宋荦自少即随父京邸，见闻广博，熟练掌故，又淹通典籍，故学殖甚富。他雅好诗文，为清初诗古文辞名手。邵长蘅曾选刻《王宋二家诗》，以宋氏与清初诗坛魁首王士禛相提并论。《四库全书总目》论其诗云：“平心而论，荦诗大抵纵横奔放，刻意生新，其渊源出于苏轼。……故其诗虽不及士祯之超逸，而清刚隽上，亦拔戟自成一队。”[④] 又论其文云：“其序记奏议等作，亦皆疏畅条达，有眉山轨度。”[⑤] 著有《绵津山人集》六十九卷、《西陂类稿》五十卷等。又有《江左十五子诗选》十五卷，不免沿袭前朝文人标榜之习。又尝选汪琬、侯方域、魏禧三家文为《国朝三家文钞》，世遂有“清初古文三大家”之目，影响巨大。《河南通志》《江西通志》《清史列传》《清史稿》等有传。

宋荦与易堂魏氏兄弟友善，且与彭士望等人有过从。宋荦之得识易堂诸人，在其于康熙十七年（1678）榷关赣州以后。此前，宋

---

① 《江西通志》卷58《名宦二·统辖二》，《景印文渊阁四库全书》第515册，第72页。

② 《河南通志》卷58《人物二》，《景印文渊阁四库全书》第537册，第442页。

③ 《江南通志》卷150《人物志·宦绩十二》。

④ 永瑢等：《四库全书总目》卷173《西陂类稿》提要，第1526页。

⑤ 永瑢等：《四库全书总目》卷173《西陂类稿》提要，第1526页。

荦的同乡前辈汤斌曾于康熙六年（1667）擢升为岭北参政，治所即在赣州，因此熟知赣地风土人物。在宋荦赴任之前，汤斌曾作文向他引荐易堂诸子，言辞极为恳挚，云："西江自宋以来，名臣大儒不可胜数，今岂遂无其人乎？余昔参藩岭北属，有军旅之役，事定而疾作，请休归里。宁都有魏冰叔兄弟，与彭躬庵、邱邦士方读书易堂，余知之，未暇入山一访，亦以诸子深藏交修，不求闻于世。余尔时虽粗知其姓氏，未能悉也。今得读其所著书，想见其为人，屈指当日已二十年矣。河山阻修，光阴荏苒，惟有浩叹而已。天生人才，无间古今，往者已矣，来者未可量，牧仲更从冰叔益求知所未知焉，勿如我之过时而悔也。还朝以此为使归之献，则牧仲之所以报国者深矣。"① 宋荦以汤氏之言为信，对魏禧、魏礼兄弟等易堂诸子珍重有加。

宋荦交识魏禧，在康熙十八年（1679）。魏禧曾叙二人交往之由："己未九月，予头风作，就医泰和，舟阻兵于赣，君闻而就交焉。先是君甫至，寓书山中数百言，以官守不得至，且迎予，予病辞。及相见，甚相得也。"（魏禧：《赠宋员外榷关赣州序》）由是可知，先于此，宋氏早已寓书易堂，报钦慕之意。宋氏亦纪云："己未，余榷关赣石，始交叔子。"② 己未即康熙十八年（1679）。魏禧又尝作《柬宋牧仲员外》③ 一诗纪当时二人相见之情状："秋晚寻医过赣江，使君迟我读书堂。风吹北院清歌隔（时副使者清歌夜宴），雨洒东窗夜话长。兰簿交新浑似故，橘盘坐久不闻香。最怜出语关民瘼，手把醇醪未忍尝。"大有相见恨晚之感。观其序文所涉，俱谈历代税制之得失，有规谏之意。此外，魏禧还有《书商邱宋氏家乘后》一文，乃"因员外荦之请而为书其后"，亦可见宋氏对于魏禧

① 汤斌：《送宋牧仲分司赣关序》，《汤子遗书》卷3，《景印文渊阁四库全书》第1312册，第488页。

② 宋荦：《邵子湘全集序》，《邵子湘全集》（康熙刻本）卷首，《四库全书存目丛书》集部，第247、670页。

③ 宋荦：《西陂类稿》卷4亦附有此诗，但题目有异，为《宋牧仲使君留饮书斋即席有作正韵》，另"风吹北院清歌隔"句后无魏禧自注"时副使者清歌夜宴"。

的敬重。

魏禧去世后，宋荦于康熙三十三年（1694）选魏禧、汪琬、侯方域文刊为一集，名曰《国朝三家文钞》，对于三家古文在清初文坛的地位作了肯定。他认为在清初文坛中，这三家“尤为杰出，后先相望四五十年，卓然以古文名其家”。[①] 而魏禧也得以成为“国初三家”之一而文名远播。至四库馆臣，亦以宋氏是选为论，予以肯定：“古文一脉，自明代肤滥于七子，纤佻于三袁，至启、祯而极弊；国初风气还初淳，一时学者，始复讲唐宋以来之矩矱，而琬与宁都魏禧、商丘侯方域诚称最工，宋荦尝合刻其文以行世。”[②] 此足以见这一选集影响之深远。

对于魏礼，宋荦更尝于使署东修筑一桥，名曰“处士桥”，专门方便魏礼过从，传为一时美谈。《赣州府志·统辖名宦》：“（荦）尝于榷使署东筑处士桥，延宁都魏礼过从。”[③] 魏礼也曾叙及此事，“往公榷赣关，知礼硁硁，畏频入官衙，尝穿东墙门，叠桥以相延。”（魏礼：《宋中丞六十序》）魏氏又有一诗，诗题纪此事云：“宋牧仲郎中榷关赣州，于使院东凿门架桥，便予过从。桥成，遗以诗曰：‘秋水蒹葭极望遥，新成略彴一相邀。他时应有闲人说，使院墙东处士桥’，次韵以答。”魏礼作和答二首，其一云：“编木横池径未遥，闲来不待主人邀。使君风度真夷旷，夜踏青莎送板桥。”其二云：“麋鹿生成世事遥，幽情偏爱使君邀。苏堤湖上称名胜，双水千秋有宋桥。”又魏氏还有一首《宋牧仲使君邀集城南精舍》，中有“爱避繁华境，招提作胜游”之句，宋荦和诗云：“花宫逢魏野，如向易堂游（易堂为处士兄弟读书处。——原注）”[④]，叙其融融相处之情状。平日，二人往来赠答频繁，均有诗文纪之。宋荦擢升离赣后，二人

---

① 宋荦：《国朝三家文钞·序》，《国朝三家文钞》（康熙三十三年刊本）卷首。

② 永瑢等：《四库全书总目》卷173《尧峰文钞》提要，第1522页。

③ 《赣州府志》卷41《师官志·统辖名宦》（道光二十八年刊本），《中国方志丛书》华中地方·第九六二号，台湾成文出版社有限公司，第2572页。

④ 宋荦：《次韵酬魏和公处士》，《西陂类稿》卷4，《景印文渊阁四库全书》第1323册，第34页。

屡次通信。在魏礼卒世之前一年，即康熙三十三年（1694），宋氏又调任为江苏巡抚，魏氏作《宋中丞六十序》为祝寿，追忆往昔，纪叙宋氏在江西巡抚任时的清明之治，充满殷殷怀念之情。魏礼子世傚曾于康熙十八年（1679）随叔父魏禧于赣得识宋荦，并作有《赠宋牧仲郎中序》一文。

此外，易堂彭士望曾拜访过宋荦，宋氏有《喜彭躬庵处士过访即席赋赠兼送往江南》一诗以述其事，诗云："千仞金精不可攀，荷衣今喜接江关。林峦采药文章老，湖海盟鸥岁月闲。暮雨清樽留赣石，春风孤棹过庐山。南中耆旧雕零甚，谁与天涯数往还。"[①] 可见其对彭氏遗老之志的钦慕。

朱彝尊

朱彝尊（1629～1709），字锡鬯，号竹垞，晚号小长芦钓鱼师，又号金风亭长，浙江秀水人。朱彝尊生而聪敏过人，读书过目不忘，涉猎广博，于《易》《书》《诗》《周官》《礼》《春秋》《左传》等均用力甚勤，皆有心得。家贫，乃肆远游，足迹遍天下。所至之处，必考索断碑残文，以备文献，并同史传参校异同。与同里周篔、缪泳、李良年等相为唱和。后为曹溶所知，声名振于里中。朱氏曾与山阴祁氏兄弟阴谋恢复，事终不果，后以布衣而扬名天下。康熙十八年（1679），举博学鸿词，授翰林院检讨。康熙二十年（1681），主考江南，后乞归。数年后，圣祖南巡，朱彝尊迎驾无锡，御赐"研精博物"匾额。与姜宸英、严绳孙有"海内三布衣"之称。

朱彝尊学识渊博，为清初学界与文坛之巨擘，《四库全书总目》称："彝尊文章淹雅，初在布衣之内，已与王士禛声价相齐。博识多闻，学有根柢，复与顾炎武、阎若璩颉颃上下。"[②]《清史稿》载："当时王士禛工诗，汪琬工文，毛奇龄工考据，独彝尊兼有众长。"[③]

---

① 宋荦：《喜彭躬庵处士过访即席赋赠兼送往江南》，《西陂类稿》卷4，《景印文渊阁四库全书》第1323册，第40页。

② 永瑢等：《四库全书总目》卷85《经义考》提要，第732页。

③ 赵尔巽等：《清史稿》卷484《朱彝尊传》，第13340页。

可见彝尊在清初学界与文坛的重要地位。其著作等身，有《经义考》三百卷、《日下旧闻》、《曝书亭集》八十卷、《腾笑集》八卷等。又有《明诗综》之选一百卷。《浙江通志》、《清史列传》、《清史稿》等有传。

易堂魏禧、曾灿与朱彝尊交善，魏际瑞与朱氏也有书信往来，谈道论学。魏禧得交朱彝尊在康熙十年（1671），朱氏纪之甚详："宁都魏叔子，与予定交江都，时岁在辛亥。明年，予将返秀水，钱塘戴苍为画烟雨归耕图，叔子适至，题其卷。于是叔子亦返金精之山，苍为传写作《看竹图》，俾予作记。"[①] 江都即扬州，是年，二人皆客游此地，得以相识。朱彝尊称"叔子居易堂，读书且二十年，天下无知叔子者，一旦乘扁舟，下吴越，海内论文者交推其能。"[②]魏禧为彝尊文集作序，极为称赏其为人为学，"年十七自弃举子业，学古文，博极群书。既食贫，历幕府，则之豫章，之粤，之东瓯，之燕，之齐，之晋，凡山川、碑志、祠庙、墓阙之文，无弗观览。故所作文，考据古今人物得失为最工，而经传注疏亦多所发明。"（魏禧：《朱锡鬯文集叙》[③]）康熙十一年（1672），二人分别返乡。

此次相会，魏禧曾向朱彝尊推引其兄魏际瑞之文，并赠以刻集。对于魏际瑞，朱氏亦闻其名，并有交识的愿望。朱氏遂作书给魏际瑞，叙述其中原委："叔子至，述足下甚赏鄙文，贻以刻集，为仆序集唐词，褒誉太过，不敢当。仆延跂足下久，意得把手扬州，不谓泝江径返。然古人相知，有交深谋面之前者，不在合并之速也。"[④]然朱彝尊此信的主要内容是指谬魏际瑞的《正韵窃取》，多中肯之言，并无攻讦之意，其云："方今作者寥寥，可数足下弟舅父子，各出其文相雄长，盛矣。而足下才多，无所不有。虽然名之所指，毁易归焉，故立言尤不可不慎。伏读集中《正韵窃取》一卷，仆不能

① 朱彝尊：《看竹图记》，《曝书亭集》卷66，第776页。

② 朱彝尊：《看竹图记》，《曝书亭集》卷66，第776页。

③ 是序亦收于朱彝尊《曝书亭集》卷首，题名为《曝书亭集原序》，内容无异。

④ 朱彝尊：《与魏善伯书》，《曝书亭集》卷31，第399页。

无规于足下。"[1] 又云："仆非敢好为排击也，以足下爱我，无以报，愿附诤友之义，望足下亟改正。孔子曰：过而不改，是谓过矣。"[2] 从此，也可见朱氏为人之爽直。

曾灿与朱彝尊也有诗酒往来。考其集中，有《九月二日程周量计部招同陆集生玉垒钱礎日彭古晋朱锡鬯李武曾张雏隐冒穀梁陈纬云蔡竹涛宴集赋赠》一诗。程周量即程可则，明清以"计部"称户部，考《广东通志》，程可则在"己酉以户部主事分校北闱，晋本部员外"[3]，己酉即康熙八年（1669）。又康熙九年（1670），曾灿曾客游燕京，据杨谦《朱竹垞先生年谱》载，是年八月，朱彝尊"自济南入都"[4]，且在《年谱》所列朱氏创作于这一年的作品中，有题为"送曾青藜序"一文。然今考竹垞集中，并未见此文，而有《送曾灿之南海》一诗，其云："白发游燕旧酒人，幓䍥重踏六街尘。来辜邓尉寻山约，到及长安卧雪旬。雁底云帆乡树绕，马头星驿岭梅春。南园词客多无恙，暇日争扶大雅轮。"[5] 疑杨谦为误记，或另有其文而未收入集中。据以上所考，程可则招同曾、朱等人宴集盖在此年无疑。之后，二人常有酬答。在朱彝尊举宏博授检讨后，曾灿作《赠朱锡鬯简讨》二首，其二云："每忆长安别紫芝，十年庑下各东西。敢云灭灶嫌因热，但觉巢林喜近栖。久客应知伤老丑，故人已自隔云泥。岁寒此日能相念，莫笑生涯路转迷。"诗中忆及数年前长安相会，感叹人事变迁，无限伤怀。

此外，朱彝尊与易堂后学魏世傚也有往来，其有《赠魏世傚》诗云："每忆金精天外峰，易堂书卷阅春冬。竹林旧侣嗟零落，喜见青云阮仲容。"[6] 赞易堂风概。

---

① 朱彝尊：《与魏善伯书》，《曝书亭集》卷31，第399页。

② 朱彝尊：《与魏善伯书》，《曝书亭集》卷31，第400页。

③ 《广东通志》卷48《人物志·文苑》。

④ 杨谦《朱竹垞先生年谱》（清刻本），《北京图书馆珍藏本年谱丛刊》第79册，北京图书馆出版社，1999，第512页。

⑤ 朱彝尊：《送曾灿之南海》，《曝书亭集》卷12，第164页。另朱彝尊《腾笑集》中也收有此篇。

⑥ 朱彝尊：《赠魏世傚》，《曝书亭集》卷13，第165页。

徐乾学

徐乾学（1631～1694），字原一，号健庵，江苏昆山人。八岁能文，年十三通五经，康熙九年（1670）中一甲进士，授翰林院编修。后官至刑部尚书。康熙二十八年（1689）乞归，第二年春辞，御赐“光焰万丈”榜额。徐乾学两弟秉义及元文皆中高榜，功名重天下，时号“三徐”。徐氏又有好士之风，生平敦兄弟之好，急友朋之难，勤于造进人物，自达官显宦至山林野老，无不交纳。又以藏书著称于时，有“传是楼藏书甲天下”之誉。徐乾学为清初学术巨擘顾炎武的外甥，家里又常集阎若璩等诸大家切劘学问，故其淹通古今，学问渊源有自，根底深厚。著有《读礼通考》一百二十卷，是书积十余年时间，三易其稿而成，“博而有要，独过诸儒”[①]，“闳通淹贯，确有可传”[②]。诗文集有《憺园集》三十六卷。《大清一统志》《江南通志》《清史列传》《清史稿》等有传。

徐乾学与易堂魏禧、魏礼兄弟、曾灿、彭士望等有交。易堂诸人中最先得交徐氏的是魏礼。康熙元年（1662），魏礼自海南返广州，当时徐氏正客游于粤。岭南名士梁佩兰曾招同魏礼、徐乾学、王鸣雷、高俨、湛用喈、程可则、何绛、梁梿、陈恭尹、陶璜诸人宴集于六莹堂，并分韵唱和。魏礼曾忆及此事，“礼前二十年于粤东梁芝五坐上获接对歌咏欢洽，至夜分休去。及犬马齿五十一，复承宠以大章。”（魏礼：《与徐健庵学士书》）从此可知，此信当作于康熙二十年（1681）。魏礼给徐氏去信目的之一是其子魏世傚将游燕京，希望能够届时拜谒他，“令其望风阶下，且道礼向往。”（魏礼：《与徐健庵学士书》）据魏世傚《与徐果亭少宰书》一文所述，“甲子客燕都，司寇公适馆授餐，情同骨月。”[③] 甲子即康熙二十三年（1684）。魏世傚此行京师，果然得以拜访徐乾学，其于《与徐健庵

---

① 永瑢等：《四库全书总目》卷20《读礼通考》提要，第168页。

② 永瑢等：《四库全书总目》卷183《憺园集》提要，第1656页。

③ 魏世傚：《与徐果亭少宰书》，《魏昭士文集》卷2。

先生书》之《小序》中所谓“先生不以予鄙贱，奖许过量，心殊感戢”[1] 云云，就是指的这次拜谒。徐氏六十岁时，魏礼为作寿序，称赞徐氏“以奖拔士类为己任，折节交穷岩之子，使贵者忘其贵，贱者忘其贱”（魏礼：《徐尚书六十寿序》）的好士之风。

魏禧得交徐乾学，乃在康熙十六年（1677）客扬州之时。魏氏记叙道：“往丁巳予客扬州，公先顾予于委巷者再，既相见握手，四顿首而起，欢然如少旧之交。”（魏禧：《徐健庵春坊五十叙》）从此，可以看出徐乾学对魏禧的敬重，亦可见出徐氏为人。而魏禧也久已钦慕徐氏大名，“予闻公名久矣，意以为耆艾人也；及见公伟然秀泽，询其年，才四十有七。”（魏禧：《徐健庵春坊五十叙》）康熙十九年（1680），魏禧再客吴门，正值徐乾学五十，其子徐树谷及徐炯“以公与禧有故，奉书币来乞言”，魏禧遂为此寿序以祝，亟称徐氏之贤。当时易堂中同客吴门者，还有彭士望。徐乾学二子亦乞序于彭士望，士望纪云：“庚申八月，予在吴门，昆山徐子艺初、章仲二孝廉遣书使，因顾子景范迎予居其家。月望日，艺初昆仲肃衣冠，作礼言曰：‘是冬家大人得三百甲子矣。……今先生与魏叔子先生并客吴门，适介家大人寿，亦一时之遭。古人周行好我，不以誉而以规，惟先生能，先生其无让。’”（彭士望：《徐健庵春坊五十寿序》）彭氏便作序贻之。先此，彭士望曾与顾祖禹等名士得以一登徐家著名的传是楼，“庚申春暮，予因顾子景范、陆子拒石，乃得登昆山徐公健菴先生之传是楼”，“予、景范、拒石及儿厚本顾而乐之，留连不能去。公子艺初、章仲二孝廉以予遄返，特遣书以景范绍言属余记，俾勿辞。”（彭士望：《传是楼藏书记》）彭氏遂作《传是楼藏书记》以纪之，亟称徐氏藏书好士之志。魏禧之卒，徐乾学曾吊唁并贻送财物以供丧葬之用，魏礼所纪“先叔兄之变，重荷弔赙”（魏礼：《与徐健庵学士书》）云云，即指此事。

曾灿与徐乾学也有往来。考《六松堂集》中，有《送徐健庵太

---

① 魏世傚：《与徐乾学先生书》，《魏昭士文集》卷2。

史赴京改补兼柬立斋方虎两学士》（四首），其二云：“文章轻似叶，功令重于山。暂受三年谤，能消一日闲。朝廷思故旧，冠盖眷青班。料向神京去，新恩定赐环。”康熙二十年（1681）秋，曾灿与蔡方炳作一画册为徐乾学贺寿：“辛酉秋，曾同敝世叔蔡九霞作一画册，及小椷，附长公入都，奉祝高龄。”（曾灿：《与徐健庵》）后又曾寓书徐乾学，因有舍亲长民坐事，中有冤情，期望徐氏能“稍为排遣”（曾灿：《与徐健庵》）。曾灿与徐乾学之子徐树谷亦友善。

陈玉璂

陈玉璂（1640～?），字赓明，号椒峰，江苏武进人。少有伟志，为学甚勤，王晫《今世说》纪他“读书至夜分，两眸欲合如线，辄用艾灼臂，久之成痂。每一顾，益自不敢怠”。[①] 其于天文地志、兵刑礼乐、河渠赋役为等无不究心。中康熙六年丁未（1667）进士，授内阁中书舍人。康熙十八年（1679），举博学鸿儒，后因事黜革家居，发奋著述。陈玉璂性敏而好学，工于诗古文辞，往往操笔立就；又有好士之风，遍交天下之能诗文者，至于“宾客辐辏，应酬旁午”[②]。著有《学文堂集》四十三卷[③]，《四库全书总目》称其“说经之文及辨议诸作，亦颇有源委，不同剿说。然大致逶迤平衍，学宋格而未成”。[④]《武进阳湖县志》（光绪五年刻本）、《清史列传》等有传。

陈玉璂与易堂魏氏三兄弟为畏友，同曾灿亦为挚交。陈氏之慕名三魏在其经营《文统》之选时。对于《文统》之选，陈氏纪云：“予自丁未为是选”[⑤]，知此选事始于康熙六年（1667），其目的是

---

① 王晫：《今世说》卷3，周骏富辑《清代传记丛刊·学林类㉒》，第49页。

② 王晫：《今世说》卷3，周骏富辑《清代传记丛刊·学林类㉒》，第49页。

③ 《四库全书总目》卷183又著录有《别本学文堂集》47卷，提要云：“此本凡文四十三卷、诗十卷、词三卷，总五十六卷。然文集之中有录无书者九卷，实为四十七卷，与前一本大同小异。两本皆无总目，疑皆随作随刊之本，非其全帙也。”第1656页。

④ 永瑢等：《四库全书总目》卷183《学文堂集》提要，第1656页。

⑤ 陈玉璂：《文统序》，《学文堂集（不分卷）》（康熙刻本），《四库全书存目丛书补编》第47册，第48页。

“欲以国家所统之人文犁然毕备，以为本朝之文教在是也”[①]。陈玉瑘为选此集，颇为用心，托亲告友，广泛收集当世之作，从文坛巨手至深山穷谷之士，无不网罗。由于这个原因，他得以阅读三魏之文，心生钦慕之意，其云：“余有《文统》之选，四方名下士一义足录者皆登之，凡亲故客游必属广搜采邮寄之，文几致充栋，独亡友邹程村归自西江，携宁都魏氏三兄弟钞本百余篇，犹为心折。”[②]邹程村即陈玉瑘挚友邹祗谟。由此而知，陈氏得读三魏之作，是经由邹祗谟的引荐。康熙十年（1671）年冬，魏际瑞、魏禧兄弟二人同客陈家，玉瑘又得复读其稿，陈氏纪云：“辛亥冬，宁都二魏子主予家。”[③] 又：“越五六年，善伯、冰叔先后主予家，复得纵观全稿。”[④] 后魏禧友人得知此事，以为魏禧也参与了这一选事，还曾寄文予魏禧，希望能被选入《文统》之中，魏禧于是作书答之，叙其缘由甚详：“仆兄弟文，向为邹程村得之，遂与椒峰选《文统》中。然两君皆无一面之识，尺寸之书未通。旧秋仆自浙过毗陵，与椒峰谈相得，会须为家兄弟刻集，椒峰遂授馆舍，至淹旬时，日夜有校雠。仆好朋友，又多酬答，初未尝稍与选事，且是选经始于邹、董、龚、陈，收功于椒峰，十九已为成书。”（魏禧：《答友人论文统书》）其中原委，据此可明。又据陈氏所纪：“今年，三魏子先后主予家”[⑤]，又：“予向为《文统》之选，四方投赠之作几于充栋，而心折者首宁都三魏氏。其时未与魏氏兄弟交，迨后伯子、叔子相继过予斋，而季子亦最后至。”[⑥] 由是可知，此次毗陵会集，魏礼亦至，且与玉瑘“谈论往昔，极友朋之乐”[⑦]。

---

① 陈玉瑘：《文统序》，《学文堂集（不分卷）》（康熙刻本），《四库全书存目丛书补编》第47册，第47页。

② 陈玉瑘：《魏伯子文集序》，《魏伯子文集》卷首。

③ 陈玉瑘：《张古迂古文稿序》，《学文堂集（不分卷）》（康熙刻本），《四库全书存目丛书补编》第47册，第61页。

④ 陈玉瑘：《魏伯子文集序》，《魏伯子文集》卷首。

⑤ 陈玉瑘：《祭周栎园先生文》，《学文堂集（不分卷）》（康熙刻本），第551页。

⑥ 陈玉瑘：《魏季子文集序》，《魏季子文集》卷首。

⑦ 陈玉瑘：《魏季子文集序》，《学文堂集（不分卷）》（康熙刻本），第81页。

此次毗陵之行，陈玉璂与三魏相处融融，并分别为魏际瑞、魏禧诗文集作序，魏际瑞也作有《学文堂文集序》《学文堂记》《陈椒峰像赞》等文，并有《赠陈椒峰进士》一诗，对陈氏选“三魏”之文入《文统》表示感激，诗云：“自昔才名推邺下，千中独步让陈思。文章千古真豪杰，兄弟三人辱品题。（原注：予兄弟文皆入《文统》）一到似曾平日见，相逢翻作十年迟。岁寒冰雪看颜色，恰似梅花小院西。”魏禧也为陈氏之集作序，称其文“由唐、宋溯秦、汉以上，故其文有源本，格调所成，恢恢乎入古人之室”。（魏禧：《学文堂文集序》）分别之时，陈氏又作《送魏冰叔归宁都序》文及《送魏善伯归宁都》相送，道不舍之情，诗中有句云：“意气摧古今，才名重弟兄。飞飞江雁影，凝睇不胜情。”[①] 直至数年后，魏际瑞与魏禧辞世后，魏礼又一次客陈氏之斋，陈玉璂为之作《魏季子文集序》，述云：“不数年，伯子、叔子溘然长逝，季子再过予斋，则冉冉老矣。”[②] 人世沧桑，伤感之意溢于言表。毋庸置疑，陈玉璂对三魏诗文在江南的传播起到了重要作用。

陈玉璂与易堂曾灿也有过从。曾灿《过日集》之选初成，曾索序于陈氏，此序登于《过日集》卷首，时间署为康熙十二年（1673）[③]。序文中称“青藜语予曰：‘予见近世诗人裒然有集，中无有关于伦理教化者，则笑之。何也？以其无本也。’是可以观青藜之用心。”[④] 二人在一起谈学论诗，陈玉璂也由曾灿之言有感于自己的《文统》之选，“亦有鉴于前代古文之失，思以一发引千钧”[⑤]，其与曾氏之用心略同，可以谓之同志者焉。

邵长蘅

邵长蘅（1637～1704），一名衡，字子湘，号青门山人，江苏武

① 陈玉璂：《送魏善伯归宁都》，《学文堂集（不分卷）》（康熙刻本），第659页。

② 陈玉璂：《魏季子文集序》，《魏季子文集》卷首。

③ 此序亦收于陈玉璂《学文堂集（不分卷）》中，内容无异，而不署所作时间。

④ 陈玉璂：《过日集序》，曾灿辑《过日集》（清刻本）卷首。

⑤ 陈玉璂：《过日集序》，曾灿辑《过日集》（清刻本）卷首。

进人。生而颖慧，被称为神童。九岁即能属文，十岁补为弟子员。顺治八年（1651）试省闱，本已入彀，然因文中多有违碍之语，即被黜名。后游走京师，亲友强之入太学，试第一，授官州同，旋即束书归里。康熙十八年（1679）举宏博，不久，江南奏销案发，邵长蘅因受牵连而被黜。宋荦巡抚江苏时，招入其幕。又嗜好远游，自壮及老，足迹几遍天下。为人磊落高旷，好交友，观其交善者，同邑邹祇谟、董以宁、陈玉璂、宣城施闰章、新城王士禛、昆山徐乾学、商丘宋荦、秀水朱彝尊、阳羡陈维崧、慈溪姜宸英等，都为清初名士。邵氏又工于诗文，为清初名手之一，其为文规模先辈荆川、震川，邹祇谟、董以宁称“吾邑有邵子，荆川先生后一人也”。[①] 王士禛称其诗“格甚高，气甚遒”，“奇恣尽变”[②]。著有《邵子湘全集》三十卷[③]，又编选王士禛与宋荦诗为《二家诗钞》二十卷。《四库全书总目》皆有著录。《大清一统志》、《江南通志》、《武进阳湖县志》（光绪五年刻本）、《清史稿》等有传。

邵长蘅与易堂魏禧友善，与魏际瑞、曾灿等也有过从。邵氏识得魏禧，在魏氏客游毗陵时，据其自述：“冬，叔子来毗陵，余识之寓楼，握手语移时，恨相知晚。”[④] 考魏禧生平，其于康熙十年（1671）冬曾客毗陵，并与武进陈玉璂定交。由此可断定，邵长蘅与魏禧毗陵寓楼之定交，当在此年无疑。二人谈道论文，其“持论颇与叔子合”[⑤]，大有相见恨晚之感。此次分别之后，两人时常有诗书往来。如邵氏《魏冰叔久客吴门却寄》有云：“阊门枫赤雁来初，

---

① 陈玉璂：《青门山人传》，见《邵子湘全集》（康熙刻本）卷首，《四库全书存目丛书》集部第247册，第674页。

② 王士禛：《邵子湘全集序》，见《邵子湘全集》（康熙刻本）卷首，《四库全书存目丛书》集部第247册，第672页。

③ 《邵子湘全集》为其兄子邵璇等编次，包括《青门簏稿》16卷（附《邵氏家录》1卷）、《青门旅稿》6卷、《青门剩稿》8卷。

④ 邵长蘅：《魏叔子文集序》，《邵子湘全集·青门簏稿》（康熙刻本）卷7，《四库全书存目丛书》集部第247册，第741页。

⑤ 邵长蘅：《魏叔子文集序》，《邵子湘全集·青门簏稿》（康熙刻本）卷7，《四库全书存目丛书》集部第247册，第741页。

有客扁舟怅索居。虎阜笙歌埋宝气，苏台麋鹿走荒墟。百年风土吴都赋，异代兴亡越绝书。见说魏收新著述，清秋书札莫教疏。”[①] 二人往来书信，大抵为论文之言，相互砥砺发挥，如邵长蘅《与魏叔子论文书》中云：“某顿首叔子先生足下，向辱示论文数书，学者作文之法綦备，独疑于文章之源尚蓄而未发，意善《易》者不谭《易》耶，抑有所祕也。”[②] 梁溪朱旭尝为邵长蘅作《青门五真图》，邵氏专门寓书魏禧，乞为此图作记，并有明年之约，“新年尚有一两日应酬，到郡城即相见。”[③] 魏禧遂作《邵子湘五真图记》，纪其原委：“邵子命梁溪生图其像，凡五变，属予记之。”《邵子湘五真图记》中言邵氏生平之志云：“邵子高才，工文章，有用世之志，为遗世之想；以读书始，而将以逃禅终。”非知己者，不能有此言。邵氏集中《青门五真图诗序》云：“图青门子像凡五，装潢成册。……画者梁溪朱生旭，补图者生之父芾，宁都魏禧作记”[④] 云云，即指此事。邵长蘅也为魏禧文集作序文[⑤]。魏禧卒后，邵长蘅尝游赣地，触景伤怀，作《赣江舟中忆亡友魏叔子》三首，其一有“苦忆毗陵秋雨夜，竹楼灯火对论文”之句，其二又有句云“我来试问金精处，十二峰青响杜鹃”[⑥]，其情挚且悲。康熙三十三年（1694），宋荦选刊《国朝三家文钞》，邵长蘅为序，亟称魏氏之文，并作《侯方域魏禧传》一文，纪其生平。

邵长蘅与魏际瑞之识，亦疑在康熙十年（1671）。是年之冬，魏

① 邵长蘅：《魏冰叔久客吴门却寄》，《邵子湘全集·青门簏稿》（康熙刻本）卷5，《四库全书存目丛书》集部第247册，第721页。

② 邵长蘅：《与魏叔子论文书》，《邵子湘全集·青门簏稿》（康熙刻本）卷11，《四库全书存目丛书》集部第247册，第781页。

③ 邵长蘅：《与魏叔子乞记书》，《邵子湘全集·青门簏稿》（康熙刻本）卷11，《四库全书存目丛书》集部第247册，第783页。

④ 邵长蘅：《青门五真图诗序》，《邵子湘全集·青门簏稿》（康熙刻本）卷7，《四库全书存目丛书》集部第247册，第741～742页。

⑤ 邵长蘅：《魏叔子文集序》未刊于《魏叔子文集》卷首，而收于《青门簏稿》卷7中。

⑥ 邵长蘅：《赣江舟中忆亡友魏叔子三首》，《邵子湘全集·青门旅稿》卷2，《四库全书存目丛书》集部第248册，第74页。

际瑞与弟魏禧同客毗陵。邵氏《青门簏稿》中有《送魏善伯归宁都》八首，其一云："半舫清尊只暂逢，别君惆怅落梅风。三千客路莺声里，几日江船细雨中。"诗后有自注云："余初识善伯于贺天石半舫斋。"① 贺天石为何许人，暂无考。其后，邵长蘅画像五幅为《五真图》，嘱魏际瑞题诗，魏氏纪云："武进邵子湘画像五幅，曰展卷，曰游岳、课耕、垂竿、蕉团，言其志也。"（魏际瑞：《五真图·序》）其咏"展卷像"有句："莫言貂帽非时节，六月羊裘是古人"，咏"游岳像"有句："布衲纱巾筇竹杖，世人高处是先生"，咏"垂竿像"有"不畏江湖风浪恶，侧身危坐笑拈须"句（魏际瑞：《五真图》），如此等等，足为邵长蘅写志。

邵氏与易堂曾灿则在康熙九年（1670）相会。这一年，曾灿馆于长安，曾与邵氏等人大集，曾氏作有《长至前三日王小坡邵子湘长安大集即送邵樾公归武林》四首以纪其事。

此外，与易堂诸子有交的清朝官吏中之有名望者，尚有辽阳范承谟（觐公）、岭南梁佩兰（芝五）、程可则（周量）、宣城梅文鼎（定九）、休宁汪楫（舟次）、昆山蔡方炳（九霞）、徐秉义（彦和）、长洲汪琬（苕文）、宋实颖（既庭）、嘉兴李良年（武曾）、吴江计东（甫草）、武进邹祗谟（訏士）、江都吴绮（薗次）、慈溪姜宸英（西溟）、萧山毛奇龄（大可）、遂安毛际可（会侯）、长汀黎士弘（媿曾）、湘潭王岱（山长）、潜江朱载震（悔人），等等。

① 邵长蘅：《送魏善伯归宁都八首》，《邵子湘全集·青门簏稿》（康熙刻本）卷6，《四库全书存目丛书》集部第247册，第730页。

第四章　易堂学术与易堂文风

总而论之，经世思想是易堂诸子的思想核心，他们强烈批判晚明士风与学风，指出其弊主要在于“虚”“伪”，倡导以“实”“真”救之。他们的文学观念与创作又是这种思想的重要体现，著书立说本身就是他们实现经世理想的最为重要的一种方式。国变后，他们大都伏身草野，潜心著述，故而易堂诸子不仅以气节著于时，且以诗古文辞名显天下。诚如髻山谢文洊所云：“易堂诸友，节行、文章为海内所重”①。其中的“宁都三魏”、邱维屏、彭士望、曾灿诸人皆为清初诗古文辞名手，彭任、林时益及李腾蛟亦皆有诗文集传于今世，故就清初遗民社团来看，易堂文学不可谓不盛。

具体来讲，由于他们生活在时代转折的关捩之时，一方面他们的诗文根植于明季，故与明季风气有着千丝万缕的关联；但另一方面，在经历过山川换颜的甲、乙之变后，面对的则是异族掌握国柄的残酷现实，此时他们又不得不痛定思痛，回首去寻求大明帝国覆灭的原因，故而对明季之学风、文风进行了彻底有力的反拨，从空虚一归于实用，并勤于践履，期以通过救人而救世。因此，他们的学术思想、文学观念及创作就具有了鲜明的时代特色。也正是通过清初诸如易堂诸子等明末遗老的努力，明季空虚之学风、文风得以扭转，从而开创了清代学术及文学的新局面，对其后清代学术及文学的繁荣有重要的影响。

---

① 引自甘京《谢程山集序》中所纪谢文洊自作墓志铭中语，参见《四库全书存目丛书》集部第209册，第8页。

易堂诸子有明确的文学主张，他们之间虽有微异，然大旨趋同，在清初卓然而成一家，并以自己的实际创作来践履他们的理论。诸子中论文最著者，首推“三魏”，而又以魏禧为最。歙县张潮辑《昭代丛书》，曾收录魏际瑞《伯子论文》一卷、魏禧《日录论文》一卷，并于《日录论文题辞》中云：“宁都三魏之文当以叔子为第一，即其论文之语，亦为叔子为最精。……余爱其论之透辟而精当，因从《里言》及《杂录》中摘出钞之，以时自省览，其散见于长篇大幅间者，概不与焉。”[①]《伯子文录》是魏际瑞文集中专门论文的，属于“文话”一类，张潮《伯子论文题辞》云：“古有诗话而无文话；即有之，亦不过散见于各篇之中，未有汇为一卷者，今宁都魏伯子集中独有之。”[②] 可见其重要性。然这也并非魏际瑞论文之全貌，还有很多散见于长篇短幅间者。魏礼之文本从其叔兄魏禧出，其论文之语文集中亦很多，文论思想大抵与二兄同。此外，邱维屏、彭士望等人亦多有论文之篇，卓荦之见吉光片羽地散落其间。他们的诗文创作，又往往是其文学思想的具体实践，在明末清初文学嬗变过程中，具有代表性。

总而观之，易堂之文学思想大抵反拨明季文坛之颓风，力图由唐宋而上追秦汉，倡导为文须言有物并有裨于世，细论之，其中意旨颇丰。本章在掘发易堂学术思想的基础上，对其文学思想予以阐发，同时鉴证于他们的实际创作。

第一节 “易堂真气，天下罕二”：易堂之学论述

清初，江右遗民之讲学者有宁都金精翠微峰之易堂诸子、南丰

---

① 张潮：《日录论文题辞》，《丛书集成续编》第 204 册，台湾新文丰出版公司，1988，第 677 页。

② 张潮：《伯子论文题辞》，《丛书集成续编》第 204 册，台湾新文丰出版公司，1988，第 655 页。

程山之谢文洊诸子及星子髻山之宋之盛诸子，“当是时，南丰谢文洊讲学程山，星子宋之盛讲学髻山，弟子著录者皆数十百人，与易堂相应和。”[①] 胡思敬云：“明季吾乡学派略分为三，一曰易堂，朋俦最盛；一曰程山，南丰谢约斋主之；一曰髻山，星子宋未有主之。”[②] 他们讲学论道，切劘读书，并开馆授徒，影响非常大。其中，又以“易堂声气特盛”[③]。易堂虽不是严格意义上的学人团体，在史籍文献中，其人也往往被列入“文苑”之中，然而他们亦尝务于理学，切劘学术，不只以文章彰显。《清儒学案小传》云：“清初江西言理学者，有程山、髻山、易堂诸子。”[④] 其中将易堂与以理学闻名的程山、髻山相并列；又道光年间的江西督学李宗昉云：“忆余总角时，读魏叔子征君集，知是邦地势之雄、金精十二峰之奇、易堂诸君子理学、文章之纯粹。”[⑤] 他将易堂之理学与文章并重。实际上，在易堂诸子中，也的确有以理学而非文章名者，如彭任“独潜心理学”[⑥]，而李腾蛟、邱维屏等亦精通《易》学，等等。在道光四年刊本《宁都直隶州志》中，“易堂九子”之名不载于“文苑”而登于“儒林”，也从一个侧面说明易堂之名盛不仅仅局限于其诗词文章，其“学”也是非常重要的一个方面。就学术而言，一言以蔽之，易堂诸子崇尚阳明之学而黜阳明后学，以经世为其学术之旨归，“论者谓西江自欧阳、邹、魏宗阳明，讲性学；陈艾依复社，工帖括；其声力气焰，皆足动一时。易堂独以古人实学为归。”[⑦] 清初高僧无

---

① 赵尔巽等：《清史稿》卷483《魏禧传》，第13316页。

② 胡思敬：《髻山文钞跋》，见胡思敬辑《豫章丛书·明季六遗老集·髻山文钞》，《丛书集成续编》（上海书店版）集部第177册，第479页。

③ 徐世昌：《清儒学案小传·宁都三魏学案》（卷3），见周骏富辑《清代传记丛刊·学林类⑤》，第427页。

④ 徐世昌：《清儒学案小传·宁都三魏学案》（卷3），见周骏富辑《清代传记丛刊·学林类⑤》，第381页。

⑤ 李宗昉：《宁都直隶州志序》，见《宁都直隶州志》（清道光四年刊本），《中国方志丛书》华中地方·第八八二号，台湾成文出版社有限公司，第1~2页。

⑥ 《南丰县志》卷31《人物志二·流寓》（清同治十年刊本），《中国方志丛书》华中地方·第八二七号，台湾成文出版社有限公司，第1751页。

⑦ 王钟翰点校《清史列传》，第5674页。

可大师（方以智）尝至山中，慨然而叹曰：“易堂真气，天下罕二矣！”（魏礼：《先叔兄纪略》）。易堂诸子倡导经世致用的思想，并努力践履其理论，为我们窥视明末清初之际学风的转变提供了一个理想的视角。

一　对明季学风之批判

大明帝国的猝亡在汉族士大夫心中留下了无法愈合的伤痕，然而他们痛定思痛，冷静地反思故国灭亡的潜在原因时，不约而同地将批判的矛头对准了明末盛行一时的明季心学左派，并由此而提出了学术误国之论，易堂诸子亦是如此。如魏禧直言：“国家之败亡，风俗之偷，政事之乖，法度纪纲之坏乱，皆由道学不明，中于人心而发于事业，始若山下之蒙泉，终于江河之溃下而不反。”（魏禧：《明右副都御史忠襄蔡公传》）

对于明季学风进行批判，首要的工作就要审视并且明辨程朱理学与陆王心学的是是非非，否则便是无根之谈。对此，易堂诸子有比较充分的论述。从本质上讲，易堂诸人能够打破门户之见，并崇程朱、陆王之学，认为二者并非水火，恰恰是殊途同归，一脉相承的。彭士望云：“窃尝从阳明、念庵二先生之书以仰溯周、程、朱、陆诸先生之学，其源盖无不同者，其有不同，仅遁途之迹：或以舟，或以车，或马，或步，并达于所诣之地。”（彭士望：《复宋未有书》）他还进一步将阳明之学上溯至尧舜，认其为“圣学嫡脉”，其论云：“阳明先生本尧舜‘惟精惟一’，括之为致良知，体用完备，愚智同归，乃圣学嫡脉。然俱从万死一生得来，非可倖至。恒谓充实而有光辉，惟阳明、濂溪、明道足以当此，其他可云充实，未可云大。故其品为完人，措为钜业。”（彭士望：《与谢约斋书》）彭任亦云：“朱、陆之学，当时立说，虽殊其途，而要终于同归。”（彭任：《答毛圣若书》）然而为何至于后世对于二家之说辩论纷纷，各持己见呢？诸子以为此绝非朱、陆之失，而是后世学者之病。魏禧认为，朱、陆之学本无异，异生于后世之辨，故可息辨而合一，其云：“古今学术，自大圣贤而下，不能无所偏至。故子夏未学语，先儒亦谓重此遗彼，不如余力学文，本末全具。而游、夏彼此相非，遂开朱、陆异同之原。盖朱、陆学本无异，因累辨而后异生。”（魏禧：《与甘健斋》）他又在与南丰挚友谢文洊信中重申此意：“朱、陆之说纷纭于后世，弟窃以为诚明明诚，朱、陆之学，原无异同，而异同特生于其辨。息其辨而致其说，则朱、陆之门人可合为一，而况朱、陆乎？”（魏禧：《复谢约斋书》）

对于理学与心学的激烈争辩，彭任深感其流弊之重，总其根由，问题出在后学者身上，而非“教者之过”，其云：“但其立教之后，学之未免于毫厘之差，尊德性者入于空寂，道学问者流于支离，此亦学者之流弊，而非教者之过至于此也。”（彭任：《答毛圣若书》）对于朱子与阳明之学的争辩，彭任有进一步的申述，其义甚详：

> 朱、王异同，天下论说纷纷，是之者未得其所以是，而非之者未得其所以非，论说愈多，道不明而不行也久矣。阳明先生之学，其龃龉于朱子之说者，初心不过信其高明之见，恐其流弊之差，欲矫当时之枉耳。不知朱子勤一世之心于四子经书之注者，本欲明孔孟之道于后世，总其大纲而详其节目，使人知所趣向，而力行之不差。后之学者徒尽心于章句之末，习其辞而不复求其原，其流风之弊遂至于支离而不可极，此非朱子之学有偏，而后世之学朱子之学者之过也。阳明不分别其源流，乃比之于洪水猛兽甚于杨墨。窃以为过矣，矫于枉而过于正，遂至有无善无恶、信得良知、真是真非、信手行去诸说，自信太过，居心太高，而不觉持论之偏至于如此也。后之学王氏之学者，以意见所到为实际，而无真积力久之行，甚者至于猖狂放恣，荡肆无忌，名是行非，师心自用，抉其藩篱，趋于隐怪而不自知，其非是此，又学之者之过，而初岂意其一传习之流弊至此耶？然推其原本，始乃其聪明气魄、好高自信之心之有以启之，则亦不得为无过矣。今之学者无所授受，间有知其是非而趋舍分明者，尊朱子攘王氏，然未得其尊之、攘之之道，是非既淆，身谤益甚，则不惟得罪于阳明，而并为朱子之罪人

矣。(彭任:《与秦开地书》)

彭氏以为，天下之论朱王异同，皆不得要领，故而愈辩而学术愈不明。在他看来，阳明之斥朱子，本非“朱子之学有偏”，而是“后世之学朱子之学者之过”，从这个意义上说，阳明便有“不分别其源流”而“矫于枉而过于正”之嫌。从此而观，彭任似乎总体上有崇朱抑王的倾向。但具体到明季心学占主导地位的舆论背景中，彭氏有如此之论还是颇有见地的。再者，他虽然认为阳明之论“自信太过，居心太高”，甚至持论偏至，但他也能理解阳明之“初心不过信其高明之见，恐其流弊之差，欲矫当时之枉耳”。所以，明季心学之流弊“责任”更在阳明后学。彭氏之论朱王，并非有意参与门户之争，目的依然是那个时代的主要论题，便是探究发掘明季学风流弊的真正“病根”所在，故而发论较为客观审慎。

国变后，明季阳明后学自然而然地便成为易堂诸子等清初士人的众矢之的，尤其以泰州学派为甚。在易堂诸人中，对明季心学的批判以彭士望的言辞最为激烈。他认为，到泰州学派时，阳明之学遂大坏，学风与社会风尚也随之而坏，故而为祸巨大：

挽近百余年，士大夫秽杂虚假，不可描画。隆、万之际，张太岳力惩之，以综核名实，而才高识寡，峻狭自是，怨浮于恩，功不救过，以及于败，且蒙恶声焉。阳明先生旷代完人，在濂溪、明道伯仲之列；不幸以心斋、龙溪为之门人，不务格致，空谈良知，究非良知，徒弄精魄，耄更披猖，无复顾忌。罗文恭救之以收敛主静，以挽其知解流转之病，终不能得一，再传而为罗近溪、周海门、赵大洲、邹南皋之倡率；邓定宇、管东溟、陶石篑、袁伯修、中郎之附和；又歧而为颜山农、何心隐、邓豁渠、李卓吾之灭裂放肆，遂令天下不惟无真儒，并无真禅，丑博通达，坚行雄辩，适以助其横流之人，欲深其倾危之习气。少年才敏之士，骇其奇爽，乐其放诞，内不去纷华之实，而外坐收道学之名，呼引相归，一鸣千和，牢不可解。

（彭士望：《与陈昌允书》）

彭士望言辞之激烈竟若此者。他认为，阳明之学之流弊与近世士风、学风之坏，罪魁祸首为王艮（心斋）、王畿（龙溪），而非在于阳明本人。其与程山谢文洊论学时也说：“……独令王畿假大耋之年，鼓如簧之舌，以依知解为致良知，提弄精魄，猖狂妄行，一时士大夫之无识者喜其圆融以为易简，内足以济其苟且沉溺之私，靡然从风，倾煽海内。”（彭士望：《与谢约斋书》）又云：“嘉隆间，王艮、王畿乱姚江之学，近溪阴以禅窜入之。”（彭士望：《鄱阳史惺堂先生文集序》）他认为，颜山农、何心隐、李卓吾等人推波助澜，灭裂放肆，禅儒混杂，然时人皆“骇其奇爽，乐其放诞。”天下之“习气”遂至于不可收拾，理学竟成为“声势货色”。言及此，彭氏对于其祸害痛心疾首，“至于李贽，决裂大溃，立宗旨名目，壇坫标榜，士之敏异者咸归之，理学之地为声势货色，以其身谤阳明，祸至今犹未熄。”（彭士望：《鄱阳史惺堂先生文集序》）

对于嘉、隆之际之学风，魏禧亦云：“嘉隆间讲学渐生病痛，惟以收敛闇淡，不露声光、不畏强御，方是真人品、真理学。”[①] 学风既已如此，士风亦且不振，彭士望在评述明季士风衍变时说：

方成、宏间，士大夫之言即其行，在辇毂以及郡邑封疆，则为经济，在野则为真理学。士少壮俯首穷经，皆知重廉耻，敦礼谊，循循下学，不敢放言高论为侵轶非常之行。故其时人民和乐，风俗长厚，醇朴之气弥漫天下。至隆、万少衰矣。五十年高拱渊默，上下壅否，釁蘖萌生，而士乃好奇行。窥朝廷李贽、何心隐、邓豁渠辈为之倡奇行者，嫉势嫉伪之所从出也。至天启乃复有奇节，烈士殉名、贪夫殉财交有之，然于国家本计不无济。迄至崇祯，则益背驰阻深，倏忽莫可倪控，其人比

① 魏禧于彭士望《鄱阳史惺堂先生文集序》文后评语，见彭士望《耻躬堂诗文合钞》卷5。

> 于猛兽奇鬼，而其言虽古圣贤无以过。……自朴散而为奇，奇散而为邪，邪散而为伪，伪散而为饥寒，饥寒散而为盗贼。庚辰、辛巳之间，风飚瓦解，殆哉岌岌。（彭士望：《内省斋文集序》）

基于这样的思想认识，彭士望等易堂诸人认为，晚明之“狂禅”派直接导致理学灭裂，学风颓废，士风不振，集中表现为“虚”病、“伪”病的泛滥。由此而得出学术误国之论，甚至将甲申之变的深层原因也归结于此：“驯至启、祯之间，言性命、言气节、言经济、言文章，盘互钩党，愈出愈幻，而无一不归于虚。夬上不决，天怒鬼尤，乃至有甲申之事。呜呼！天下之所以报施若辈、提撕若辈者，术已穷矣。……呜呼！世之以学术杀天下万世，并杀其身以及其子孙，可惧也。”（彭士望：《与陈昌允书》）又：“彼眩夺于声华，陷溺于聪明文艺，转换圆捷，矫匿深阻，其学术俱足以杀天下万世。”（彭士望：《鄱阳史惺堂先生文集序》）魏礼在分析近世儒学之衰的原因时认为，近世儒学之病在于“体”“用”不明，重“体”而轻“用”，其云：“近世之儒，言体而不言用，卑薄事功。要之，无用即无体耳，此道学之所以衰也。”（魏礼：《答秦定叟》）对于如此急切而祸害又如此之大的“虚”病，易堂诸人遂主张以经世致用的思想以救之。

二　以“实”“真”而救“虚”“伪”

知病而救病，易堂诸子强烈反对晚明士人的空谈心性，浮而不实的学风，主张以“有用于世”的学风作为反拨。新城陈道云：“国初，吾乡彭躬庵、魏叔子愤然欲雪其耻，倡为经世实用之学，而易堂之名著闻天下。”[①] 其实，不止是彭士望与魏禧，主张经世致用的思想是易堂诸人的一贯主张。曾灿以下的这段论述可以说是易堂

---

① 陈道：《谢程山文集序》，见谢文洊《谢程山文集》（道光三十年刻谢程山先生文集本）卷首，《四库全书存目丛书》集部第 209 册，第 7 页。

经世思想的总纲：

> 盖果之为言，实也。天下之物，不实则不可用，是故虚言千，不若实言之一也；虚行千，不若实行之一也。为臣而不忠，为子而不孝，为弟朋友而不友且信，此皆物之不实者也。物之不实者，为朽木、为腐草，不特不可以用也，久之而并其所谓木与草者，消亡泯灭而不复有其形，《中庸》所谓“不诚无物”也。且夫实则坚，坚则锐，实于内者勇于外，是故果无不敢，敢之为言，知其一而不复知其二，于是乎无所瞻虑却顾之意。古圣贤之造乎道也，栗焉如寒之，必得乎衣也；惄焉如饥之，必得乎食也。夫寒必得衣，饥必得食，则人将担簦蹑屩，日穷数十百里之乡而不见其损。是何？其重于形骸而轻于性命也。……圣人之道，在于明理而去欲，理不明，欲不去，则虽日求乎道，而道不可得。吾观学者，日未始不有以明乎理，而卒不能行；欲未始不能去，去之而不能绝，此无他，不果故也。吾于是而叹，果之义大矣哉！或谓天下之欲志圣人之道者，无不当用其果。（曾灿：《果斋说》）

毋庸置疑，“实用”成为曾氏等易堂诸子衡量一切言行的唯一标准；在他们看来，晚明“忠”“孝”“友”“信”等儒家伦理观念丧失殆尽，皆由士人之言行流于虚而不“实”，不“实”则无“果”，无“果”则无裨于世用，“今夫树之有花也，非不甚美，而烨然其可观也；然树之能花而不能果者，良场师弃之，恶乎其不适于用也。”（曾灿：《果斋说》）纵然有艳丽的鲜花，然终不能结果，华而不实，便“不适于用”，终为朽木、腐草一般消亡泯灭。而如何能“实”，就是能够真正做到明理而适于用，体用兼备，此亦即圣人之道。

曾灿以比喻为说，不可谓不切实生动，彭任则直言如刺，一针见血，以痛击“今人”为学之弊：

> 盖今之人各执己私，以妄是其所学。天资高者，自是太过，

> 不能虚心以求真是，凭其臆见驱使古人，以就己意，而见人之短，不见人之长，往往轻议先辈而薄之，以为不足为自处，乃反为自好者之所不屑为，饰于其外而自溷其中，高其所言而污其所行，挟持浮说，居之不疑，便自忘其真伪而祇足以成其妄自尊大而已。其稍朴鲁者，免于浮伪之习，亦未见虚心委己而信从于师友长者，亦惟自用自专自画，拘于见闻而不敢矢死以承当古人之学，反顾将来，岂特晨星之不可多得耶？（彭任：《答谢约斋书》）

彭任以为，“今人”学风之大弊处，就在于臆见古人而自是太过，而导致于学者妄自尊大而浮言盛行。面对如此严重之“虚”病，易堂诸子也在苦苦讨求“实药”以“医治”，虽然也遇到一些“诟詈”，但仍坚持不懈。如彭士望“晚更得心疾，谓万历来理学、气节、经义、辞章多虚病，汲汲逢人问实药，为程山、星渚、天峰诸子所诟詈，益坚不自反悔。”（彭士望：《耻躬堂文钞自序》）颇有意味的是，彭氏六十岁之时，真就把自己作为一名社会医生，以医病的方式对症开药，作出一副“处方”来，名其曰《药格》，其引言云：“予行年六十，践历多故，如医视病，久益练熟，虽不敢自谓有得于古今之方，信其药之必验。然人身之系属与病症之所由来，经络之传变，或亦稍窥见一二。”（彭士望：《药格》引言）其中内容所涉，一言蔽之，就是以“实”救“虚”。

除“虚”之外，晚明士风与学风不振的另一个重要表现就是人情失真而尚“伪”，其流毒也广，魏禧痛言道：“夫山有朽壤则崩，木心朽则必折，无真气以贯之，物未有不败者。天下之害，由于人无真气，柱朽栋桡，而大厦倾焉，其端见于父子、兄弟、朋友之间，而祸发于君国。”（魏禧：《徐祯起诗序》）魏礼也批评说：“吾观世之君子，或疾人以伪遇我，吾亦姑毁吾真，而以伪应之，伪与伪相持，蔑有穷期，岁月为渐摹，则君子亦流而入于伪。”（魏礼：《答文信予书》）世人“以伪为真”，于是愚诈相生，“世之下也，务以伪为真，自谓足欺人，然人固审之，辨且晰，虽其可信者，犹将疑其妄。孔子曰：今之愚也，诈而已矣。由是观之，今之诈也，愚而已矣。”（魏礼：《答文信予书》）彭士望在总结皇明之亡时，参以亲身经历而痛心疾首地说：

> 灭有明三百年社稷，人咸归罪闯、献，此何足责。赫赫宗周，褒姒灭之；赫赫有明，奄寺灭之也。而奄寺之所以能灭国者，由于先皇之专任；先皇之所以专任奄寺者，由于党人之不忠；党人之不忠，皆伪为之根柢也。此可为痛哭流涕而继之以血者也。隆、万以来，则道学伪；启、祯以来，则文章、气节、操守伪，独事功不可伪耳。其有不伪者，则虚美相高，徒慕曾参孝己之行，而无益于天下安危之大计，輂上倒施，用者不实，实者不用。（彭士望：《与方素北书》）

依彭士望之言，有明三百年社稷之亡于一旦，并不能简单地归罪于李自成等“贼”人，追其根柢，实“伪”为之，学风至此，以致于人才疲惫，终至天下之亡。其言痛彻淋漓，指出晚明士风学风之大弊。于是，易堂诸子呼吁治“伪”以“真”，刻不容缓，彭士望直言：“夫是故吾人读书不在丑博，交友不在名誉，立身行己不在纂述技能，高言遐慕，将反伪而救之实，则对治也。”（彭士望：《与方素北书》）魏礼亦云：“夫天地之所以不息者，情；情之所以胶固者，真。天下之道成于真而败于伪，大抵然也。是故情之真者，德业生焉，忠孝出焉，天地鬼神格焉，金石感通焉。”（魏礼：《答文信予书》）以“真”克“伪”，也成为易堂经世致用之学的重要组成部分。

魏礼曾云：“盖吾堂惟尚一真”（魏礼：《同堂祭彭躬庵友兄文》），僧无可（方以智）曾一到易堂，有“易堂真气，天下罕二”之叹[①]，“真气”二字实为易堂之学的精髓所在。易堂之所谓“真”，

---

① 魏礼《先叔兄纪略》：“往僧无可公至山中，叹曰：‘易堂真气，天下罕二矣。’”参见《魏季子文集》卷15。

其内涵也广，既指人之真情，如主张文章要出于真情实意，彭士望曾说，“惟主真气二字，此吾易堂立言之旨也。”[①] 又指真人才、真经济，即要求有真才实学、真正有裨于国计民生，“天地以生民为命，人才经济以接续护持其命，而不使横折夭亡者也。学术不明，风俗不正，文章、朋党之积习不更，贪恋受享之深根不拔，则必无真人才，真经济；无真人才、经济而欲求国家之长治而不乱，必不得之数也。”（彭士望：《药格·引》）彭氏在谈“造士”之法时云：“夫造士得人必以真为质的。”（彭士望：《与友人书》）易堂高足梁份这样评价彭士望：“吾师生平得力，执真字勘验人，已为天下交游药石。”[②] 易堂之“真”还指真学问、真理学，魏禧云：“嘉隆间讲学渐生病痛，惟以收敛闇淡，不露声光、不畏强御，方是真人品、真理学。”[③] 实质上，所谓“真理学”，就是指易堂诸子等清初学者所倡导的涉世、经世之学，是针对明季之空谈心性之学而言的。由是观之，易堂之所谓“真气”并不玄虚，其以其经世致用的思想为出发点，以矫明季士风、学风之“虚”“伪”，以期有裨于国计民生。

易堂诸子之反驳明末崇尚空疏虚伪之弊，救之以“真”“实”，主要表现为以下几端：

首先，为有用之学，以正学风。基于学术误国之论，易堂诸子强调明学术、正学风，“学术不明则人才不立，经济不实”（彭士望：《魏叔子五十一序》），“无学术则器识卑闇，不足以立天地之大常，定古今之大变。”（彭士望：《送熊养及叙》）由于晚明士人一向空疏不学，崇尚虚谈，致使学术与现实严重脱节，遂酿大祸，因此，易堂诸子主张“学问必求有用”。彭士望云：“古人学问，必求有用。有用之学，非尽废读书也，但读书须明理识时耳。明理则有益

① 彭士望于魏礼《吴瓶庵赠言序》一文后的评语，参见《魏季子文集》卷7。

② 梁份于彭士望《复张一衡书》一文后的评语，参见彭士望《耻躬堂文钞》卷4。

③ 魏禧于彭士望《鄱阳史惺堂先生文集序》一文后的评语，参见《耻躬堂文钞》卷5。

于身心；识时则有益于世务。”（彭士望：《葑刍别同学诸子》）彭氏认为，求有用之学问与读书并不相悖，关键是不是为了读书而读书，而须“明理识时”，既要修养身心，又要精熟于世务，此其为所谓“俊杰”。他进一步申述说：

生平最喜司马德操云：儒生俗吏不识时务，识时务者在乎俊杰。落落数言，已指破千古庸钝病根，为真俊杰写生吐气。夫所云时务，谓昨日之事不可施之今日，今日之事不可待之明日；彼人之事不可责之此人，此人之事不可待之他人；要在随宜变通，当机恰合，义精智老，乃为得之。大之则官天府地，握雷追风，无不曲尽其能；小之则虽屐履之间，亦得其任。此之谓识时务，此之谓俊杰。（彭士望：《葑刍别同学诸子》）

从彭氏之言来看，“识时务”为“俊杰”所应必备的特殊品质；何谓“识时务”？就是要洞察古今兴衰成败及时事变幻之所由，相时而动，同时，无论是身处什么位置，都要尽己之所能，用彭氏自己的话来讲，就是“随宜变通”“得其任”而“尽其能”而已。只有“识时务”，才能有裨于世用而不落于空疏无用。魏际瑞在谈到君子博学与致用的关系时，强调“务达不务博”，其云：

季成子问于魏子曰：“君子亦务博乎？”魏子曰：“君子务达不务博。农非无谷也，而粉饵饔飧不能施其剂；屠非无肉也，而脯醢羞膳不能致其调。谷与肉者，所以适口也；君子之博学，所以适用也。博而不达，不可适于用；肉、谷而无调剂，不可适于口，是以君子不务博也。”曰：“然则务博者亦有害乎？”曰：“君子之博也，能得其意操其至约，以善其用，故愈博而愈精；小人骛博而矜其智小者，坚怪僻之学，其大足以文过剂恶而遂非，是以小人之博害无穷也。”（魏际瑞：《杂说》）

魏际瑞认为，君子之学的目的不在于“博”，而在于“适用”，虽

“博”而“不达”，也终“不可适于用”，所以，君子所学须“务达而不务博”。所谓“达”，意即通达、贯通，实与上文彭士望所言“随意变通”的意旨暗合。只有把所学知识融会贯通，才可用学于时，用学于世；然后在“达”的基础上再求“博”，才可做到“愈博愈精”。由是观之，魏际瑞“务达而不务博”的观点亦是以“适于用”为出发点而言的。

其次，重事功，崇躬行。

针对晚明士人之空谈心性、虚而不行之弊，易堂诸人倡导重视事功，崇尚躬行实践。对于此，以理学见长的彭任有过著名的论断，其云：“但愚见今日学者之病不在于辨之不晰，而在于行之不笃。宗朱子者言主敬格物，而未见有探讨究竟力行之功；宗陆氏者，言主静反躬，而未见有浚源涵养本原之力，大抵比方议论者为多，皆未有真切践履之实也。”（彭任：《答毛圣若书》）彭任有着理学家的冷静，绝非义气之辞，故能为如此公允之论。魏禧直言批评当世之儒的“无用”：“然世儒之谈道学，其伪者不足道，正人君子往往迂疏狭隘弛缓，试于事百无一用。即或立风节，轻生死，皎然为世名臣；一当变事，则束手垂头，不能稍有所济。”（魏禧：《明右副都御史忠襄蔡公传》）魏礼直言不讳地批评“近世之儒，言体而不言用，鄙薄事功。”（魏礼：《答秦定叟》）并言此为道学之所以衰微的原因，由是而导致士风之不振，“方今贵人接士，縻以虚文，朋友相须，游于声誉；求其实心下际实益磋劘者，盖亦寡矣。”（魏礼：《答秦定叟》）故而，他认为“无用即无体”，而要想诊治近世之“言体不言用”之病，他提出了自己的“良方”，“愚谓当以治法验道法，以躬行征涵养，以知非改过见力行尔。”由此，魏礼肯定秦定叟“恳到恻诚，俱为生民起见，乃是圣贤真实学问”（魏礼：《答秦定叟》）。

在“体”“用”的关系问题上，魏禧曾经与以理学闻名的程山谢文洊、髻山宋之盛诸人的观点迥异，魏禧直言：“程山、易堂大抵于体用中各有专致，彼此勤勤，皆欲出其所见以辅所不足，非苟求相尚也。”（魏禧：《复谢约斋书》）程山与易堂诸人曾就“仁术”（大致相当于“体用”）之关系问题于康熙四年（1665）的程山会讲中进行过激烈的辩论。

魏禧云："予向喜仁术二字，初谓是理中当有此番委曲。久之，理上多了几许安排；又久之，理外生出各种诈伪，便把仁字放空，却将术字作了把柄。故日用应事须十分兢业，常提着履霜坚冰之意。"（魏禧：《日录·里言》）魏禧认为，与其空谈所谓"仁"，从而导致诈伪横生，倒不如认真地从日间之用作起来得实在。谢文洊则对于魏禧过分强调"术"的观点颇不以为然，他说："须是仁字十分深重，术则从中生出方妙；倘于术字上著喜，则仁字只是附和，久之，附和者去，而术为主矣。"[①] 谢氏认为，魏禧的"仁术"观有本末倒置之嫌。髻山宋之盛虽然试图调和魏、谢之争，在总结二者异同时曾说："易堂之学主于用，程山之学主于体。叔子欲以经世而正人心，先生欲以正人心而经世，二者均不可偏废。"[②] 然就总体而言，他在思想上更倾向于谢文洊，故而云："究之人心是本，有体然后有用有所根。"[③]

魏禧从挽救近世空虚不学的士风与学风出发，坚持行以事功，学以"涉世"，"涉世处即是自己作学问处……若能体认，涉世便是学问。"（魏禧：《日录·里言》）他主张"日用常行"便是"仁"，认为"与学者论，不必便说到性命精微，但当日用常行说为是，如孔子对门人在在实实，至宋儒便阐发过精微矣。"[④] 并认为"《论语》句句道事实，后儒乃虚谈理要"[⑤]，其举以圣贤之旨，期以经世正人心、明学术，良苦用心固已明矣。基于此，魏禧建议程山会讲中必须增入实用的内容，以防止再堕入前人虚谈之深渊，据载，"谢子有

---

① 谢文洊于魏禧《日录·里言》后的评语，见《魏叔子文集·日录》卷1，第1079页。

② 宋之盛于谢文洊《丁未与魏冰叔书》一文后评语，见《谢程山集》（道光三十年刻本）卷10，《四库全书存目丛书》集部第209册，第186页。

③ 宋之盛于谢文洊《丁未与魏冰叔书》一文后评语，见《谢程山集》（道光三十年刻本）卷10，《四库全书存目丛书》集部第209册，第186页。

④ 引自清谢鸣谦《程山谢明学先生年谱》中引魏禧语，见《谢程山集·附录》（道光三十年刻本），《四库全书存目丛书》集部第209册，第357页。

⑤ 引自谢文洊《谢程山集·程山问答·穷经》（道光三十年刻本），《四库全书存目丛书》集部第209册，第335页。

程山七矩送魏叔子鉴定，叔子于中削一，而属谢补讲求时务一则。”[1] 他的这一济世思想在与谢文洊的书信中论述得非常详尽：

> 贵堂会讲，弟意欲增二条：今之君子，不患无明体者，而最少适用；然在学道人，尤当练于物务，使圣贤之言见诸施行，历历有效，则豪杰之士争走向之。愚谓会讲日当分三事：一讲学，今所已行是也；一论古，将史鉴中大事或可疑者，举相质问，设身古人之地，辨其得失之故；一议今，或已身有难处事，举以质人，求其是而行之，或见闻他人难处事，为之代求其是。于三者外，更交相规过，过有宜于公言，以要其必改者则公言之；有宜于独言者，则解班后私言之。当日所论，有确切足训者，令退书一则，编于公堂，永作观习。如是，讲学则是非之理明，论古则得失之故辨，议今则当事不眩，规过则后事可惩，庶内外兼致，体用互通。否恐本质虽美，试之以事，则手足错乱，询之以古，则耳目茫昧，忠信谨守之益多，而狭隘拘牵之病作，非所以广圣学也。（魏禧：《与谢约斋·又》）

在魏禧看来，只有增入“论古”“议今”等内容，才能使讲学之事真正具有实效，最终达到“体用互通”，否则，与前人讲学又有何异？二家之学的差异在于程山主体，而易堂主用，然二者之学真如水火之不相容？也未必如此，魏禧云：“由躬庵之说长于济世，由先生之说长于持世，有持世者以操其本，有济世者以治其标，轻重缓急之间，因时而制其宜，固有非言说可尽者。”（魏禧：《复谢约斋书》）魏禧之意，“济世”与“持世”本无对错之分，只是在“轻重缓急之间”，济世为要，故易堂之学也并非主张弃本。对于易堂之学与程山之学之异同得失，张潮有比较公允的评价：“豫章学者有二门庭然：一曰程山，一曰易堂。两先生者各有所主。程山主气节，易

---

① 引自谢文洊《谢程山集·程山问答·穷经》（道光三十年刻本），《四库全书存目丛书》集部第209册，第335页。

堂主经济，二者体用兼资，不可偏废也；使言经济而不本于气节，则其久也，或流于杂霸而不自知，是气节之学较之经济为尤重。”[①]

魏际瑞也崇尚躬行，强调“在行不在言”，其云：“窃谓大而圣贤，小而工技，诚不出乎斯道。然所以刻苦者，在行不在言，在诚不在伪，在实不在虚，万分之似不如一分之真。骐骥一日驰而千日息，不如驽马终岁驾，言之至精不如行之至粗，许之一斛不如与之一斗者矣。”（魏际瑞：《答友人书》）在他看来，万物生于世，皆有其用；人亦如此，无论是“士”“农”“工”“贾”，还是那些有生理缺陷的诸如“跛者”“股者”“瞽者”“瘫者”等等，均有其所用，只要是尽己所能，躬行实践，人人便可适得其用而有裨于世。在《杂说》篇中，魏氏充分地表达了这样的思想：

> 武城氏有顽惰之子，日食粟五升已辄寐，遂病肿黄色而踽步。魏子曰：“甚矣，夫是物之无适于用也。”惰者曰：“吾不知世间何者为有用也。”魏子曰：“盈天地之间，何物而非有用者也。士为学，农耕女织，工备器，贾居货物。跛者碓，戚施者扫，股废者爨，瞽者弦歌，瘫者守……顽而惰者手足不持行，耳目不视听，心不思，形躯不动；有田不耕，有书不读，有日用不为，有山水花月、游艺适情之事不赏；食费粟，衣费布，生费室，死费棺，无益于人而有损于天地万物，是溲渤之不如，而虫蚁蛇蝎之所不屑，夫安所而用之哉！”（魏际瑞：《杂说》）

在魏际瑞看来，不“行”则无“用”，诸如“惰者”之无所行，则其生毫无意义可言，甚至连虫蚁蛇蝎等物也不如。由此，他极为称赞程山诸子中的黄熙（维缉）与甘京（楗斋，又作健斋），“尝论程山诸公本立功深，皆我师范。黄维缉暨楗斋，又能见诸行事，有用之学非虚谈性命者，可比而愚，则以为维缉见义，必为圣贤中之豪

---

① 张潮：《昭代丛书·夙兴语小引》，《丛书集成续编》第42册，台湾新文丰出版公司，1988，第31页。

杰，吾党所宜万分爱惜。”（魏际瑞：《与甘健斋书》）就是因为他们“能见诸行事”，其所为的是“有用之学”，而“非虚谈性命者”。

“经世”是易堂之学的核心，这也是同清初士风与学风的转向相一致的。明末清初之际，许多思想家和学者（尤其是遗民学者）像易堂诸子一样，以一种异常复杂的心态总结明代衰亡的教训，对于晚明虚谈心性、空疏不学的风气进行了深刻批判，倡导经世致用的实学思想以救之。顾炎武总结明季学风之弊时说，“百余年以来之为学者，往往言心言性，而茫乎不得其解也”[①]，他们往往“聚宾客门人之学者数十百人……而一皆与之言心言性，舍多学而识，以求一贯之方，置四海之困穷不言，而终日讲危微精一之说”[②]，“是以终日言性与天道，而不自知其堕于禅学也”[③]。他认为这种学风之祸害极大，甚至导致于皇明之灭亡，其云：“五胡乱华，本于清谈之祸流，人人知之。孰知今日之清谈，有甚于前代者。昔之清谈谈老庄，今之清谈谈孔孟，未得其精而已遗其粗，未究其本而先辞其末。不习六艺之文，不考百王之典，不综当代之务，举夫子论学论政之大端一切不问，而曰一贯，曰无言，以明心见性之空言，代修己之治人之实学，股肱惰而万事荒，爪牙亡而四国乱，神州荡覆，宗社丘墟。”[④] 因此，顾炎武大力倡导经世之学，“君子之为学，以明道也，以救世也。”[⑤] 又云：“凡文不关于六经之旨、当世之物者，一切不为。”[⑥] 在复国无望之后，他足迹几遍于天下，亲自考察各地古迹实物及风俗人情，黄宗羲称其“积以岁月，穷探古今，然后知后海先河，为山覆篑，而于圣贤六经之旨，国家治乱之源，生民根本之计，

---

① 顾炎武：《与友人论学书》，华忱之点校《顾亭林诗文集》，中华书局，1983 年第 2 版，第 40 页。

② 顾炎武：《与友人论学书》，华忱之点校《顾亭林诗文集》，第 40 页。

③ 顾炎武撰，黄汝成集释《日知录集释》（全校本），上海古籍出版社，2006，第 401 页。

④ 顾炎武撰，黄汝成集释《日知录集释》（全校本），第 402 页。

⑤ 顾炎武：《与人书二十五》，华忱之点校《顾亭林诗文集》，第 98 页。

⑥ 顾炎武：《与人书三》，华忱之点校《顾亭林诗文集》，第 91 页。

渐有所窥。"[①]《清史列传》这样评介顾炎武之学问："炎武之学，大抵主于敛华就实，凡国家典制、郡邑掌故、天文仪象、河漕兵农之属，莫不穷原究委，考证得失。"[②] 黄宗羲也明确提出"学贵适用"的学术主张，其云："道无定体，学贵适用，奈何今之人执一以为道，使学道与事功判为两途。事功而不出于道，则机智用事而流于伪；道不能达之事功，论其学则有，适于用则无，讲一身之行为则似是，救国家之急难则非也：岂真儒也！"[③] 在他看来，"儒者之学，经天纬地"[④]，应该是学道与事功结合起来而不偏废，这样才不至于堕为"迂腐之学"，"经术所以经世，方不为迂儒之学。"[⑤] 而他自己也孜孜以求，以至于"上下古今，穿穴群言，自天官地志、九流百家之教，无不精研"[⑥]，正是他经世思想的直接体现。

易堂诸子之力倡以实学思想育人救国，并积极付诸于躬行实践，是清初经世思潮中的一股重要力量，对明季到清初士风与文风的转变起到了重要的作用。

三　师道与史教传统之重建

易堂诸子除了以文章气节名于天下外，又是清初非常著名的一个教育团体。因此，除游历造友之外，授徒教学也是易堂九子共同的事业，是他们人才救世理想[⑦]的具体体现。

---

① 黄宗羲：《思旧录 · 顾炎武》，《黄宗羲全集》（增订版）第一册，第 393 页。

② 王钟翰点校《清史列传 · 儒林传下一》，第 5437 页。

③ 黄宗羲：《姜定庵先生小传》，《黄宗羲全集 · 南雷诗文集（上）》（增订版）第十册，第 623 ~ 624 页。

④ 黄宗羲：《赠编修弁玉吴君墓志铭》，《黄宗羲全集 · 南雷诗文集（上）》（增订版）第十册，第 433 页。

⑤ 引自清张维屏辑，陈永正点校《国朝诗人征略》，中山大学出版社，2004，第 47 页。

⑥ 王钟翰点校《清史列传 · 儒林传下一》，第 5439 页。

⑦ 邓之诚：《清诗纪事初编》云："禧力持人才支持世界之说，乃出游江南北，遂入浙中，所至以文会友，由周祗谟遍交当世文人，以播其明道理、识时务、重廉耻、畏名义之说。"（第 199 页）实际上不只是魏禧，重视人才、以培养人才为己任是易堂九子的共同信念，而授徒与著述正是这种思想的集中体现。

明末清初之际，由于受明季空疏习气的影响，士风不振，师道废弃，成为一时之大弊。陆世仪痛陈清初师道之弊云："然师道之不立，实由举世不知尊师，天子以师傅之官为虚衔，而不知执经问道；郡县以薄书期会为能事，而不知尊贤敬老；学校之师以庸鄙充数，而不知教养之法；党塾之师以时文章句为教，而不知圣贤之道；儇捷者谓之能事，方正者谓之迂鄙，盖师道至于今而贱极矣。即欲束修自励，人谁与之，如此而欲望人才之多、天下之治，不可得矣。"[①] 师道之废直接导致的后果是经世之才之极度阙失，学校设官，也是徒有虚名，"今世既不重师傅，而学校设官，如教授、训导之类，徒立虚名，何怪乎人才之绝少也。"[②] 魏禧也云："慨自师道衰，梓匠莫能匹。名士尊文章，六经资羽翮。虚言无实事，伪学乱心术。相教以优伶，相师以鬼蜮。不识忠与孝，二字为何物。梧鼠夸五技，狡兔矜三窟。至尊等敝屣，弃置本无惜。酝酿造大祸，驯致于今日。"（魏禧：《乙巳正月雪中送门人熊颐归清江》）他认为，师道之丧，以至于学术人心疲敝不振，最终导致国家败亡。

师道之丧，主要表现为两端，一则因学官、学制之败而至师道之失，魏禧斥学官之败云："国初学官教养人才，真有师弟子之义……后之学官，贪髦无耻，下同隶丐，苟见金夫，虽枭獍之群可为麟凤。"（魏禧：《日录·杂说》）彭士望斥"甲科贵重"而至于师道之败云："自甲科贵重，驱天下为制举业，其术期足以取科第而止，父兄艳望，靡子弟而从之。为之师者，复讹谬相踵，暱就其间，以捷得速化为能事，家诵人说，真意消亡。近益陵迟，竟成市道举，所谓天理人彝，世务经术咸以为迂阔无当，尽弃去而不顾，而天下遂以大坏不可救。"（彭士望：《三馆教式序》）魏、彭二氏论虽不一，但实际上旨意皆同。陆世仪也感慨道："今

① 陆世仪：《陆桴亭思辨录辑要》卷 20《治平》，《丛书集成新编》第 23 册，台湾新文丰出版公司，1985，第 407 页。

② 陆世仪：《陆桴亭思辨录辑要》卷 20《治平》，《丛书集成新编》第 23 册，台湾新文丰出版公司，第 406 页。

天下之能为师者，寡矣。"[①] 一则为士子束书不观，为空谈所误，不学无术，或到其居官之时，也只能是误国误民，"故今之为大吏，居方面者，皆耳未习金鼓，目不识旌旗，一遇用兵，则张皇失措；举军旅之事，一委诸目不识丁之武夫，此天下之事所以大坏而不可救药也。"[②] 由此，有识之士强烈呼吁重视、恢复古之师友之道，并认为这是国家治乱成败的关键所在。陆世仪云："天下无一事无师，范金陶瓦，小技也，非其师则术不传，术不传则业不售。今治天下，非特范金陶瓦，而使不学无术之人，漫然而为之，当其未仕，则使之习章句；当其既仕，则责以薄书，而欲望天下有皋陶、稷、契之臣，成尧、舜、禹、汤之治，有是理乎？故'师'之一字，是天地古今、社稷生民、治乱安危，善恶生死之关键也。"[③] 彭士望也论道："世之治，其必由师乎天下，惟少年果锐之气，足以有为；而豫教无素，则血气聪明偾张狡诈，外诱内迁，百瑕并见，驯至老死，曾莫惩其余习。"（彭士望：《三馆教式序》）诸论皆一针见血，切中要害。

师道之废令清初士人感到十分痛心，因此，开堂授学，重振古之师道就成为他们的重要事业。诚然，从文化渊源上来讲，易堂以及程山、髻山诸子之讲学授徒与明末以来盛行的讲学风气之余习不无关系，然其与明季之讲学也有着很大的区别。因为他们看到了明季讲学之积弊而力避之，所以易堂诸子，大力倡导实学思想，以惩空疏之弊，这是他们造就有用之才、实现其实学救世的重要手段。由此，他们耗费大量心血而为之，如彭士望所述："吾易堂士多奇伟，持高节，而李子力负、丘子邦士、魏子凝叔，尤检身端饬，负人伦之望，二十年来绝意进取，隐居教授。近益以古道励诸生。"

① 陆世仪：《陆桴亭思辨录辑要》卷20《治平》，《丛书集成新编》第23册，台湾新文丰出版公司，第407页。

② 陆世仪：《陆桴亭思辨录辑要》卷20《治平》，《丛书集成新编》第23册，台湾新文丰出版公司，第406页。

③ 陆世仪：《陆桴亭思辨录辑要》卷20《治平》，《丛书集成新编》第23册，台湾新文丰出版公司，第407页。

(彭士望:《三馆教式序》)魏礼纪兄魏禧于国变后“隐居山中”,“因屏去时艺,专古学,教授弟子,著录者数百人。”(魏礼:《先叔兄纪略》)彭士望虽“比年百虑衰谢”,但“惟惮心教术,晓夜孜孜,以为古今人才绝续如火传,一日不得薪,则万古之火于是乎熄”,隐居授徒于是成为他的终生之志,“予老矣,终当剪茅山中,选徒来学,与诸君子分鲁而居,远绎唐虞之教思,近则仰求寿考,作人之志,吾他日之齿发坎而无殉,而不腐为草,不析为薪,不荡为冷风也。”(彭士望:《三馆教式序》)

作为清初江右名著一时的一个教育团体,易堂诸子大都开馆授徒,有所谓“易堂三馆”之目,即魏禧之于水庄、李腾蛟之于三巘、邱维屏之于河东塘角①,其与翠微峰“总部”易堂组成“易堂学馆”,广泛收纳弟子,生源来自邻近数十个省县,与南丰程山与星子髻山诸子频繁地往来切劘,形成一个巨大的教育网,影响颇大。易堂诸子之授徒,初以为稻粱谋,然很快就成为他们用毕生精力而苦心经营的重要事业。在诸子看来,救世之任务任重而道远,而当世又人才消歇,无济于世用,教育则是交友之外的另一种“造士”的最好方式。魏禧在新城授徒时订立教规云:“仆不自揣量,窃谓南面而为人师,固非徒教以进取之器,又非徒以文章名当世而已,将使立身经世之道,皆于此举之。”(魏禧:《日录·里言》)对于诸子之热衷于教育的心迹,彭士望解读道:“顾自以世与我违,无所用,乃嘿然卷怀,修之其家,传之其人,思以守先王之未坠。此固君子不得志于时者之所为也。”(彭士望:《三馆教式序》)此亦即彭氏所说的“薪尽火传”之志:

许大世界为学术偏疏无识、干庸伪人坏尽。吾辈痛定思痛,即偷活草间,不徒以独善自画。其于世教人才、民生国恤,须

---

① 《宁都直隶州志·杂志》(清道光四年刊本):“邱邦士居河东,土人呼为塘角头,古松绕宅,邦士读书其下,学者多称松下先生。”《中国乡志丛书》华中地方·第八八二号,台湾成文出版社有限公司,第3005页。

以为饥渴，性命磨砺，讲求归之实用。手之所触，足以所履，心眦之所游行，出没无时，不俱随力自尽，即不能见之行事，亦当托之于书，散之于人，寄其薪尽火传之志。所谓一息尚存，不容少懈，死而后已者也。（彭士望：《与贺子翼书》）

他们意识到，“救世”的任务已不可能在他们这一代人身上实现，必须凭借后人之努力，而要想使后代之人才相接不断，则必须以教育去培养人才，或留以著述，所谓“托之于书，散之于人”，这样才能使他们经世思想的火种延续下去，即彭氏所谓“一息尚存，不容少懈，死而后已者也”。于是，这种期待里面也就蕴含了更加繁复且显得有些沉重的时代意涵。

在这一思想下，魏禧对古人“立言”之为“不朽”的观念提出自己的见解，“古人有言：‘有文为不朽’”，“然禧以为传之以文者，犹不若传之以人”，因为“人寿而有尽，而以人传，人则无尽。”（魏禧：《上郭天门老师书》）在他看来，“立言”还是容易流于空虚，倒不如通过授徒的方式直接“造士”来得实在。如魏禧教授生徒，善于以史鉴今，以培养实用人才。闵本贞云：“魏叔子先生教授生徒，以史鉴之可疑难处之事课业诸生，积为《杂问》一卷。余读而喜之，以为造士之法，此其一端也。代为之刻，以公诸学者。盖事不师古，不足用，今然不能于古人之可疑者推究而发挥之，则其是非与所以成败之故，隐约而不明，游移而不确，他日措之事业，必不能尽其用。”[①] 此段话颇能道明魏禧心志之所在。魏禧的这种造士观念可以说是易堂诸子开馆授徒的共同意图，也是他们精心为教的出发点。

易堂之教，以培养有经国治民才能的实用人才为其宗旨。对于科举之试至于师道不存，最终使得孩童无教，易堂诸人痛彻于心，彭士望云：

① 闵本贞：《杂问序》，参见胡守仁等点校《魏叔子文集》，中华书局，2003，第992页。

> 呜呼！此五尺童子，他日佐天子政教海内，于是乎出，而世俗乃简贱其师，仅取充位，幼学无具，何有壮行，势必卤莽灭裂，以人国侥倖不至，误天下苍生不止，而身家亦載胥以溺，学术之弊遂极于此，岂不伤哉！（彭士望：《三馆教式序》）

在彭氏看来，士人重甲科，而使得他日将是国家栋梁的“五尺童子”，亦因“简贱其师”而不学无术，“卤莽灭裂”，“今之少年私相讲习成一学术，或稚而儿嬉，或老而世法，或好名而争忌，或角慧而夸奇，或狎亵而成顽比，或怨谤而致寇仇。凡此数端，俱足以消磨岁月，剥削元气，所营在分寸之间，其失有千里之谬。长而能悔，去日已多；骋辔求归，为途甚远，坐是灭没十八九也。”（彭士望：《后生畏语》）今日童蒙少年竟被贻误至此，后世又有何期望！因此，他意识到要想真正地重振师道，扭转士风、学风，必须从童蒙之教开始：

> 予每见后生及童子，资足有为者，爱敬畏，不觉一时俱集；见俗学究枉人之才，窒人耳目，辄痛恨欲杀。盖人生学术邪正，系于童蒙，童蒙之养系于师传。君相之所以治乱天下，恃此辈童子与先生数人而已。苟泛然择师而不知尊敬；训童子惟举业与科名，天下之乱，实繇于此。（彭士望：《葑刍别同学诸子》）

由此，彭氏认为童蒙正是国家治乱的关键所在，而正师道而复古学之传统，就成为当务之急。

重视童蒙之教，也是易堂诸子一贯的思想，魏禧云：“不忧嗣子之不立，而忧后起之无人。”他曾亲自编撰《童鉴》，作为专门的童蒙教材，髻山宋未有称其“可谓以学虑救良知，能之穷者也”①。易堂诸子之开馆授徒，其志盖已明矣。

---

① 宋之盛：《童鉴序》，参见《明季六遗老集·髻山文钞》（《豫章丛书本》）卷下，《丛书集成续编》（上海书店版）集部第177册，第466页。

易堂之学，特重史教。近代国学大师刘咸炘云："盖易堂学风本圆而宽，主于更历世情，而好史学，与浙东有相似者。"[①] 因为在易堂等清初士人看来，明季制艺之弊使得士人空疏而学风疲敝，而重建史教传统则可以治其弊，造就通古知今、能御天下大变的"经世"之才。曾灿曾将国家之难的原因归结为经史之学的不明："经史久不明，乾坤日崩圮。"（曾灿：《陈不盈过访是夜宿五峰山挑灯快谈因示予丙戌贻书而作此奉赠限水字韵》）魏禧则直言道："经世之务，莫备于史。"（魏禧：《左传经世叙》）这也是中国古代史学经世这一传统思想的承继与发扬。

在鼎革之际，史教之重更甚于他时。黄宗羲曾言："学必原本于经术而后不为蹈虚；必证明于史籍而后足以应务。"[②] 顾炎武亦直言："史书之作，鉴往所以训今。"[③] 王夫之强调重史以鉴今，"所贵乎史者，述往以为来者师也。为史者，记载徒繁，而经世之大略不著，后人欲得其得失之枢机以效法之无由也，则恶用史为？"[④] 通过考察历代成败得失之道，以资于今用，才是习"史"的重要意义所在。对于司马光的《资治通鉴》，船山感叹道："旨深哉！司马氏之名是编也。"继而他这样解读其中的深意：

> 曰"资治"者，非知治知乱而已也，所以为力行求治之资也。览往代之治而快然，览往代之乱而愀然，知其有以致治而治，则称说其美；知其有以召乱而乱，则诟厉其恶。言已终，卷已掩，好恶之情已竭，颓然若忘，临事而仍用其故心，闻见虽多，辨证虽详，亦程子所谓"玩物丧志"也。[⑤]

① 刘咸炘：《刘咸炘学术论集·文学讲义编》，第 118 页。

② 引自全祖望《甬上证人书院记》，朱铸禹汇校集注《全祖望集汇校集注》中册，第 1059 页。

③ 顾炎武：《答徐甥公肃书》，华忱之点校《顾亭林诗文集》，第 138 页。

④ 王夫之：《读通鉴论》卷 6《光武》，中华书局，1975，第 156～157 页。

⑤ 王夫之：《读通鉴论》卷末《叙论四》，第 1113～1114 页。

因此，“今人”应重史，可以起到“鉴之者明，通之也广，资之也深，人自取之而治身治世，肆用而不穷”[①] 的作用。考船山国变后之所为，也正是他经世思想的践履，其于江山险要、士马食货、典制沿革，无不极意研究；同时精研史籍，于书志年表，考驳同异，而每每详慎搜阅以证之。这也成为他殚心竭力撰著皇皇史学巨制《读通鉴论》的动力所在。实质上，“清初诸儒，惩明儒末流之弊”[②]，而史教传统之重建，也正是以惩明季士风学风之弊，又审时度势，以应“时代”巨变的情况下应运而生的一股学术潮流。这股重史的潮流主要表现在两端，一则为重古史，重在明历代成败得失之故，“引古筹今”[③]；二则重当代史，立存亡之志，主要表现为清初明朝遗老“私史”撰著之兴盛，这些“私史”则主要以记载“南明”史实为主，谢国桢先生云：“当时有心人士，为了记载这一段英勇悲壮、可歌可泣的事实，曾写下了无数辉煌灿烂的篇章。”[④] 即从“存史”角度发论。至于明末私史之盛，谢先生云：“全祖望云：‘晚明野史，不下千家。’盖以明清交替之际，明政既以窳敝；继之清兵入关，人民积受压迫侵凌，发展而为英勇抗斗之伟迹。当时人士，身经感受，义愤于中，乃竞起为史，记述实况，以昭示来者。”[⑤]

在这样的背景下，此际有学者试图打破经学、子学与史学的“界限”，主张以经为史，以子为史。易堂彭任即有“经即史，史即经”的观点：“经以载道，史以记事，经即史，史即经也。后世之所谓经史，道其所道，事其所事，是以不惟道与事分，而经史亦遂已截然分而为二已。”（彭任：《历代文约序》）易堂之友李清亦云：“或曰：以经为史，可欤？曰：奚不可！夫唐虞作史而综为经，两汉

① 王夫之：《读通鉴论》卷末《叙论四》，第 1115 页。

② 徐世昌：《清儒学案小传·孜堂学案》，参见周骏富辑《清代传记丛刊·学林类⑤》，第 439 页。

③ 顾炎武：《与人书八》，华忱之点校《顾亭林诗文集》，第 93 页。

④ 谢国桢：《晚明史籍考·前言》，华东师范大学出版社，2011，第 1 页。

⑤ 谢国桢：《晚明史籍考·凡例》，第 3 页。

袭经而别为史，盖经即史也。或曰：以子为史，可欤？曰：奚不可！夫诸志，史也，而错以经。小学，经也，而错以子。故子亦史也。”① 此种史学观在鼎革之初出现，显然是与这种重史教的观念分不开的。

当然，必须说明的是，在鼎革之初特殊历史语境之中，以史经世这一传统史学思想中自然而然寄予了先朝遗老们的复杂的“遗民”情怀，在强调“深鉴于古人之失得”的时候，更要分辨“世事”“时宜”，明晰华夏历史之统绪。故而此际士人大论“正统”，其意即在于严明华夷之别，以警策汉人。因此，这里面自然蕴含了以史鉴志的深意。王夫之在《读通鉴论》中云：“夫读书将以何为哉？辨其大义，以立修己治人之体也；察其微言，以善精义入神之用也。”② 彭士望曾与友人言及培养造就人才的“宗旨”：

> 今天下人才消歇，朋友道废，而人之类或几乎熄。吾徒既不惮燎毛发、涂手足、入焚溺以救之。当必正明其学术，增扩其识量，以坚练开发其胆力智意，足以任天下艰危之事，而尤深鉴于古人之失得，世事之坚瑕，时宜之钝疾通塞，皆有以应之，不爽尺度；其于气质习染之蔽时自警策，无以宠利居功名意，见生偏执，为富贵威武所淫迁，以谨持其末路，如是，始可言交道之成，以无负贫贱夙昔相期之志。（彭士望：《赠北田四子序》）

彭氏之论，直言当世“人才”之责即在“任天下艰危之事”，这是在特殊的历史情境中对“人才”的特殊“要求”，而所谓“艰危之事”，其意涵自是繁复。其中所谓“其于气质习染之蔽时，自警策，无以宠利居功名意，见生偏执，为富贵威武所淫迁，以谨持其末路”

① 李清：《绎史序》，见马骕撰，王利器整理《绎史》卷首，中华书局，2002，第2页。

② 王夫之：《读通鉴论》卷17《元帝》，第594页。

云云，就是鉴史明志之意。

出于培养造就经世之才的目的，魏禧曾经苦心评点《左传经世钞》二十三卷以授徒，其自序云："禧少好左氏，及遭变乱，放废山中者二十年，时时取而读之，若于古人经世大用，左氏隐而未发之旨薄有所会，随笔评注，以示门人。"（魏禧：《左传经世自序》）由是而观，魏禧评注《左传》的用意乃在授徒所用，以此传播其"经世"之理念。魏氏独重《左传》，是因为他认为《左传》一书可以御古今天下之变，"尝观后世贤者，当国家之任，执大事，决大疑，定大变，学术勋业灿然天壤。然寻其端绪，求其要领，则《左传》已先具之。盖世之变也，弑夺、蒸报、倾危、侵伐之事，至春秋已极。身当其变者，莫不有精苦之志，深沉之略，应猝之才，发而不可御之勇，久而不回之力，以谨其事之始终，而成确然之效。"（魏禧：《左传经世叙》）魏氏特别强调应"变"之才，这自与明清鼎革相关。故魏氏之意与上述彭氏之意正相契合。对于魏禧评史的目的，彭家屏的论述可谓切中肯綮，其云："因《左氏》以观二百四十余年之纪载，其间奇人伟士权奇倜傥之用与天时人事之变，故亦几备矣。后世之变，皆前代之所已经，士大夫平日尚论古人，不能远稽近考，核其成败是非之由，以求其设心措置之委曲，一旦当大疑、任大事，危难震撼之交，乘张皇延惑，莫展一筹，儒术之迂疏，世遂以群相诟病，岂非不善读书之过哉！此宁都魏叔子氏《左传经世》之编所为作也。"① 彭家屏此言道尽魏禧苦心经营此书的用心，即在于使门人弟子通过读已之书，识得古今成败兴衰之故，诚如魏禧自言："善读书者，在发古人之所不言，而补其未备，持循而变通之，坐可言，起可行而有效，故足贵也。"（魏禧：《左传经世叙》）据彭士望言，魏禧当年在吴门时，曾把《左传经世》《日录》与文集比作自己的三子②，"叔子在吴门尝语望曰：'吾有三男，《左传经世》

① 彭家屏：《左传经世钞序》，见魏禧撰、彭家屏参订《左传经世钞》卷首，《续修四库全书》经部第120册，第286页。

② 魏禧本无子，后其弟魏礼为使叔兄魏禧有后，把子世侃过继给魏禧。

为长男，《日录》为中男，集为三男。’而叔子所以后起之人，由三者进而广之，其子孙千亿，无有穷极。”（彭士望：《祭魏叔子文》）由此可见《左传经世》在魏禧心目中的地位。

不独魏禧，彭士望也着力于评史，用力至勤。他认为，“少年切己之事无过读书、交友，而友不泛交，书不徒读，当求其真实有用之所在。书之经读十三焉，书之史读十七焉；史之治读十三焉，史之乱读十七焉。”（彭士望：《后生畏语》）他手评司马光《资治通鉴》自周秦至五代二百九十四卷、《春秋五传》四十一卷，可谓皇皇矣，可惜未传于今世。然其志盖与魏禧不异，“予在易堂与魏叔子冰叔读书，各有手目，而意主于无文字处求出古人精神作略，以竢后之人发挥而旁通之。”（彭士望：《耻躬堂文钞自序》）对于此中心志，彭氏也作了明确的解释，“望老矣，顽钝后死，心背出没于三百年是非得失成败兴亡之故，创巨痛深，久益论定天殆以是昭示来兹正其昔误，无令后之人复哀。后人鉴于前车，能无惧乎！能无惧乎！”（彭士望：《祝工科奏疏序》文后《自识》）其目的无非期以此警示后人，莫犯前代之误，其良苦用心亦已明矣。

作为培养经世之才的重要手段，易堂诸子期望通过广收门徒而宣扬自己的救世理论，并造就经世致用的人才，以达到其经世的目的。如彭士望曾教易堂弟子熊养及以有用之学：“圣贤有所不为，豪杰知无不为，皆身体力践，验之于实事，虽屣履之微，拜起话言之造次，莫不有师友磨砺锻炼，故可以遭非常而不惊，处至满而不溢。”（彭士望：《送熊养及叙》）这也正是易堂学问之本。梁份于《赠吴其矩序》中云：“吴子其矩，学于躬庵彭夫子者也。夫子之设科也，因材为教，不强所不能而归于有用，一时门下英才辈出。”①实质上，不仅彭士望，易堂中人大多抱有这样的理念，以至于江右及邻近省县的生徒纷纷慕名而来，“易堂三馆”足称一时之盛。而易堂中人也经常出外讲学布道，可谓不遗余力。在易堂弟子中，也有

① 梁份：《赠吴其矩序》，参见胡思敬辑《豫章丛书·明季六遗老集·怀葛堂集》卷3，《丛书集成续编》（上海书店版）集部第177册，第346页。

声名显著者，除魏氏兄弟的儿辈、时称“小三魏”的魏世杰、魏世傚与魏世俨之外，尚有王源（昆绳）、梁份（质人）等人，都是清初有较大影响的学者文士，足以传易堂之学。

第二节　废存之间：关于八股文的论争

——以魏禧《制科策》为中心

八股文，又称制义、制艺、时文、时艺、八比、四书文等。钱基博先生解释说：“八股文，亦名《四书文》。《四书文》者，以命题言之也。八股文者，以体制言之也。或称贴括，即唐贴经。亦名经义，即唐墨义。顾唐人贴经，犹今默写经书，无文词之发；非八股之比。”[①] 关于八股文的具体形成时间，历来有不同的说法，或认为始于宋王安石，如邵长蘅云“王介甫始作制义”[②]，又王士禛云：“康熙二年，以八股制艺始于宋王安石，诏废不用”[③]；或认为始于明太祖，廖燕以为“明太祖以制义取士”[④]，阎若璩在总结“前明三百年文章学问不能远追汉唐及宋元者”的原因时，认为其罪魁祸首之一就是“洪武十七年甲子，定制以八股时文取士”[⑤]。胡鸣玉则认为二说皆非，他论证道：“今之八股文或谓始于王荆公，或谓始于明太祖，皆非也。案《宋史》：宁熙四年，罢诗赋及明经诸科，以经义论策试进士，命中书撰大义式颁行，所谓经大义，即今时文之祖，然初未定八股格。即明初百余年，亦未有八股之名，故今日所见先辈八股文，成化以前若天顺、景泰、正统、宣德、洪熙、永乐、建

① 钱基博：《明八股文》，参见钱基博《中国文学史》下册，上海古籍出版社，2011，第847页。

② 邵长蘅：《拟江西策试一·时文》，《邵子湘全集·青门簏稿》卷16，《四库全书存目丛书》第248册，第32页。

③ 王士禛：《池北偶谈》卷3《八股》，中华书局，1982，第54页。

④ 廖燕：《明太祖论》，林子雄点校《廖燕全集》卷1，上海古籍出版社，2005，第12页。

⑤ 阎若璩：《潜邱札记》卷1，《景印文渊阁四库全书》第859册，第407页。

文、洪武百年中无一篇传也。”[①] 他赞同顾炎武“八股文成于成化以后”的观点。顾氏对八股文的形成考证甚详：

> 经义之文，流俗谓之“八股”，盖始于成化以后。股者，对偶之名也。天顺以前，经义之文不过敷演传注，或对或散，初无定式，其单句题亦甚少。成化二十三年会试“乐天者保天下”文，起讲先提三句，即讲“乐天”，四股，中间过接四句，复讲“保天下”，四股，复收四句，再作大结。弘治九年，会试“责难于君谓之恭”文，起讲先提三句，即讲“责难于君”，四股，中间过接二句，复讲“谓之恭”，四股，复收二句，再作大结。每四股之中，一反一正，一虚一实，一浅一深（亦有联属二句、四句为对，排比十数对成篇，而不止于八股者）。其两扇立格（谓题本两对，文亦两大对），则每扇之中各有四股，其次第之法亦复如之，故今人相传，谓之“八股”。若长题则不拘此。嘉靖以后，文体日变，而问之儒生，皆不知八股之何谓矣。[②]

对于八股文之形成及体制，钱基博先生认为：“其初宋仁宗笃意经学；王安石请兴建学校……于是改取士之法，罢诗赋、贴经、墨义，士各占治《易》《书》《诗》《周礼》《礼记》一经，兼《论语》《孟子》……王安石奋笔为之，存文十篇；或谨严峭劲，附题诠释；或震荡排奡，独抒己见；一则时文之祖也，一则古文之遗也。……而宪宗成化以后，始为八股。其法：截本题为两截，每截作四股，每四股之中，一反一正，一虚一实，一浅一深。其两扇立格，则每扇之中，各有四股，其次第之法亦如之，故谓之八股。”[③] 从文体特征

① 胡鸣玉：《订讹杂录》卷7《八股文缘起》，《丛书集成新编》第13册，台湾新文丰出版公司，1985，第478～479页。

② 顾炎武撰，黄汝成集释《日知录集释》，第951页。

③ 钱基博：《明代八股文》，参见钱基博《中国文学史》下册，第847～848页。

上看，八股文有相对固定的程式，大致包括破题、承题、起讲、入题、起股、中股、后股、束股、大结等几个部分。[①]

甲申之前，易堂诸子都像其他士子一样曾沉溺于举子业中，魏禧自称“吾少工时文”（魏禧：《与诸子世杰论文书》），曾灿也称魏禧“年十一岁为时文，补弟子员，冠其曹长，而名公巨卿年五六十者，咸以等辈礼之”[②]。邱维屏则“生平最得意所自作时文，谓包笼三百年先辈大家之长而别出机轴”，且著有“时文、古文各百数十篇”（魏禧：《邱维屏传》）。李腾蛟也自称“少年时锐意攻举子业，每好以奇自见”（李腾蛟：《与宁化李元仲》）。此外彭士望、曾灿、彭任等无不为当时的名诸生。然而，甲申之变彻底粉碎了他们以时文获取功名的希望，而他们在总结胜国覆灭的原因时，也不得不重新审视自己一度沉溺其中的时文，便见仁者有之，而见智者亦有之。通过对八股文的是非评价我们可以看到清初士人对于这一特殊文体的复杂态度。

一 “废八股而勒之以论策”：魏禧的策略

作为一种用于国家取士的文体，八股文在中国古代文学史、思想史及教育史等领域中引起的是是非非最多，总而言之，批判者多而赞誉者少。其中批判最为激烈的就是明末清初之际，最甚者给它挂上误国、亡国的“罪名”。国变之初，易堂诸子对曾经也醉心其中的八股文展开了笔诛口伐。年龄最长的李腾蛟痛心疾首地说：“国家八股之科，科名之重垂三百年，士即以科名误朝廷。”（李腾蛟：《与宁化李元仲书》）魏禧亦云：“余甲申遘烈皇帝之变，窃叹制科负朝廷如此。既思朝廷以八股取士，曲摩口语，正如婢代夫人，即令甚肖，要未有所损益，绳趋矩步，使人耳目无所见闻，是制科之

---

① 关于八股文的起源、形成、流变及其体制特征，吴承学师在《明代八股文》中有详尽的论述。参见吴承学师著《中国古代文体形态研究》（增订本）第十三章，中山大学出版社，2002。

② 曾灿：《魏叔子文集序》，参见《魏叔子文集》卷首，第27页。

不善也。”（魏禧：《内篇二集自叙》）魏礼与友人相论道：“制艺源流，父兄之所以教，子弟之所以学者，致于人心波靡，酿成祸害，败延国家。”（魏礼：《答雷赓飏书》）显然，在他们眼中，八股文甚至是科举制度本身成为了国家灭亡的罪魁祸首。而深究八股文何至于“负朝廷”乃至“败延国家”，主要着眼点就在于它对人才的败坏，而顾炎武的观点在清初极具代表性，其云：“愚以为八股之害，等于焚书，而败坏人材，有甚于咸阳之郊所坑者但四百六十余人也。”①

甲申（1644）三月国变，六月，魏禧即痛斥制举之害：

> 制举之业，至今日而滥极，浮词失意，诡言贼理，即有学为先辈大家者，专功气格，自拟古人，不知为经济言，而无当于王霸之略；为性命言，不足发明圣贤之理，虽极工巧，凌轹古人，皆雕虫耳。夫君子始进必以其正，今日之学术、他日之治术于此焉出。（魏禧：《内篇一集自序》）

顺治二年（1645），魏禧因南都初建，尚抱复国之望，“不能遂弃举子业，遂不得举八股之体而决裂更张之”（魏禧：《内篇二集自序》），是年五月，即作《制科策》三篇，对八股之弊进行了冷静而详尽的论析，主张“废八股而勒之以论策”（魏禧：《制科策上》），他的观点在清初士人中具有代表性。

在魏禧看来，八股之弊有如下几端：其一，规定了具体的考试范围，基本上以《四书章句集注》为标准，严重脱离实际，导致士子皓首穷经，而不识当务之事；其二，在作法上有相对固定的程式，不能尽发士子之才，反而只有敷衍之语，致使士风孱弱，学风堕入虚伪。最终结果是即使有高中者，其才亦不能用于经世，最终只能是误国误民：

---

① 顾炎武撰，黄汝成集释《日知录集释》（全校本），第946页。

> 八股之法，一在于摹圣人之言，不敢称引三代以下事，不敢出本题以下之文；一在于排比有定式。夫题之义理，有博衍数十端，然后足以尽者；有举其一端，扼要而无遗者。……圣贤之理，适用为本，故言理不征事则迂疏。古人之言，不征后世之得失，则言之富且精者不得见。今必以为不可毫发有所损益，则是古人所一言者，吾从而再言；所短言者，吾从而长言。言之毫发逮圣人无益，况不逮耶！国朝黜杂学，尊孔子，勒《四书》《五经》为题目，法视前代为独正，贩夫竖子莫不知仁义道德之名。然才略迂疏，不逮汉、唐远甚，及其后则遂欲求为东晋、南宋而有不可得者。天下奇才异能，非八股不得进，自童年至老死惟此之务。于是有身登甲第、年期耄，不识古今传国之世次，不知当世州郡之名、兵马财赋之数者。（魏禧：《制科策上》）

魏禧认为，八股文本身不仅严重束缚了士子的才能，而且由于其为国家取士的唯一途径，便又使得天下士子趋之若鹜，于是天下之人“才略迂疏”，俱为此所害；即使是得其名者，亦无其实，或者只能叨叨于古人之言，而终无益于世，这恰与“圣贤之理，适用为本”背道而驰，故制科不但不能造就良才，反而导致人才败尽。在《送新城黄生会试序》中，魏禧表达了同样的观点：“三百余年来以八股取士，所求非所教，所用非所习，士子耳目无闻见，迂疏庸陋，不识当世之务，不知民之疾苦。其有志者，则每于释褐后始尽弃所为举业，讲经世之学。学之不精，习之不久，以遽当民社之寄，驭积滑之吏，其不克胜也固宜。然方其为诸生，无绝人之资，而求通古今之务，则举业不专不精，督学之绳法其后，而身之荣辱分。故经世之学，为诸生，则不敢为；既举进士，则苦于无及。”（魏禧：《送新城黄生会试序》）

除魏禧外，易堂中彭士望也对八股之弊予以痛斥：“国家数百年，以是为彀率奔趋，天下聪明才辨之士屈首沉溺，惮有生之精力，揣摩变迁，务求一当而殊绝者，又未可必得。老死兀兀，不能自奋，徒令天下之人才学术强半靡耗于其中。其既得之者，则遂有官守钱谷簿书讼狱之繁、律令刑罚之惧，日惴惴以顺时远戾，犹恐不给。夫古人学而后入仕，今所学非所用，又不能以政。学一旦佐明堂，出政教，下及民事，举行先王之大经大法，定非常，决疑变，了然于心与手口之间，见之施行，载之史策，流布于四方，可传诵，抑几何其能济也。”（彭士望：《瑞竹亭初集序》）魏礼也直言：“盖自时文盛而实学荒。”（魏礼：《通鉴表撰序》）易堂后辈魏世俨也认为：“甲申之变，公卿束手屈膝，绝未尝如汉、宋之断而复续者，未必非八股取士之流弊也。”① 其中意旨大致相同。

那么怎样惩治国家制科之败呢？那就须使制科与实用联系起来，在魏禧等人看来，圣人之学因时文而不明天下，至于祸乱国家，故而应变八股之法，以造实用之才，救当时国家人才之败，“圣人之学不明于天下，而较事功则刑名功利之说起，求其治必乱。吾故曰吾之说非舍《四书》《五经》而别求之，《四书》《五经》命题以正其本，变八股，制论策，使人得尽其才，适于实用，以救其弊。”（魏禧：《制科策中》）此段论述表明了魏禧等人倡导变八股为论策的用心良苦之所在。在他看来，论策这种体式正好可以达到这一目的，他释“论”云：“论议也，言之不足则议之，博辨肆志而得其说，是故孔子曰：‘辞达而已矣。’辞达，使明也；仅以使明则不可明，故曰论精微而朗畅。”（魏禧：《论引》）又释“策”云：“策者，坐而言起，而可见诸行事，不袭古，不冒今，不守己，三者得矣。”（魏禧：《策引》）故此，魏禧提出自己的建议，即“废八股而勒之以论策”，并作了颇为详尽的论述：

故居今以救制科之败，愚则以为莫若废八股而勒之以论策。故曰八股之为经济者，施于论则腐矣，论施于策则迂，策施于奏议则疏。何者？言理者易伪，而核事者难欺。是故法未有久

① 魏世俨：《复外舅曾止山先生书》，《魏敬士文集》卷1。

而不敝，然其立法之始，则不可不尽善。论策之制，其敝也必有剿袭靡衍、夸而不适用，而天下之人，则势不得不取古今治乱之书而读之，而讲求天下兵马财赋、关阨险阻、时务利害之事。今夫采鱼者必张网于大泽，猎兽者必设罝于深山。夫固有不得兽者，顾涉泽以求兽，而越山以问鱼，是所谓索燧人以三凌之水，絷骐骥之足而责千里者也。（魏禧：《制科策上》）

魏氏的策略非常明了，就是“变八股，制论策，使人得尽其才，适于实用，以救其败。”（魏禧：《制科策中》）而且一再声称：“论策制科，此余之志也夫。”（魏禧：《论引》）虽然魏氏也意识到“策论之制，其敝也必有剿袭靡衍、夸而不适用”，但毕竟天下之人“势不得不取古今治乱之书而读之，而讲求天下兵马财赋、关阨险阻、时务利害之事”，实用之才也由是而出。他曾与邱维屏辩论八股之可废时也申说道：“以八股可观德，则奸伪辈出；以八股之可征才，则迂陋已甚；以八股可明理，则圣学实昌明于宋儒，未尝有八股也。故为经济题能如汉人制策，理学题能如性理中之成文可诵者，可矣。”（魏禧：《日录・杂说》）

基于此，魏禧还提出了具体的“改革”方案[①]，并解释说：

考核人才，绳以六曹之职，如学兵者考其韬略，学刑者考其律例，最为切实不浮。然天下之才，有未必能专精一曹，而独能名于国家兴除之大故，强弱之大势，断非常之事，定卒然之变，其精强于六曹者，至此或束手而无措，若必以专才绳之，则此等人皆遗弃矣。故刑名责实之术，反有时而失人，司用人

① 魏禧《制科策中》：“请言其法：凡童子试《小学》论一道，科经书白文三（《四书》一，《易》《书》《诗》《礼》所占经一，《春秋》《胡传》一，令自某处起，默书至某处止，兼唐人考字、宋人帖括之意。）弟子员试《四书》一道、所占经一道，策一道。乡试策一道、《春秋》一道、判一道、《四书》一道、所占经一道。会试策二道、判六道、皆一试。”对于具体的要求也有非常详尽的论述，大抵形式上破其定体，内容上贴近时务。《魏叔子文集》，第185页。

之柄者不可不知也。余《制科策》分六曹策士，而有通论国势治体之题，意盖以此。（魏禧：《日录·杂说》）

魏礼完全赞同其兄“废八股而勒之以论策”的主张，认为要想救时文之弊，则“不得不出于论策”，述其原因云：“习时文者，斤斤摹圣贤之言，尊传著之说，虽体用乖违，而天下学者莫不知王道可贵，伯术曲学之可贱，称先王，道仁义，自童子而已然也。变为论策，则必博辨古今，独抒己见，以征于实用。其流也，刑名、法术、纵横、功利之说，皆得以杂厕其间；而管、商、仪、秦，有时加孔、孟、程、朱之上，故居今而教人读史，则必先为之别正邪、明是非，使其源流功效晓然白于人心。于是天下之学术既归于实而不浮，复轨于正而不杂矣。”（魏礼：《通鉴表揆序》）依此，时文虽“体用乖违”，但也不是一无是处，可致天下之人知王道，晓仁义，然若以变为论策，“体用乖违”之弊则可消除，而使得人尽其才，征于实用，学风也可归于正途。他又在与友人书信中重申此意：“愚窃谓国家制科之典失于太备经书，则内圣之学也。论则博古通治法也；策对则审于当务之急也；表则赡于词藻、判明于吏治也，皆欲其备于一人。夫考之以言，将责其实而用之，此制科之意也。”（魏礼：《答雷赓飏书》）易堂后辈魏世俨也认为：“汉以贤良方正孝弟力田举士，宋以论策为科，可以惇化厚俗，而论策亦足以造识量经济之才。”[①] 其中意旨，与魏禧的观点是一致的。

二　“经义负人”还是“人负经义”：邱维屏的论争

然而，在是否要“废八股”的问题上，易堂诸人中也有不同的声音。与魏禧观点针锋相对的是其姊丈邱维屏，附和者还有彭任等人。据魏禧所纪：“（邦士）尝与予争辩时文体制尽善及继统者必为之子，至座中人皆罢酒，声震山谷，鼾睡者悉惊寤不为止。”（魏禧：

① 魏世俨：《复外舅曾止山先生书》，《魏敬士文集》卷1。

《邱维屏传》）可见二人在时文问题上争论的激烈程度。邱维屏的观点大致在《魏凝叔四书义序》一文中尽览无遗。

邱氏认为，八股代圣人立言无可非议，不但不当废，而且必行，其理论的基点还是以八股而传圣贤之道。在他看来，圣贤之经最为难明，只有代圣人立言，才能设身于圣人之间而真正得其微旨，“设身圣贤之间，如生其世，如见其人，拟议其意旨，仿佛其神貌辞气，一篇之终，然后得以已意，旁取汉魏以来之事，指证辨难而折衷之，盖已深入而肆出矣。孔子曰：温故而知新，可以为人师矣。言其造就当世之人材，必取如原泉之混混而有本，而后得以放乎四海而无穷也。”（邱维屏：《魏凝叔四书义序》）依此，邱氏认为四书义恰恰是造就良才之途径，而圣贤之旨亦终得传而不绝，周、程、朱诸夫子“则尝设身规模想像，以求其衷，而圣人之蕴微纤高下皆得以发尽而无余矣”。若弃去四书义，只据一己之意，本时俗之情而作文，则恐废圣人之教：

> 盖圣人之经湮晦而难明也久矣。沿汉历宋千余年之儒者，穷思极力人不能无怪迂舂驳之议论夹杂于其中，此意患在于据一己之意，本时俗之情，以求圣人之道，而不能旷观崛起，设身于孔、颜、思、孟之间，而若出其言于予之口，是以其意终扞格而不传。此以知凭恣学者之胸臆与追仿圣贤之意旨，其得失盖有不可以数计者。古之为教者，非不欲使人各出其性情，逞意肆志，挥斥万物，以明天人之得意而著其用，然必制为礼教、音乐以教之，俯仰进退之节、拜跪之仪、异世殊方、别类之歌咏、高下清浊之音吕，斤斤然徒循其数，有若偶人儿戏者之所为。然中正仁义之心有油然而至者，是以圣人详其教而不敢废。（邱维屏：《魏凝叔四书义序》）

基于这样的认识，邱氏对于魏禧“勒八股为论策”的策略，并不以为然，甚至持反对意见。他认为，如果改为论策，其弊更甚，大者可绝圣学，以至于人心大乱而不可收拾，“若变为论策，虽未决去经书以为题目，然其弊与无经书等。何则？圣贤之旨难寻，粗泛之辨易骋，平淡不可易之义不足以动人，掇拾饾饤，其事可朝习而暮为。”（邱维屏：《魏凝叔四书义序》）而对于明季人才缺乏之故，邱氏也认为并非只是八股文本身之过，“今人之材之不出，天下瑰奇赫赫之功不少概见，繇其教之之术甚疏，取之之途太专，而取者复陋，及其末流，则以阴用策论之文阑入经义之内，非倍戾浮靡之文，下所不为，上所不取，盖有非四书义者之罪。”（邱维屏：《魏凝叔四书义序》）故而，邱维屏认为，在丧乱之际，八股尤不可废，反而应用它来达到维持纲常伦理的目的，“近经丧乱之际，国家一日未废，其纲纪伦法犹未至于决裂，其弑逆烝报杀夺之祸，自古中代以后即多有之，而前此六七十年间，薄海内外未之尝见，间见之，必共以为怪，盖天下阴受斯文之福而未之或知也。由其耳目手口尝效习于圣贤之言论，不敢以偏窥臆见、浮情横议闯入假托，以害孔孟之旨也。”（邱维屏：《魏凝叔四书义序》）在邱氏看来，八股文非但无“罪”，反而天下人“阴受斯文之福”也久，故其有功于天下大矣。虽然他也承认经义之文有碍于作者抒发胸臆，但毕竟是有关圣贤之学；人才之不振乃是由于“教”“取”等环节上出现了问题，从而导致学者未尝得圣贤之微旨，并非八股本身之过，他申论道：“盖经义之法，虽使学者不能自见胸臆，但代圣贤口语，叔敖衣冠，终是优孟……三百年中，言人人殊，其能尽经义之善至七八分者固少，然则经义不负人，人负经义耳。”（邱维屏：《与李咸斋》）在邱氏看来，问题的关键出现在人自身上，而非经义本身，故八股绝不可废。

在易堂中，彭任对于八股文也持有保留态度，在“废”与“不可废”的论争中，显然倾向于邱维屏一端。他甚至还编写了《明历科程墨约》以示儿孙辈，并在序中云：“吾友邱漫无畅论其意，谓圣人之经至程朱始身体发挥，以明其义，而经书之蕴，洪纤高下，皆得以尽发而无余，此制义之所以未可废，而其用之效至明代而尤著，有超于前代者，其有功于斯文。与艾东乡持论，其揆一也。隆、万而降，文章之变驳杂日甚，岂果关于世运而不可挽舆？”（彭任：

《明历科程墨约示儿孙序》）其言外之意即隆、万文风之坏还有可挽救的余地，他编写的这本《明历科程墨约》目的就在于教育儿孙要惩隆、万以来的文风之弊，而绝不是要废弃八股文。他在教子书中云：

> 前辈发达者，未有不由贫贱而起，初只一字好学，于书无所不读，其所以为举子业者，上之欲以此立德于不朽，立言以待后；次之致君泽民，以成就功名；最下者，志在富贵，以求享用，为子孙温饱计，此末世之衰俗之极汙下者。儿乃不能免此俗情，可谓无志气者矣。从此当极力洗涤此俗念，志向要走上一层去，使此心空虚无累，世间名利势位一毫不入于胸次，则读书做人自当有得力不犹人处。（彭任：《示儿仁方》）

又云：

> 至于制举业，虽是末艺，然追述圣贤旨意而代为之言，非设身想像，潜心体认，亦不能有得。须将先辈文字熟读，记之于心，静时思想，又要设身为作者之地，看他如何立意，如何造局，如何修辞，以取题神，研精伏气，求其意之所在，庶几得之。（彭任：《示儿仁立》）

从此也可以看出彭任的良苦用心之所在，他认为，八股文为圣贤代言的方式是追述圣贤之旨、阐发其精意的一条有效途径，至于把它作为追求富贵享用的一种手段，则是“末世衰俗”，责任在于人，而非八股文自身的责任。彭任的时文观，显然与邱维屏的相近。

魏际瑞也不像其弟魏禧、魏礼及彭士望等人对八股文采取决绝态度，他自己作有《时文稿》，并在自序中云：“生平不读时文，不学古文，当为文时，则心若引焉，而之达焉而止。其平日，则执仆役之劳，饮食寝处之逸，观草木之意而察牛马之情，未尝不勃勃乎欲有所生也。生平善躁而喜暇，然多作且奈思者，所谓以动极为静，闲极为劳者耶。诸葛得大意，庄生寓诸庸，知此而思过半矣。”（魏际瑞：《时文稿自序》）以是观之，魏际瑞的时文也倒恰恰是抒发胸臆之作，而且他时时与人谈及时文作法，度人金针，如云：“时文虽小道，然必有一定间架段落，一定体裁；又必有本分、词气、色泽以成就之。如人五官百骸，不论妍丑，而所以成其人者，则自然不可易也。”（魏际瑞：《与从弟》）

以上所论易堂诸子的八股文论争，基本上代表了明末清初之际的士人对于这一制科文体的两种不同态度。实质上，对八股文的批评早在明代已有不少，如成化间人吴宽云：“今之世号为时文者，拘之以格律，限之以对偶，率腐烂浅陋可厌之言。甚者指摘一字一句以立说，谓之主意。其说穿凿牵缀，使人殆不可测识。苟不出此，则群笑以为不工也。”[①] 而且也有人付诸行事以惩其弊，如张溥等合天下诸“文社”为“复社”，并订立章程，以明其宗旨云：“自世教衰，士子不通经术，但剽耳绘目，几倖弋于有司，登明堂不能致君，长郡邑不知泽民，人材日下，吏治日偷，皆由于此。溥不度德，不量力，期与四方多士共兴复古学，将使异日者务为有用，因名曰复社。”[②] 邱维屏曾总结启、祯间文人学士对于制艺之文的排斥之风云：“天启、崇祯之间，斯文之变极矣。天下稍有识知者，莫不以为是无用之具，其工之也益肆，而其厌之也益甚。其为可废也，亦已久矣。”（邱维屏：《魏凝叔四书义序》）至明清鼎革之后，清初士人尤其是明末遗老大都痛斥八股文，言其罪大至亡国。如顾炎武言八股文“败坏天下之人才，而至于士不成士，官不成官，兵不成兵，将不成将，夫然后寇贼奸党得而乘之，敌国外侮得而胜之。”[③] 其言辞至为激烈。黄宗羲、王夫之等人莫不如此。

但是也有人也较为冷静，如汪琬云：“予惟自有明以来，国家令甲翔设五经四子八股之业，以为进退士子之具，当其盛也，举凡魁

① 吴宽：《送周仲瞻应举诗序》，《匏翁家藏集》卷39。

② 陆世仪：《复社纪略》卷1，北京古籍出版社，2002，第210页。

③ 顾炎武：《生员论中》，《顾亭林诗文集》卷1，第23页。

人杰士与夫公卿将相，勘定祸乱、通达时务之流，胥从此出，而其文章亦皆昌明博硕，妙于语言，为学者所宗。虽名为时文，而求诸古人，盖未有不合者也。沿及神宗之末，文体日益以坏，而士习亦日益以变，庙堂之中，门户相角，人主孤立于上，士大夫朋比于下，曾不数纪，遂蹙社稷而覆之。呜呼！国运之治乱，人材之贤不肖，吾固于时文验之矣。"① 以此来看，八股取士也能得通达时务的公卿将相，岂能以一无是处而论之，只是由启、祯之间士风颓废，人心不古而已。邵长蘅虽然也深刻地认识到八股文之流弊："今日经生通患在不读书而相习为空疏剽窃之学，语经济，则礼乐、兵刑律历、农田水利诸务，无一讲也；语理学，则西铭、通书、太极诸书，不知何语也；言乎议论，则廿一史之治乱废兴、政事人才之盛衰得失，茫乎不知所起止也；言乎法则，则《左》《国》秦汉以至唐宋八家之文，莫辨其孰得而孰失也。"② 但是他对八股文采取的是一种相对比较温和的态度，认为时文在废与不废之间，其云："然则时文可废乎？曰：可哉，然不遽废也。三百余年来名卿贤相、理学忠孝、豪杰之士皆在焉。非谓时文能尽得名卿贤相、理学忠孝、豪杰之士也，上之所以求者唯此，下之所由以得者亦唯此，舍此更无他途，则士不得不毕出其中。废故可废，理也；不遽废，势也。"③ 既然还有"不遽废"之"势"，邵氏于是开出了一个起死回生的"疗"法，其云："上之人力而矫之，崇尚实学，使空疏者无所倖于其间，而士皆知读书，或者有其疗也；不则，时文竟可废也。"④ 体会其中意旨，大致与易堂彭任相同。

---

① 汪琬：《金正希先生遗稿序》，李圣华笺校《汪琬全集笺校》，人民文学出版社，2010，第1432页。

② 邵长蘅：《拟江西试策一·时文》，《邵子湘全集·青门簏稿》（康熙刻本）卷16，《四库全书存目丛书》第248册，第33页。

③ 邵长蘅：《拟江西试策一·时文》，《邵子湘全集·青门簏稿》（康熙刻本）卷16，《四库全书存目丛书》第248册，第32页。

④ 邵长蘅：《拟江西试策一·时文》，《邵子湘全集·青门簏稿》（康熙刻本）卷16，《四库全书存目丛书》第248册，第34页。

三 八股文与古文

从文学角度来考察，八股文与古文的关系确实非常复杂，这也正是明末清初文人学士们论争的一个焦点话题，其中的分歧也很大。魏禧把八股文与古文完全对立起来，认为有八股而无古文。曾有弟子问他“何以为古文?”他回答说：“欲知君子，远于小人而已矣；欲知古文，远于时文而已矣。”（魏禧：《日录·杂说》）即使是对八股文态度稍为温和的邵长蘅也认为：“古文之亡，帖括亡之也。”[①]而考之缘由，大抵是由八股敷衍圣人，如优孟衣冠，中无真情，故而导致文风空而无物，诚如清初名臣魏裔介言：“隆、万以后，士乏怀古，志识日卑，精华果锐之气，半汩没于八股帖括间，所谓化天下为学究，殆非虚也。”[②] 在清初，持类似观点的士人占多数。

然而邱维屏则认为，经义之于古文并不相悖，恰恰是经义融合了前代文章的多种元素，因此，从经义入，而出之再学古文，则无所不能，在叙及他与同堂魏禧学文及为文的不同路径时，邱氏云：

> 往者吾与魏凝叔同守一代之制，首攻《四书》义。是时，吾二人各以才智以相取，要其所尚最为独异。盖吾意每欲追述孔、曾、思、孟之旨，至于一毛一发、一咳一唾，时所务肖；凝叔则求其意议广博，必推发其所未始有，是以于当世议论风发之文，涤瑕研精，钩抉无遗，其先生钜公亦颇遭厌弃焉。顾予则每遡经义，上及于洪、永，又搜览诸子、《史》、《汉》、唐宋大家及他杂艺之文。私窃谓文惟经义中可以无所不尽，盖所以变易秦汉以来诸文之面貌，而化糟粕以为神且奇也。是故吾与凝叔时为古杂文，而凝叔第取足道其意而已，未尝专攻之。

① 邵长蘅：《明十家文钞序》，《邵子湘全集·青门簏稿》（康熙刻本）卷7，《四库全书存目丛书》集部第247册，第739页。

② 魏裔介：《宋辕文诗序》，魏连科点校《兼济堂文集》卷5，中华书局，2007，第104页。

> 其予之用心于古文者，又凡以为经义也，经义工，而古文词则以其馀力以及之。其后俱休废穷山中，凝叔乃渐肆力于古文，以极陈其中所欲发而无所为发者。凝叔于是能自削除其议论之繁博，而其精杰益乃出矣。（邱维屏：《魏凝叔集序》）

事实上，易堂中魏、邱两家之文很有渊源，魏禧自述云：“家姊壻邱邦士精思高悟，能自立规矩，仆尝从学，受益为多。”（魏禧：《答蔡生书》）又于与邱维屏尺牍中言其文之所自云：“近次生平古文，弟初无知识。自丁亥后，则皆受教先生，所得也，虽未知于古人谓何，其精神所到，当有一段不可磨灭之处。”（魏禧：《与邱邦士·又》）曾灿也说：“叔子生平于吾易堂中为古文者，最服膺其姊壻邱邦士，凡有作必相与论定。”[①] 然从邱氏上述这段论述来看，虽魏禧之文在某种意义上说出于邱氏，但显然二人后来之为文之路径又迥然有异。邱氏认为“文惟经义中可以无所不尽”，故大抵出入经义而后为古文；而魏氏则舍经义而慨然以论当世之务，发一己之胸臆而为文。由此看来，二人于制义之态度迥异，也在情理之中。

在体制上，魏禧极病八股“排比有定式”，其云：

> 今必勒为排比，则是多端者不可尽，而得其一说而毕者，必将强为一说以对之；其对之又必摹其出比之语，斤斤然栉句比字而不敢或乱。六朝之文，排俪为工，虽杂施于游咏笺记，而后人尚讥其陋。今之以长对排俪而译经传，其陋抑可知已。（魏禧：《制科策上》）

在他看来，这种“定式”严重束缚了士子才情之发挥，并举以六朝文章的骈丽之病，认为排俪之体更不适合译注经传。由此，他建议制科文在体式上要“无定体，无长短格及称引秦汉以下得失、当代

① 曾灿：《魏叔子文集序》，参见《魏叔子文集》卷首，第27页。

时务诸禁"，"去对偶"等等（魏禧：《制科策中》），任由作者抒发才情识见。彭士望也认为制科至于宋代犹近于古，"其制题不过问经书大义，文不过论策诗赋，未尝割裂破碎。上下拘忌，以为抚画口吻求肖似，衬字替借排偶，绳尺限束，肤色靡曼之文，如明季之甚者也。"（彭士望：《瑞竹亭初集序》）论中也认为八股局限于排偶，过于拘忌，至于明季为极。魏礼之子魏世俨也说："季年八股之弊，徒习为排偶借替皮肤之辞，其真至者百不获一。"①

邱维屏则不同意这种看法。他认为"八股"之形式是在融合了前世的文体形式因素的基础上形成的，因此包罗前世文体几备，其云：

> 窃尝谓制义于前世为文之体，顿变易其面而其实无所不备。其分股排行，一股勒为一义者，如日月在天，左右手在人，缺其一而不可。其他有势欲排遣，不可复止，不更辨其义之雷同，此《风》诗数章之体也；有望似合掌而稍易一二音节字句，意味顿殊者，此如宁戚商歌，各本所载，优孟歌叔敖，《史记》与汉延熹所得碑，各稍不同者是也；有词对而势实贯如律诗，走马对格是也。（邱维屏：《魏凝叔四书义序》）

审乎此论，所谓"其分股排行，一股勒为一义者，如日月在天，左右手在人，缺其一而不可"云云固是陈腐之论，而至于"八股"与前世文体之关系，也言之有理，并非无稽之谈。近人钱基博就认为八股之体制与前代之律诗、律赋等体制无异，他说："明之八股文，排比声调，裁对整齐，即唐人之律诗、律赋，貌虽殊而其体制则一也。"② 宋佩韦也认为八股源于古之排偶之文，如其举韩愈《与陈给谏书》中的两段文字："亦尝一进谒于左右矣，温乎其容，若加其新也，属乎其言，若闵其穷也。退而喜也，以告于人。……亦尝一进

---

① 魏世俨：《复外舅曾止山先生书》，《魏敬士文集》卷1。

② 钱基博：《明八股文》，见钱基博《中国文学史》下册，第847页。

谒于左右矣，邈乎其容，若不察其愚也，悄乎其言，若不接其情也。退而惧也，不敢复进……”宋氏以为，“这一类所谓文章的双关法，屡屡被人引用为例，实际上已具有八股文的雏形。”而“至于律诗，尤其是唐朝的应制六韵诗，可以说是有韵的八股文。”①

基于此邱维屏对于魏禧《制科策》中破定体的观点采取了保留意见，认为“要以错综无定之体行之，则可以惟人意所欲为，其散与对皆未有必，故谓废排偶可也。”（邱维屏：《魏凝叔四书义序》）是散是对，只要是“惟人意所欲为”即可，故也不必非废“对”而行“散”。

在明清之际，关于八股文与古文之关系是很多文人关注的话题，毋庸置疑，把八股文与古文完全对立起来的“有你无我”的观点显然过于偏激。事实上，当时也有很多人对两者的关系有着客观而理性的分析，他们认为八股文像其他文体一样，有一个由盛及衰的过程，而且它和古文也并不是水火不相容的。如魏裔介曾以初、盛、中、晚的唐代诗歌四分法譬之于明代八股文的发展：

> 文章有一定之所乎哉？《左》、《国》不相勦袭，班、马各有异同；韩以庄劲，柳以孤峭，欧以雍容，苏以奔放。古大家之为文者，皆非绳趋尺步，以自困于尺幅之中。然至于根极理要，位置章法，识必踞其绝顶，语必去其已陈，则变而不出其宗也。八股业亦然。是道也创于宋，盛于明，盖尝以诗比拟论之。成、弘间，王守溪、钱鹤滩诸公，谨严高洁，犹初唐中魏玄成、陈伯玉之流也。嘉、隆间，瞿昆湖、归震川诸公，浩瀚澎湃，犹盛唐中李青莲、王龙标之流也。万历间，陶石篑、汤霍林诸公，清微澹折，亦犹晚唐中刘文房、钱仲文之流也。至天启、崇祯间，而文之敝也甚矣。何则？以其泛滥无归，而莫为之所也。②

---

① 宋佩韦：《明代的八股文》，见《中国大文学史》，上海书店，2001，第787页。

② 魏裔介：《赵问源大题文所序》，魏连科点校《兼济堂文集》卷8，第204页。

他认为，八股文与古文之道同，在启、祯之前，八股文也曾经有过辉煌时期，曾出现过像王鏊、钱福、瞿景淳、归有光、陶望龄等大家，成一代之盛。只是到了启祯间，文章随世代升降，文之弊极矣。

邵长蘅显然也受到四分法的影响，他的剖析则更为详细，其云：

> 前明洪、永数十年，太素、太朴一变，而成、弘风气渐开，此时文始盛也；再变而嘉、隆，披文相质，郁郁彬彬，此时文极盛也；三变而为万历，盛极蘖衰；四变而为启、祯，俶诡奇丽，菁华之气尽泄，而萎落随之。执事所谓明文体凡四变，意在斯乎？其间流派相沿，大约有二：一曰举子之文，即执事所谓学先辈也；一曰才子之文，即执事所谓学古文也。就二者而论，各有真焉，有伪焉。何谓举子之文会章句、通训诂，析理必程朱，遣辞必六经，规矩钩绳，不失尺寸，自王守溪、顾东江、唐荆川、许石城、瞿昆湖，以及隆、万之邓定宇、冯开之、李九江、陶石篑、董思白诸公，皆其选也。伪则为土苴，为腐烂，为优孟之衣冠，而先辈之法亡矣。何谓才子之文，天授既高，才气亦胜，出入经史之圃，掉鞅欧曾之坛，如钱鹤滩、归震川、茅鹿门、胡思泉、顾泾阳、汤若士诸君，其最著者。伪则为莽荡，为泛驾，为牛鬼蛇神，而古文之法亡矣。①

邵氏把明代八股文的发展分为“始盛”“极盛”“蘖衰”及“萎落”四个阶段，以展现八股文盛衰转变的过程，与魏裔介的观点大体一致，然而更有见地的是他把八股文分为“举子之文”与“才子之文”，“举子之文”就是人所共讥的敷衍圣贤之语，枵腹而号，以图巧取功名的那一类；而“才子之文”则是骋才使气，既能出入经史之圃，又能驰骋欧曾之坛的那一类，显然这一类作者能把古文与八股文相互融合起来，以古文之法为八股文，其文亦可传世。而这

① 邵长蘅：《拟江西试策一·时文》，《邵子湘全集·青门簏稿》（康熙刻本）卷16，《四库全书存目丛书》第248册，第33页。

样的名家在明代实是不少，其中诸如归有光、茅坤、汤显祖等人，不仅其八股文闻名于世，而且其古文造诣也极高，为一代大家。而至启、祯间，伪体泛滥，古文之法遂亡。魏、邵之论，不能不说是有识之见。

在清初士人中，基本上有一个共识，那就是认为明代八股文衰于启、祯间，这是事实。其中一个重要原因就是不能如唐顺之、归有光等人以古文之法运用于八股文的创作中。对此，钱基博评述道："至八股文，则利禄之途，俗称时文者也。然唐顺之、归有光纵横轶荡，则以古文为时文，力求返虚入浑，积健为雄；虽与诗古文体气不同，而反本修古一也。"[①] 至于明季，文坛中也不乏恶时文之"泛滥无归"而试图重振文风者，如易堂诸子的同乡艾南英就是其中一个。作为时文与古文兼工的一代文章大家，艾氏试图模糊古文与时文的界限，并在理论上倡导以古文之法为时文。清初诗坛巨擘王士禛八股文对于古诗文辞创作有重要意义："时文虽无与诗古文，然不解八股，即理路终不分明。"[②] 这也是明末清初之际很多文人士子的时文观念。

易堂中的魏际瑞也曾就时文创作提出自己的见解，观其中机轴，大致也与古文作法相合，如云："时文虽小道，必有一定间架、段落，一定体裁；又必有本分、词气、色泽以成就之……大意布局，细心炼词，疎花小石之文，宜雅而有章；长江大河之篇，宜劲而有力；断制议论之作，宜严而有据；员转滑稽之笔，宜明净而老成。以此推之，一文必有一体，一体必有一机一局，非漫然落笔，遂能为也。"（魏际瑞：《与从弟》）彭任则明确要求其子学制义须从《史》、《汉》、唐宋大家中汲取营养，并谓之"浚水求源"，其云：

> 今之试文，其所谓学先辈，不过得其皮毛耳，然其好处，禨局不板而辞气整赡，大都剽猎以为古，而非若先辈从《史》、

① 钱基博：《近代文学·自序》，见钱基博《中国文学史》下册，第775页。

② 王士禛：《池北偶谈》，第301页。

> 《汉》、唐、宋大家得其淳健简直而出之者也。儿当细心玩读，得其意，须于先辈归熙甫、唐应德、罗文止、陈大士、汤若士、茅顺甫、王济之诸先生文留心，而又日取《史》、《汉》、唐、宋之文而温习之，则自出于寻常万万也。所谓浚水求源，用功深而收名自远也。（彭任：《示儿仁方·又》）

他认为明代的八股文名家实质上就是从古文中出，《史》、《汉》、唐宋大家之文是八股文之源，而要救时下时文之弊，则必须“求源”，即“日取《史》、《汉》唐、宋之文而温习之”，得其精髓。其意即是以古文之法治时文之弊，直与艾南英以古文为时文之意暗合。故而他在点评其子的时文时强调道：“至于制艺，汝旧习平实且漫衍，今时所尚乃简练古劲，但其古处，非有来历，故不免假之也。儿当从源头处学来，则造就自又不同矣。”（彭任：《示儿仁方》）这依然强调的是“浚水求源”。可见，在彭氏眼中，古文与时文绝不对立，而是相通的，这种把古文与时文的创作融合起来的观念，也成为当时的一股重要的理论潮流，并有人用之于实际的创作之中。只是时当衰世，故而不得其愿而已。

诚然，诸如顾炎武、黄宗羲、魏禧、彭士望等人痛斥八股文之弊，采取与之势不两立的态度，自有其道理，他们所述八股之危害也绝非危言耸听；而且他们又是站在胜国遗老的立场，病明季之虚阔，倡导实学以救世，因此又有时代的隐痛蕴含其中。然而平心而论，则邱维屏、彭任、邵长蘅、魏裔介、汪琬等人的评价似乎更为客观公允。在创作上，明末清初的八股文与古文实际上也难以完全分离开来，一些抨击八股文的古文巨手在作品中又往往受到八股文影响，如近代刘咸炘在评价曾完全否定八股文的魏禧的古文时就说：“二魏（指魏际瑞与魏禧。引者注）文虽有名，而未尽脱八股气习，其论文好论势，其高者亦人能所言，劣者且是八股法。”[①] 由此也可

① 刘咸炘：《刘咸炘学术论集·文学讲义编》，第118页。

见明清二代八股文与古文理论及创作的复杂情态。陈柱在论明清两代文章的时代特点时说:“明清两代,实可谓为以八股为文化之时代焉。此时代之古文,实受八股之影响不少;盖无人不浸淫渐渍于八股之中,自不能不深受其陶化也。”[①] 诚哉斯言。即是如此,八股文及其文学价值如何评价仍是一个有较大争议且须进一步深入研究探讨的重要学术问题。刘咸炘比较客观地从文艺角度论述明代制艺云:“然明之制艺亦是一代之文,隆、万以后,制艺大盛,其工妙足以成家,亦不减古文,而古文亦于是渐有生气。”[②] 钱基博也评论说:“自科举废而八股成绝响,然亦文章得失之林也。明贤抉发理奥,洞明世故,往往一古人为时文,借题发挥,三百年之人文系焉。”[③] 吴梅则云:“论有明一代,止有八比之时文,与四十出之传奇,为别创之格。”[④] 以八股文为明代的“别创之格”。宋佩韦也说:“论明代文学而不及八股文,正和刺刺于前后七子而置小说传奇于不论的同一错误。”[⑤] 毋庸置疑,刘、钱、吴、宋诸论别开生面,发人深省,从文学艺术的角度肯定了这一备受争议的一代之体的文学价值,为我们研究八股文的艺术价值开拓了思路。

对于八股文这一特殊文体之是非得失的评判,固然非常复杂,然而要回到历史当中,采取知人论世的方法,便会得出较为可观的结论,诚如吴承学师所言:“从汉代用考试取士的策问方式开始,中国历代考试的方式屡经改变,其实八股文与其他考试文体本质上并无太大的差别。……从中国古代科举史来看,几乎每种考试文体都可能出现流弊,同时不管什么文体考试,也都选拔过一些优秀的人才。八股文也不例外,其流弊不言而喻,但明清两代的科举同样选拔出千千万万的优秀人才,而他们几乎都学习过八股文,通过八股

---

① 陈柱:《中国散文史》,商务印书馆,1998 年影印,第 266 页。

② 刘咸炘:《刘咸炘学术论集・文学讲义编》,第 53 页。

③ 钱基博:《明代八股文》,见钱基博《中国文学史》下册,第 849 页。

④ 吴梅:《顾曲麈谈》,见吴梅《顾曲麈谈　中国戏曲概论》,上海古籍出版社,2000,第 103 页。

⑤ 宋佩韦:《明代的八股文》,见《中国大文学史》,第 785 页。

文考试。……总之，我们对八股文影响的研究也须持知人论世的方法。”[1] 吴承学师的这段话为我们研究和评价八股文提供了一个可取的理论视角。

近年来，对于八股文的学术性专题研究已经引起学者的注意，而这些研究成果表明，学者们也正在打破以往很长一段时间以全面否定与批判的眼光去看待八股文，而是采取“知人论世”式的方法去重新评价这一特殊文体；在研究视角上，从文学角度对明清二代八股文展开研究也成为一个新的学术增长点，八股文与古文的纷纷扰扰的问题正一步步明确起来。这都表明对于八股文的研究已经进入到一个新的阶段。

第三节 从“文以载道”到“文以经世”

经世思想是易堂诸子思想体系中最核心的部分。他们的文章观念也自然而然的受到这种价值观的影响而具有鲜明的时代特色。他们站在时代剧变的风口浪尖，以超乎常人的勇气把心灵的剧痛转化为一种力量，去寻求胜国覆灭的原因，并期图在国变之初有所作为，而此时，文章便成为他们救世治人的主要工具。一方面，内心有所郁积，便发为文章，以抒己怀、刺时弊；另一方面，又通过文章传播自己的思想而期有济于世人。于是，他们对于“文章”及其本身的意义也就有了某种特殊的理解。对于明季文风，他们总体上予以了强烈的批判，倡导经世之文；但不能否认的是，他们的文学观念及创作又与明季文风有着千丝万缕的关系。于是，在扬弃与继承之间，他们在努力地思索与探求着。

一 关于“立言”的思考

古人有所谓三不朽，即立德、立功、立言，这也是中国古代士

---

① 吴承学：《中国古代文体形态研究》（增订本）第十三章《明代八股文》，第314～315页。

人所追求的最高人生目标。在三不朽中，立德为最上，立功为次，而立言则为最次，直接体现出儒家思想中的人生价值观念，即重事功而轻虚言。《左传・襄公二十四年》："大上有立德，其次有立功，其次有立言，虽久不废，此之谓不朽。"孔颖达疏云："立德，谓创制垂法，博施济众，圣德立于上代，惠泽被于无穷。立功，谓拯厄除难，功济于时。立言，谓言得其要，理足可传，其身既没，其言尚存。"晋代葛洪《抱朴子・行品》："摛锐藻以立言，辞炳蔚而清允者，文人也。"功德为至显，而立言至虚。故古代士人以追求功德为至上，次之而求于立言。其中立德又命意极高，又有时与立功相为表里，故而实际行为上以求立功者为最多。而立言则历来为所谓有大志者所不乐为，扬雄曾追悔自己误于"雕虫篆刻"[①]，虽然曹丕有云："盖文章，经国之大业，不朽之盛事"[②]，把文章的地位提高到前所未有的高度，在文学发展史上影响深远，但是无论怎样，虚言不如功名来得实在。这种重事功的观念在中国古代士人中的思想中是根深蒂固的，明末清初之际的士人也不例外。明季八股文的流弊人尽皆知，然士子们仍然皓首其中，迷途而不知返，无非就是想借此而博取功名。当然，他们的博取功名很大程度上早已远离圣贤"功德"之深意微旨，不外乎是借此以满足一己私欲而已。

考之历史，每当动乱之世，士人的功名欲愈强，因为乱世本身就为他们提供了创立功名的一个理想的平台，如《后汉书・班超传》载："永平五年，兄固被召诣校书郎，超与母随至洛阳。家贫，常为官佣书以供养，久劳苦，尝辍业投笔叹曰：大丈夫无他志略，犹当效傅介子、张骞立功异域，以取封侯，安能久事笔研间乎？"[③]《北史・李弼传》载李弼"属魏乱，谓所亲曰：'大丈夫生世，会须履

---

① 扬雄《法言・吾子》："或问'吾子少而好赋'。曰：'然。童子雕虫篆刻。'俄而，曰：'壮夫不为也。'"参见王荣宝《法言义疏》，中华书局，1987，第45页。

② 曹丕：《典论・论文》，郭绍虞编《中国历代文论选》第一册，上海古籍出版社，1979，第159页。

③ 范晔：《后汉书》卷77《班超传》，中华书局，第665页。

锋刃，平寇难，以取功名，安能碌碌依阶以求仕。'"[①] 尤其是在天下危亡之际，这种"建功"的意识来得更为强烈，往往更尚以武功取功名，而不愿俯首为腐儒，如《宋史》载宋末李靓"幼孤，母督之学，不肯卒业，母诘之，辞曰：'国家遭女真之变，宇县云扰，士当捐躯为国戡大憝，安能沾嗫章句间，效浅丈夫哉？'"[②] 其例不胜枚举。易堂诸子等鼎革之际之士人又何尝不是如此。

国变之前，诸子大都埋首制义之中，期以通过制科而取得功名，然而不幸现实粉碎了他们的梦想。国难当头，文章之事断断不是他们所愿为，魏禧曾云："吾尝以为豪杰犯难特起，与人臣当国家之变，转败而为功，其人才不足用者盖数辈：文章名誉之人，浮言无实；肉食之家，科名之士，多鄙夫；遗老旧臣，守常理，拘常格，而不知变；高节笃行者，坚僻迂疏，遗忽世务，不切于用。"（魏禧：《陈胜论》）于此，魏氏专门拈出几类在国难当头之时的"不足用"之人，第一位便列"文章名誉之人"，其中意旨甚明，即认为文章之士大都乃沽名钓誉之徒，故在"国家之变，转败而为功"的重要关头并无所用。魏氏又在与友人书中强调："文章者，士之末节。"（魏禧：《与休宁孙无言书》）而对于章句之士，诸子亦予以抨击，彭士望曾自叙心志云："少尝读书至生死盛衰、磊轲不平事，辄抵几痛哭，愈疾读，声泪溢溢，即欲剖割无良人，虽死不悔。独不喜章句，碎细比栉，甚或讹字画音韵时有之。惟一览见大意可实用，辄欣然忘寝食，恨不及吾身施行之。于诗文绝不喜流连光景、雕绘倣逐，见古今盛名人有此，皆以为贱语。"（彭士望：《与方素北书》）又云："予弱年兄事欧阳宪万，即与王乾维以世务相期勉，耻事章句。"（彭士望：《耻躬堂文钞自序》）此外，曾灿在《送徐健菴太史赴京改补兼柬立斋方虎两学士》其二中则有"文章轻似叶，功令重于山"之句，又在《与侄俨偶论天下事当以用人为急作此勗之》中有句云："今古无长策，全凭用伟人。文章可经国，豪杰岂谋身。"

① 李延寿：《北史》卷60《李弼传》，中华书局，1974，第2129页。

② 脱脱等：《宋史》453《李靓传》，中华书局，1985，第13327页。

这可以说是对文章经国论的质疑。

国变之初，诸子大都思以武功拯救国难，都给事曾应遴倡勤王议，魏天民与三子慨然破产出资以助，“首输三百金于册”[①]，但事终不果。彭士望与曾灿更是几度叱咤于疆场，曾氏的一首《营中夜望》最能体现他们此时的心志所在：“寒意迎霜发，萤光近露浮。云高千嶂落，水静一江愁。铃柝惊长夜，干戈接素秋。天涯犹在眼，努力事封侯。”其中，“努力事封侯”也正是当时士人所希冀的，但恢复之事终不可为。事功不可求，只能退而求其次。杨敏芳在谈及魏禧立言之无奈时不无感慨地说：

> 士君子之处世也，当其治，则事功多而言语少；及其衰，则事功少而言语多，岂好为异哉！仲尼曰：“托诸空言，不如见之行事之深切著明也。”太史公曰：“自周公卒五百岁而有孔子，孔子卒后于今五百岁，有能绍明世，正《易传》，继《春秋》，本《诗》《书》《礼》《乐》之际，小子何敢让焉。”然则言语者，士君子不得志之事功也。士生千百世后，明圣不作，言人人殊，无论浅见寡闻者不足与言，即博雅之流，卓然自命为君子者，亦每行其私意，持论不根。……（叔子）究诸史之未发而不为放言高论以骇世，所谓有用书生者，非耶？嗟乎！叔子不得使见之行事，遁迹山峦，发愤而为言，岂惟叔子之不幸，可慨也。[②]

杨氏这段论述可谓是知人之言。“言语者，士君子不得志之事功”不仅是对传统士人的“立言”观念的总结，更是对魏禧等清初文人士大夫心态的准确言说。在这种历史背景下，做“有用书生”成为他们的唯一诉求；而何为“有用书生”，自然是作“有用之文”的“文人”，以文章为事功，也是此际文人士大夫对于文章价值的重新

① 杨文彩：《魏征君传》，见《宁都三魏全集》（道光二十五年宁都谢庭绶绂园书塾重刻本）卷首。

② 杨敏芳：《续论跋》，见《魏叔子文集》卷1，第90～91页。

认定，这也成为明末清初从理论上倡导并在实际创作中践履“经世之文”的背景。

魏禧曾自言：“吾辈寝食诗文，欲以文章接寿命，使身死而名存，自是本念。然士生今日，所可为当为者，正非一端，虽文驾班、马，诗驱李、杜，尚是第二层、三层事。”（魏禧：《答李又玄》）以“文章”存名后世，本是文人之“本念”，但今非昔比，魏氏之言“所可为当为者，正非一端”，自有深意，“可为当为者”，自不止文章一端，诗文做得再好，也只是“第二层、三层事”，那第一层事是什么呢？显然是指经国济民，有裨于世用。当然，魏氏的论述中，点明了这种文章观念的特殊时代背景，即“士生今日”，这种强烈的“时代感”蕴含了清初遗老复杂的意气与情感因素，沉痛之感溢于言表。

对于自己“无奈”而堕入文章一途，魏禧曾自述道：“禧少负志，壮而无所发，不得不寄之文章。夫文章何足道，自书契来，能言之士不啻千百家，况今所谓言者又皆浮腐雕绘，不足自立，禧则益何足云！然人之正邪、识见之大小明暗、志气之悲俗与否，非文章无由自见。”（魏禧：《复都昌曹九萃书》）曾灿则言魏禧“甲申、乙酉来，自以病放废山中，尽弃去其时文，为古文辞，而其所自修立与设施之方，皆不获用。呜呼！其为文益工，而其志益可悲也已。”[①] 彭士望亦言魏氏“其生平所未发之志，仅散见于文章”（彭士望：《魏叔子五十一序》）。易堂高足梁份叙及魏禧生平时有云：“夫子生平事攻无从表见，其发为文字，盖时命之不犹。”[②] 魏世俨也说：“世以古文辞章隐节为予仲父幸者，俨窃以为非幸也甚矣乎。予仲父之不幸，特以文章见也。”[③] 魏禧之友邵长蘅也有如此感叹：“才如叔子，而仅以空言自表见，度非所甚愿”[④]。岂独魏禧，实际

① 曾灿：《魏叔子文集序》，见《魏叔子文集》卷首，第27页。

② 梁份：《哭勺庭夫子文》，《怀葛堂集》卷8，第433～434页。

③ 魏世俨：《奉送勺庭仲父游三吴序》，《魏敬士文集》卷3。

④ 邵长蘅：《魏叔子文集序》，《邵子湘全集·青门簏稿》（康熙刻本）卷七，《四库全书存目丛书》第247册，第741页。

上易堂诸人又何尝不是如此，正如易堂后学贵池吴正名云：“予惟易堂先生为命世之英聚于一堂，伏处山中者数十年，朝之所习，夜之所思，惟在世道人心，欲补救而未能，不得已而托诸文章。”①

由是观之，魏禧等鼎革之初士人之“立言”实属不得已而为之，魏世俨之论颇重此时士人之心志，其云：“自变乱三十余载，雄伟非常之士随地多有，而功业鲜有闻者。盖义无所用，其能往往窜伏于深山幽涧之中，博览史传，广游天下形势地，心志其要害，间发为诗歌、古文辞以自舒其郁结，此不得志于时者之所为。”② 我们在读此际士人的诗文撰述时，能够于文字间体会到他们内心的阵痛，而在此种“无奈”之中，又是“文章”之幸耶？不幸耶？此中之意义繁复无比。

一语蔽之，身逢乱世，魏禧等清初遗老有大志而不得行，本不愿以文章名，然偏偏又“堕入”文章一途，颇具反讽意味。但无论如何，对于易堂诸子等清初士人来讲，文章学术本身便在这样一种语境中成为实现他们“经世”理想的重要一端，如吴正名云：“易堂先生之文章，天下无人不知之，读之矣，夫诸先生宁欲以文章传世者哉？盖身不获试，冀人读其书，得其意志之所在，或用其一言以裨益于世，虽死无憾，更思夫海宇以内有聪明忠信之士，志与之合，以寄其薪尽火传之心，故一篇之中三致意焉。”③ 这段话大抵道尽易堂诸子文章之意志所在。这也正是“文以经世”的可能性之所在。

于是，他们又不得不强调“立言”的重要性，如彭士望重弹老调的儒家“三不朽”观，强调“书之为物”的终极意义：

> 世所称三不朽者，立言其一，而德与功则非言无由传。盖言者心声，而书则言之府也。是故蕴古今之宏深，发天地之秘

---

① 吴正名：《（魏敬士文集）序》，见《魏敬士文集》卷首。

② 魏世俨：《阮畴生诗集序》，《魏敬士文集》卷3。

③ 吴正名：《（魏敬士文集）序》，见《魏敬士文集》卷首。

奥，溯圣贤之渊微，以逮万事万物之治乱、是非得失、倚伏消长、新故损益、绝续散殊、会通出入从违之故，皆取之于书。书之为物，极而推之，山海不足以喻其富，鬼神不足以擅其奇，日星河岳不足以方其高明而广大，视龙蝘蜓、视虱车轮不足以方其神化而凝一。此吾儒之所斯须不能去，与宇宙相为开辟消闭，先后天而弗违者也。（彭士望：《传是楼藏书记》）

于是，彭氏对释老之"立言"观予以了抨击："乃老聃则以之为太谩，庄生则以之为糟粕，释氏则尽欲空之，谓语言文字可以不立，顾其徒之书诞谩卮衍，不可穷诘。老庄亦尝自著书，其徒效之，书且与释氏埒，俱自相舛背。"（彭士望：《传是楼藏书记》）

基于此，他们重新审视文章的功用，不自觉地又要强调文章的重要地位。魏际瑞试图打破"文""武"之士之间相轻相轧的恶习，认为文章与武功相得益彰，并不相悖：

文章之士，生气满天下，而拳勇豪侠之士，生气亦满天下，然是二人者多不相能。文人谓武人不足语，武人谓文人无用，不识时务，故无事则两相讥，有事则两相轧。是二人者，吾甚惜其才可用，而悲其两美之相伤也。夫天下才智不出文武二途，惟真能读书者，能收罗拳技骒驾之徒，以破其书生拘腐之气；而真能用武者，亦必有以善交缝掖章甫之士，资诗书礼仪之气，而化其粗疏暴慢之心。（魏际瑞：《闫将军寿序》）

在这个时代将文章与武功并重，无疑是对文章地位的提升，因为此际往往以武士为独尊，魏禧曾论到"草创颠危之际，率多右战功，尊武夫。且夫攻城略地以取天下，此固兵强马壮者之事。"（魏禧：《陈胜论》）而魏际瑞却认为"文""武"之士都是"生气满天下"者，共为天下才智所出，"惟真能读书者，能收罗拳技骒驾之徒，以破其书生拘腐之气；而真能用武者，亦必有以善交缝掖章甫之士资诗书礼仪之气，而化其粗疏、暴慢之心。"二者本非对立，恰恰是互为依存。如此一种观念在此时可以说是颇有见识的。曾灿也说："只有文章堪万古，秦灰烧不尽残篇。"（曾灿：《中秋前一日马乾菴总戎集同林武林太守吴涵清关部看演月宫杂剧》其二）在《寿杨一水先生》中又有"文章关世运，变乱日以樊"之句。而在强调文章的社会地位和作用时，他们又回到了那个被历代文人不断言说的命题，即"文以载道"。

二　从"文以载道"到"文以经世"

在中国古代正统文人的眼中，文章被视为"载道"之器，诸如"文以传道""文以贯道""文以载道"诸说，大致体现了儒家正统文人的文道观念，是中国古代文学思想中最为核心的命题之一。这几种学说也基本上是一脉相承的，其核心意旨大致相同，强调文章的终极功能就是传扬古圣贤之道，亦即儒家之道。当然，在"文"与"道"的关系问题上，古代文论史中也有过不少争论，如宋代理学家与文章家关于这一命题的争论，就是著名的例子。各代文人也因不同的立论角度而对这一命题有相继的阐发，从而形成中国文学思想史中的一条主要脉络。思想不是一成不变的，后人在承传前贤思想的同时自然也因时代或个体因素而对前贤的思想加以改造，从而以新的面貌出现。文学思想也不例外。比如文以载道这一古代文论中的核心命题在明末清初这个特殊的历史时期便渗入了新的思想因子，成为这一时期文学思想递嬗过程中的重要论题之一。

以魏禧为首的易堂诸子论古诗文，虽难出古人之藩篱，但又能卓尔有言，非徒附风雅者所能并论，故在清初诗文理论史上占有一席之地。就文章理论而言，他们也强调文以载道。魏禧说："人之能载万物者，莫如文章。天之文，地之理，圣人之道，非文章不传。"（魏禧：《论世堂文集序》）此处，魏禧之"道"是最为宽泛意义上的"道"，既包括自然之道，也包括古圣贤之道，这一理论渊源自是中国古老的天文、人文观，如刘勰《文心雕龙·原道》篇中就有相关的精彩论述[①]。魏禧的这一文章思想也正是易堂诸子文章理论的立论基础，因此，他们强调作文先须立本、立基，魏禧曾批评当世文章泛滥而足以传世者却少，其要害即在于中无所本，“天下文章，汗牛充栋，如金锡木石，投之洪炉，消烁灰烬，存者固少。此无他，其中本无所有，而其有者杂之浮脆冗肿之中，亦复不足自存故也。”（魏禧：《与徐伯调》）故他在与弟子书中度人金针云：

> 门下恳恳问古文之学，意良善。其言曰：“文章之道，必先立本，本丰则末茂。”仆览此，慨然有大哉之叹。今日留意古学不数人，立本以学古，未一二得向。门下开说详至，然此皆本中之末，非本中之本。文章之本，必先正性情，治行谊，使吾之身不背于忠孝信义，则发之言者必笃实而可传，昌黎所谓“仁义之人，其言蔼如也”。黄鲁直《与洪甥驹父书》“根本”之说，最为真切。其与徐师川论孙思邈“胆大心小”语，仆读之数年，玩绎不能已。其次则考古论今，毅然自见识力，窥人之所不及窥，言人之所不敢言，轨于义理而无隐怪之失。如此则立本矣。（魏禧：《答蔡生书》）

魏禧所言文章之本，就是以“忠孝信义”为核心的儒家之道，故云文章之先须修德，“必先正性情，治行谊，使吾之身背于忠孝信义”，之后才能发言笃实，传之后世。故其所谓“本丰末茂”之说，即以身心为本，而文辞为末。其在与子弟论文之“不朽”与“速朽”之

① 《文心雕龙·原道》：“文之为德也大矣，与天地并生者何哉？夫玄黄色杂，方圆体分，日月叠璧，以垂丽天之象；山川焕绮，以铺理地之形：此盖道之文也。仰观吐曜，俯察含章，高卑定位，故两仪既生矣。惟人参之，性灵所钟，是谓三才；为五行之秀，实天地之心。心生而言立，言立而文明，自然之道也。傍及万品，动植皆文：龙凤以藻绘呈瑞，虎豹以炳蔚凝姿；云霞雕色，有逾画工之妙；草木贲华，无待锦匠之奇。夫岂外饰？盖自然耳。至于林籁结响，调如竽瑟；泉石激韵，和若球锽：故形立则章成矣，声发则文生矣。夫以无识之物，郁然有采，有心之器，其无文欤！”刘勰撰，黄叔琳注，李祥补注，杨明照校注拾遗《增订文心雕龙校注》，中华书局，2000，第1页。

故时云："凡作文须从不朽处求，不可从速朽处求。如言依忠孝，语关治乱，以真心朴气为文者，此不朽之故也。浮华鲜实，妄言悖理，以致周旋世情，自失廉隅者，此速朽之故也。"（魏禧：《日录·杂说》）魏礼亦云："虽然求古人之体格，易自有其体格者甚难，即具超绝之资，淹该之学问，必根夫圣贤大道以立本。"（魏礼：《于南文稿序》）魏际瑞亦教子云："士君子作为文章，自有良心本怀，不可矫诬。"（魏际瑞：《示子·又》）

基于此，易堂诸人主张为文必须先正人品，及其性情，然后其文可传。彭士望云："仆所居易堂，二三友朋朝夕切劘，恒以此为彀率，而尤必先本之人品心术，以徐考其言。"（彭士望：《与胡致果书》）魏礼云："窃谓诗古文之道，修身行己以立基，则性情著。"（魏礼：《答钟士雅书》）又云："夫不轻作文者，心思学力有其至切而不浮，婉而有旨，道以之明，俗以之正，其精神意气所结如金石不可销烁。若是者，亿万言不为浮也，故其文必传。"（魏礼：《吴瓶庵赠言序》）他由此也欲为"立言"正名，认为如果立言以传古圣贤之道，则绝不应为"三不朽"之末，其云：

> 古之言不朽者曰：立德、立功、立言。则既以立言为末，虽然亦视其所立之言何如也，使专攻于风云月露之辞，则诚足末之矣。而言綦重者是不然，尧舜禹之道德，非典谟之言不传也；孔子有《春秋》之言，故大义凛凛至于今，忠臣义士与夫功业稽天者，世逝而迹泯矣，非记载之言不传；姬公无《周礼》《仪礼》之言，六官、礼仪之典制莫攸定；孙、吴诸人不著书，则兵法之言绝；无禹贡之言，则山川导治之法亡矣。夫传忠臣义士，非特传其人而已，所以作，则于后世存焉也。由是观之，立言恶得末乎！（魏礼：《答萧来巢书》）

考察易堂诸子强调文以载道，并为"立言"正名，其中的话语背景非常明了，即是针对明季性灵派之"风云月露之辞"及伪道学家优孟衣冠式的空虚文风而言。易堂诸子等清初文人反八股而倡古文，重提文以载道，期以复归古圣贤传统，一方面以正士人思想；另一方面以扭转明季萎靡不振、枵腹而号的文风。同时，由于他们时处国难之际，其中显然增加了更为沉重的时代蕴含。

文章是载道之器，这在中国古代文学思想史中是一个千古不变的命题。然而其具体的内涵又随着世事的移易而不断地变化。诚如《文心雕龙·时序》云："时运交移，质文代变"[①]，"文变染乎世情，兴废系乎时序。"[②] 在明清鼎革之际这一特殊历史时期，文学观念及思想也必然随着时代的巨变而出现新的变化。如在易堂诸子等清初文人的观念中，文章就从载道之器转变为一种重要而且具体的经世手段了。魏禧曾一言蔽之，云："予生平论文，主有用于世。"（魏禧：《俞右吉文集叙》）文章有用于世，在文论史上也不是新的提法，但是在这个特殊历史语境中则呈现出了深刻的义涵。而这一文学思想在此际的高扬亦实为"时命"，魏礼云：

> 且夫德修于身而不能期其必彰，不彰则无传；功业施于当世，宏济生民，此圣贤之所急也，有时命焉，而非己所能，必立言者，德与功待而传，已能必者也，在为不为而已。读百世以上之书，而能感发兴起千百世之下，非言乎？即末之，而道情款、陈鄙事、刻写物状、宕荡其胸中之怀，来亦言所不得废也。立言者不綦重矣乎！然而知立言之重，则立言者尤难，故必藉于旅力方刚之人，立志而造识，根于理道，达于时务，渐之以岁月，得立德、立功之意，而后其言立。孔子曰：先难后获。是亦必至之数矣。（魏礼：《答萧来巢书》）

魏礼以为，立言即为"时命"，宏济生民为立言之根本，故立言特

① 刘勰撰，黄叔琳注，李祥补注，杨明照校注拾遗《增订文心雕龙校注》，第539页。

② 刘勰撰，黄叔琳注，李祥补注，杨明照校注拾遗《增订文心雕龙校注》，第542页。

重，亦特难，而立言者也须具备一定的“素质”，即须为“旅力方刚之人，立志而造识，根于理道，达于时务，渐之以岁月，得立德、立功之意，而后其言立。”

易堂诸子认为，文章之本就在于要关心世务，有裨于天下生民。魏禧曾云：“明理而适于用者，古今文章之所由作之本。”（魏禧：《答曾君有书》）在《上郭天门老师书》中，他详论道：

> 古人有言：“有文为不朽。”今海内狼藉烂熳，人有文章。卑者夸博矜靡，如潘、陆、谢、沈，浮躁无质，不足言矣。高人志士，寄情于彭泽之篇，发愤于汨罗之赋，固可以兴顽懦，垂金石，禧窃以为非其至也。文之至者，当如稻粱可以食天下之饥，布帛可以衣天下之寒，下为来学所禀承，上为兴王所取法，则一立言之间，而德与功已具。（魏禧：《上郭天门老师书》）

这是易堂诸人论文及其为文之纲领。魏氏认为，真正的“至文”须如“稻粱”“布帛”，可御饥寒。这当然只是一种比喻性的说法，文章只是文章，如何能做得“稻粱”“布帛”，魏氏也说得明白，所谓“下为来学所秉承，上为兴王所取法”，而又何以做得？所谓“明理适用”。至此，我们可以看到以魏氏文章经世的思想观念，而这一思想观念也并非空穴来风，实质上就是从文以载道转化而来，只不过是“道”的内涵有所不同，从古圣贤之道转变为对“世道”的关怀上来。基于这样一种认识，魏氏在这段论述中有一个颠覆性的论断，即被历代文学家所尊赞的屈原、陶渊明等人虽为“高人志士”，其诗文虽然“可以兴顽懦，垂金石”，但也绝非“至文”。

不只魏禧，易堂诸人总体上都持有这种文章观念。魏礼自述生平说：“予生平以朋友为性命，嘉果为五谷，诗文章为布帛。”（魏礼：《饶磊庵荔支诗序》）魏际瑞强调：“作文贵有本心，有良心。本心者，不自为支离，不因境苟且是也；良心者，不任意狂恣，不矫诬夺理是也。不深原道情，则不可以为体；不更历世情，则不可以为用。”（魏际瑞：《与子弟论文》）彭士望在论立言之本时亦云：“吾辈今日立言，明悉理事，指陈利弊，将救世觉民之为急。”（彭士望：《与魏冰叔书》）魏礼与彭士望之论，可以说是对魏禧“明理而适于用者，古今文章之所由作之本”的进一步阐述和申说。故而，彭士望感叹其时作者虽众，然实无“文章”，重要原因就是“无关世事”，“是故古今世家，非人人有集，擅文章之誉也。中情鲜实，无关世事，虽复著等身之书，极雕缋之美，发皇惊世俗之耳目，识者已庋置不一顾，而况欲传之于后世。”（彭士望：《萧氏世集序》）曾灿也曾直言“为文须切实用”（曾灿：《复金曾公》），魏礼也说：“夫文章之作，不当于理道，则其说险诐而不信，谬圣贤之指归；昧于世务，则如尘饭土羹之不可咽啜。”（魏礼：《杨汝翔文集序》）这样的言论在易堂九子集中并不鲜见。而且这种文章观念也为易堂后辈所秉承，如魏世杰云：“文章不使读者如行九逵，如获五谷，虽变化不羁，辟如夏云春水，形态波澜，极悦心目，忽然云散水消，则卷舒郁勃汹涌之气，无复有存。”①

魏禧及易堂诸子的文章经世的观念，实质上就是从传统的文以载道的命题转化而来，不过“道”的内涵有所不同，他们所强调的“道”之内涵已经从古圣贤之道转变为对“世道”“世情”的关怀上来。这一内涵之转移，显示出明末清初文人尤其是清初遗老对“立言”的重新思考与定位。魏禧在与岭南挚友陈恭尹论文时云：“作文须先为其有益者，关系天下后世之文，虽名立言，而德与功俱见，亦我辈贫贱中得志事也。”（魏禧：《日录·里言》）以是观之，在魏禧眼中，文章不再徒为虚言，已与“德”“功”合而为一，故而，他们认为，身处“贫贱”之中而心怀经世之志，唯有通过“文章”一端实现，所谓“立身经世之道，皆于此举之”（魏禧：《日录·里言》）。

于此，又不禁想起曹丕文章“经国之大业，不朽之盛事”的高

---

① 魏世杰：《与弟昭士论叔父文》，《魏兴士文集》卷3。

调发论，而观乎曹氏《论文》篇之论述，其对于文章何为“经国之大业”实际上并未作解释，而对“不朽之盛事”解释也依然是建立在传统的“立言”观上：“年寿有时而尽，荣乐止乎其身，二者必至之常期，未若文章之无穷。是以古之作者，寄身于翰墨，见意于篇籍，不假良史之辞，不托飞驰之势，而声名自传于后。”[①] 就是借文章留名后世而不朽。故曹丕的所谓文章之为“经国之大业”，在某种意义上说只是一个空头口号，或许直至明末清初之际文人这里，这句话的意义似乎才得以真正的阐释与彰显。就此，刘咸炘评价说：“盖易堂学风本圆而宽，主于更历世情，而好史学，与浙东有相似者。顾论文者未知贵此，而反实其论势之言，是失所轻重矣。”[②] 刘氏以为，易堂文论的核心正在于主张通古而识今，而遗憾今之论文者往往不能审明此意。

在理论上大力倡导文以经世、文以救世的观念，而“文以经世”这也成为他们评价文章可传与否的最为重要的标准，彭士望认为：“古人学问，必求有用。有用之学，非尽废读书也，但读书须明理识时耳。明理则有益于身心；识时则有益于世务。”（彭士望：《葑刍别同学诸子》）由此，他曾批评近世文人文章道：“嗟乎！文章至今日难言矣。天下不易，有能文章之人，间亦能之，则又与其人绝不相似，或未必底于实用，而得少为足，辄自矜满，他人欲从旁进一言不可得。智意浅塞，老而遂衰，作未必传，传未必久，足贵重为世取法，则亦其人之本不立，而文章所以终归无用也。”（彭士望：《复邹訏士书》）他认为，近世文人之弊在于矜满自傲，文章之弊即在于不根柢于实用，故不可传。故其自道为文宗旨云：“予行年七十，所自为文章及诵读古今人之文章，皆主于见大意，有裨于实用为可传。”（彭士望：《顾耕石先生诗集序》）彭氏之意甚明，文章之有裨于实用为第一义。基于这种认识，他强烈地批判了汤显祖等人“风流”之文的危害，“但汝盱一带，自玉茗翁风流始俑，俾天下智

① 曹丕：《典论·论文》，见郭绍虞编选《中国历代文论选》第一册，第159页。

② 刘咸炘：《刘咸炘学术论集·文学讲义编》，第118页。

慧男子茧莽艳乡，以经济为粗豪，理学为迂腐，习气倡炽，聚蚋若雷，浸淫数十年。八表同昏，祸及宗寝。”其言不可谓不痛彻。魏礼也强调，为人为文俱须以“实”为基：“然则如之何？曰：归于二实而已。二实者何？实心为政，实学为文是也。能实则所以谘诹旁求，根心而发外者，皆有本源以为用。故曰：食其口而百节肥，沃其根而枝叶茂。”（魏礼：《问山文集序》）“实学为文”，大抵言明易堂诸人为文之钥。当然，客观来看，这种评判完全摒弃了文章的文艺性，使得文章本身背负过重的社会负担，有失偏颇。

由于易堂诸子以文章为事功之器，故而在文质观上，总体表现为重质而轻文的倾向。如魏禧曾直言：

> 然吾以为格调者，文之绘事后素者也。文以意为先，而一篇必有一意，则能文者夫人而知之。盖君子之立言，与立身、立事，皆必有其大意，大意既定，则无往不得其意。辟如治军，汾阳之宽，临淮之严，自决机两阵，至一令一号，皆终身行其意所独得，故皆足成功。否则因题命意，缘事以起论，其前后每自相牴牾，而观者回惑扞格，无所得其根本。（魏禧：《学文堂文集序》）

“格调”，即文章之体格风味，魏氏认为，对于文章来讲，格调并非“根本”，“根本”在于“意”，所以文章须“以意为先”，“大意既定，则无所不得”，如果反其道行之，“因题命意，缘事以起”，则无可成文。这是魏禧文质观之总纲，强调先质后文。故而他度人金针云：“至于文章，首当明理炼识，为有用之学，徐攻格调，争衡古人也。”（魏禧：《日录·里言》）又在与友人书中云：“弟生平交友，尚真素而略声华，论文则务求古法而实以己之性情，学术要归有用。”（魏禧：《答杨商贤》）其中“尚真素而略声华”虽是论交友，也实际上反映出魏禧的文质观倾向。

魏礼也颇不屑于专为“外美其辞”者，其云：“古之为诗、古文者，盖有其本矣。其所表见于天下后世，必有道德政治之归，足以教泽于斯民，举而措诸具于其素。是故由本而溢发于文章，不由文章而外美其辞也。外美其辞者，如酌水江河，虽积之盈缶沼，若是焉而止尔。有本者则不然，昆仑、岷山延袤千万里，而其发愈大，澎湃浩瀚，势莫可御，施浸溉九有之功，通舟楫之利，鱼龙弗郁而波谷委折亦生焉，盖由本以发之也。”（魏礼：《托素斋文集序》）观魏礼之意，也强调作文之有本，其“本”所言，实又归之于文以经世的观念上来，所谓“其所表见于天下后世，必有道德政治之归，足以教泽于斯民，举而措诸具于其素”云云。文章之澎湃浩瀚皆是由于由“本”而发之，而不是由于“外美其辞”。徒具文辞之美者，必如“酌水江河”而瞬间消逝，不能传之于后世。

彭士望则驳斥了明七子派李攀龙“视古修辞宁失诸理”的观点：

> 今学士家稍自命为诗文，即人擅三唐，户矜《左》《史》，其下者不足言，而其高者，亦仅比于沟浍之立涸，蜉蝣、蟪蛄之不可以终日而晦朔，其本实之先拨而原泉之无自也。李攀龙曰：“视古修辞宁失诸理。”仆为之反其言曰：“视理修辞宁失诸古。”盖文与诗固未有舍理与识、与法，而可以传后而行远者也。（彭士望：《复友人书》）

彭氏认为，“今人”标榜擅名，诗文无本，故不足传世，而其因要在舍理弃识。彭氏之意，与魏禧、魏礼兄弟无异，认为文章无“质”而等于“本实之先拔而原泉之无自也”，仅仅以“极雕缋之美，发皇惊世俗之耳目”（彭士望：《萧氏世集序》），其文必不可传。观诸子言论，“质”的内涵不仅包括古圣贤之道，其重点更是落在了具有经世功能的“理”“识”之上。

当然，在强调质的前提下，易堂诸人认为“文”也是文章能传世的不可或缺的要素，魏际瑞在论及文章语言之时就说：“语言无味，面目可憎，此庸俗人病也；而专好新奇谲怪者，病甚于此。好奇好怪，即是俗见，大雅之士不然耳。”（魏际瑞：《与子弟论文》）此即强调“文”的重要性。魏禧在总结宋明儒者之文不足时，认为其失就在于“不文”：

> 至于宋、明儒者，则又以文章为玩物丧志而不屑，自二三大儒外，类取足道其意而止，卑弱、肤庸、漫衍、拘牵之病随在而有，读者不数行辄掷去，或相与揶揄厌薄之以为戒。然吾尝为之求其理，初无悖于六经，考其生平，不可谓非圣贤之徒，而顾令天下后世厌绝其文，至如饐餲之食，鱼肉之馁败之陈于前。呜呼，则亦不文之过也矣！孔子曰：“言之不文，行之不远。”于《易》曰：“修辞立其诚。”立诚以为质，修之而后言可文也。圣人之于文盖惓惓矣。……孔子曰：“辞达而已矣。”辞之不文，则不足以达意也。而或者以为不然，则请观于六经，孔子、孟子之文，其文不文，盖可睹矣。（魏禧：《甘健斋轴园稿叙》）

虽然魏禧在文质观念上总体趋向于先质后文，但断断不是弃“文”。在这段论述中，他首先批评的是宋明儒者轻视“文章”的倾向，继而批评他们的文章之病，以至于读者不忍卒读，虽然这些儒者之文在立意方面没有任何问题，“求其理，初无悖于六经，考其生平，不可谓非圣贤之徒”，但往往“令天下后世厌绝其文，至如饐餲之食，鱼肉之馁败之陈于前”，其原因就在于质木无文，所谓“不文之过”。故而，魏氏认为，行文不讲求辞采，则不足以鲜明地表达出自己的意思，而六经、孔孟之文都是文质相谐的典范。

在谈及文与质的关系时，魏禧还有一段颇为生动的论述，其云：

> 然言之不文，行之不远，是以有文。而天下之理与事，有不可以尽言者，是以有含蓄之指；有难于直言者，是以有参差断续变化之法，则皆其后起者也。辟之于水，浸灌万物，通利舟楫，此水之本也。而江河中之行，曲折洄洑，波澜漪瀫激泻，此水之后起，而势有不得不然者，水盖不恃此以为贵。（魏禧：《答曾君有书》）

“言之不文，行之不远”，故而“文”是得以文章传世之最为重要的因素之一。至于天下有情态万千之“理与事”，如何去表现它们，就依靠“参差断续变化之法”去经营，而所谓的“参差断续变化之法”正是属于“文”的内容。于此，魏氏以水为喻，认为“浸灌万物，通利舟楫”为水之本，而“江河中之行，曲折洄洑，波澜漪瀫激泻”，则为水之势，正如文章之“参差断续变化之法”，并以此喻指“文”之重要性。然最终又说“水盖不恃此以为贵”，以强调“文”虽然重要，但不能专骋文辞，独以文辞为贵。

也正是因为这样的观念，魏禧认为“魏晋以来，其文靡弱”，“梁、唐以来，无文章矣。”（魏禧：《日录·杂说》）彭任在论历代文章时亦云：“东京以降，固无可论矣。”（彭任：《历代文约序》）明于此，才可理解易堂诸子何以如此强调文章之“理”“识”。

魏禧等易堂诸子既重质而又不弃文的融通的文章学思想虽然是中国文论史中老生常谈的话题，他们也并未谈出原创性的内容来，但在明末清初的文论语境之中，依然显得难能可贵，这也对清代文章学思想的发展与成熟具有积极的影响。

然而，无论如何热衷于倡导并践履以文经世的观念，易堂诸子依然时时感到彷徨，因为他们也非常怀疑通过文章是否能够真正达到经世的目的，毕竟那只是“纸上经济”，这也是他们一直无法解除的困惑。魏禧在与同堂友兄李腾蛟谈及易堂两大“病”症，其一即是“议论过高”（魏禧：《复李咸斋书》），在与挚友涂斯皇的信中也曾自我解嘲云：“书生纸上经济，正如小儿画地作饼，亦自知其不可食，聊取快意。”（魏禧：《与涂宜振·又》）又：“弟亦长年出游，只营营笔墨，如科目人咿唔呫哔，终日不休，此与老死牖下何异？”（魏禧：《答友人·又》）其内心的矛盾与忧虑从此见出。

再反省自身的时候，易堂诸子意识到，要想飞越从“言”至“行”这道鸿沟是多么艰难。魏禧曾这样表述纠结在他内心的焦虑：

禧生平好读《左氏》，于其兵事，稍有窥得失，曾著《春秋战论》十篇，为天下士所赏识。然尝自忖度：授禧以百夫之长，使攻萑苻之盗，则此百人者，终不能部署，而小盗亦终不得尽。天下事口言之与手习相去有若迳庭，有若南北万里之背而驰者，而况于兵乎？（魏禧：《答曾君有书》）

自己常言《左传》、言兵法，然一旦真让自己为“百夫之长”，恐怕也终是一无所成。在与南丰友人谢文洊的书信中他表达了同样的忧虑：

易堂虽窃有意用事，然不独其体杂而未醇，即所谓用者，举一漏十，未能得其要领。毋暇他论，以弟一人言之，讲求古今当世之务，盖亦有年。每自揣量：兵农礼乐之任，一旦骤以相属，自信何者真足胜任，殆无一而可。且今付处草野，亦每有猝至之故，盘错之会，往往窒塞颠踬，不能中其窾会而洞其首尾。故弟辈之鳃鳃然以致用为言者，非独言其所好，实歉其所不足，以为难而共勉之也。（魏禧：《复谢约斋书》）

又在与韩城吏翟世祺的信中魏氏自述云：“禧资弱才钝，幼习贴括，病废以来，始学古文。兵农、礼乐、天官、地理，谶纬之学，下至医药、筮卜、筭、书画、博弈、弹琴、歌曲、命相、射弓、击剑、走马，皆不能有毫末之技足自鸣于人。独好读史，论古人成败，议天下古今之变，则又皆空言无当实事。”（魏禧：《答翟韩城书》）如此等等。常谈经济之人，但又往往无经济之能，其内心的拷问对此际文人学士来讲，无疑是致命的。因为一旦“承认”如此事实，那么以经世为己任的易堂诸子又将堕入“空言”一道，而这正是他们所不耻为的，故魏氏在论及西北豪杰士时说：“古今称天下豪杰，多出西北，西北不说学，少文采。夫学为曼词绮语，以虚文相炫耀，读万卷书，不如未识一字。”（魏禧：《题张曲江像 · 序》）

有此忧虑的不仅是魏禧，同堂彭士望晚年尝喟然慨叹：“岁月掷人，忽然老至，反于古今常变之大略、身世补救之微几、寰区隐见之人才、经术张驰之实事，坐此茫然，如坠云雾，上之不能为圣贤，次之不能为豪杰，又次不能及杂伯，犹足以成务而救时，穷年兀兀，竟死何裨，可大衰也。”（彭士望：《复甘健斋书》）从此言语中，我们不难感受到魏禧与彭士望内心深深的隐痛。这或许也是缠绕在所有倡导经世之文的清初明末遗老心头的无法解决的矛盾。

但毋庸置疑的是，之于文章本身而言，在他们的倡导与努力践履之下，清初文坛气象为之一变，一扫明季孱弱空虚之风，走上务实一途，为清代文学首开风气，在中国古代文学史上写下重重的一笔。

三 “积理”“炼识”论：文以经世的实践

在理论上大力倡导经世的文学观念，但对于易堂诸子等清初士人来讲，如何通过至虚之言而达到救世的目的，不得不说是一个难题。于是，魏禧等人提出“积理”与“炼识”之论，这是他们实现从至虚到至实这一超越的理想策略，也是易堂文论中的核心，在清代文论史乃至整个古代文论史中具有比较重要的意义。“积理”“炼识”之说具有非常丰富的内涵，涉及了古代文论中文道、文质、通变、养气等诸多重要问题。

魏禧在批评当世文章之弊时云：“天下文章，最苦无真气；有真气者，或无特识；有特识者，或不合古人法度；合古法者，又或形迹拘牵，不能变化。故天下能者甚多，求其超逸绝群，足与古作者驰骋，便为少有。”（魏禧：《复沈甸华》）此段论述言简意赅，指出了当世文章存在的种种弊病，同时也表明了魏禧等易堂诸人文章学所关注的重点，即“气”“识”与“法”，其中尤以论理识为最著。魏禧论文首重“理”“识”，其在教弟子时云：“至于文章，首当明理炼识，为有用之学，徐攻格调，争衡古人也。”（魏禧：《日录·里言》）在《宗子发文集序》中，他提出著名的“积理”之说，其云：

吾则以为，养气之功在于集义；文章之能事在于积理。今夫文章，六经四书而下，周秦诸子、两汉百家之书，于体无所

> 不备。后之作者，不之此则之彼。而唐、宋大家，则又取其书之精者，参和杂糅，熔铸古人以自成，其势必不可更加。故自诸大家后，数百年间未有一人独创格调，出古人之外者。然文章格调有尽，天下事理日出而不穷，识不高而庸众，事理不足关系天下国家之故，则虽有奇文与《左》、《史》、韩、欧阳并立无二，亦可无作。古人具在，而吾徒似之，不过古人之再见，顾必多其篇牍，以劳苦后世耳目，何为也？（魏禧：《宗子发文集序》）

在中国古代思想史上，理学之盛莫过于宋明时期。宋至程、朱，理学昌盛，明至王阳明，继陆九渊之心学，天下学者翕然宗之。而两家之争也形成中国古代思想史上一道壮丽的人文景观。

魏禧等易堂诸人继起而言"理"，固是吸收了前人的思想因子，但他们所言之"理"，非程朱理学之"理"，亦非陆王心学之"理"，而是剔除两家之说的偏至之处，调和二家并将之相融合、以适用于他们经世、救世思想的产物，诚如郭绍虞先生所言，魏禧之"所谓理，于其未明以前则重在识，于其既明以后，又重在用。他取了宋代政治家的主张，而又符合于清初学者的论调；适逢其会，他恰能融会而沟通之。"[①] 故而，在魏禧等人眼中，"理学"便不再如前代"理学"之玄虚神秘，而是存乎"世理"与"事理"之中，如兴衰成败之故，甚至是兵农钱谷之事，都在"理"的范围中。此种对"理"的"重新"言说，贯注着清初明末遗老的经世情怀。王汎森在言及清初士人的思想转变时说："理学思想不能与现实政治相结合也是当时共认的困境。晚明国难及异族入侵，给予知识分子重大的刺激，而与现实政治相涉的兵农钱谷在理学看来都是功利之事，与天理是与滞碍的，如果不调整这种思想心态，理学如何能与现实关联呼应？如果把兵农礼乐等实践排除在道德修养体系之外，则理学

① 郭绍虞：《中国文学批评史》下卷，第306页。

必完全脱离现实，成为一种空洞的思想。”[1] 于是，此际士人欲打通“功名之事”与“性命之事”的隔阂，如颜元直言：“功名之事皆性命之事。”[2] 黄宗羲也批评“仁义”与“事功”分途：“自仁义与事功分途，于是言仁义者陆沉泥腐，天下无可通之志，矜事功者纵横捭阖，龂舌忠孝之言：两者交讥，岂知古今无无事功之仁义，亦无不本仁义之事功。”[3] 王夫之亦云：“倘须净尽人欲而后天理流行，则但兵农礼乐一切功利事，便于天理窒碍，叩其实际，岂非空诸所有之邪说乎？”[4] 魏禧之“积理”“炼识”之说，便是在这样的思想言论背景下提出来的。

“积理”就是要在“守道”的前提下，通过博极群书，以明古今兴衰成败得失之大故。在魏禧看来，“理”与“道”同是文章之根本：“吾又尝谓文章之根柢，在于学道而积理。守道不笃，见理不明，而好议论以刺讥于人，翻古人之成说，则虽极文章之工，取适于己，而有误于人，君子盖有所不取。”（魏禧：《八大家文钞选序》）他也直言“《日录》是吾积理之书”（魏禧：《与诸子世杰论文书》）。

在《答施愚山侍读书》中，魏禧又阐述其“炼识”之说，其云：

> 愚尝以谓为文之道，欲卓然自立于天下，在于积理而练识。积理之说，见禧叙宗子发文。所谓练识者，博学于文，而知理之要；练于物务，识时之所宜。理得其要，则言不烦，而躬行可践；识时宜，则不为高论，见诸行事而有功。是故好奇异以为文，非真奇也，至平至实之中，狂生小儒皆有所不能道，是则天下之至奇已。故练识如练金，金百练则杂气尽而精光发。

---

① 王汎森：《明末清初的一种道德严格主义》，见《晚明清初思想十论》，复旦大学出版社，2004，第92页。

② 颜元：《颜元集》，中华书局，1987，第677页。

③ 黄宗羲：《国勋倪君墓志铭》，《黄宗羲全集》（增订本）第十册，第498页。

④ 王夫之：《读四书大全说》卷6，《船山全书》第六册，第763页。

> 善为文者，有所不必命之题，有不屑言之理。譬犹治水者，沮洳去则波流大；爇火者，秽杂除而光明盛也。是故至醇而不流于弱，至清而不流于薄也。（魏禧：《答施愚山侍读书》）

显然，“炼识”是在“积理”的基础上而识得当下时务，并将所学道理见诸行事，称于事功，从而达到用世的目的。对于“识”的重要性，魏际瑞云：“文章而无识，辟如瞎者走。”（魏际瑞：《读凝叔和公诗文有作》）魏礼亦以古人“士先器识，而后文艺”（魏礼：《答孔生子修》）之语勉励友人。当然，魏禧等易堂诸人的“积理”与“炼识”是相辅相成的，然而“炼识”是所积之“理”的现实实现，比“积理”更难，故曰“炼识如炼金”。“积理”强调为文有根据，故而他说自己喜欢顾炎武、汪琬之文的原因即在于此：“三吴顾宁人、汪苕文，博学穷物理，余最爱其文有根据。”（魏禧：《朱锡鬯文集叙》）“炼识”强调为文有世用，故而教子弟云“至于文章，首当明理、炼识，为有用之学”（魏禧：《日录·里言》）。“天下之理，以实为体，以虚为用”（魏禧：《朱锡鬯文集叙》），虚实相生而相用，至虚之文便可以成至实之事功。

以上就是魏禧等易堂诸子以文经世的逻辑理路。诚如彭士望所言：“古人学问，必求有用，有用之学，非尽废读书也，但读书须明理识时耳。明理则有益于身心；识时则有益于世务。”（彭士望：《葑刍别同学诸子》）基于这种观念，他强烈地批判了汤显祖等人“风流”之文的危害，“但汝盱一带，自玉茗翁风流始俑，俾天下智慧男子茧葬艳乡，以经济为粗豪，理学为迂腐，习气倡炽，聚蚋若雷，浸淫数十年。八表同昏，祸及宗寝。”（彭士望：《与傅平叔书》）魏禧则有更为详尽的论述：

> 惟文章以明理适事，无当于理与事，则无所用文。故曰：文者，载道之器。言事莫尚汉，言理莫尚宋。核事者每谬于理，宗理者迂阔不切事。其实相乖离，其文亦终无有能合者。先生以宋为体，以汉为气，深切明刚，皆足见诸行事，以正人心之

> 惑溺，而救国家之败，此非可以文章求也。然有其志无其学，有其学无其识，有其识无其事，则文皆弗极于工。有志而无学，犹耕者之冀总秷而不菑畲也，是谓虚而不实。有学而无识，犹作室者固垣墉而不牖户也，是谓塞而不通。有识而无事，犹浮海者之望三神山，不至而返也，是谓似而不真。虚而不实者，其文疏，不足以征事。塞而不通者，其文密，不足以达意。似而不真者，其文疑，不足以适用。天下之文得其一，失其一，故其为合也甚难。非不知也，才短而学薄，不足于识，不炼于事，志之而弗能故也。（魏禧：《恽逊庵先生文集序》）

于此可见魏禧论文之大意。“理”“识”为文章之本，而为文者往往顾此失彼，要么有学而无识，要么有识而无事，无用于世道，是以文道弊极。

然而“积理”“炼识”的具体途径是什么呢？一言以蔽之，“考古以用今，练事以验理。”（魏禧：《与富平李天生书》）详而论之，一则“考古”，二则“用今”。

“考古”即博览古书。魏氏之谓古书，尤重史书，认为读史可助人通融古今事理而备于经世之用，对于史书的重要作用，他论述道：

> 读书所以明理，明理所以适用也，故读书不足经世，则虽外极博综，内析秋毫，与未尝读书同。经世之务，莫备于史。禧尝以为，《尚书》，史之大祖；《左传》，史之大宗。古今治天下之理，尽于《书》，而古今御天下之变，备于《左传》。明其理，达其变，读秦、汉以下之史，犹入宗庙之中，循其昭穆而别其子姓，瞭如指掌矣。（魏禧：《左传经世叙》）

“经世之务，莫备于史”，点明了魏氏重视史书的原因。故而他规诫别人要“博观史传，以极古今人情事物之变”（魏禧：《答蔡生书》）。又在与友人书中重申此意：“史鉴虽古人陈迹，然百法具备，识时务者，但须拣择用之，绝不消自己添出一毫物事，谓是补古人所无。先儒云：读史易使人心粗，如云过独木桥易跌。是要人细心读史之意，非谓桥不须过，后人误认此语。有志学道者，只看性理语录，史书置之高阁，即或涉猎，几等稗官小说而已。”（魏禧：《与彭中叔书》）基于此，他强调作文者须留意史鉴：“为文当先留心史鉴，熟识古今治乱之故，则文虽不合古法，而昌言伟论，亦足信今传后，此经世为文合一之功也。”（魏禧：《日录·杂说》）魏礼赠友人诗亦云：“史书作耳目，弗学为聋瞽。成败能几何，高视独在予。论世得艰难，是用见贤谞。所以君子心，增益在师古。”（魏礼：《于箧中披曾周士札子数过作诗贻之》其三）亦与其兄之旨暗合。

“识见”在易堂诸子看来异常重要，魏际瑞说：“文章首贵识，次贵议论。然有识则议论自生，有议论则词章不能自已……作文而忧词之不足，皆无识之病耳。”（魏际瑞：《与子弟论文》）依此，“识”为作者必需的本体素养，无识则无文。何谓之“识”？魏禧认为，“识”实际上是可“造”的，“或曰：识可造乎？曰：可。”其言造识之法云：

> 造识之道有三：曰见闻，曰揣摩，曰阅历。见闻者，读古人书，听老成人语，及博闻四方之故是也。辟如剪花，花样多，剪得快；辟如医药，药方多，医得稳。揣摩者，无是事，不妨作未然之想；事已往，不妨作更端之虑。在己者拟而后言，议而后动是也；在人者，不狥古今是非利害之迹，必实推求其所以然，使洞然于前后中边之理。或事已是而有更是，有未尽是，有竟非是者；或事已非而有更非，有未尽非，有竟非非者是也。阅历者，所谓局外之人，不知局内之事，局内之人，不知局中之情是也。天下事变，不特无常法可守，并有非常理可推，故见闻、揣摩之功五，阅历之功十。（魏禧：《日录·里言》）

魏禧强调在读古人之书时，需要细心推衍揣摩，以求明乎是非之理，而最终能在“事变”中适于用，所谓“阅历”者。然而世事变化无常法、常理，这就要求能够在世事变幻之中随之应变，此最为难，故魏禧说“见闻、揣摩之功五，阅历之功十”。于是，他在强调“考古”之时，又特重“用今”。“考古”为手段、途径，而“用今”则为目的，“用今”的过程实际上也就是“阅历”的过程。

“用今”要求体察当世之务，体认人情事理。魏禧云：“人生平耳目所见闻，身所经历，莫不有其所以然之理，虽市侩优倡、大滑逆贼之情状，灶婢丐夫、米盐凌杂鄙亵之故，必皆深思而谨识之，酝酿蓄积，沈静而不轻发。”（魏禧：《宗子发文集序》）魏氏之意甚明，作文者须关注日常所见闻，酝酿蓄积，当有所需时，即可发而为有用之文。在这一点上，显然与程山谢文洊等诸子主张虚静调养大相径庭，两家也曾因此而展开过激烈的辩论，魏禧曾“质问”谢氏云：“愚谓先生之学，以调养心气为主。然心处虚静，何由征之？但能于横逆之来不愤激，于逆耳之言不嫌忤，于烦杂之境不燥乱，则此中学问得力与否，便自可考。故养心气者，不止在静中得力，而须以平心察理，小心耐事，夹辅成之也。”（魏禧：《与谢约斋·又》）其中的“平心察理，小心耐事”就是对“积理”“炼识”说的一个最好的注解。在其兄魏际瑞《与子弟论文》之后，魏禧评曰：“要知人情物理，即是文章。”[①] 其弟魏礼亦强调作文者须“博极群书，经验事物，以致其识与力”（魏礼：《答钟士雅书》），与其兄主张相同。

再者，“积理”“炼识”需要有恒心，积累日之功而后用。魏禧云：“且夫理固非取办临文之顷，穷思力索以求其必得”，平日认真积累体察之后，“及其有故临文，则大小浅深，各以类触，沛乎若决陂池之不可御。辟之富人积财，金玉布帛、竹头木屑粪土之属，无不豫贮，初不必有所用之，而当其必需，则粪土之用，有时与金玉同功。”（魏禧：《宗子发文集序》）做到以上三点者，其文章既有根据，又达于事务，则可于古人之后而自成一家言，自然不朽矣。故而魏禧论道：

① 魏禧于魏际瑞《与子弟论文书》一文后的评语，见《魏伯子文集》卷4。

> 士之能以诗文名天下、传后世者，有三资焉：曰记览之博也，曰见识之高也，曰历年之久也。记览博，则贯穿经史，驰骋诸子百家书，无所不读，言有本而出之不穷；见识高，则不依傍昔人之成见，不汩没世俗之说，卓然能自成立；历年老，则积久而变化生，攻苦而神明出。（魏禧：《赖古堂集序》）

此“三资”者，实际上说的就是“积理”“炼识”的具体途径而已。易堂彭任也曾言为学之法云：“愚窃尝闻，为学之法，古先圣贤立言垂教，自本至末，所以提撕诲饬于后人者，无所不备，学者正当热读其书，精求其义，考之吾心，以求其实，参之事务，以验其归，则日用之间，讽诵思存，应务接物，无一事之不切于已也。”（彭任：《答邓勿非书》）此论也与魏禧之意旨不二。

上述魏禧之所谓“三资”，可以使作者言有所本而不依傍古人立说，他认为这是今人之文能够在古今作者林中“卓然自立”甚至凌越古人的途径。无独有偶，魏际瑞的观点也与此不二，他说：“文章之道，自体格以至章节、字句，古人之法已全，而吾或欲与古人争衡，慨然发吾志之所欲发，则非自有其识与议者，必将灭没沈锢于古人之中，而不能以或出。故吾之文勿论其于古人何如，而吾之为说，盖未可以无故而云然矣。”（魏际瑞：《学文堂文集序》）魏际瑞认为，因为古人之文于体格、章句乃至于字句之法已尽，今人不可能翻陈出新，故今人要想与古人之文“争衡”，就在于“识议”，即其所说的“为说有故”，魏禧所说的“为言有本”而“不依傍昔人之成见”。如能做到这一点，文自不朽矣。

从思想角度来看，“积理”“炼识”说是易堂诸子经世观念的集中体现；从文章角度来看，易堂诸人认为，文至秦汉及唐宋大家，格调已尽，然天下事理不可穷尽，故而要想于古人文苑之外而自成一家之言，唯一的途径就是适时而作，参以万变不尽之“理”“识”，如魏禧云：“文章之变，于今已尽，无能离古人而自创一格者。独识力卓越，庶足与古人相增益。是故言不关于世道，识不越于庸众，则虽有奇文，可以无作。”（魏禧：《答蔡生书》）

强调文章须重“理”“识”也是鼎革之初文人学士们的一贯主张，如陈玉璂云：“文章之道无他，理与识二者而已。无其识，不可以观理；无其理，不可以养识。夫所为识者，非有高奇怪异之谓，循循焉无悖于圣贤之理而可矣。……由是观之，文章者，以之制行，以之立身，而其所以为文，则存乎观理；所以观理，又存乎养识，断断然矣。今世之为文者，骛乱东西，狂奔上下，惘惘然莫知所适从，则未能养识之病耳。”[①] 又云：“古今文章虽多，实有关于国家天下、身心性命之故，无过理学、经济。言经济而不言理学，则无本；言理学而不言经济，则迂而无用。”[②] 陈氏之论，与易堂诸人相近。

魏禧为首的易堂诸子在文章理论与创作中都积极倡导经世之文，这在明末清初之际的文章学思想中具有典范意义。经世文学思想的特点就是特别强调文章的现实意义，这给予了文章本身过分沉重的社会负担，同时也导致他们在文学观念上的带有某种遗民意气的偏执，而且过于强调文学社会功能的观念去衡量古代作品，使得他们在评价前代作家作品时往往带有某种“有色眼镜”，其中最为突出的弊病就是对文章文艺性等因素的忽视甚至是抹杀，如被我们今天所盛赞的明代性灵文学却被此际士人打入“地狱”，毋庸置疑，这大有失偏颇。

然而，我们今人又如何去评价此际经世文学思想及其理论建构呢？对此，有些学者认为明末清初经世文学思想是一种倒退，而这一评价的参照物就是首先有了另一种“进步”的文学思想，那无疑就是性灵文学了。显然，这种用“进步”或者“落后”（“倒退”）的思维模式来阐释和建构文学思想史并非最理想的一种思维方式，因为这种评价的尺度本身就存在问题，就像明末清初之际的倡导经

① 陈玉璂：《毛公阮文集序》，《学文堂集（不分卷）》（康熙刻本），《四库全书存目丛书补编》第47册，第68页。

② 陈玉璂：《文统序》，《学文堂集（不分卷）》（康熙刻本），《四库全书存目丛书补编》第47册，第47页。

世文学的文人们评价性灵文学一样，最终导致的是失之偏颇。因此，或许可取的一种方式就是尽可能地回到历史语境，阐释某种思想或学说之发生、发展递嬗的“真实”进程，真正做到“知人论世”，做到“了解之同情”，而不是忙于下某种“是非”式的二元对立的价值判断。当然，价值评价也是必需的，关键在于以一种什么样的方式去做评判。

现在来看，受到五四以来文学观念的影响，对于性灵文学思想的赞颂必然会导致对经世文学思想的贬斥，种种文学史、文学思想史及批评史大都充斥着这样的一种思维定势。明末清初之际文人士大夫的文学观念有其特定的社会文化背景，而他们自己也有强烈的时代感，屡次提到“士当今日”云云，而文学观念在此际的变化也固然是一个异常复杂的系统。但不可否认的是，此际文学思想的嬗变是明清文学思想发展过程中非常重要的一环，故而需要我们做比较细致的研究工作去探讨其中的每一个细微环节，才有可能理清明清文学递嬗的脉络和过程。

文以经世的文章观念及其理论在当代文论建构中依然具有重要的借鉴意义。近些年来，已有文人学者直指当今文坛之弊：“文风腐败正在侵蚀民族文化的肌体！拜金主义正在吞噬知识界的灵魂！学统崩摧，文脉衰颓，已到了几难振拔的境地！”其言不可谓不痛彻。故而他们呼吁端正文风，其中重要一端就是回归文章经世的传统，“提倡经世致用，反对脱离实际”，“自古以来，文章分‘有用’之文和‘无用’之文，我们并不一概反对‘无用之文’，但即使‘无用之文’，也应该切戒浮靡，作者要有起码的责任感与使命感。这样，文章的风骨和作者的自尊才有所依托。”① 如果我们认真客观地审视明末清初经世文学思想的理论内涵，发现其中的精髓也正是矫正治理今日文坛真气孱弱、无病呻吟、枵腹而号甚至以低级趣味为尚等不良风气的一剂良药。

① 刘斯奋、刘斯翰、金岱、陈志红、陈艳冰、徐南铁、蒋述卓、谭运长《岭南宣言——关于救治当前学风文风的呼吁》，《粤海风》2010 年第 1 期。

四　养气论

易堂诸子在言“积理”“炼识”时，还涉及一个重要问题，即“养气”，这也是中国古代文论史上的一个非常重要的范畴，而重“养气”也是历代文章家所重视的一个老传统。但往往在时代更迭之初，“养气”更成为明末遗老们一再言说的主题。当然，从总体观念上讲，此际文人士大夫所言说的养气也并未“突破”前人藩篱，但由于特殊的历史语境，“养气”说在此际也自然具有了鲜明的时代内涵。对易堂诸人来讲，养气与其积理、炼识等核心文论观念有着密切的关联。

魏禧曾云：“吾则以养气之功在于集义”（魏禧：《宗子发文集序》），这显然是从孟子的养气论延伸而来[①]。但在当时“亡天下”的历史语境中，所谓“义”之本身的内涵也有了变化。魏氏曾对弟子任安世说：

> “养气”二字，须分得等级明白。如聂政受严遂之知，身为之死而不泄，亦算得义士，然杀身为人报私怨，以视荆轲，则非义矣；荆轲逞匹夫之勇，卒以杀太子而亡燕，视张子房博浪之椎，则非义矣；子房纵败，不过杀身耳，然子房以王佐之才，不思求真主，救生民，冒死以逞其一击，视子房他日辅沛公，灭秦彝项，则犹非义矣。（魏禧：《日录·里言》）

可见，魏禧之所谓“气”依然未脱孟子之“浩然之气”之格局，但又因时代因素，更化为“气节”之“气”，又以“义”为其核心，

---

① 《孟子·公孙丑章句上》：“……‘敢问夫子恶乎长？’曰：‘我知言，我善养吾浩然之气。’‘敢问何谓浩然之气？’曰：‘难言也。其为气也，至大至刚，以直养而无害，则塞于天地之间。其为气也，配义与道；无是，馁也。是集义所生者，非义袭而取之也。行有不慊于心，则馁矣。’”杨伯峻《孟子译注》，中华书局，1960，第62页。

而其中意旨大抵不脱儒家忠孝信义之“义”。在魏禧关于“义”的等级序列中，其第一义则为“求真主、救生民”，实质上，也就是易堂诸子一再标榜的所谓“易堂真气”的核心内涵。

在易堂诸子看来，“气”以理识为基础，并以“才”挟之，再辅之古人之法，则文章可传矣。对此，魏禧论之甚详：

> 气之静也，必资于理，理不实则气馁，其动也，挟才以行，才不大则气狭隘。然而才与理者，气之所冯，而不可以言气。才于气为尤近，能知乎才与气者之为异者，则知文矣。吹毛而驻于空，吹不息，则毛不下。土石至实，气绝而朽壤，则山崩。夫得气则泯小大，易强弱，禽兽木石可以相为制，而况载道之文乎？视之以形而不见，诵之以声而不闻，求之规矩而不得其法，然后可以举天下之物而无所挠败。（魏禧：《论世堂文集序》）

在魏禧看来，文章无“气”则不传，传世之文之所以得以世代不灭，就在于以“气”举之。基于这种观点，他称赞“琅霞龚子之言文主乎气者也，其文浩瀚蓬勃，出而不穷，动而不止，依乎六经而不背于道，虽欲不以气许之，夫焉得不以气许之也?”（魏禧：《论世堂文集序》）

在易堂中，论文重“气”的不只魏禧，其兄魏际瑞也强调说：“文莫重于气格，语伤于气，虽甚美，必删。夫美小而所伤者大，亦奚贵焉。愚故曰：字之精不如句之炼，章之奇不如格之老，词之灏瀚不如气之有余也。”（魏际瑞：《与甘健斋论诗书》）故他特重养气炼格，认为古之大家，其文之所以能收放自如者，就在于气使之也，“古大家文，虽极奇崛，必有气静意平处，故忙处能闲，乱处能整，细碎处能有片段，险兀处有安顿，顺处不流，逆处不费筋力，穿插处不小家，方正处不板硬，如置重器于平阔之案，观者神气亦自闲定，总由养气炼格已到，故不为波澜所挠也。”（魏际瑞：《与子弟论文》）在与子弟论文时，魏际瑞又以形象的比喻来说明文章家

“气魄”之重要，其云：“近听而震耳者，钟不如锣，冯夷大炮不如行营小铳。然钟砲闻数十里，锣与小铳不及半而寂然矣。浮急之声，躁滑而无力，凡叩而即鸣，鸣而急转者，皆力量气魄不足以自持也。文章大家、小家之辨如此。”（魏际瑞：《与子弟论文》）彭士望在谈及“志士之文”时也倡“大气”：“如乐出虚，如蒸成菌，有大气以鼓之，一听其天倪自动，其心与力之所至而言至焉，其心与力所不至而言亦至焉。”（彭士望：《与魏冰叔书》）魏禧之赞友人文“浩瀚蓬勃”、魏际瑞之主文章气魄以及彭士望强调的文章大气，都是“气”在文中的具体表现，在审美上展现为一种刚健的风格。

魏世傚曾讲到父辈的教诲时说：“多学以养气者，家大人所以训其子弟也”[①]，并详尽地论述了“积理”与“养气”的关系：

> 是故因今以通古，而凭古以立今，如气足而后血脉不枯不疽，营卫相灌输，而气与血脉乃俱归于有用。今徒以多涉猎，供吾诗古文之用，往往病于壅滞，以生痞积，或少腹绞急，或成滞下食过，而元气不足以运之，则全体至于疲惫而生疾，此多读书而不知养气之弊也。虽然是既一事矣，又必集理集事以致用。理集所以研其机，事集所以精其识。夫然后持之有故，出之有本末，惟吾所言焉，足以达吾意；吾所不言焉，有以存其机，于是其底于有成也。故文有以涵泳优悠为上者，有恳切直入、词严义尽为上者，则在其体格之所宜尔矣。[②]

魏世傚此说可以说深得易堂家法矣。他认为，气乃文之源，气馁则文之“血脉”壅滞不通，这正是今人文章之弊，虽有多读书者，而其目的往往是仅仅“供吾诗古文之用”，借此搏名，而不知“养气”之由。故云天下文章“至于疲惫而生疾，此多读书而不知养气之弊也”。之于养气之法，则又与积理、炼识为同一过程，所谓“研其

---

① 魏世傚：《答赖晋公书》，《魏昭士文集》卷2。
② 魏世傚：《答赖晋公书》，《魏昭士文集》卷2。

机”“精其识”，其气自足，而后可致于有用。至于文章之不同风格，则可适其体宜而随变。他又于《屈翁山文外序》中强调“气”之重要性，认为“气”至而“法”“格”自备，其云：“文章之道曰气、曰法、曰格。气之至者，法与格生焉。是非气之能生格、法也，不多读书，则不能以养气，故气足而法、格备也。盖不善用其气者，判格、法与气以为二；而善用之以全其气者，有必不可分之势。”[①]由此他赞叹屈大均之文“学博而辞沛，一旦为文，有发而不能御之势”，故其文“浩瀚磅礴，能自行其气”[②]。魏世儆关于“积理”与“养气”的论述可以说是深得父辈为文用心之精髓。

易堂之所言“养气”，实与“积理”“炼识”在同一进程之中，换言之，“积理”“炼识”的过程也就是“养气”的过程。魏禧曾教弟子养气之法云：“欲长见识，必须读书，不但经世之方于此学，望见古人胸次高阔，操行真笃，劳心苦身，勤勤恳恳，皆不为一身一家起见，便可淘洗肠腹卑俗私吝之气。百世闻风，廉顽立懦，舍读书，亡由得正名。”［魏禧：《答门人·又（吴子政）》］又在与友人书中强调须“恢弘其志气，砥砺其实用”（魏禧：《答南丰李作谋书》）。魏际瑞强调作者需要读书养气，以培精神之纯：“作诗作文莫患乎胸无全体之见，而随笔补凑之。精神要使匀炼以求其纯，所以止见精神，别无文字。又惟多读书，乃可以厚养气，气力坚厚，余者无难至矣。”（魏际瑞：《与雨三书》）魏礼在论诗时强调须多学以“培气”“致力”，其云：“行千里者无皆峰，必有原隰溪涧岐隧剧骖径谷，人之用莫大于五官，必有须眉发爪，盖力不厚、气不博则不足以峻衍并出。故多学以培气，简练以致力。”（魏礼：《书海南诗跋》）邱维屏引人语云：“伯芳谓予曰：学士之务在明理。孰为‘理’？物有之为本末；孰为‘明’？我明之也。明理而气足，气足而声发，声发而光见，光见而文生。明理而知言，知言而世无言，且古今无言。非无言也，视其言于我者，皆[illegible]疣也。”（邱维屏：

① 魏世儆：《屈翁山文外序》，《魏昭士文集》卷3。

② 魏世儆：《屈翁山文外序》，《魏昭士文集》卷3。

《古文玄要编序》）此论也以为“明理”之后气自足，文自生，而可立于古今作者之林，甚至于超越古人。

彭任在论述“理”与“气”的关系时，重“理”而不偏废“气”：“吾尝谓文以理为主，以气为辅，而神意行乎其间，辞足以自达而已。后之人师其法，不袭其辞，而文章思过半矣。若夫博学深思，穷理研几，得其神与气，神而明之，存乎其人，是以不为治存，不为乱亡，岂世运之所可得而限邪?”（彭任：《历代文约序》）

易堂诸子所谓的“气”，也包含个人性情一义，认为气充则情至，既而强调“情”为文之本，魏际瑞曾一语概之：“夫所以为文者，非他，则情是也。”（魏际瑞：《答友人论文书》）何以言之？他详解道：

> 文乃极天下之虚，变化神妙，不可方物，而所以本而发之，发而达之，而盈于天地之间者，则非有至实之物，无以相致。故夫人之涕唾、便溺也，必有气焉，以充之而后出；草木之华、鸟兽之羽毛也，必有脉焉，以贯之而后荣。故曰：无情者不得尽其辞；情者，辞之本也，本不立而末具焉，天下无斯物也。《书》曰：“辞尚体要。”《易》曰：“圣人之情见乎辞。”夫既有体有要，而见之乎情矣。故凡托为浮华雕饰，而矜诞敷衍以成其章者，是皆情之不足者也。愚尝为之言曰：“不患文章之不工，惟患性情之不至。”（魏际瑞：《答友人论文书》）

魏际瑞以天地万物为例，以论“情”为文章之本，不可不谓深刻，并举以经典，说明人之情为文之本，故云无情则无文；而文章之工与否，不在其他，只在乎性情之至与否。刘咸炘在论及魏氏兄弟之文论时评价道：“然有最可贵者，则在其论文之根本情意所出，每与黄梨洲、章实斋相证发。”① 这也强调了易堂情本论在清初的重要地位。

---

① 刘咸炘：《刘咸炘学术论集·文学讲义编》，第118页。

易堂论文重气，而气又与人之禀性密切相关，故而他们认为为文须各有其性情，这也正是形成不同文章风格的重要因素。彭任云：

> 人之气禀不同，而情有偏重，故喜怒忧乐感忿，随其所遭而发，而亦又有异焉者，则系乎其人。其人自处约适，虽有所拂，不能易也；不能自适，虽无所逆，终亦不可自得也。气有盈缩，形有盛衰，天地且有不得其平，而况生于其间者乎？（彭任：《伍象新七十有一序》）

彭任以天地之"气"来说明人体之"气"舒发而为七情，强调的是文章须出以性情，才能得以"如天地之相胜而能复"。基于这样的认识，他在教子书中特别强调"养气"，"汝肯将四子五经书循序温习，逐日研求，则一切浮情骄气自收敛矣。久久涵养，甚生气质，岂独文字已哉！"（彭任：《示儿杂说》）并述养气之道云："接汝札，谓于文字有跃如之意，是进境也，然愈须学与养。养之之道，要当屏绝烦虑，刮垢磨光，怡情悦志，以自震盪，使百虑俱空，卷舒如意，不须防捡而洒脱自在，方为有得。"（彭任：《示儿仁方 · 又》）彭任此处所言"养"即怡养性情，针对其子仁方的性情"不足之处"，他认为可以通过养气而助力其文章，故而度子金针云："大抵汝文患于能华而不能清，朴而不能古，实而不能虚，刻切而不能飘洒。不知不能清者即不能华，不能古者便不能朴，不能虚者便不能实，不能飘洒者便不能刻切。盖以真华、真朴、真实、真刻切者未有不清、不古、不虚、不飘洒故也。"（彭任：《示儿仁方 · 又》）彭任认为，其子仁方之文患，最根本的原因就在于性情之偏执，所以才教之养气之道，即"要当屏绝烦虑，刮垢磨光，怡情悦志，以自震盪，使百虑俱空，卷舒如意，不须防捡而洒脱自在，方为有得"云云。在重"养"之时，彭任亦重"学"，如教子云："吾儿天资手口朴拙，绝少锋锐，当加意看庄、韩、欧、苏之文，得其朗口快气、追风逐电处，乃为学其所不足，不可畏难而徒守其朴拙也。"（彭任：《示儿仁方 · 又》）此彭氏所谓"学与养之道，不可偏废"（彭任：

《示儿仁方·又》）云云。

对于性情之于文章的关系，魏际瑞也有生动的论述，其云：

> 同一肉也，而烹与燔之味则大异焉；同一烹、燔也，而刚与糜之味则又异焉；以及蒸、煮、炒、瀹，各有其义。极而至于批割之厚薄，舂剁之整碎，与夫切削之横直，其味无不分也。故同为一语，而出之蕴藉者则腴而有味，出之窒率者则俚而无伦。极而至于同此一语，喜者足写其喜，怒者足写其怒；赞者以此，詈者亦以此，此必由阅历世情养炼气候，而始足辨之也。人之于情，则固有怒而笑、喜而泣者，此亦可以推矣。（魏际瑞：《论文语》）

魏际瑞之意，就是在说各人之性情不同，则文章之风味迥异；即使是同样的语言，在不同性情人的具体语境中，其意味也不同；更有即使是同一人，其在不同的境遇之下，性情亦有变，其言则又有不同。这就是性情与文章的复杂关系。魏礼则直言诗古文辞须有“真我”，这样才能各成其貌，竞出不穷，不至落入模拟一途：“人之貌不同，以各有其我，人之诗文竞出不穷，以其有我也。是故以古人之气格、识法而成其我，徒我不成，犹必具五官、百骸、神血、须眉、发爪而成人，人人皆同而皆不同，各我其我也。优孟之非孙叔敖，无叔敖之我也，有优孟之我，故以孙叔敖之贤，楚相之贵，楚王垂涕而思，终不得变优孟之我，何也？真我也。”（魏礼：《阮畴生文集序》）上述种种，正是易堂文论的可贵之处。

在清初，文章家重养气也是一时共识。徐世溥云：“窃观古之作者，莫不期于自达其性情而止，要以广读书、善养气为本根，极至原委六经，所以立命，贯穿百代，上下古今，纵横事理，使物莫足碍之，所以安身也。”① 陈恭尹则云：“文以气为主，非谓其驰骤阖

① 徐世溥：《答钱牧斋先生论古文书》，《榆墩集》（康熙舫斋刻本）卷首，《四库全书存目丛书》集部第211册，第145页。

阖、雄健滔奔、转折万变而不可穷也。古之作者皆以其经天纬地之才、悲悯时俗之心，超轶古今之识，不得已而寓之文章。其胸中浩浩然、磊磊然，盘勃郁积而不宣泄者，一与外物遇，如决山出泉，叩弦发矢，一往奔注，自不知其所极，此文之至也。”① 又在与魏禧的信中云：“弟自病更有三端：不养心，不穷理，不熟古今之变，故其气不昌；不穷理，故其源不宽；不熟古今之变，故其议不辨。……如兄纵横阖阖、坚悍雄鸷，弟所愿学而不得者。”② 此际，言“气”者又往往与“理”“识”联系在一起，体现了鼎革之际经世之风对文章观念的深刻影响。

五　对明代“秦汉派”及“唐宋派”的整合

——兼及清初文章之取径问题

易堂诸子倡导以务实的文风而治明季以来的不振文风，在具体操作上依然采用的是复古思路。然此种“复古思路”断断不是明代所大倡的复古思路。易堂论文章源流衍变，既重“通”，更重“通”之基础上的“变”。故易堂言复古，意在明源流，以自创新，为我面目，而非肖似古人。这是易堂文论的关键所在。

明代诗文大倡复古，然而在宗秦汉还是宗唐宋的问题上意见分歧极大，一直争论不休，关于明代诗文之流变，《明史·文苑序》有精彩的评述：

> 明初，文学之士承元季虞、柳、黄、吴之后，师友讲贯，学有本原。宋濂、王祎、方孝孺以文雄；高、杨、张、徐、刘基、袁凯以诗著。其它胜代遗逸，风流标映，不可指数，盖蔚然称盛已。永、宣以还，作者递兴，皆冲融演迤，不事钩棘，

---

① 陈恭尹：《朱子蓉诗序》，《独漉堂文集》（道光五年陈量平刻本）卷3，《续修四库全书》第1413册，第227页。

② 陈恭尹：《与魏冰叔》，《独漉堂文集》（道光五年陈量平刻本）卷6，《续修四库全书》第1413册，第263页。

而气体渐弱。弘、正之间，李东阳出入宋、元，溯流唐代，擅声馆阁。而李梦阳、何景明倡言复古，文自西京，诗自中唐而下，一切吐弃，操觚谈艺之士翕然宗之。明之诗文，于斯一变。迨嘉靖时，王慎中、唐顺之辈，文宗欧、曾，诗仿初唐；李攀龙、王世贞辈，文主秦汉，诗规盛唐。王、李之持论大率与梦阳、景明相倡和也。归有光颇后出，以司马、欧阳自命，力排李、何、王、李，而徐渭、汤显祖、袁宏道、锺惺之属，亦各争鸣一时，于是宗李、何、王、李者稍衰。至启祯时，钱谦益、艾南英，准北宋之矩矱，张溥、陈子龙撷东汉之芳华，又一变矣。有明一代，文士卓卓表见者，其源流大抵如此。①

明代士人标榜之习盛行，文坛流派横出，相互争鸣，在客观上也是明代文学繁荣的一个重要原因。就其文章流派来看，大抵有宗秦汉与宗唐宋两大派。李东阳为首的茶陵派主张由宋元而入唐；李梦阳、何景明、李攀龙、王世贞等前后“七子”派则力主秦汉之文，明确提出“文必秦汉，诗必盛唐”之说，声势浩大，成为一时之宗；其间又有王慎中、唐顺之等大倡唐宋之文，稍后则有归有光相应，力排前后“七子”偏至之论；继而性灵派兴起，强调“独抒性灵，不拘格套”的自由创作，清洗七子之习；至明清之交，有识之士则又重新提倡复古以矫明季浮滥玄虚之气，易堂诸子即是如此。

在清初文坛中，文人们清楚地认识到了明代秦汉派及唐宋派的偏至及其流弊，诚如清初古文大家邵长蘅云：

盲左、迁、固而下，唐则韩愈、柳宗元、李翱，而韩愈氏为最。宋则欧阳、苏氏父子、曾巩、王安石，而欧阳氏为最。故二氏之文焯然并行于世。……自兹以降，几无文矣。北地、弇州诸公之摹秦汉，优孟衣冠也，其病袭；金华、毗陵、晋江

① 张廷玉等：《明史》卷285《文苑序》，第7307～7308页。

诸公之规八家，醪醴之糟魄也，其病浅。乃数十年来，传变益出，有俳优之文，有应酬之文，其黠者往往剽猎二氏，荟萃驳杂，最上则援引经义，规模唐宋，世翕然以文章家推之矣。顾叩其源委，尽蓄学沉思而有以自立者耶？抑犹未免为优孟、为糟魄者已。①

他指出，尊秦汉之文的七子派，病在于“袭”，而尊唐宋之文的“唐宋派”，病在于“浅”。而“近来”文章家又“剽猎二氏”，不能“蓄学沉思”，仅仅“为优孟、为糟魄者”而已，不足以自立。邵氏又在《明十家文钞序》中重申此意，言近世之文“下者哗世取说，殆类俳优，其病鄙；上之习迂、固之优孟，而悦其聱牙，其病剽；又上之，咀宋人之糟魄，而以为玄体，其病腐。”② 王元烜亦云：

秦汉以还，作者日繁，理气之交，纯疵不一，自董、马、班、刘向、扬雄、王通之徒，下迨唐宋元明诸大家，其文章高下，虽与世递降，然能各鸣其所，得成一家言，以弗畔于圣人之道，则皆可谓作者矣。下士衷无所得，而窃窃焉求古人于状貌景响之间，分沟画堑曰若者为秦汉，若者为八家，剽窃半之，傭贩半之，其陋者掇拾一二宋儒语录，衍之成文，而奇诡者则又猎取梵典，吹释氏之糠粃，而扬之以欺世。呜呼！兹数者，皆文之贼也，以是言文，吾无取焉。③

王氏认为，文坛“分沟画堑”，或秦汉或唐宋，然皆剽窃傭贩，并未得古人文章真髓，故为欺世之文。基于这样的一种认识，清初文人

① 邵长蘅：《重刻欧阳文忠公全集序》，《邵子湘全集·青门簏稿》（康熙刻本）卷7，《四库全书存目丛书》集部第247册，第739页。

② 邵长蘅：《明十家文钞序》，《邵子湘全集·青门簏稿》（康熙刻本）卷7，《四库全书存目丛书》集部第247册，第740页。

③ 王元烜：《邵子湘全集序》，参见《邵子湘全集》（康熙刻本）卷首，《四库全书存目丛书》集部第247册，第674页。

之倡导复古，于何取径就成为一个至为关键的问题。考察现代学者对于清初文坛生态的论述，一般认为在清初掀起的是宗唐宋之风，而以魏禧为首的易堂诸子也在其中。如日本著名学者青木正儿《清代文学评论史》的第四章为《清初唐宋八大家文的流行》，其中就以清初散文三大家（包括魏禧）为代表人物。[①] 然而考之实际，笔者以为魏禧等易堂诸子的古文复古思路并不能简单地概之以唐宋为宗，事实上，他们恰恰是反对孤立地提倡唐宋之文的，在具体思路上，整合了明代秦汉派与唐宋派的分歧，主张溯本知源，由唐宋而上追秦汉。

这里拟从青木正儿的一段评论议起，他说："在他（指魏禧。引者注）的书中找不到特别鼓吹唐宋八大家的话，但其所论，大体皆就八家文而为说，则其宗旨在此乃显而易见。"[②] 的确，在魏禧集中很少有直接倡导宗八家的言论，在提到唐宋八家文时，又往往与秦汉之文并提。兹举几例，其云："善为文者，以《六经》为寝庙，《左》《史》为堂奥，唐、宋大家为门户。"（魏禧：《答孔正叔》）又："《六经》以下，为周诸子，为秦汉，为唐宋大家之文。"（魏禧：《论世堂文集序》）又在与陈恭尹论文时，曾谈及如何判别自己所作之文的工拙，他支出一法，云："但念孤居无师友时，何得自知工拙？则试以此置之秦、汉、唐、宋大家中，其命意立格遣词，入得伴否？人从暗中摸索，不分别否？"（魏禧：《日录·杂说》）从以上论述中，我们丝毫看不出魏禧有独宗唐宋的意思。

对于秦汉、唐宋之文的关系，魏禧将它们放在文章发展史的宏观视野中进行了论述：

> 今夫文章，六经、四书而下，周、秦诸子、两汉百家之书，于体无所不备。后之作者，不之此则之彼。而唐、宋大家，则

---

① 参见〔日〕青木正儿著，杨铁婴译《清代文学评论史》第四章《清初唐宋八大家文的流行》，中国社会科学出版社，1988。

② 〔日〕青木正儿著，杨铁婴译《清代文学评论史》，第74页。

> 有取其书之精者，参和杂糅，熔铸古人以自成，其势必不可更加。故自诸大家后，数百年间未有一人独创格调，出古人之外者。（魏禧：《宗子发文集序》）

显然，这是对他的作文须“以《六经》为寝庙，《左》《史》为堂奥，唐、宋大家为门户”的注解，其中意旨也非常明了。毋庸置疑，魏禧在文章观念上还是继承了古老的宗经思想，他说：“夫五经之文，五岳也。屈原、庄周、左丘明、司马迁、班固，五丘也。天下之山必五岳五丘，非是不足名山。”（魏禧：《孔正叔楷园文集叙》）然而经典之下，文至周、秦、汉时众体已备，故后之人所作均不可能出之藩篱，唐宋大家之所以能出而自立者，是因为他们酌取古人书中的菁华，“参和杂糅，熔铸古人以自成”。以是观之，唐宋之文显然是出之于周、秦、汉之文，故而他认为，学文者须从唐宋之门户进，才能入得秦汉文章之奥府。他曾度人金针云：

> 日读西汉文，殊叹息。大须热读唐宋八家，乃见其妙。文似无间架，无针线，然错综曲折，照应牵拂，最巧妙。但文古朴，法不易见，非如八家起伏转折，径路可寻耳。拙处愈隽，生处愈韵，朴处愈华，直处愈曲折，粗俗处愈文雅。前辈尝云西汉风韵，今人但以庞厚当之，流为痴重肥窒，失之远矣。东汉文高者，一二足追配，弊薄辄流六朝，特魏晋中不乏佳趣，如诗盛唐之有晚唐也。古人文，开卷便益神智。（魏禧：《与王若先》）

从上面的论述中不难看出魏禧对秦汉之文的推崇。在他看来，要想识得西汉文之妙，则须“热读”唐宋八家，也就是说，八家之文是打开秦汉文章堂奥的一把钥匙。而另一层意思，把八家之文与西汉之文对照而读，才能深知西汉文的高妙之所在，言外之意，西汉之文固在八家之上。东汉文虽不及西汉文，然亦有作者特出，超逸一代。又云：“吾每谓文字，古人格调已尽，无复更有。唐、宋大家，率皆割取甘腴，特出意煎烹，登俎成味，譬犹蜂采百花之蜜，娄生聚五侯之馔为鲭。”（魏禧：《与诸子世杰论文书》）在魏禧看来，唐、宋大家之文虽然足以自成，但与周、秦、汉之文相比，仍是第二义。

基于这样的文章流变观，魏禧认为学文只有从唐宋而上追秦汉，才能真正称得上是入古人之室，由此他评价陈玉璂之文“由唐、宋溯秦、汉以上，故其文有源本，格调所成，恢恢乎入古人之室。”（魏禧：《学文堂文集序》）又曾赞曹溶“所著古文辞格力深厚，直追两汉比者”[①]，又盛赞汪琬碑志之文，“尤赏者又在《复仇》一篇，韩、柳有此作，能不相袭，而其文甚类西京，此禧所以笃好而欲有以告之也。”（魏禧：《与计甫草书》）

对于世人过分追捧唐宋八大家，魏禧也颇不以为然：“八大家文，远者千余年，近者数百年，言者备矣。自茅氏《文钞》出，百十年间，天下学者奉为律令。予生平尊法古人，至其所独是独非，每不能自贬以徇古今之众，故论列或不尽同茅氏，而韩、欧阳诸名文，亦往往有所疵议。”（魏禧：《八大家文钞选序》）比如，他曾对自己本来服膺的苏洵、韩愈等的文章就有指摘，“苏明允《上田枢密书》，豪迈足赏，然自占地步，峻嶒逼人，使人忌而生厌。盖既为进干求知之事，而又为傲岸不屑之言也。八家中自昌黎作俑，而近世学步者愈可厌憎。”（魏禧：《日录・杂说》）其言不可谓不锐利。魏禧以为：“古人之文，自《左》《史》而下，各有其病。”在他看来，经典而下，《左》《史》之文才是至文。而对于学唐宋八家者，魏氏认为若学之不善，则易堕入其病：

学子厚易失之小，学永叔易失之平，学东坡易失之衍，学子固易失之滞，学介甫易失之枯，学子由易失之蔓。惟学昌黎、老泉少病，然昌黎易失之生撰，老泉易失之粗豪，病终愈于他

① 曾灿：《与曹秋岳先生书》中引魏禧语，参见《六松堂集》卷11。

家也。（魏禧：《日录·杂说》）

故而，在教后辈学文时，魏禧教导他们不要盲从八家："学古人者，必知古人之病而力洗涤之。"（魏禧：《八大家文钞选序》）又云："汝学文须学古人文，不当以古人子孙为祖父。"（魏禧：《与诸子世杰论文书》）要求子弟学文要溯源，而不能止于学其流，唐宋大家只是"子孙"而非"祖父"。其实，在总体的文章通变观上，魏禧即强调在通的基础上力求新变，以凌越古人，其云："后之学者必有以胜古人，而后古人可学而至。故曰：智过其师，乃能如师。卑卑而守之，循循而效之，虽声实并至，其去古人则已远矣。"（魏禧：《答孔正叔》）

从以上所述来看，魏禧提倡的古文复古绝不是简单的宗唐宋而已。对此，张舜徽先生曾予魏氏文论以较高评价："于为文一道，主创而不主因，力求摆脱前人窠臼，而有以自立。在明末清初，具此识者甚罕。则其文之有大名于当时，要非无故。"① 魏礼也与友人明言自己不喜曾子固文，"礼向不喜曾子固文，每读不能终篇"，并指出其文之弊："子固于论事、上书之文，每漶漫阔迂，不足动听闻，其可施与事实者亦少。"而且，他以为子固之文"叛道害义"，非真本于六经者，"子固屏绝百家，自扳跻于圣人之徒，其为文虽祖刘向而所以自处者，当比董仲舒，然礼以为非真有得于六经之学者也。所谓原本六经，不过存其纲维，取其郛郭，以不坠圣人之言已耳。尝读子固与王深甫论扬雄书，纰缪乖离，叛道害义，莫甚于此，不必智者而后知。"（魏礼：《与甘健斋论曾文定公书》）

魏禧在论读古书之法时云："读古人书，好附和，好翻驳，皆病也。能以敬畏古人之心而披其疵，则几矣。"（魏禧：《日录·里言》）此虽非论文，实际上也与魏氏之文学观相通。如上所述，其既有批古人作文之"疵"者，但也是"以敬畏古人之心"而为之，故

① 张舜徽：《清人文集别录》，第36页。

不附和别人，也非好“翻驳”者。因此，他指出八家各有其弊，也并非排斥唐宋之文。对八大家之文，他赞叹不止，其云：

唐、宋八大家文，退之如崇山大海，孕育灵怪；子厚如幽岩怪壑，鸟叫猿啼；永叔如秋山平远，春谷倩丽，园亭林沼，悉可图画，其奏劄朴健刻切，终带本色之妙；明允如尊官酷吏，南面发令，虽无理事，谁敢不承；东坡如长江大河，时或疏为清渠，潴为池沼；子由如晴丝袅空，其雄伟者，如天半风雨，袅娜而下；介甫如断岸千尺，又如高士溪刻，不近人情；子固如陂泽春涨，虽漶漫而深厚有气力，《说苑》等叙乃特严谨。（魏禧：《日录·杂说》）

其论不可谓不精。对八大家在文章史上的重要地位，魏禧也作出了中肯的评价，他在与弟子论及文章与世运的升降关系时详述道：

古今文章，代有不同，而其大变有二：自唐、虞至两汉，此与世运递降者也；自魏、晋以迄于今，此不与世运递降者也。三代之文不如唐、虞，秦、汉之文不如三代，此易见也。上古纯庞之气，因时递开，其自简而之繁，质而之文，正而之变者，至两汉而极。故当其气运有所必开，虽三代圣人不能上同于唐、虞。而变之初极，虽降于两汉，犹为近古，故曰与世运递降也。魏、晋以来，其文靡弱，至隋、唐而极，而韩愈、李翱诸人崛起八代之后，有以振之，天下翕然敦古。梁、唐以来无文章矣，而欧、苏诸人崛起六代之后，古学于是复振。若以世代论，则李忠定之奏议，卓然高出于陆宣公、王文成之文章，又岂许衡、虞集诸人所可望？盖天下之运必有所变，而天下之变必有所止。使变而不止，则日降而无升，自魏、晋靡弱，更千数百年以至于今，天下尚有文章乎？故曰不与世运递降者也。（魏禧：《日录·杂说》）

这段论述集中表现了魏禧的文学史观。其中对于唐宋大家在文学史上的重要地位作出了肯定，认为三代、秦汉之下就是唐宋大家，之后便无文。故而对唐宋之文是非常推崇的。但是他论说的目的是要说明历代文章的渊源流变，以正复古之道路，从而纠明代秦汉派与唐宋派的偏执之说，要求贯通古今，明辨源流，而从以唐宋大家入而上溯秦汉及经典，而绝非独倡唐宋。

魏禧在与后学谈及自己的创作时曾云："吾策文《田制》《封建》《奄宦》等文不立规格，汩汩浩浩，虽文采不逮晁、贾，亦窃希贾长沙、李忠定"，又云："吾少好《左传》、苏老泉，中年稍涉他氏，然文无专嗜，惟择吾所雅爱赏者。至于作文，则切不喜学何人，人何篇目，故文成都无专似。"（魏禧：《与诸子世杰论文书》）以上魏氏自论为文心得，皆可看出他的用力所在，即欲从古人中出而能够突破古人，故其文并不专主哪家，更无门户之见。曾灿评价道，魏禧"乙酉、丙戌所作书疏，则出入贾长沙、李忠定间。"[①] 彭士望评魏禧文云："勺庭文原本《左》、《史》、八家，人所知也。"[②] 魏禧为文岂独宗唐宋哉？实际上，在魏禧的复古思路里，唐、宋大家之文只是"门户"而已，而绝非殿堂。

依此来看，把魏禧简单地划入"唐宋八家文的流行"行列中，恐为不妥。青木正儿先生所言魏禧之论文"大体皆就八家文而为说"也与事实不符，而魏禧书中之所以"找不到特别鼓吹唐宋八大家的话"，是因为他本来就不是独宗唐宋八家者。

易堂中其他诸子在宗唐宋还是宗秦汉的问题上，大抵而言，是与魏禧的观点相一致的。彭士望云：

> 昔韩昌黎、苏氏父子之文，恒师《孟子》；汉魏古诗、乐府则师《三百篇》，此皆童幼所诵习讲贯之书，举世徒以为制艺之题目，茫然不查其精微之所自，宜其让汉魏、韩、苏以专美也。

① 曾灿：《魏叔子文集序》，参见《魏叔子文集》卷首，第27页。
② 彭士望于魏世傚《与叔弟俨论仲父文书》，参见《魏昭士文集》卷2。

> 倘或以为高远，则杜者诗之大成，韩、欧、苏则古文之彀率，是皆含咀《孟子》《左》《史》《三百篇》、汉魏，而蕴酿出之。诚熟读精思，以求其用意与法之所在。（彭士望：《复友人书》）

在彭氏看来，就古文统绪而言，唐宋大家是出于周秦汉魏的园囿之中的。魏际瑞亦以秦汉、唐宋大家之文并提，而认为班、马之文后人终不可过："诗至汉魏、陶、杜，文至班、马、唐宋大家而止矣。而今人之称人者辄曰秦汉而上，曰超某某过之。夫秦汉不可上，班、马、陶、杜诸公不可过也。"（魏际瑞：《与周公书》）显然这也是针对"文必秦汉、诗必盛唐"之说的讥刺。

彭任认为："《左》《史》为文章之祖，六经四书之外，在所必读者《左氏传》。"（彭任：《春秋左传约钞序》）又叙历代文章流变云：

> 先秦、西汉，其文可谓盛矣，而杰出者董、贾、马、班、刘、杨之徒，其文以英伟之气，直言其所欲言，而议论昌明，无颇杂支离，故其辞达而意畅，所以二千余年为不可及。东京以降，固无可论矣。至唐元和，韩愈氏因文以求道，而柳宗元、李翱并继，相与振起，而文章始复于古。迨宋初，柳开欲为古文，至明道、庆历间，尹洙兄弟、穆修、二程子、欧、曾倡之，而道德文章之盛，至建炎、庆元而不衰。以及明兴之初，刘、宋、王、方犹有存其遗风焉。至于今二三百余年，其间兴败胜衰不一，而或者乃曰：文章与时代为升降。至于今文，日趋而靡也，由于宋季之末，风格卑萎，为老生学究之习。（彭任：《历代文约序》）

以此而言，彭任虽认为文章今不如古，"日趋而靡"，然总体上持论公允，认为先秦、西汉至唐宋明以来，文章统序未断。他强调，复古不能只求其貌似，因此也不能舍唐宋而直追秦汉，"夫苟舍唐宋而反求于秦汉之上，以此为嗜古修辞，虽仅能存其貌似，而全失其真。”（彭任：《历代文约序》）在教子书中，他要求子弟学文要“日取《史》、《汉》、唐、宋之文而温习之，则自出于寻常万万也。所谓浚水求源，用功深而收名自远也”（彭任：《示儿仁方·又》）。值得一提的是，彭氏还强调在学习古人之时，一定要知其所长，亦要审其所短，他说：“《六经》之外，《左》、《史》、班、范、唐宋韩、欧诸家之文，须一一究心潜玩。读一人之书，则须知其学之得力、其学之来历，与其所以自成一家者在何处；知其长，又须知其短；要审取其长而舍其短，然后学焉。”（彭任：《答族子某书》）这种不盲从古人的观念，尤其值得肯定。

此外，邱维屏为文路径也是从唐宋入，十二三得读苏氏父子文，既而又读欧阳修集，始为文章，“每于意中俯仰，顾盼欣戚、收敛发舒之情，若或见于欧阳子之文之意。”（邱维屏：《示儿杂文序一》）后又得读《史记》、《汉书》、先秦诸子等。故其为文虽有宗唐宋大家之意，然总论其文，则“不肯稍蹈古人，非但欲遗其糟粕而已。殆化其神与意，以自为神意矣。”[①] 邱氏自评《仲万易名字序》道：“文用《白虎通》体，而文胜《白虎通》。”（邱维屏于《仲万易名字序》后自评）彭士望于邱氏《序诗送任氏二子省墓九江》后评云：“全是呜咽慷慨之情，如浪拍空，如云抹岭，缥缈无际，神肖《史记》之文。”[②] 又于其《杨先生墓志铭》后评曰：“前后以王、魏二人着精神，得《史》《汉》叙事法。”[③] 等等。

魏际瑞论文主才气，受庄子文风之影响，及其文成，“参差排荡，得周秦诸子笔意。”[④] 魏禧于其兄《诗经原本序》后评曰：“文无定容，遇意成章，随笔生法，浩瀚往复而精理贯注，此《礼记》《淮南子》之文也。”[⑤] 又于其《杂说》后评曰：“可于周秦间自名一

---

① 李萱于邱维屏《众祭魏善伯父子文》一文后之评语，参见《邱邦士文集》卷16。

② 彭士望于邱维屏《序诗送任氏二子省墓九江》后之评语，参见《邱邦士文集》卷8。

③ 彭士望于邱维屏《杨先生墓志铭》一文后之评语，参见《邱邦士文集》13。

④ 赵辰六于魏际瑞《与周公书》一文后之评语，参见《魏伯子文集》卷2。

⑤ 魏禧于魏际瑞《诗经原本序》一文后之评语，参见《魏伯子文集》卷1。

子……文字情深法变，胸无成格而笔势自为机轴，真不愧为古之作者矣。”[①] 魏禧在评介魏礼为文时说：“吾季子诗好汉、魏，文好周、秦诸子。及其成也，诗类韩退之，文则近柳子厚。”（魏禧：《季子文集序》）汪楫在魏礼《与友人论文书》后评曰：“理精以肆，气奇以质，法严以变，文在秦、汉间。”[②] 以此观之，魏礼之文亦出入于秦汉、唐宋之间，而非以唐宋为独宗。也正是基于这样的文章复古观念，魏礼曾赞赏友人之文“自辞赋靡丽，转溯八家、秦汉而归诸圣贤之大道”（魏礼：《于南文稿序》）。需要指出的是，诸子集中的评语，也有以唐宋大家之文比论者。这些评语虽不免留有明季“标榜”之习而有过誉之词，但也从一个侧面表明了他们的为文取向，即不独以唐宋为宗。而这恰恰正是易堂诸人的文章复古思路。

实质上，清初古文家中所倡导的古文复古思路，有不少与易堂诸子之论契合，即非以唐宋为独宗，如邵长蘅认为文章与世递降，其云：“六经不可以文论，周秦而下，文莫盛于西京，汉氏之东，稍衰矣。沿至六朝，文几亡，唐振之，而唐之文不如汉。唐末更五代之乱，文又亡，宋振之，而宋之文不追唐。历元讫明，而元明之文不逮宋。”[③] 故而，他主张学文须“浚文之源”[④] 以养气，上由六经，“然后综贯诸史，以验其废兴治忽之由，旁及子集，以参其邪正得失之故，又恐力不能兼营，史自左氏、司马、班、范、三国、南北、五代而外，子自庄、列、荀、杨、韩非、吕氏、董、贾而外，集自翰、柳、欧、苏、曾、王而外，或略加节抄，可备采择，此读书之渐也。”[⑤] 此论中意旨实与易堂诸子之论相合。

概言之，清初文人病前代文章之弊，欲在一种融通的视野中打

---

① 魏禧于魏际瑞《杂说》后之评语，见《魏伯子文集》卷 4。

② 汪楫于魏礼《与友人论文书》后的评语，参见《魏季子文集》卷 8。

③ 邵长蘅：《三家文钞序》，《邵子湘全集·青门剩稿》卷 4，《四库全书存目丛书》第 248 册，第 174 页。

④ 邵长蘅：《与魏叔子论文书》，《邵子湘全集·青门簏稿》卷 11，《四库全书存目丛书》第 248 册，第 781 页。

⑤ 邵长蘅：《与魏叔子论文书》，《邵子湘全集·青门簏稿》卷 11，《四库全书存目丛书》第 248 册，第 781 页。

破派系之争，以重建古文统绪。当然，在清初文苑之中，决不乏尊崇唐宋八家者，但以为清初古文皆以唐宋八大家为独尊，又恐失公允。马积高曾论清初散文发展衍变时说："故这时的学者许多散文作家大都既反对形式上拟古的复古派，又反对颇乖雅正的公安、竟陵，贬竟陵尤甚。而在过去的散文传统中，他们自然想起唐宋古文家。不过，这时的学者和散文作家，其眼界又不尽同于唐宋古文家。大致地说：有些人是基本上回到唐宋古文家的道路，而对其某些方面有所修正与发展。"① 事实上，清初文章无论是理论主张还是创作，都表现出"多元"性，诚如郭预衡云："文章不成一统，这正是清初之文的时代特征。"② 这也正是清初古文繁盛的重要表征。正因如此，也就需要我们研究者认真细致地进行剖理，以更深层次地理清明清文章观念嬗变的理路。

六　关于"法"的言说

对于文法的探讨及论争是中国古代文论史上的一个老传统，而这也是古代文人非常热衷的一个话题。考究原因，大概由于中国文章史源远流长，在不断的盛衰交替过程之中，复古与通变往往成为论争的主题，于是在继承与革新之间，"法"就成了一个中心话题。易堂诸子也不例外，文法是他们论文中关注的一个重要内容。当然，在九子派之前，历代不乏论法大家，而关于文法思想，又不外乎"有法"与"无法"或"死法"与"活法"几端，易堂诸子论法也不见得能谈出什么新意来。然而在明清鼎革之际，他们痛感明代复古派模拟之习的流弊，又不满明季性灵派的蔑视古人、浮滥轻薄之风，因此主张为文须由唐宋而追溯周秦汉的复古路线，其中的文法思想是诸子力图矫正明朝文风之弊的重要理论武器，也是他们古文理论中重要组成部分，对当时文风的扭转起到了积极的作用，因此也就具有了重要的文学思想史意义。

---

① 马积高：《清代学术思想的变迁与文学》，湖南人民出版社，2002，第 19 页。

② 郭预衡：《中国散文史》下册，第 340 页。

概言之，易堂诸子主张“法而无法”，即由“法”而入，而最终达到“无法”的神明境界。易堂的文法之论的核心观点，可以从魏禧以下的这段论述中一览无遗：

> 法譬诸规矩，规之形圆，矩之形方。而规矩所造，为椭、为挈、为眼（音悬。原注）、为倨句磬折，一切无可名之形，纷然各出。故曰规矩者，方圆之至也。至也者，能文方圆，能不为方圆，能为不方圆者也。使天下物形，不出于方，必出于圆，则其法一再用而穷。言古文者，曰伏，曰应，曰断，曰续，人知所谓伏应，而不知无所谓伏应者，伏应之至也；人知所谓断续，而不知无所谓断续者，断续之至也。今夫入坛壝，履鬼神之室，明神肃森，拱挺异列，若生人可怖。按以人经之法，颊胲广狭，股脚脽尻之相距，皆不差尺寸，然卒以为不若人者，俯仰拱挺，终日累年，不能自变化也。今夫山屹然崱屴，终古而不变，此山之法也。泻水于盂，盂方则方，盂员则员者，水之法也。山以不变为法，水以善变为法。今夫山，禽兽孕育飞走，草木生落，造云雨，色四时，一日之间而数变。今夫水，泻于平地，必注于龟，流其所不平，泻之万变而不失。今夫文，何独不然？故曰：变者，法之至者也。此文之法也。（魏禧：《陆悬圃文叙》）

这段论述可以说是易堂文法论的纲领。魏禧特别强调古人之法的重要性。其以规矩作比，无规矩则不成方圆，无古人之法度则不成文章，故后之学文者切不可灭裂古人之法。他在家书中教后辈作文时云：“作文先立意，不必求异，但须有独到处，便足异人。然既有好意，须思此意如何方能发得透确，用何陪宾，用何引证，前后当如何位置，一一要合古人法度，文成乃粲然可观。非但如作家信，写塘报，米盐无差，事故日时不错，便足称辞达也。”（魏禧：《寄诸子世儆世俨》）可见，遵古人“法度”是学为古文的基础。

魏礼则直言：“且夫文章之法，非谓遗古人而不步趋也。《易传》曰：拟之而后言，讥之而后动。拟议以成其变化。拟议者，步趋之谓也，至于成变化则几矣。”（魏礼：《澄观堂集序》）又：“不有格与法、与体要，不可以言文也。”（魏礼：《答孔英尚惟叙》）又：“且夫风云之变不一，而要不出乎山泽之气；飞搏而上云溟，不离乎地；神气变化，不外乎法，常至而怪，实至而灵。故曰本丰者流沛，操法者能奇也。”（魏礼：《答友人论文书》）又：“不善用于体法，则吾之欲言者莫得达其意。”（魏礼：《杨汝翔文集序》）此论种种，都是强调文法的不可或缺。他曾以构屋为拟喻，具体论述法的重要性：

> 夫匠之为屋也，大而千门万户，细至方丈之室，其楄栌樸櫼，穿互构架，明暗高下，莫不有一成之规矩，舍是，虽公输匠石不能布一椽。故未可去格法。格法者，一成之规矩也。子舆氏曰：规矩方圆之至。夫岂惟方圆哉？因之为椭、为锐、为延袤、为参差凸凹、为秦皇隋阳之宫室，机器变化，侔鬼神夺，天地则皆此一成之规矩所为。（魏礼：《答钟士雅书》）

他又论章法之妙云：“求其格，求其势，求其句与字，求其章，是之谓法。章法之妙，斗乱而不乱，始则春潦满眼，终则缩川灌河，神龙见首不见尾，率然之蛇，击其尾则首至者。执此有要川，河自有径，神龙、率然自有首尾也。其为春潦也，川河也，无首尾也，首尾俱至也，一也。此操法之妙，有以用之也。”（魏礼：《答杨御李书》）魏际瑞也在教子书中以具体实例分析强调无法则不成文，其云：“《七十二峰记》凡六百一十三字，均分至少每峰亦应八字有零，乃提要语占去若干，叙次语占去若干，他地名占去若干，地名重出占去若干，方隅向背占去若干，形势脉络占去若干，古事形容语、起结语占去若干，几于七十二峰本位无有一字，乃其叙次本位宽然有余，悬压撒手，尺水扬波，是何法、何力哉？作文不知法，遇如此题，任是万斛长才，相应一筹莫展矣。”（魏际瑞：《与子弟论文》）如是者，不一而足。故而，他们要求子弟门生要细致琢磨古人之文，学习古人作文之法。

而在易堂诸人的复古论中，最为可贵的是强调在学习古人的时候不要盲目崇拜古人，而要善于发现古人文章之病而力避之，即使是唐宋八家，也各有其弊，“然诸家亦各有病，学古人者知古人病处，极力洗刷，方能步趋；否则我自有病，又益以古人之病，便成一幅百丑图矣。”（魏禧：《日录·杂说》）又云：“古人之文，自《左》《史》而下，各有其病。学古人者，必知古人之病而力洗涤之。不然者，吾既自有其病，而又益以古人之病，则天下之病皆萃于吾一人之身，其尚可以为人乎哉?”（魏禧：《八大家文钞选序》）对于如何避唐宋大家之弊，魏禧云：“唐、宋大家则欲去其偏见卮言，与文士之溪径，才人之气习。”（魏禧：《答孔正叔》）即使是《左》《史》，他认为也有缺憾，“然读《左》《史》，则欲去其诬滥不经。”（魏禧：《答孔正叔》）

因此，易堂诸子所言之法断断不是“死法”，而是强调在入得古人作文门径后，就要活用古人之法，使古人之法变为“我”之法，这才是最终目的。如上引魏禧之论述，虽然强调古人之法不可灭裂，但是一旦囿于古人之法，逡巡而不敢逾尺寸，则古人之法穷，此断非文之至者。故而他在与岭南陈恭尹论文时云：“吾辈生古人之后，当为古人之孙，不可为古人奴婢。盖为子孙，则有得于古人真血脉，；为奴婢，则依傍古人作活耳。”（魏禧：《日录·杂说》）“依傍古人作活”终不可能为至文，真正的至文在于变通古人之法而为我所用，“曰伏、曰应、曰断、曰续，人知所谓伏应，而不知无所谓伏应者，伏应之至也；人知所谓断续，而不知无所谓断续者，断续之至也”，并以山水等“自然之文”为喻，强调为文之法实水之法，亦即变之法，其云：“变者，水之至者也。此文之法也。”此盖易堂文法论的核心，也是其精华所在。故魏禧说：“夫文章之工，必法古人，而法古人者，又往往不得为工。何耶？然则文章必又有其所以工者也。”（魏禧：《李季子文叙》）在“工”与“不工”之间，究竟奥妙何在？此即魏禧深意所在：无古人之法，文章必不得工，而如果又死守古人之法，也不得为工，而“文章必又有其所以工者”，就在于能够将古人之法为我所用。基于这样的文法观念，魏禧对于同时期的古文大家汪琬之文便颇有微词，言其“奉古人法度，犹贤者有司奉朝廷律令，循循缩缩，守之而不敢过”（魏禧：《与计甫草书》），认为其文之弊就在于太过固守古人法度而不能自变。当有子弟问及如何才能“学古人而不袭其迹”时，他说：“平时不论何人何文，只将他好处沈酣，遍历诸家，博采诸篇，刻意体认。及临文时不可著一古人、一名文在胸，则触手与古法会，而自无某人某篇之迹。盖模拟者，如人好香，遍身便佩香囊；沈酣而不模拟者，如人日夕住香肆中，衣带间无一毫香物，却通身香气迎人也。”（魏禧：《日录·杂说》）意即须胸有古法而变通之。

魏礼曾以“舟车”喻古人之“体格”的作用，生动而具有说服力，其云：

> 且夫求古人之体格者，舟车也；无舟车之用，吾何以致远。车坚马良，舟楫备利，吾遵道而行，则惟吾所欲之而无底滞。然而其所至者，吾身也，吾止其所，则舟车反矣。是以古人之书，可赖以为用，而不可恃以为吾身根原者也。（魏礼：《于南文稿序》）

此中意旨颇有古人“得意忘言”“得鱼忘筌”的意味，“舟车”仅为之用，“吾身”才是目的，故古人之格法，只为此用，“而不可恃以为吾身根原”。基于此，他认为：“盖所谓法者，古人之法，亦我之法，会古以忘我，我足以忘乎古，譬如流潦江河率趋于海，而四首并存而不可废。”（魏礼：《阮畴生文集序》）因此，魏礼强调为文不可拘于体格，“文章无一定之格，作者之意是也。意当如是出，而笔之焉，此之谓格。无一定之体，作者之事是也，事当如是发，而辞赴焉，此之谓体。然则格与体者，皆作者当时之意、之事所固有，乃悠然跃然以出之时，作者亦莫自知，而待求于己也。意与事互异，体与格互变，不可以穷极。其意事之万有，则幻眩徜徉、曲矫幽奥浩瀚之观靡弗呈。”（魏礼：《于南文稿序》）他认为，体格未有定势，“皆作者当时之意、之事所固有”，故“意”“事”无穷，体格亦随之互变而无穷。对此，彭士望也曾度人金针云：“始之，务必肖其体格、意法，及一字句之微，如立古人于前，无謦咳影响之弗似，似矣，乃出吾之所自得与之角；久之纯熟，则不见古人，但用我法，纵横变化，惟意所从。如是者十年至数十年，用力专锐，不为旁夺，尚或有疑其文之弗工弗传者，断无是也。”（彭士望：《复友人书》）彭任也认为：“任闻之先辈谓古文自有专门师法，至其中一段精神命脉，独立万物之表，自不必抚拟造语，而直据胸次写出，其于绳墨布置，经纬错综，以至声律字句，不必校量而自合法度。”（彭任：《答罗文如书》）诸人言论，虽各有偏重，然其中意旨不二。

在谈到变法思想时，易堂诸人又往往追述经典，以为其说寻找理论依据。魏际瑞云：“象之为言，乃天地万物实体。为马为牛，自其至赜，而言则非马、牛之一象可尽也。今夫山川之气结而为云，其降也为雨，凝之也为雪，是三物者有异矣。故曰不可为典要，为变所适，此象之所以为妙也。通《易》三百八十有四爻，其象各有所适，而莫不各有所主，又互有所措，而莫不各有所生，神而明之，存乎其人而已。”（魏际瑞：《再答叶尹如书》）魏礼云：“且夫文章之法，非谓遗古人而不步趋也。《易传》曰：‘拟之而后言，议之而后动。拟议以成其变化。’拟议者，步趋之谓，至于成变化则几矣。虽然有道焉，索之以深思，渐之以岁月，毋欲速以乖其趋，小喜迁流以滑其守。本之以德宜，通之以天下国家之大。故闾阎凌杂、驵狯狙诈、男女之私，世之贪戾毒害、顽冥眩幻之情，吾于是无往而不自得矣。”（魏礼：《澄观堂集序》）邱维屏教弟子云：“夫子意好奇，何奇也？韩退之曰：《易》奇而法。《易》自一而二，两与两倍而对出，阳奇则阴耦，彼往则此来，衹有法耳。何奇也邪？古之神圣人何不名以正而名以易耶？故予尝谓知天下之至奇者、至易者，莫过于知法。法非印模之谓，谓方之妙在必不可使员，曲之妙在必不可使直，无法之形在必不可使之有法也。吾党导尔为文，使颠倒转侧，反覆沉纵酣透于至奇至易之中者，凡以为法也。”（邱维屏：《授何玄升今文选序》）以上诸人诸论，皆以《易》为例，说明法之至者正在于“变”，“为变所适”，则文自合于法，而又不为法所束缚，至奇至易，皆在其中，故邱维屏直言“法非印模之谓”，固守古人之法而不知变通，正是不懂法者。魏禧还打通文法与兵法的内理，尝以兵法以喻文法，“天下之法贵于一定，然天下实无一定之法。古之立法者，因天下之不定而生其一定；后人之用法者，因古人之一定而生其不定。盖匪独兵唯然也。”（魏禧：《答曾君有书》）其作《兵法》，尽古今用兵之变，也是其文法思想的一个侧面。

易堂诸子认为为文须由法入，而出以无法，乃为至文。一言蔽之：“不入于法，则散乱无纪；不出于法，则拘迂而无以尽文章之变。”（魏际瑞：《与子弟论文》）因此，“由规矩者，熟于规矩，能生变化；不由规矩者，巧力精到，亦生变化，既有变化，自合规矩。”（魏际瑞：《与子弟论文》）显然在他们眼中，古文的最高境界是法而无法，寓法于无法之中。在他们看来，真正达到这种境界的是秦汉之文，如魏禧评西汉文云：“文似无间架，无针线，然错综曲折，照应牵拂，最巧妙。但文古朴，法不易见，非如八家起伏转折，径路可寻耳。拙处愈隽，生处愈韵，朴处愈华，直处愈曲折，粗俗处愈文雅。”（魏禧：《与王若先》）彭任曾表彰宁化李世熊之文云：“先生才大学博，识之所到，纵笔所如，欲独舒所见，因事而发，悉情而言，似不为文字求工而参差离合，无不中情达理，人以为镕铸六朝之工，而不知其驭以秦汉诸子之气，疏枝大叶，变化隐见，寓法于无法之中，而独往独来，要亦能自立于天地而稍存诸子之神变，以自成其为文者。”（彭任：《复李元仲书》）认为其对于文法的驾驭已达到“法而无法”的境界，故而能“自成其为文者”。

要达到无法之境，魏礼认为需做到“心虚”，“夫心虚则明，明则变；虚则入，入则精。大海之虚也，而江河归之；顽石坚中，物不得入。”（魏礼：《答友人论文书》）如能“虚”之，则文思随意而出，成文自然千变万化，不拘泥于一格：

> 是故有神怪狰狞者、坚金石者、洄洑安流者、河者、海者、古彝器者、风雨雷电争飞驰者、裒衣章甫者、猛峭者、隽永味

者、肖寫者、突岩怪石磔人毛发者、日月者、岳峙者、龙者、虎吼狮踆跳者、率然者、春若艳葩者、秋悲者、夸诞浮靡会驵者、质挚者、组如锦者、草冠野服者、妍婀娜者、断制如老狱吏者、宫阙崔巍庙堂皇者、气严如冰者、火歊者、蜃楼阁者、岛飞川立者、铦如莫邪锐神锥者、脉络纫密者、冬枯木者、七盘者、万马奔驰戈戟森列者、闲闲泄泄者、屈突聱牙黝僻者、鹰隼击者、止水之潘者、管弦钟鼓作宾主纷酬酢于堂上而舞者歌者。凡此文章之正变，则古人皆擅之，或得诸此，或得诸彼，千态万状，怪诡无门。(魏礼:《答友人论文书》)

当然，魏礼强调的“虚”，必须以实为基础，“文章夭矫仿佛，万状交呈，然研意寻体、造语置情、起伏断续，无不平实，何者？法之至妙，自不可易。”（魏礼：《与友人》）即所谓“虚而不能实，又往往失之”（魏礼：《答友人论文书》），由此可见易堂文法所追求的境界。故彭士望云：“盖自然而文者，文之宗；无意于文之工者，工之至也。此予所低徊太息，追慕而不能已者。”（彭士望：《叶文庄公文集序》）自然而文，即随意而下笔，胸无古人法度而古人法度无处不在，如此之文必为至工之文，故他称赞友人诗文云：“诗不必其似杜而无不可为杜；文不必似欧，无不可以为欧。文从理顺，直达其胸中之意而止，或以为纡徐，或以为委备，则亦随其人心目之所至。”（彭士望：《叶文庄公文集序》）

易堂诸人的文法思想自有其历史语境，魏际瑞总结当时古文之弊云：

今之为古文者，非尺寸规模古人，则灭裂其法而冒然无所据。夫学古人而似与不学古人而不似，皆非所以为文者也。要其大弊，则由于中之无物，而苟漫然以为文，如优伶笑哭，不本之于喜、于其哀，则虽足以动旁观之悲欢，而于吾所以笑与哭者，亦何与也。(魏际瑞:《学文堂文集序》)

这显然是针对明代七子派与性灵派之余习而言。魏禧也批评道：

> 今天下治古文众矣，好古者，株守古人之法，而中一无所有，其弊为优孟之衣冠；天资卓荦者，师心自用，其弊为野战无纪之师，动而取败。蹈是二者，而主以自满假之心，辅以流俗谀言，天资学力所至，适足助其背驰，乃欲卓然并立于古人，呜呼难哉！（魏禧：《宗子发文集序》）

虽然文章道弊，但士人学子浑然不觉，反而陶陶然混迹其中，天下文章之道遂亡，魏礼曾痛言云："呜呼！世之能审乎作文之故者，抑何少也，博其著述者，往往多有，博而法者，则千百不十一矣。故文章当极盛之时，人人自擅，而文章遂至于极衰。何者？士大夫不求其故，波靡于前；学者效之，波靡于后，以顺奉一时之耳目，而文章之道亡矣。"（魏礼：《秋楼遗集序》）文章极盛之时，也正是极衰之时，此自为精审之论，也正因为易堂诸人看到文风如此之弊，故而思振起而救之，指出时人为文之道的误区，倡以己说，对扭转鼎革之初的文风起到了重要的作用。

清初古文之盛，提倡以通古而融今，求得新变，大抵强调在"因"之基础上的"变"，不泥古不化，以立于古今作者之林中，如魏禧言："嗟乎！三四十年间，天下之文数变矣，守其故常而不能自变，以适于时，是操綦履于越市，马良车坚，北辕而求适楚者也。"（魏禧：《黄从生时文序》）这是由于具有这样一种通融的视野，易堂诸子等清初文人在大力倡导复古以重振文风的同时，更加强调能够随时适变，以我为文，以无法为至。这样的文章观念也体现在他们的创作之中。

第四节　易堂古文创作述论

易堂九子不仅以气节名显天下，而且以诗文名著一时。其中善文者有魏际瑞、魏禧、魏礼三兄弟，是为"宁都三魏"，赵嶷云：

“宁都三魏以文章著声三十余年。”[①] 沈德潜亦云：“魏氏兄弟工古文，韵语非其所长。”[②] 杨希闵《乡诗摭潭正集》：“易堂三魏均以古文名。”[③] 邱维屏与彭士望也是清初文章名手，有论邱氏之文者云：“其文修词之洁非同时诸家可比，又能敛郁其气于混瀁中；惟叙事伤于过烦，然自归有光后，方苞前，断以其文为最。”[④] 总体上来讲，以上诸子的古文创作是其“文以经世”观念的践履，总体创作风貌上趋于一致；而又因其各自性情志趣因人而异，故其文又有个体风格的不同。本节拟分体而论之，以见诸子为文之志与为文之旨趣。

一 雄拔刚健、闳肆奇伟：魏禧论策文与易堂文章的美学风格

——兼论四库馆臣“策士之文”之评价

对于以文章为事功的易堂诸子来讲，文章不再是徒取声名的工具，而是实现其经世目的的重要手段，他们的散文创作正是他们文章观念的具体体现。诸子认为，明理适用是文章之本，因此，他们的文章往往以识议见长。

易堂诸子讲“积理”“炼识”，最注重的便是史书，由史书而纵观历代沿革，总结其中盛衰成败之故，以达到以古鉴今、适时而用的目的，他们的论策等文章就是这方面的成果，大致包括“论”“策”“议”等几种文章体式。其中魏氏兄弟最善论史，往往能发古人之所未发。易堂诸子的论策文往往以“识议”与“理”“气”胜，风格雄健，行文闳肆，其中又以魏禧为代表。

魏禧生平好史，为文也善论史，史论也便成为魏禧古文的最为得力处，他曾自言：“吾好穷古今治乱得失，长议论，吾文集颇工论

① 赵巍：《魏季子三家文集序》，《魏季子文集》卷首。

② 沈德潜编选《清诗别裁集》（国学基本丛书），商务印书馆，1933 年初版，第 145 页。

③ 杨希闵：《乡诗摭潭正集》，转引自钱仲联《清诗纪事·明遗民卷》，第 762 页。

④ 刘声木：《桐城文学渊源考》，参见王水照主编《历代文话》第十册，复旦大学出版社，2007，第 9417 页。

策。”（魏禧：《与诸子世杰论文书》）《清史列传》亦载：“禧儿时不乐嬉戏，嗜古论史，斩斩见识议。”[①] 对于“论”体文的文体特点，魏氏云：“论，议也，言之不足则议之，博辨肆志而得其说，是故孔子曰：‘辞达而已矣。’辞达，使明也；仅以使明，则不可明，故曰：‘论精微而朗畅。’”（魏禧：《论引》）其中意旨也为其友杨敏芳看尽，他这样评价道：“魏叔子天资高迈，好学不倦，经子百家之书，无不贯穿，而尤长于论史。往刻《史论》二卷，近又著《续论》十篇，自两汉至五代历金，言开创则规模宏远，论进取则经权互用，于尉佗、孙恩、王审知详察其势；于刘智远洞见其情，究诸史子集之未发，而不为放言高论以骇世，所谓有用书生者，非耶?”[②] 其兄魏际瑞评其史论云：“凝叔之文，好补古人所未尝有，每以一事一端而定其生平。”（魏际瑞：《古论合刻序》）卢浙则论云：“予观叔子古文集，意存经世，明断善议论，驰骤古今，意理明畅，最近韩、苏先生古文，别饶理趣。其深意委折，有似《庄》《列》寓言，千萦万缕，出没不测。”[③] 以上诸论，指出魏禧热衷于论策之文的用意所在，即以此揭示历代兴衰成败之故，以古鉴今，实现其经世理念，此亦即杨敏芳所谓“有用书生”。故而，在某种意义上言其“文之长处，全在策论一方面”[④]，是有道理的。

魏禧之文从苏洵入，而上追秦汉，为文主识议，发古人所未发，清初袁启旭《赠魏叔子诗句》云：“抵掌谈《春秋》，辨晰精豪芒。古貌世所违，经术义犹详。”[⑤] 张维屏《国朝诗人征略》引《听松庐文钞》之语云：“冰叔先生尤深于史，举数千年治乱兴衰、得失消长之故，穷究而贯通之，而又验之人情，参之物理，本胸中所积而发

① 王钟翰点校《清史列传》，第5673页。

② 杨敏芳：《续论跋》，《魏叔子文集》，第90～91页。

③ 卢浙：《重刻邱邦士文集序》，参见邱维屏《邱邦士文集》（道光十七年刻本）卷首。

④ 胡云翼：《魏禧文选·序》，上海北新书局，1937，第3页。

⑤ 引自钱仲联主编《清诗纪事·顺治朝卷》，第2352页。

之于文，故其势一往而不可御，其行文之妙，盖得力于《史记》、老苏者居多。”① 的确，魏禧之文风凌厉雄健而无孱弱之气，如在《陈胜论》开篇云：

> 古今发天下之大难，成天下之大功者，必有人为之谋主；谋主立，而群才有所凭辏而进。自商、周之初，下至秦、汉之际，五胡十国，分崩割据，莫不皆然。陈胜起戍卒，首发大难，除秦之暴，其功当王天下，然不久败亡者，恃兵甲之众，攻城略地之易，不知求贤以自辅而无谋主故也。（魏禧：《陈胜论》）

此文开篇即发议论，以陈胜之败说明古今胜败之故即在于“不求贤”“无谋主”，气势凌厉。文中论及“文臣”“武将”之关系，而特批驳历史中在草创颠危之际的重武轻文的倾向：

> 故草创颠危之际，率多右战功，尊武臣；且夫攻城略地，以取天下，此固兵强马壮者之事。然天下之势，攻取有先后，激劝名义有机，立国之远且大者有规模，求贤有道，而得民心有术：此则非武臣之所能及也。唯明主知其然，故封赏必先武臣，而深谋大计则必求天下之俊杰以为谋主。辟犹运车者之必衷其轴，而使舟者把其柁；柁定则帆樯、篙师、橹工各奏其能，轴坚则三十六辐皆附。是故谋主立而群才辏者，自然之势也。（《陈胜论》）

魏氏以“运车”为喻，论证“谋主”之重要性，而能成为“谋主”者，则必须是有深谋远略之“俊杰”。文之结尾又收拢话题，强调须以陈胜之败为鉴，“胜所始造谋者，独恃一吴广，而广小器鄙夫，未几叛胜。孔鲋、张耳，中材之士，胜得之谋而不能用，此胜所以不成者。呜呼！可鉴也！”言之凿凿，掷地有声，发人清醒。

---

① 引自张维屏撰，陈永正点校《国朝诗人征略》，第50页。

魏氏的长篇大论如《正统论》三篇、《平论》四篇、《地狱论》三篇等，更是气势磅礴，有一发而不可御之势。以《正统论》为例，上篇开篇分别列出“古今正统之论”的三个代表性人物欧阳修、苏轼、郑思肖的观点，认为“三者之说皆近于理而郑氏为尤正，然各有其偏见，不可以不辨也，辨其非则是者出矣。”既而分析三家学说之“蔽”处，而以析苏氏之说为最详；中篇主要辨欧阳之说；下篇又发明郑氏之说。之后，又以自己的观点收拢全文，其云：

> 作史者多务博而征信，务博则不讳不经之言；征信则尽当时之实事。故凡人君之奢淫残暴，必详书于册，为后世鉴，而不知夫不肖者之见而适中其欲也，则且或仿而行之。……吾则以为，史凡宫室、田猎、声色、奇技、淫巧、非刑、酷杀之事，记载详悉者，尽删除其文而括其大略，足知致乱之故而已。至于生民愁苦怨诅、天灾人祸、盗贼危亡之状，则极书之，以显示于册，使后之人主荒淫可喜之形、残毒快意之具，无所接于其目，而愀然生其危惧。（魏禧：《正统论下》）

魏氏重史教，对历史撰写之法提出自己的意见，而不盲从于古代史家之论，此正为其文章所谓“斩斩见识议”之处，其凌厉之文风也尽显无遗。在《正统论上》文后有邱维屏评语云：“议论笔力十分强健，直开直下，不用一些波澜顿挫，最是冰叔本色绝佳处。”[①] 易堂之中，邱维屏文章最先成，在某种意义上说是魏禧的文章之师，故其言魏氏文章之“本色”即在笔力强健、直来直去，可谓知音之论。方以智在魏氏《平论一》后也有“笔力矫健”[②] 之赞，而强健、简练也正是魏禧古文的“本色”，亦为的评。温伯芳则在其《宋论上》之后评云：“笔势若饥鹰之搏兔，论似奇险，究竟不出人心口

① 邱维屏于魏禧《正统论上》一文后的评语，参见胡守仁等校点《魏叔子文集》，第 37 页。

② 方以智于魏禧《平论一》一文后的评语，参见《魏叔子文集》，第 79 页。

间，然谁敢形制于笔，而又能如此猛鸷迅悍耶！”[①] 王源称其“文字直下刺入处，有寸铁杀人之能”[②]，门人杨复晋则称其师“文有巉峭之气，而笔力运转于内”[③]，这都是就其雄健之风而言。

魏禧本人在谈到为文之道时云：“言不关于世道，识不越于庸众，则虽有奇文，可以无作。识定则求其畅，所谓了然于手口也；畅则求其健。不简不炼，则气肤格弱，不足以经远。三者既立，而欲进求古人之精微，穷其变化，则学至而后知之。”（魏禧：《答蔡生书》）由此可知，魏氏文章之美学追求正在于“畅”“健”。而他看来，文之简朴者莫过于秦汉之文，“日读西汉文，殊叹息。大须热读唐宋八家，乃见其妙。文似无间架，无针线，然错综曲折，照应牵拂，最巧妙。但文古朴，法不易见，非如八家起伏转折，径路可寻耳。”（魏禧：《与王若先》）魏禧之文，实从苏洵入，而力追秦汉，并非仅学唐宋人者，故其友王岱（山长）亦在《正统论上》文后评云其“格力在两汉之间”[④]，魏氏门人王愈融则称其师之文“苍朴简劲，无一枝叶之言，而笔法变化，不可方物”，其史论则“颉颃三苏，此及孙恩、王审知诸作，逼真西汉之文矣。”[⑤]

魏禧的策文也是其文章得力之处，著名的有《救荒策》、《制科》三策、《变法》两篇及《封建》三篇等。其《策引》云：“策者，坐而言，起而可见诸行事，不袭古，不冒今，不守己，三者得矣。”可见，其策文往往为救时弊而作。对于自己的策文，魏禧非常自信，认为自苏氏父子后有独无偶，其云：“然如苏氏父子论，则古当不有是，不谓开创，殊不可得。吾论亦私自谓苏氏后恐无偶。吾策文《田制》《封建》《奄宦》等文不立规格，汩汩浩浩，虽文采不逮晁、贾，亦窃希贾长沙、李忠定。”（魏禧：《与诸子世杰论文书》）就此言论而言，似乎显得太过自信，不免有自夸之嫌，然其卓

① 温伯芳于魏禧《宋论上》一文后的评语，参见《魏叔子文集》，第66页。
② 王源于魏禧《苏云卿论》一文后的评语，参见《魏叔子文集》，第73页。
③ 杨复晋于魏禧《平论三》一文后的评语，参见《魏叔子文集》，第81页。
④ 王岱于魏禧《正统论上》一文后的评语，参见《魏叔子文集》，第37页。
⑤ 王愈融于魏禧《尉佗论》一文后的评语，参见《魏叔子文集》，第50页。

识之见、凌厉之气则确是文中实有。如其《变法上》劈头而言："法宜变者，乘天下之时而已。吾辞其害，收其利，而又适当乎其时也。安于故常而不变，则惑矣。故圣人崛起，光复故业，此可大变以与天下更始之时也。其法有三：一曰论策制科；一曰限田；一曰革阉宦。"痛快淋漓，有不可驯服之气，文辞则明切简练，毫不拖泥带水。正是因为有如此凌厉之气，魏禧之策论中也往往偏见横出，其兄际瑞云其文"则不讳其偏见笃论，欲为俊杰之言"（魏际瑞：《古论合刻序》），诚哉斯言。

魏禧的论策文纵横古今，明辨事理，汩汩浩浩，有凌厉雄健之风，又有精悍不可驯服之气。邱维屏称魏禧"肆力于古文，以极陈其中所欲发而无所为发者"，并"能自消除其议论之繁博，而其精杰益乃出矣"，故其文"既精强于事理，操术甚切，而笃于情，畅于势，明于辨。"[①] 曾灿则云："叔子爱苏明允，故其文特雄健；而又不肯学古人专家，步趋其形容，摹其声咳，往往好出高论，奇识凌厉古人。"即使是他的八股文，亦"多闳肆奇伟浩汗之文"[②]。而从另一个角度讲，由于过分强调识议，也使得其文说理氛围过重，而情感描摹不足，如胡云翼云："平心而论，禧文'凌厉雄健，不屑屑抚拟'（邵长蘅语），自成一家，是其特色。然所作稍嫌理学气味太重，欠风趣，缺情思，做抒情的文章实非所长。"[③] 这是从他的论策之文发论。实际上，魏禧的传记等文章，也讲究风趣情思，这在后文将有论述。

魏禧曾论"为人"说："才足任天下事者，肆应不穷，整暇而若无事，然必刚气以为之本。无刚气则自托和平，即不为乡愿，必且萎薾游移，临大节不能守，当大难不能济，遇大事不能决，至于

---

① 邱维屏：《魏冰叔集序》，参见《魏叔子文集》卷首，第 25 页。按：此文亦收于邱氏《邱邦士文集》卷 6 中，题为《魏凝叔集序》。

② 曾灿：《（魏叔子文集）序》，参见《魏叔子文集》卷首，第 27 页。按：此文收于曾灿《六松堂集》卷 12 中，题名为《魏叔子文集序》，又见于《魏叔子文集》卷首，题为《序》。

③ 胡云翼：《魏禧文选 · 序》，上海北新书局，1937，第 6 页。

见善而用之不力，见恶人去之不远。人于文章亦然。”（魏禧：《俞右吉文集序》）至于文章，魏氏虽然认为文之轻重大小不可偏废，但他还是明显地偏向于对于“洪波巨浪、山立而汹涌”的“大文”的向往，他在论钱子礎之文时云：

吾览其书，有忠臣、孝子、义士、节妇之文，足以震动天地，摇撼山岳，若黑风白浪之起于昼日，而蛇龙鲲鳄，怒跳嬉掷于其间，顾退托于瀫，以自鸣其谦谦之志，固有然与？然吾尝泛大江，往返十余，适当其解维鼓枻，轻风扬波，细瀫微澜，如抽如织，乐而玩之，几忘其有身。及夫天风怒号，帆不得辄下，樴不得暂止，水仄舟立，舟中皆无人色，而吾方倚舷而望，且怖且快，揽其奇险雄莽之状，以自壮其志气。然且登舟之初，风水所遭遽若是，则必不敢解维鼓樴，蹈危险以自快。夫世之乐小言而畏大文也久矣，故钱子以瀫导之与？（魏禧：《文瀫序》）

从这段文字可以看出，魏氏所谓之“大文”就是具有壮美风格的文章，只有胸有志气者，才能做出如此文章。基于此，他称赞“琅霞龚子之言文主乎气者也，其文浩瀚蓬勃，出而无穷，动而不止，依乎六经而不背于道，虽欲不以气许之，夫焉得不以气许之也?”（魏禧：《论世堂文集序》）这也正是他自己文章的艺术追求。

魏禧的文风在康熙初年曾发生过一定的转变，如邱维屏言，及其“教授山中，则又其情日深，其气日和，以出而游江达淮，径吴越以反，其示予文，烟波呜咽，一唱而三叹。”[①] 曾灿亦云：“及壬、癸以来，则多和平呜咽，往复而不尽，又几几于欧阳文忠所为”，但其“精悍之气逼出于眉宇，不可得而驯伏也。”[②] “壬、癸”者，即康熙元年壬寅（1662）及康熙二年癸卯（1663），魏禧于此时远游

① 邱维屏：《魏冰叔集序》，参见《魏叔子文集》卷首，第25页。

② 曾灿：《（魏叔子文集）序》，参见《魏叔子文集》卷首，第27页。

吴越之地。虽然此时他的文风虽然稍转以“深”“和”，然其阳刚雄健的美学特点依然溢出于字里行间。

魏禧的强调识议、在风格上表现出凌厉雄健的文风也实质上是易堂诸子散文的共同特点。于“三魏”之文，张舜徽先生评云：“三魏之文，俱以识议胜，而不为前人规矩所拘缚，非偶然也。”[①]“三魏”之中，以“善伯才最大”[②]。魏际瑞之文本自于《庄子》及《史记》，据魏禧云：“伯子于古人文无专好，其自为文亦不孜孜求古人之法。虽颇嗜漆园、太史公书，为文遇意成章，如风水之相遭，如云在天，卷舒无定，得《庄》《史》之意，然未尝稍有摹效。”（魏禧：《伯子文集序》）所以其为文潇洒自如，展现出浩瀚汪洋之气。他的文章美学追求在其示子书中展现无遗，其云：

> 文之雄者，如千里长风，感大块之噫气而发，洋洋浩浩，快其所如而莫能遏也。春而庑草翼苗，秋而振蓬卷蕣；喜则披襟漾带，怒则海立山飞，不知其所以然矣。其倘然而来，忽然而往者，花云烟雨飞逐其间，而尘土泥沙未尝稍择。作者既不自知，而他人尤不可以学为也。（魏际瑞：《示子·又》）

显然，这种逍遥自得、汪洋恣肆的美学追求受到庄子散文的极大影响。而魏际瑞的文章也正表现出这种“雄”风来。如其《陈平论二》开篇论云：

> 陈平佐高帝定天下，皆以阴谋取胜，平亦自谓：“吾多阴祸。”夫阴则何害之有？为君讨贼，为父报仇，为天下除残去暴，吾之术则阴，而吾心可正告于天下，阴则何害之有？吾所深恶痛恨于平者，独谓其教帝因信出迎而擒之。此一事，足以灭平宗而不悔。何则？信有大功，高帝又素疑忌，一旦以流言

---

① 张舜徽：《清人文集别录》，第 35 页。

② 陈玉璂：《魏伯子文集序》，参见魏际瑞《魏伯子文集》卷首。

> 杀信，是启帝杀功臣之心，而启天下功臣之叛，汉世之兵祸延连而未有已者，平为之也。（魏际瑞：《陈评论二》）

魏际瑞文字之疏劲刚健之风可以从这段文字中略窥一二。陈宏绪在其《李泌论》后评云："抑扬顿挫，有力如虎"[①]，彭士望在其《留侯论》后评云："文中飞空直刺处，令人震动失色"[②]，此即言其文字的精悍之色。魏际瑞又有《时务对》《用人对》等策文，论析透彻，简确详快，以救时弊。及后，魏际瑞辗转于幕府中，多作应事之文，据魏禧纪其"所作应事文，明切强厉"（魏禧：《魏伯子文集序》），可略知其面貌，而"明切强厉"之风也正是魏际瑞为文之本色。

彭士望的文章亦以理气胜，其行文往往随手拈来，如江河灌注，气势如虹，魏禧对彭氏文风有颇为生动的描述：

> 躬庵先生为文章，务以理气自胜，不屑屑古人之法。而予少时喜议论，后乃更好讲求法度，独每见躬庵文则颜色消沮，心怵惕而不宁。尝譬之战斗，弓人聚六材以为深弓，矢人相笴眂羽以为兵矢，而使贯虱承挺者射。然拔山之夫，瞋目直视，则失弓矢落，反马而入壁，然后知气之盛者，法有所不得施。而躬庵之文则又非未始有法者。故尝譬之江河，秋高水落，随山石为曲折，盈科次第之迹，可指而数也。大雨时行，百川灌汇，沟浍源潦之水，注而益下，江河溢滥漫衍，亡其故道，而所为随山石曲折者未尝不在，顾人心目惊溃而不之见。（魏禧：《彭躬庵文集序》）

依魏禧之论，彭氏之文为"气之盛者"，故而能够做到法而无法，文思随意而行，浩瀚无形而夺人心魄。对于彭士望之文，钱谦益亦有

---

① 陈宏绪于魏际瑞《李泌论》一文后的评语，参见《魏伯子文集》卷5。

② 彭士望于魏际瑞《留侯论》一文后的评语，参见《魏伯子文集》卷5。

“其文昌明闳肆，涵蓄驰骤”[①] 之感叹，其后梅曾亮亦言其文有“迈俗慷慨之气”[②]，沈涛则云其文“滂薄奇肆”[③]，阳湖后学蒋方增也云“躬庵先生以挺特坚贞之志，发为浑涵雄健之文。”[④] 据以上诸论，彭氏之磅礴闳肆之文风亦可明矣。

易堂学古文者，邱维屏最先成，魏禧又曾就其学，故而清初张尚瑗依此认为邱维屏为易堂之领袖，“盖易堂诸子之文，既以叔子为领袖；而叔子之所自来，又指承于邦士，则邦士之领袖易堂，亦自其诸子之说云尔矣。”[⑤] 我们暂且不去评价这种说法的合理与否，但从此可以见出易堂文章的传承关系，这也是易堂文风呈现风合趣同的一个重要因素。邱维屏之文以“奇”取胜。阳湖恽敬云：“邱邦士文奇澹，不蹈袭前人一语一意。”[⑥] 今观其文集，其中有一些文章甚至不能卒读，即与其文之求“奇”不无关系。对于邱维屏之文，其族孙邱尚志评价说：“先生上下千古，啸歌自得，故其发为文词往往酝酿郁积，湛深根柢而气体浑脱，绝去前人章句蹊径，崛然自成一子，备极文章之变态。”[⑦] 对邦士文风评价最为细致且又能得其神理者，则属张尚瑗，其云：

> 余时就所见《松下集》之古文，窥邦士有微言破的、切理厌心者；有奇思勃窣、魄荡神骇者。其典博者，宗经据圣，要于本源之有自来；其骀宕者，恢诡谲怪，妙于纵横而无不可。如以叔子之沉博绝丽拟于《左传》，则条理铺陈者，《松下》其

① 钱谦益：《彭达生晦农草序》，《有学集》卷 19，第 811 页。

② 梅曾亮：《耻躬堂诗集序》，参见彭士望《耻躬堂诗文合钞》（咸丰二年刻本）卷首。

③ 沈涛：《交翠轩笔记》，转引自钱仲联主编《清诗纪事·明遗民卷》，第 268 页。

④ 蒋方增：《耻躬堂文钞叙》，参见彭士望《耻躬堂文钞》卷首。

⑤ 张尚瑗：《邱邦士文集序》，参见《宁都直隶州志·艺文志二》（道光四年刊本），《中国方志丛书》华中地方·第八八二号，第 2538 页。

⑥ 恽敬：《答陈云渠》，《大云山房文稾·言事卷一》，世界书局，1937，第 201 页。

⑦ 邱尚志：《邱邦士文集序》，参见邱维屏《邱邦士文集》（道光十七年刻本）卷首，第 234 页。

《国语》欤；以叔子之浑雄排奡，拟于昌黎；则峭刻而深靓者，《松下》其柳州欤！[①]

《松下集》即为邱维屏的文集。张氏之将邱维屏与魏禧之文相比较，分别以《国语》、柳宗元与《左传》、昌黎拟之。而邱文之“奇思勃窣”“恢诡谲怪”也正是他文章的得力处，而从其“奇”中又显露出奥劲刚健之美学风格来，如方以智曾感叹其文章的“大力量文字”[②]。因此，邱维屏的古文也体现出刚健劲拔之气。由以上论述可见，雄健阳刚之气是易堂文章中体现出来的共同审美风貌。

对于魏禧等文章的评价，流传最广说法是“策士之文”。这一评价最初来自于四库馆臣，其后即被视为评价魏禧文章之“的论”，影响至大，直至今日学者在评析魏氏之文时，基本上也都是沿用此说。《四库全书简明目录》在论及清初散文三大家时的文风异同时云：“方域才人之文，禧策士之文，惟琬根柢经典，不失为儒者之文。”[③]《清史列传·侯方域传》中论列三人，即本于此：“禧策士之文，琬儒者之文，而方域则才人之文。”[④] 近人王韬也论道：“三子之文，其趣不同。朝宗才人之文也，叔子策士之文也，尧峰则儒者之文也。”[⑤] 胡云翼也赞同此种说法：“论者谓‘方域才人之文，禧策士之文，琬儒者之文。’这话是很对的。”[⑥] 从此能够看到四库馆臣这一评价的影响之大。谓魏禧之文为“策士之文”，就是因为他的思想中夹带有兵家、法家等思想因子，因而其文章中也往往具有纵横习

① 张尚瑗：《邱邦士文集序》，参见《宁都直隶州志·艺文志二》（道光四年刊本），《中国方志丛书》华中地方·第八八二号，台湾成文出版社有限公司，第2540～2541页。

② 方以智于邱维屏《京房卦气考》一文后的评语，参见邱维屏《邱邦士文集》（道光十七年刻本）卷2。

③ 永瑢等：《四库全书简明目录》，华东师范大学出版社，2012，第815页。

④ 王钟翰点校《清史列传·侯方域传》，第5721页。

⑤ 王韬：《〈续选八家文〉序》，参见《弢园文录外编》，上海书店，2002，第215页。

⑥ 胡云翼：《魏禧文选·序》，上海北新书局，1937，第3页。

气，显得博杂而不醇，实际上这也是整体上具有“策士姿态”的易堂诸子之文的共同特点，魏际瑞、魏礼、彭士望等人的文章无不有此习气，这也成为后世论文者诟病易堂之文的口实。

易堂中魏氏兄弟及彭士望等人往往好谈智术、谋略及王霸，总体上呈现出一种“策士姿态”[①]。以魏禧为例，他曾说自己“少好《左传》、苏老泉”（魏禧：《与诸子世杰论文书》）。茅坤认为苏氏父子“本《战国策》纵横以来之旨而为文”[②]，邱维屏也论云：“苏氏父子本战国之辨而肆以雄博。”（邱维屏：《仲兄大师经义序》）而其中又以苏洵尤好谈术，“其学本申、韩”[③]，“议论多杂以申、韩”[④]。魏禧不能不说是受苏洵文章的影响，也往往纵谈权术，如其所云：“虽至忠至孝，不能以无术而济。术者，君子所以成其仁，小人所以成其恶。”（魏禧：《与友人》）邱维屏言其文“精强于事理，操术甚切”（邱维屏：《魏凝叔集序》）。魏氏又善言兵，著有《兵谋》《兵法》，而《左传》在魏氏眼中显然首先是用兵之书，他曾直言：“《左传》是《孙子》注脚。”（魏禧：《日录·杂说》）对于此，赵园有颇为深刻的解读：“无论有无行动能力，都无妨于魏禧倾倒于王夫之所深恶痛绝的那一种策士作风，他所谓的‘《左传》经世’，即策士式的‘经世’。禧长于议论，风发泉涌，少所顾忌，往往能道他人所不能、不敢道；分析史案每有发见，足证其人的机智，对世态人性的洞悉——确也像是出诸策士的那一种智慧。春秋战国时代的游说之士、纵横之术，影响于后世士大夫的角色选择与人生理想之深刻，由易堂人物可得一证。”[⑤] 的确，魏际瑞本身辗转于清幕之

---

① 赵园在《制度·言论·心态——〈明清之际士大夫研究〉续编》附录一《易堂三题》中云：“我读到的其时文献中，如易堂彭、魏的好谈权谋、王霸的，殊不多见，且谈论的态度坦率的近于天真。即使置于‘王纲解纽’带来的‘言论开放’的情境中，他们的这类言说也不免带有异端气味，有时竟像是在蓄意戏弄世俗的道德情感。”北京大学出版社，2006，第401页。

② 茅坤：《唐宋八大家文钞论例》，《茅坤集》，浙江古籍出版社，1993，第833页。

③ 高海夫主编《唐宋八大家文钞校注集评》，三秦出版社，1998，第4177页。

④ 高海夫主编《唐宋八大家文钞校注集评》，第4452页。

⑤ 赵园：《制度·言论·心态——〈明清之际士大夫研究〉续编》，第408页。

中，彭士望也曾入军幕，甲申之变后，“阁臣史可法督师扬州，招士望……士望至则进奇策，请用高左兵夹攻，清君侧之恶。”① 魏礼与邱维屏也都有作幕客的经历，无不对主陈言利弊，献计献策。张尚瑗在论及易堂诸子的行迹时云诸子中“亦有结宾客，事侠游，挟捭阖之术，遭时缓急，出一奇以排难解纷”② 者。所谓“捭阖之术”，即指纵横之术。毋庸置疑，这种“策士姿态”本身势必会影响到他们的文章风貌。

对魏禧“策士之文”的评价来自于四库馆臣，而其评论的“背景”则是在所谓“清初散文三大家”的比较视野中进行的。清初古文，风气与前代迥异，开一代之先声。对于这一点，四库馆臣评述道：“古文一脉，自明代肤滥于七子，纤佻于三袁，至启、祯而极弊。国初风气还淳，一时学者始复讲唐宋以来之矩矱。”③ 此论大抵说明了明清古文丕变之脉络，然清初古文名家甚多，作文大抵依然取“复古”路线，以反拨明季以来之纤佻泛滥，然其取径趋向又似不止“复讲唐宋以来之矩矱”一途。康熙三十三年（1694），宋荦与许汝霖曾选辑侯方域、魏禧、汪琬三家之文而予以刊布，名之为《国朝三家文钞》，三家之名因此而鹊起。四库馆臣之论次三家风气，亦从此选而来。

宋荦之所以有此选，即认为在清初芸芸作者之中，“三君际其时，尤为杰出，先后相望四五十年间，卓然各以古文名其家。”④ 而对于三家文风之不同，宋荦本人也有详尽的论述：

> 大较奋迅驰骤，如雷电雨雹之至，飒然交下，可怖可愕，霅然而止千里空碧者，侯氏之文也；文必有为而作，踔厉森峭，

① 陆麟书：《彭躬庵先生传》，《耻躬堂文钞》卷首。

② 张尚瑗：《邱邦士文集序》，见《宁都直隶州志·艺文志二》（道光四年刊本），《中国方志丛书》华中地方·第八八二号，台湾成文出版社有限公司，第 2537 ~ 2538 页。

③ 永瑢等：《四库全书总目》卷 173《尧峰文钞》提要，第 1522 页。

④ 宋荦：《国朝三家文钞序》，《国朝三家文钞》（康熙三十三年刻本）卷首。

而指事精切，凿凿乎如药石可以伐病者，魏氏之文也；温粹雅驯，无钩唇棘吻之态，而不尽之意含吐言表，譬之澄湖不波，风日开丽而帆樯之容与者，汪氏之文也。三君出处歧辙，其所成就亦殊。[①]

对此，另一位编选者许汝霖也有精彩评述，其云："侯之文如天潢屈注沧海，浮槎飘梗，灭没涛澜；汪之文如名将署师，行阵之余，营垒井灶，动合古兵法；魏则奇力变化而矩矱森严，鸿洞踔厉，笼盖诸家。"[②] 清初古文巨手邵长蘅也曾对于三家之文有过精辟论断："惟三家之文，侯氏以气胜；魏氏以力胜，汪氏以法胜。"[③] 近代王韬则论云："扬葩吐藻，濯魄流芬，天马行空，神龙见首，此朝宗之文也。一唱三叹，一波三折，旨寓环中，韵流弦外，此叔子之文也。引经据典，祖宋宗唐，云锦灿烂，彝鼎陆离，此尧峰之文也。"[④] 观上述诸人之论，侯、魏、汪三家虽生于同时代，而由于"出处歧辙"，故而"成就亦殊"。然宋荦论中之所谓"成就"者，显然只是就三家的文章风格而论，并没有对三人文章水平高下有论列之意。以上诸论都以为，魏禧之文的特点就是雄健凌厉而漫无涯际，能运法而超乎法之外，由此，许汝霖更认为，其文能"笼盖诸家"。又《松心日录》论魏禧与朱彝尊二人文风差异时说："冰叔之文多议论，竹垞之文多考证；冰叔之文肆多于醇，竹垞之文醇多于肆。而其为言有序、言有物，则一也。"[⑤] 这也揭示出了魏禧之文雄健恣肆的特点。

四库馆臣关于魏禧"策士之文"的评论亦可考见其缘由，作为清初官方学术思想与文艺思想的宣扬者，他们在文章观念上倡导的

① 宋荦：《国朝三家文钞序》，《国朝三家文钞》（康熙三十三年刻本）卷首。

② 许汝霖：《国朝三家文钞序》，《国朝三家文钞》（康熙三十三年刻本）卷首。

③ 邵长蘅：《三家文钞序》，《邵子湘全集·青门剩稿》（康熙刻本）卷四，《四库全书存目丛书》第 248 册，第 174 页。

④ 王韬：《弢园文录外编》，第 216 页。

⑤ 转引自张维屏撰，陈永正点校《国朝诗人征略》，第 177 页。

是清真雅正的文风，《四库全书总目》正是这一思想的渊薮。显然，作为遗民的魏禧的文章风格与当时官方清真雅正的衡文标准不相一致，因此在对清初三家的评价之中，抑魏而扬汪的倾向显而易见，如《四库全书总目》云："然禧才杂纵横，未归于纯粹；方域体兼华藻，稍涉于浮夸；惟琬学术既深，轨辙复正，其言大抵原本六经，与二家迥别。"[①] 又于杨文彩《书绎》提要中云："禧工于文章，而学问则多讲权略。"[②] 由是观之，"策士之文"的评价本身已含贬斥之意。而后人未审其意，因循此说。

直至近代，才有人反驳，如1937年出版的陆敏车的《最新中国文学流变史》中论述清初文章，也以魏、侯、汪三家为代表，并别出心裁地以"三国"为喻，其云："汪琬、侯方域、魏禧称为三家，三家如三国，魏似曹孟德，霸气笼盖一世，侯如孙仲谋，可为其敌，汪如刘玄德，偏安巴蜀而已；其所以能传者，因其法度开桐城派之先河，可称之为正统耳。"[③] 以此言论，其扬魏、侯而抑汪的倾向十分明显，并且具体论述了汪琬文章之失，"拘束法度，用笔不自由，边幅局促，意境太狭，精炼明晰，少暇而乏纵横历落之活趣；唯袁才子谓其原本六经，复正轨辙，乃儒者之文也。"[④] 陆敏车认为，汪琬之文格局太小，无法匹敌魏、侯二氏，并溯源汪氏"儒者之文"这一"褒义"评价的来源。此论是对四库馆臣以来扬汪抑魏、侯的"强势"论调的一种反驳。对于清初三家之文，邓之诚评价道："世以并侯朝宗、汪琬为三家，不唯志节非禧之比，琬笔嫌弱，而朝宗略无渟洄，视禧坚卓不移，气象万千，不止上下床之别。"[⑤] 虽然邓先生以魏禧"坚卓不移"之气节立论，有过赞魏氏之嫌，然大抵是知人论世，肯定了魏禧之文在当时的地位。郭绍虞在论述清初三家

① 永瑢等：《四库全书总目》卷173《尧峰文钞》提要，第1522页。

② 永瑢等：《四库全书总目》卷14《书绎》提要，第113页。

③ 陆敏车：《最新中国文学流变史》，汉光印书馆，1937，第121页。

④ 陆敏车：《最新中国文学流变史》，第121页。

⑤ 邓之诚：《清诗纪事初编》，第199页。

文时认为："侯氏才气卓荦，故以才为法，魏氏学问坚实，故以理为法，汪氏才学均逊，故又只能以古人之法度为法。要之，都是后来桐城文论之所本。"[①] 陆、邓、郭三先生之论突破了四库馆臣扬汪抑魏的倾向，易之为扬魏而抑汪。不过至于当代，研究者大多未能进一步详析三家文章之异同，仍然沿袭了四库馆臣的论调。

笔者以为，"策士之文"并非是对魏禧等易堂文章最为贴切的概括或者评价，原因即为上文论及的"策士之文"中里面所含的偏见。日本著名汉学家斋藤谦指出，"策士之文"的评价恐未合魏叔子本志，其论云：

> 勺庭论事无輓近迂腐之弊，可谓俊杰矣。后人或弗察，遂谓为策士之文，恐勺庭不甘受此目也。观其弟和公所记曰：勺庭于戚友有难进之言，或处人骨肉间，勺庭批郤导窾，令人心开。或问其故，勺庭曰："吾每遇难言事，必积诚累时，与其人神情相贯注，然后言之。"可见勺庭平生言行不为机变之巧也。但其论议不肯貌袭道学家之言，所以知时务，适实用，岂可遽以策士视之哉？[②]

斋藤之论以为，以"策士"视魏禧，本不符魏氏生平行事，故"策士之文"之评价"恐勺庭不甘受此目也"。斋藤氏以别眼而观，故其论甚平。

如果要以一词总结魏氏之文的话，笔者以为用"志士之文"去概括魏禧等易堂诸子的文章及其风格，似乎更加符合他们为文的心志，因为这也正是他们自己所反复言说的。如易堂彭士望曾明确地划分了"文人之文"与"志士之文"的不同：

---

① 郭绍虞：《中国文学批评史》下卷，第 296 页。

② 〔日〕斋藤谦：《拙堂续文话》卷 5，见王水照主编《历代文话》第十册，第 10028 页。

> 盖文人之文与志士之文，本未殊异。文人志在希世取名，即深自矜负，其巧于容悦，间或谈世务，植名教，文焉已耳，以文非此，固不传也。俳优登场，摹拟古人，俯仰毕肖，观者抚手悲愉递出。及其既过，彼我判殊，了不相及。志士之文，如乐出虚，如蒸成菌，有大气以鼓之，一听其天倪自动，其心与力之所至而言至焉，其心与力所不至而言亦至焉。其嬉笑怒骂，以至痛哭流涕，无不有百折不挫之愚诚，贯彻中际，其行止出没，无纂组雕削之劳，不知世目非笑之为非笑。此即立韩、欧、班、《史》于其前，肖之则赏，不肖则随手刑，要亦不能强其所不同，以求必肖，况下此区区者乎？固言必发于心，而文必以其实重，心与实之所出，斯历千百世而不磨，而天下人得之为有用，此望与叔子日孳孳焉求之，而未或至焉者也。（彭士望：《与魏冰叔书》）

依以上论述来看，纯粹的“文人之文”是彭士望所痛斥的，“志士之文”才是他所倡导和追求的，这实质上也是易堂诸人为文的共同心志。魏禧也论道：

> 天下奇才志士，磅礴郁积于胸中，必有所发，不发于事业，则发于文章。名理之言，经物济世之说，在世人皆可以袭取，独其所不能名言之，故斟酌古人之是非，低徊叹息，百折而不忍下，其苦心精思，则亦惟天下非常之士可以想见，其余何足知之，而况于袭取而伪托乎？今之古文遍天下，莫不自命不朽，然志识卑陋，不出米盐杵臼之间，及夫临文，拘牵万状，首尾衡决，是其终身所经营，意皆在于速朽，而顾求为不朽之文。噫！可叹也。（魏禧：《王竹亭文集序》）

彭、魏二人之论，实出一辙。朱东润曾在评价彭士望“志士之文”与“文人之文”之论时云：“此言深得冰叔论文之蕲向，所谓百折不挫之愚诚，所谓不知非笑之为非笑，皆志士之文与文人之文不同处。"[①] 朱先生之论，实际上言明了魏、彭二氏为文之旨趣的趋同。毋庸置疑，如果让魏禧等易堂诸子将自己的文章进行归类的话，将会归于"志士之文"中。

易堂诸人虽然性情不一，文章体貌亦有差异，然而他们以"志士之文"为追求，为文雄杰，纵恣淋漓，在总体风格上又趋于一致，表现出雄拔刚健、闳肆奇伟的美学风格来，从而一扫明季以来文坛的孱弱无力之风，诚如徐世昌所言，易堂诸人"提倡古文实学，一时从风，挽明末陈、艾帖括旧习，进之于古，为西江一代文苑开山。"[②] 实际上，他们也是清初文苑开山人物的重要代表，对后世文章的繁荣具有积极的影响。

二　表扬忠烈、以文存史观念下的传志文

易堂诸子古文创作的另一成就主要体现在他们的传志文上，包括传、墓表、墓志铭等。易堂中工于传记文的有魏禧、邱维屏、魏礼几人，彭士望、彭任集中也有为数不多的传记，其中以魏禧与邱维屏的艺术成就最高。

对于"传"体文，魏禧有自己独特的见解：

> 文章之体，万变而不可穷莫如传。司马迁、班固尚矣。吾尝谓传以传其人、纪其事，故详密者，史之体也，班氏为正，子长极文章之工，则阙然众矣。吾传布衣、独行士，举其大而已；仕宦政事，足取法得失、关国家故者，必详书，不敢脱略驰骋，求工于吾文已也，盖以为信史之藉手云尔。于表、志也亦然。（魏禧：《传引》）

这段论述中，魏禧谈及到了有关传记文的三个方面的问题：其一，

---

① 朱东润：《中国文学批评史大纲》，第257页。

② 徐世昌：《晚晴簃诗汇·诗话》，第269页。

传体的文体特性，重于传人传事，而不在于求“文章之工”；其二，他所传的人物主要有两类，即“布衣、独行士”与“仕宦政事”；其三，开诚布公地言明了他作传志文的目的在于补史，即“以为信使之藉手”。

很显然，魏禧的传记文有很强的“功利性”，一方面表扬忠烈，以文存史；一方面叙名臣政事，借以经世。而这实际上也是易堂诸子等清初明遗民的共同“志向”，魏礼一语道尽易堂诸子心志所在：“夫传忠臣义士，非特传其人而已，所以作，则于后世存焉也。”（魏礼：《答萧来巢书》）而这种“功利性”是与其特殊的身份及时代背景有密切关系的。作为大明王朝覆灭的见证者，清初明遗民耳闻目睹了无数忠烈的事迹。然由于清初严酷的言论控制，很多忠烈遗闻无传，诚如魏禧之感叹：“我翻案上书，明季遗闻多删除。”（魏禧：《走笔寄甘健斋转呈张曲江明甫》）魏际瑞也遗憾此际“义死”之人“事盈于天地，不可得而记也”（魏际瑞：《义死传序》）。于是，他们希望把这些人物事迹记录下来，借此以激起汉民族的斗志，并使殉国、殉节者之丹心能够明鉴于后世。谢国桢先生曾在评价邱维屏的创作时说：“卷中所载有汜水知县胡海定墓志、宁波推官黄端伯墓碑铭、兵部右侍郎曾应遴家传、亡友温应搏传、竹山令杨公焕传等篇，皆述明季宁都、东乡抗节隐逸之士……大抵明季士夫守正不阿者均秉有抵御外侮、忠贞之气节。”[①] 又云魏礼集中“记明季赣州从杨廷麟起义抗清之士彭锟、曾嗣宗等人事迹颇详，传中特注意宁都明季隐逸之士，盖礼亦有志之士也。”[②] 此均点明了易堂诸子等此际文人的文心。

显然，对于清初明遗民来讲，这是一种非常重要的对异族政权特殊的反抗形式。因此，在鼎革之际，记录忠烈之事也就成了故国遗老们的一项非常神圣的事业，杨凤苞曾云：“况乎明之南疆，国统数更，史氏放逸不及今论次，后数百年文献无征，使操笔削之权者

---

① 谢国桢：《晚明史籍考》，第918页。

② 谢国桢：《晚明史籍考》，第918页。

将何所取信邪?"[①] 归庄发出"世祠纵当绝，国史不可泯……当时无记载，后将失其真"[②] 的警策之语，这正是当时明遗民的心迹。据杨凤苞所列时人所作南明之史书即有一百一十余种，而"合原采书目凡百六十余家"[③]，可以肯定这也绝非全部；更有甚者，有复访求宋元以来之遗民轶事者，邵廷寀就是其中一位，他"尤究心史学，著史论，复访求宋、元以来遗民轶事，为纪传以传之。"[④] 这也是清初明遗民的共同心态。邵长蘅曾言魏禧"遇忠孝节烈事，则益感慨激昂，摹画淋漓"[⑤]，若单以传记文来看，魏、邱诸人表现出的更是史家的历史责任感，而非文章家的徒取虚名。我们试着因循魏禧的思路去解读一下他们的传记文，略见他们的苦心所在。

观魏禧、邱维屏等人所撰传记之文，主要包括魏禧上述的两类人物，即"仕宦"与"布衣、独行士"。所谓"仕宦"，大都是明季名臣，如魏禧的《明右佥都御史江公传》《同知潮州府宗公家传》《明广西右参政通奉大夫申公家传》《明右副都御史忠襄蔡公传》《明太常寺少卿卢公传》《明知龙溪县涂公家传》《明益国府辅国将军常汯传》《明知郯城县秦公家传》《明云南右参议杨公墓表》《明知分宜县黄公墓表》《明监军副使黄公墓志铭》《明怀庆卫经历杨公墓志铭》；邱维屏的《汜水县知县胡公墓志铭》《江夏公传》《兵部右侍郎曾公家传》；魏礼《明兵部职方主事熊君见可墓志铭》《明经授中书族兄明之墓志铭》；彭任《奉新县训导汤公墓志铭》《凤阳教谕温公墓表》等。

诚如上引魏禧《传引》所言，两类人物在具体写法上迥然而异，"仕宦政事"必详叙，"布衣、独行士"则仅举其大略而已。何以

---

① 杨凤苞：《南疆逸史跋三》，《秋室集》（光绪十一年陆心源刻本）卷 2，《续修四库全书》第 1476 册，第 24 页。

② 归庄：《读心史七十韵》，《归庄集》卷 1，第 2 页。

③ 参见杨凤苞《南疆逸史跋三》，《秋室集》（光绪十一年陆心源刻本）卷 2，《续修四库全书》第 1476 册，第 16 页。

④ 龚翔麟：《文学邵念鲁墓志铭》，见邵廷寀《思复堂文集·附录》，第 520 页。

⑤ 邵长蘅：《侯方域、魏禧传》，《邵子湘全集·青门剩稿》卷 4，《四库全书存目丛书》第 248 册，第 198 页。

“仕宦政事”须详写，魏氏也作出了解释，因其“取法得失、关国家故者”，故不敢驰骋文才徒求其工，归根结底，又回到他文以经世的命题上。基于这样的认识，他认为班固之传叙事详密，为史传之正体，而对于“极文章之工”的司马迁的传记文倒是颇有微词，认为其“阙然众矣”。故而，魏禧关于明季名臣的传记文都力求叙事详尽，显然是宗班固之法。在这一类传记中，最有代表性的是他的《明右副都御史忠襄蔡公传》。蔡忠襄公即明季名臣蔡懋德，易堂之友蔡方炳之父。懋德为万历四十七年（1619）进士，崇祯十四年（1641）冬以右佥都御史巡抚山西，崇祯十七年（1644）二月五日，“贼”兵破太原，懋德以自经殉难。该传洋洋洒洒达五六千言，详尽地记叙了蔡懋德生平行事。传中，魏氏强调他作传的目的是“欲使后世知所法，故详不厌焉”。在与汪琬的信中，他再次申明作此传之苦心：“仆服膺忠襄为王文成后一人，乃真道学、真宰相也。……而鄙意欲详悉郑重，以明公儒者之用，使后世可法而见诸行事，遂忘其冗长至五六千言。……惟忠襄公关系三百年之人，其传宜使整齐，流示后世。”（魏禧：《又与汪户部书》）其友李清评此文云：“传中叙事最密而不厌其繁，头绪最多而井井有条，一线到底。”[①] 一语道尽魏禧这类传记的特点，而忠襄公的形象则“须发毕见，光气炯炯犹生”[②]，诚为古今人臣之楷模。

《明广西右参政通奉大夫申公家传》则详叙了申用嘉一生行事，言用嘉侍父京师之时，“益肆力于经史百家，口诵手钞，历寒暑不辍。讲求本朝典故，曰：‘吾他日当为朝廷致实用，岂能终作书生哉！’尤留心明刑之学，以为民命之死生、国祚隆替所关，不可委猾吏，自托无罪。”以此统领全文，详述申用嘉为官之时以民生利害为己任，刚正不阿，鞠躬尽瘁的行迹。李灌溪评

① 李清于魏禧《明右副都御史忠襄蔡公传》一文后的评语，参见《魏叔子文集》，第817页。

② 李灌溪于魏禧《明右副都御史忠襄蔡公传》一文后的评语，参见《魏叔子文集》，第817页。

云："叙致详密。"[①] 其他诸明季之王公大臣传无不如此。

魏禧的这类传记，思想上贯之以"忠"，行之以用，明鉴后世，足以补正史之不足。考《清史稿》等后世史籍列传中相关人物的内容，有很多直接采自于魏禧所纪。这种"详密"的叙事手法，传主的言行事迹往往不加剪裁，一泻而下，毫发尽现，从史的角度看，无可非议；然而若从文章角度来考察，则有时会因过分绵密而显得拖沓，给读者以冗滞之感。

相对于详述"仕宦"之政事，而期有裨于国计民生，魏禧的第二类传记文即"布衣、独行士"之传，则表现出迥异的风格来，叙事简洁疏劲，人物形象活脱灵现，这一类传记文显然极具司马氏之"文章之工"，因此艺术成就较"仕宦"之传为更高。如果说"仕宦政事"之传本之于班固的话，那么"布衣、独行士"之传则显然出自于司马迁。所谓的"布衣、独行士"，主要指豪杰忠勇、烈女烈妇及清初放浪山水的民末遗老，如魏禧的《大铁椎传》《江天一传》《高士汪沨传》《卖酒者传》《邱维屏传》《处士涂允恒墓志铭》《莱阳姜公偕继室傅孺人合葬墓表》《泰宁三烈妇传》；邱维屏的《天民传》《亡友温应搏传》；魏礼《杨惟明墓志铭》《彭锟传》；彭士望《魏征君墓表》等，塑造了一批"普通人"的形象，当然仍然离不开表扬忠烈的时代主题。

《江天一传》的传主江天一只是明末清初之际的一位儒生，但在南都陷落之后，毅然而动，"佐文毅公举义兵，参其军，撄险固守，与北兵相持累月"，及师溃，"文毅被执，挥天一去曰：'老母在，毋从我死也！'天一遂走，归拜其祖母、母及祖庙曰：'吾首与金公举事，义不能使公独死矣！'追文毅，及之，大呼曰：'我金翰林参军江天一也！'遂并执之，送南京，同日遇害。"文笔简洁练达，而这位为抗清而慷慨捐躯的志士的凛然正气直逼纸上。《高士汪沨传》中，魏禧记叙了其挚友汪沨的点滴事迹，突出这位

① 李瀣溪于魏禧《明广西右参政通奉大夫申公家传》后的评语，参见《魏叔子文集》，第804页。

民末遗老的节行之高，行事之异，如纪其晚年云：“晚好道，能数日不饮食。有授黄白术者，试之验，寻弃去。教以驱役鬼神亦验，而弃之。年四十八卒。沨病痰咳五月余，一日晨起，视日曰：‘可矣！’命子莲具纸笔书五言诗十句，投笔就寝而逝。诗曰：‘大化无停轨，道术久殊辙。住世守顽形，问途犹未彻。至人本神运，可会不可说。冰泮水还清，云开月方洁。一旦破樊笼，逍遥从此别。”汪沨之行事之异及其高士之风，已尽显无遗。《邱维屏传》记叙的则为易堂九子之一、其姊丈邱维屏的事迹，突出邱氏“神”“奇”的特点。如言其行“奇”，“尝绝炊，姊属邦士借米邻家，久不至，使人瞯之，则袖手立塘塍上，看往来行人。姊别借米，炊既熟，使人请邦士食，邦士食尽，竟终无一言也。”读罢让人忍俊不禁，然维屏心中所思为何，则始终不为人知。又云其性“奇”，“性静默，与人对，数日不发一言，不识者以为村老，尝不与拱揖。有问之者，日夜言娓娓不倦。至争辩事理，辄高声气涌，面发赤，颔下筋暴起如箸。”言其“神”则云：“晚尤精泰西算、《易》数、历法，皆不假师授，冥思力索而得之。桐城方公以智以僧服来易堂，尝与邦士布算，退而谓人曰：‘此神人也！’”至此，脱略世故、具有超逸之风的邱维屏已呼之欲出。在这些传记中，魏禧往往善于截取生活中的某一片段或某一细节来突出传主的性格特点，叙述繁简得当，颇具风韵。

在这类传记中，传颂最广的无疑是《大铁椎传》，塑造了一位技艺高超、行为诡异，颇具传奇色彩的“江湖异人”形象。传主“大铁椎”，魏禧并未见其人，“不知其何许人”，有关他的事迹也是真正的“道听途说”，如其在序中交代作此传的原因时云：“庚戌十一月，予自广陵归，与陈子灿同舟。子灿年二十八，好武事，予授左氏《兵谋》、《兵法》[①]，因问：‘数游南北，逢异人乎？’子灿为述大铁椎。作《大铁椎传》。”全文以知情者陈子灿的视角来传大铁

① 魏禧的两部谈兵著作，其内容大抵总结《左传》中的用兵计谋及用兵之法而来，故云“左氏《兵谋》、《兵法》”。

椎，用语极为简洁，而又跳脱明快，如叙其外貌装束则云："时座上有健谈客，貌甚寝；右胁夹大铁锤，重四五十斤，饮食拱揖不暂去。柄铁折叠环复如锁上练，引之，长丈许"；叙其性格则云："与人罕言语，语类楚声。叩其乡及姓氏皆不答"；叙其行为诡异则云："既同寝，夜半，客曰：'吾去矣！'言讫不见。子灿见窗户皆闭，惊问信之。信之曰：'客初至，不冠不袜，以蓝手巾裹头，足缠白布，大铁椎外，一物无所持，而腰多白金。吾与将军俱不敢问也。'子灿寐而醒，客则鼾睡炕上矣。"来无影而去无踪，真是异样人物；而穿着如此寒酸竟又"腰多白金"，又岂不咄咄怪事。文行至此，"大铁椎"之形象已跃然纸上，如立读者面前，而其诡异行为又为后文埋下伏笔。文中最为精彩的部分是"大铁椎"勇战众贼的场景：

> 时鸡鸣月落，星光照旷野，百步见人。客驰下，吹觱篥数声。顷之，贼二十余骑四面集，步行负弓矢从者百许人。一贼提刀纵马突奔客，曰："奈何杀我兄！"言未毕，客呼曰："椎！"贼应声落马，马首俱裂。众贼环而进，客从容挥椎，人马四面仆地下，杀三十许人。宋将军屏息观之，股栗欲堕。忽闻客大呼曰："吾去矣！"但见地尘且起，黑烟滚滚，东向驰去，后遂不复至。

前十三字写景，渲染大战之前的凝寂氛围，然而顷刻之间，众贼四出，大战爆发，先前的凝寂被打破，给读者的心理以极大的冲击，形成一种审美愉悦。大战过程仅用八十言，足以使人心惊胆战。如此紧张的战斗描写中，作者又偏偏著一闲笔，将视角转向了在空堡上观战的雄健且以"工技击"著称的宋将军，此时已是"股栗将堕"，这一侧面描写更加衬托出战斗的激烈惊险。既而闻其声而不见其人，异士早随烟尘而去，来去无踪，给读者留下无限的审美想象空间。其艺术效果正如张潮在篇后所评："篇中点睛，在三称'吾去矣'句。至其历落入古处，如名手画龙，有东云见麟、西云见爪之妙。”[①]

魏礼在论述传志文的写法时云：“传志之妙在铺摆事迹处，发其神采，点染丰神，全在闲笔。故写死事活，活事变化，篇中有一定纲维，成万种之奇妙。”（魏礼：《与甘健斋》）用此语解读其兄此作之妙处，则其神理全出矣。篇末则是魏禧由“大铁椎”而引发的一段议论，其云：“子房得沧海君力士，椎秦皇帝博浪沙中。大铁椎其人与？天生异人，必有所用之。予读陈同甫《中兴遗传》，豪俊、侠烈、魁奇之士，泯泯然不见功名于世者，又何多也。岂天之生才，不必为人用与？抑用之自有时与？子灿遇大铁椎为壬寅岁，视其貌，当年三十，然则大铁椎今四十耳。子灿又见其写市物帖子，甚工楷书也。”感叹之意溢于言表：天下岂无魁伟之士，只是有而未得其用而已！魏禧写作此传的用意盖已明矣。这也是他及易堂其他诸子创作“布衣、独行士”之传的心志所在。

在艺术手法上，此类传记显然袭取了古代小说、传奇等的艺术因子。《汉书·艺文志》云：“小说家者流，盖出于稗官，街头巷语、道听途说者之所造也。”而《大铁椎传》正是名副其实的“道听途说”，魏禧在对“大铁椎”的形象塑造中运用了夸张、渲染、映衬等手法，力图使传主变得生动而传神，“大铁椎”本身也具有了十足的传奇色彩。这表现出了古代小说、传奇手法等对古文创作的巨大影响。在古代，小说是被文人极度鄙夷的，诗文以言志传道，是文学的正宗，而叙事则是史的“职责”，《说文解字》：“史，记事者也。”[②] 然而在漫长的文学发展过程中，地位卑微的小说等文体因素也逐渐地渗透到古文创作中，尤其是唐代传奇兴盛之后，以小说、传奇笔法为古文的现象越来越“严重”，也自然引起了文学家们的争论，排斥者与赞誉者各执一词，针锋相对。至明清之际，以小说、传奇法为古文更是成一时之风气，如清初散文三大家之一的侯方域即是如此，由此也招来非议，如编辑《国朝三家文钞》的宋荦就对

---

① 张潮：《虞初新志》，河北人民出版社，1985，第6页。

② 许慎：《说文解字》，中华书局，1978，第65页。

其传文不以为然，其云："文有为流辈传诵已熟而不录者，如侯朝宗之《马伶传》、《李姬传》，以近唐人小说也。"[①] 当然也有人对此类写法大加赞赏，以大儒黄宗羲为代表，其云："叙事须有风韵，不可呆板。今人见此，以为小说家伎俩。不观《晋书》《南北史列传》，每写一二无关系之事，使其人之精神生动，此颊上三毛也。史迁《伯夷》《孟子》《屈贾》等传，俱以风韵胜。其填《尚书》《国策》者，稍觉呆板矣。"[②] 显然，黄氏是从文学审美的角度出发，对于所谓"小说家伎俩"给予了非常高的评价，具有重要意义。

魏禧显然也是以小说、传奇手法为古文的实践者，并且取得了非常高的成就。康熙年间，张潮曾仿《虞初志》的体例，编选了《虞初新志》二十卷，《续修四库全书》将其列于"集部·小说类"中，其中大多是"传"文，另有少数"记"文，首篇即是魏禧的《大铁椎传》。在《凡例》中，张潮纪云："《大铁椎传》一见于宁都魏叔子，一见于新安王不菴，二公之文，真如赵璧隋珠，不相上下，顾魏详而王略，则登魏而逸王。"[③] 除此文外，还选有魏禧的《卖酒者传》《吴孝子传》。其后，郑澍若又编有《虞初续志》十二卷，又选入魏禧的《彭夫人家传》。在易堂诸子中，也并非只有魏禧的传记文有此特点，邱维屏的《述赵希乾事》也收在《虞初续志》中。还有如彭任的《时胡子传》，虽然未收入上述二书之中，但其小说、传奇手法的痕迹更加明显，如开篇写时胡子的外貌特征："时胡子者，顶尖腹大，脚矮婆娑，隤然若不能动者，须人掖背控耳，乃引领而出，甚至倾泻若注，则不能自已。"而更具奇异色彩的则是所叙如下诸事：

越数日，秀才禊于涧，胡子侍焉。云雾杂出，各离贰，而

① 宋荦：《国朝三家文钞·凡例》（康熙三十三年刊本）。

② 黄宗羲：《论文管见》，《黄宗羲全集》（增订本）第二册，第270～271页。

③ 张潮：《虞初新志·凡例》（康熙三十九年刻本），《续修四库全书》集部第1783册，第171页。

胡子腹大，脚矮婆娑，少人携，彷徨仰顾，罔克举者。大雨滂沱，顷刻万状，胡子不能自持立，不得已，爰脱顶随波流，姑泛泛逐其所如上下也。迟明，秀才念而求之不可得，且访且疑，徘徊怅惘，几绝。忽闻远涧中若有鼓腹长鸣者，秀才熟视之，则胡子居然卧滩水小湾层曲间，再经邱壑，顶亦在焉。特与水石牴牾相漱砺，不无少损，折其唇。秀才因是愈珍异之。（彭任：《时胡子传》）

真是怪人怪事，而此种人物似乎只存在于志怪之中。

当然，诸如易堂诸子等清初文人以小说、传奇手法所撰写的传记，绝不是小说、传奇。张潮在《虞初新志序》中云及其与“稗官小说”的根本区别：“其事多近代也，其文多时贤也。事奇而核，文隽而工，写照传神，仿摹逼肖，所谓古有而今不必无，古无而今不必不有，且有理之所无，竟为事之所有者。读之令人无端而喜，无端而愕，无端而欲歌、欲泣，诚得其真而非仅传其似也。夫岂强笑不欢，强哭不戚，饾饤补缀之稗官小说可同日而语哉！”① 郑澍若《虞初续志序》亦云：“山来张先生辑《虞初新志》，几于家有其书矣，诚以所编纂者，事非荒唐不经，文无鄙俚不类。”② 魏禧曾在论史传时云：

抑史传之作，所以纪善恶也。善恶之人往矣，而必书者，所以备法戒也……是故真与伪之可辨者，不可以不辨；无所从辨者，得法戒之意而存之。其名氏等于《庄》《列》之寓言、稗官小说所称道，则亦庶乎其不可废矣。（魏禧：《答友人论传志书》）

① 张潮：《虞初新志序》，《虞初新志》（康熙三十九年刻本）卷首，《续修四库全书》集部第 1783 册，第 170 页。

② 郑澍若：《虞初续志序》，《虞初续志》（咸丰元年小娜嬛山馆刻本）卷首，《续修四库全书》集部第 1783 册，第 433 页。

由此言观之，魏禧对寓言、稗官小说的态度算是“开明”，他认为，在某种意义上讲，史传目的就是“备法戒”而已，至于其近于寓言抑或小说，倒是不怎么要紧的事。然而在谈及侯方域之文时，魏氏也有非议，“朝宗之人与文则甚相似，予每读朝宗文，如当劲敌，惊心动色，目睛不及瞬。其后细求之，疑其本领浅薄，少有当于古立言之义。又是非多，爱憎失情实，而才气奔逸，时有往而不返之处。”（魏禧：《任王谷文集序》）此论当亦涉及侯氏的传志之文。在易堂中，对于稗官小说之类，态度开明的还有魏际瑞，他甚至认为奇异鬼怪之书，亦当不废，“予阅《齐谐》《夷坚》《酉阳》《穷怪》《冥迹》《搜神》《艳异》《广记》诸书，心或以为未然。然天下大古今久矣，何所不有；即以为不必有，而其说瑰奇熣灿，如海错夏云，如异域衣冠人物，如雷电风雨，异兽奇禽，心目之间，惊诡万状，破拘迂而荡庸劣，亦足快也。”（魏际瑞：《妄听编引》）

然而在易堂诸人中，也有不同的声音，如彭士望对于以如此作文法颇不以为然，他曾与魏禧谈及侯方域的传记之文时论道：

> 昨偶忆《藏弆集》载侯朝宗论诗文书三首，即取阅，属兴士抄之，更硃画反覆玩绎其言之至者，殆无以易。其《与王谷书中》有云：“行文之旨全在裁制，无论钜细，皆可驱遣，当其闲漫纤碎处，反宜动色而陈，凿凿娓娓，使读者见其关系，寻绎不倦。至大议论人人能解者，不过数语发挥，便须控驭，归于含蓄；若当快意时，听其纵横，必一泻无复余地。”此最高之论。朝宗学《史记》，写生得神髓处，全在于此。《壮悔集》有二吴、徐、张传，出没超脱，咸用此法。而愚意则又以为未尽然。吾辈今日立言，明悉理事，指陈利弊，将救世觉民之为急。故于古今成败得失、邪正是非之际，往复留连，疾呼痛詈，犹恐疲癃聋聩之夫藐然而不一听；苟仅数语发挥，便归含蓄，祗可以动明哲而不可警天下之中才。……即文字写生处亦须出之正大自然，最忌纤佻，甚或诡诬，流为稗官谐史。（彭士望：《与魏冰叔书》）

在彭士望看来，侯方域的传记之文学习《史记》笔法，故而能够“出没超脱”。但是如此为文之法有些“不合时宜”，有悖于时局，因为“今日立言，明悉理事，指陈利弊，将救世觉民之为急”，故不在乎“仅数语发挥，便归含蓄”，而在“于古今成败得失、邪正是非之际，往复留连，疾呼痛詈”。所以，“文字写生处亦须出之正大自然，最忌纤佻，甚或诡诬，流为稗官谐史。”可见，彭氏对侯方域的传记写法是持批评态度的。

基于这样的认识，彭士望直言不讳地批评清初江右文章名家徐世溥、王猷定的传记文云：“敝乡徐巨源之《江变纪略》、王于一之《汤琵琶》、《李一足传》，取炫世目，不虑伤品，其文纵工，未免携琬玉易羊皮，终必为明眼人所厌弃……推朝宗‘闲漫纤碎，动色而陈’之言，不善用之，其流必为徐、王之失。即朝宗诸小传亦不免见其疵累。”（彭士望：《与魏冰叔书》）又：“士业、巨源盛年时锐意为文章取名誉，俱好驳杂无实之言。巨源尤纤佻，类稗官小说。”（彭士望：《复周訏士书》）以此来看，彭氏批评徐世溥、王猷定等的诸传之病，正在于用侯方域之法作之，而侯氏不免“见其疵累”，更何况学之者呢？故其文虽工，但终不可传。此论与魏禧之论大相径庭。然颇有意思的是，彭氏的文章中也不免有此小说家气的作品，如其《九牛坝观觝戏记》也融入了小说、传奇手法，对艺人的高超技艺描绘逼真，令人拍案叫绝，故而张潮也将其收入到了《虞初新志》中。从这一点上讲，小说、传奇笔法对明末清初之际传记文的影响可见一斑。

对于墓表、志铭，魏禧认为基本与传志大同小异。在总体上，强调传志之文须尊法度：“至传志之文，则非法度必不工。此犹兵家之律，御众分数之法，不可分寸恣意而出之。生动变化则存乎其人之神明，盖亦法中之肆焉者也。”（魏禧：《答计甫草书》）由此他非常推崇汪琬的碑版传志之文，云其“法度紧严，于碑志最得宜，是以冠以诸体”（魏禧：《答计甫草书》）。然对于韩愈以后的谀墓风气，魏禧予以了批判，其云：“特古人立言，体尚简质，虽不录过，而褒善者少溢辞，其子孙受之以为荣而不怪。今之人纤悉毕备，又从而增饰之，甚或反其生平之所为，作者有所简略，则其子孙怪而不悦，其亲戚党友，动色张口，以相訾謷，则又安得有传信之文乎？至其所不习闻，据状缀辑者，抑又可知。”（魏禧：《与友人论传志书》）并试图以实际创作来抵制这种不良风气，他这样评价自己的碑版之文：“禧谬以文章知于人，所属碑版有出于习见闻者，有据状缀辑者，岂能无失如尊指所云。然苟属己所知，则虽为书美，然实斟酌轩轾，必不以私交私意，大失其情实，以欺天而罔人。禧常以谓作文者毋轻毁人，一点一画，在上在左右，赫然有鬼神临之；匪惟毁人，誉人者，其在上在左右，亦赫然有鬼神临之。”（魏禧：《答友人论传志书》）

然而，往往事与愿违，随着“交游滋广，情面日熟，请托日繁，其不能如心以出，反之而多愧者，虽他叙论亦时有之，不独传志为然”（魏禧：《答友人论传志书》）。故魏禧墓表、志铭之文，也免不了受人讥评，如张宗祥说：“魏氏文章，其同时朋辈已有未享上寿，文未洁净，且多谀墓酬应之作，以为可惜者。”[①] 继而又为之辩云：“魏氏之文，论者既有谀墓太多之诮，予则以为此弊相沿久矣。自唐以来，文学之士专好刻集，集中之文，传记墓铭居十四五。凡人一有文名，志在成集，当世富贵者必攀援请托，以撰其先世之传志，意在假此人之集传之无穷。无论所载是否真实，但世间集部则愈多而愈滥矣。”[②] 诚哉斯言，谀墓应酬之弊由来已久，岂独魏禧哉？

① 宋佩韦：《清代文学》，参见《中国大文学史》，第818页。
② 宋佩韦：《清代文学》，参见《中国大文学史》，第818页。

第五章　易堂诗学与诗风

在易堂诸子中以诗胜者，首推曾灿。曾氏少负异秉，诗才超群，为清初著名的遗民诗人，曾氏自称："某年十四五即学为诗，已又为诗馀、骚赋。年二十益多，要无足存。"（曾灿：《金石堂诗序》）徐世昌称其诗在易堂九子中"最净炼"[①]，邓之诚先生云："大约易堂诸人，文学造诣首推禧，次则属灿"[②]，论魏禧是以文章言之，论曾灿则是就其诗歌成就而言的。魏氏三兄弟也都有诗作，"善伯伯子际瑞喜作诗歌，和公季子礼次之。"[③] 魏禧之诗乃后学而成，亦时有佳作。杨希闵论清初江右诗坛时，独推"三魏"："国初吾乡称诗者不少，气体阔大，有不衫不履之概，吾终推勺庭兄弟。"[④] 客观而言，"三魏"中诗歌成就最大的是魏礼。今观同堂林时益所辑《宁都三魏全集》中，三魏各人的"诗""文"编排的顺序并不一致，《魏伯子文集》与《魏叔子文集》均是先"文"而后"诗"，独《魏季子文集》是先"诗"而后"文"，从中也可以看出他们诗文创作之倚重。故袁行云称："三魏人各有成，以诗而论，当以季子为最。"[⑤] 魏际瑞亦"诗才特为雄健"[⑥]。至于朱庭珍《筱园诗话》所谓"宁都

---

① 徐世昌：《晚晴簃诗汇·诗话》，第 282 页。

② 邓之诚：《清诗纪事初编》，第 215 页。

③ 裘君弘：《西江诗话》，引自钱仲联《清诗纪事·明遗民卷》，第 761 页。

④ 杨希闵：《乡诗摭潭正集》，转引自钱仲联《清诗纪事·明遗民卷》，第 762 页。

⑤ 袁行云：《清人诗集叙录》卷 7，第 232 页。

⑥ 徐世昌：《晚晴簃诗汇·诗话》，第 266 页。

三魏，诗皆拙劣”[①] 云云，实为过贬之辞。林时益则有《朱中尉诗集》五卷传世[②]。其他诸子文集中，亦皆有诗，大抵都意多于言，质胜于文。

在易堂诸子的诗歌观念中也贯以他们的经世思想，故而他们在建构情本诗学的同时，强烈反对诗歌无关理识之论，主张诗歌创作须直面现实，以诗存史，崇尚杜甫的“诗史”精神。

第一节　易堂情本诗学及其理论建构

易堂诸子以气节、诗文为天下所推崇，而其论文论诗之语也颇多，尤其是文论，虽诸子之间存有差异，但总体上趋同可成一派，在鼎革之际文论史中占有重要地位，其大要前文已述及。就诗论而言，似较文论显薄弱，影响也似不如文论之大，然易堂诸子实于诗歌一道亦颇费心，他们存世的文集中俱存有大量诗作，而论诗之语也散见于篇章之中，观其殷恳之意，期以己说矫正明季以来的虚伪浮躁的诗风之弊，并在创作中践履他们的诗学主张。概言之，在诗学问题上，易堂诸人主张以真情立诗歌之本，要求诗人更历世情，创作出关乎人心世风的诗歌来，这种诗学理念与严羽以来而至明代大倡的“羚羊挂角，无迹可求”[③] 的诗学追求意趣迥异，也与公安、竟陵的诗学理念不同，表现了鼎革之际诗学发展的新趋向。

一　情本论

易堂论诗，首重真情，认为真情为诗歌之本。魏际瑞以天地万物之有情来说明人之有情，为其情本论寻求具有形而上意味的理论依据。其云：“情者，天地之胶漆。天地无情，则万物皆散；万物无

① 朱庭珍：《筱园诗话》，引自钱仲联《清诗纪事·明遗民卷》，第762页。

② 郭仆胥于林时益《魏氏三子文集序》后评语云：林时益之“文集久无传本”，参见《明季六遗老集·朱中尉诗集·附录》。

③ 严羽著，郭绍虞校释《沧浪诗话校释》，人民文学出版社，1961，第26页。

情，则其类皆散。天地之情钟于人，人之情钟于其类。而禽兽之乌反哺、蜂朝雁行、鸠挚而别，鸟嘤鸣相求者。是岂若草木之无知耶？夫葵东柏南、梓俯桥仰，枝连理、兰同心，紫荆析枯而合荣，若此者，则又非顽石之比矣。然则姜女痛哭而长城崩，生公说法而石点头，是物之块然顽者莫如石，而犹不能以无情也。”（魏际瑞：《有情集序》）禽兽草木哪怕是顽石都有情，所以说“情者，天地之胶漆”，故人之有情，乃为自然之道，非人特有。人既有情，发而为诗，是故情为诗之本，故魏际瑞云：“情者，诗之本。”（魏际瑞：《诗经原本序》）魏礼云：“诗之道本性情。”（魏礼：《杨御李诗序》）魏禧云：“诗发乎情者也。吾伯子有言曰：‘情者，天地之胶漆。’天地无情，则万物散；万物无情，则其类皆散。故无情者不可以作诗。”（魏禧：《耒湖诗集序》）曾灿云：“诗以道性情”（曾灿：《汪西岩诗集序》），又：“诗之为道，本于言其性情。”［曾灿：《龚琅霞诗序（代）》］彭士望云：“诗者，性情之物。”（彭士望：《独漉堂诗序》）如此等等。

易堂诸子之情本论，实针对当时诗坛之弊而发，有较强的实践性。他们也往往在古今诗歌的宏观视阈之中，体察古今诗歌之别。总体而言，他们以为今诗不及古，考其原因，则在于今诗情伪而失真。魏礼曾指出古今诗歌之差异：“古人以性情流溢而为诗，后人以诗雕刻其性情，故古先之诗后人不能及。”（魏礼：《八居诗跋》）不谓今人之诗无性情，然“以诗雕刻其性情”，则必至情伪而失真；而古人恰恰是以“性情流溢而为诗”，即其诗情真而可传于万代。对于这一点，他有更为详尽的论述：

> 古之为诗，情蕴酿郁纡，流溢而托诸辞者，有不得已者而后出之，无伪无浮，文自生焉。故其上者，情辞兼至，而下焉者，亦足以道其情而不失，虽田更、思妇之诗，后世学士大夫有所不能及。今之为诗，则辞溢乎情，或游是域也，是山川也，接其都人士也，曰不可无诗。于是按地、按其岩谷，谱其人而赠遗之，若奉课程焉，弗可得已。至于和韵、限韵，则以事、

以韵强其辞，而于己之情油然以出者，毛发未尝有也。故其下者不足论，上者摛辞极工，譬如瓶花彩卉，竞巧取妍，过时而毁，败于其根株之本原，天地菀枯之消息一无辟通也。呜呼！诗以写吾性情，顾亦何苦而为是桎梏哉！（魏礼：《杨生诗序》）

魏礼以为，诗歌之本质即在“写吾性情”，而真正做到这一点的是古人之诗，情至而发，故“无伪无浮”。而“今之为诗”者，则肆于骋辞，又以声韵等诸多桎梏，故作诗往往“若奉课程”，而无油然之情，“根株之本源”已败，诗歌虽盛而实衰。魏禧则认为，诗歌之作要源于“天怀”与“元声”，而不在于求工与否，“诗不必不求工，工者自工，拙者自拙，吾之天怀与元声固犹然而自得已。”基于此，他论古今人诗的区别云：“古人之诗适己之意，而后人之诗必求适于人，然后称适于己，诗词日工，而意则已远矣。”（魏禧：《魏叔子诗集自叙》）魏禧所谓“天怀”与“元声”者，即指作者之真性情。以此，后人之诗之所以远逊古人之诗，原因即在于前者能“适己之意”，而后者则先于“适人之意”，由此，高下立见。

曾灿也有相近的观点，他说：

诗之至于今日，盛矣哉。盖自王者采风，而有《三百篇》，率多忠臣孝子、征夫思妇之什，皆能自道其性情，而无所勉强。六朝、三唐而下，渐失其真，应制有诗，登眺有诗，以及讌会赠答，莫不有诗，人擅其名，家各有集。至于今日，举生平未识面之人，亦必以诗贻赠，卿士大夫寿言挽章，不论其人之能诗与否，必欲乞为诗歌。呜呼！不喜而笑，不悲而啼，而欲求为真诗，难矣。是诗之盛，盛于今日，而诗之衰，亦衰于今日也。（曾灿：《依园七子诗序》）

曾氏以性情论诗，认为“今日”之诗虽盛，几于人人言诗，甚至于人人为诗；然而如此诗歌之盛，实亦诗歌之衰的表征。何以言之？“不喜而笑，不悲而啼”中，无实情而矫以为情，故无“真诗”。曾氏以为，诗风如此之弊征兆于六朝、三唐，愈来愈甚，至于“今日”而极，故言“是诗之盛，盛于今日，而诗之衰，亦衰于今日”。魏禧也说：“至于三唐，家工户习，自言怀、应制之篇，以至酬赠、登览、宴游、莫不有作。其能者，人各以诗名集，比于今日，特为相似。故自三唐以迄今，诗又别有所以为工者。而顾欲跻之于汉、魏、《三百》，则几何其不诬也！”（魏禧：《初蓉阁诗叙》）魏氏此论，其中意旨与曾氏无异。

在曾灿之论中，拈出“真诗”这一术语，用于批评当下诗风之弊。所谓“真”者，实即“真情”“真意”“真气”之谓，如魏禧言：“虽工于字句，侈于文，而真意消亡，无复可以言诗。”（魏禧：《许士重诗叙》）魏礼云：“是其甫作文时，真气消亡，随笔已湮灭，而何有其后且传他人乎！”（魏礼：《吴瓶庵赠言序》）求“真”也正是易堂学术的核心，这在前文已有论述，而“真诗”说也是其学术思想对于诗学理念影响的表现，诚如彭士望所言，“惟主真气二字，此吾易堂立言之旨也。”[①] 这也成为易堂情本论诗学的最为核心的内容，也是其诗学理论的精髓所在。

然而在魏禧看来，今人又何尝不知诗道性情，既知之，则又刻意追求“真性情之诗”，结果适得其反，至于情伪而矫，反使“性情愈隐”，他说：

> 诗以真性情为贵，然今天下言诗者，虽三尺童子、市夫、伶人，稍能执笔成章句，则莫不曰性情，吾又何以论人之诗哉？吾伯子之言曰：“学陶诗者，不学其人而学其诗。夫陶诗，岂学其诗者所能学？”予是以论诗，必先求其人以实之。喜而笑，悲而哭者，人之性情也。人知哭死而哀之为情，而不知不哀之不足以害吾情。于是遭路人之丧，间行墟墓之侧，则号咷擗踊如丧亲戚，方自以临丧而哀，吾之真性情有然，而不知其与含辛

① 彭士望于魏礼《吴瓶庵赠言序》一文后的评语，参见《魏季子文集》卷7。

> 致泪者同讥而并笑也。故自天下好为真性情之诗，而性情愈隐，诗之道或几乎亡矣！（魏禧：《徐祯起诗集序》）

魏禧之论可谓深矣。诗以道性情，天下言诗者都明白这个道理，然而后人学前人诗，往往却在辞不在人，于是乎弃本逐末；再者，往往又泛滥已情，至于矫伪失真，走向另一个极端，导致“好为真性情之诗，而性情愈隐”，于是乎诗道愈加不明，诗风愈加不正。

观乎以上诸论，其核心意旨即在强调为诗须以诗人之真情为本，这也正是今诗不比古诗的关键所在。实际上，这一诗论主张早在刘勰《文心雕龙》中即已有之。在《情采》篇中，刘氏以“诗人什篇”与“辞人赋颂”相对举，扬前者而抑后者，其评价衡量之准则就在于“情”，其云：“昔诗人什篇，为情而造文；辞人赋颂，为文而造情。何以明其然？盖风雅之兴，志思蓄愤，而吟咏情性，以讽其上，此为情而造文也；诸子之徒，心非郁陶，苟驰夸饰，鬻声钓世，此为文而造情也；故为情者要约而写真，为文者淫丽而烦滥。而后之作者，采滥忽真，远弃风雅，近师辞赋，故体情之制日疏，逐文之篇愈盛。”[①] 此刘勰于齐梁时代对于“古”“今”诗赋的评价，其中“为情而造文”与“为文而造情”，可以说道尽古今诗文的两种不同“情态”。实际上，易堂诸子之论古今之诗，依然没有脱离出刘勰上述二语的意涵。其赞古之诗者，如上引魏礼云其“情蕴酿郁纡，流溢而托诸辞者，有不得已者而后出之，无伪无浮，文自生焉”，即认为古之诗是情充实于中，故不得已而发为诗歌，是“为情而造文”；而“今之为诗”者，“于已之情油然以出者，毛发未尝有也”，故为“为文而造情”者。曾灿与魏禧等人论述也无不是此意旨。

当然，由于理论背景之不同，主旨相近的诗学观念在不同的语境之中有着不同的诗学史意义。就易堂诸子来讲，其大倡情本诗学

---

① 刘勰撰，黄叔琳注，李祥补注，杨明照校注拾遗《增订文心雕龙校注》，第416页。

观，意在反拨明代七子派僵化的诗必盛唐的摹拟之风，也同时期以反拨公安、竟陵以来泛滥失统的诗学观。如曾灿批评七子派云：

> 嘉靖中，李于鳞、王元美七子以诗雄一世，家弦户诵，至今不衰。及取其诗而读之，声调情词如出一人之口，皆不能自标风概，自具机柚，其故何也？性情失其真耳。（曾灿：《依园七子诗序》）

曾氏以为，七子派诸人虽然一主诗坛，影响至大，但其诗重于摹拟，而失诸己情，故“不能自标风概，自具机柚”。魏际瑞也批评说：“今之为诗者，不原其情，达其体，而袭古人已命之目，发扬蹈厉，施于闺房；婉娈委蛇，行于战斗，此乐府所以亡而古篇于是乎胥失也。”（魏际瑞：《歌谣诸体誐》）魏礼则云：“今之作诗者，尚风云月露之辞，性情自得之至罕焉；或务为聱牙窘束、险韵涩响以艰深，文浅陋。盖其本之不足，不如此不可以自欺而欺人。”（魏礼：《石湖诗序》）显然是针对公安、竟陵派之习而发论。当然，有人又以汉魏之诗为上，故拟于汉魏，但也是徒学其声调，而无其精神，实又离汉魏远矣，曾灿批评说：“假汉魏，不若真唐人。非汉魏之诗不足观，盖无古人之精神，而徒取其字句声调，是刻画无盐，而益增其丑矣。”（曾灿：《复金曾公》）

在易堂诸子看来，要矫正时下诗风之弊，须倡复古诗之道，即以真情为本，人之情难禁，不得已而抒发为诗，这才是“真诗”。在他们的心目中，《诗经》、古乐府等皆是“真诗”之楷模。如曾灿云：“盖自王者采风，而有《三百篇》，率多忠臣孝子、征夫思妇之什，皆能自道其性情，而无所勉强。”（曾灿：《依园七子诗序》）魏禧则认为：

> 世之为诗者，法三唐而未能；而誉人之诗，则往往凌汉、魏而上，动以《三百篇》许人。夫后世之不能为《三百篇》也有故，非特才不逮古人也。物之取精多而用之少者，其发必醇；

> 取精少而用之多，其发必薄。《三百篇》人不尽作，作不过一二，皆自有言其胸中之所有。胸中之所无有者，弗强道也。（魏禧：《初蓉阁诗叙》）

而世人以为《诗经》不可学而至，魏禧则予以批驳，云：

> 今天下诗称极盛矣，然论者以为汉、魏、三唐皆可学而至，独《三百篇》则不能。予则谓：汉、魏、三唐，人庸有学之而不至，《三百篇》诗，特患人不欲为，欲之顾未有不能者。盖《三百篇》，学士大夫以至征夫思妇皆有之。不假学问而能工者，意真也。（魏禧：《唐邢若诗序》）

依魏禧的看法，《三百篇》无他，只是"意真"，即"情真"，并非不能学至，是人不欲学而已。魏际瑞则以为古乐府、《古诗十九首》、南北朝民歌等也是真诗的榜样，其云："盖尝观于愚夫愚妇泣号歌舞之诚，其言初不足以为文，而其出之口者，虽圣于文章之士，往往极其工致而无以过之。盖其情极意诚，精神皆赴，是为源盈而溢之，候必将洋洋充满，心手相得以成其章。操觚搦管之士逆而溯焉，不可得而几焉也。古之乐府如《公无渡河》《朝见黄牛》《子夜》《莫愁》之曲，著矣；而《古诗十九首》、苏李《赠答》、《木兰》、《仲卿》、《罗敷》诸篇，往往叹为不可及者，岂非以情词真朴、味醇腴而体厚耶?"（魏际瑞：《答友人论文书》）

易堂诸子倡导真诗之说，强调情真意切，并以《诗经》、古乐府等为其楷模，诸论虽不见得是创新之论，但在明末清初的诗学舆论中，能够醒人耳目，发人深省，为救治当时摹拟成风、枵腹而号的不正诗风的一剂良方，具有现实意义，因此在明清诗学的递嬗过程中具有积极意义。

二　品格论

易堂诸子论诗，特重品格，而其品格之论实际上是情本诗学的延展。魏礼在论诗时直言诗以品格为尚：

> 或问于予曰：诗何尚？曰：尚品格。或曰：何哉？岂其所谓宗一家之诗，品为派者乎？曰：虽然，盍亦宗夫己之品也。夫种桃者，其不为李、为梅；种松柏者，其不为樗、柳，是固然已；然且不为楩楠、杞梓也。同为美材，乃至为同类，亦各见其品，盖吾所谓品，非诗品之足以当也。徒求为诗之品者，譬如缀李于桃，其所缀莫非李也；而萌芽之生，枝干之未及，则居然桃矣。故必融冶其性情之偏驳，立身行己，有以自成而不失，人品定则诗品乃可得而见也。是故有渊明之诗，有杜子美之性情，然后有忠君忧国之诗，不待假而出。（魏礼：《惜树斋诗序》）

魏礼此处详解何谓之“品”，意涵大致有二：其一，宗派，即“品为派者”；其二，则为“己之品”，意即由诗人自己的品质而决定诗歌的品质。观魏礼之意，其重点更侧重于后一意，故其“品格”，大抵来讲，主要是指个体风格、品位，虽然有品为相近甚至是同类者，然“亦各见其品”，即必有个体品质之不同。故而这种个体风格的形成，在乎“宗夫己之品”，而非宗他家。在这段论述中，魏氏又提出了中国古代文论史中一个重要的话题，即人品与文品（诗品）的统一与否的问题。魏礼直言，其“所谓品，非诗品之足以当也”，更重要的则是人品，人品为本，而诗品为末，故云“人品定则诗品乃可得而见也”，并举以陶潜、杜甫之诗，说明其诗品即由其人品所决定。而所谓人品者，实际上就是诗人的性情。由此，魏礼认为，诗人须“融冶其性情之偏驳，立身行己，有以自成而不失”，也就是须正其性情。

何以言之？是因为他看到古往今来作诗者多矣，而其中并不少见“言”“行”不一者。魏礼云：

> 人之言曰：文如其人，诗以道性情。《传》曰：“言者，心之

声。”其信然乎？然而不必然也。如是然者，盖君子也。范蔚宗、沈休文岂不为忠孝之文，而且乱贼矣。曹子桓诗秀而多风，而状则哆颐，行则篡窃矣。故曰不必然也。（魏礼：《汪秋浦诗序》）

又：

古潘岳、范晔、魏收辈，世所谓文章之士，恃其文藻，放僻自用，阴贼不轨，君子视之曾狗彘粪土之不若；匡横、张禹窃圣经之糟粕，言行背驰，圮人家国。则是文章者，小人之鸩毒；而行宜者，文章之根柢、令名之舟车也。（魏礼：《答友人论文书》）

诸如“文如其人，诗以道性情”“言者，心之声”之论，几乎人人能言，似为的论。然往往会出现人品未如其文品的现象，古之如范晔、沈约、曹丕、潘岳、魏收、匡横、张禹等人，就是这样。魏礼故而以为，能以性情为诗文者，是为君子，而小人乱贼之辈，则言行相悖，其人与其文不一。魏禧也说：“古人如宋之问，诗极清高，人品乃极卑秽；徐摛文极浮薄，政事乃极精详，如此者多矣。”（魏禧：《日录·杂说》）对于当世之号为才子而品格卑劣者，魏氏予以批评：“今人举才子之名，一归于文藻，而世士稍能操觚者，则卤莽灭裂，轻世肆志，自踰短垣，无有所严忌，曰：才人无行。噫！一何悖与古人之职也，是而败名陨身者比比也。”（魏礼：《温慕李诗序》）故此，魏礼发“品格”之论，强调“品”非仅“诗品”，亦即“人品”，真正做到诗道性情，而非饰情矫作，“盖诗之见于品者耶，是谓知本。”（魏礼：《惜树斋诗序》）清初毛先舒在论诗文之道时也直言文章须先“辨品”：“辨士先辨品；辨文章亦先辨品。辨品者，先论定其为君子小人而已。”[①] 毛氏言“辨品”，也是指人品，其意

① 毛先舒：《与友人论诗文书》，《潠书》（康熙刻本）卷6。

与魏礼同。

魏礼论诗重品格，曾灿论诗重“意格”，其云：“诗以道性情，若性情其失真，即典雅骈丽，不过为优孟衣冠而已。……往与亡兄庭闻论诗，意旨不相符，趋向又各有别。盖亡兄尚声调，而弟取意格。意格者，诗之骨干也，去骨而肉附，其何以立。”（曾灿：《复金曾公》）二者虽有差异，但大旨相近，曾氏所谓意格，指诗人立意之高低，亦有品格之意，故他批评“今日”诗风云：“风雅一道，今日称盛，而奏黄钟大吕于烦手哇声之日，舍此曷归。盖尚唐音者取声调，作宋诗者喜酣畅，而于古人意格，相去倍蓰。”（曾灿：《与丁雁水》）他认为“意格”乃为诗骨，而声调则为肉，无骨而肉无以附，此正为曾灿与其兄曾畹论诗之迥异之处。

于是，魏礼等易堂诸子皆倡导作诗者须先正性情，亦即正人品。在这一点上，他们又回到了传统的儒家诗学理论的藩篱，以符合儒家的纲常伦理为正。魏礼云：“夫诗本性情，而忠孝者，又性情之本。”（魏礼：《翠山诗序》）进而申述道：

> 呜呼！诚立本以修辞，而能事毕矣。夫灵君之辞，尔雅陆离，缠绵往复，禽鸟芳草之思，引人以深，本于忠也；《蓼莪》《陟屺》之什，千载而下，读者感慨存焉，本于孝也。《墙茨》《新台》，《巷伯》《何人》，所恶恶之，正性也，不嫌其直。盖情有必至，非一境可尽，适中其可而已耳。故曰：表曲者影必邪，源清者流必洁，犹叩树本，百枝皆动也。（魏礼：《翠山诗序》）

魏礼之意甚明，以本于忠孝之性情为正，人之情本于忠孝，则其辞必诚。故此他说：“木之根必有华，人之有质者有其文焉，又何必不更有诗。是故华者，根之表也；文也者，质之表也，岂人之故为之，天地自然之机如是尔。”（魏礼：《曾有功遗诗序》）其兄魏际瑞谈到诗人之性情，亦以五伦为论：“夫人莫切于五伦，而伦莫尊于君父。凡其所以生则相崇，死则相慕，卑之而不耻，刑之而不怒，至于糜烂其身而甘之如饴者，岂非缠绵悱恻之心发于至诚，而禀其生气行乎其所不得不行耶？夫有根而不生者，根已死也；有心而无情者，心已死也。彼陷于禽兽不为羞，譬诸草木不为恨，等之顽石而不以为耻，而且甘心而甚乐之，吾安知其情之恶乎？而用乎？”（魏际瑞：《有情集序》）魏际瑞以五伦之情为人性情之正，若人无此情则心死，则与禽兽、草木、顽石等同之。曾灿也说：“诗与乐为表里，古人作乐以陶养其性情，化裁气质；而作诗者亦多悠游，深长反覆，以写其意。故曰：乐而不淫，怨而不怒。虽其间不无蹈厉激楚之音，其旨则皆原于忠厚。”（曾灿：《鲍子韶诗序》）又：“诗以道性情，性情出于正，虽闺房、燕好、赠答、怨诽、讥刺之言，皆可登之《风》《雅》。”（曾灿：《吕御青诗序》）所谓“原于忠厚”“性情出于正”，皆不出儒家之纲常伦理。

由此，受传统儒家诗学观念之影响，易堂诸人总体上重视诗歌的社会作用，魏礼即认为，古之诗文，皆以道德政治为旨归，其云：“古之为诗古文者，盖有其本矣。其所表见于天下后世，必有道德政治之归，足以教泽于斯民，举而措诸具于其素。是故由本而溢发于文章，不由文章而外美其辞也。”（魏礼：《托素宅文集序》）曾灿也认为，诗之道必关乎政治、礼教，其云：

> 六经皆圣人之言，而《诗》独取里巷闺闱、山川风土、昆虫草木之歌谣，初无关于政治礼教，而圣人以为兴观群怨，可以迩事父、远事君者何居？盖教化之言庄以厉，歌咏之言深以长；高远者难通，而婉挚者易入也。古者采诗以观民风，自周以降，汉魏、六朝浮靡之诗，时见于歌曲，而美刺之义以泯。然读韦孟之讽谏、东方之诫子、魏武嵇康之秋胡诸行，未尝不感慕兴起，悠然见三代之遗风焉。故曰：忧生而后达生，达生而后哀乐得节，礼乐可同，谁谓诗之道不关于政治、礼教哉？（曾灿：《张文一松斋诗序》）

曾氏论《诗经》，以为其中之歌谣本无关乎政治礼教，然至圣人，以其言意深长、婉挚易入而附以兴观群怨之旨，以行政治礼乐之教。至后来诗道日衰，然亦常有三代遗风存焉。故审乎历代，诗之道未尝不关乎政治礼教。然而，无论如何，后世诗风日弊，“作诗之志”不明，遂至于诗道日晦，因此他痛斥后世之诗丧失古人兴观群怨之旨：

> 自《陟岵》《北山》诸篇，载于《风》《雅》，而知古之忠臣孝子，未有不能诗者。夫古人之诗，视其志之所向，发于自然，不求工而自能工。故虽田夫野老、闺妇游女之辞，皆可登之庙堂之上，而况忠臣孝子乎？汉魏以降，学者争尚声律，属对比事，字以炼而精，句以琢而巧，遂失古人兴观群怨之旨。某尝读《宋史·经籍志》，见所列诗人不下数百十家，而求其风采著于朝廷，孝行闻于乡里，百不得一二焉。某甚悲之。岂古人之才质有异同，抑四方之风气有升降欤？盖其作诗之志，在此而不在彼也。[曾灿：《霁园诗序（代）》]

在曾氏看来，后世之诗远不及古人，并非在于才质有异同，也不在于四方风气有升降，而在于“作诗之志”迥异，而溯其缘由，就在于诗人之本心、性情失其正。

易堂诸子论诗之品格，以人品为本，认为人品正则诗品自见。因此，诸子以真情为诗歌之本，如上所述，易堂论情又强调须出乎儒家伦理道德的基础之上，相较于明代中后期王学左派以及公安派等人的性情论，似乎又返回了老路，故而如何评价易堂诸子乃至清初诸多文人学士的这种在某种意义上说呈现出“倒退”趋势的诗学观念就是一个重要的问题。诚然，阳明之学为明代个性自由思潮提供了思想力量，尤其是李贽等王学左派，对于文学思想的影响至大，明代晚期的性灵之说，在一定程度上突破了传统儒家诗学思想的长期以来的“束缚”，强调个体性灵之抒发，开启了中国古代文学思想史中灿烂夺目的一页。而至于鼎革之初，对于这一文学思想的批判日盛，就诗学思想来讲，便又出现了诸如上述易堂诸人的品格之论，又强调传统儒家诗学思想的复归。即便如此，笔者以为依然需要慎重使用“倒退”抑或是“落后”的词语去评判清初出现的这一诗学观念或者诗学潮流。因为任何一种诗学观念或者诗学潮流的出现，总是有其一定的社会、文化、文学等的复杂背景，故而我们需要将其置于历史的语境中去解析这种诗学观念或诗学潮流的发生发展过程及其对于后世的影响，最后以确定其在诗学史上的地位。与此同时，分析其在当时的“合理性”即诗学史意义时，当然也要在诗学史的历程中指出其偏执或不足之处。以易堂诸子的品格论来看，其出现的原因大抵有两端：其一，明代七子派及至公安、竟陵之派，其诗学影响至大，而其弊渐显，如七子派之优孟衣冠、公安派之泛滥失统、竟陵派之幽深险涩等。故易堂等清初士人以复归古诗之道以矫之。其二，明清鼎革，天地崩摧，对于汉族士大夫来讲，死者已矣，而生者感到的是锥心之痛，故国遗老们生活在先朝与异族新朝的夹缝之中，倔强而孤傲，故而他们大扬忠孝大义之气节，以释心怀。如此而反映在诗学观念上，自然而然地重倡以纲常伦理为基，特重教化的传统儒家诗学观念，这里面也蕴含了极其复杂的遗民情怀。

易堂诸子等清初士人的这种诗学主张在一定程度上扭转了明季以来孱弱的诗风，使得重于摹拟的、过分关注自我的风气再次回到广阔的社会生活中来，诗歌也再次承担起了它的社会使命。

然而，需要特别指出的是，在注重以儒家纲常伦理为本以及诗歌道德政治为旨归的同时，易堂诸子依然吸收了性灵之说的因子，特重诗人个体性情的抒发，倡导感兴之论。这也表现出清初文人学士们在诗学问题上的融通视野，对于其后清代诗学的繁荣具有积极的影响。

三　感兴论

易堂诸子以情为诗之本，真情而发为诗之体。对于真情何以发这一诗歌发生学问题，诸子也有探讨，他们在传统物感说的基础上提出感兴之说，反映了清初诗学在这一诗学重要问题上的创建性。

魏禧以“动物”言说“诗之为物”，其云：“诗之为物，触于境，感于事，而勃然发诸言，是动物也。”（魏禧：《许士重诗叙》）又：“观山川风云草木之变，郁勃于中，久而意尽，犹作诗也。”（魏禧：《魏叔子诗集自叙》）魏禧以为，诗歌之兴，起于“动物”，即由“境”“事”所“触”所“感”，情动而发之于言。魏礼则云：“至于为文章，真则变化生矣；华而不浮，质而有体矣。如春温夏暑、秋凉而冬寒，此四时之真也，而变化生焉。夫所为变化者，则有日月风云、草木禽虫、山川人事之感应。”（魏礼：《答文信予书》）魏礼所言之“文章”，自然也包括诗歌在内，他认为文章之变化万千，就在于与外物变化的感应。曾灿也认为：“夫事有因时触物而相感者，虽一草一木、鸟兽昆虫鳞甲之微，皆足以发其咨嗟慨叹、哀怨愁慕，而不知其所以然。庄生之所谓‘乐出虚烝成菌’是已。”（曾灿：《汪扶晨闻雁诗序》）又：“盖古人作诗，必先有所感触，非斤斤于比物赋形。”（曾灿：《范石湖梅花诗序》）

诸子之论，显然是承继了中国古代诗学思想史中的物感说，来说明他们对诗歌发生的理解。《礼记·乐记》论乐时云：“凡音之起，由人心生也。人心之动，物使之然也，感于物而动，故形于声。”[①] 陆机《文赋》云：“遵四时以叹逝，瞻万物而思纷；悲落叶于劲秋，喜柔条于芳春。”[②] 《文心雕龙·物色》篇云：“春秋代序，阴阳惨舒，物色之动，心亦摇焉。”[③] 钟嵘《诗品》则云：“气之动物，物之感人，故摇荡性情，形诸歌詠。”[④] 此俱从理论上言说外物之感人，而后发而为诗。《庄子·知北游》篇则以文艺性的语言表述外物感发人情之状：“山林与！皋壤与！是我欣欣然而乐与！乐未毕也，哀又继之，哀乐之来，吾不能御，其去弗能止。悲夫，世人直

---

① 孙希旦：《礼记集解》（下册），中华书局，1989，第976页。

② 陆机：《文赋》，见郭绍虞主编《中国历代文论选》第一册，第170页。

③ 刘勰撰，黄叔琳注，李祥补注，杨明照校注拾遗《增订文心雕龙校注》，第566页。

④ 钟嵘著，陈延杰注《诗品注》，人民文学出版社，1958，第1页。

为物逆旅耳！"[①] 如此等等，可见物感之说其说也远，而对中国古代诗学思想影响至深。

易堂诸人以古老的物感之说，从学理上解释诗歌产生之由。当然，在继承的基础上，也有新的理论元素融入其中，比如上述诸子所论物感之"物"，除了山川万物，草木枯荣等自然之物变，也包含了境遇、人事之变，体现了他们对这一问题新的理解。关于"感兴"之说，魏际瑞论之甚精：

> 太史公曰："《诗三百篇》，大抵圣贤发愤之所为作也。"欧阳永叔谓："凡诗词之作，必达者而后意工。"予友丘邦士又谓："必怨者而后辞工。"吾以为苟无达人，则又恶可以怨乎？吾尝读书螺山，据高岩而朗诵，觉星斗乍动，风雨欲来，而其继也，撑宏噇嗒之声，亦聊以答吾响，是亦歌咏之豪也，而忽然而感生，而忽然而起兴。斯时也，汩汩没没，杳杳茫茫，亦安知其言之出于舌，而措之于手者耶？而子蘧氏忽以其诗进曰："此吾感兴之所由作也。"夫有为而为与无待而兴者，皆谓之感。感之为言，撼也，我撼乎物而物无憾我，则温柔敦厚之意；或形于嬉笑怒骂而不能已者，盖亦得性情之正焉。风之号于空也，水之激乎石也，调调刁刁之发乎籁也，其皆所以为诗，皆所以为感者乎！今以圣人而下，至于蝼蚁，莫不有其自鸣之意，苟为达者，其视蝼蚁也，无不如其视圣人。（魏际瑞：《感兴诗序》）

魏际瑞以自己据岩歌咏的亲身体验为引，论及诗之感兴。在歌咏之时，物我交情，情溢万物，故觉"星斗乍动，风雨欲来"，"忽然而感生，忽然而起兴"。置于此时此境，"我"之情投寄于万物，万物之情亦注于"我"，故而感焉兴焉，情不能禁，至于"汩汩没没，杳杳茫茫，亦安知其言之出于舌，而措之于手者"。至于作诗之道，

---

① 王先谦：《庄子集解》，见王先谦、刘武撰《庄子集解　庄子集解内篇补正》，中华书局，1987，第 194 ~ 195 页。

实亦如此。

故而魏氏进而论诗之所由作，即由“感”而已。何谓之“感”？魏氏释云：“感之为言，撼也。”又：“风行而草偃，故曰感，感而遂应，故曰风以动之是也。”（魏际瑞：《诗经原本序》）即打动、感染之意。何谓之“兴”？虽于此处魏氏未作解释，而在他处则论云：“感悟而起者谓之兴。”（魏际瑞：《删诗序》）就是心中有所感悟而情以之发，即为兴会。魏际瑞曾批评“诗分畛域”的做法，并如此描绘“兴会”时的情境：“天下之言近而旨远，莫过于诗，而释老之徒与儒者各分畛域。夫分畛域而为诗，则岂复有诗焉？予尝有会，欲著文章，其始也，油然如云而乍兴。既也，沛然而如雨，奋笔相追，而始之所谓如雨如云者，卒或不能达其十一。然则苟有得于其意，虽不作诗可也。”（魏际瑞：《问云居诗集序》）此即刘勰所谓“方其搦翰，气倍辞前；暨乎篇成，半折心始”[①] 云云。魏氏此处则意在表明“兴会”之义，亦即诗情之由。魏禧论诗，也重“兴会”：“意至而兴会不属，不必更作。”（魏禧：《魏叔子诗集自叙》）

魏际瑞认为，“感”有二义：其一，“有为而为”；其二，“无待而起兴”。什么是“有为而为”呢？即“我撼于物而物无撼于我”，就是“我”之情志注于外物，换言之，就是借由外物来抒发或者表达“我”之情志，以达到美刺讽谏、移风易俗等作用，故言此“则温柔敦厚之意”。更值得称道的是，魏际瑞认识到“感”之第二义，即所谓“无待而起兴”者，就是指喜怒哀乐等人之常情有时无来由地积蓄心中，而后不能已而发之，如“风之号于空也，水之激乎石也，调调刁刁之发乎籁也”，自然而然如泉涌出，此亦为感兴。并且他认为，如此发而为诗者，亦为“性情之正”，故而他认为从圣人至蝼蚁，“莫不有其自鸣之意”，而“苟为达者，其视蝼蚁也，无不如其视圣人。”这正是肯定了诗歌抒发个体情感的“合法性”，是对第一义的突破与补充。显然，这是继承了晚明性灵派诗论的精髓，在

---

① 刘勰撰，黄叔琳注，李祥补注，杨明照校注拾遗《增订文心雕龙校注》，第369页。

鼎革之初的诗学思想中尤其显得珍贵。

如上所论，易堂感兴之论，特重第二义，即“无待而起兴”，人如天籁，皆有“自鸣之意”，无待而兴者，正是此“自鸣之意”，而发之则为一己之情。故易堂情本论诗学的可贵之处，即在于他们所说的真情，既以其归于忠孝为正，但同时特别强调“情”的个体独特性，认为发乎自然之情者，亦不失为性情之正。他们认为，个体情感之独至而至于诗之独至，最终即表现为诗歌风格上的丰富性。上文已经论到，魏礼言诗之品格，也特别强调“宗夫已之品”，里面已经蕴含了重个体情感之因素。《文心雕龙·明诗》篇有云：“人禀七情，应物斯感，感物吟志，莫非自然。”① 易堂诸子认为，人既已有真情充沛于心中，不得已而发之为诗，则诗不期工而自工；人情有不同，故诗亦有不同。魏礼一语概之：“要之，性情不同，诗格随异。”（魏礼：《答陶奉长》）又详论道：“人之貌不同，以各有其我，人之诗文竞出不穷，以其有我也。是故以古人之气格、识法而成其我，徒我不成，犹必具五官、百骸、神血、须眉、发爪而成人，人人皆同而皆不同，各我其我也。”（魏礼：《阮畴生文集序》）魏礼此论甚精，认为人之不同，诗必不同，“以各有其我”。故而以真情为诗者，理应风格各殊：

> 诗之道本性情，而性情所发不一。道譬之万类各殊，虽毒虫猛兽，皆天之性情也。是故发之诗者，有以真朴写其性情，有以文藻焜耀写其性情，有以光怪陆离、平淡聱牙写其性情。凡此者，皆性情之具有也。（魏礼：《杨御李诗序》）

彭任论气禀与情感时云：“人之气禀不同，而情有偏重，故喜怒忧乐感忿，随其所遭而发，而亦又有异焉者，则系乎其人。”（彭任：《伍象新七十有一序》）曾灿在谈及人情之不同而至于声之不同的情

① 刘勰撰，黄叔琳注，李祥补注，杨明照校注拾遗《增订文心雕龙校注》，第64页。

状时也说："是故嚎者、叫者、叱者、吸者、激者、先笑后号咷者、寥寥调调刁刁者、有股鸣脰鸣胁鸣羽鸣者、有万马驰骤于战阵中戈矛相摩戛者，声之万变无穷，而性情亦杂出其中。是故喜而笑，悲而哭者，性情之正也；不悲而啼、不喜而笑者，性情失其常也。惟有真性情而后人之性情乃出。"（曾灿：《吕御青诗序》）由此看来，曾灿也认为凡是情真者，皆为性情之正。至于诗歌，则因情之不同而自成面目，如"江河之水，砰訇演漾，曲成其文"，其云：

诗作者必得其性之所近，虽出入众作，要皆自成一家，如杜之老朴坚厚、韩李之奇崛峭厉、王孟高岑之闲秀，莫不有规模气度，足以轶越古人，然不能变，则又优孟衣冠，得其形似而已。故江河之水，砰訇演漾，曲成其文，及风焉而澎湃浩瀚之势，可吞邱山而蔽日月，不拘于一者也。（曾灿：《邵其人吴趋吟序》）

魏、曾之论，意旨实同，都强调个体风格，所谓"自成一家"。而何以能够做到自成一家呢？则以"真朴写其性情"，意即"得其性之所近"，做到如此，则无论是文藻焜耀、光怪陆离、平淡聱牙，还是老朴坚厚、奇崛峭厉、闲秀之风，如水之成形，不拘一格，俱为真诗，甚至可凌越古人。如徒以模拟古人而不能变，则为优孟衣冠。

正是由于具有这样一种通融的诗学观，在鼎革之初遭到文人学士们痛贬的历下、竟陵之诗，在魏礼看来却各有可取之处，其云：

世之论诗者，或陋竟陵，或訾历下，而抑竟陵为尤至。习诗者镂心于风云月露，一其精神于字句之推敲。夫句字岂可忽哉！盍亦有其源矣。源者何？笔可至而语不能至也，神可遇而笔或不遇也。涵养多学，气格自化，然后可几于此矣。竟陵、历下各有得失也，而吠声之徒逐人轩轾，彼亦恶知二家得失所在。傥取竟陵之务搂抉性灵，以益历下；历下之声光丰美以益竟陵，未尝不兼得也。竟陵之言古诗佳者十六，律则失之者多于杜少陵也尤甚。是故学竟陵之失，流于巧薄牵率，遗大观历下之失，肤矣，肤之失尤难循持也。唐人之诗尚风格而次脉络，足以移大情；宋人之诗工切而整妥，足以敦吾学。合唐宋之诗之佳，正可兼收也。而杜少陵能之。要之，在吾有自得之妙而已。（魏礼：《答沈仲孚胡若木欧上闲书》）

魏礼以为，世人之贬斥历下、竟陵之诗歌，但往往又不知二家之失究竟在何处，所以不得要领。况且，二家之诗有失处，也有得处，批评者又往往究其失而遗弃得，所以不能吸取借鉴二家之得。故而他说“傥取竟陵之务搂抉性灵，以益历下；历下之声光丰美以益竟陵，未尝不兼得也。”随后又引申之，对于唐宋诗之争也表达了自己的看法，认为唐、宋之诗各有优缺点，后人须吸取二代诗歌之长处，“正可兼收”。而强调为诗“在吾有自得之妙”，则正是上述感兴之说的具体体现。毋庸置疑，在清初诗学大斥摹拟派、性灵派的理论背景之中，魏礼如此通达的诗学观甚是难得，同时在唐宋诗之争的问题上，他也展现了自己的诗学智慧，在明末清初的诗学衍变中，具有较为重要的意义。

总体而言，如前所论，易堂诸子在诗歌发展观念上以为今不如古，这也并非完全意义上的厚古薄今，因为在他们看来，诗之今不如古，古人之诗亦非不可超越，只在于今人缺乏真情真意。魏礼云：

古人言：诗须有谓而作。有谓者，我之真意，所谓发乎情是也。流连山水，点缀花月，亦必有我一时之情、之意，则此乃为我作之诗。古人已作，我可更作；我作之，他人又可更作。千万作而境不穷者，有谓故也；古人、他人情与我合，而我竟不作者，有谓故也。（魏礼：《答杨御李书》）

魏礼释古人“诗须有谓而作”，认为所谓“有谓”即有真情真意。有真情真意，则无论何时何境，可为“我作之诗”，故而可以“千万作而境不穷”。魏氏此论，点明古今作诗之钥。在《岭老诗序》

中，他又说："人之面貌体干，古今人皆同，然而无一同者，是人身为天地间至奇无穷者也。"（魏礼：《岭老诗序》）魏际瑞也认为，古人今人"作述之情"各有不同，故今人之作不必肖于古人：

昔人有言：文章千古事，得失寸心知。夫千古在上者，我之作述不能有过古人；千古在下者，古人作述之情亦不能有过于我。子孙之于祖父，或肖其形，或肖其声，或肖其性行，或一体，或具体，而或一无所肖焉。然而为其祖，若文之遗，则虽一无所肖，而必不可谓非其人之子孙。若夫学古人而极似古人，既已先自似之，而何贵乎吾之代之，增其篇幅乎？（魏际瑞：《与周公书》）

魏际瑞此论，实与上引魏礼之论意旨不二，意即古今人情自有不同，而后人只需遵己之情而为作，即可与古人并峙；若必肖似于古人，则只是徒"增其篇幅"而已，绝无传世价值。

易堂感兴之论，是其情本论的延展，强调的是人之真情的自然流露，所谓情不能已，自然而发，故在诗风上崇尚真朴自然，不矫饰。魏礼云："诗文章有自然之气，无事奋张也；有自然之奇，无事荒诡也；有自然之华藻、自然之格与法，无事于缛组。步则步趋，则趋餔古人之糟粕也。是故日月云霞之发于天，卉木敷葩于大地，皆其至洁而不缛者也。"（魏礼：《澄观堂集序》）魏礼以"日月云霞之发于天，卉木敷葩于大地"等天文之象来说明诗文须尚自然，故而他以为诗歌以"真朴"为贵：

夫诗以真朴为近，所谓丝不如竹，竹不如肉也。然而聱牙光怪者，未始非性情之有事，盖若人之体干，短小精悍者成其短小精悍，硕硕者成其硕硕，皆禀于本然而无假外物，非必古朴之貌，然后为至也。吾所具有者如是，发之亦如是而已，则是光怪聱牙曷为乎？不与真朴之性情等哉。（魏礼：《杨御李诗序》）

审乎此论，魏礼之所谓“真朴”非就诗歌风格而言，而是就作诗之道而言。何谓之真朴？非谓表现为“古朴”的风格，而是说作诗要随性情而发，即使是表现为风格上的“聱牙光怪”，但因“禀于本然而无假外物”，所以也是真朴之诗。

由此，魏礼所说的真朴之诗并不排斥对于辞藻等形式方面的追求。他论述道：

> 夫以乐易敦本之性情，其为诗也，宜真朴，乃发为文藻焜耀，疑乎不比矣，此何故哉？乐易者，禀之于天者然也；文藻焜耀者，学力之存乎人者也，故能合天人之道以为诗者，而诗道始得矣。且夫诗文者，欲其具有也，使用性情之一端，不知于变进，所谓琴瑟专一，谁能听之。故具性情之大者，如春之发物，无不流者也；如人之五官百骸，其状各异，乃具乎体干也，然该之不出于一人。夫善为诗者，如人之各具五官百骸、体干之自然，不可易而诗道得矣。（魏礼：《杨御李诗序》）

魏礼认为，人之性情与诗歌语言风格的表现有时并不相符，比如说“乐易敦本之性情”，本应该发为真朴之诗，但恰恰作出的是文采飞扬之诗，何以言之？在魏氏看来，这也并不能说人文不比，因为乐易之性情为天生所禀，而华丽飞扬的辞藻则是后天所学而得，这恰恰表现为天人之合，才为得诗道者所为。而且他认为，人之情受到时物之感而生变化，作诗也须知于变进，而不仅仅执于情之一端。故魏礼云：“溪水清潋，随石为曲折，文鱼细藻时浮游其中。春涨则澎湃之，势具焉。”（魏礼：《岕老诗序》）随势而变，人情若此，诗亦若此。

虽然求之自然真朴，但对于诗之辞、法、格等形式方面，易堂诸子大抵以为在坚持情为本的基础上，均须讲求。魏禧云：“然亦有有情而诗不工者。鸟之鸣于春也，情也，而其鸣有善不善。鹤鸣于皋，燕之上下其音，黄鸟之睍睆，乃有取焉尔。其他啁啾之响，不可以娱耳而快心，而况于诗？虽今人言情之作，其源流皆本于风雅骚赋，而谓可以不工而遂已乎?”（魏禧：《末湖诗集序》）在他看来，诗虽以情为本，然有情者未必诗必工，正如自然界有善鸣不善鸣之物。此不善鸣者，如诗之不善辞者。故他论作诗说：“兴属而辞不工，有其作之，不比传之，如家人父子谯言适意，未尝可勒之书也。”（魏禧：《魏叔子诗集自叙》）重文辞成为易堂诸人诗学的重要内容，魏礼云：“情者，本也，然辞亦未可以末之也。辞之善，乃足以达吾情，非辞则情晦矣。古人所以情辞兼修，而不失本末也。”（魏礼：《杨生诗序》）他认为辞善则达情，辞不善则“情晦”，是以情非辞而不达。实际上就是魏禧所言的善鸣不善鸣。魏际瑞也激赏杜牧、徐渭之文采风流：“唐朝杜牧明徐渭，文采风流洵可见。”（魏际瑞：《幕中春日》）

曾灿也论道：

> 诗之为道，本于言其性情，故里巷歌谣、思妇征夫之言，亦悉登于《风》《雅》，盖其性情有独至，则其诗为可传也。然何以古者里巷之言有当《风》《雅》，而今者不然，岂今之性情有异于古之性情欤？则其言之文不文殊耳。故诗贵性情，然欲其朴至，而文则必有学问之事焉。里巷之言，有情而无文；学士大夫之言，有文而无情，是以皆不得其工。［曾灿：《龚琅霞诗序（代）》］

曾氏此论更深一步，以为今诗之不如古，非在性情有异，而在于“言之文不文”，故而他说诗虽贵性情，但“欲其朴至，而文则必有学问之事焉”。此之“学问之事”，既包括经史百家之学术，也包括作诗之文辞格法等形式要素。此即与影响极大的严羽“诗有别材，非关书也；诗有别趣，非关理也”[1] 之论唱为反调，也是对明代盛行的盛唐诗学的反驳，反映了清初诗学的新动向。对此，将在后文

① 严羽撰，郭绍虞校释《沧浪诗话校释》，第26页。

予以详述。魏礼云："今之诗所以远古人者，非特不深究古人，亡其理势格法而已；又且有束缚于理势格法之中，失其性情风雅，如方罫之道，横直犁然，上偶衣冠，假傅不灵，后之拟乐府者比比然也。夫使任性情者进以理势格法，拘牵者悟之以性情灵虚，庶几乎交相救矣。"（魏礼：《答陶奉长》）魏礼以为，今诗之不如古，原因有二：一则不讲求理势格法；二则拘于理势格法。故他倡言以理势格法救任情者之失，而以性情灵虚救拘牵者之病。故而魏礼也特重理势格法。

彭士望论诗也重才法，其云：

> 诗者，性情之物，世徒以色泽声调为之，此伪体日浸淫乎天下，而其真者累千百人不一遇也。能真矣，才不足以达之，褊涩雕镌时复侧出，罕宽裕自得之意，其光不能四应，才矣。不有法以御之其于冲突，排奡刺取，阖辟变化，无古人贯穿出没其中。师心之智，用之有涯。李将军野战遇匈奴，未免败北，腾儿马始得归，盖严乃有暇，暇则不穷，其法胜也。（彭士望：《独漉堂诗序》）

他认为，诗虽以情为本，但无才则不达，才又无法而不御。所以法之于诗，重要性不言而喻。魏际瑞则在辨诗之体时强调修辞之重："盖此诗难于他作，非洗刷精炼，出之警策，必庸泛而不堪。昔人谓僧诗无禅气，道诗无丹药气，儒者诗无道学头巾气，乃为杰作。夫气且佳，况其字语庸庸而用之既厌者哉！程朱语录，可为圣为贤，而不可以为诗。程朱之人亦为圣为贤，而作诗则非所长也。简练之功不但选择字句，苟非体认而入与有得而出者，则均之此理而情事不切，词句不警，神气不王。故语录无语录气，斯谓之佳，而况诗乎？"（魏际瑞：《与甘健斋论诗书》）魏际瑞此论以辨诗体与其他文体不同，需"洗刷精炼"而"出之警策"，而所谓"简练之功"，则与使辞造句、指陈情事等修辞手段有密切关系。所以他说，即使是程朱这样的圣贤之人，作诗则并非其所长。

需要指出的是，易堂诸子之重视文辞格法等形式因素，是建立在情本论的基础上的。因此，他们反对弃本而逐华，而这正是今诗不及古诗的重要原因及表征，魏礼批评后人之诗道："盖自后人离本以为诗，一骛于枝华而根实遗焉。近道理者，目为迂腐；稍涉怒张矢事直赋者，目为鄙且率，则是天有日月而无风雷，时惟春夏，绝其秋冬也；人之情有喜乐而无哀怒也。恶乎可哉！顾乃缮性揉情以蕲合时所趋尚，且至无我无诗，于是菁华日益盛，而作诗之意日以亡矣。今夫析彩以为花，搏绮以为实，非不极观美也，而乖其本之所著，用效不相随。是故后世士大夫诗，有不逮古之田更牧竖、征夫思妇者矣。"（魏礼：《翠山诗序》）弃本而骛华，致使"无我无诗"，而最终导致"菁华日益盛，而作诗之意日以亡"的结果。

四　声韵论

易堂诸子论诗，本末兼重，思路开阔，视野融通。品格、感兴之论外，声韵论也是其情本诗学的重要组成部分。易堂论声韵者，以魏际瑞为最精审。他在论"韵"时云：

> 韵也者，引情之道也，作者有有为之致，读者有无穷之思。韵之彼之此之情也，亦非彼非此之情也，触而相得也，其几与兴同焉；指而相归也，其事与赋同焉；属而相合也，其义与比同焉。韵也者，声之府、情之道、文之径、辞之原也。（魏际瑞：《诗经原本序》）

又具体解释说："凡诗必先观其浅深缓急之情，及长短参差之节，有自然恰好处，有不得不然处，然后知其宜叶不宜叶，叶之宜如此，不宜如此。吾故曰：韵乃引情之道，而读者有无穷之心，苟达此理，自我作祖可也。"（魏际瑞：《诗经原本·燕燕》）察魏氏之论，以韵为"引情之道"，从作者、读者两个角度说明韵之于诗的重要性。从作者角度言，诗以情为本，而韵为引情之道，故诗无韵则不成。从接受角度讲，无韵也无以引起读者之情思。他进一步强调说"韵也者，声之府、情之道、文之境、辞之源。”诗之声、情、文、辞俱与韵有密切关系，可见韵之于诗，其重要性不言而喻。魏氏曾举“象”之于《易》来说明“韵”之于诗的重要性，其云：“诗之有韵，犹《易》之有象也。诗无韵则情不彰，《易》无象则理不著。而《易》亦有韵者，《易》之情也，与诗有相通之道焉，故其情相应而声亦相感。故曰：《易》者，感应而已矣；诗者，亦感应而已矣。”（魏际瑞：《亿言》）他认为，诗有韵如同《易》之有象，故二者有相通之道，之于诗而言，情应而声出，声出而韵自至。邱维屏则以“有韵之言”定义诗，“愚谓诗不必尽《风》《雅》。凡古人有韵之言皆是也。精洁如《易》、周公爻词、孔子赞杂传，莫非有韵之言，即皆可为诗。”（邱维屏：《魏石床诗序》）

“声”即声气、声音，“风，风也，东西南北之声气也。风行而草偃，故曰感，感而遂应，故曰风以动之是也。”（魏际瑞：《诗经原本序》）风吹草动，则声气出焉。人情之动，正如“风行而草偃”，故情动而声出，无不自然如天籁之音。魏际瑞由此引申而论诗之声韵云：

> 风之行于空也，有研，有坎，有凹，有凸，有林木、洞壑、溪径、泉原，而自然之籁出焉。籁有不同，而声乃不得不变；声有不同，而韵乃不得不变；韵有不同，而文乃不得不变；文有不同，而情乃不得不变。情者，诗之本而声之末也；非末也，情不得不偕声而胥变也。泉之发也，眇而盈盈，而达达而流者，其与山石曲折、路径高下，必将有呜咽明灭、汹涌济腾、洒洒洋洋、沐沐渌渌，而差等以成其声。于戏！斯则古人平仄之相为叶也已矣。（魏际瑞：《诗经原本序》）

自然界中，万籁不同而声音也随之而变化万千，正如万物丕变，人情也随之不得不变，故声有不同。《乐府诗集》有云：“言者，心之声也；歌者，声之文也。情动于中而形于言，言之不足故嗟叹之，嗟叹之不足故永歌之。歌之为言也，长言之也。夫欲上如抗，下如坠，曲如折，止如槁木，倨中矩，句中钩，累累乎端如贯珠，此歌之善也。”[①] 至于诗，莫不如此。在魏氏看来，声、韵、文、情四者，又往往相生相变，声变而至于韵变，韵变而至于文变，文变而至于情变，故云：“情者，诗之本而声之末也；非末也，情不得不借声而胥变也。”自然之籁，如泉水之发涌，随物赋形，而随流赋声，声韵协和，“其与山石曲折、路径高下，必将有呜咽明灭、汹涌奔腾、洒洒洋洋、沐沐渌渌，而差等以成其声”，此正如“古人平仄之相为叶”，俱为自然之道。

如上所论，正因为“风”有不同，声气自然有异，在这一理论的基础上，魏际瑞在谈及南北曲风的区别时有十分精彩的论述：

> 南曲如抽丝，北曲如轮鎗；南曲如南风，北曲如北风；南曲如酒，北曲如水；南曲如六朝，北曲如汉魏。南曲自然者，如美人淡妆素服，文士羽扇纶巾；北曲自然者，如老僧世情物价，老农清雨桑麻。南曲情联，北曲势断；南曲圆滑，北曲劲涩；南曲柳颤花摇，北曲水落石出；南曲如珠落玉盘，北曲如金戈铁马。贵坚重，贱轻浮；尚精紧，卑流荡；喜干净，厌烦碎；爱老成，黜柔弱；取大方，弃鄙巧；求蕴藉，忌粗率，则南北所同也。北曲步步挢高，南曲层层转落；北曲枯折见媚，南曲宛转归正；北曲似粗而深厚，南曲似柔而筋节；北白似生似呆，南白贵温贵雅；北白或过文，或眼目，或案断；南白有穿插，有挑拨，有埋伏；北白冗则极冗，简则极简；南白停匀而已。作诗题难于诗，作曲白难于曲。（魏际瑞：《与子弟论文》）

魏氏此论，实是建立在他的声韵论基础上的。同堂挚友彭士望在评论此段文字时云：“不但论曲，并唱曲之理，无不入神。”[②] 所谓

---

① 郭茂倩：《乐府诗集》卷 83，中华书局，1979，第 1164 页。

② 见魏际瑞《与子弟论文》，《魏伯子文集》卷 4。

“唱曲之理”，便涉及声韵之理。

诗之声韵与文情相得，所谓“文生于情，情生于文，文情相得，声音相感”。故可由声而知文，由文而知情，由情而知人。对此，魏际瑞论道：

> 渊渊乎以纯者，钟鼓之声也；间韵、变韵而相杂者，八音之乱也。治世之声宽以淳，乱世之音促以杂。精而明者，军伍之奏也；宏而肃者，朝廷之举也；幽而雅者，闺房之曲也；荡而沈者，淫奔之倡也。行礼之章，温以文；燕饮之歌，闲以乐；感慕之咏，远以深；形容之诗，赞以叹，自然之道也。绵邈郁葱，知思妇之情；幽淑光明，见贞女之德。如慕而知疑者，孝子之心；靡届靡究者，忠臣之义也。是故君子读箴戒之词，有金石典谟之气焉；读愁怨之什，有凄风苦雨之音焉。故曰：文生于情，情生于文，文情相得，声音相感，如斯而已矣。是故声音者，性情之道也；文章者，声音之形也。（魏际瑞：《诗经原本序》）

此论不可谓不精。真情之诗，由其声可审其情其文；又由其文可审其情其声。情无声则不彰，故云“声音者，性情之道”，而言无声则不成，故云“文章者，声音之形也。”在此基础上，他论诗体之风云：“是故坚厚而浑深，平淡而隽雅，古诗之体也；长浩而清转，缥缈而雍容，近体之致也；辞尚体要，穆如清风者，五言之度；昂扬若千里之驹，汜汜若水中之凫者，七言之旨也；歌行之妙，神女衣绡而凌空，侠士歌风而舞剑；绝句之俊，态如春风之杨柳，而神如秋水之芙蓉也。盖为之者，博而之约，专而至精，熟而生乎巧，有不期然而然者矣。”（魏际瑞：《删诗序》）此虽非专论诗之声韵，但与其声韵之说有密切的关系，所谓“文情相得，声音相感”者也。

基于这样的观念，易堂诸子于诗歌一途，特重声韵。魏礼云：“是故性情者，诗之主也；气与格，诗之用也；韵者，诗之情也。”又具体解释说：

> 然诗之所以感人，性情油然而不自已者，则犹在于韵。韵者，声音之动而性情之所发也。古人使韵如江河之水，随地曲折而成形；又如霍去病、李广用兵，不学古法，自然合节，若《三百篇》之类是已。（魏礼：《李云田豫章草序》）

此论“韵者，诗之情”，“韵者，声音之动而性情之所发”云云，实与上引其兄魏际瑞以韵为“引情之道”的意旨完全相同。在魏氏兄弟看来，《诗经》就是诗之声韵的极致，魏际瑞云：“盖《三百篇》为声教之祖，后有作者无以踰其体制也。”（魏际瑞：《诗经原本·抑》）魏礼则以为，《诗经》之韵，如水成形，自然合节。魏际瑞则云：“夫音节之至奇而形声之至变者，莫过于《诗》而已矣。”（魏际瑞：《诗经原本序》）他认为《诗经》之声音至奇至变，而其之所谓至奇至变，并非谓《诗经》之声韵追求奇险怪变，而正是强调自然之至，而后奇变自生。其在以《易》论诗时说：“《易》与诗，盖员而不方者也；韵与象，亦员而不方者也。员而不方，故其感之也无定情，而其应之也无亦无定体；无定者，至定者也，鉴悬于虚，凡物得之以为象者，其体定也。”（魏际瑞：《诗经原本·亿言》）在魏际瑞看来，诗之韵就如同《易》之象一样圆而不方，能随感而无定情，故韵亦无定体，而此无定，正是至定者也。明于此，即知魏际瑞所论《诗经》“音节之至奇而形声之至变者”与魏礼所论“古人使韵如江河之水，随地曲折而成形；又如霍去病、李广用兵，不学古法，自然合节，若《三百篇》之类是已”云云，其中意旨是一致的。

由是而观之，魏氏兄弟在声韵方面所尊崇的是《诗经》的“自然合节”，“无定”而“至定”的“法则”。在“声”与“韵”二者的关系上，他们认为不得以求“韵”而伤“声”，魏际瑞云：“夫音之贵于叶者，以其不叶而害于声也。惟声有情，则与文相附焉。伤于音者，不得已而叶之，而叶之不妥反伤于音，岂情也哉！”（魏际瑞：《诗经原本·车攻》）他还谈到“律”，认为古韵无律，只有时韵才有律，其云：“惟古韵则无律，惟时韵乃有律。古人通今人，固也；以时所固冒古所通，画虎乃类狗矣。子曰：君子和而不同，小人同而不和。其古韵、今韵之谓乎？”（魏际瑞：《诗经原本·云汉》）他认为古韵无律，而“今韵”才讲究律，然后人往往以时韵之律而逆求古韵，则本末倒置，不得要领了。

魏礼曾尖锐地批评了后世之人为诗定韵，以影响极大的“平水韵”为之，其云：“刘平水定为韵，略同者强而分之，不同者又强而合之，譬之贪酷吏坐堂上，两造既具，不听辞稽貌，不按律例，但以私意曲直，而人之胜负死生遂一成而不移。噫！吾不解后之人何以兢兢然奉为刑书，不敢越也。《三百篇》之韵，既不可行于后世，则惟《正韵》最为近古，得古人使韵之意，而其义有不可一言尽者。”（魏礼：《李云田豫章草序》）宋末山西平水人刘渊根据唐人作诗使韵之情况，著《壬子新刊礼部韵略》一书，共分为一百零七个韵部，每个韵部包含有若干字，要求作律诗或绝句之时，其韵脚必须出于同一韵部。[①] 在魏礼看来，平水韵“私意曲直”，已悖古人使韵之意，而后世人却“兢兢然奉为刑书”，故《诗经》声韵精神未能以传。而较之“平水韵”，魏氏以为，《洪武正韵》黜繁就简以复于古[②]，实更近乎古人用韵之意。

易堂诸子之诗学理论，以情本论为其核心，既诉求于情之“正”而强调人品，知源而本固；但又不拘泥，通融于情之“变”而重视个性，至朴而体变。其诗学之品格论、感兴论及声韵论等，俱为其情本论的伸展。观其诗学内涵，既有对明代诗学的批判，更有继承，既是对明代诗学如七子派、公安派、竟陵派等的总结，也是对清代

---

① 刘渊之《壬子新刊礼部韵略》一书已失传，然其韵目见于元代熊忠的《古今韵会举要》。与刘渊同期的王文郁著《平水新刊韵略》一书，共为一百零六韵。二者区别在于王氏将“迥”“拯”并为一部，而刘氏则不并。

② 《洪武正韵》（十六卷）是明太祖洪武八年（1375），由乐韶凤、宋濂等人奉诏而编著的一部官方韵书。《明史》卷136《乐韶凤传》：“八年，帝以旧韵出江左，多失正，命与廷臣参考中原雅音正之。书成，名《洪武正韵》。”《洪武正韵》以嫌“旧韵”之“繁碎”，大胆改革，归之为七十六韵。其《凡例》云：“旧韵以同一音者妄加分析，愈见繁碎，今并草之，作七十六韵，庶从简易也。”其《序》又以“音韵之学悉复于古”而明其宗旨。

诗学如神韵说、格调说、性灵说等的开启，体现了鼎革之初宏达的诗学视野，同时也展现了此际诗学在明清诗学转变过程中所起到的关键性作用。

第二节　杜诗典范与易堂诗风

——以“出郭九行”为中心

易堂诸子论诗，明确反对严羽“诗有别材，非关书也；诗有别趣，非关理也”之说，认为诗歌须关涉“理”“识”，倡导发扬诗怨精神，发挥诗歌的“经世”作用。同时，在鼎革之际的诗学舆论背景中，“以诗存史”“以诗补史”的观念盛行，基于此，他们认为杜甫诗风正是救此际诗风浮泛不实之弊的一剂良方。一则以其情意真切，一则以其关注现实，发明国家盛衰成败之故。于是，他们大力提倡并以实际创作践履着杜甫的“诗史”精神，“出郭九行”就是其中的代表作。这种以杜诗为典范的诗歌理念与创作，体现了鼎革之初诗学发展之趋向。

一　“出郭九行”与“诗史”精神

“出郭九行”是易堂文人群体中的中坚魏禧及其兄魏际瑞创作的九首诗歌。其中包括魏禧六首：《出郭行》《入郭行》《从军行》《卖薪行》《孤女行》《孤兄行》；魏际瑞三首：《猛虎行》《将军行》《恩官行》。以“出郭九行”命名这九首诗歌，自于魏际瑞。在《跋出郭九行》中，他把魏禧六首称为“前六行”，己作为“后三行”。在这篇文章中，魏际瑞将这九首诗歌放在一起，与杜少陵的诸“吏”诸“别”相比较，其云：

> 老杜《石壕吏》《新婚》《垂老》《无家》诸别，每读辄怅惘累日，以谓人生到此，当者惨毒，固已安知若命；旁观岌岌哀惧，翻若不能终日。叔子作前六行，予作后三行，非规杜作。古人谓：惟以告哀。如人有疴痛，不觉其呼于口也。昔杨升庵

每病老杜“诗史”之称，乃摘其寡妇痛哭诸语，谓非诗人温厚平和、怨而不怒之旨。然刺褊心，斥遄死，著无良，指鬼蜮，《墓门》《圻父》《何草》《牂羊》所直斥者，盖不一而足矣。《书》云：诗言志。有为而作，固非有所择而为之也。（魏际瑞：《詖出郭九行》）

解读其中之意旨，大抵道出了这九首诗歌的创作缘由，盖心中有所“痌痛”，不由自主地抒发而为诗歌；而且这些诗歌皆为“有为而作”，合乎所谓“诗史”之旨。

对于明代杨慎对杜诗“诗史”之称的诟病①，魏际瑞不以为然，并举例予以驳斥，认为杨慎之说不得要领，杜甫之诗正是承继了《诗经》诸篇“直斥”之旨。虽然文中明确说明“出郭九行”“非规杜作”，但实际上是明显受到了少陵以“三吏”“三别”等叙事诗的直接影响，甚至可以从这些诗歌中看到“规摹”杜诗的影子。然而这种“规摹”绝不是简单的摹仿，所谓“优孟衣冠”；而是对“诗史”精神的重新肯定与弘扬，并以自己的创作来实践这种诗歌观念。而对于何谓“有为而作”，魏际瑞解释说：“昔之人有言曰：诗须有

---

① 杨慎撰，王大厚笺证《升庵诗话新笺证》卷4：“宋人以杜子美能以韵语纪时事，谓之‘诗史’。鄙哉！宋人之见，不足以论诗也。夫六经各有体，《易》以道阴阳，《书》以道政事，《诗》以道性情，《春秋》以道名分。后世之所谓史者，左记言，右记事，古之《尚书》、《春秋》也。若《诗》者，其体其旨，与《易》、《书》、《春秋》判然矣。《三百篇》皆约情合性而归之道德也，然未尝有道德字也，未尝有道德性情句也。二《南》者，修身齐家其旨也，然其言‘琴瑟’‘钟鼓’、‘荇菜’‘芣苡’、‘夭桃’‘秾李’、‘雀角’‘鼠牙’，何尝有修身齐家字耶？皆意在言外，使人自悟。至于变风变雅，尤其含蓄，言之者无罪，闻之者足以戒。如刺淫乱，则曰‘雝雝鸣雁，旭日始旦’，不必曰‘慎莫近前丞相嗔’也；悯流民，则曰‘鸿雁于飞，哀鸣嗷嗷’，不必曰‘千家今有百家存’也；伤暴敛，则曰‘维南有箕，载翕其舌’，不必曰‘哀哀寡妇诛求尽’也；叙饥荒，则曰‘牂羊羵首，三星在罶’，不必曰‘但有牙齿存，可堪皮骨干’也。杜诗之含蓄蕴藉者，盖亦多矣，宋人不能学之。至于直陈时事，类于讪讦，乃其下乘末脚，而宋人拾以为己宝，又撰出‘诗史’二字以误后人。如诗可兼史，则《尚书》、《春秋》可以并省。又如今俗《卦气歌》、《纳甲歌》，兼阴阳而道之，谓之‘诗《易》’，可乎？”中华书局，2008，第212～213页。

为而作。盖古之作者必有所大不得已，如喜者之形于笑、哀者之见于哭，中有其故而勃然发诸其外。”（魏际瑞：《学文堂文集序》）以此来看，魏氏论“有为而作”，一则以赞古人如杜甫等，其喜其哀皆本于真情，二则强调的是自己与其弟所作，虽有规模的影子，但也是自我真情的抒发，并非矫情之作，故云“非有所择而为之”。强调“有为而作”、弘扬“诗史”精神是易堂诸子共同的诗歌理念和追求，这也是和九子所处的时代与明末清初之诗风密切相关。

少陵生活在唐代由盛而衰的安史之乱时期，社会动荡不堪，尤其是战争给百姓带来了极大的痛苦，他几乎就是在这样一个满目疮痍的环境里游走与播迁，由此真实地触摸到了百姓的心声，再加上自己生活的穷困潦倒，更使得他对于民瘼之痛苦有了深刻的理解，诚如前人所言，“甫于行役所经，伤心惨目，上悯国难，下痛民穷，加以所遇不偶，怀抱抑郁，程形赋音。”[①] 他以诗人的敏感和深刻记录下了这段历史，“几于一字一泪”[②]。唐代孟棨《本事诗》云：“杜逢禄山之难，流离陇蜀，毕陈于诗，推见至隐，殆无遗事，故当时号为诗史。”[③] 此为杜诗“诗史”之称的由来。此后，人亦多因此说而赞誉之。总概“诗史”之说的精神内涵，盖有两端：其一为实录精神，即《新唐书·杜甫传赞》所言其“善陈时事”[④]，《麈史》亦云：“予以谓世称子美为诗史，盖实录也。”[⑤] 施闰章也认为：“杜子美转徙乱离之间，凡天下人物事变无一不见于诗。”[⑥] 胡宗愈云少陵诗“读之可以知其世”[⑦]，如此等等。以实录写诗，以诗存史，实为

---

① 《御选唐宋诗醇》卷10，《景印文渊阁四库全书》第1448册，第239页。

② 《御选唐宋诗醇》卷10，《景印文渊阁四库全书》第1448册，第239页。

③ 孟棨：《本事诗》，参见丁福保辑《历代诗话续编》上册，中华书局，1983，第15页。

④ 欧阳修、宋祁：《新唐书》卷201《杜甫传赞》，第5738页。

⑤ 王得臣：《麈史·诗话》卷2，《景印文渊阁四库全书》第862册，第622页。

⑥ 施闰章：《江雁草序》，《施闰章集》第一册，第69页。

⑦ 胡宗愈：《成都草堂诗碑序》，黄希原本、黄鹤补注《补注杜诗·传序碑铭》，《景印文渊阁四库全书》第1069册，第12页。

古代诗歌创作别开天地，明人胡震亨云："以时事入诗，自杜少陵始。"[①] 施闰章也说："古未有以诗为史者，有之自杜工部始。"[②] 这为后世诗人推崇"有为而作"，勇敢地直面现实起到了典范作用，也使得诗人具有了历史责任感。其二，辞寓褒贬，具有"春秋笔法"之微义，辞约而意隐，于叙写时事之时，诗人自己之爱憎情感及其深意亦同时渗于词语之中。徐增称少陵诗"诗史春秋笔，大名垂草堂"[③]，杨维桢也云："世称老杜为'诗史'，以其所著备见时事。予谓老杜非直纪事史也，有春秋之法也，其旨直而婉，其辞隐而见。"[④] 在冷静的叙事中，诗人的讽喻之义自然溢于笔端，使闻之者足以戒。

在"出郭九行"中，魏禧的《出郭行》《入郭行》《从军行》作于顺治十六年己亥（1659），《卖薪行》《孤女行》《孤儿行》作于顺治十八年（1661）；魏际瑞的"三行"亦作于此后不久。考清初顺治末年之历史，虽然距甲申、乙酉之变已有十几年的时间，清朝之统一大业进入最后的收官阶段，这也让处在历史夹缝之中的百姓仍然饱受战争之苦：清朝对永历政权展开最后的围剿，而各地汉族起义者仍然频繁暴动，清兵则予以残酷镇压。清军纪律松弛，所过之处遍地狼藉，如在滇地，清军虽奉有"勿得擅取民一草一木"之命，但实际上是"戎车所至，狐兔不存"[⑤]。洪承畴曾密奏顺治十六年（1659）滇之情形为当时百姓生活的真实写照："如衣粮财务头蓄俱被抢尽已不待言，更将男妇大小人口盖行掳掠，致令军民父母夫妻子女分离拆散，惨不堪言。所存老弱病残，又被捉拿吊拷烧烙，勒要窖粮窖银，房地为之翻尽，庐舍为之焚拆，以致人无完衣，体无

① 胡震亨：《唐音癸签》卷26，上海古籍出版社，1981，第275页。

② 施闰章：《江雁草序》，何庆善、杨应芹点校《施愚山集》第一册，第68页。

③ 徐增：《读杜少陵诗》，（清）仇兆鳌《杜诗补注》卷上，《景印文渊阁四库全书》第1070册，第1030页。

④ 杨维桢：《梧溪诗集序》，《东维子集》卷7，《景印文渊阁四库全书》第1221册，第443页。

⑤ 史松、林铁钧编著《清史编年·顺治朝》，第536页。

完肤，家无全口，抢天哭地，莫可控诉。”甚至有的地方“被杀死、拷烙死者堆满道路，周围数百里杳无人烟”。[①] 民生之惨可想而知。

同时，因战事所迫，军队粮饷紧缺，国库不盈，清政府不得不加紧催集钱粮。顺治十八年（1661），各地欠饷甚多，又因滇闽用兵，治顺治帝之丧，钱粮不充，当年银两入不敷出达五百七十万两以上，而且支付在即，窘迫万状，于是决定加派练饷，八月初八日户部奏准：查明季加征练饷例，按每亩一分征收，直隶、山东、江西等十三省共田地五百七十七万一千余顷，该征银五百七十七万余两，再加上各地官吏之敲诈盘剥，把百姓逼入了“守法常得死，何不豫为贼”（魏禧：《入郭行》）的绝境。当时，滇黔兵寇之祸害最为惨烈，也波及江南各省，易堂诸子所在的赣南宁都也不得其免。曾灿描述其乡之祸乱云：“滇黔发难初，流祸及闽粤。吾乡亦传烽，盗贼恣驰突。川谷起黄埃，郊原多白骨。田园日就荒，庐舍渐芜没。”（曾灿：《赠故舆山太守》）江右之惨状如此。此时民生之惨状相较于安史之乱时来说，有过之而无不及。魏氏兄弟亲眼目睹了兵荒马乱中下层人民的惨痛生活，郁积于心中，自然而然地和杜少陵产生心理上的共鸣。诚如前引魏际瑞所言：“老杜《石壕吏》《新婚》《垂老》《无家》诸别，每读辄怅惘累日，以谓人生到此，当者惨毒，固已安知若命；旁观岌岌哀惧，翻若不能终日。”此一语似有无限辛酸泪，与少陵共淌。于是有无比“痌瘝”积于心，何以告其哀，便“不觉其呼于口也”。

“出郭九行”以冷静而沉痛的笔触记录下了当时普通百姓的惨痛生活。魏禧《出郭行》真实地描绘了顺治末年“逼良为盗”的情形，百姓处于生死两难的现实境遇之中，行行悲哭，句句血泪。《出郭行》开篇劈头描写了“盗贼”之盛及其无恶不作的残暴行为：“郭门日萧条，盗贼纷纷起。十家村务中，乃有五家是。大者肆屠杀，小者驱牛豕。纵火烧谷屋，系人要货贿。”盗贼如此猖獗，致使

① 史松、林铁钧编著《清史编年·顺治朝》，第536～537页。

村人“薄夜携妻儿，往伏荒榛杞。侵晨望四山，乃复归墟里。哭声满中野，不敢直言指。”读至此，陡然令人对这些盗贼丧尽天良之所为而感到无比痛恨。

然而，在听到下面“盗贼”在官衙的陈述之词，这种痛恨之感一刹那又荡然无存了，反生无限同情。何有如此之大的反差？因“盗贼”实乃被“逼”而为：

> 君心肯和平，为君说始终。终年苦力作，不得养妻子。食缺衣不完，谁能饥寒死。地方日索钱，豪民恣驱使。大户啖缙绅，小户饱士子。一人身富贵，婚友争搏噬。舆皂仗官威，吸唼尽脑髓。一或逆人意，夤缘入犴狴。见官我所愁，见我官所喜。无钱死饥寒，有钱死系累。要之均一死，不如作贼是。（魏禧：《出郭行》）

此血泪之辞，道尽“盗贼”之“无奈”，令人痛彻心扉。他们遭受着“地方”“豪民”“舆皂”等多重欺凌，致使面前只有死路一条，遂于无奈之中铤而走险，由良民一变而为“贼”。更为可笑的是，当有“仗剑客”为“贼”说情，言“四境大苦贼，贼亦可哀矜”，并呵斥审问盗贼的官吏“汝号民父母，何以特无情”时，长官居然也笑着道出自己那本难念的经：

> 堂上双抚手，大笑老书生。汝但晓贼意，独不晓官情。初我得官时，早夜苦经营。胥吏前致词，到任礼先行。恒愁令节至，辄复闻生辰。民奸财不易，敲扑何由停。无钱败我官，子贷谁为应。甚或丧性命，岂得爱他人。愚民敢作贼，剿杀有官兵。（魏禧：《出郭行》）

依此，官吏之“无情”竟然也是“官情”无奈之举，层层索贿，官官相逼，世事逻辑竟至于此，荒唐至极，不复能言。最后魏禧发出感慨：“贪吏诚当为，盗贼良可矜。两皆不得已，慎勿为良民。”其心痛之情溢于言表，尤其是“慎勿为良民”一语一针见血，直斥了“逼良为盗”的残酷现实。读罢令人心悸，令人慨叹。

魏禧《从军行》与魏际瑞《将军行》则控诉了官兵以剿贼为名，对百姓无情的掳掠。由于盗贼纷起，顺治末年，官兵屡屡以剿贼为借口而对百姓进行大肆侵扰，成为当时一大祸害。据史载，顺治十七年（1660）六月，兵部督捕右侍郎陈协等题称：“应捕以缉逃为奇祸，以拿贼为利媒。地方中拿一逃人，必令咬报富家，以为窝主诈吓，遂欲，竟行释放，然后又诈一家。有不顺其心者，指示逃人硬为窝主，及至有司审明，而良家之家产一荡然矣。”应捕即缉捕盗贼的吏役。他们“明知逃人而相交好，窥小民之愚懦者，不曰曾买本人之产，则曰欠本人之债，串通同辈三五成群，攘臂而入，捉妇女，夺资粮，致令百姓吞声而不敢问，盖皆惧逃人之波累，故甘心而忍之。”[①] 其毒害之甚可见一斑。而魏氏兄弟的这两首诗可以说是对当时惨烈现实的最好注解。

《从军行》中，将军点兵到山县拿贼，然“山贼闻兵来，窜走无遗踪。”将军捕贼本应是为民除害，百姓高兴才对，但再看百姓的反应，则知道事情并不简单，“百姓闻兵来，行往两怔忪。”何以“怔忪”？原来将军盖非真正为拿贼而来，其意只在于掠夺：

> 后旐未出郊，前旟已先临。骑上挟鍭矢，步卒横长鏦。呵云此近贼，焉得不相通。遂使絷子女，搜牢何从容。斲木取犁铁，橐米碎瓦甕。背负生彘肩，鸡鸭笼中鸣。

在百姓面前，官兵竟如此之威风，不去追捕逃贼，反诬陷民众与贼相通，这就是他们对百姓“搜牢何从容”的借口，百姓所有的生活物资都被一扫而空，甚至就连犁铧之铁也不放过。

《将军行》则讲述了将军与贼人沆瀣一气，致使一壮丁鬻亲生母

① 史松、林铁钧编著《清史编年·顺治朝》，第568～569页。

亲的故事，正是应捕“明知逃人而相交好”的鲜活实例。当有人叱责这个年轻人卖母的“大恶逆”行径时，年轻人尽道其中之隐情：

> 贼谓将军曰：此间多顽民。某某合诛僇，某特赢金银。某有美妻子，某与某姻亲。将军闻贼言：尔是好男子。假尔千守把，尔但作吾事。踝骨绞弓弦，倒悬勒拇指。一刀分所甘，求死不得死。左邻卖妻子，右邻掘坟地。甚或无亲丁，权鬻甥与婿。可怜我孤穷，独有此老母。（魏际瑞：《将军行》）

贼人不但未受到惩治，反而成为了“好男子”，得到了“千把守”的职位，因为他能够向将军提供掠夺乡民的最直接的线索。将军与贼人实并无区别，俱以危害百姓为其“要务”。于是乡邻俱遭其祸，出现了卖儿鬻女甚至是卖母的人间惨剧，把百姓逼到了求生不能，求死不得的境地。何人为之？非为贼人，实为将军。

魏禧《孤女行》《孤儿行》则刻画了这一年代中儿童的凄惨遭遇，一个是在“龙蛇画梁头，雕刻及柱足”的“官衙”中独自哭泣的孤女，不禁让人想到少陵“朱门酒肉臭，路有冻死骨”之句；一个则是被“公税数加派，私费十倍之”的沉重赋税逼迫的家破人亡的孤儿。《卖薪行》讲述一个以卖柴为生的“下有三岁儿，上有垂白亲”的男子被强行驱入狱门，后又被驱入军门，最终沦为奴役的悲惨经历，摹画出一幅“路逢暍死人，身僵口微蠕。竟作路傍鬼，仰卧当青天”的人间地狱图景。魏际瑞《猛虎行》叙述了一个猎户为民除害，射猎了一只危害乡里的老虎，然而却由此惹得里正前来敲诈的悖谬生活逻辑的事件。《恩官行》讲述的则是发生在魏际瑞乡宁都的一出闹剧：一个“自分是耕夫，宁敢充衣巾”的在宁都作“长年”（长工）的农民莫名其妙被“捉”为“俊秀”，“农已升为士”，并以此来逼交“区区只百金”的官银。令人在感觉到可笑与不可思议的同时，不觉声泪俱下。

“出郭九行”以生动写实的笔触再现了顺治末年百姓的不幸，他们深受着战乱、官府、军队、贼盗等的残酷蹂躏与任意践踏，过着

“非人”的生活，处在“求死不得死”的尴尬境地中。同时表现了魏氏兄弟等易堂诸子深切于民瘼，对处在水深火热中的民生之极度同情，以及对这些罪恶制造者的嘲讽和痛恨。这九首诗都体现了“以诗存史”“以诗补史”的诗学理念，也是杜甫“诗史”精神的践履。

二 “出郭九行”的艺术特点

“出郭九行”以“不虚美”“不隐恶”的实录笔法，从不同角度真实地再现出清初顺治末年的社会生活图景。在艺术手法上，“出郭九行”继承了杜甫以“三吏”“三别”等诗为代表的叙事艺术，以沉静的笔触把读者带入那个混乱不堪、民生惨烈的历史情境之中。这组诗不是把历史事件只作为一个冷冰冰的临摹对象而作简单的客观描绘，而是在具体的叙事过程中调动多种艺术手段，将自己的思想倾向、爱憎情感等寓于冷静的叙述中，从而在叙述之中抒情，把“言志缘情”之诗与“纪事”之史完美地结合在了一起。

对话式叙述与独白式叙述。

“出郭九行”所采用的最重要的叙述方式是对话体叙述方式。往往通过当事人自己的叙述凸显事情的经过及原委。《出郭行》《入郭行》《孤女行》《孤儿行》《猛虎行》《将军行》《恩官行》都采用的是对话式叙述。兹以《出郭行》为例说明。《出郭行》中主要有两个对话场景，一个是被拿“盗贼”与审讯官的对话，一个是“仗剑客”与审讯官的对话。前者是“盗贼”为非作歹，鱼肉乡里，而为官所拿，官问“盗子”答：

> 嗟汝盗贼心，何叹灭天理。盗子闻斯言，欷歔复长跪：君心肯和平，为君说始终。（魏禧：《出郭行》）

以“盗子”之口亲自说出其之所以为盗的原委，实为不得已而为之：“无钱死饥寒，有钱死系累。要之均一死，不如作贼是。”后者以“仗剑客”为问，审讯官为答：

> 有客仗剑来，谓汝太不贤。四境大苦贼，贼亦可哀矜。汝号民父母，何以特无情。堂上双抚手，大笑老书生。汝但晓贼意，独不晓官情。（魏禧：《出郭行》）

长官于是说出一番所谓的“官情”来，其“无情”亦不得已而为之，世事竟然可笑至于此，“两皆不得已，慎勿为良民”，然而在可笑的背后，却隐含着令人欲哭无泪的哀情，诗人之意深矣，其心痛亦剧矣。其他诸诗分别以孤儿、孤女、猎户、卖母之壮丁等当事人现身说法，在对话情境之中，诗篇之主旨及诗人之情感、思想倾向得以尽显。运用对话体的叙述方式，增强了事件的立体感，使得整个叙述波澜起伏，读者如临其境，如闻其言，具有很强的艺术感染力。

《卖薪行》则采用了独白式叙述，以第一人称“我”的叙述视角讲述了一位“下有三岁儿，上有垂白亲”的卖薪人被抓为兵丁、沦为苦役的悲惨遭遇：

> 采薪南山隅，卖薪城东门。下有三岁儿，上有垂白亲。稚儿夜啼饥，天明负薪行。持钱逢里正，缚我诣官庭。跪白此乡夫，身当送王兵。官府畏我走，驱我入狱门。同伴数百十，不逢一亲邻。忍饥乞余食，暂得延残生。择日下州府，随伴及长征。前摇黄布旗，上书某乡民。五十为一队，队队有总辖。我念家中母，欲逃不得脱。驱我入军门，大旗耀云日。乍见北边马，逡巡过其侧。陆行荷重担，水行牵大船。水深风不顺，力尽船不前。解缆暂登舟，拔刀斫我肩。或遇浮沙潭，并命没黄泉。更驱次班下，努力各争先。舍舟度峻岭，日酷如火煎。路逢暍死人，身僵口微蠕。竟作路傍鬼，仰卧当青天。安得知乡里，一为此人传。（魏禧：《卖薪行》）

这种独白式的叙述方式增强了事件的逼真性，读者如亲闻其哀述，其声如泣，悲愤之情溢于字里行间，从而强化了叙述的情感性。

场景的描写与细节的刻画。

“出郭九行”非常注意在场景之中叙事，有特别讲究特定场景之中细节的刻画。如《出郭行》中，长官要审讯“盗子”的时候，有生动的场景描写，其云：“侵晨鸡载鸣，鼓声何田田！舆皂喧公府，长官坐高厅。”“鸡载鸣”之时，府堂之外鼓声震耳，多么肃杀；府堂之内皂隶喧哗，多么阴森；高厅之上长官横坐，多么威严！就在这个时刻，“有客仗剑来”，大声叱责长官：“谓汝太不贤。四境大苦贼，贼亦可哀矜。汝号民父母，何以特无情。”在这样的场景之中，“仗剑客”居然敢于做出如此之举，其光明磊落、勇敢直爽的形象跃然于纸上矣。《卖薪行》中，通过“我”的视角，描绘出了被沦为奴役者的惨烈：“陆行荷重担，水行牵大船。水深风不顺，力尽船不前。解缆暂登舟，拔刀斫我肩。或遇浮沙潭，并命没黄泉。更驱次班下，努力各争先。舍舟度峻岭，日酷如火煎。”（魏禧：《卖薪行》）活是一幅人间地狱图。《从军行》中剿贼之兵掠夺乡里时，是这样的场景：“斲木取犁铁，橐米碎瓦甕。背负生彘肩，鸡鸭笼中鸣。”在这幅图景中，军兵残绝人性、丧尽天良之性于此毕露无余；而百姓之哭喊哀号声也于此时萦绕于读者耳际，令人不忍听闻。《孤女行》中，诗人把孤女放在了一个特殊的“官街”背景之中：“官街有孤女”，疑窦就此而生，“此是谁家女?”，然再观“官街”之景，“东街有高屋，阀阅各峥嵘，夹巷相结束。龙蛇画梁头，雕刻及柱足”；再观官属之人家，“膏田一万顷，文钱十千斛。倭坠盘翡翠，裙襦缀珠玉。财帛足骄奢，气势耀人目。”官吏生活之豪华奢侈由此尽现。然而，在这样的背景之下，却有一位孤苦伶仃的孤女“独向街中泣”，形成了强烈的对比，给读者造成巨大的情感落差，使艺术感染力陡然增强。彭士望在夹评中评价这一场景“设置”时云：“《焦仲卿妻》极数华盛，正极伤心处。此尤足唤醒昏愦。”①

① 彭士望于魏禧《孤女行》中的夹评，见《魏叔子诗集》（道光二十五年宁都谢庭绶绂园书塾重刻《宁都三魏全集》本）卷4。按：胡守仁等点校《魏叔子文集·魏叔子诗集》（中华书局，2003）中未有此评语。

再看细节描写。《出郭行》中，当“仗剑客”痛斥长官“太不贤”时，对长官有非常生动的细节的刻画，“堂上双抚手，大笑老书生”，用“抚手”与“大笑”两个动作的细节把长官飞扬跋扈、老于世故的情状表现得淋漓尽致，由此“仗剑客”的正义力量也在长官的拍手笑声中被消解了，令人感到窒息般的绝望。《孤女行》中有一个对孤女的细节描写：“双手抱竹筐，颠仆还起立”，把孤女的悲惨之状逼真地呈现了出来。《从军行》中当将军下令要点兵剿贼时，“山贼”与“百姓”的不同反应：“山贼闻兵来，窜走无遗踪。百姓闻兵来，行往两怔忪。”此处诗人用“怔忪”这样一个细节描写，不仅把过往百姓此时惊恐不安的心理状态非常真实地描绘出来，也给读者留下了疑惑：兵来剿贼，对于百姓来讲本是好事，应该庆幸才是，而此处百姓却为何具有如此惊恐之状？真是咄咄怪事！通过这个细节的描写，引起了读者的阅读期待与阅读兴趣；另一方面也反衬出兵对民的残毒之甚。《入郭行》中当“予”看到“扬扬数骑来，下马俨佳客。一再拜主君，环作酬杯酌”而感到错愕不解时，曲道处的一老人“附耳向予言”，道明“主君”为害乡里的事实，此处“附耳”是一个有丰富的意蕴动作描写，老人又怕“主君”听见而惹来杀身之祸；但又愤怒郁积心中，不吐不快，其内心世界通过这一细节也淋漓尽致地表现了出来。场景与细节的描写和刻画增强了事件的生活质感，使事件中人物的性格、情状更加凸显，叙事的张力也由此表现出来。

比兴手法的运用。

“出郭九行”使用了传统的比兴手法。魏际瑞曾释“赋”“比”“兴”云：“言之而成章则谓之文，感悟而起者谓之兴，指事而敷陈之谓之赋，见乎情者谓之辞，属辞托物、俪事而观之谓之比。”（魏际瑞：《删诗序》）在“出郭九行”中，魏氏兄弟就践履了比兴手法，发扬了诗怨之旨。如《孤儿行》中，开篇没有直接展开对事件的叙述，而是描写田中之野鸦捡食余粒的情景：“野鸦朝暮噪，集我田中飞。行行啄余粟，田空鸦苦饥。”然后才进入对孤儿“独夜归山邱”的叙述。显然是以野鸦之“苦饥”寓孤儿之情状，是典型的“兴”的手法，彭士望于此两句诗后评曰：“起兴好。”[①]“比”之使用，如《入郭行》中老人向“予”讲述“主君”施方略其人时说：“此人性咆哮，吞噬比鲸鳄。”又如《猛虎行》中，本述猛虎之毒，而实际以虎毒影射官吏之毒，写虎毒：“大儿死樵採，兄弟死田亩。半夜发庐壁，床内攫老母。”但猎户因猎虎除害反而引火烧身，“明日里正来，官府使问汝，虎皮有几张，虎肉几多许。爪牙胫与骨，各依钧票取。自后为正供，汝当充猎户。设或无此物，岁以白金赎。老妻鬻无多，幼子典不足。赎程未及半，此身已孤独。”由此，只得“誓折弓矢，宁甘受虎毒”，是“苛政猛于虎”的实例。比兴手法的运用使诗篇辞约而旨丰，意隐而旨深，语尽而思远。善用比兴也是诗歌叙事与历史叙事的重要区别之一，施闰章在谈及少陵“诗史”精神时与历史本身进行了比较，他认为：“史重褒讥，其言真而核；诗兼比兴，其风婉以长”，“诗教”意义为史所无，而“诗史”则不同，可以使“言者无罪闻之者足以戒”，因而“其用有大于史者。”[②]“出郭九行”中比兴手法的运用也印证了这一点。

叙事语言的通俗化与口语化。

在语言上，少陵叙事诗通俗易懂、流畅生动的语言风格，元稹称其“怜渠直道当时语，不着心源傍古人。”[③]房皞也称赞道：“欲知子美高人处，只把寻常话做诗。”[④]“出郭九行”继承了杜甫诗的这一语言风格。通俗化是指不求语言之华美新奇，也不作刻意的雕琢，直接引“当时语”“寻常话”等民间语言入诗，如“下有三岁

---

① 彭士望于魏禧《孤儿行》中的夹评，见《魏叔子诗集》（道光二十五年宁都谢庭绶绂园书塾重刻《宁都三魏全集》本）卷4。按：胡守仁等点校《魏叔子文集·魏叔子诗集》（中华书局，2003）中未有此评语。

② 施闰章：《江雁草序》，《施愚山集》第一册，第69页。

③ 元稹：《酬孝甫见赠十首》，《元氏长庆集》卷18，《景印文渊阁四库全书》第1079册，第443页。

④ 方皞：《读杜诗》，房祺编《河汾诸老诗集》卷5，《景印文渊阁四库全书》第1365册，第634页。

儿，上有垂白亲”（《卖薪行》），“前者阿父死，阿兄逃深谷”（《孤女行》），“邻里相劳问，呜咽不能辞”（《孤儿行》），“见官我所愁，见我官所喜”（《出郭行》），“壮丁标老妪，日日行千里”（《将军行》）等等。有时，当地之俗语亦被采入诗中，如“恩官听告诉：我是南丰人。宁都作长年，雇值日一分”（《恩官行》），其中的“长年”一词即为南丰方言，诗后魏际瑞自注云：“南丰人谓雇工为长年。”由于“出郭九行”主要以对话或独白为叙述方式，因此诗中具有大量对话的内容，而这些对话叙述皆随口而出，如亲耳聆听当事人之述说，因此整体上呈现出口语化的特点。不同的对话者，因其地位、身份不同而其语言亦自不相同。如《猛虎行》中县官的两段对话，“此乡甲被虎，县官大生嗔：四邻不救护，纵虎而食人”；“汝在虎窝中，虎去汝还住。汝既不射虎，当是虎亲故。前日虎陂下，雷击田中夫。我罚彼乡人，一家千青蚨。”读其言，县官之荒唐可笑、蛮横无理、狰狞之面目跃然纸上。又如孤儿、孤女等惨民之述，如泣如诉，如幽咽泉流，闻其言，悲其情，其状如在目前。

当然，叙事语言的通俗化与口语化并不等于说不对词语进行精心锤炼。《卖薪行》写官府对卖薪者的奴役，使用了三个“驱”字，“驱我入狱门”“驱我入军门”“更驱次班下”，魏礼评论道：“三驱字妙，直如猪羊之入屠肆。”① 三个“驱”字就把官吏之残毒、百姓之惨苦状写出来了。又如《孤女行》中写孤女的外貌，也只是寥寥几笔，“发短不及眉，身长才二尺”“五木交十指，骨见不遗肉”，其剪影已鲜活欲出。

“出郭九行”在艺术手法上明显地受到杜甫叙事诗的影响，但又能活用其法，叙写当代惨痛之事，抒发一己郁勃之情，此所谓魏际瑞所言之“非规杜作”也。

---

① 魏礼于魏禧《卖薪行》诗中夹评，见《魏叔子诗集》（道光二十五年宁都谢庭绶绂园书塾重刻《宁都三魏全集》本）卷4。按：胡守仁等点校《魏叔子文集·魏叔子诗集》中未有此评语。

三　杜诗典范与易堂诗风

推崇杜诗，弘扬“诗史”精神是易堂九子共同的诗歌理念及创作追求。魏际瑞认为：“诗至汉魏、陶、杜，文至班、马、唐宋大家而止矣。而今人之称人者辄曰秦汉而上，曰超某某过之。夫秦汉不可上，班、马、陶、杜诸公不可过也。”（魏际瑞：《与周公书》）杜诗在其心目中地位之崇高不言而喻。魏际瑞、魏禧兄弟除了“出郭九行”这九首诗歌自觉以杜诗“三吏”“三别”相较之外，也创作了很多其他能够体现“诗史”精神的叙事作品。如同堂邱维屏评魏禧之《再过赤溪呈邓元日》就云：“是绝好杜诗，然序我耳目间事，一一精神；道我胸中情意，一一缠绵。”① 其誉美之意溢于言表；近人邓之诚评魏禧“诗乃似杜”②，盖为知言。

除上述魏氏二兄弟外，易堂中年龄最长的李腾蛟在理论上极为推崇少陵，他认为《三百篇》以降，惟屈平、杜甫继承了“诗可以怨”之旨，其云：

> 《三百一十篇》而下，诗之可以怨者，楚屈子、唐杜甫而已。学士家于屈平独推为词赋之祖，且推其忠，若甫则仅目为诗人之雄。甫毋乃少没乎唐，以诗名一代。天宝之际，君臣将相戏浪笑傲，黜雅颂之徽音，崇郑卫之淫乐，海内人士翕然向风，倡予和女，多效闺中燕昵。迨至范阳一变，二十四郡几无一人，何其靡也。以妾妇多而丈夫少耳。少陵野老，毅然一男子身，遭安史之乱，悲家伤国，怀友念君，对城郭而唏嘘，过山川而咏叹；或增感于荒陵残阙，或寄托于戍子征夫，哀绪危情，不至呕出心肝不止，其于屈子行吟泽畔，无以异也。小雅怨诽而不乱，屈大夫不得独擅千古矣。间尝取而读之，如秋江夜月，风肃冰寒，驾扁舟，凌万顷，凄然萧声自远而至；又如

① 邱维屏于魏禧《再过赤溪呈邓元日》诗后评语，参见《魏叔子文集》，第1271页。
② 邓之诚：《清诗纪事初编》，第200页。

坐塞外，听胡笳，令人魂销肌慄。人知《骚》为变《风》，孰知杜为变《骚》矣。（李腾蛟：《读杜小言》）

他感叹“今日之乱，甚于安史”，然“诗史”精神却几失传。于是，他呼吁诗人们要以杜诗之精神为创作之旨归，“余才不逮少陵，虽欲怨而不可得，乃世卒无有能怨者，少陵其绝唱乎?”（李腾蛟：《读杜小言》）其殷殷心痛之意于此可见。

彭士望不仅从理论上推崇杜诗，并自觉地以实际创作践履“诗史”精神。躬庵认为古诗之集大成者，非少陵莫属，他在为岭南挚友陈恭尹诗集作序时云：“尝诵李白《古诗五十九首》、陈子昂《感遇诗》，吾特少陈之奥琢，而太白动辄言仙，诞而无味。……古人诗之集大成者，必推杜陵，其大者无间然矣。”（彭士望：《独漉堂诗序》）在彭氏眼中，即使是太白都无法比肩少陵。对吴梅村之诗，他评价说：“今人诗，吾甚闵吴梅村。梅村抚今伤昔，俯仰留恋，其忧惭悼悔之意，时时逗露”，但是“华美太尽，终不及杜。”（彭士望：《独漉堂诗序》）而相较于陈恭尹之诗，彭氏则大加赞赏：“元孝有大气鼓橐其中，郁不得逞，远览放游，束缚归里，非其所好，磨礲圭角，低头就之，随物肖形，以其类应，浑浑莫窥其际。间有刑天舞戚、衔木填海之思，跃冶迸出，随即遮扫，灭去爪迹，始以我法用古人，久之并不见法，惟有真意盘旋楮上。予故谓元孝，今之杜甫也。”（彭士望：《独漉堂诗序》）彭士望本人之诗作，即以少陵“诗史”精神规之。其《耻躬堂诗钞》六卷多为纪事之作。尤其是他的《山居感逝诗》[①] 洋洋洒洒一千七百余言，述师友知戚二百余人，终于牖下者三十七人，余皆惨死于时，其友梁公狄（以樟）概称其为甲乙以后第一篇诗史，[②] 实不为浮夸之词，近人邓之诚感叹

① 彭士望的《山居感逝诗》不见于其诗集《耻躬堂诗钞》，近人邓之诚收录于其《骨董三记》之中。

② 邓之诚《清诗纪事初编》：“《感旧诗》一千七百余言，述师友知戚二百余人，终于牖下者三十七人，余皆惨死。梁以樟称为甲乙以后第一篇诗史。”第 210 页。

《感逝诗》“盖惊心动魄，自昔所无矣”[①]，并称“其《山居感逝诗》，不啻一部南明史”[②]。另外，他还作有《冬心诗》三十首，述丧乱之所由，兼有“诗史”精神。

对于杜诗，魏礼也感叹其难以企及：“少陵诗在天地间岳立川流，学者莫能穷其涯涘”（魏礼：《李云田豫章草序》），认为杜诗兼收唐、宋两代诗之长，“唐人之诗尚风格而次脉络，足以移大情；宋人之诗工切而整妥，足以敦吾学。合唐宋之诗之佳，正可兼收也，而杜少陵能之。”（魏礼《答沈仲孚胡若木欧上闲书》）其推崇之意由是可见。其诗作如《再到岭南诗》写战乱之中百姓之苦，魏禧评云：“写出伤心之痛，不必叫号哭泣，而哀已极。”[③] 彭士望评云“《春陵行》诵之惨怛，此殆千百过之，陿隘酷烈，不如无生。”[④] 又有《海难道中》三十首，彭士望评云：“三十首中，水路舟车、人民城郭、花木虫鱼、风俗物色、成败枯荣、甘苦夷险、雄奇细碎、阴晴寒暑，靡不俱载，令读者如身至其地，目击其情。”[⑤] 又有《西行道上》一百零三首，记当时自己播迁途中之见闻，从百姓之生态到各地之风俗人情，事无巨细，无所不包，其思也深，其忧也远，其情深而郁勃，皆合“诗史”之微旨。如在《西行道上》第一首后彭士望有评：“首起纪时纪事，杜多此法。”[⑥] 袁行云曾论魏礼西行诗云：“西至陕，作《秦中歌》，又五律《西行道上一百三首》，亦诗中之史。”[⑦] 更有以诗为传者，如其《梁烈妇述》，即为遗民挚友梁以樟殉节之妻张夫人作传，专述其“身与城存亡”的事迹，并言其作此诗的目的，“魏生依作述，感节念土疆。”

曾灿《羊城歌》用诗歌的形式记录了顺治三年（1646）十二月

---

① 邓之诚：《清诗纪事初编》，第 209 页。

② 邓之诚：《骨董琐记全编·骨董三记》，生活·读书·新知三联书店，1955，第 510 页。

③ 魏禧于魏礼《再到岭南诗》后之评语，参见《魏季子文集》卷 2。

④ 彭士望于魏礼《再到岭南诗》后之评语，见《魏季子文集》卷 2。

⑤ 彭士望于魏礼《海南道中》诗后之评语，见《魏季子文集》卷 2。

⑥ 彭士望于魏礼《西行道上》第一首后之评语，见《魏季子文集》卷 4。

⑦ 袁行云：《清人诗集叙录》卷 8，第 278 页。

佟养甲、李成栋率清兵攻打广州时百姓的惨状：

> 白梧黑索满阡陌，男在东头女在北。但闻男儿号哭声，不见妇人憔悴色。可怜妻子属他人，更苦无钱赎一身。田园圈去作王庄，华屋一朝成灰尘。艰难留得余生在，甑石已空赋不改。正供钱谷万难输，官吏私派百十倍。征符忽下王师徂，老幼壮丁为役夫。鞭挞骨肉血满野，楼舡高会吹笙竽。（曾灿：《羊城歌》）

战斗之惨烈，读之令人颜变；而百姓遭遇之不幸，更令读者唏嘘涕下。又如曾氏《读何相如明府桐署集次少陵春陵行韵》，描绘了甲、乙之交，东南乱起时的社会实景："忆昔甲乙交，东南祸乱婴。焚烧及城郭，盗贼公然行。堠火至东浙，师出鲜一成。军需频告匮，征税无定名。间架并徭役，鞭挞尽余生。悉索到鳏寡，谁能通下情。……"诗中呈现出了兵祸所至，民不聊生的图景，发出为民请愿的呼声。从这些诗歌中，都不难看到其受杜诗"诗史"精神的深刻影响。另外，彭任自称"三十喜杜少陵"，并曾经刻意学过杜诗，只可惜"俱学而不成，故不存也"（彭任：《草亭存稿自序》）。

易堂诸子对杜甫"诗史"精神的倡导也与这一时期"以诗续史""以诗补史""以诗证史"等观念是分不开的。在国变之后，遗老们有感于时事沧桑而史籍所载又遗漏甚多，故而特别强调诗歌的历史价值，即倡导"以诗补史"，而这一诗学理念的来源就是杜诗的"诗史"精神。魏禧云：

> 盖有《诗》亡而《春秋》作，圣人以史续诗。至杜甫诗多纪载当代事，论者称曰"诗史"，则又以诗补史之阙。然后世有心之士，居其位而不得其志，与夫不得居其位者，于当世治乱成败得失之故，风俗贞淫奢俭之源流，史所不及纪，与忌讳而不敢纪者，往往见之于诗。或直述其事不加褒贬，或微词寓意以相徵，盖不一而足，匪独子美唯然也。（魏禧：《纪事诗钞序》）

由此，诗歌也与此时背负了更多的历史责任，成为记录当代历史的重要工具之一，如林时益评魏禧《勺庭示诸生杂得十二首》云："此诗显微阐幽，廉顽立懦，直足补古今国史之憾。"[①] 观乎易堂诸子集中，诸如上述所举诸篇，俱是以诗存史、以诗补史观念的践履。这种诗学观念也与明末清初之际的重史之风密切相关，也是易堂诸子经世文学观念的重要体现。

易堂之推崇杜诗，除了时代使然之外，也和明末清初诗风之嬗变有密切关系。明季清初，标榜之风盛行，诗风渐弱，诗人大都崇尚七子摹拟风气之余习而无真性情，或又入"纤佻"一途，致使诗歌创作与现实生活严重脱离。此即为易堂诸子所言之虚病。当然，易堂之言"虚"病，谓当时之学风而言，其中文章（包括诗歌）为重要一端。彭士望言："天下五六十年，患虚病极矣，其下者不足言文章经义、名誉气节，皆虚病也。"（彭士望：《与宋未有书》）又："训至启祯之间，言性命、言气节、言经济、言文章，盘互钩党，愈出愈幻，而无一不归于虚。"（彭士望：《与陈昌允书》）魏礼评价当时文章之浮廓失真时云："今之为文，或桀跖而尧夷之，或以白为黑、玄为黄，或尘埃之微而天地大之言出而无际，举世之人可并颂也，卑田之夫可并施也。是甫作文时，真气消亡，随笔已湮灭，而何有其后且传他人乎?"（魏礼：《吴瓶庵赠言序》）

针对于这种诗风，易堂诸子倡导学习杜诗以作救弊之方。在他们看来，杜诗有如下几端可为救当时诗风之弊的"良药"：其一，学习杜诗之真。所谓杜诗之"真"，盖指其性情之真，这是针对当时文人之浮廓矫情，哭不本于哀，笑不本于喜，文人皆枵腹为文辞，由此而失去为文之根本，这亦是文之虚病的关键所在，而倡导"真情"论是易堂诸子诗歌主张的重要部分，这在前文已有论述。在他们看来，少陵之诗情真意切，无伪矫之情，正是后人学习的光辉典范。如魏礼称少陵之诗"于君国之际、新故之感、朋友患难之情，忧深

---

① 林时益于魏禧《勺庭示诸生杂得十二首》后之评语，见《魏叔子文集》，第1277页。

而思远，情纡郁而磅礴，后之论者以为与《国风》《雅》《颂》相表里，非无故也”（魏礼：《李云田豫章草序》）。他认为诗之品来自于人之品，而人之品见于其性情而已，因此少陵、渊明之诗品之所以高，皆因其性情，故他倡导诗人应有少陵之性情，“故必融冶其性情之偏驳，立身行己，有以自成而不失。人品定，则诗品乃可得而见也，然后有渊明之诗，有杜子美之性情，然后有忠君忧国之诗，不待假而出。”（魏礼：《惜树斋诗序》）有性情之真，诗人才能直面现实，从而做到“忧深而思远，情纡郁而磅礴”。

其二，诗须关“理识”。明季诗坛流于模拟、纤佻，清初文人大都以主宋诗以救其弊，“盖明诗摹拟之蔽极于太仓、历城，纤佻之弊极于公安、竟陵。物穷则变，国初多以宋诗为宗。”[①] 易堂诸子大体上也是如此，强调诗歌创作须关理识，这是易堂诸子诗歌理论主张的重要内容。就易堂诗歌，彭士望直言：“吾易堂诗独尚理识，每用古文法，自写性情，以发抒其怀抱，不汲汲求肖于汉、魏、三唐。意未尝不尊杜，欲规模其字句，何者是杜，不遑及也。”[②] 对于前代诗坛上影响极大的“诗不关理”之说，彭氏以杜诗为例予以了批驳：

> 世恒谓诗不关理，尤无所用识，又不得用唐以后事实。予则谓杜自有理识，诗是其独至。李白、陈子昂及唐诗人之超轶者，亦恒有之，以仰溯《易》与《雅》《颂》，屈之《骚》，汉魏之古诗，若合符节。诗不得此，无以传。其所谓兴、观、群、怨，皆是物也，而杜尤多引用同时人之事，不闻同时人讥其失类。使其生于宋，不为宋诗，不用宋之人与事，而必求唐是似，且并失其为杜矣。[③]

---

① 永瑢等：《四库全书总目》卷190《御选唐宋诗醇》提要，第1728页。
② 彭士望：《魏叔子诗序》，见胡守仁等点校《魏叔子文集》，第1197页。
③ 彭士望：《魏叔子诗序》，见胡守仁等点校《魏叔子文集》，第1197页。

“诗不关理”之说，倡导于南宋严羽，盖针对宋人“以文字为诗，以才学为诗，以议论为诗”之弊而发，其于《沧浪诗话》中云：“夫诗有别材，非关书也；诗有别趣，非关理也。然非多读书，多穷理，则不能极其至。所谓不涉理路，不落言筌者，上也。”[①] 彭士望大不以为然，认为正因为少陵之诗“自有理识”，而“诗是其独至”。其他诸如李白、陈子昂等辈之诗虽然以其“超轶”而传其千古之名，然诗中亦自有理识在；再上溯到唐前之经典，俱是以“理识”而传流千古。林时益也批评当世诗坛只尚“冲澹”一格，其云：“世人论诗，只尚冲澹闲蕴，稍涉怒张，便云失去《风》《雅》。其实情有必至，理由当然，非一境可尽，适中其可便是。《风》《雅》至处，如风之《墙茨》《新台》，《雅》之《巷伯》《何人斯》之类，极情极口，有何尝不《风》《雅》?”[②] 又云：“世人论诗，稍涉道理，便云殊有宋气，其实出之精蕴，便见《风》《雅》。至处说理精实者，《雅》《颂》盖不胜指矣。如《风》之‘瞻彼淇奥’、‘秉心寒渊’之类，亦得概以宋气目之乎?”依确斋之见，诗歌不只“冲澹闲蕴”一格，诗是无论言情还是说理，都符合《风》《雅》之道，不可一涉道理即以“宋气”非之。确斋此论，显然是针对明代所盛行的宗尚盛唐风韵而言的。

关于以诗言理，魏礼亦有一段非常重要的论述：

> 昔之论诗者不尚言理，不尚使事，而在乎虚灵浑灏，得自然之境，稳顺于声律，令无底滞，以为言理者气累，使事多则实而不灵，有乖《风》《雅》之道。然而言理者，《雅》《颂》不胜指矣。如《风》之《菉竹》“秉心塞渊”，“淑慎其身”之类，何尝不言理也。《东山》《七月》《公刘》《奕荡》之章，何尝不使事、使物也。又以为诗之教，温柔敦厚，稍涉怒张者，非诗之旨。而《巷伯》《墙茨》，何以列诸《风》《雅》乎？盖

① 严羽撰，郭绍虞校释《沧浪诗话校释》，第26页。
② 林时益于魏礼《西行道上》第四十四首后之评语，见《魏季子文集》卷4。

> 喜怒哀乐，自然之情，善作诗者不泥夫理与事，喜怒哀乐缘情而抒写，其所谓虚灵浑灏、温柔敦厚者，自在也。故天不以日月星辰为累，亦不以晴淑而废风雷雪霜，因时而动，成岁功以授民事，固自然之境。（魏礼：《愁薮诗序》）

魏礼这段论述之意旨与彭士望之说如出一辙。至于明代之七子之倡导“诗必盛唐”，李梦阳更言“唐以后书可勿读，唐以后事可勿使”，这种诗歌观念导致明代诗人大都肆力于摹拟盛唐诸人，但只如“木偶之衣冠也，土菑之文绣也”[①]，而至“明之季年，犹多持七子之余论”[②]。至于明季公安、竟陵诸派之诗，则失之于“巧薄牵率”（魏礼：《答沈仲孚胡若木欧上闲书》）。因此，总观明季之诗风，其病恰恰就在于缺少“理”“识”，诗作皆空洞无物，无益于事故人情，而杜诗则“自有理识”，因此学杜诗可以廓清这种疏廓肤浅之病。当然，诗歌之所以为诗歌，就在于其“喜怒哀乐缘情而抒写”，故不能走向另一个极端，即“泥夫理与事”。对于明代复古派“不得用唐以后事实”的观点，彭士望大为反对：“引用同时人之事，不闻同时人讥其失类，使其生于宋不为宋诗，不用宋之人与事而必求唐是似，且并失其为杜矣。”他认为，诗人不将目光投注于现实，写同时人之事，则与自己所生的时代脱离关系，如此学杜诗，也只能是徒学其皮毛，仅为优孟衣冠而已，似杜而实际上根本不可得杜诗之真。

彭士望的“理识”说与魏禧论文所强调的“积理”“炼识”之说内理相通，也与易堂倡导的经世致用之学有直接的关系，强调诗人要直面现实，要以经世致用为其要务。在他们眼中，杜诗在这方面亦为典范，“求其实用者，自不得不推少陵，而少陵尝高比稷契”，因此，诗人要系于实际，系于国计民生，有感而发之，才能达到实用的目的，“文者虚器，诗者，感兴之端倪，中无以实之，则不适于

① 钱谦益：《曾房仲诗序》，《钱牧斋全集·初学集》卷32，第929页。
② 永瑢等：《四库全书总目》卷136《御定渊鉴类函》提要，第1157页。

用。”（彭士望：《与胡致果书》）故而，对于诗人来说，须博览古人之书，明治乱之故，如魏礼所云：“夫多读古人之诗以为诗，竟其所造，仅足以名诗人。深于诗者，必博观古书传文章，体验于物情，识治乱之故，明是非之原，而要会之于诗，然后其诗有本末，磅礴奥衍而其出无穷。”（魏礼：《甘衷素诗序》）又云：“是故诗之道，博学以培气，淡荡以写情，体事以广识；绘物尚乎虚灵，声调归于风婉。此古今学者同源而异流，诗之或正或变，各成一家言者也。”（魏礼：《温匡云诗序》）其中“体事与广识”一端强调的正是识议。曾灿也直言善诗者须多读书，通经明理，其云：

> 予尝以为，世之为诗者皆学诗于诗，学诗以为诗，则其工不过诗之情与格调而止，极其所造，可以成一诗人，要不过山人才子之能事耳。古人攻一经者，必通他经之理；擅一艺者，必明众艺之情。是故善诗者，必多读书，其取材也博，其物类也精。经史百家之蕴，贯穿淹润于胸中，而后诗可得而成焉。［曾灿：《龚琅霞诗序（代）》］

总观易堂之言“理识”，大抵就道理识议而言，既包括日常生活中的道理，而更重要的则是世事兴衰之道，诗人的职责就是要揭示这些道理，使后世之人有所借鉴；在诸子看来，只要这样，诗歌才具有了经世致用的现实意义。由此而观，倡导“诗关理识”，实际就是倡导少陵写实的创作方法，这不能不说是救治清初诗坛“虚病”的一剂良药。

易堂九子对杜诗的推崇与清初诗坛崇尚杜诗的风气是一致的①。

① 张晖在《中国“诗史”传统》一书中，专以“明清之际‘以诗为史’阅读传统的确立”为一章，又列“诗本于史：钱谦益、黄宗羲等人的‘诗史’说”“诗之用‘有大于史者’：施闰章、屈大均、方中履等人的‘诗史’说”“笼罩在‘以诗证史’观念下的清初‘诗史’说”等节比较详细地阐发了明清之际的“诗史”观念的丰富内涵。参见张晖《中国“诗史”传统》第五章，生活·读书·新知三联书店，2012。

鼎革之初士人遭逢乱世，目睹国家之沧桑变故，人民之颠沛流离，因此皆以“诗史”精神来规诫自己，以实录之笔记下充满血与泪的历史。如黄宗羲云：

> 今之称杜诗者以为诗史，亦信然矣。然注杜者，但见以史证诗，未闻以诗补史之阙，虽曰诗史，史固无藉乎诗也。逮夫流极之运，东观兰台但记事功，而天地之所以不毁、名教之所以仅存者，多在亡国之人物。血心流注，朝露同晞，史于是而亡矣。犹幸野制遥传，若语难销，此耿耿者明火于烂纸昏墨之余，九原可作，地起泥香，庸讵知史亡而后诗传乎？是故景炎、祥兴，《宋史》且不为之立本纪，非《指南》、集杜，何由知闽、广之兴废？非水云之诗，何由知亡国之惨？非白石、晞发，何由知竺国之双经？陈宜中之契阔，《心史》亮其苦心；黄东发之野死，宝幢志其处所：可不谓之诗史乎？元之亡也，渡海乞援之事，见于九灵之诗；而铁崖之乐府，鹤年席帽之痛哭，犹然金版之出地也，皆非史之所能尽矣。明室之亡，分国鲛人，纪年鬼窟，较之前代干戈，久无条序；其从亡之士，章皇草泽之民，不无危苦之词。以余所见者，石斋、次野、介子、霞舟、希声、苍水、密之十余家，无关受命之笔，然故国之铿尔，不可不谓之史也。①

黄宗羲特意指出时当“流极之运”，诗以补史的重要作用，可以说道尽清初遗老的诗心。由此，少陵的“诗史”精神也自然成为他们所极力倡导的。钱谦益服膺少陵，认为“自唐以降，诗家之途辙，总萃于杜氏”②。其生平亦勤于治杜学，成《杜诗笺注》一书，为清初杜诗学之大成之作。钱氏之《投笔集》为其践履“诗史”精神的杰作，陈寅恪在《柳如是别传》中给予其极高的评价，其云：“诸

① 黄宗羲：《万履安先生诗序》，《黄宗羲全集》（增订本）第十册，第49～50页。

② 钱谦益：《曾房仲诗序》，《钱牧斋全集·初学集》卷32，第928页。

诗模拟少陵，入其堂奥，自不待言。且此集牧斋诸诗中颇多军国之关键，为其所身预者，与少陵之诗仅为得诸远道传闻及追忆故国平居者有异。故就此点而论，投笔一集实为明清之诗史，较杜陵尤胜一筹，乃三百年来之绝大著作也。"[①] 清初另一位诗坛大家吴伟业受杜甫影响也很大，以实际创作来践履少陵"诗史"精神，其"身阅鼎革，其所咏多有关于时事之大者"[②]，"抚今伤昔，俯仰留恋"（彭士望：《独漉堂诗序》），所以"亦可称诗史矣"[③]。《四库全书总目》称遗民冷士嵋之诗"刻意学杜，多为激壮之音"[④]。遗民杜濬之诗则"师法少陵，身际沧桑，与杜陵遭天宝之乱略同。故其音沉痛悲壮，读之令人酸楚。"[⑤] 彭士望称岭南遗民陈恭尹为"今之杜甫"（彭士望：《独漉堂诗序》）。之外，推重杜诗者不乏其人，如叶燮认为："统百代而论诗，自《三百篇》而后，惟杜甫之诗，其力能与天地相终始。"[⑥] 这种崇杜之风使得清初诗人更加关注现实，深切于国计民生，以"兴观群怨"为旨归，胸中真情郁勃而发而为诗，明季浮廓诗风至此而为之一变，成为中国古代诗歌发展史上的重要一环，对于其后清代诗歌的繁荣起到了导其先路的作用。

第三节 易堂诗歌创作述论

整体上作为一个遗民文人团体，易堂诸人在国变后大都思恋故国故君，除魏际瑞之外，他们隐迹于草野之中，放浪于山水之际，放歌咏怀，或为杜鹃啼血，或为慷慨啸歌，或为咏史遣怀，或为羁旅愁唱，或为田园低吟，如此种种，表现出明末清初之际遗民复杂

---

① 陈寅恪：《柳如是别传》，上海古籍出版社，1980，第 1169 页。

② 赵翼：《瓯北诗话》，参见郭绍虞编选《清诗话续编》，上海古籍出版社，1983，第 1283 页。

③ 赵翼：《瓯北诗话》，参见郭绍虞编选《清诗话续编》，第 1291 页。

④ 永瑢等：《四库全书总目》卷 182《江泠阁诗集》提要，第 1653 页。

⑤ 陈田：《明诗纪事》，第 3149 页。

⑥ 叶燮：《原诗》，见郭绍虞编选《清诗话续编》，第 583 页。

的心路历程。

一　故君故国之思

作为矢志不渝的明末遗民，君国之思无疑是一个永恒的诗歌主题。而宋、元移易与明、清鼎革，国柄又为异族所窃，这时前朝遗民的故君故国之思又往往包涵着复杂的民族情感。故而，他们的君国之痛既表现为对故国故君的沉痛哭祭，又表现为对历代忠臣义士之尊君爱国思想、不愿臣服于新朝的大义凛然之民族气概的弘扬；也有一些遗民，如易堂中的曾灿、彭士望等人，曾经辗转各地，驰骋疆场，壮怀激烈，慷慨悲歌，这类军旅诗歌也可以看做是君国之思的另一种表现形式。

易堂诸子的君国之思最为直接的表现就是对故国故君的哭祭。如曾灿作《杪秋哭先帝》四首，以悼先帝，其云：

> 仰首长空忆所天，行行秋雁入幽燕。玉鱼昨日葬无地，金马同时爨有烟。日落关山吞四海，烽传宫阙照三边。遥知此夜伤心处，哭向空山吊杜鹃。（其一）
>
> 千骑突入禁门中，谁向城头报晚烽。一夜挑灯传血诏，三声挥泪急晨钟。丈夫气概同红日，英主功名贯白虹。万古伤心无限恸，猛然抚剑涕临风。（其二）
>
> 一纸忠经事若何，未闻绅佩杂铜驼。可怜海阔蛟龙泣，但看台空麋鹿多。白帝城中巢水鹤，青枫江上吊流波。五陵裘马有谁贵，愤起挥天一枕戈。（其三）
>
> 闻道长安似奕棋，秋风战罢不胜悲。寒鸿不下江南久，征马终为塞北迟。三尺镆铘谁壮士，半挥戈甲孰吾师。少年直节当今贱，不使壮心老大违。（其四）

诗中颂先帝崇祯的“丈夫气概”，奉其为“英主”，然终以国事不可为，感叹“高皇旧基业，祗见一孤灯”（曾灿：《除夕立春》其二），遂成“万古伤心”之恨事，思至此，只能“仰首长空”，以泪洗面。

其情悲，其辞切。就连易堂九子中唯一出试清廷的魏际瑞，也作《煤山》诗以哭先帝："圣主骑龙去不回，煤山亭上望崔嵬。我生之后逢涂炭，开辟以来此劫灰。风入松楸天气暝，日斜宫阙璧门垂。可怜细草年年绿，望帝无心化子规。"

曾灿还作有《杪秋怀南都作》四首，其云：

倏忽杪秋夜，寒灯影渐微。白云连寺隐，黄叶带风吹。读古抚长剑，悲歌视短衣。故宫劳梦寐，宁使壮心违。（其一）

瑟瑟风偏劲，明明夜欲霜。百年烟雾气，万里水云乡。剑客须髯结，将军战伐忙。殷勤劳圣主，何日下秦凉。（其二）

千古文章事，风云自有期。乱离经出处，荣辱愧男儿。薇蕨终吾老，功名莫我知。当途空眷恋，长笑一声悲。（其三）

西风吹小径，残夜动悲鸣。忧患千年病，伤心万古情。霜清怜瘦影，叶落出寒星。长叹应无尽，呼谁问此生。（其四）

缥缈之秋，往往更容易使人感伤，更何况是亡国之恨。虽然自己曾胸有抱负，然终究无所成，能不伤痛？秋风萧瑟，寒灯渐微，然故宫、圣主今却何在？全诗之情，乃凝在一"悲"字上，更是以"笑"写"悲"（"长笑一声悲"），悲更深切。国事至此，愧疚、忧患之情郁积心中，不尽发出此际何寄之叹！全诗真挚而又沉重，让人动颜。故国之思一直萦绕在其心间，而曾灿也常以"悲秋"为题材，抒写自己对故国的眷恋。如其《悲秋》二首，其一云："江汉澄清秋气悲，碧天如水白云微。城南日暮孤鸿断，塞北风高胡马嘶。百代衣冠今作异，十年渔猎岂同时。平生感愤何所事，剪烛西窗读楚辞。"其二云："骚首无言独向东，闲庭霜叶满阶红。兵戈不作江关梦，身世如同海上蓬。汉殿朝云绕锦树，潇湘夜雨响梧桐。十年风景长流涕，故国凭留醉眼中。"此外，更有《秋兴二十首次舒鲁斋》，其序云："时当初秋，忽尔中疟，寒冰热火，迸出神酸。念我生之不辰，痛逢世之多难，囊头萧瑟，坐闻落叶吹风，门内凄凉，愁听败蕉透雨，徒使英雄短气，并令病子增怀。时吟《秋兴》之诗，剑寒霜夜，独遣愁思，而和灯暗竹窗，知一病其神离，悲夫秋而魂悸。”（曾灿：《秋兴二十首次舒鲁斋·序》）这段话正点明了其“悲秋”之缘故，实由“逢世之多难”；而观其《秋兴》诗中，多有感慨故国之语。

前朝之事虽已如烟逝去，然留给诸子内心的剧痛却如阴霾一样笼罩在他们心头，挥之不去。魏礼曾与遗民好友梁以樟坐谈前朝往事，不禁悲从中生，无法释怀，作《听梁公狄谈往事》二首以抒其怀，云：

为我且斟酒一卮，南朝遗事竟如斯。孤臣目击兴亡迹，贱子思鞭将相尸。齐郑戈矛空蔓草，江淮谋略似纷丝。斜阳欲下山川泪，春雨春风何处悲。

峰头曾听说江东，二十年前一梦中。罢政徒劳伤伯纪（当时史忠襄督师于外，人有罢李伯纪之叹），著书且莫论高宗（予曾作《宋高宗论》）。赭善杜宇啼春日，洛水垂杨系晚风。可惜当时凌御史（讳駉，死难河南），空教骂贼死英雄。（按：括号中的内容为诗中自注）

易堂诸子在游历过程中，拜祭明末遗迹往往成为他们的一项重要事情，是他们宣泄君国情怀的最为重要的方式之一。魏禧出游吴地，至故都金陵，登上雨花台，不禁凄凄涕下，如歌如泣，“生平四十老柴荆，此日麻鞋拜故京。谁使山河全破碎，可堪翦伐到园陵。牛羊践履多新草，冠带雍容半旧卿。歌泣不成天已暮，悲风日夜起江声。”（魏禧：《登雨花台恭望》）其《庚戌九月雨后重登燕子矶见伯季旧题怅然有作》诗中又有“不知故国几男子，剩有乾坤一腐儒”之句。曾灿在路过钟山时，也流涕不止，其《过钟山》诗云：“故垒荒烟合，孤城尽日闲。千秋遗恨在，流涕过钟山。”邱维屏在送同堂之友曾灿往金陵时，不禁想起高皇之业，无限伤感：“君不见霜钟起处破冥烟，英皇江头声彻天。黄虞已去空山寺，九男二女何处是。停舟正值前川晚，送子金陵情何限。高皇事业烟雨中，且尽尊前酒一钟。”（邱维屏：《潇湘八景图分赋得烟寺晚钟即韵送曾青藜之南都》）当他北游之时，途经金陵紫金山，遥望孝陵，不忘拜祭一番，作诗《雪后舟过蒋山望拜孝陵》以纪：“遥瞻雪始晴，脱帽拜山陵。天上神灵宅，人间龙虎京。千秋还正朔，万国终皇明。臣屏老当壮，中流忆祖生。”犹称自己为皇明之臣。顺治十六年（1659），曾灿将往金陵，堂友林时益凭曾氏此行，藉以洒泪雨花台，以寄故国情思，其《己亥冠石送曾止山之旧京将往云武访令兄庭闻》其二云：“分手千山里，梨花树树开。夏畦皆有愧，麦饭独含哀。未见南游客，犹伤北望怀。凭君将此泪，一洒雨花台。”其中苦心亦已明矣。而当他亲至金陵，又因病不能登上燕子矶，亦不忘作诗以歌：“三百年来燕子石，狂澜骇浪尽安流。江湖万里分南界，吴楚千夫运北舟。芦荻尚思当日赐，衣冠真羡古时邱。悲君极目空亭上，云物钟山正暮愁。”（林时益：《病畏风不能偕冰叔登燕子矶》）魏礼曾与其兄际瑞同登燕子矶，以诗寓其情怀：“江寒风急雁斜飞，兄弟登临两布衣。白草黄沙归到此，孤蓬短棹欲何之。金陵尚记来时路，铁锁长萦往事悲。指顾忽然天地黑，波涛隐隐出旌旗。”（魏礼：《同伯兄登燕子矶》）如此等等，俱如杜鹃啼血，其声哀切。

易堂诸子的君国之思还表现在对历代忠烈之士的祭拜，以褒扬其节义。毋庸置疑，这些忠烈之士在他们的心目中已成为一种精神象征，也成为支持他们在朝代更迭之后仍然能以如此一种桀骜不屈的姿态生存下去的精神力量。

杨廷麟是明末著名忠烈，南都破后，唐王手书加为吏部右侍郎，易堂中曾灿及彭士望曾受其知遇之恩。顺治三年（1646）十月，赣城破，廷麟赴水殉死，彭士望作诗三首以哭之：

先生社稷臣，久绝身家想。妇死未及葬，儿孤不自养。彭咸一相从，天地色凄漭。惭负国士知，俾公独泉壤。

生平何可尽，忆别放舟时。石濑下轻舫，江风吹大旗。笑言分造次，慷慨见须眉。岂意成终古，无繇再见期。

受命艰危际，文山公后身。如何逢未造，偏再值江人。蜀

汉终难振，厓门何太频。人伦天道事，茫昧向谁论。（彭士望：《哭杨机部相国》）

诗中以杨廷麟为“文山公后身”许之。之后，彭士望再过故地，伤怀往事，犹不忘作诗悼之，其《过雩都悼杨机部先生丙戌七月于此奉别》云：“楼船吹角拥牙旗，相国当年此出师。一别遂成千古恨，寸心难报十年知。鱼龙滕水空怀赋，兰蕙生洲不忍诗。犹记论才当暑夜，呼予执手问谁宜。”廷麟殉国后，曾灿也作诗痛悼之，其《哭杨相国死节》云：

降旗出江戍，千里暮云昏。独有杨夫子，提戈章水源。孤城婴六月，四望绝诸援。痛哭丹心在，岂因成败论。

世独悲生死，吾应惜去留。风尘辞故国，江汉失同舟。一水鱼龙夜，三军麋鹿秋。淮东称国士，负此泪长流。

江水流无尽，只今恨不衰。天高黄鹤远，日暮白云垂。三辅原如此，五坡未有期。先生先我死，后死难其谁。

诗歌以痛哭廷麟之“丹心”为主旨，彰显其“节义”精神。

顺治九年（1652），魏禧与林时益同于梅花岭祭拜史可法之墓，林时益作诗纪之，云：“秋尽天寒夜不霜，短衣大帽拜忠襄。梅花是岭堪埋骨，榆树成林竟出墙。飞马直来开兖豫，降帆回指下江黄。莫云缓死文丞相，忍见中朝一日亡。”（林时益：《同魏冰叔梅花岭拜史忠襄公墓》）康熙十八年（1679）九月，魏禧于赣州拜祭杨廷麟之墓，以诗祭之：“荒塚斜阳乱草青，布衣此日拜门生。长年魄恋忠诚府，亘古神依箕尾星。两岸蓼花红有泪，一江秋水澹无声。孤魂最是难听处，盍旦枝头彻夜鸣。”（魏禧：《拜杨文正公墓》）其情甚为悲切。

今检九子诗文集，以诗哭祭甲申、乙酉年间之殉死者实不在少数，其中也包括了一些义死之“烈妇”，如魏礼曾作《梁烈妇述》，讲述梁以樟夫人之英烈事迹，中云：“明之商邱令，姓梁名以樟。厥有张夫人，身与城存亡……夫人目佩刀，奋衣起低昂……力战力不支，公仆被三创。夫人得闻之，着我白衣裳。驱媵妾登楼，系环于楼梁。乃命速举火，仆泣火不揭。夫人厉声叱：主命汝岂忘。其时火四发，烈焰贯穹苍。雷电为之下，飞鸟为之翔。杀气为之摧，草木为之黄。从死卅余人，至今骨不僵。……”（魏礼：《梁烈妇述》）其风概岂亚于男儿！

除了同代忠烈，对于前代忠烈之遗迹，诸子亦频频祭拜，表达其殷殷之情，其中以宋末节义之士为最多，这自然是因为宋末元初与明末清初之际的两代遗民在心理上有某种共鸣。如魏礼祭拜谢枋得之祠，作诗云：“先生忠烈一门齐（公夫人李以救民，自就俘，缢死。女闻父母变，投桥下死；弟君烈、君泽、三侄皆死于狱；兄君禹在九江不屈，斩于市），饿到千秋永不饥。阶畔许留孤柏在，檐前只有杜鹃啼。微躯再拜瞻颜色，短发多惭下涕洟。怪得世人推节义，至今还自说江西。”（魏礼：《拜谢叠山先生祠》按：括号内内容为诗中自注）崇敬之意溢于言表，亦以江西人的尚节义之风而自豪。又于金龙王庙拜谢绪，诗云：“浮海不登海岸庙，停舟敬拜金龙祠。把椎怒目还余恨，血食香烟岂有私。转望风云生殿角，遥闻钟鼓出江湄。天昏日冷狂澜急，欲问神明知未知。”（魏礼：《金龙大全庙》）魏际瑞过黄河口，亦作《黄河口金龙神庙》一诗：“白马津边日欲秋，金龙山下昔曾投。至今犹把金椎坐，怒目黄河看倒流。”曾灿也曾拜谒文天祥、岳飞、陆秀夫、谢绪等忠烈之士，如其《阻雪桃山驿遂拜岳武穆庙》其二云：“百尺穷碑气象高，遗宫但见杂蓬蒿。精光忠发千秋镜（庙中有石碑，光可鉴人，先朝叶向高题曰‘精忠镜’），战血留空万里涛。不忍君臣同狗脚（或有咎武穆不当受金牌召者，予谓：大将握兵于外，一不受命，必至于叛而后已），肯将天地等鸿毛。可怜南宋偏安地，尚有军书北伐劳。”（按：括号内内容为诗中自注）又《拜陆秀夫先生祠》云：“崎岖崖石下流淙，遗庙嵯峨对大江。亡国尚留山邑在，断桥但见海潮撞。寸心社稷伤多故，双手乾坤誓不降。酹酒天涯空洒泪，无端鼓角急归艭。”又曾几度拜祭谢绪之庙，均以诗纪之，《望黄河遂拜金龙王庙（王姓谢名绪，宋末以诸生死难，誓曰："黄河倒流，即我报仇之日"）》云："羁迹生烦忧，悠悠步高垄。落日下秋空，长河接天涌。波涛忽杈枒，无风亦澒洞。乃知苍茫区，物象非一种。人生负志气，天地不为动。夫子陆沉中，屹然见大勇。"（按：题目括号内文字为自注）《水失故道舟不得泊遂阻拜金龙王庙》云："河水竟西流，行人不得休。至今当八月，尚未似初秋。神鼓停村墅，灵旗出殿楼。平生心事在，瞻望涕难收。"诗歌表达了对岳飞之"精忠"，陆秀夫"誓不降"之志、谢绪"大勇"之精神的无比崇敬之情。

二　咏史寄寓之怀

自班固《咏史》诗出，后世咏史之诗代不乏作，蔚为大观，成为中国古代诗歌园囿中的一大景观。咏史之诗陈述古人故事，或以古论今，或藉古抒怀，是诗人发幽古之思，寓当世之情的重要方式。

在明清鼎革之际，咏史诗的创作繁盛，自然也与当时的历史语境有密切关系。其一，此际特重史教，希望通识古今兴衰之故而改变明季士人之所谓"空疏"，故学风尚史，而自然影响到诗风，倡导诗尚理识之论，而所谓"理识"，重要一端就是指兴衰成败之由，故在诗歌创作上，也往往表现为尚论古人，期以古鉴今。其二，鼎革之初，世事沧桑，而又文网森严，故老遗民不得明言其志，往往借咏古人故事这种隐晦的方式抒发一己郁郁之情。

检易堂诸子诗文集，咏史诗在其诗歌创作中占有重要的地位。代表作如李腾蛟《咏史二十一首》，堂中魏禧和其作，有《咏史诗和李咸斋》，亦有二十一首。魏氏和诗有小序云："李子咸斋作《咏史诗》，余读而悦之，书置座间，以当九九砺砺。讽詠既多，意有各出也。"（魏禧：《咏史诗和李咸斋·序》）除此之外，诸子均有以古人故事或古迹而发为诗歌者，数量颇多。

观诸子咏史之作，大都以议论为主，所谓"意有各出"者；所论之人之事，多在世事扰攘纷乱之时。易堂诸子咏史论古人，往往表现出对在天下危难之际挺身而出以救世乱者的强烈向慕。[1] 如此，战国秦汉魏晋等世乱扰攘之时的人事都是他们津津乐道的。如韩信、诸葛孔明式的人物便成为他们频繁咏叹的对象。

魏禧作《淮阴侯钓台》二首咏淮阴侯之人之事，诗云：

> 欲问韩侯垂钓处，荒台遗碣在通都。能酬一饭真君子，不报睚眦大丈夫。坐待鸣钟烹走狗，终教雌雉灭诸雏。淮流千载犹呜咽，只是将军死不辜。（其一）
>
> 韩侯能贵子陵隐，两汉争传两钓台。云梦既囚甘斧质，富春终去卧蒿莱。成功不处嫌疑地，长傲须知死祸阶。何事舞阳迎道拜，狂言大笑出门来。（其二）

诗中魏禧以“真君子”“大丈夫”直呼淮阴侯，表明他对韩信本人的尊崇。对淮阴侯的结局，魏氏心怀无限感伤，遂有“淮流千载犹呜咽，只是将军死不辜”之叹。继而他总结韩信之死云“成功不处嫌疑地，长傲须知死祸阶”。彭士望亦以“国士”称淮阴侯，其《韩侯钓台》有“钓台抔土饭亭东，国士投伦早未逢”之句，但对于韩淮侯之结局，也将之与高隐严光并提相比，也与魏禧有同样的感慨，就是韩侯未能在佐高祖成就大业后急流勇退，其诗云：

> 荒沙漠漠古城隈，竟接黄河天际来。广柳莫逢车右客，秋风独向钓鱼台。淮阴市上人难识，长乐宫前友易猜。千载为思严子隐，羊裘绝不染尘埃。（彭士望：《登淮侯钓鱼台》）

---

① 关于明清之际士人的“豪杰向慕”，参见赵园《制度·言论·心态——〈明清之际士大夫研究〉续编》附录一《易堂三题·豪杰向慕》。赵先生较为详密地解读了易代之际士大夫的“豪杰向慕”心态，并指出其中意蕴的“复杂性”，一者这一时期的豪杰向慕，“与一个相当时期中的理学话语，就不无关系”；再者，“对于明清之际士人的豪杰向慕，有明一代的名士文化，也参与构成了一部分背景……文人处平世力图脱弃凡近，到了世乱时危，往往自以为负王霸大略，抵掌世务，刺刺不休。”第423～453页。

而由淮侯，漂母也成为他们褒扬的对象，每过漂母祠，诸子皆著诗以赞漂母不以贫贱视人，慷慨施食的高风，彭士望诗云：

> 汉末生三杰，天并生二奇。石公与漂母，一代真雄雌。英雄不得志，市儿群相欺。阿母独慷慨，乍见能深知。贫贱易为感，况乃当厄施。母非望报人，千金仍不辞。砺俗有微尚，所重宁于斯。汉陵久非故，母庙终莫移。太息此一日，因风寄所思。（彭士望：《漂母祠》）

曾灿也有诗云："汉高栎釜羹，刘毅子鹅炙。古人恩与仇，遂乃在饮食。至今漂母祠，朱甍耀霜日。"（曾灿：《韩侯钓台》）在他们看来，王陵易改，而母庙永存。

除淮侯外，诸葛孔明也是诸子咏史诗的主要对象之一。在易堂诸子等清初士人看来，孔明生于乱世，虽卧草间，但心居魏阙，天下大事俱在心间，而绝非一般的遗世忘世者所能相比，故其为王佐、帝师，诚如魏际瑞所云："鞠躬有象真王佐，宁静如神实帝师。"（魏际瑞：《沔县诸葛公庙》）然而世事沧桑，"汉业"也终无成，孔明则以"忠臣"遗恨。而对其结局，彭任感叹道："季汉君臣事不同，豫州三顾草庐中。早知出师身先死，只合终身作卧龙。"（彭任：《读史》）

观易堂诸子所赞赏的诸如韩侯、孔明之类，皆有志并有能力用于乱世纷争之中者，此即易堂中人反复言说的所谓"俊杰"。这自然与诸子所处之时亡天下的历史境遇有关。他们认为，此际只有俊杰才是救天下的可用之才。彭士望直言：

> 生平最喜司马德操云：儒生俗吏不识时务，识时务者在乎俊杰。落落数言，已指破千古庸钝病根，为真俊杰写生吐气。夫所云时务，谓昨日之事不可施之今日，今日之事不可待之明日；彼人之事不可责之此人，此人之事不可待之他人；要在随宜变通，当机恰合，义精智老，乃为得之。大之则官天府地，

握雷追风，无不曲尽其能；小之则虽屐履之间，亦得其任。此之谓识时务，此之谓俊杰。（彭士望：《荮刍别同学诸子》）

这段话最能解读易堂诸子的“用世”之志。曾灿也在俯仰古往今来兴衰成败之迹，发出感叹：“金陵自古帝王地，虎视中原起大风。廷尉犹堪制狼子，跛奴尚尔畏萧翁。江淮楼堞连天黑，楚汉旌旗耀日红。指点南来无限事，教人短气在英雄。”（曾灿：《秋兴二十首次舒鲁斋》其六）又：“逢秋百感乱生平，树树悲风暗短檠。谁是濮阳生季布，不闻易水送荆卿。剑鸣深夜双龙斗，月出寒沙万幕明。起舞刘琨今在否，九关虎豹正催更。”（曾灿：《秋兴二十首次舒鲁斋》其一）“教人短气在英雄”一句，道尽古今成败之理，而寓明末国事败亡之由。曾氏所谓的“英雄”，即彭氏所言之“俊杰”。

在诸子心目中，历史中的韩侯、孔明之类正是此种人物，也自然成为诸子心中的楷模。如彭士望有句云：“我亦似公能胯下，千金难脱故人穷。”（彭士望：《韩侯钓台》）希望自己能够有韩信那样的忍受胯下之辱的洪量，而最终封侯。魏际瑞也不禁拜倒在孔明像前：“且受书生今一拜，不嫌名士古相知。请看一统华夷日，可似三分汉贼时。”（魏际瑞：《沔县诸葛公庙》）

虽然如荆轲之类的勇士在易堂诸人的眼中尚为艳羡，但他们所仰慕的“俊杰”，也绝非仅仅是这些纯粹尚武的勇士。对此，赵园曾论说道：“无论刺客游侠还是绿林豪客，都不具备神性，是世俗社会中的英雄，俗世所可期待的英雄。轻死重气，不欺然诺，且不拘文法，不避形迹，偏胜，有癖、有疵，易堂彭、魏所向慕的，未必不是这种有缺陷的‘圣贤’。尽管魏禧曾写过‘大铁椎’，彭、魏所好的，却更是鲁仲连，而非荆轲、豫让之流；他们期待中的豪杰行径，也更是排纷解难——既非刺客式的匹夫之勇，也非绿林式的有组织的对抗。”①

① 赵园：《制度·言论·心态——〈明清之际士大夫研究〉续编》，第432页。

魏际瑞曾就当时“文”“武”之士不能相容而感到痛心：

> 文章之士，生气满天下，而拳勇豪侠之士，生气亦满天下，然是二人者多不相能。文人谓武人不足语，武人谓文人无用，不识时务，故无事则两相讥，有事则两相轧。是二人者，吾甚惜其才可用，而悲其两美之相伤也。夫天下才智不出文武二途，惟真能读书者，能收罗拳技罢驾之徒，以破其书生拘腐之气；而真能用武者，亦必有以善交缝掖章甫之士，资诗书礼仪之气，而化其粗疏暴慢之心。（魏际瑞：《闫将军寿序》）

“文人”与“武人”相互抵触甚至倾轧，致使“两美之相伤”。故而，在他们看来，尚武之勇士有时便成为无谋者。如李腾蛟《咏史诗》组诗开篇一首即以荆轲刺秦之事发论，诗云：

> 荆卿游酒人，独与渐离亲。汲汲燕太子，造次图强秦。所期竟不待，手搏空纷纷。轲死渐离诛，忽得沧海君。纷纷揭竿起，因之资圣人。（李腾蛟：《咏史二十一首》其一）

诗中“汲汲”“造次”诸语，实指出荆轲刺秦之败因，在于急切仓皇而为之，未有善谋，故终“所期竟不待，手搏空纷纷”。故荆轲、高渐离等游侠之人虽有至勇，然一事无成，以“死”“诛”而终。因此，真正能够成大事者则需依赖若沧海君之类的品、智皆高的贤者。魏禧和咸斋诗云：“缚虎不急缚，虎急必反噬。始皇何许人，把袖责以义。图穷辄揕胸，铜柱安得避。坫上劫齐桓，误矣学曹刿。”（魏禧：《咏史诗和李咸斋》其一）李、魏二氏对荆轲刺秦之败都进行了冷静的分析，总结其败因，以鉴当时之欲为大事者，不可蹈前人之覆辙。而对游侠刺客之义，李腾蛟显然与传统的褒扬态度迥异：“智允叩马谏，豫让伏桥刺。明明杀我人，各各许以义。严遂报私怨，聂政堕其计。牺牛被文绣，弭耳就死地。”（李腾蛟：《咏史诗二十一首》其三）

在易堂诸子的咏史诗中，多处使用“国士”一词，表明他们的人才理想。李腾蛟《咏史诗二十一首》其五：“国士死知己，所为良独难。田畴为幽州，誓老徐无山。袁氏灭君仇，乃不与其间。卢龙曾一出，流涕辞侯还。此意谁复窥，千载长漫漫。”其十五：“因亡以徒存，壮哉伯约志。天运若祚汉，未必非奇计。马谡败街亭，徒足乱人意。不负丞相知，参军真国士。”彭士望《秦中幕府书壁》：“国士何尝有定评，千秋双眼几人青。狄公所荐非司马，石父胡为绝晏婴。春日窥窗偏易过，东风吹梦苦难醒。为怜墀草饶生意，每向阶前独自行。”曾灿《秋兴二十首次舒鲁斋》其五：“乱来天地亦多忧，何必西风始白头。八代文章谁国士，五陵衣马自名流。寒江捲浪重重去，暮岭牵云冉冉留。此日新亭无处哭，可容卖药似韩休。”大抵而言，国士是指那些能够在国家危难之际出而解难的经世之才，这也是他们的自我期许。如上引赵园所言，诸子所称道的俊杰“更是鲁仲连，而非荆轲、豫让之流”，故整体上看，易堂中人显露出某种策士姿态，根由即在于此。在魏禧看来，“自古大圣人，身皆建奇迹。各各不雷同，各与天地立。”（魏禧：《咏史诗和李咸斋》其二十）而仲连一类亦在其所谓圣贤一列。他咏周公诗云：“辟如相马，欲明其目。多才多艺，为天下腹。”（魏禧：《读史杂咏呈药地大师·周公》）易堂诸人所推崇的正是“多才多艺，为天下腹”这样的人物。又咏李泌云：“方若行义，员若用智。动若逞才，静若得意。”（魏禧：《读史杂咏呈药地大师·李邺侯》）方、圆、动、静，皆得其意。

咏史以鉴，总结明亡之由，揭露当世人才之弊而思振之，这是易堂诸人咏史诗的重要精神内涵之一，这里面蕴含了此际士人在复杂历史情境下的人生理想。咏人之外，又常以故事为依托，试图向世人阐明兴衰成败之理，故此类咏史诗指点评说，议论斩斩，如魏禧《咏史诗和李咸斋》其七：“作意杀功臣，汉高实罪首。韩彭如悍马，羁勒不去手。忠诚萧相国，乃亦膺系枢。宋祖万世法，大祸消杯酒。”其十九：“昭烈抱雄略，棲棲不得息。自遇隆中人，进退鲜所惑。伐吴不偕行，永安崩有日。始信鱼失水，死生在顷刻。”彭士望《赤冈书舍与查小苏论史》：“项羽万人敌，乃从季父徇。虽以霸王资，于斯亦恭巽。安元奕棋时，寂然别有旨。元已破强秦，犹称小儿子。信陵难救魏，毛薛敢直言。趣骂若不及，后世称其贤。君义通神明，生死肉白骨。稽古识度优，使才更绝独。”魏际瑞《三良冢》：“凤城东郭穆棱遥，抔土三良太寂寥。国有贤臣如此用，家无全犯不曾饶。古风自此刍灵废，后世因而瓜蔓抄。直到英宗天顺末，至仁万世越前朝。”李腾蛟《咏史诗二十一首》其二十一：“汉室将倾圮，哲人尽潜藏。斯时无管乐，何以谢高光？卓哉庞德公，造就诚有方。从子冠南州，床下拜武乡。扶汉既有人，翻然可翱翔。”如此等等。

魏礼评魏禧《读史杂咏呈药地大师》，云其“以古人情事写今人心迹”[①]，道明了易堂诸子咏史诗之精神内涵。诸子既志在用世，自然遁世非其所期，故魏禧以论古人而明其心志云：“隐当为太公，不当为伯夷。择地钓渭水，乃为西伯师。德公处襄阳，诸葛侨隆中。既当都会地，亦多豪杰从。但使处孤僻，时务安得通？”（魏禧：《咏史诗和李咸斋》其二十一）故而，诸子往往以古喻今，指陈时事。彭士望登北固山，怀古伤今，直指“朝士”之无能：“登高怀在昔，草泽起群雄。朝士今何为，好爵徒弥缝。蹙国不一言，耳语私喁喁。宁知背指断，所伤仍在躬。骋望海门近，杂沓淆鱼龙。行歌偃陂去，日落生长风。”（彭士望：《登北固山有感》）曾灿也直斥权臣之害，致使天下大乱，继而指出中原陆沉，兵寇为两大病，诗云：“燕京既失守，权臣乱国柄。半壁好家居，一朝遂归命。赫赫向潇湘，长沙发号令。招徕闯献徒，专阃恣骄横。事败身亦死，不以黄冠请。是时江广间，叛将号反正。义旗方东向，北师已压境。中原化陆沉，兵寇两大病。几见砀山民，能使残唐竞。”（曾灿：《长沙杂兴》）

此外，咏叹古代义烈，以弘扬气节，也是这一特殊历史时期咏

① 魏礼于魏禧《读史杂咏呈药地大师》后评语，见《魏叔子文集》，第1212页。

史诗的重要内容之一。如上述对诸葛孔明的褒扬，除了其乱世之志外，还有就是作为“忠臣”的气节。魏际瑞《五丈原》：

汉业如灰已不燃，忠臣孤掌拨寒烟。三分天下四川地，六出祁山五丈原。司马但能拚急走，卧龙到此竟长眠。至今原上秋风色，二月长如八月天。

显然，诸葛孔明令易堂诸子清初士人推重的原因有两端，一则以其乱世之志，一则以其忠义精神，如魏际瑞《诸葛公墓》有句云：“定军山下栢蒙茸，旷古精诚在此中。三尺孤坟犹汉土，一生心事毕秋风……”又如彭士望赞颂方孝孺之义烈：

先生龙性谁驯得，义值人伦不让天。十族诛甘同蔓草，千秋名直比荒烟。君恩自古难为报，书种繇今果绝传。却怪年来风雪下，金川曾莫恸门边。

喋血家门死不移，乾坤今日更何其。因伤杀戮刑多误，渐感忠贞事可知。先德于斯勤鞠育，人才如此忍芟夷。可怜故里灰飞尽，博得东南第一祠。（彭士望：《谒方正学先生祠》）

每过古今忠烈之迹，他们必虔诚祭拜，并作诗以颂其义节，如前代忠烈谢枋得、谢绪、文天祥、岳飞等，近代之杨廷麟、史可法等，这在前文“故国故君之思”一节中已有论述。

易堂诸人咏史之作，多发议论。然议论过多，便有伤诗体，易堂诸子也意识到这一点，故魏礼曾评魏禧《韩淮阴侯钓台》其二时云：“诗以议论伤其风格。”[①] 然从另一个角度来讲，议论也正是此际咏史诗的价值所在，故魏礼接着又说：“然末四语可作淮侯论断。”[②]（此诗后四句为“成功不处嫌疑地，长傲须知死祸阶。何事

① 魏礼于魏禧《韩淮阴侯钓台》其二后评语，见《魏叔子文集》，第1359页。

② 魏礼于魏禧《韩淮阴侯钓台》其二后评语，见《魏叔子文集》，第1359页。

舞阳迎道拜，狂言大笑出门来。”）李腾蛟也这样评价魏禧的《韩淮阴侯钓台》其一：“三四于诗虽非高调，然议论精确。可署淮阴庙联。”① 故而，以诗论古人故事，以“史”之笔法补“史”之不足，这也是鼎革之初的一种诗学风尚。如戴名世曾专作《古史诗鍼》②，并在序中言其心迹云：

> 史者，有所为而作也。传愚民之统而怪诞兴，趋当时之势而阿谀作，守一家之囿而是非倒，寄隐衷之怨而曲直蒙。必也破统、离势、毁囿、销怨，而后史朕乃萌。余幼读史，未尝阙疑；长涉世味，渐察其微。始知史者，私也。私之所及，史尚何存？作《古史诗鍼》，非敢根治膏肓之病，将以待夫来者知余志焉。③

戴氏明古史之弊，更取诗歌这种体式欲以私意补之，在某种意义上说，就是以诗论史，补古史之缺。易堂中人所作咏史诗，正与戴氏之旨暗合。彭士望评魏禧《韩淮阴侯钓台》其一为“良史笔法，断得淮阴心死，高帝齿酸。”④ 魏礼评魏禧《读史杂咏呈药地大师·周公》诗云：“宰相以知人为第一，却又非无才者所能，四语说尽古今相业。”⑤ 又林时益于魏禧《勺庭示诸生杂得十二首》后评云：“古今忠臣志士知名于世者，皆松柏也。其无位无名、抱道守节、老死穷僻之乡者何限？其或赴难急公，远如文信国，近如杨文正诸人，相从而死，不知姓名者，又不可数矣。彼天植至性，正如琐细之木，力敌雪霜，彼岂有松柏之名在其意中哉？此诗显微阐幽，

---

① 魏礼于魏禧《韩淮阴侯钓台》其一后评语，见《魏叔子文集》，第 1358 页。

② 《古史诗鍼》是一部咏史诗的专集，全为七言绝句，共计为一百一十首，所论范围上自远古，下迄明季。参见徐总、许结、许永璋注《古史诗鍼注析·前言》，上海古籍出版社，1994，第 2 页。

③ 戴名世：《（古史诗鍼）原序》，《古史诗鍼》卷首，第 1 页。

④ 彭士望于魏禧《韩淮阴侯钓台》其一后评语，见《魏叔子文集》，第 1358 页。

⑤ 魏礼于魏禧《读史杂咏呈药地大师·周公》，见《魏叔子文集》，第 1210 页。

廉顽立懦，直足补古今国史之不足。”① 从这一角度，我们也可以看到此际咏史诗兴起的一个重要原因。

三　山水田园之咏

甲申、乙酉年之后，易堂诸子都曾筑室山野之中，怀抱桃源之志，躬耕自养。曾灿《感乱》诗道尽此时诸子之心态，其云：“闻道神京变，兴亡事若何。丹心哀血诏，白眼望流波。虎豹中原满，豺狼道路多。谁无渊明志，呼酒且高歌。”由此，隐逸情怀的歌咏及山水田园的吟唱便成为易堂诸子诗歌的另一重要主题。

国变初，魏氏兄弟以避乱而斫径翠微之峰，继而其他诸子亦至，聚而居之，从而从乱世飘摇中找到一片可以使他们暂时得以休憩的地方。毋庸置疑，此时的翠微峰易堂在诸子心目中就是传说中的那片“世外桃源”，而这万仞之峰上的一片石显然也成了诸子调治内心伤痛的精神家园，诚如彭任之诗云：“金精不一径，谷口是桃源。岩落四时雨，亭闲八月天。科硕终日望，石发至今然。我欲屋其下，徜徉终吾年。”（彭任：《坐金精谷口》）居于其间，他们的心灵也终于得到了片刻的宁静，于是歌之咏之，此时，翠微山水无疑成为他们心目中最美的风景。魏际瑞的《翠微五章》所表达的正是当时诸子居于翠微峰巅的一种心境：

我居翠微，观彼流泉。流泉若何，其下有渊。其下有渊，其中有天。天渊如斯，可以忘言。

我居翠微，有竹芊芊。我则庐之，我则游焉。我有朋友，亦来其间。可以忘饥，可以忘年。

我居翠微，或时周旋，或时语言，或时衣冠。礼非我设，道无我先。知庸守中，可以忘玄。

我居翠微，翠微之巅，巅亦有山，山亦有天。而彼朋友，

---

① 林时益于魏禧《勺庭示诸生杂得十二首》后评语，见《魏叔子文集》，第1277页。

胡必比焉。蚁马吾师，可以忘贤。

置身于乱世之外，八九挚友徜徉于山水之间，逍遥自得，确实是当时遗民所追求的最为理想的一种生存境界。然而事与愿违，不久魏际瑞无奈出清军幕，继而翠微又遭“山难”，诸子先后避去，自此之后，离多聚少，此后生命的轨迹又各自不同。然而，诸子中的李腾蛟、林时益、彭任几人则自始至终高隐山中，鲜有外出。李腾蛟与彭任在岘山分别构“半庐”“一草亭”而居，林时益则居于冠石，观几人诗集，其咏唱山水田园之什，悠然澹泊，较其他诸子最得渊明风韵。

李腾蛟在《岘峰秋日作三首》中这样描述他的隐居生活：

茅屋数椽，维山之巅。白云结牖，液下流泉。日月升沉，荡影摩肩。

兹屋兹山，金精之间。群石角出，我处独闲。白露晨流，明星夜然。

多病或慵，于物无因。帘静风微，雨过泉新。抱瓮汲水，饮我来宾。

诗中，李腾蛟为我们描画出一幅恬静和谐的山居景象来。诗意之核心则为“我处独闲”，一“闲”字反映出诗人出于尘世之外的澹然心态。于是在诗人眼中，万物皆为我设，白云流泉、晨露夜星俱与“我”为友。对于此，李氏无疑感觉到的是无比的惬意与满足。由此，翠微之山水在诗人眼中就具有了无比魅力。又如：

倚杖看山色，悠然衡宇中。太古渺难追，独尔留鸿濛。升沉阅月日，舒卷任雷风。吾心苟自达，岂必上华嵩。（李腾蛟：《看山》）

野兴随樵牧，行歌归渐昏。疏林争宿鸟，落日失孤村。客子犹闲立，农家早闭门。忽然山月吐，疑是在东屯。（李腾蛟：

《山庄值月》)

显然，诗人已经达到了“自达”的境界，观日月之升沉，赏风雷之舒卷，内心怡然旷然，无私念所累。而山庄之生活，一景一物，或动或静，皆具有了玄义，显得生机盎然。而这种生活也正是他所憧憬的，在《蜂岩中秋四首》中，他表达了自己愿意终老翠微这样的“桃源生活”的愿望，诗云：

> 曲岩风声，月满虚牖。仄仄翠微，高树云走。泉流其肩，石立其肘。(其一)
>
> 石纠如帱，我愿终老。水汲桃源，食粲秋稻。野桥迟客，岘山旧好。(其二)
>
> 雁序时候，人欢列酹。我啜僧茗，白露之后。夜传素磁，时一在手。(其三)
>
> 古欢独赏，维兰与菊。挈榼山来，移语立竹。日月不居，念彼荣木。(其四)

如此情境，怎能不让人流连。

同居于岘山，颜其屋曰“一草亭”的彭任无疑也达到了“自达”的境界。其《一草亭》诗是他隐居生活的自我写照：

> 廿年闭户应忘情，十里西峰一草亭。是处身安皆自得，由来时止岂虚行。多能不足为心累，无欲始知外物轻。夜半云开千仞上，中天月色正分明。

身安自得、无欲无求，这就是闭户忘情的彭氏的真实心态，幽居自闲而心无所系，与万物同一，岘峰之山水风云、鸟树虫鱼等皆与他相约为友，成为他生活中不可或缺的一部分。其《杂咏四首》生动地描绘出他的生活状态：

外物非能绝，幽居可自闲。接言因望道，曳杖为看山。众鸟随饮啄，孤云任往还。姓名何必遁，门设已常关。

溪边高处望，流水出云中。古树依颓岸，危桥失断虹。山空时自响，人迹杳相通。独立心无系，还与万物同。

秋色清如此，难为万里看。偶来依潭影，静坐理鱼竿。白日何嗟晏，黄花自可寒。时哉鸿与燕，天地往来宽。

倚杖古桐下，无人共此游。采山逢好友，把酒向林邱。别有关情事，谁能治隐忧。不如苔草意，荣落信春秋。

这几首诗为我们描绘出一幅动人的高山隐居图来，主人公与山间万物和谐相处，化解掉一切外界纷扰，显然，他的“孤独”已经成为一种境界。有如此情致的诗歌，在《草亭诗集》中不在少数，又如：

深夜不成寐，长廊独步徐。山窗月斜后，野寺钟鸣初。天气清如许，人心澹有余。近来学懒拙，犹喜校残书。（《徐步》）

兴来时值杖，偶尔出柴关。停水流停步，看云飞满山。心思为理苦，世俗得身闲。去去无所向，逍遥独往还。（《春日闲步》）

三岘环山里，林居西向清。窗虚入竹色，夜静出泉声。雨湿寒烟重，风飘霜叶轻。老来无一事，独立有余情。（《岘山》）

倚杖对斜晖，东皋苗正稀。回云障远路，新月入幽扉。独立春山静，群飞夕鸟迟。徘徊无所事，应与醉乡归。（《倚杖》）

闲居未敢逸，仍得是闲人。久雨同长夜，断烟值暮春。心微万籁寂，山静一灯亲。西向平生意，空堂只掩门。（《寒食雨坐西向堂》）

“清”“澹”“静”“寂”等是彭氏诗中最常出现的字眼，而山月、泉流、钟声、众鸟等也成为他诗中最为重要的意象。这些山水田园诗中弥漫着浓浓的自洽与满足，非心静逍遥者不能为之。当然，作为遗民，这种“忘世”的生活不再是一种简单的消极避世，而更是一种倔犟与坚强，诚如在其在《对雪》诗中以雪喻己之志：“门开西向望，满目画图悬。琼树不分叶，玉峰直入天。光被山径没，冻绝鸟声喧。岁暮凝寒极，冰心遂益坚。”从此诗中，我们可以窥视出彭任的坚贞之志。

此时的林时益则身居冠石，开荒草野，与二三弟子读书种茶其中，恬然游于世外。其诗作亦多有山水田园之咏，冲淡自然，如其《冠石草堂》云：“不复障吾目，犹然此户庭。山高迟暮色，风远到溪声。深磴樵人路，丛枝野鸟情。谁知初过日，取斧斮茅行。”晚年，林氏又溺于禅道，故其诗又比李腾蛟、彭任之诗更多了几分禅机，如：

> 水虫行自适，时止听其之。逐对穿蒲疾，全身没藕迟。赋形元不大，善动有如斯。我亦无余事，频来立小池。（《水虫》）
>
> 秋心竟无著，遂作山中行。云过池塘影，风吹荷叶声。出楼松百树，到釜泉一泓。机息成真隐，怅然归远僧。（《游郭家主僧夜归感赋》）

相较于其他诸子，这位皇明后裔显然更勤于耕作，更把劳作之事看做是一项乐事。对于林氏的生活状态，魏禧作诗叙云：“乘兴偶相过，山花处处然。欲寻偕隐地，正值晚秋天。往路溪流得，开门石竹偏。主人劳种莳，荷锸立渠边。”（魏禧：《初过冠石》）李腾蛟亦作诗云：“自谓羲皇上，陶然卧北窗。谁知有冠石，反得傲浔阳。淳朴山川意，笑歌兄弟行。蓬蒿任满径，独不阻求羊。”（李腾蛟：《宿冠石茶房留赠主人》）于是，在林氏的诗作之中，劳作本身也就成为他歌咏的对象，如：

> 绿绸催菜雨，红绽落花风。著屐行茶地，连泥解果丛。驩虞向慵仆，黾勉课微躬。日暮临池上，游鱼荷叶东。（《著屐》）
>
> 城西之石峰嶙峋，冠石之冠古制存。初以力耕久为客，时

因避乱还成村。窗间无数桂花叶，屋里一株桃树根。山口竹析响清昼，远林归尽锄茶人。(《冠石》)

岩阴桃树长桃秧，稚子惊呼向草堂。著屐绕篱才三望，数枝新笋上陂塘。(《赠耦耕诸子》其二)

由这些诗作，可以看到林时益在劳作之中所得到的真实的快乐。在《戊戌冬东岩送任道爰同诸子幼刚归江洲省墓》中生动地描绘了他与任道爰及其侄任幼刚等耕作的图景："……一时同予四五人，宾至不辨谁是主。出门开荒入读书，嘐嘐要与古人似……春秋风日挽短衣，在野在田歌声起。此间若有行游人，问古画图谁尔尔。"冠石诸人俨然如在古画图之中。显然，劳作之事在林氏诗中具有了十足的机趣。《朱中尉诗集》中也有一些绝句则清新秀丽，如有土香扑面，如《杂咏》其一："草茅竹树自层层，山上人家山下耕。傍石偶然得浅土，雨中还说种菠菱。"

曾灿虽非真正的高隐，但也曾经构"六松草堂"，有过长达六年的躬耕生活，在这期间所作的一些田园之作，在《六松堂诗集》中显得较为别致。曾灿的田园诗较之彭、林，没有那分玄妙之趣，而以写实为主，质朴醇厚，有浓厚的生活气息，以《田家杂诗》为其代表：

惰气足致厉，黾勉勤东菑。我未学老农，常常乖土宜。耕作在先春，积雨没川坻。不历农家事，安知忧天时。少年爱意气，耻为衣食资。所用失真道，自取寒与饥。贫贱无善地，十年劚两荒。我忧未有涯，耕凿安可忘。仆子早出门，牵牛踰层冈。春深气已茁，茅兜三尺强。庶草借地力，因柔而致刚。所患去不早，贲我岁月忙。二月靠新圃，四月未繁殖。虽以天旱乾，人亦旷厥职。专弦不可听，水济不可食。原上葑菲生，可以助稼穑。方塘注陇水，高下因沟洫。地势得自然，不资桔槔力。

此诗再现了这位贵公子的躬耕生活，发出“不历农家事，安知忧天时”的感慨。这段生活在曾灿疲于奔命的一生中，显得真实而又充实，故能自得其乐。写于这一阶段的诗歌，有较多的对于田园景象的描写，自然亲切，如《春日山庄即事》：

> 暮春日色佳，新苗气渐舒。农夫相开颜，朝起事耕锄。高田作水塍，低田发新畲。高下不同作，用力无密疏。挈馌饷农夫，食者不肯余。归来喜颜色，我心亦已愉。

诵读此诗，读者如入山庄农田之畔，泥土春苗清新的气息沁人心脾，如闻农夫于田垄之中的欢声笑语，愉悦之情自然生于胸中。又《田家即事》：“数里桃溪水，悠悠下晚晴。我来自翠微，乃知秋色生。溪上有人家，顾我启柴荆。牛羊薄暮归，鸡犬相迎鸣。稚子盥濯毕，拱手道姓名。虽则无礼数，中心亦至诚。”为我们描绘出一幅动人的山村晚景图。这种生活其实也是曾灿所企盼的，因此他的心中一直保存着这样一种情致，“纷吾诸事毕，终爱此田间。”（曾灿：《梁安峡值雨》）即使是在后来的羁旅途中，每当遇到这样的山村景致，内心顿时洗去浮华与疲惫，进入一个纯净淳朴的世界中，《徐州道上》便是代表：“长天无过鸟，短柳漫藏鸦。屋后农歌起，门前落日斜。新畲多种豆，平地半栽花。处处秋成熟，膏粱载满车。”

“三魏”的山水田园诗不多，但也时有佳作，如魏际瑞《村落》：“湛田村务里，鸡犬杂桑麻。曲水二三里，茅檐八九家。桔槔春昼永，樵牧夕阳斜。更转前堤路，疏篱隔杏花。”清新自然，如在图画中。魏禧《勺庭晨起望三巘闻鸡犬声却寄彭中叔》中也有“盘磴静人迹，鸡犬向空濛”之句。魏礼《闲忙》其一：“谁道山中闲最胜，山中闲事百端齐。浇花自挹园丁水，按土尝留指甲泥。好景幻观非一一，同群游赏亦折折。兴来呼酒兼分韵，犹恐崦嵫日易低。”写出山居劳作之乐，淳朴澹然，生活气息浓重，具有较强的艺术感染力。

四 游历羁旅之情

除李腾蛟、彭任、林时益、邱维屏几人鲜有出游外，易堂诸人如彭士望、曾灿、魏氏兄弟等俱以“游”为业，或主动壮游大江南北，结朋交友，增长见闻；或为生计故，辗转各地，游于幕府。这在本书第二章中已有论述，此处不再赘言。也正是因为有这样的经历，在羁旅游历过程中的所见所闻、所思所想就成为他们诗歌创作的另一重要主题。在这类诗中，或描绘异地风光，或记述他乡风俗，或抒发羁旅途中的喜怒哀乐，不一而足。

易堂中，最嗜游者当数魏礼，甚至不惜举债为之。这位身处赣南僻壤、胸中有所郁积而不得发的明末遗老，借壮游这种方式以泄胸中之情，曾渡海之海南，又有西北之壮行，途中有所见闻，则援笔述之，以《海南道中三十首》及《西行道上一百三首》为代表。易堂友兄彭士望曾这样评价魏礼的《海南道中》组诗：“季子生平好奇，非观海不能发舒其胸中之气，三十首中，水陆舟车、人民城郭、花木虫鱼、风俗物色、成败枯荣、甘苦夷险、雄奇细碎、阴晴寒暑，靡不毕载，令读者如身置其地，目击其情，相与惊喜叹息，洗发拘碍人生。”[①] 如其记沿途风土人情，颇具风味：

> 群妇黑如鬼，列饭依林草。三里五里有，数钱可得饱。闭目恣吞之，车人竞说好。（第十二首）
>
> 昔见电白人，谓来自鬼国。今至电白城，大海直东北。爱此荒陋区，偏多山川色。（第十五首）
>
> 水是咸卤水，茶是龙眼花。过此出大海，舍船复僦车。两语各不识，笑视返其家。（第二十三首）

异地不同的风情对这位异乡人充满神秘的吸引力，《西行道上一

---

① 彭士望于魏礼《海南道中》后的评语，见《魏季子文集》卷2。

百三首》中，亦多有记异地风俗的篇章，如记江北土俗云："合肥方苦泞，此地竟扬沙。唱曲栽田稻，鸣金踏水车。"（第十五首）又第二十首有云："江北流风别，江南迥不宜。耕田纯妇女，服耒杂驴儿"，描述的是江北农耕景象；记河南土风："行来江北尽，接路是河南。有水接浮鸭，无村不打蓝。项城沾细雨，槐店脱单衫。对灶成陈事，尝来麦饭香。"（第二十七首）而陕西的民居特色也给魏氏留下了深刻印象，第五十三首有云："东陕连西陕，长沟不度云。犹存营窟制，可是帝尧民……"对于羁旅异乡的人来讲，对当地饮食气候无疑是最为敏感的，然旅行的苦与乐也正在其中："家山行向远，异俗亦相渐。麦饼频餐惯，风沙一路添。得阴旋致雨，爱日却愁炎。夹道如栽柳，长晴自不嫌。"（第三十首）

其他诸子诗集中，也有不少描绘异地风物的诗篇。如魏际瑞《过句曲》中有"句曲多榕树，人家数百烟。市行持刃者，门尽捕鱼船。村落蛮尼俗，桑麻怀葛天"的描写，魏禧《吴门六月歌》云："吴越市上人如烟，大雨十日日衣棉。夜拥絮被塞两肩，五更双足犹连蜷。我居城市尚如此，况复千山万山里。谁道严光为好名，五月羊裘钓烟水。"如此等等。

对旅途风光的描绘也是这些长年羁旅他乡者的重要抒写对象。如魏礼《乘月渡海峡》中描写海浪之凶险，"人生何为来渡海，风恶浪恶翻心胸。十里之外见雪白，百里之外闻湔冲。水耸天低月如烟，照我惨淡一艨艟。浪拍船头颠船脚，飞腾勃崪游太空。蛟龙在下我在上，眼无天水船无风。……"又其《出峡》诗云：

> 风声响春雷，人声乱鏖敌。水声沓湔淘，知为出峡石。石齿来啮船，篙迸妇子力。遥窥牵缆人，倒身复曲脊。作势使声雌，欲南还却北。风催骨髓寒，我尚安枕席。乃眄昨宿处，相距不咫尺。

魏氏此类诗歌诗风豪迈，挥洒自如，有太白气度。年近四十才出游的魏禧，也有类似作品，如其《上江行》描写渡江之险：

> 长江卷水如推轮，黄云黑云屯天门。大风扬埃迷前津，横船独进负势奔。舟子兢力各争能，指挥不应力不均。舟中面面皆失色，风声水势相吞射。但见破船败席沉江中，乱卷黄沙洒苍荻。噫嘻！风波反覆在顷刻。噫嘻！风波反覆在顷刻。祷祠恐惧何所为，默然内省不自得。

使人读之如亲坐舟中，见江浪翻卷，闻水声震天，不禁黯然失色。

在游历途中，诸子也目睹了山川换颜、长年战乱给百姓生活带来的极大创伤，他们以少陵之笔书写这个时代。魏礼《海南道中》第二十四首云："雷州昔富庶，城外万家烟。今我驱车来，白草接青天。荒地数百里，斗米卅二钱。"本为富庶之地的雷州地区，然今已满目疮痍，沃土荒芜，米价奇高，人民生活之困苦可想而知。又第二十九首："陈陈徐闻县，虎多于人迹。紫泥黏似浆，才雨深数尺。可怜此土膏，荒弃为不食。"野兽出没无常，多于人迹，其荒凉之情状仅以此一句尽现无余，而"可怜"一词则道尽诗人心中无限感慨。后西行途中又经过陕西，虽然李自成举事已过去许多年，但是给百姓造成的巨大创伤依然没有恢复，《西行道上》第三十三首云："逆贼凋残处，兴亡系此乡。强兵弛督抚，凶势大安阳。假粟行狂狡，愚民竟陆梁。至今余灌莽，眼见是凄凉。"而其《平西道上》所叙途中见闻，则令人触目惊心：

> 上路跳山鬼，人家势迫迮。下路闻兵来，襁负蹲荒泽。风雨暑无时，老稚走昏黑。长官尚抚循，袜韦耀都国。犯之者有罪，猛虎而传翼。官兵志剿民，系掠恣所获。成我行路难，日昃不得食。秀岭十余里，盘转绝人迹。山形若秃髗，流潦鸣巇亥。天僻日幽怪，其气生盗贼。方喜集一村，执戈当夜直。言有行寇至，近在此肘腋。夜半呼我起，披露事行役。

一方面是官兵骄横无忌，恣意"剿民"；另一方面是盗贼纷起，频繁扰民，百姓有家不得归，时常逃匿山中，苦不堪言。诗人心头之痛尽寄托于词语中。

当然，游子长时间滞留异乡，羁旅之苦伴随着思乡之情，时常使他们无法释怀，于是，借诗而抒发胸中苦闷，便成为一种常态。这类抒发羁旅之愁的诗歌在曾灿的《六松堂诗集》中比比皆是。

曾灿于顺治十六年（1659）结束了长达六年的躬耕生活，再次开始了长时间的旅居生活，“视家如传舍”[①]，直至最后客死京师。久居异地的生活也给曾灿带来了极大的精神创伤，劳累、孤独、苦闷甚至是屈辱，使得他身心憔悴，“羁旅如孤鸟，因风托远林”（《又和稚恭分韵》）；“独坐怜光满，羁情入夜哀”（《酒后看月有怀》）；“殷勤呼浊酒，聊以慰羁栖”（《夜泊直州江口》）；“十年困羁旅，满目皆荆榛”（《岁暮言怀用陆放翁贫皆志士节病长高人情为韵》）；“哀后不堪逢丧乱，人间最苦是飘零”（《庚申花朝前五日同王勤中姜奉世集棣华堂得青字》）；“古树摇寒风，空床对羁旅”（《梦中作五言六句一首中有夜坐寂无人孤灯窜苍鼠之句醒时空阶滴沥似秋雨声续成自遣》）；如此等等，都是曾氏内心痛苦的呼号。

观其诗集，“孤”“悲”“哀”“寒”“冷”“寂寞”等是他最常用的字眼，如“孤舟夜趁风，微波湿星汉” （《月夜渡淮寄魏东房》）；“夜坐寂无人，孤灯窜苍鼠”（《梦中作五言六句一首中有夜坐寂无人孤灯窜苍鼠之句醒时空阶滴沥似秋雨声续成自遣》）；“孤镫生暗壁，寒月落疏苔”（《重阳》）；“孤舟常作客，多病独随身”（《远火》）；“忧郁忧郁复忧郁，吾病辗转心悲戚”（《七忧诗》其六）；“绕树悲乌鹊，浮槎访凤麟”（《新月》）；“我独何愁叹，空悲有此身”（《岁暮言怀用陆放翁贫皆志士节病长高人情为韵》）；“梧叶飘窗冷，空泉唤梦回”（《重阳》）；“西风吹病冷，落叶下寒流”（《中秋前夕》）；“寂寞更将近，中宵坐此亭”（《月夜》）；等等。而

① 曾尚倪：《（六松堂集）序》，《六松堂集》（清钞本）卷首。

每逢万物凋零之秋，则愁苦更甚，以其《秋感》为代表：

> 孤舟城郭近，津鼓一声悲。树冷江烟渺，日斜风景移。寒涛生石濑，暮色带舟坻。裘敝今何在，萧然问阿谁。（其一）
>
> 日落寒无主，飘飘信短蓬。浪浮孤帐里，棹急碎花中。入泪听秋响，停思敛晚虹。愁来不可问，江上有归鸿。（其二）
>
> 坐看江流急，风翻浪似银。垂杨低断岸，衰草隐前村。作客怜青鬓，怀亲看白云。天涯应念绝，此际特殷勤。（其三）
>
> 天涯何寂寞，年少自蹉跎。绿水眼前去，秋风江上多。孤村衔夕照，远舣动渔歌。故影频相问，寒深夜奈何。（其四）
>
> 江水分山色，疏林挂远星。秋寒人自冷，类落夜为情。宿鸟栖还起，渔镫暗复明。凄然长寂寞，心寄望乡亭。（其五）

飘零之苦使曾灿心灵不堪重负，家乡之思时常盘踞心头，挥之不去，至于“一夜思家竟白头”（《仲夏病中送柯翰周归里兼游吾赣》），此绝非夸大之辞。

魏际瑞无奈出游清幕，长年羁旅异乡，过着“已分无钱酬典客，不嫌有食傍官衙”（《清明日虔州却寄两弟》）的生活，尝尽人生冷暖辛酸，发出“客子伤心易，人生行路难”（《都中雪夜》）的感叹。由此，对故园亲朋的怀念往往成为他诗歌中的一大主题，如：

> 为念君心强自宽，书来仍只道平安。南天有梦飞难越，北地无风气亦寒。满眼乌鸦群噪凤，暂时野鸟且为鸾。遥怜独夜空山里，烛泪如冰堕玉盘。（《寄内》）
>
> 坝上秋声百草靡，珠梅闸口戍楼西。逆风逆水孤身客，多病多愁结发妻。茭叶碍舟湖面阔，芦花背岸月光迟。遥怜娇小双儿女，傍母聪明忆别离。（《停珠梅闸》）

为了让家人放心，书信中只道自己在外一切都好，而辛酸痛苦只能深埋心底，独自落泪，“相逢无鸟雀，有泪忆亲朋”（《黄河舟中》）；

同时，又非常担心家中妻儿，想必他们也正在为思念“我”而早已泪如雨注了。但为生计故，无奈不能与亲朋相聚，也只能在梦中踏上归途了：“归梦天边雁影孤，灯前来路想当初。春风抱病经三月，夜雨相随过五湖。新树清苍连日密，故园音信隔年疏。梦中昨夜依稀见，未识君曾见我无。”（《归梦》）读之让人黯然神伤，不能自持。

结语　易堂九子在清初文坛的地位及影响

第一节　易堂九子在清初文坛的地位

易堂九子处于明清易代之际，亲睹明朝之败亡，又不忍偷活于新朝，于是痛定思痛，总结明季学风、文风之弊而力惩之，其用力之勤，影响之大，在明末清初文人中为佼佼者。

作为一个遗民文人团体，易堂诸人以气节为世人所称道，自不用赘言；他们以文章为公器，宣扬他们的经世思想，以期醒人救世，呕心沥血，也是他们为人所敬仰的一个重要原因。他们的学术思想及文学创作反映了明末清初士风及文风的转变。就学风而言，易堂九子指出明季学风之弊在于空疏而虚伪，甚至发出学术误国之论，虽有偏激过分之辞，但也是痛彻淋漓之论。知病而治病，于是倡导"实""真"而救之，对江右地区学风的扭转作用尤大。对于此，《清史列传》中评价道："论者谓西江自欧阳、邹、魏宗阳明，讲性学；陈艾依复社，工帖括；其声力气焰，皆足动一时。易堂独以古人实学为归。"[①] 刘师培在论及清初学术源流时，对于易堂九子亦津津乐道："至若刘、姜标帜于齐东，范、李授徒于汾晋，易堂九子标名于南赣，证人学会继迹于越东，虽北人尚躬耕，南人腾口说，尊朱崇陆，各异指归，然恂恂善导，义归训

① 王钟翰点校《清史列传·文苑传一》，第5673页。

俗，信乎特立之士矣。”①

就文学而言，易堂九子力惩明季枵腹而号的空疏文风，大力倡导经世之文学，强调文章经国济民的作用，开清代文学风气之先，在清初文坛中占有重要地位。《四库全书总目》云：“古文一脉，自明代肤滥于七子，纤佻于三袁，至启祯而极敝。国初风气还淳，一时学者始复讲唐宋以来之矩矱。”② 魏禧等易堂诸子正是清初开风气之先的代表作家。

在易堂九子中，文名最显的是魏禧，其“游辙所至，户外之履常满，请其文者削板以待，一时谓为髯苏再见”③。古今论者对他的文学地位论述颇多。宋荦曾选魏禧及侯方域、汪琬文，编成《国朝三家文钞》，清初古文三大家之名遂蜚声海内。邵长蘅曾评三家云：“惟三家之文，侯氏以气胜；魏氏以力胜，汪氏以法胜，不必屑屑傅会其出于唐宋某氏，并元明某氏。要之可谓作者，后世称本朝之文，吾知其无能遗三家也。三家足以传矣。”④ 宋荦《邵子湘全集序》中又云：“韦布之士以能文章名海内而余获交者，得三人焉：一为侯朝宗，一为宁都魏叔子，其一则为毗陵邵子湘。前明三百年间，风雅一席，山林与荐绅几于分半，而号称古文大家，自潜溪至荆川、震川，不过十余辈，而布衣不与焉。山阴徐渭思以古文词自见，幸而遇袁中郎身后，名骤起，然不久寂然。今其集具在，视潜溪诸先生，实觉远逊，尺牍、题跋亦小有佳致耳。本朝文治五十年，于兹亡论，承明之庐，作者相望，即布衣之雄如三子，而非余所及知者。或更不乏，然则谓本朝文章之盛，即于三子信之，三子顾不重哉！”⑤ 以上诸论，俱以侯方域、魏禧、汪琬或邵长蘅诸人并论，言几人之于

① 刘师培：《清儒得失论》，参见刘梦溪主编《中国现代学术经典·黄侃刘师培卷》，河北教育出版社，1996，第 765 页。

② 永瑢等：《四库全书总目》卷 173《尧峰文钞》提要，第 1522 页。

③ 卓尔堪选辑《明遗民诗》，中华书局，1961，第 96 页。

④ 邵长蘅：《三家文钞序》，《邵子湘全集·青门剩稿》（康熙刻本）卷四，《四库全书存目丛书》第 248 册，第 174 页。

⑤ 宋荦：《邵子湘全集序》，参见《邵子湘全集》（康熙刻本）卷首，《四库全书存目丛书》集部第 247 页，第 670 页。

明清古文史的地位。

独论魏禧者，也不稀见。如陆心源云："求其可与八家抗衡者，勺庭氏而止尔。"[①] 董士锡云："本朝为古文者以十数，其尤者宁都魏禧，才博尔识赡，有物之言也。"[②] 日本江户时代汉学家斋藤谦于清初古文特推重魏禧："清初之文，如雪苑、湛园、钝翁、竹垞诸子，各成一家，而余尤推魏叔子为第一。叔子之文，雄奇变幻，时出高论，凌厉古人，其精悍不减老苏；而往复呜咽，兼有庐陵风度，虽求之前明三百年间，亦不多见其比。"[③] 对魏氏之文，斋藤的评价不可谓不高。

近代以来，学者们也对鼎革之际文学评价甚高，认为清初先朝遗老的文学是完成明清文风转变的重要一环。就文章一途而言，立论也大抵继承了宋荦以来对清初文章三大家评价的总体思路。在这一时期，亦有一种扬侯、魏而抑汪等倾向。如宋佩韦评论道："清初文学家大都是明末遗臣。他们为明代文学之后劲，又同时振新朝文学之先声。如侯（方域）、魏（禧）之于文，钱（谦益）、吴（伟业）之于诗，其关系于后来风气极大，然侯、魏等在清代文学史上自有其地位。"[④] 在清初诸多以诗文名者，特别强调易堂魏禧在清代文学史上的地位。张宗祥亦云："黄、顾诸先生既惩明季士习之空疏，侯、魏复惩明季文学之猥靡，故一救之以切实，一救之以雄放，此予绪论中所谓反响者也。"[⑤] 二氏之论中，于清初三家中甚至未提汪琬，而独称侯、魏。魏禧于清初文坛的地位，可从诸论中见出。张氏又在论明末清初之际文风之转变时说道：

迨明之季，辽事日棘，流寇披猖，海内大扰，有识之士知

① 陆心源：《仪顾堂集》卷四，《续修四库全书》第1506册，第409页。

② 王运熙等编《清代文论选》下册，人民文学出版社，1999，第712页。

③ 〔日〕斋藤谦：《拙堂续文话》卷5，参见王水照主编《历代文话》第十册，第10025页。

④ 宋佩韦：《明代文学史》，参见《中国大文学史》，上海书店，2001，第779页。

⑤ 张宗祥：《清代文学》，参见《中国大文学史》，上海书店，2001，第818页。

> 时艺之无用，弃而治学，务求实在，于是士习一变，学问一新，而文学亦以之改弦易辙。其究也，未救明季之危亡，适开清代之文运。入清之后，故国之念不绝于心，既不愿食周粟，遂乃潜心殚虑，治学殁世。故其人则明代之遗民，其实则清代文学开国之元勋也。当是时，湖广则有王船山，江浙则有顾亭林、黄梨洲，皆高尚其志，不事王侯；而应之者若关中李二曲，太原傅青主、阎百诗，浙东万氏兄弟，江西魏氏兄弟；其不安于西山薇蕨者，复有若钱牧斋、吴梅村、侯朝宗；以视明代开国之际仅有刘诚意、宋学士、高青丘寥寥数人，盖大有间矣。[①]

论中肯定了清初遗民文学为明清文学嬗递之关捩，江右一带，就是以“魏氏兄弟”（即“宁都三魏”）为代表。

对于易堂文人群体作整体评价的也不少。阳湖后学蒋方增放眼于文学史，给易堂诸子在文学史上定位：“自秦汉天下，古文之学盛于唐宋而衰于元明，至国朝初年，英才辈出，其故旧遗老，多以气节为文章，盖小朽之言而又兼功德，以俱立也。时则宋之雪苑、闽之泉上、粤之北田、浙西之河渚、虞山之宛溪，皆大名震海内，而江右则以宁都易堂为首称，程山、髻山亦附见。”[②] 认为清初文章之盛，江右即以易堂诸子为代表。对于易堂诸人在明清之际江右文风丕变过程中的作用，徐世昌曾言易堂诸人“提倡古文实学，一时从风，挽明末陈、艾帖括旧习，进之于古，为西江一代文苑开山。”[③] 近代国学大师刘咸炘在论及清初文章之盛时，标举侯方域与易堂诸子，云：“世咸知清初古文之盛，实皆明末之遗也。侯方域者，吴应箕之变也；易堂诸人，章、艾之继起也。”[④] 梁启超在论述江西古今文学源流时云：

① 张宗祥：《清代文学》，参见《中国大文学史》，第 813 页。

② 蒋方增：《耻躬堂文钞叙》，参见彭士望《耻躬堂诗文合钞》卷首。

③ 徐世昌：《晚晴簃诗汇·诗话》，第 269 页。

④ 刘咸炘：《刘咸炘学术论集·文学讲义编》，第 53 页。

> 江西在北宋，为欧阳永叔、曾子固、王介甫产地，在南宋为陆子静产地，其士之秀者，咸以“蓄道德能文章”相厉，故学风亦循此方向发展。清初则宁都魏善伯（祥）、冰叔（禧）、和公（礼）号宁都三魏，与同县邱邦士（维屏）、南昌彭躬庵（士望）等九人，同隐于翠微山之易堂，号易堂九子，而冰叔为之魁。易堂学风，以砥厉廉节、讲求世务为标识，豪侠任事而最喜为文，与王昆绳、刘继庄一派颇相类，其后辈有南丰梁质人（份）学于李恕谷，自此与颜李学携手矣。①

任公肯定了易堂诸子在清初学术及文坛的重要地位。

刘师培在论及明清文风嬗变时，亦独标易堂九子，其云：

> 明代末年，复社、几社之英以才华相煽，敷以藻丽之文（如陈卧子、夏考功、吴骏公之流是）。顺、康之交，易堂诸子竞治古文，而藻丽之作，易为纵横。若商邱侯氏、大兴王氏（昆绳）刘氏（继庄）所为之文，悉属此派。大抵驰骋其词，以空辨相矜，而言不轨则，其体出于明允、子瞻。或以为得之苏、张、史迁，非其实也。②

又云：“赣省之间，南宋以降，学风渐衰。然道原之博闻，陆王之学术，欧曾王氏之古文，犹有存者，故易堂九子均好古文。三魏从王源、刘继庄游，兼喜论兵而文辞亦纵横。惟谢秋水学崇紫阳，与陆王异派。”③ 在刘师培看来，易堂九子之文章，俨然独成一派，成为清初顺治、康熙之际古文之翘楚，而明季文风显然一变，所谓“藻

---

① 梁启超：《近代学风之地理的分布》，参见《饮冰室合集》第五册，文集之四十一，中华书局，1989，第 74 ~75 页。

② 刘师培：《论近世文学之变迁》，参见《中国近三百年学术史论 · 刘师培论中国近三百年学术史》，上海古籍出版社，2006，第 170 页。

③ 刘师培：《近儒学术统系论》，刘梦溪主编《中国现代学术经典 · 黄侃刘师培卷》，第 779 页。

丽之作，易为纵横”云云。刘氏打破了前人在评析清初古人之时常以侯、魏、汪三家分而论列的模式，认为侯方域也应该属于以易堂诸子为代表的“纵横派”，亦可启发思路。当然，他认为，此派文章“大抵驰骋其词，以空辨相矜”，似乎亦有贬斥之意。

综合以上诸论，大抵以易堂诸子为江右文学统绪之接绪者，在明清鼎革之际文学衍变过程中具有重要的地位。

易堂文章对其后文章的发展有重要的影响，主要体现在对桐城派的影响以及晚清经世文学潮流的影响上。刘声木在《桐城文学渊源考》卷十一“专记私淑桐城文学诸人”中，首列易堂九子中的邱维屏与魏禧[①]，说明易堂文章与桐城派文章的关系。近人刘咸炘曾云：“宁都魏伯子、叔子，皆有论文语流传，虽桐城家亦称引之。”[②]桐城后学马其昶在论及明清文章递嬗时云：“始明代王、李盛言复古，绘章絺句，识者讥其伪体。虽以归有光之雅正，各位下莫能与抗。钟、谭论文，益务纤佻，至魏禧、侯朝宗、汪琬，始革其余习。方苞继起，经术深，尤言义法，故曾国藩推苞文为国朝二百余年之冠。”[③]马氏之论，意在梳理明清文章递嬗之理路，之于清文统绪，他认为桐城巨匠方苞实是继起于侯、魏、汪之后，实际上也是将清初诸家作为桐城派兴起的先声。林传甲之论清初古文流别，大致与马其昶同：“国朝学术昌明，其专力于古文者，国初则有侯壮悔先生朝宗、宁都魏氏三兄弟，而叔子魏禧为尤著。厥后方望溪先生苞，崛起桐城。”[④]而在论及桐城派文论的渊源时，郭绍虞先生也认为：“侯氏才气卓荦，故以才为法，魏氏学问坚实，故以理为法，汪氏才学均逊，故又只能以古人之法度为法。要之，都是后来桐城

① 刘声木：《桐城文学渊源考》卷11，参见王水照主编《历代文话》第十册，第9417页。

② 刘咸炘：《刘咸炘学术论集·文学讲义编》，第118页。

③ 马其昶：《清史文苑传序》，参见任芳秋主编《中国近代文学大系·散文集四》，上海书店，1993，第89页。

④ 林传甲：《中国文学史》，参见陈平原辑《早期北大文学史讲义三种》，北京大学出版社，2005，第211页。

文论之所本。”[①] 而在事实上，桐城派、阳湖派诸子也都推重易堂诸子之人与文。恽敬曾论易堂彭士望、邱维屏的文章云：“彭躬庵文气甚和，而锋不可犯；邱邦士文奇澹，不蹈袭前人一语一意。”[②]

第二节　易堂后学

易堂九子对于清代文学的影响还在于他们培养出了一批后学，其中以诗古文辞显声于时的有“小三魏”、王源、梁份、孔尚典、孔毓琼、毓功兄弟及王愈扩、王愈融兄弟等。

“小三魏”是指魏际瑞之子魏世杰及魏礼之子魏世傚、魏世俨。魏世杰，字兴士[③]，号梓室，著有《魏兴士文集》（又称《梓室文稿》）六卷。生于崇祯乙酉（1645），正当乱世，少颖慧，“五六岁应对进退如成人，负志气，好大言”（魏禧：《兄子世杰墓志铭》），深得长辈喜爱。魏禧曾云：“勺庭之门，他日可独任事者，杰其选也。”（魏禧：《兄子世杰墓志铭》）世杰生性刚烈至孝，康熙十六年（1677）十月十四日，其父魏际瑞为韩大任所杀，世杰呼号二十余日以殉死。易堂生死之概，也可从此见之。易堂彭士望曾许其“文章为易堂后来第一”（彭士望：《魏兴士文集序》）。魏世傚（1655～1725），字昭士，号耕庑。生二十余月，母口授《九歌》，辄能成诵。

① 郭绍虞：《中国文学批评史》下卷，第296页。马积高先生在这一问题上，观点不同：“不过，这时（指清初。引者注）的学者和散文作家，其眼界又不尽同于唐宋古文家。大致地说：有些人是基本上回到唐宋古文家的道路，而对其某些方面有所修正与扩展。从钱谦益到黄宗羲、侯方域、魏禧、汪琬可为代表。戴名世及方苞也遵循这条道路，但他们是桐城派的先驱，当别论。”（马积高：《清初学术思想的变迁与文学》，第19页。）在这里，马先生将钱、黄、侯、魏、汪等人与戴、方的“桐城派先驱”明确区别开来。

② 恽敬：《答陈云渠》，《大云山房文稿·言事卷一》，世界书局，1937年初版，第201页。

③ 邓之诚：《清诗纪事初编》纪云：“魏士杰，字昭士，号梓室，际瑞子。……撰《魏昭士文集》十卷。”（第208页）邓先生此处所记实误，字昭士并撰《魏昭士文集》十卷者应为魏礼之子魏世傚。魏际瑞之子魏世杰，字兴士，号梓室，撰有《魏兴士文稿》（又名《梓室文稿》）六卷。

稍长，从叔父魏禧学文，殚意著述。魏禧尝谓其文一如其人，锋锐所及，往往有没羽之力。世傚曾以父命遍游燕、楚、吴、越等地，在同辈之中阅历为最广。又一至岭南，适王士禛使粤，见其所作，愿折节与交。著有《魏昭士文集》（又称《耕庑文稿》）十卷。魏世俨（1662～1717），字敬士，号为谷，年最少而志独锐，幼年善病。从叔父魏禧学古文。著有《魏敬士文集》（又称《为谷文稿》）八卷。

“小三魏”之文，本皆出于魏禧，又与易堂诸先生长年生活在一起，故而耳濡目染，其行事及文章俱可见易堂九子之风范。就文章而言，三子深得易堂家法，倡导文以经世，强调为文须有“理”“识”，重养气。如魏世傚云：“是故因以通古，而凭古以立今，如气足而后血脉不枯不痐，营卫相灌输，而气与血脉乃俱归于有用。今徒以多涉猎供吾诗古文之用，往往病于壅滞，以生痞积，或少腹绞急，或成滞下食过，而元气不足以运之，则全体至于疲惫而生疾，此多读书而不知养气之弊也。虽然是既一事矣，又必集理、集事以致用。理集所以研其机，事集所以精其识。夫然后持之有故，出之有本；惟吾所言焉，足以达吾意；吾所不言焉，有以存其机，于是其底于有成也。”[①] 其论大体与易堂前辈无异。

王源（1648～1710），字昆绳，顺天大兴人。其父世德，为明锦衣卫指挥佥事，是易堂魏禧之友，国亡后，变服为僧，辗转江淮。王源少即喜习知前代典要，及关塞险隘、攻守方略；其性豪迈而不可羁束。及其稍长，即从魏禧学古文，王源自称道：“予自幼受知魏先生。”[②] 40余岁时，游京师，公卿大人折节与交。康熙三十二年（1693）中举人。昆山徐乾学于洞庭山开书院，招王源至，与刘献廷“志同道合，日讨论天地阴阳之变、伯王大略、兵法文章典志、古今兴亡之故、水域要害、近代人才邪正，其意见

① 魏世傚：《答赖晋公书》，《魏昭士文集》卷2。

② 王源：《〈怀葛堂文集〉序》，参见梁份《怀葛堂文集》（雍正刻本）卷首。

之同，犹声赴响。”[①] 后又交李塨，并执贽师事颜元，成为颜李学派的重要成员。康熙四十九年（1710），客卒山阳，年 63 岁。王源著作颇丰，有《易传》十卷、《平书》十卷、《读易通言》五卷、《兵论》二卷、《或庵评春秋三传》三卷、《居业堂文集》二十卷等。

王源为易堂高足，自负具经世大略，魏禧以其文可适用于世而非常器重他，其序王源文，“尝期以邓仲华、周公谨。”[②] 管绳莱《王昆绳家传》载：“（源）少以所为文示宁都魏禧，禧未善也；久之，许其文为可施于用。”[③] 魏禧亦纪云：“吾友王君克承之仲子源，字昆绳，与其兄汲公，以文学名于时。昆绳岸异多英气，自其十数岁，余辄器之；及再来广陵，则昆绳为文章已成帙。……于是纵观其文，文之可施于用者十而五矣。”（魏禧：《信芳斋文叙》）王源文出魏禧，故而有易堂遗风，强调诗古文辞的经世作用。洪嘉植曾云：“魏冰叔没，在处士能古文者，吾知王子昆绳。”[④] 对于王氏之为人为文，魏禧论云：“昆绳为人伉爽好大略，为文多法《史》《汉》。”（魏禧：《信芳斋文叙》）可见其褒奖之意。

梁份（1641～1729），字质人，江西南丰人，为易堂高弟之一。少因家人逋税而入狱九年，得友人馈食而不死。既而从易堂彭士望、魏禧讲经世之学，并工于诗古文辞。梁份尚气节而不乐仕进，然名动公卿间 50 余年。年逾 60 岁，只身一人壮游西北大地，历游“燕、赵、秦、晋、吴、楚、齐、魏之墟，西尽武威、张掖，南极滇、黔，迹之所及者广矣；山川形势、近代兴亡成败、

① 王源：《刘处士墓表》，参见刘献廷撰，汪北平、夏志和点校《广阳杂记》卷首，中华书局，1957，第 3 页。

② 王源：《刘处士墓表》，参见刘献廷撰，汪北平、夏志和点校《广阳杂记》卷首，第 3 页。

③ 管绳莱：《王昆绳家传》，参见《居业堂文集》（道光十一年读雪山房刻本）卷首，《续修四库全书》第 1418 册，第 95 页。

④ 洪嘉植：《居业堂文集序》，参见《居业堂文集》（道光十一年读雪山房刻本）卷首，《续修四库全书》第 1418 册，第 94 页。

荒遐轶事，得诸见闻者多矣。”[①] 由是，梁份也成为易堂弟子中阅历最深者。慈溪姜宸英曾感叹他的这一壮举：“以孱书生随数骑，结束出关，遍历河湟四郡，以极之朔方上郡，览其山川城郭之险隘，退而历讯之老将戍卒，得其可以资守御，习战攻。凡用兵地，所至各绘图，图有说，西塞三边环七千里之地，形势瞭然在目。”[②] 历六年之久，著为《西陲今略》一书，刘献廷誉其为“有用之奇书”[③]。方苞、王源等名士也都非常看重他。近人汤中对梁份舆地之学倍加赞赏，“今之人皆以为治西北地理者至有清嘉、道间自徐松、张穆、何秋涛始名家，讵知二百数十年以前，竟有身历边境、以实地调查制成图说如梁质人其人哉?”[④] 继而又称“其气节在明代遗民中亦不多见”[⑤]。梁氏又著有《怀葛堂文集》《帝陵图》等。

梁份先师彭士望，后士望又命他更师魏禧，彭氏纪云：“生之游余门也，立谈间以片言折其雄妄之举，平其气之跛扈，乃頫首北面称弟子。……勺庭先生见面笃爱之，其训之胜于予，而生之诗古文日以进，勺庭许为升堂，以余命更师事勺庭先生。”（彭士望：《门人梁份四十序》）梁份亦叙其事云：“份事树庐夫子于今八年，视份如子。今年春，更命从夫子游，且为门人，份逡巡久之。盖幼学者岁易师，或不必卒岁，或阅数岁而一人，其非所悦服，亦奉以空名已耳。盖壮而强者已，为人父师而师事人，岂苟然哉！……树庐夫子语份云：‘老夫耄矣，以子从勺庭，岂无所为欤?’”[⑥] 彭、魏二人为易堂主将，故而梁份尽得易堂家法，力主经世之学，并勤勤践履于实践。

梁份为文，深得易堂文法，《南丰县志》载：“（份）又学于彭

---

① 王源：《（怀葛堂文集）序》，参见梁份《怀葛堂文集》（雍正刻本）卷首，《四库全书存目丛书》集部第236册，第3页。

② 姜宸英：《（怀葛堂文集）序》，参见梁份《怀葛堂文集》（雍正刻本）卷首《四库全书存目丛书》集部第236册，第1~2页。

③ 刘献廷：《广阳杂记》卷2，第65页。

④ 汤中：《梁质人年谱·自序》，商务印书馆，1932，第1页。

⑤ 汤中：《梁质人年谱·自序》，第2页。

⑥ 梁份：《哭魏勺庭夫子文》，《怀葛堂文集》（雍正刻本）卷8，《四库全书存目丛书》集部第236册，第434页。

躬菴、魏凝叔为文章，得易堂秘仑。”[①] 王源称“其文则一法魏先生”。[②]《四库全书总目》评其文云：“尝学于宁都魏禧，得其文律。”[③] 提倡经世之文，诚如姜宸英所言：“其为文钩贯经史，包括古今以立言，究其旨归，尝慨然有济物之意，何其一似吾征君（指魏禧。引者注）也!”[④] 而汤中则认为，就文章而言，梁份甚至超过了魏禧，“质人除治地理之外，尤长于古文，王源云：‘自易堂诸君子殁，汤惕庵、谢秋水相继谢世后，起者率多沉浮。独蔡静子、梁质人古文可称后劲。’（参见《居业堂文集》卷六《与梅耦长书》。原注）余谓《怀葛堂》诸作，实突过其师魏禧之文。”[⑤] 这一评价不可谓不高。然就整个清初文学史而观，魏禧于文坛的地位与影响实远胜于质人。

在易堂后学中，能以诗文名者，尚有孔尚典、孔毓琼及毓功兄弟、王愈扩及愈融兄弟等。孔尚典，字天徵，号汶林。康熙年间，贡太学。尚典为文卓荦，纵恣不受绳尺，乡里皆以为不谐于时，独魏禧奇之，深加奖许，因受业于禧，学为古文，称易堂高弟。曾经历幕府，其所指画皆酌古宜今，卓然可观。生平著述颇多，今传有《孔天徵文集》，为魏禧所评定。孔毓琼，字英尚[⑥]，少迟钝，终日读书不数行，然好学深思，长为邑弟子员。起初，师事其叔祖尚典为古文之学，后又师事易堂魏礼，讲求经济实学，而为文益健。著有《孔英尚文集》，魏礼为之序，评其文云：“生之文取于酌古今事理，归诸有用而俊爽磅礴，得于其师汶林子气议为多。然而佼然挺然之志，足见于行墨。”（魏礼：《孔英尚文集序》）《四库全书总目》

① 《南丰县志·人物志二》（同治十年刊本）卷31，《中国方志丛书》华中地方·第八二七号，台湾成文出版社有限公司，第1108～1109页。

② 王源：《〈怀葛堂文集〉序》，参见梁份《怀葛堂文集》（雍正刻本）卷首，《四库全书存目丛书》集部第236册，第2页。

③ 永瑢等：《四库全书总目》，第1652页。

④ 姜宸英：《〈怀葛堂文集〉序》，见梁份《怀葛堂文集》（雍正刻本）卷首，《四库全书存目丛书》集部第236册，第1页。

⑤ 汤中：《梁质人年谱·自序》，第2页。

⑥ 《四库全书总目》中载孔毓琼字钟英，著有《孔钟英集》。

称其“为文颇有健气”[①]。孔毓功为毓琼之弟，字惟叙，也曾受学于魏礼。著有《孔惟叙文集》，魏礼序之云：“孔生毓功之为文也，有志学道，排批俗见，欲练识时务，迅锐兼程而发于文章，见其端者，孔生兄弟之为人也。夫以伯氏之俊朗，仲氏之沈毅，师友讲肄于一堂；出而取益于四方，吾知其学之克有成也。”（魏礼：《孔惟叙文集序》）《四库全书总目》称其文“虽骨格未坚，其规模固有自矣”[②]。

王愈扩，字若先，别字鹤林，江西泰和人，为康熙九年（1670）进士。工于诗文，彭士望于富田一见，推为湖西第一，并称其“心眼廓亮，不肯逐逐世流”（彭士望：《与贺子翼书》）。康熙十五年（1676）秋，王愈扩于金莲山造访魏禧，后又一同避兵云坞，谈学论世，魏禧有“恨相得晚”之叹。（魏禧：《王竹亭文集序》）著有《王竹亭文集》，魏禧为之序，称“竹亭之文，大小修短，各有意思，不苟作，尤长于论古人。”王愈融，字侣薪，愈扩弟，补弟子员。康熙十一年（1672）冬，从彭士望于谷村，既而又与魏禧于水云菴中议论累日夜，学益大进。后遭寅卯藩变，其文集板毁无存。据《泰和县志》载：“建昌梁份与侣薪同学彭、魏之门，会抄录其兄弟遗稿数百篇，以付侣薪子元坤重刻。”[③] 其所著诗文与兄愈扩合刻为《瑞竹亭合稿》。对于二王之文，彭士望论云：“皆绝去雕绘，独抒性情，而未尝不参以古人之法。其书序传记，隽爽淡折，其衡论往古，精切透亮。”《四库全书总目》评其兄弟文云：“愈扩文长于论古，颇能曲折如志，盖其师授，如是也。愈融笔力稍弱，风骨尚未老成，较亚于其兄。”[④]

以上诸人，俱能继承易堂诸子之志并发扬易堂之学，在当时名显一时，也可反映出易堂九子对清初文坛的影响。

---

① 永瑢等：《四库全书总目》卷 182《孔钟英集》提要，第 1653 页。

② 永瑢等：《四库全书总目》卷 182《孔惟叙文集》提要，第 1653 页。

③ 《泰和县志·人物志三》（道光六年刊本），《中国方志丛书》华中地方·第八三九号，台湾成文出版社有限公司，第 1291 页。

④ 永瑢等：《四库全书总目》卷 194《瑞竹亭合稿》提要，第 1772 页。

附录　易堂九子著述考录

《魏叔子文集》，魏禧撰。道光二十五年（1845）宁都谢庭绶绂园书塾重刻《宁都三魏全集》本。

是集是魏禧的诗文合集，其中包括《魏叔子文集外篇》二十二卷、《魏叔子诗集》八卷及《魏叔子日录》三卷，凡三十三卷。文集按体编排，卷一、二为“论”；卷三为“策”；卷四为“议”；卷五、六为“书”；卷七为“手简”；卷八、九、十、十一为“叙”；卷十二为“题”“跋”；卷十三为“书后”；卷十四为“（祭）文”；卷十五为“说”；卷十六为“记”；卷十七为“传”；卷十八为“墓表”“志铭”；卷十九为“杂问”；卷二十为“四六”；卷二十一为“赋”；卷二十二为“杂著”。《文集》卷首有同堂友兄邱维屏及友弟曾灿所作序文各一篇，各叙叔子之为人为文，俱为知言。邱氏之序未署作文日期，曾氏之序文署为“甲辰立秋日”，甲辰即康熙三年（1664）。二序之后，又有泾阳杨敏芳所作《续论跋》一篇，作于康熙十六年（1677）立秋日，主要论述叔子之史论，其云：“魏叔子天资高迈，好学不倦，经子百家之书无不贯穿，而尤长于论史。往刻《史论》二卷，近又著《续论》十篇，自两汉至五代历金，言开创则规模宏远，论进取则经权互用。”之后又有魏世杰所撰《凡例》七则，并有叔子《自叙》一篇，言其为文之志云：“余治四子之文，有暇间为杂体，或触于事会之所遭，率尔抒其胸臆，积岁所得，不觉遂多。于是以丁亥休夏之月，类而秩之，各标数言于首，名曰‘外篇’。”可知，此《外篇》于顺治四年（1647）由魏禧初步编定，后又经其侄世杰编辑整理[①]。

诗集署“世侃直士编次、门人欧阳士杰逊万较”。魏世侃本为魏礼之三子，因其兄魏禧无子，遂过继为禧子。诗集亦按体编排，卷一“四言”；卷二为“杂言”；卷三、卷四为“五言古”；卷五为“七言古”；卷六为“五言律”；卷七为“七言律”；卷八为“五、七言绝”。诗集卷首有同堂友兄彭士望及泰和门人欧阳士杰所作序各一篇，后又有魏禧《自序》一篇。欧阳士杰在《叙》中述魏禧之诗云：“于父母兄弟笃挚而缠绵也；于闺房婉而义也；于朋友侃直而厚也；于君国之际痛而沈深，慨然以远也；于人情事理博而中，刻而平也；于尚论古人，卓乎其高以精也；细至山水花木游燕之作，天真烂然，绰然其自得也。”魏禧诗作之概况，兹论已阐明。

《魏叔子文集》以《宁都三魏全集》传于世。《宁都三魏全集》最早刊刻于康熙年间，署为“易堂藏版”，然因清廷禁毁，传世不多。后道光二十五年（1845）宁都谢庭绶绂园书塾重刻此集，称“易堂原版”。江西省图书馆藏有手抄本《魏叔子文钞》二十二卷，与《宁都三魏全集》本同，另有“补一卷”，“该文钞收文数量甚多，超过魏氏全部文章总数一半。且收录了《全集》本中有目无文的《尉佗论》”，“《全集》中多有行墨空处，系作者删削所致，而此钞本每每多出数字”[②]。此外，尚有民国上海广益书局石印本《魏叔子文钞》和日本相与肇元基编、弘化丙午不朽阁木活字本。

《左传经世钞》，魏禧撰，彭家屏参订。清乾隆刻本。

是集共二十三卷，卷首有彭家屏所作《左传经世钞序》。彭家屏，字乐君，河南夏邑人。康熙六十年（1721）进士，授刑部主事，累迁郎中。考选山西道御史，外授直隶清河道，三迁江西布政使。据篇末所署时间，知是集当刻于乾隆十三年（1748），时彭家屏正迁

---

① 《魏叔子文集》内署“诸子世杰兴士编次”，实质上，集中有一些文章的写作时间在魏世杰殉父死之后。因此，在世杰死后，其编辑整理工作可能是由魏世傚、魏世俨兄弟完成。

② 胡守仁：《魏叔子文集·校点说明》，中华书局，2003，第10页。

官江西。魏禧生平好《左传》，自国变后隐居金精翠微之峰，读而评之，但苦于无资，不得全部板行。后家屏得读魏氏此书，颇为推服，称其"选择精慎，议论证据，驰骋上下古今"，于是为之歙劂。其《序》云："公余之暇，偶有所触，间缀数语于后，原有《凡例》亦稍为增订，因旧刻仅九卷，且日久渐就漫漶，乃从其孙渼得全本，重为歙劂，称完璧焉。"故而知魏世杰《魏叔子文集·凡例》中所言魏禧嗣刻的文稿中有"《左传经世钞》十卷"，想是此时魏氏尚未完成《左传》的全部评注工作。

彭序之后为魏禧《左传经世自序》，叙其评点《左传》之原委："禧少好《左氏》，及遭变乱，放废山中者二十年，时时取而读之，若于古人经世大用，《左氏》隐而未发之旨，薄有所会，随笔评注，以示门人。"此语也是魏氏为文著书的总则。魏氏《自序》之后为彭家屏所增订《凡例》七则。

《左传经世钞》是魏禧生平最为得力之著，据彭士望所言，魏禧曾把《左传经世钞》《日录》及诗文集比成自己的三子，"吾有三男，《左传经世》为长男，《日录》为中男，集为三男。"[①] 由是可见魏禧本人对《左传经世钞》的重视。

《尚书余》一卷、《拟奏疏》一卷、《内篇》两卷，魏禧撰。已佚。

据魏禧《日录·史论》卷三云："《尚书》，史中太祖；《左传》，史中少祖也。盖《尚书》能尽古今治乱之理，《左传》能尽古今治乱之变，其文字视诸史亦最为高古，学者于此二书极力研究，以读后世史，易如破竹矣。余别有《尚书余》一卷，评点《左传经世》全部，及已列《古论》《古诗》《童鉴》者，皆不载《日录》内。"又魏世杰《魏叔子文集·凡例》："一、叔父著有《尚书余》一卷、《左传经世钞》十卷，《拟奏疏》一卷，《内篇》两卷，俱嗣刻。"《尚书余》《拟奏疏》与《内篇》诸著未见传于世。

---

① 彭士望：《祭魏叔子文》中引魏禧之语。

《魏凝叔四书义序》，魏禧撰。已佚。

魏禧同堂友兄邱维屏作有《魏凝叔四书义序》，云："凝叔自十岁为四书义，已崭然见头角，其议论不苟而切于当世治乱得失之故者，不独四书义为然。其为四书义尚在应科目，曰其体制亦未尽破裂。予赏其文之精也，已每篇为之评点，故不具论。论其所尝与辨制义之可废不可废如此。"其后，邱氏署时为"辛卯孟夏月"，即顺治八年（1651）四月，由是可知，此书当成于此时。

《童鉴》，魏禧撰。已佚。

《童鉴》为魏禧授徒水庄时所编教材，其《与临川王伟士书》中云："禧往年教授水庄，尝摭古奇童子为《童鉴》二编，以示子弟，大约不下五六百人。"髻山畏友宋之盛曾为此集作序，篇末署时为"庚子秋七月"，即顺治十七年（1660），可知是编当成于此年。《序》中称"魏凝叔之作《童鉴》也，可谓以学虑救良知，能之穷者也。"

《兵迹》，魏禧撰。胡思敬辑《豫章丛书》本。

是著共12卷，14编，为魏禧言兵的重要著作[①]。卷一有《历代编》与《列国编》两编。《历代编》自伏羲、神农、黄帝、颛顼、帝喾五帝始，之后则述唐尧、虞舜、夏、商、周、春秋、战国、两汉、两晋、五代、前唐、后唐、五季、两宋、元、明各代用兵之迹。《列国编》论列齐、鲁、燕、晋、秦、楚、吴、越、宋、韩、赵、魏、孙吴、曹魏、前赵、后赵、前秦、后秦、西秦、前燕、后燕、南燕、北燕、后凉、南凉、西凉、夏、元魏、北齐、北周、柔然等用兵之迹。从这二编的论列上，也反映出了魏禧的历史观。

卷二分《将体编》与《将物编》。《将体编》录历代将帅以自身威望、气质以及体态等方面的优长而"不战而胜"的事例，以及任用儒将、老将、幼将、妇女、犯人等不同类型的人取得战争胜利的

---

① 《中国兵书集成》："《兵迹》是一部分类辑述历代统军作战经验的史料性的兵书。"《中国兵书集成》第41册《编辑说明》，解放军出版社、辽沈出版社，1995，第4页。

故事。《将物编》则录利用历代诗书、信函、榜牌、鼓旗、弩石、甲胄等克敌制胜的实例。卷三为《将兽编》，主要录历代战争中使用牛、马、象、虎、狮、犬、鸡、鸽等助战克敌的故事。卷四为《将能编》，主要阐析将帅布阵、攻守等使用智慧克敌的方法。如阵、攻、守、淹、渡、焚等。卷五为《将效编》，主要论列将帅与“寇盗”作战的方法。卷六为《华境编》，以地域将华夏分为北境、直隶、山东、徐邳、蓟、诸边、西境、川、中境、南境、东南境、江南、闽、漳、广、西粤等地区，分别论述各地兵卒的习性与特长，并言其使用之法。卷七为《华人编》，分别记述各地如标兵、僧兵、打手、赤脚、贾兵、盗兵、渔兵、狼兵、民兵、乡兵、土兵、农兵、妇兵、童兵等的特点及作战要领。卷八为《上夷编》，记述苗、瑶等少数民族的风俗及作战要领。卷九为《岛夷编》，主要记述历史中与中国有海上往来的如日本等地的风俗物产及军事状况。卷十为《近国编》，主要记述中国古代历史中少数民族政权如女真、契丹以及邻近国家如真腊、天竺等国的地理风俗及军事状况。卷十一为《远邦编》，主要记述与中国地理相隔遥远的一些欧洲国家的地理风土及军事状况。卷十二为《边塞编》，本编以地域分魏辽东、蓟镇、宣府、大同、山西镇、榆林、宁夏、固原、甘肃等边疆要塞地区的地理形势，同时还涉及紫荆关、居庸关、长城等边关工事及御敌之法。最后总概明代兵制大略。

《兵迹》是在明末清初之际崇尚言兵风气中出现的一部重要的军事著作，以历史中的作战实例为主，附以魏氏本人的评说，期以为后世之用，其中殷殷之意也表明了魏氏等前朝遗老的心迹。

《兵迹》一书初未刊行，近人胡思敬收入其所辑《豫章丛书》（1915 年南昌初刻）之中，后有宛平刘家立《校勘记》一卷，云：“右《兵迹》，据宁都何氏以仁旧抄本附刊。”署时为“乙卯腊月”。

《兵法》一卷、《兵谋》一卷，魏禧撰。道光十年（1826）世楷堂《昭代丛书》本。

此二书为魏禧《兵迹》之外的另外两种言兵的著作。魏氏曾云自己曾以《兵谋》《兵法》教人，其云：“庚戌十一月，予自广陵归，与陈子灿同舟。子灿年二十八，好武事，予授左氏《兵谋》《兵法》，因问：'数游南北，逢异人乎？'子灿为述大铁椎。作《大铁椎传》。"（魏禧：《大铁椎传 · 小序》）由此可知，这两部书的内容大抵是总结《左传》中的用兵计谋及用兵之法而来，故云"左氏《兵谋》《兵法》"。[①] 道光十年（1826），吴江沈楙德辑刊《昭代丛书》，将《兵谋》、《兵法》辑入丁辑新编补中。二著之后，各有沈氏所撰《跋》一篇，言魏禧言兵之所由，如《兵谋跋》云："勺庭魏先生为文喜用左氏法，尝综左氏言兵事剖决，而贯穿之为谋三十有二，谓之《兵谋》。尝闻岳武穆用兵以阵图为古法不足泥，顾好读左氏，则先生此书岂纸上谈兵哉？"[②] 又《兵法跋》云："《兵法》亦勺庭读左氏，作为法二十有二……魏季子曰：《兵谋》、《兵法》二篇与韩非'内''外'储同格，如此文定非如此格不得。是即谓先生以文法言兵，以兵法作文，亦不无不可。"[③]《昭代丛书》外，魏氏此二著未见有其他传本。

《魏伯子文集》，魏际瑞撰。道光二十五年宁都谢庭绶绂园书塾重刻《宁都三魏全集》本。

是集为魏际瑞的诗文及学术著作的合集，共为十卷。其中文为六卷，按体编排，卷一为"序""引（附题）""跋""书后"；卷二为"尺牍"；卷三为"记""说""碑"；卷四为"杂著"，包括"论文""杂说""偶书一""偶书二"；卷五为"论"；卷六为"策"。诗（包括韵文）共三卷，卷七为"铭""赞""诗"；卷八为"诗"；卷九为"赋""诗余""散曲"，其中"散曲"有目而无文。卷十为学术著作，主要为音韵训诂之作，有《诗经原本》《正韵窃取》《切字训》及《形言》诸篇。

---

① 《中国兵书集成》："《兵谋》、《兵法》，是分别辑录用兵谋略和用兵方法的兵书，也是部读史札记。……禧殚精竭思研读《左传》，撰成《兵谋》与《兵法》两部论兵著述。"《中国兵书集成》第41册《编辑说明》，第6页。

② 《中国兵书集成》第41册（影印《昭代丛书》本《兵谋》），第1003～1004页。

③ 《中国兵书集成》第41册（影印《昭代丛书》本《兵法》），第1047～1048页。

该集卷首有毗陵陈玉璂之《序》，云："先是，冰叔、和公二集刻之维扬，独善伯来自浙，于毗陵始付梓人。"由此可知，此《序》作于康熙十年（1671），因为当时魏氏兄弟客毗陵陈玉璂处。《序》称"善伯文大约以法胜者也"，又云："善伯才最大，诗赋、词曲、六朝骈丽之作无不臻妙，而其文尤能用法于无法之先。"其弟魏禧也作有《伯子文集序》一文，亦作于康熙十年（1671）客毗陵时。此文不登于《魏伯子文集》卷首，而收于《魏叔子文集》中，其中评价其兄之文云："伯子于古人文无专好，其自为文亦不孜孜于古人之法，虽颇嗜漆园、太史公书，为文遇意成章，如风水之相遭，如云在天，卷舒无定，得《庄》《史》之意，然未尝稍有摹仿。"魏际瑞之文心以魏禧此论见出。

《魏伯子文集》以《宁都三魏全集》传于世。《宁都三魏全集》最早刊刻于康熙年间，署为"易堂藏版"，但因清廷禁毁，传世不多。后有道光二十五年（1845）宁都谢庭绶绂园书塾重刻本。

《四此堂稿》，魏际瑞撰。康熙十四年刻本。

《四此堂稿》为魏际瑞客浙江范承谟幕府时所作的奏记、告谕及公移等应事文集。魏际瑞也作有《四此堂草本引》，序此集之由来，其云："此之属有八，四此者，钦此、准此、据此、为此也；其曰敬、曰奉、曰蒙、曰承，则督抚诸大吏所不署焉。予就岭海诸军幕，文告、公移不能无作也，集之曰《四此堂草本》。嗟乎！公异露布，文长白鹿，盖昔人之事矣，其在于今，是耶？非耶？"

对于魏际瑞的应事之文，魏禧《伯子文集序》云："变乱以来，吾兄弟皆贫，伯子每劳苦其身，推食二弟，故记室幕府日多，所作应事文明切强厉，与平时如出两人，今皆无所得录。"末署时间为"辛亥长至日叔弟禧拜书于毗陵之客园"，可知此序作于康熙十年（1671），时魏际瑞正客浙江范承谟幕府中。康熙十四年（1675），宁都谢阶玉、谢阶珍主持刊刻《四此堂稿》，卷首登有魏禧《叙》一篇，文末署时间为"康熙十四年岁次乙卯闰五月"。考魏禧集中，也收录有《四此堂摘钞叙》一文，内容无异，文末署时为"乙卯闰五月"，实际上这就是刊于《四此堂稿》卷首的那篇序文。中云：

“《四此堂》者，吾伯子东房所为浙江幕府奏记、告谕、公移之文也。世郡县吏至方面大臣，莫不有客，其文字例不自作。而是时巡抚范公（名承谟，字觐公。原注），以廉公名振动天下，至振荒蠲赋诸事，所活两浙民数百万计，盖百数十年所仅见闻，而其讲求区处之方，文告之辞，客与有力焉。”康熙本《四此堂稿》卷首还登魏际瑞《引》一则，也就是上面提到的收入于《魏伯子文集》中的《四此堂草本引》。康熙十四年（1675）刊本《四此堂稿》传于今世。光绪三十三年（1907），四川成都文绘书局有铅字本魏氏《四此堂稿》印行。

《四此堂稿》共十卷，卷一、卷二为“告示”；卷三为“咨”；卷四为“本”；卷五为“牌”；卷六为“票”；卷七为“批驳”；卷八为“书”；卷九为“杂体”；卷十为“奏对大略”。

《时文稿》，魏际瑞撰。已佚。

此为魏际瑞时文集，未收于《魏伯子文集》中。《魏伯子文集》中有《时文稿自序》一文，叙及其为时文之心得，云：“生平不读时文，不学古文，当为文时，则心若引焉，而之达焉而止。其平日，则执仆役之劳，饮食寝处之逸，观草木之意而察牛马之情，未尝不勃勃乎欲有所生也。生平善躁而喜暇，然多作且奈思者，所谓以动极为静，闲极为劳者耶。诸葛得大意，庄生寓诸庸，知此而思过半矣。”魏际瑞之精熟于时文创作，由上述《自序》可知。魏氏之时文也显然与明末优孟衣冠、枵腹空号的八股之习不同，是心中有所郁勃而发之为文。当然，作为一种特殊的应试文体，魏际瑞也很重视其体制特征，他曾度人金针云：“时文虽小道，必有一定间架段落，一定体裁；又必有本分、词气、色泽以成就之。如人五官百骸，不论妍丑而所以成其人者，则自然不可易也。有才未学之士，往往鄙笑此论，不知善作文者，惟能暗使而巧用之。若离此而欲求奇，未见其有成文矣。其有奇文，无头尾者，乃善藏头尾，不以示人，如神龙见首不见尾，非无头尾也。大意布局，细心炼词，疏花小石之文，宜雅而有章；长江大河之篇，宜劲而有力；断制议论之作，宜严而有据；员转滑稽之笔，宜明净而老成。以此推之，一文必有一体，一体必有一机一局，非漫然落笔遂能为也。”（魏际瑞：《与从弟》）魏氏《时文稿》虽未传，然据此也可以约略地窥视其大致风貌。

《五杂俎》，魏际瑞撰。已佚。

据魏禧《先叔兄纪略》所记，魏际瑞“所著有《魏伯子文集》十卷、《五杂俎》五卷行于世。”《清史列传·文苑传一》亦据此载：“际瑞笃治古文，喜漆园、太史公书。著有《文集》十卷、《五杂俎》五卷。”① 然未见魏氏《五杂俎》传于今世。

《魏季子文集》，魏礼撰。道光二十五年宁都谢庭绶绂园书塾重刻《宁都三魏全集》本。

是集为魏礼之诗文合集，凡十六卷，包括诗五卷、文十一卷。与二兄文集编排相异之处是，二兄均先“文”而后“诗”，独魏礼文集先“诗”而后“文”，从此也可看出三魏诗文创作之倚重。其诗文亦皆按体编排，卷一为“杂言”“四言”“古诗”；卷二为“五言古诗”；卷三为“七言古诗”；卷四为“五言律诗”；卷五为“七言律诗”；卷六为“五、七言绝句”。之后为文，卷七为“序”“引”；卷八为“书”；卷九为“尺牍”；卷十为“论”，卷十一为“书后”“跋”；卷十二为“记”；卷十三为“说”；卷十四为“志”“表”；卷十五为“传”“纪”；卷十六为“杂著”。

集前有庐陵赵嶷撰《魏季子三家文集序》。赵嶷与魏际瑞、魏禧兄弟皆有交，其自叙云：“嶷与善伯交浅，冰叔交且云深”，而与“和公谋面，虽得于三十年之庚子，而梦魂未尝少间，于三十年之后之庚午，则今日会昌相遭。”由此可知，此序应该作于康熙二十九年（1690）。该序虽然置于《魏季子文集》卷首，而实际上赵氏对“三魏”共评，叙兄弟三人之行迹及为文。序中对时人皆以“三魏”拟“三苏”不以为然，其云：“季子父子兄弟之文拟之眉山苏氏，伦而未可尽伦，则式未可当式也。何也？宋德隆盛，苏氏父子兄弟皆得

---

① 王钟翰点校《清史列传·文苑传一》，第5675页。

志于本朝，作为文章，碑板史册，照耀及于远裔。今魏氏父子兄弟之文，父既倡为五柳先生，吾爱吾庐，以示己志，二子亦以父之示志者志之，兄弟交勉，同著代焉。繇是以知，家人严君，父母并举，无以千禄学见督，可免邻靡二仲室，无莱妇之恨。此固非苏氏父子兄弟易地皆然者，而亦岂陶元亮父子兄弟所得而合举之耶？且苏氏之学以辞胜理耳，其为玉可宝，而瑕可互见，明允《六经》《中庸》诸论，多垂义理；子瞻《佞佛》《不独》《禅喜》诸篇，与吾儒背戾已也。其论武王大背于抚我则后，虐我则仇，顺乎天而应乎人之旨，不合于伊川，指为小人，皆其见地不明，学术之疏使然。子由所著《论孟解》多穿凿舛戾，不可信。然则明允熟读《孟子》，不轻示轼、辙者已，且不能有得，而二子且反有失，惟得其行文之气，若不可遏者耳。今魏氏主持儒教，深明经学，而后乃及于子史百家，其识力授受过苏氏，而其气魄又安得不《孟子》而苏氏也哉！故曰拟之苏氏，伦而未可尽伦，则式未可当式也。”其贬“三苏”而扬“三魏”。客观而言，苏氏父子无论从文章的角度，还是从思想的角度，其成就及影响远在“三魏”之上，实非“三魏”能与之同日而语；然论其身遭际遇有大不同，为学为文之道有大不同，用以知人论世之法，亦自有其合理的地方。

赵《序》后又有其兄魏禧作于康熙十年（1671）二月之序，言魏礼“诗类韩退之，而文则近柳子厚”。又有同堂友兄彭士望《南海西秦诗序》。《南海西秦诗》为魏礼游历南海及西秦之时所作诗。《序》中主要叙述礼游历途中的几件轶事，有“览其诗以论世，知其人坚栗浩荡，性则有然，不可得驯”之叹。

《魏季子文集》以《宁都三魏全集》传于世。《宁都三魏全集》最早刊刻于康熙年间，署为“易堂藏版”，然因清廷禁毁，传世不多。后有道光二十五年（1845）谢庭绶绂园书塾重刻本。

《易义选参》，魏际瑞、魏禧、魏礼撰，邱维屏辑。清光绪二年（1876）刻本。

是集共为二卷。然考各类目录书中，鲜有著录此集者。卷首有宁都温泽作于光绪二年（1876）七月的《三魏先生易义选参序》一篇。其云："即州乡先辈如邱、林、曾、李、彭、魏九先生，当明季世，得乾之初，乃隐居翠微峰，同堂励学，日取《周易》，朝夕讲习，精研理数，互为师资，因名其堂曰'易堂'，纪实也。自是，宁都易堂之名满天下。其最著者邱邦士先生，著有《周易勦说》《易数》诸书，高三尺许。……邱为三魏先生姊婿，四人同学久，故集盖多于同堂，然皆各有心得解悟，不曾少异。后之论者谓邱精于数，魏胜于理，不知数精而理即存，理胜而数亦寄焉，盖两而化者也。即魏兄弟三人究心易义，广览百家之说，参以己意，择焉必精，语焉必详，遂各举所契于心者，笔之于书，汇为一编，经邱手订，藏之名山，绵绵世守，以至于今。"又称："《三魏全集》暨《左传经世》诸书久已板行，而《易义》未梓，迄今二百余年矣。族孙松园，绩学士也，通今好古，虑其日久，篇简残缺，勉力梓行。"集后又附有魏吉谦撰于光绪二年（1876）九月的《新刻易义选参后序》一篇，序是集原委云："余幼时即耳闻有三魏《易义》未梓，搜访不获，心焉识之。甲戌，馆于李君小峰家。君有志易学，与为谈及，俱以不见为憾。适有售古书者得是书，购而读之，始知经邱邦士先生手选，觉其解说精详，于《易》之参伍错综，变化神明之理，无不极深研几而交通焉。惜为蠹简，字多讹舛，爰同小峰二人日夜寻绎以补之。然亦本其所留之残缺点画，摹揣而得，窃不敢稍参己意，妄为纂辑，以污先人。"由是而知，《易义》原无刻本，故而后世颇不易得。直至孙吉谦于同治十三年（1874）从一售古书者处偶得《易义》一书，经整理后，刻为是集。

《邱邦士文集》，邱维屏撰。道光十七年（1837）刻本。

此集凡十七卷，首一卷。卷一为"自序"；卷二为"杂著"；卷三为"说"；卷四为"论、疏"；卷五为"书启"；卷六、卷七、卷八、卷九为"序"；卷十为"引"；卷十一为"记"；卷十二为"跋、书后、题、赋、四六"；卷十三为"墓志铭、墓志、墓碑"；卷十四为"碑志、碑铭、墓表、墓碑"；卷十五为"传、事略、述事"；卷十六为"弔祭文"；卷十七为"诗"。初刻本卷十八原阙，《目录》注云："杂剧，俟刻。"而此卷终究未刻，其杂剧《黄池三段梦》也因此失传。张舜徽先生在列举《邱邦士文集》康熙五十八年刻本时标为“十八卷”，又论其原本云：“是集前十六卷为文，卷十七为诗。卷十八为杂剧，标题下注云‘佚刻’，盖初刊本实止十七卷也。”[①] 首一卷为河南学政内阁侍读学士武宁卢浙于道光三年（1823）腊月所撰重刻本序言；又有杨龙泉（御李）、邓霁（昭萍）及维屏族孙邱鸿儒（尚志）所撰序各一篇，邓序与邱序同作于康熙五十八年（1719）；并有邱维屏遗像、易堂草图各一幅；魏叔子禧撰《传》一篇。集中《江夏公传》《兵部右侍郎曾公家传》等篇中有多处墨丁及空白，当为其后人惧祸挖版而致。原刻本于乾隆年间被禁，四库馆臣谓：“其文多入本朝所作，中间挖空字句甚多，皆原系悖犯字面，且议多狂诞，应请销毁。”

此本为邱维屏族孙邱潾（默菴）于道光十七年（1837）春月重刊。邱潾《目录》后有跋，云“以旧本重付剞劂，而去其字句中有违碍者，故集中多空格。其原阙第十八卷，今补入《天民传》一篇。”

邦士作文，往往成而不自珍惜，“既脱稿，随手散漫，或为鼠嚙去，或人传览相失，亦不自惜也。”（魏叔子：《邱邦士传》）杨龙泉亦纪云：“先生雅不求人知，诗文脱稿后多散佚。草亭彭先生每手录藏之。先生没三十余年，人皆愿见其遗书不可得……今族戚协谋计工任费，先生文集公诸当世。”（杨龙泉《〈邱邦士文集〉序》）邱邦士殁于康熙十八年（1679）九月。又邱鸿儒（尚志）《序》云：“余同年储中子、李巨来二太史尝属余购求先生遗集，思欲亟为表章，会牵率未果。今同里诸子裒赀剞劂，集既成，先生冢孙志本丐余一言弁其端。”此《序》结尾标明撰写时间为“康熙五十八年，岁在屠维大渊献”，“屠维”即天干中“己”的别称；“大渊献”是亥年的别称；卷首邓霁之序亦撰于此年，云：“迩者，里中姻族某不忍其书之不尽传，鸠同志者勷阙事，欲予一言序之。”由此可断定《邱邦

① 张舜徽：《清人文集别录》，第38页。

士文集》最早当刊刻于该年（1719）。

邓霁序中同时叙及邱成鉌之子、邱邦士之孙邱既溥事，邓氏于康熙五十八年春因彭祖冠介绍，得识彭既溥，既溥“缘述先生遗书，向时，梓数帙，未卒业，后为兴国尹损持张公索付剞劂，旋以读礼去，不果。”可知在此之前，张尚瑗曾经试图刊刻邦士的诗文集，但因个别原因而未果。又据张尚瑗撰《邱邦士文集序》[①] 中载，邱维屏之子邱成鉌（昭衡）过兴国，曾以《松下先生集》相示：“邦士没垂三十年，令子成鉌，过余兴国官舍，亟访其遗文，乃以《松下先生集》相示，即成鉌手辑者也。集中自言四十岁以前所为之文，皆毁于火；所存四十至六十，凡二十年中之文，叔子与彭中叔拾而抄之。尤所潜心笃考者，四书、五经之文，经义草稿，必手自存录。圣贤之须眉咳唾，发露毕肖，为其子娓娓述之。而制义之文，集中不录。”考史料，张尚瑗于康熙四十三年（1704）三月知兴国事，康熙五十四年（1715）以忧去。成鉌持《松下集》示尚瑗时应在康熙四十八年（1709）前后，其尚为兴国令。《兴国县志·寓贤志》亦记载成鉌与尚瑗往来唱和[②]。据此可知，《松下先生集》为成鉌手辑而成，并未付剞劂。关于此手辑本的具体内容，尚瑗亦有说明：“《松下集》若干卷，三分之一多焦赣、京房分卦、直日、灾变、占验之言。自西汉以来，千余年无道及此者。邦士得不传之秘，方州部家如指掌，而又旁及风后、握奇、青乌、地骨经、李虚中禄命，皆有别解。”[③] 其序中并未提及具体的卷数。

据魏叔子所撰《（邱邦士）传》称，制艺之文本是邦士“强

① 此序《邱邦士文集》道光重刻本无载，见于《宁都直隶州志·艺文志二》（道光四年刊本影印），《中国方志丛书》华中地方·第八八二号，台湾成文出版社有限公司印行。

② 《兴国县志·寓贤》（道光四年刊本），《中国方志丛书》华中地方·第九三八号，台湾成文出版社有限公司，第 843～844 页。

③ 张尚瑗：《邱邦士文集序》，《宁都直隶州志·艺文志二》，《中国方志丛书》华中地方·第八八二号，台湾成文出版社有限公司，第 2538～2539 页。张尚瑗，字宏蘧，号损持，江南吴江人。康熙二十一年（1682）进士。授庶常。康熙四十三年（1704）三月，出知兴国事。

项”，而且自己生前也颇为自信：“生平最得意所自作时文，谓包笼三百年先辈大家之长而别出机轴。”而且二人经常“争辩时文体制”（魏叔子：《传》）然各集中俱未收。而卢浙亦在《重刻邱邦士先生文集序》中发出感叹：“先生时文今虽散佚，乡里后进必有能传诵而存之者，倘能访求而附刻之，岂非叔子所默为快慰者乎！”今据邱邦士《与同学兄弟书》一文记载，他在长子成镐去世不久，曾收辑生平所作制艺，求正于同学：“是时，吾儿成镐初丧，顾孑然一身，无所存于天地间者，于是收辑生平所作经义，冀同学与论定之。”成镐丧于顺治十三年（1656），此事应在此年。成鉥当年手辑而成的《松下集》中，据张尚瑗称：“而制义之文，集中不录。”（张尚瑗：《邱邦士文集序》）可知至其时大概已亡佚。

道光三年（1823），邦士族孙邱潾（默庵）谋重刻，据邓霁《重刻邱邦士先生文集序》记载：“今年秋，先生族裔、前知鄌县事、今铨知保定默菴明府来京，乃得先生古文集，伏而读之，连日夜不倦。明府言，先生文稿尚多散佚，此板亦残阙不完，将谋续刻，且属余序之。”直到道光十七年（1837）春天，此事方竣。而邱维屏的文集亦得以传世。

《易剿说》(《周易剿说》)、《易数历》，邱维屏撰。已佚。

邱维屏精通西算、易数和历法，据魏叔子所撰《传》称，“（邦士）所著《易剿说》《易数历》，书高三尺许，皆垂成未竟。”由此断定邦士的这两著作均未成完书。又：“晚尤精泰西算、易数、历法，皆不假师授，冥思力索而得之，桐城方以智以僧服来易堂，尝与邦士布算，退而谓人曰：‘此神人也。’青州翟君以翰林院出，知韩城傲僻苛暴，礼迎邦士讲易数。邦士著《易数》书，偶乏纸，即用牌票纸背书之。翟君悉以锦轴装潢其草稿，敬事如师礼，而暴亦为少霁。青州宰相欲邀一见，邦士卒不见也。”（魏禧：《邱维屏传》）又据彭躬庵《复邹訏士书》中曾提及邱氏《易数》一书云：“而邦士近著《易数》于韩城，自康节以来所未有。”该信写于康熙八年（1669），可知邱维屏《易数历》成于此前不久。

《易剿说》又名《周易剿说》，《清史列传·邱维屏传》纪为十二卷。韩聪甫作于光绪二年（1876）的《重刊杨子书绎序》中云："此外，尚有魏叔子所著《左传经世抄》、邱邦士所著《周易剿说》，皆足羽翼经传，为后学之津梁。今《左传经世抄》业经翻刻，而《周易剿说》访诸乡老，都尽未见其书者。"① 可见，该书在其时已难见到。

《黄池梦》杂剧二十出，邱维屏撰。已佚。

据彭士望在魏禧所撰《邱维屏传》后所附的《彭躬庵书后》云："（邦士）晚更作《黄池梦》杂剧二十出，奇伟悲壮，不轻视人。"又《邱邦士文集》初刻本标为十八卷，而卷十八阙，注云："杂剧，俟刻。"据此可知，邱维屏此作盖在晚年，今未见有传。

《耻躬堂诗文合钞》，彭士望撰。咸丰二年（1852）重镌本。

此集凡十六卷，包括《文钞》十卷、《诗钞》六卷。《文钞》凡十卷。卷一到卷四为"书"；卷五到卷七为"序"；卷八为"记"；卷九为"书后""墓表""生志""祭文""字说"；卷十为"杂著"。前有魏禧撰《原序》和彭士望撰《耻躬堂文钞自序》。《自序》后有彭氏之七世孙彭玉雯于道光四年（1824）仲夏月（农历五月）作的按语，云："先观察躬庵公《耻躬堂诗文集》共四十卷，凡二千余纸叶，其板久逸。而自祖父以来，有手辑公文，题曰《树庐文钞》者，减于《耻躬堂》十之三，所录皆布帛菽粟之文、身心学问之语，去伪存诚，一归典则。窃意公晚年所自定，以贻我后人者，乃在是也。顾其中蠹蚀霉损，亦多残轶。因复谋于诸大父、诸父及诸昆季辈，详加考订，用付黎枣，庶几无忘先人之训云尔。"后又有湘东王泉之与阳湖蒋方增所撰序各一篇，并有镇洋陆麟书撰《彭躬庵先生传》。

据彭玉雯所述，彭士望原本《耻躬堂诗文集》有四十卷，但无传。到彭玉雯祖父时，有《树庐文钞》本流传，篇幅较原本减少了十分之三，即为十余卷，与今天见到的《耻躬堂文钞》卷数一致。

---

① 杨文彩：《重刊杨子书绎序》，杨文彩《杨子书绎》（光绪二年文起堂重刻本）卷首，《四库全书存目丛书》经部第55册，第291页。

玉雯推断《树庐文钞》极有可能是彭士望晚年之时为了教育后人所自订而成。考躬庵《耻躬堂文钞自序》云："今既老，穷居荒落，无以贻儿壻及二三门人，自得所为文三百六十五篇……"其中只提及篇数而无卷数。

我们现在所见到的《彭躬庵诗文合钞》应当就是彭士望族孙玉雯等人"详加考订"后的《树庐文钞》。沈涛《交翠轩笔记》中记载："余于其裔孙云墀大令玉雯处，见其《树庐文集》。"[①] 此亦可为明证。在咸丰二年（1852）重刻时，改题为"耻躬堂诗文合钞"。

《诗钞》凡六卷，按编年排列。始于庚辰（崇祯十三年，1640），终于庚子（顺治十七年，1660）。卷一录庚辰（崇祯十三年，1640）至丁亥（顺治四年，1647）；卷二所录戊子（顺治五年，1648）至己丑（顺治六年，1649）；卷三录庚寅（顺治七年，1650）至壬辰（顺治九年，1652）；卷四录癸巳（顺治十年，1653）至乙未（顺治十二年，1655）；卷五录丙申（顺治十三年，1656）至己亥（顺治十六年，1659）；卷六录庚子（顺治十七年，1660）诗。《诗钞》卷首有彭士望于康熙三年（1664）仲冬月所撰《耻躬堂诗钞自序》一篇，序后有其七世孙彭玉雯于咸丰元年（1851）冬天写于吴门寓斋的按语，云："先躬庵《耻躬堂诗集》，中年自订者十卷，晚年续订六卷，与《文集》四十卷并行于世，历年久远，版多残废，并印本亦无存者。道光甲申，玉雯谋诸从祖父、昆季辈辑刊《文钞》十二卷。丁酉复汇入《易堂九子文钞》中，公诸海内十余年来，操觚家争先快睹，固已不胫而走矣。独《诗集》终不可得见。戊申，从叔凤书令山西夏县，寄回诗集一部，系就原刻抄录者。敬读一过，如见先人謦欬。但其中脱略舛错不可枚数，因穷二年之力，遍考国初名人集中酬赠唱和、并名山大川题咏之什，及朱竹垞《明诗综》所选诸篇，翻校三次，初成完本，刊附《文钞》之后，合为《耻躬堂全集》。其有篇章不全，索解不得，语近疑似者存之，以俟

① 转引自钱仲联主编《清诗纪事》，第 267 ~ 268 页。

参考，示不敢妄尔。”

据此按语，《耻躬堂诗集》原有十六卷，为彭士望自订，其中中年订为十卷，晚年又续订了六卷，可惜无传。躬庵又曾在《耻躬堂文钞自序》中云：“今既老，穷居荒落，无以贻儿壻及二三门人，自得所为文三百六十五篇，诗二十卷。”其诗主要由挚友林时益订定。道光二十八年（1848），彭凤书从山西寄回抄录本诗集。因其中舛误太多，彭玉雯用两年多的时间，据当时各种名人诗集及诗歌选本中所收彭士望之诗进行了考订，汇为今本《诗钞》六卷。就内容看，主要是酬赠、唱和、题咏之作。

关于彭士望诗古文辞之卷数，史料中的纪录也不尽相同。据陆麟书《彭躬庵先生传》载：“所著有手评《通鉴》二百九十四卷、《春秋五传》四十一卷、《诗文集》四十卷。”[①] 邓之诚《清诗纪事初编》载：“（躬庵）有《耻躬堂诗文集》四十卷，久佚。道咸间裔孙玉雯始刻《文钞》十卷、《诗钞》十六卷。”[②]《清史列传·彭士望》中则载：“（躬庵）著有手评《通鉴》、《春秋五传》及诗文集二十八卷。”[③]《清代七百名人传》中载与《清史列传》同。

在彭士望晚年，对生前所作诗文作了总结：“拙集诗文已成帙四十卷，外评史自《春秋五传》讫《资治通鉴》，尚未峻事，其刻者仅二十之一，皆友人佽助，及求文自锓版可二百页许。外附《冬心诗》一册，并呈教，固无当于大方也。”（彭士望：《复张一衡书》）文中交代时士望“行年七十有三”，知此信作于康熙二十一年（1682），即其去世前一年。躬庵又于友人书中云：“诗文拙集四十卷，可两千页，以贫无赀，刻仅十一，顷新刻近百页，尚未成梓，统竢秋间，装订呈教。”（彭士望：《复高学使书》）又文后有其婿黄建评语曰：“是书去弃世时才二十余日耳，坚贞孤傲倔强如昔。”[④]

① 陆麟书：《彭躬庵先生传》，彭士望：《耻躬堂文钞》卷首。

② 邓之诚：《清诗纪事初编》，第210页。

③ 王钟翰点校《清史列传·儒林传上一》，第5272页。

④ 黄建于彭士望《复高学史书》一文后的评语，见《耻躬堂文钞》卷4。

可知此文当写于躬庵去世那年，即康熙二十二年（1683）。由此可以确定，躬庵晚年诗文集定本确为四十卷。但因贫穷没有全部付梓刻行。至于《清史列传》及《清代七百名人传》中所载的二十八卷，不知其出于何处。

从《文钞》原本四十卷，到今本之十卷；《诗钞》从士望自称之二十卷，到后来的十六卷，又到今本之六卷，躬庵诗文之全貌已不可睹，流传下来的仅为其中的一小部分，殊为憾事。但根据今本，我们亦能窥视躬庵的人生轨迹及其诗文创作的旨趣所在。

手评《资治通鉴》《春秋五传》，彭士望撰。已佚。

在《耻躬堂文钞自序》中，彭士望云自己除了诗文著述之外，还有手评司马光《资治通鉴》，自周秦讫五代二百九十四卷；《春秋五传》四十一卷。其《与罗周师中翰书》："频年山居，益窘迫。甲辰教授汀南，乃得以其间手评周秦讫两晋《资治通鉴》，为古人开生面，后人留用。"可知，躬庵于康熙三年（1664）教授汀南的时候开始评介《资治通鉴》的工作。在此期间，完成了从周秦到两晋这一部分。又在《与黄复仲书》中，他也提及这两部重要著作，但当时苦于家贫，无资付梓，不无遗憾，"望或旦暮填沟壑，倘遇同志有气力人版行拙集及手评《资治通鉴》《春秋五传》，令天下后世知南昌彭躬庵以逾迈之年，处穷约之地，其言尚足为斯世少效攻补之助。"此信作于1667～1670年间。而最终《资治通鉴》的评介只完成周秦至五代，在其去世前一年（1682）所写的《复张一衡书》中云："评史自《春秋》五传讫《资治通鉴》，尚未峻事，其刻者仅二十之一"，可断定彭士望原计划不止于此，所以此当为未完成之作。可惜这两部著作也没有流传下来，不得一睹其貌。

《六松堂集》，曾灿撰。清钞本。

此集共十四卷，包括《六松堂诗集》（卷一至卷十）与《六松堂文集》（卷十一至卷十四）。卷首有易堂友魏禧、邱维屏、彭士望所撰序各一篇；又有钱秉镫序两篇；张自烈、秦云爽、顾祖禹、蔡方炳、徐柯所撰序各一篇；又有自序一篇及其次子曾尚倪所撰序一篇。

其诗集按体编排，卷一为"杂言"；卷二为"五言古"；卷三为

"七言古"；卷四、卷五为"五言律"；卷六、卷七为"七言律"；卷八为"五言排律"；卷九为"五言绝""七言绝"；卷十为"诗余"。《六松堂诗集》后为《六松堂文集》，集前有毛际可所撰序言一篇。卷十一为"论""书"；卷十二为"序"；卷十三为"说""引""跋"；卷十四为"尺牍"。

此集由其子尚侃、尚倪编次，后署时间为"戊戌"，即康熙五十七年（1718）。曾灿于康熙二十七年（1688）客死于京师，其二子"追旅榇归日，于散帙中得遗稿数册，检阅之下，触目心伤"，而感慨其"身之遗稿残编无能剞劂"，从"敝簏败纸中取而一表彰之"，遂有此编。据曾尚倪所撰《序》云，曾灿所著诗文集有多种，"有《嗥中草》《游草》《西崦草堂集》；壬癸，集《甲子诗》《三度岭南诗》"等。其中《嗥中草》《游草》《西崦草堂集》诸集皆不见传于今世。今见于世者，有《曾青藜初集》一卷，五、七言分体，所刻时间不详，有魏禧之序；又《文集》一卷，凡文十四首；旧钞本《壬癸集》一卷，有丁卯（康熙二十六年）顾祖禹之序；《三度岭南诗》一卷，有戊辰（康熙二十七年）徐柯之序，其诗文皆已录入今传《六松堂集》中。曾灿生平之作亦大大多于此集所录，但因战乱连年，频繁播迁，自己亦不自珍惜，所以遗失不少；尤其是晚年之作，几无所存，如其子尚倪所称："《六松堂》所录仅十之三四，至末年所作一无存，不知遗失何处。"（曾尚倪：《〈六松堂集〉序》）对于其晚年之作无存的原因，曾灿曾经向毛际可提及："青藜又曰：'年来以贫窭故，寄人庑下，往往代为属草，丈夫七尺躯，何至以臂指供人驱役，故尽弃其稿不复存。'"（毛际可：《六松堂文集序》）毛氏也感叹道："才如青藜，天故靳其名位，竟以偃蹇终老，即文章一道，犹不使得自行其胸臆，良可叹也。"可见曾灿晚年因生计所迫，多为应酬之作，所以"尽弃其稿"。

另，此集后被近人胡思敬收入《豫章丛书》[①] 中，于民国四年

① 《豫章丛书》有两种：一种为清代陶福履辑，光绪新建陶氏刻本，但丛书中不收"易堂九子"文；另一种为民国胡思敬辑，民国南昌豫章丛书编刻局刊本。

(1915) 刻行，合豫章地区林时益《朱中尉诗集》五卷（附校勘记一卷、校勘续记一卷）、梁份《怀葛堂集》八卷（附录一卷、附校勘续记一卷）、宋之盛《髻山文钞》两卷（附录一卷、补遗一卷、附校勘记一卷、校勘续记一卷）、王猷定《四照堂文集》十二卷、《诗集》四卷（附校勘记一卷，校勘补记一卷）、万时华《溉园诗集》五卷，合为《明季六遗老集》。与清钞本不同的是，《豫章从书》本之卷首录有钱谦益撰于顺治十六年（1659）六月十八日的序文及毛际可所撰序文各一篇，此为清钞本中所未有；之后又有同堂友兄邱维屏撰序及自序各一篇，内容与清钞本同；而清钞本中其他各序则在《豫章丛书》本俱未录。正文编排与清钞本完全相同，但内文时有出入。

《过日集》，曾灿选编。康熙六松草堂刻本。

此为曾灿的诗选集，所选诗人均为清初人。曾尚倪《六松堂诗集序》云："先君一生心力具在文史，尝蒐集当代名人所为诗选，成《过日》一集，价重鸡林数十年，传播海内。其表征阐幽，藉先君以称于时者不少。"考曾灿《过日集》之选，"人始乙酉，诗终癸丑"[①]，癸丑即康熙十二年（1673），又集前龚鼎孳、施闰章、陈玉璂等序皆作于此年，沈荃之序作于康熙十一年壬子十二月，可知《过日集》在康熙十二年告竣。

清初人选清初诗在当时很盛行，成为诗坛崇尚的一种风气，曾灿此选集在当时颇为有名。徐柯《六松堂诗集序》云："（灿）又以《过日》一集网罗当世名卿钜公之诗而撰次之，故其名尤著于公卿间。"陈田《明诗纪事》："国初选家，王阮亭有《感旧集》，陈其年有《箧衍集》，钱牧斋有《吾炙集》，叶讱菴有《独赏集》，邓孝威有《诗观》，陈伯玑有《诗慰》，曾青藜有《过日集》。《过日》虽不及《感旧》《箧衍》之精，然搜採宏博。余此集胜朝逸民诗，实得之《过日》为多。"[②] 沈德潜在选《清诗别裁》集时，从中亦有所

---

① 曾灿：《过日集·凡例》，《过日集》（康熙六松草堂刻本）卷首。

② 陈田：《明诗纪事》，第 3477 页。

取："青藜选本朝诗，名《过日集》，所选纯不胜杂，而人才略备，余于此窃有取焉。"[①] 吴修《昭代名人尺牍小传》："灿与兄畹并以诗名，有'二曾'之目。所选海内名家诗曰《过日集》，人才略备。"[②] 可见，曾氏《过日集》之选在当时颇为名家所重。

《金石堂集》，曾畹、曾灿、曾炤撰。康熙六松草堂刻本。

此集附于《过日集》之后，为曾灿所辑其兄弟三人之诗作，包括兄曾畹诗八卷、弟曾炤诗一卷，合己作六卷，共为十五卷。徐柯《六松堂诗集序》云："其《金石堂诗》数种锓板行世，名满天下。"

《草亭文集（不分卷）诗集（不分卷）》，彭任撰。清刻本。

是集由《草亭文集》及《草亭诗集》组成，俱不分卷。《文集》以文体类编，有"书""序""引""传""记""说""墓表""墓志""祭文""尺牍""书后""跋""杂著"，凡十三类。《诗集》亦以体分，为"五言古""七言古""五言律""七言律""五七言绝"五类。

集前有上杭刘坊所作序，又有彭任《草亭存稿自序》，云其"年二十弃制举业，方学诗，喜读《击壤集》。三十喜杜少陵，学而不成，故不存也。四十为严友劘励，课以诗文，不限声律、不求异同，不拘浅近，不希时誉，随事言志，因时写景，因物起兴，遇境寓言，因心成声，到处发咏，因咏成歌，因歌成诗，因诗成文，因怀寄感，所谓放而不敢荡，乐而不敢流，怨而不敢诽，而悲不敢伤"。后又有其孙兆泰及四世孙云鸿、云驹所撰《行略》一篇，述彭任之生平志向。又《草亭诗集》后亦附有上杭刘坊所作序，题为《草亭先生诗钞后序》，实与集前之序为同一篇。

《四库全书总目》著录有《草亭文集》一卷，称："集前有《行略》一篇，称所著有《草亭诗文集》二卷。此一卷，其文集也。大致与魏禧同派，而质胜于文，词多于意，未能与禧抗行。其辨朱陆异同，谓'学者之病不在于辨之不晰，而在于行之不笃。'持论

① 沈德潜：《清诗别裁集》，商务印书馆，1933年初版，第130页。
② 吴修：《昭代名人尺牍小传》。

颇平。”

《周易解说》《理学弗指录》《礼记类编》《删补近思录》《易简录》《知次录》《家居须知》《书法抄》《新妇谱》《校订大学古本》《孝经定本订正》《诗经集传》，彭任撰。已佚。

据彭任族孙彭兆泰等撰《行略》载，彭任“尝喜抄誊古汉魏古乐府，以及唐宋元明历代近体诸诗。今现家藏四十余卷所著，有《草亭诗文集》二卷、《周易解说》四卷、《弗措录》八卷、《礼记类编》十卷、《删补近思录》十四卷、《易简录》一卷、《知次录》一卷、《居家须知》一卷、《书法抄》一卷、《新妇谱》一卷、校订《大学》古本及《孝经定本订正》、《诗经集传》诸书。常谕先君等曰：‘予所著述抄订，原以自写性情，辨析真伪，不敢问世妄盗声誉，自谓能文也。汝曹宜藏之’。”由是而知，以上诸多著述除《草亭诗文集》外，皆为家藏，今未见传本。其中，《弗指录》即《理学弗指录》，《清史列传·彭任》中所载卷数为十卷，与上述彭兆泰所纪卷数有异。《草亭诗文集》家藏为二卷，然今传之清刻本则不分卷，其家藏本与刻本之异同不得而知。又考其集中，收有《礼记类编序》《诗传校正序》《孝经序》《家居须知序》《近思录删补引》《书法钞引》《书新妇谱后》等文。其中，《诗经校正序》疑即为《诗经集传》之序。又据《书新妇谱后》云：“今观陆丽京先生《新妇谱》，言之严切，诚足以去习远俗，而可以维持于万一……原本间有吴中乡语，妇女读之，难于通晓，因为改订，稍有增删就类，易置其次第，以便省览。”由是而知，彭任《新妇谱》为改订陆丽京《新妇谱》所成。以上诸书虽已遗佚，但亦由上述诸篇序文，可略窥其大旨。

《春秋左传约钞》《历代文约》《明历科程墨约》，彭任编选。已佚。

考彭任诗文集中，有《春秋左传约钞序》《历代文约序》《明历科程墨约示儿孙序》各一篇，据序中文字可知，此三种文选，皆为课儿孙所编选。如《春秋左传约钞序》云：“儿立执《春秋左氏传》请曰：‘近为儿子讲《论语》至孔文子、子产事，注中不能得详，请大人为选《春秋传》中凡四书五经注所引者，悉录以授之。’……今选三百四十余篇，不独四书注中所引而已。学者能于是而求之，而为文之法，其亦可以神而明之矣。”又在《历代文约序》中，叙及他编选此书的缘由：“山居课儿孙，因及古人之文，论其世盛衰之大略，儿曹请简择其尤者而录之，名曰《文约》。”而《明历科程墨约》是明代八股文选本，彭氏也撰有序文一篇，中云：“予课诸孙，因取洪永以来二百六十年乡会程墨，简抄授读，亦使其知先辈读书原本五经四子，而沈潜深造，兼博及群编，默识心通，无所违逆，各有所得。”此三种虽为课子弟而随时编写，但均无传，只有三篇序文收入文集中，反映出了彭任的思想、心迹，也可以窥视出他的文学观念。

《半庐诗文稿》，李腾蛟撰。胡思敬辑《豫章丛书》本。

胡思敬所辑《豫章丛书》中，收有《半庐文稿》二卷、《诗稿》一卷。《半庐文稿》按文体编排，卷一为“论辨”“序”“书启”；卷二为“书跋”“说”“表志”“杂文”“引”“赞”“箴铭”及“杂言”。卷三为诗，亦按体编排，分别为“四言”“五言古”“七言古”“五言律”“七言律”及“七言绝”。集末附有胡思敬《跋》一则，称此集“据宁都李氏家藏旧抄本付刊。旧本所载批评，无卷数，分体亦颇凌乱。中厕骈启数首词近浅牵，疑非咸斋真笔，今削去不取，稍加编次，定为文二卷，分十类；诗一卷，分六体。凡伪字确知其误者，悉为改正，差成完书”。继而评其诗文云：“其诗出入伯玉、曲江之间，文之佳者，及称寿应酬之作，皆能即小见大。”

另外，哈佛大学燕京图书馆藏有钞本《李咸斋诗文集》，内容与《豫章丛书》本相同。

《周易剩言》，李腾蛟撰。已佚。

易堂诸子中，最精于《易经》者，辄数邱维屏与李腾蛟，如魏礼称：“易堂之以《易》著书者，邱维屏、腾蛟二人。”又述李氏少时轶事，“初，腾蛟甫四岁，父携就书室中，辄指案上卦图以问父。父为言画数卦名，覆之，对不失，以为偶然。越数日，三四覆之，父乃大惊喜。”据清吴德旋《初月楼闻见录》载李腾蛟“好著书，有《周易剩言》若干卷”。唐鉴《国朝学案小识》、李恒《国朝耆献类征初编》、《清史列传·李腾蛟传》俱载其著有《周易剩言》，然均未载卷数，故此集之状貌不得而知。

《朱中尉诗集》，林时益撰。胡思敬《豫章丛书》本。

是集为五卷，又称《冠石诗集》[1]，乃因林时益曾躬耕于冠石而得名。近人胡思敬收入《豫章丛书》中，合曾灿之《六松堂诗集》九卷、《诗余》一卷、《文集》三卷、《尺牍》一卷、梁份之《怀葛堂集》八卷、《外集附录》一卷、宋之盛之《髻山文钞》二卷、《补遗》一卷、王猷定之《四照堂文集》十二卷、《诗集》四卷及万时华《溉园集诗集》五卷为《明季六遗老集》。此六人俱为明末清初之际江右地区之能以诗文名者。

集中诗皆按体编排，卷一为“五言古”、卷二为“七言古”、卷三为“五言律”、卷四为“七言律”、卷五为“五言绝”“七言绝”。卷首有同堂友兄李腾蛟之子李萱撰写的《叙》一篇，文中叙及林时益生平与为诗，其云：“未数年而丁国艰，先生乃变姓名，窜家宁都，匿翠微峰，凡数岁后，得冠石，买山居之，率妻子躬耕种茶自活。常至江南，欲渡淮而返，间走一二百里，负茶卖之。其往来省墓，落拓孤愤之际，率皆有诗。岁时里社群饮，居农牧、樵贩杂嚣间，与为欢乐，遇人无贤愚，皆礼爱之，兴至辄联哦唱和，人亦不知其为江夏公公子也……后予从学冠石，先生书杜老短歌行贻余，因跋其后曰：‘吾欲作诗赠子，苦老病不耐思。’先生后亦绝不为诗，又凡不饮者六阅月，而疾作矣。先生已殁，其次年，余从其子东孙求索先生遗稿百余篇，因得缮写。”此叙后有魏禧所撰《朱中尉传》，叙其生平，以见其志，称其“诗于杜为别出”。集后有胡思敬《跋》一篇，云：“易堂诸子以确斋为最坚贞，其诗久佚不传，各家选本如朱竹垞、沈归愚皆未及之。此本出自宁都故家，虽卷帙无多，而诸体略备。”

---

① 窦镇《国朝书画家笔录》、《清史列传》等均著录林时益有《冠石诗集》五卷。

《确斋文集》，林时益撰。已佚。

《清史列传·林时益》载，林氏尚著有《确斋文集》，然未载卷数。林氏之文传于今者，只有《魏氏三子文集序》一篇，分别见于《宁都三魏全集》卷首、《朱中尉诗集·附录》及《易堂九子文钞》中。在《豫章丛书》本《朱中尉诗集》所附此文后有郭仆霄评语，其云："先生（林时益）文集久无存本，只此一篇，然意格特高洁肃括，无一剩字。"又诗集后所附胡思敬跋语云："欲访其文读之，不可得，只彭选《九子文钞》内有序文一首，因附录于后，观诵芬评语，尝鼎之一脔，已略知其味矣。"又潘世恩于《易堂九子文钞序》中亦云："确斋……高浑肃洁，惜其文残缺，无可蒐采。"知其文集早已遗失而无传。

参考文献

A

安平秋、章培恒主编《中国禁书大观》，上海文化出版社，1990。

C

曹溶：《静惕堂诗集》，雍正三年李维钧刻本。

柴绍炳：《柴省轩先生文钞》，康熙刻本。

陈宝千：《清代学术史》，华东师范大学出版社，2009。

陈恭尹：《独漉堂集》，道光五年陈量平刻本。

陈鼓应等编著《明清实学思想史》，齐鲁书社，1989。

陈济生辑《天启崇祯两朝遗诗》，中华书局，1958。

陈康祺：《郎潜纪闻初笔　二笔　三笔》，中华书局，1984。

陈来：《宋明理学》，华东师范大学出版社，2004。

陈平原：《从文人之文到学者之文——明清散文研究》，三联书店，2004。

陈平原：《中国散文小说史》，北京大学出版社，2010。

陈确：《陈确集》，中华书局，1979。

陈寿著，陈乃乾点校《三国志·魏志》，中华书局，1982。

陈田辑《明诗纪事》，上海古籍出版社，1993。

陈寅恪：《柳如是别传》，生活·读书·新知三联书店，2001。

陈玉璂：《学文堂集（不分卷）》，康熙刻本。

陈垣：《清初僧诤记》，中华书局，1962。

陈柱：《中国散文史》，商务印书馆，1998。

陈子龙撰，王英志点校《陈子龙全集》，人民文学出版社，2011。

D

大汕和尚撰，万毅等点校《大汕和尚集》，中山大学出版社，2007。

〔日〕稻业君山：《清朝全史》，上海社会科学院出版社，2006。

〔日〕岛田虔次：《中国思想史研究》，上海古籍出版社，2009。

邓之诚：《清诗纪事初编》，中华书局，1965。

邓之诚：《中华两千年史》，中华书局，1958。

邓之诚：《骨董琐记全编》，生活·读书·新知三联书店，1955。

丁福保辑《历代诗话续编》，中华书局，1983。

杜濬：《变雅堂遗集》，光绪二十年黄冈沈氏刻本。

杜信孚、漆身起编著《江西历代刻书》，江西人民出版社，1994。

F

方苞著，刘季高点校《方苞集》，上海古籍出版社，1983。

方懋禄、夏之翰等修纂《新城县志》，乾隆十六年刊本。

方文：《嵞山集》（影印本），上海古籍出版社，1979。

方以智：《浮山文集前编》《浮山文集后编》《浮山此藏轩别集》，清藏轩刻本。

房玄龄等：《晋书》，中华书局，1974。

冯友兰：《中国哲学史》，华东师范大学出版社，2000。

傅占衡：《湘帆堂集》，康熙六十一年活字本。

G

葛兆光：《中国思想史》，复旦大学出版社，2004。

龚鼎孳：《定山堂诗集》，康熙十五年吴兴祚刻本。

龚鹏程：《晚明思潮》，商务印书馆，2005。

〔日〕沟口雄三：《中国前近代思想的曲折与展开》，生活·读书·新知三联书店，2011。

顾诚：《南明史》，中国青年出版社，1997。

顾炎武：《顾亭林诗文集》，中华书局，1983。

顾炎武撰，黄汝成集释《日知录集释》（全校本），上海古籍出版社，2006。

归庄：《归庄集》，上海古籍出版社，1984。

郭绍虞编《中国历代文论选》（四卷本），上海古籍出版社，1979。

郭绍虞编选《清诗话续编》，上海古籍出版社，1983。

郭绍虞：《照隅室古典文学论集》，上海古籍出版社，2009第二版。

郭绍虞：《中国文学批评史》，百花文艺出版社，1999。

郭英德：《中国古代文人集团与文学风貌》，北京师范大学出版社，1998。

郭预衡：《中国散文史》，上海古籍出版社，1999。

H

韩愈撰，岳珍、刘真汇校笺注《韩愈文集汇校笺注》，中华书局，2010。

何冠彪：《生与死：明季士大夫的抉择》，联经出版事业股份有限公司，1997。

何文焕辑《历代诗话》，中华书局，1981。

何宗美：《明末清初文人结社研究》，南开大学出版社，2003。

何宗美：《明末清初文人结社研究续编》，中华书局，2006。

侯方域撰，王树林校笺《侯方域全集校笺》，人民文学出版社，2013。

侯外庐等：《中国思想史》，人民出版社，1957。

黄道周：《黄石斋先生文集》，康熙五十三年郑玫刻本。

黄德府、崔国榜、褚景昕等修纂《同治赣县志》（同治十年刻本影印），《中国地方志集成》，江苏古籍出版社，1996。

黄人：《黄人集》，上海文化出版社，2001。

黄嗣艾：《南雷学案》，正中书局，1936。

黄永纶、杨锡龄等修撰《宁都直隶州志》（道光四年刻本影印），《中国地方志集成》，江苏古籍出版社，1996。

黄卓越：《明中后期文学思想研究》，北京大学出版社，2005。

黄宗会撰，印晓峰点校《缩斋诗文集》，华东师范大学出版社，2009。

黄宗羲、顾炎武等：《南明史料（八种）》，江苏古籍出版社，1999。

黄宗羲撰，沈善洪主编《黄宗羲全集》（增订本），浙江古籍出版社，2005。

J

计东：《改亭集》，乾隆十三年计瑸刻本。

计六奇：《明季北略》，中华书局，1984。

计六奇：《明季南略》，中华书局，1984。

姜埰撰，印晓峰点校《敬亭集》，华东师范大学出版社，2011。

蒋寅：《王渔阳事迹征略》，人民文学出版社，2001。

金毓黻：《中国史学史》，商务印书馆，1999。

K

柯愈春编著《清人诗文集总目提要》，北京古籍出版社，2001。

L

雷梦辰：《清代各省禁书汇考》，北京图书馆出版社，1989。

冷士湄：《江泠阁诗集》，康熙刻本。

李绂：《穆堂初稿》《别稿》，道光十一年奉国堂刻本。

李灵年、杨忠主编《清人别集总目》，安徽教育出版社，2001。

李清：《三垣笔记》，中华书局，1982。

李圣华：《方文年谱》，人民文学出版社，2007。

李世熊：《寒支集》《寒支二集》，清初檀河精舍刻本。

李腾蛟：《半庐文稿》二卷、《诗稿》一卷，胡思敬辑《豫章丛书》本。

李天植：《李介节先生全集》，嘉庆十九年钱椒刻本。

梁份：《怀葛堂文集》（不分卷），雍正刻本。

梁启超：《中国近三百年学术史》，东方出版社，1996。

梁启超：《清代学术概论》，上海古籍出版社，1998。

廖燕撰，林子雄点校《廖燕全集》，上海古籍出版社，2005。

林时益（朱议霶）：《朱中尉诗集》，胡思敬辑《豫章丛书》本。

林时益（朱议霶）辑《宁都三魏全集》，道光二十五年宁都谢庭绶绂园书塾重刻本。

林铁均、史松编著《清史编年·康熙朝》，中国人民大学出版社，2000。

刘大杰：《中国文学发展史》，百花文艺出版社，1999。

刘大櫆：《刘大櫆集》，上海古籍出版社，1990。

刘梦溪主编《中国现代学术经典·黄侃　刘师培卷》，河北教育出版社，1996。

〔美〕刘若愚著，杜国清译《中国文学理论》，江苏教育出版社，2006。

刘熙载撰，袁津琥注《艺概注稿》，中华书局，2009。

刘咸炘著，黄曙辉编校《刘咸炘学术论集·文学讲义编》，广西师范大学出版社，2007。

刘献廷：《广阳杂记》，中华书局，1957。

刘勰撰，黄淑琳注、李祥补注，杨明照校注拾遗《增订文心雕龙校注》，中华书局，2000。

刘勰撰，詹锳义证《文心雕龙义证》，上海古籍出版社，1989。

刘昫等：《旧唐书》，中华书局，1975。

柳存仁、陈中凡、陈子展、杨荫深、柯敦伯、吴梅、宋佩韦、张宗祥：《中国大文学史》，上海书店，2001。

罗根泽：《中国文学批评史》，上海古籍出版社，1984。

罗宗强：《明代后期士人心态研究》，南开大学出版社，2006。

M

马端临：《文献通考》，中华书局，1986。

马积高：《清代学术思想的变迁与文学》，湖南人民出版社，2002年第2版。

毛先舒：《潠书》，康熙刻本。

茅坤编著《唐宋八大家文钞》，文渊阁四库全书本。

梅文鼎：《绩学堂诗文钞》，黄山书社，1995。

孟森：《明清史论著辑刊》，中华书局，1959。

孟森：《明史讲义》，中华书局，2006。

孟森：《清史讲义》，中华书局，2006。

莫应奎、王光蕴、吴天德等修撰《宁都县志》，明万历二十年刊本。

P

潘承玉：《清初诗坛：卓尔堪与〈遗民诗〉研究》，中华书局，2004。

潘承玉：《南明文学研究》，中华书局，2012。

彭任：《草厅文集》《诗集》，清刻本。

彭士望：《耻躬堂文钞》十卷、《诗钞》六卷，咸丰二年刻本。

彭玉雯辑《易堂九子文钞》，民国十四年刊印本。

Q

钱澄之：《钱澄之全集》，黄山书社，1998。

钱海岳：《南明史》，中华书局，2006。

钱基博：《中国文学史》，上海古籍出版社，2011。

钱穆:《国学概论》,商务印书馆,1997。

钱穆:《中国近三百年学术史》,商务印书馆,1997。

钱谦益撰,钱曾笺注、钱仲联标校《钱牧斋全集》,上海古籍出版社,2003。

钱谦益:《列朝诗集小传》,上海古籍出版社,2008。

钱锺书:《谈艺录》(增订本),中华书局,1984。

钱仲联主编《清诗纪事》,江苏古籍出版社,1987。

〔日〕青木正儿著,杨铁婴译《清代文学评论史》,中国社会科学出版社,1988。

邱国坤:《易堂九子年谱》,江西高校出版社,1990。

邱维屏:《邱邦士文集》,道光十七年刻本。

屈大均撰,陈永正笺校《屈大均诗词编年笺校》,中山大学出版社,2000。

屈大均:《屈大均全集》,人民文学出版社,1996。

全祖望撰,朱铸禹汇校集注《全祖望集汇校集注》,上海古籍出版社,2000。

R

阮元等校刻《十三经注疏》,中华书局,1980。

S

尚小明:《清代士人游幕表》,中华书局,2005。

尚小明:《学人游幕与清代学术》,社会科学文献出版社,1999。

邵长蘅:《邵子湘全集》,康熙刻本。

邵廷采:《思复堂文集》,浙江古籍出版社,2010。

沈德潜选编《清诗别裁》,商务印书馆,1933。

沈均安、黄世成、冯渠等修纂《赣县志》,乾隆二十一年刊本。

施闰章撰,何庆善、杨应芹点校《施愚山全集》,黄山书社,1992。

施廷镛:《清代禁毁书目题注(外一种)》,北京图书馆出版社,

2004。

史松、林铁均编著《清史编年·顺治朝》，中国人民大学出版社，1985。

〔美〕司徒王林：《南明史》，上海古籍出版社，1992。

宋荦、许汝霖辑《国朝三家文钞》，康熙三十三年刊本。

宋荦：《西陂类稿》，康熙毛扆宋怀金高岑刻本。

宋之盛：《髻山文钞》，胡思敬辑《豫章丛书·明季六遗老集》本。

苏轼：《苏轼文集》，中华书局，1986。

孙静庵编著《明遗民录》，浙江古籍出版社，1985。

孙奇逢：《夏峰先生集》，中华书局，2004。

孙枝蔚：《溉堂集》（影印本），上海古籍出版社，1979。

T

谈迁：《北游录》，中华书局，1960。

汤斌：《汤子遗书》，文渊阁四库全书本。

汤来贺：《内省斋文集》，康熙书林五车楼刻本。

汤中：《梁质人年谱》，商务印书馆，1932。

脱脱等：《宋史》，中华书局，1985。

W

汪琬撰，李圣华笺校《汪琬全集笺校》，人民文学出版社，2010。

王邦畿：《耳鸣集》，清初古厚堂刻本。

王彬主编《清代禁书总述》，中国书店，1999。

王汎森：《晚明清初思想十论》，复旦大学出版社，2004。

王夫之等：《清诗话》，上海古籍出版社，1999。

王夫之：《船山全书》，岳麓书社，1996。

王夫之：《读通鉴论》，中华书局，1975。

王夫之：《王船山诗文集》，中华书局，1962。

王绍曾编《清史稿艺文志拾遗》，中华书局，2000。

王士禛：《池北偶谈》，中华书局，1982。

王士禛：《分甘余话》，中华书局，1989。

王士禛：《王士禛全集》，齐鲁书社，2007。

王水照主编《历代文话》，复旦大学出版社，2007。

王应奎：《柳南随笔》，中华书局，1983。

王源：《居业堂文集》，道光十一年读雪山房刻本。

王运熙主编《中国文学批评通史》，上海古籍出版社，1996。

王钟翰点校《清史列传》，中华书局，1987。

王重民、杨殿珣编《清代文集篇目分类索引》，北京图书馆出版社，2003。

魏禧撰，胡守仁等点校《魏叔子文集》，中华书局，2003。

魏裔介撰，魏连科点校《兼济堂文集》，中华书局，2007。

魏瀛、鲁琪光等修纂《同治赣州府志》（同治十二年刻本影印），《中国地方志集成》，江苏古籍出版社，1996。

温聚民：《魏叔子年谱》，商务印书馆，1936。

邬庆时：《屈大均年谱》，广东人民出版社，2006。

吴承学：《中国古代文体形态研究》（增订本），中山大学出版社，2002。

吴承学：《中国古代文体学研究》，人民出版社，2011。

吴海、曾子鲁主编《江西文学史》，江西人民出版社，2005。

吴伟业撰，李学颖集评标校《吴梅村全集》，上海古籍出版社，1990。

X

萧一山：《清史大纲》，上海古籍出版社，2005。

谢国桢：《明末清初的学风》，上海书店，2004。

谢国桢：《明清笔记丛谈》，中华书局，1960。

谢国桢：《明清之际党社运动考》，中华书局，1982。

谢国桢：《晚明史籍考》，华东师范大学出版社，2011。

谢旻、陶成等修撰《江西通志》，雍正十年刊本。

谢文洊：《谢程山集》，道光三十年刻谢程山先生全书本。

谢正光、范金民编著《明遗民录汇集》，南京大学出版社，1995。

谢正光、佘汝丰编著《清初人选清初诗汇考》，南京大学出版社，1998。

谢正光：《清初诗文与士人交游考》，南京大学出版社，2001。

徐枋：《居易堂集》，华东师范大学出版社，2009。

徐坚等：《初学记》，中华书局，1962。

徐柯：《一老庵诗文集》，华东师范大学出版社，2010。

徐世昌辑，闻石点校《晚晴簃诗汇》，中华书局，1990。

徐世溥：《榆墩集》，康熙舫斋刻本。

徐鼒：《小腆纪年附考》，中华书局，1957。

Y

严羽撰，郭绍虞校释《沧浪诗话校释》，人民文学出版社，1983。

阎尔梅：《白耷山人诗集》《文集》，康熙刻本。

颜元：《颜元集》，中华书局，1987。

杨凤苞：《秋室集》，光绪十一年陆心源刻本。

杨念群：《何处是江南？清朝正统观的确立与士林精神世界的变异》，生活·读书·新知三联书店，2010。

杨雍建：《杨黄门奏疏》，康熙刻本。

姚鼐：《惜抱轩诗文集》，上海古籍出版社，1992。

永瑢等：《四库全书总目》，中华书局，1965。

余思复：《中邨逸稿》，康熙余士朴刻本。

余英时：《方以智晚节考》（增订本），生活·读书·新知三联书店，2004。

余英时：《士与中国文化》，上海人民出版社，2003。

袁行霈主编《中国文学史》，高等教育出版社，2005。

袁行云：《清人诗集叙录》，文化艺术出版社，1994。

恽敬：《大云山房文稾》，世界书局，1937。

Z

曾灿：《六松堂集》，清钞本。

张潮：《虞初新志》，河北人民出版社，1985。

张德意、李洪编著《江西古今书目》，江西人民出版社，1996。

张晖：《中国“诗史”传统》，生活·读书·新知三联书店，2012。

张履祥：《杨园先生全集》，中华书局，2002。

张舜徽：《爱晚庐随笔》，华中师范大学出版社，2005。

张舜徽：《清人文集别录》，华中师范大学出版社，2004。

张舜徽：《清儒学记》，华中师范大学出版社，2005。

张廷玉等：《明史》，中华书局，1974。

张西堂：《王船山学谱》，商务印书馆，1938。

章培恒、骆玉明编著《中国文学史新著》，复旦大学出版社，2011。

章太炎、刘师培等：《中国近三百年学术史论》，上海古籍出版社，2006。

章太炎撰《国学概论》，上海古籍出版社，1997。

章学诚撰，叶瑛校注《文史通义校注》，中华书局，1985。

章钰、武作成编著《清史稿艺文志及补编（附索引）》，中华书局，1982。

赵尔巽等：《清史稿》，中华书局，1976。

赵园：《明清之际士大夫研究》，北京大学出版社，1999。

赵园：《易堂寻踪——关于明清之际一个士人群体的叙述》，中国文联出版社，2009。

赵园：《制度·言论·心态——〈明清之际士大夫研究〉续编》，北京大学出版社，2006。

钟嵘著，曹旭集注《诗品集注》，上海古籍出版社，2011。

周骏富辑《清代传记丛刊》，台湾明文书局，1985。

周亮工：《赖古堂集》（影印本），上海古籍出版社，1979。

周亮工：《书影》，上海古籍出版社，1981。

周明初：《晚明士人心态及文学个案》，东方出版社，1997。

周硕勋等纂修《潮州府志》，《中国地方志集成》（乾隆刊本影印），上海书店，2003。

朱东润：《中国文学批评史大纲》，上海古籍出版社，1987。

朱鹤龄撰，余思征点校《愚庵小集》，华东师范大学出版社，2010。

朱彝尊：《静志居诗话》，人民文学出版社，1990。

朱彝尊：《曝书亭集》，世界书局，1937。

朱彝尊：《腾笑集》（影印本），上海古籍出版社，1979。

卓尔堪选辑《明遗民诗》，中华书局，1961。

左东岭：《王学与中晚明士人心态》，人民文学出版社，2000。

后　记

癸巳春节刚过，年味儿尚存，到处弥漫着那股暖暖沁人的气息。今年羊城的冬天似乎比往年更加温暖，以至于使我经常忘记那“季节”中冬天的模样。对我这样一个在塞北长大的人来讲，自然十分享受这样温暖的花香四溢的岭南之冬，但也不免对北方的冬天充满了某种浓浓的怀恋，时常梦锁塞外的那一脉荒凉的山梁，故乡那一瓣雪花何其频繁地飘落在我的枕边。

我又禁不住在记忆的隧道中追索当年从塞外青城南下羊城求学的步步脚印，那像风雨侵蚀过的土地上模糊而又清晰可寻的印迹啊！倏忽之间，已是八年。时间的短长抑或本无甚意义，我只知道自己当年是从故乡的梦想中走出来，进入羊城，进入康乐园，然后逐渐融入并湮没在烟雨迷蒙的岭南。这是我人生中另一场美好的梦，而赐予并使我沉浸在这场美好梦境的人，就是吴承学先生。

2005 年 3 月，我慕名报考了吴老师的博士研究生。那次考博之旅，也是我第一次出远门见世面。从塞外至岭南，一路上我大部分时间都坐在火车窗前向外张望，风土之异使我大开眼界，颇感满足。而就考博本身来讲，倒是抱着“侥幸”心态。因为自己从边疆的高校来，自感资质平庸鲁钝，学术基础薄弱，而吴老师已是专业领域内的领军学者，报考的人多，因此考中的可能性并不高，甚至可以说是渺茫。但当时心情还是兴奋的，美丽的羊城，尤其是那魅力无比的康乐园让我无比留恋。那次，我也第一次见到了吴老师。他平易近人的笑容，就是在那时刻在了我的头脑中。意外的是，几个月后，吴老师竟纳我为弟子。于是我常想，自己是多么幸运的人。

康乐园的三年生活悠闲而又充实。小礼堂前面葱绿开阔的草坪让人心静而又豁达，洗尽焦躁。前方不远处，孙中山先生铜像伫立在草坪中，威严凝视，守护着康乐园这片灵魂的家园。铜像右边对着的便是马岗顶，古木参天，鸟语花香，掩映着中山大学图书馆。

从四八八栋宿舍楼出来，经过小礼堂前去图书馆，这几乎是我每天的行程。中大图书馆四楼的古籍部从早上八点一直开放到晚上十点，这里是吴门弟子的总据点。早上八九点，上得四楼，屏息轻步，走进散发淡淡书香的古籍部内，发现吴门弟子早已三三两两坐在宽大的桌前，开始了一天的生活。而在陈寅恪先生纪念阁里，吴老师也早已端坐桌前，沉浸在他的世界中。这就是三年博士生活的剪影。就是在这里，我进入到三百六十余年前的那个地倾天仆的时代，走进赣南宁都，神游翠微之峰，与易堂诸子相识，闻其謦咳，与其交心涕泣，血泪并下。如是者已七八年矣。

在吴老师"以身作则"的引导之下，弟子们心无旁骛，徜徉在学海之中，尽情体验着其中的苦与乐。在如今浮躁的学风之下，吴老师以自己特有的方式默默地捍卫着学术的尊严，正如他在《学术的尊严与快乐》中所言："在信仰和理想欠缺的时代，我们不妨把学术当做我们的精神寄托。在我们的观念中也有一片澄净无云之处，那就是学术的天空；在我们的心目中也有神圣之处，那就是学术的殿堂。"这正是他的学术境界与学术品格。在3年的时间里，吴老师也时时地扫涤着我们心灵上的尘埃，带着弟子们仰望那片澄净无云的天空。虽然我们步履蹒跚，但有引路人，路便不迷，心便坦然。在生活中，吴老师如父如兄如友，对我关怀备至。他睿智而幽默的谈笑，是时常萦绕于我耳际的最动人的音符；他标志性的灿烂笑容则是扫却我生活中阴霾的阳光。

2008年6月博士毕业，9月，我进入到暨南大学文学院中国语言文学博士后流动站从事研究工作，有幸师从蒋述卓先生，研习古代文学批评。蒋老师身为学校领导，事务繁多，然坚持按时给学生上课，我也有幸随听，为其敏锐严密的学术思维、融通开阔的学术视野所折服，使我受益匪浅。蒋老师为人极平易，每次见他，脸上总是漾着微笑；若有琐事烦扰，无论多忙，都及时抽空处理。在工作及生活中，述卓师都尽可能地帮助我，使我在两年时间内能够安心地问学求知。作为晚辈后学，又复何求！此中情意，我自铭记！

本书是我在博士论文的基础上修改而成的。在论文的构思与写作过程中，吴老师不厌其烦地答疑解惑，指点迷津。然窘于才学，限于识见，最终离老师的要求尚远。答辩之后，增删改动颇多，果实虽小而青涩，但也是收获，权且算作是一段学术生活的总结；当然，也仅仅是一个开始。在此，也十分感谢中山大学中文系张海鸥教授、孙立教授、彭玉平教授等对本文提出的饶有价值的建议。南京大学巩本栋教授、华东师范大学谭帆教授及复旦大学吴兆路教授，在评审时对本文予以了肯定，更提出了很多宝贵的意见，这都在我后来的修改过程中起到了重要的作用。同时也感谢内蒙古师范大学王志斌教授、万奇教授、华东师范大学彭国忠教授等，正是他们的鼓励与帮助，使我一直保持着那份执著。在粤这些年中，无论在学习工作上还是生活上，曾给予我帮助的人还有很多，如何诗海、刘湘兰、林少琴、王富鹏、白建忠、陈志扬、李婵娟、张澜、耿淑艳、成娟阳、李松荣、翁筱曼等诸位吴门弟子，虽毕业多时，但当年在康乐园快乐的生活成为时常闪现在我脑海中最为美丽而温馨的图景。

博士后出站之后，我到了广州大学工作，人文学院的刘晓明教授、杨树增教授、吴晟教授、曾大兴教授、哈迎飞教授、沙红兵教授等对我的工作给予了许多指导与帮助。六一三办公室的禤健聪、温小军、王毅力、龙其林、康建兵等诸位博士，我们常聚论谈，他们爽朗的笑声使我感受到平淡生活中的那种珍贵的友谊。本书能够顺利出版，得到广州大学学术出版基金的资助，社科处罗萍、冼海洲等诸位老师予以很大支持与帮助，特此谢忱。

我去夏归故里，年过七旬的父亲正处于手术后的康复中，本来瘦弱的身体更显憔悴羸弱。母亲因为农活繁重，过度操劳，四十多岁时便已白头，后更患咯血疾，一直未愈。想我一去岭南，相隔数千里，多年来见面尚少，更何谈对二老的照顾。念此便觉心酸。然每次见二老，反倒是他们来宽慰我，叫我不要担心，好好工作。他们瘦弱的脊梁就像家乡那脉贫瘠的山梁，倔犟地拱起了我的人生。

在本书修改过程中，儿子小桐呱呱降生，使我体验到人生之乐。在小桐出生前五六个月时，岳父母便从湖南老家来粤，承担了所有的家务。孩子出生后，更是全天候照顾小孩，使我能够致力于工作而无后顾之忧。虽然他们丝毫不懂我所倾入全部精力的“学术”何为，但我还是要将此书献给他们。

我想，唯有自己乐观地生活，努力地工作，才是对师长亲友们的恩惠与希冀的最好答谢。

2013 年 2 月 16 日于广州

图书在版编目（CIP）数据

易堂九子研究/马将伟著. —北京：社会科学文献出版社，2013.8

ISBN 978-7-5097-4886-2

Ⅰ.①易… Ⅱ.①马… Ⅲ.①作家评论-中国-清代 Ⅳ.①K825.6

中国版本图书馆 CIP 数据核字（2013）第 163324 号

易堂九子研究

著　　者／马将伟

出 版 人／谢寿光
出 版 者／社会科学文献出版社
地　　址／北京市西城区北三环中路甲 29 号院 3 号楼华龙大厦
邮政编码／100029

责任部门／人文分社（010）59367215
电子信箱／renwen@ssap.cn
项目统筹／宋月华　袁清湘
责任编辑／袁清湘　孙以年
责任校对／秦　晶　李　敏
责任印制／岳　阳
经　　销／社会科学文献出版社市场营销中心（010）59367081　59367089
读者服务／读者服务中心（010）59367028

印　　装／北京季蜂印刷有限公司
开　　本／787mm×1092mm　1/16
印　　张／33.5
版　　次／2013 年 8 月第 1 版
字　　数／483 千字
印　　次／2013 年 8 月第 1 次印刷
书　　号／ISBN 978-7-5097-4886-2
定　　价／128.00 元